明治大學東洋史資料叢刊 14

新編北朝隋代墓誌所在總合目錄

梶山 智史 編著

明治大學東アジア石刻文物研究所

汲古書院

2025 年 2 月

目　次

前言……………………………………………………………… 1

凡例……………………………………………………………… 8

引用文獻一覽…………………………………………………… 9

新編北朝隋代墓誌所在總合目錄……………………………… 181

　　北朝……………………………………………………… 182-183

　　　北魏…………………………………………………… 182-183

　　　東魏・北齊…………………………………………… 288-289

　　　西魏・北周…………………………………………… 362-363

　　隋代……………………………………………………… 412-413

北朝隋代僞刻墓誌目錄………………………………………… 528

墓誌名稱索引…………………………………………………… 543

引用文獻略號索引……………………………………………… 585

前　言

一、本書收錄の墓誌數

　今日の中國中古史研究では正史をはじめとする傳世の編纂史料に加え、出土史料、その中でもとりわけ文字を有する出土史料に目を配ることが肝要となっている。この時代の出土文字史料としてまず舉げられるのは、簡牘と文書であろう。いずれも20世紀初頭以來の長い研究史と膨大な研究成果の蓄積があり、それぞれ「簡牘學」・「文書學」という獨自の分野を形成している。一方で、それらと並ぶ一大史料群として舉げられるべきものに石刻がある。そもそも石刻は早く宋代から金石學における研究對象の一つとして認知されていたが、歷史研究の材料として注目されるようになったという意味では文書や簡牘よりも後發である。「石刻學」は特に21世紀以降になって急速に發展し、近年ますます存在感を高めている分野といえる。

　この時代の石刻史料のうち、質量ともに最も豐富なのは北朝隋唐の墓誌である。中でも唐代墓誌は圧倒的に多くの實例が現存しており、例えば氣賀澤保規編『新編唐代墓誌所在總合目錄』（明治大學東アジア石刻文物研究所・汲古書院、2017年3月）には12523點の唐代墓誌が收錄される。同書に收められた唐代墓誌は2015年末までに刊行された中國石刻關係圖書に掲載されているものに限られるとのことなので、それから9年ほど經った現在ではその總数は大幅に増えているであろう。

　それでは、唐に先立つ北朝・隋代の墓誌は一體いくつあるのか。この問題の解明を試みたのが拙編『北朝隋代墓誌所在總合目錄』（明治大學東アジア石刻文物研究所・汲古書院、2013年5月）であった。これは本書の前身であり、以下「舊版」と略稱する。舊版では2013年前半までに公開されていた北朝墓誌1211點、隋代墓誌716點、合計1927點を收錄した。幸いながらこの書は當時におけるこの史料群を網羅した工具書として、斯界で一定の評價を得ることができた。しかしそれから11年ほどが經過した現在では、舊版を見ただけではもはや北朝隋代墓誌の全容を把握することは到底できない。この間には新たな墓誌が大量に出現し、また關連する史料集や研究論著の増加も實にすさまじいものがあるからである。そこで編者は舊版の出版以降も關連情報の調査を續け、目錄を増補改訂する作業を進めてきた。本書はこの作業の現時點における成果である。

　本書では2023年以前に公開された北朝墓誌1731點、隋代墓誌955點、合計2686點を收錄した。單純計算すると舊版から759點増えたことになる。ただし舊版では專ら墓誌のみを收錄對象としたのに對し、本書では墓誌以外の墓葬關連文字史料にまで對象を擴大し、墓碑（神道碑）や墓券（買地券）なども併せて收錄することとした。とはいえそれらの數量は墓誌と比べるとごく少なく、具體的には墓碑83點（北朝67、隋16）、墓券13點（北

—1—

朝12、隋1)、鎭墓石1點（北朝1）、隨葬衣物疏1點（北朝1）、合計98點にすぎない。この98點を差し引くと、純粹な墓誌のみの増加數は661點となる。この10年でこれほど多くの新出墓誌が追加されたのは驚きである。一體、中國の地下にはどれだけの墓誌が眠っているのだろうか。新史料が地下から次々に湧き出てくる狀況が今後いつまで續くのかはわからないが、我々研究者にとっては僥倖というほかない。

ところで現存する北朝隋代墓誌2686點、唐代墓誌12523點という數字をどうみるべきか。北朝・隋代は合せて233年間、唐代は290年間であり、前者は後者よりも57年間ほど短いことは考慮しなければならないが、そのことを差し引いても、北朝隋代墓誌は唐代墓誌に比べて桁違いに少ない。普及度という點で北朝隋代は唐代に遠く及ばないことが窺える。そうはいっても2686點という數字自體は決して少ないものではなく、當時において墓誌が盛行していたこともまた確かであろう。當該時期の中でも5世紀末の北魏の洛陽遷都から隋代にかけての約125年間は、一定の規格に沿った墓誌が量產されるようになった時代であり、當時の人々の閒で墓誌なる習慣に對する共通認識が生じていたことがわかる。ちなみにいえば、北朝と同時期の南朝や、それ以前の三國・兩晉・十六國を見渡しても、これほど多くの墓誌が出土している時代はない。書式の面からいうと、北朝隋唐に繋がる墓誌の書式は5世紀後半の南朝宋で逸早く出現していた。しかし數量の面からいうと、現存する南朝墓誌は宋・齊・梁・陳の全期閒を合わせても三桁にも滿たない。それ以前の時代も數量的に寥寥たる狀況であり、しかも新たな墓誌が出土することはごく稀である。そうしたこともふまえると、北朝隋代は墓誌文化の成長期であり、これに對して唐代は墓誌文化の成熟期であるとみることができる。上記の2つの數字にはそうした墓誌文化の發展段階の違いが反映されているといえよう。

二、本書引用文獻の分類と數

次に本書で利用した石刻關係文獻について述べたい。本書では2023年12月までに刊行・發表された中國石刻關係圖書や雜誌論文などの各種文獻[1]の中から北朝隋代墓誌を掲載する圖書431點、論文2007點、合計2438點を抽出し、それらをA〜Kの11類に分けて收載した。詳細は後揭の「引用文獻一覽」を參照されたいが、以下に各類の内譯を說明しよう。

A類では石刻關係目錄類を取り上げる。具體的には郭玉堂編『千唐誌齋藏石目錄』(A1)、

---

[1] 中國石刻關係圖書・論文の收集にあたっては、高橋繼男編『中國石刻關係圖書目錄 (1949-2007) 附『石刻史料新編』(全4輯) 書名・著者名索引』（汲古書院、2009年2月）、高橋繼男編『中國石刻關係圖書目錄 (2008-2012前半) 稿』（汲古書院、2013年3月）、楊璐瑤編著『北朝石刻文獻輯要』（北岳文藝出版社、2020年9月）などを參考にした。

—2—

楊殿珣編『石刻題跋索引（增訂本）』(A2)、國立中央圖書館編『國立中央圖書館墓誌拓片目錄』(A3)、王壯弘・馬成名編『六朝墓誌檢要』(A4)、毛漢光重編『中央研究院歷史語言研究所藏歷代墓誌銘拓片目錄 附索引』(A5)、徐自強編『北京圖書館藏墓誌拓片目錄』(A6)、李慧主編『陝西石刻文獻目錄集存』(A7)、榮麗華編集『1949-1989 四十年出土墓誌目錄』(A8)、徐自強主編『北京圖書館藏北京石刻拓片目錄』(A9)、『三晉石刻總目』シリーズ(A10)、洛陽市文物管理局・洛陽市文物工作隊編『洛陽出土墓誌目錄』(A11)、財團法人東洋文庫編『東洋文庫藏中國石刻拓本目錄』(A12)、郭玉堂著『洛陽出土石刻時地記』(A13)、龔烈沸編著『寧波現存碑刻碑文所見錄』(A14)、周立主編『洛陽出土墓誌目錄續編』(A15)、胡海帆・湯燕・陶誠編『北京大學圖書館藏歷代墓誌拓片目錄』(A16)、吳敏霞・黨斌・高葉青・袁憲著『秦嶺碑刻經眼錄』(A17)、淑德大學書學文化センター編『淑德大學書學文化センター藏中國石刻拓本目錄』(A18)、吳敏霞主編『陝西碑刻總目提要初編』(A19)、劉琴麗編著『漢魏六朝隋碑誌索引』(A20)、王力軍編著『北朝墓誌綜合文獻目錄集存』(A21)、王連龍編撰『日本藏中國古代石刻拓本著錄輯目』(A22) の 22 點である[2]（括弧内の英數字は後掲の「引用文獻一覽」の番號に對應する。以下同）。

　目錄類には墓誌の拓本や錄文は載っておらず、誌文の内容をみることはできないが、出土地點・存佚狀況・現藏場所、實物の外形とサイズ、拓本のサイズ、誌文の行數と文字數、圖版や錄文の著錄狀況などの墓誌にまつわる諸情報が集約されている。墓誌について調べる上で第一に參照するものであろう。上掲の目錄はそれぞれに特徵があり、どれも北朝隋代墓誌について調べる上で有用であるが、その中でも特筆すべきは劉琴麗編著『漢魏六朝隋碑誌索引』(A20) である。同書は 2019 年 12 月に出版されたもので全 6 冊からなり、漢〜隋の各種石刻史料を網羅した勞作である。具體的には兩漢 1464、三國 150、兩晉十六國 539、南朝 250、北朝 1722、隋 933、合計 5058 點の碑誌を收錄し、また當該時期の僞刻碑誌 248 點を附載する。現在のところこの方面に關する最大の目錄であり、參考價值は非常に高い。本書の編纂にあたっても同書から大いに啓發を受けた。

　B〜H 類では北朝隋代墓誌の拓本寫眞や錄文を收める主要な史料集を收載する。B 類では

---

[2] なお、この他に圖書や雜誌に所載の北朝隋代石刻を扱った目錄として、岑仲勉「隋代石刻（甎附）目錄初輯」（同著『隋書求是』、商務印書館、1958 年 6 月、第 348〜378 頁。同著『岑仲勉著作集：隋書求是』、中華書局、2004 年 4 月、第 348〜378 頁）、汪小烜「1990〜1999 年新出漢魏南北朝墓誌目錄」（武漢大學中國三至九世紀研究所編『魏晉南北朝隋唐史資料（第 18 輯）』、武漢大學出版社、2001 年 9 月、第 199〜217 頁）、平田陽一郎「西魏石刻關係文獻目錄」（『沼津工業高等專門學校研究報告』第 40 號、2005 年、第 405〜414 頁）、大知聖子「新出北魏墓誌目錄」（『名古屋大學東洋史研究報告』第 47 號、2023 年 3 月、第 93〜106 頁）などがある。ただし、これらは本書には收載しなかった。

趙萬里著『漢魏南北朝墓誌集釋』(B1)、王連龍著『新見北朝墓誌集釋』(B2)、王連龍著『新見隋唐墓誌集釋』(B3)、毛遠明編著『西南大學新藏墓誌集釋』(B4)、馬忠理・馮小紅・崔冠華主編『磁縣北朝墓群出土碑誌集釋』(B5)の５點、C 類では北京圖書館金石組編『北京圖書館藏中國歷代石刻拓本彙編』(C1)、『新中國出土墓誌』シリーズ (C2) の２點、D 類では趙超著『漢魏南北朝墓誌彙編』(D1)、『隋唐五代墓誌彙編』シリーズ (D2) の２點、E 類では嚴可均輯『全上古三代秦漢三國六朝文』(E1)、韓理洲等輯校編年『全北魏東魏西魏文補遺』、『全北齊文北周文補遺』、『全隋文補遺』(E2) の２點、F 類では羅新・葉煒著『新出魏晉南北朝墓誌疏證』(F1)、葉煒・劉秀峰主編『墨香閣藏北朝墓誌』(F2) の２點、G 類では毛遠明編著『漢魏六朝碑刻校注』(G1)、王其禕・周曉薇編著『隋代墓誌銘彙考』(G2) の２點、H 類では王連龍編撰『南北朝墓誌集成』(H1)、周曉薇・王其禕著『貞石可憑：新見隋代墓誌銘疏證』(H2) の２點をそれぞれ取り上げる。以上の諸書は拓本寫眞のみを掲載するもの、錄文のみを掲載するもの、拓本寫眞と錄文の兩方を掲載するもの、また誌文の考察を併載するものなど樣々である。いずれも當該時期の墓誌を見る際に利用頻度の高い史料集であるため、それぞれ獨立した枠を設けた。

　これらの中でもこの分野で特に大きな影響を與えたものを舉げると、趙萬里著『漢魏南北朝墓誌集釋』(B1)、趙超著『漢魏南北朝墓誌彙編』(D1)、羅新・葉煒著『新出魏晉南北朝墓誌疏證』(F1)、王其禕・周曉薇編著『隋代墓誌銘彙考』(G2)、毛遠明編著『漢魏六朝碑刻校注』(G1)、葉煒・劉秀峰主編『墨香閣藏北朝墓誌』(F2)、周曉薇・王其禕著『貞石可憑：新見隋代墓誌銘疏證』(H2)、王連龍編撰『南北朝墓誌集成』(H1) であろう。以下に簡單に紹介したい。

　趙萬里著『漢魏南北朝墓誌集釋』(B1) は 1956 年１月に出版されたもので全１函６冊からなり、漢〜隋の墓誌研究の基礎を固めた先驅的な著作である。具體的には後漢 4、魏 2、晉 14、宋 1、齊 1、梁 1、北魏 312、北齊 44、北周 12、隋 221、合計 612 (重複を除いて 609) 點の墓誌の拓本寫眞と考察を收める。なお同書所收墓誌は中華民國期に洛陽邙山一帶で出土したものが過半を占めており、その拓本は『洛陽出土石刻時地記』(A13) の著者でもある郭玉堂の所藏するものであった。[3]

　趙超著『漢魏南北朝墓誌彙編』(D1) は 1992 年６月に出版されたもので、1986 年以前に公開されていた漢 6、三國魏 2、西晉 21、東晉 14、宋 3、齊 1、梁 6、陳 1、後燕 1、北魏 295、東魏 58、西魏 3、北齊 83、北周 18、高昌 34、無年月誌及殘誌 19、合計 565 點の墓誌の錄文を收める。當時における最大の墓誌錄文集である。

---

[3] 氣賀澤保規「郭玉堂と『洛陽出土石刻時地記』：民國期における北朝隋唐墓誌蒐集の周邊」(郭玉堂原著、氣賀澤保規編著『復刻 洛陽出土石刻時地記：附 解說・所載墓誌碑刻目錄』、汲古書院、2002 年 12 月、第 122〜98 頁) 參照。

羅新・葉煒著『新出魏晉南北朝墓誌疏證』(F1) は 2005 年 3 月に出版されたもので、上掲の『漢魏南北朝墓誌集釋』、『漢魏南北朝墓誌彙編』に未收錄の新出墓誌の集成である。具體的には魏晉十六國 21、北魏 43、東魏北齊 23、西魏北周 28、隋 116、合計 231 點の錄文と疏證を收める。

　王其禕・周曉薇編著『隋代墓誌銘彙考』(G2) は 2007 年 10 月に出版されたもので全 6 册からなり、2006 年以前に公開されていた隋代墓誌 521 點の拓本寫眞と錄文と解説を收める。あわせて、存疑 4、買地券 1、存目 117、僞刻 11、高昌國磚墓表目錄 92、卒於隋而葬於唐者墓誌目錄 67 點、および人名索引と地名索引を附錄する。當時における隋代墓誌史料集の決定版ともいうべき書である。

　毛遠明編著『漢魏六朝碑刻校注』(G1) は 2008 年 12 月に出版されたもので全 10 册からなり、2007 年以前に公開されていた漢魏晉南北朝の各種石刻史料 1417 點 (前漢 10、新 4、後漢 164、魏 16、蜀 2、吳 7、西晉 37、東晉 39、前燕 1、後燕 1、前秦 4、後秦 2、後趙 2、北涼 1、宋 9、齊 7、梁 23、陳 2、北魏 556、東魏 154、西魏 27、北齊 268、北周 79、南北朝 2) の拓本寫眞と錄文と注釋を收める。文字學・言語學的立場から詳細な注釋を施しているのが特徵である。なお、同書に收錄される北朝墓誌（墓碑も含む）は 640 點である。

　葉煒・劉秀峰主編『墨香閣藏北朝墓誌』(F2) は 2016 年 10 月に出版されたもので、河北正定墨香閣藏の西晉 3、北魏 14、東魏 30、北齊 66（うち葬年不明 6）、西魏 1、北周 7、隋 30、合計 151 點の碑誌の拓本寫眞と錄文を收める。21 世紀に入ると中國では民閒所藏の墓誌が相繼いで公開されるようになったが、同書はその代表的な著作といえる。

　周曉薇・王其禕著『貞石可憑：新見隋代墓誌銘疏證』(H2) は 2019 年 12 月に出版されたもので、上掲の『隋代墓誌銘彙考』に未收錄の新出隋代墓誌 163 點の錄文と考釋を收める。

　王連龍編撰『南北朝墓誌集成』(H1) は 2021 年 3 月に出版されたもので全 2 册からなり、北朝墓誌 1363 點（北魏 605、東魏 169、西魏 40、北齊 309、北周 133、北朝紀年不明 107）、南朝墓誌 98 點（宋 14、齊 6、梁 10、陳 2、南朝紀年不明 66）、殘誌 7 點、合計 1468 點の墓誌の錄文を收める。あわせて人名索引、官名索引、地名索引を附載する。現在のところ最も多くの南北朝墓誌を收めた史料集である。

　以上、B〜H 類の中で特に影響力がある史料集を紹介した。その他のものについてはここでは紹介を省く。

　I 類では梁春勝著『六朝石刻叢考』(I1) 1 點を取り上げる。同書は當該時期の石刻史料のテキストについて文字學・言語學的立場から探究した著作である。先行諸書に載る石刻錄文の誤りを正し、判讀し難い異體字や難解な語彙を考釋し、また僞刻の鑒別について系統的に論じる。石刻史料のテキストを檢討する上で必讀の文獻である。このため獨立した枠を設けた。

J類では上記以外の圖書391點を一括して取り上げる。ここには石刻關係の史料集をはじめとして發掘報告書、考古文物圖錄、地方志、書法關連の拓本集、研究書など幅廣いジャンルの圖書が含まれる。それらの多くは墓誌の收錄點數からみるとB～H類の主要史料集に劣るが、しかし主要史料集に未揭載の墓誌が載っていることも少なくない。

　K類では學術雜誌や論文集などに揭載された論文2007點を一括して取り上げる。ここには考古發掘簡報、調查報告、墓誌を用いた歷史研究、墓誌の文字や語彙に關する研究、墓誌の形態や書式に關する研究、僞刻に關する研究等、樣々な分野の論文が含まれる。なお近年新出の墓誌にはまだ石刻關係圖書に收錄されておらず、論文でしか見られないものも多數存在する。最新の發掘情報や研究狀況を知るためには、雜誌論文に目を配る必要があるのはいうまでもない。

　ところで、下掲の表「本書引用文獻の年代分布」を御覽いただきたい。これは本書引用文獻の刊行・發表時期について1920年代から2020年代まで10年每の年代別に分けて數量を示したものである（ただし、2020年代だけは2023年までの4年間）。概括的な統計に過ぎず、これだけから研究動向の細部を讀み取ることは難しいが、大まかな推移をつかむことはできる。この表から一ついえるのは、2000年代に入ってから文獻數が飛躍的に增加しているということである。1920年代～1990年代の80年間の總數が421點なのに對し、2000年代～2020年代の24年間の總數は2029點にのぼる。2020年代の4年間だけでも既に1920年代～1990年代の總數を上回る448點が出ている。冒頭で「石刻學」は特に21世紀以降になって急速に發展したと述べたが、この統計はまさにそのことを裏付けるものといえよう。

本書引用文獻の年代分布[4]

年代	圖書	論文	合計
1920年代	1	2	3
1930年代	2	6	8
1940年代	2	9	11
1950年代	6	23	29
1960年代	3	20	23
1970年代	4	36	40

---

[4] この表における引用文獻の計算方法は、基本的に1點の文獻（圖書・論文）を1つとカウントする。叢書などのシリーズものについては、同一年代に刊行されたものは複數點でも1つとカウントし、また刊行年代が複數の年代に及ぶものは各年代で1つとカウントする。

1980 年代	18	87	105
1990 年代	49	153	202
2000 年代	111	462	573
2010 年代	174	834	1008
2020 年代（2023 年まで）	73	375	448
不明	3	0	3

　以上、本書の概要を述べた。本書は舊版から内容・構成に大幅な改變を加えたため、書名には「増補版」などの語を付すのではなく、「新編」の語を冠することとした。今後は舊版に代わって本書を参照していただければ幸いである。なお本書の内容は舊版に比べれば幾分改善されたとはいえ、誤りや見落とし、あるいは不足の部分が多々あると思われる。諸賢の御批正を乞う次第である。

〔附記〕

　本書は2016年度〜2018年度日本學術振興會科學研究費補助金（基盤研究(B)）「隋唐「佛教社會」の多元的構造の解明と東アジア文化論の構築」（課題番号16H03490、研究代表者：氣賀澤保規）、および2021年度〜2024年度日本學術振興會科學研究費補助金（基盤研究(C)）「墓誌資料に基づく唐代地方社会の構造解明と石刻研究國際發信基盤の確立」（課題番号21K00912、研究代表者：氣賀澤保規）による研究成果の一部である。

凡　例

Ⅰ．本目錄は北朝（386〜581）・隋代（581〜618）の墓誌を年代順に配列し、その所在に關する情報を一覽表にしたものである。なお、複數の王朝を含む北朝部分については、北魏（386〜534）、東魏（534〜550）・北齊（550〜577）、西魏（535〜556）・北周（556〜581）の順番に配列する。

Ⅱ．本目錄は左右2頁に亘る見開きの形式をとる。各墓誌には番號をふり、つづいて墓誌名稱、紀年（年號、西曆、月、日）、出土地、現藏場所および著錄狀況を記す。なお、各墓誌の番號は本目錄で新たに付したもので、本目錄の舊版『北朝隋代墓誌所在總合目錄』（明治大學東アジア石刻文物研究所・汲古書院、2013年5月）の墓誌番號とは對應しない。

Ⅲ．著錄狀況の部分には北朝隋代墓誌を掲載する圖書や論文など（2023年12月までに刊行・發表されたものに限る）をA〜Kの11類に分けて收載する。A〜K類の詳細については次頁以降の「引用文獻一覽」を參照のこと。

Ⅳ．この他に本目錄には北朝隋代僞刻墓誌目錄を附載する。北朝隋代僞刻墓誌目錄の體裁は見開き形式ではなく、通常の頁設定をとる。各墓誌には「僞」字を冠した番號をふり、つづいて墓誌名稱、紀年（年號、西曆、月、日）、辨僞文獻、その他の文獻を記す。

Ⅴ．本目錄の末尾には、墓誌名稱を筆畫順に並べた「墓誌名稱索引」と、引用文獻の略號を筆畫順に並べた「引用文獻略號索引」を附載する。なお、本目錄では女性墓誌の名稱表記については、原則として「〇〇妻△△墓誌」というように女性の姓名の前にその夫の姓名を置く形式をとっているが、これでは女性墓誌を檢索するのに不便である。したがって「墓誌名稱索引」では女性墓誌の檢索の便を考慮し、目錄上の墓誌名稱表記に加えて「△△（〇〇妻）墓誌」というように女性の姓名を頭出しした名稱表記も合せて掲載した。

引用文獻一覽

番號	略號	書誌情報
A類：目錄		
	ここでは石刻史料關係の目錄類を取り上げる。各頁の先頭行には「目錄」と表記する。各枠内にはそれぞれ書名に因む略號と掲載場所（複數頁に及ぶ場合には最初の頁のみ）を表記する。	
A1	千唐目(+葉)	郭玉堂編『千唐誌齋藏石目錄』（墨景堂、1935年5月）
A2	題跋(+頁)	楊殿珣編『石刻題跋索引（增訂本）』（商務印書館、1940年11月〈1990年1月影印第1版・1995年8月北京第2次印刷〉。また新文豐出版公司編輯部編『石刻史料新編』第30冊、新文豐出版股份有限公司、1977年12月、所收）
A3	中央館(+頁)	國立中央圖書館編『國立中央圖書館墓誌拓片目錄』（中華叢書編審委員會、1972年10月）
A4	檢要(+頁)	王壯弘・馬成名編『六朝墓誌檢要』（上海書畫出版社、1985年2月）
	檢要修(+頁)	王壯弘・馬成名編著『六朝墓誌檢要（修訂本）』（上海書店出版社、2008年10月）
A5	史語所(+頁)	毛漢光重編、耿慧玲・鄭媽菱・袁淑眞・廖華淑助理『中央研究院歷史語言研究所藏歷代墓誌銘拓片目錄 附索引』（中央研究院歷史語言研究所、1985年5月〈1999年6月景印1版〉）
A6	北圖目(+頁)	徐自強編『北京圖書館藏墓誌拓片目錄』（中華書局、1990年3月）
A7	陝目集存(+頁)	陝西省古籍整理辦公室編、李慧主編『陝西石刻文獻目錄集存』（三秦出版社、1990年4月）
A8	四十年(+頁)	榮麗華編集、王世民校訂『1949-1989 四十年出土墓誌目錄』（中華書局、1993年8月）
A9	北圖北京(+頁)	徐自強主編『北京圖書館藏北京石刻拓片目錄』（書目文獻出版社、1994年4月）
A10	晉目運城(+頁)	吳鈞編著『三晉石刻總目・運城地區卷』（山西古籍出版社、1998年7月）
	晉目長治(+頁)	王懷中・孫舒松・郭生竝編著『三晉石刻總目・長治市卷』（山西古籍出版社、2000年4月）
	晉目陽泉(+頁)	張鴻仁・李翔編著『三晉石刻總目・陽泉市卷』（山西古籍出版社、2003年3月）
	晉目臨汾(+頁)	解希恭・張新智編著『三晉石刻總目・臨汾市卷』（山西古籍出版社、2004年11月）
	晉目晉中(+頁)	晉華編著『三晉石刻總目・晉中市卷』（山西古籍出版社、2004年11月）

	晉目大同(+頁)	董瑞山・古鴻飛・高平編著『三晉石刻總目・大同市卷』（山西古籍出版社、2005年11月）
	晉目太原(+頁)	張崇顏・王德苓編著『三晉石刻總目・太原市卷』（山西古籍出版社、2006年1月）
	晉目朔州(+頁)	雷雲貴編著『三晉石刻總目・朔州市卷』（山西古籍出版社、2006年6月）
A11	洛目(+頁)	洛陽市文物管理局・洛陽市文物工作隊編『洛陽出土墓誌目錄』（朝華出版社、2001年10月）
A12	文庫(+頁)	財團法人東洋文庫編『東洋文庫藏中國石刻拓本目錄』（財團法人東洋文庫、2002年7月）
A13	時地a(+頁)	郭玉堂原著、氣賀澤保規編著『復刻 洛陽出土石刻時地記：附 解說・所載墓誌碑刻目錄』（汲古書院、2002年12月。郭玉堂の原著の初出は大華書報供應社、1941年）
	時地b(+頁)	郭培育・郭培智主編『洛陽出土石刻時地記』（大象出版社、2005年4月）
A14	寧波(+頁)	龔烈沸編著『寧波現存碑刻文所見錄』（寧波出版社、2006年3月）
A15	洛續(+頁)	洛陽市文物考古研究院編、周立主編『洛陽出土墓誌目錄續編』（國家圖書館出版社、2012年10月）
A16	北大目(+頁)	北京大學圖書館金石組・胡海帆・湯燕・陶誠編『北京大學圖書館藏歷代墓誌拓片目錄』（上海古籍出版社、2013年12月）
A17	秦嶺(+頁)	吳敏霞・黨斌・高葉青・袁憲著『秦嶺碑刻經眼錄』（三秦出版社、2014年11月）
A18	淑德(+頁)	淑德大學書學文化センター編『淑德大學書學文化センター藏中國石刻拓本目錄』（淑德大學書學文化センター、2016年4月）
A19	陝目提要(+頁)	吳敏霞主編、黨斌分冊主編『陝西碑刻總目提要初編（第1冊）』（科學出版社、2018年12月）
A20	碑索(+冊・頁)	劉琴麗編著『漢魏六朝隋碑誌索引』（全6冊、中國社會科學出版社、2019年12月）
A21	北朝集存(+頁)	王力軍編著『北朝墓誌綜合文獻目錄集存』（北岳文藝出版社、2020年9月）
A22	日本(+頁)	王連龍編撰『日本藏中國古代石刻拓本著錄輯目』（社會科學文獻出版社、2023年9月）
B類：集釋		
ここでは『漢魏南北朝墓誌集釋』、『新見北朝墓誌集釋』、『新見隋唐墓誌集釋』、『西南大學新藏墓誌集釋』、『磁縣北朝墓群出土碑誌集釋』を取り上げる。諸書に含まれる「集釋」を共通の略號とし、各頁の先頭行に		

		表記する。各枠内にはこの略號は表記せず、各書名に因む略號と掲載場所（複數頁に及ぶ場合には最初の頁のみ）を表記する。
B1	漢魏(+圖番號)	趙萬里著『漢魏南北朝墓誌集釋』（全1函6冊、科學出版社、1956年1月。また廣西師範大學出版社、2008年8月。また楊家駱主編『國學名著珍本彙刊・金石學彙刊之一』、全2冊、鼎文書局、1972年9月、所收。また新文豐出版公司編輯部編『石刻史料新編（第3輯）』第3〜4冊、新文豐出版股份有限公司、1986年7月、所收）
B2	新北(+頁)	王連龍著『新見北朝墓誌集釋』（中國書籍出版社、2013年7月）
B3	新隋(+頁)	王連龍著『新見隋唐墓誌集釋』（遼海出版社、2015年5月）
B4	西南(+頁)	毛遠明編著『西南大學新藏墓誌集釋』（鳳凰出版社、2018年11月）
B5	磁縣(+頁)	馬忠理・馮小紅・崔冠華主編『磁縣北朝墓群出土碑誌集釋』（文物出版社、2021年12月）

C類：北圖拓・新中國

ここでは『北京圖書館藏中國歷代石刻拓本彙編』と『新中國出土墓誌』を取り上げる。前者の略號は「北圖拓」、後者の略號は「新中國」とし、各頁の先頭行に表記する。各枠内にはこれらの略號は表記せず、代わりに「北圖」の場合は冊數と掲載場所（複數頁に及ぶ場合には最初の頁のみ）、「新中國」の場合は卷名の略號と掲載場所（複數頁に及ぶ場合には最初の頁のみ）を表記する。

C1	北圖拓 （冊・頁）	北京圖書館金石組編『北京圖書館藏中國歷代石刻拓本彙編（第3冊：三國兩晉南北朝二・北朝）』（中州古籍出版社、1989年5月）
		北京圖書館金石組編『北京圖書館藏中國歷代石刻拓本彙編（第4冊：三國兩晉南北朝三・北朝）』（中州古籍出版社、1989年5月）
		北京圖書館金石組編『北京圖書館藏中國歷代石刻拓本彙編（第5冊：三國兩晉南北朝四・北朝）』（中州古籍出版社、1989年5月）
		北京圖書館金石組編『北京圖書館藏中國歷代石刻拓本彙編（第6冊：三國兩晉南北朝五・北朝）』（中州古籍出版社、1989年6月）
		北京圖書館金石組編『北京圖書館藏中國歷代石刻拓本彙編（第7冊：三國兩晉南北朝六・北朝）』（中州古籍出版社、1989年6月）
		北京圖書館金石組編『北京圖書館藏中國歷代石刻拓本彙編（第8冊：三國兩晉南北朝七・北朝）』（中州古籍出版社、1989年6月）
		北京圖書館金石組編『北京圖書館藏中國歷代石刻拓本彙編（第9冊：隋唐五代十國一・隋）』（中州古籍出版社、1989年11月）

		北京圖書館金石組編『北京圖書館藏中國歷代石刻拓本彙編（第10册：隋唐五代十國二・隋 附高昌 附鄭）』（中州古籍出版社、1989年11月）
C2	新中國	
	河南壹(+頁)	中國文物研究所・河南省文物研究所編『新中國出土墓誌・河南〔壹〕』（文物出版社、1994年10月）
	陝西壹(+頁)	中國文物研究所・陝西省古籍整理辦公室編『新中國出土墓誌・陝西〔壹〕』（文物出版社、2000年11月）
	重慶(+頁)	中國文物研究所・重慶博物館編『新中國出土墓誌・重慶』（文物出版社、2002年3月）
	河南貳(+頁)	中國文物研究所・河南省文物考古研究所編『新中國出土墓誌・河南〔貳〕』（文物出版社、2002年12月）
	陝西貳(+頁)	中國文物研究所・陝西省古籍整理辦公室編『新中國出土墓誌・陝西〔貳〕』（文物出版社、2003年10月）
	北京壹(+頁)	中國文物研究所・北京石刻藝術博物館編『新中國出土墓誌・北京〔壹〕』（文物出版社、2003年12月）
	河北壹(+頁)	中國文物研究所・河北省文物研究所編『新中國出土墓誌・河北〔壹〕』（文物出版社、2004年12月）
	千唐壹(+頁)	中國文物研究所・千唐誌齋博物館編『新中國出土墓誌・河南〔叁〕千唐誌齋〔壹〕』（文物出版社、2008年1月）
	上海天津(+頁)	中國文化遺產研究院・上海博物館・天津文化遺產保護中心編著『新中國出土墓誌・上海天津』（文物出版社、2009年6月）
	陝西叁(+頁)	故宮博物院・陝西省古籍整理辦公室編著『新中國出土墓誌・陝西〔叁〕』（文物出版社、2015年12月）
	陝西肆(+頁)	故宮博物院・陝西省考古研究院編著『新中國出土墓誌・陝西〔肆〕』（文物出版社、2021年10月）
D類：彙編・隋唐五代		
ここでは『漢魏南北朝墓誌彙編』と『隋唐五代墓誌彙編』を取り上げる。ただし、前者は北朝部分のみ、後者は隋代部分のみで取り上げる。前者の略號は「彙編」とし、北朝部分の各頁の先頭行に表記する。後者の略號は「隋唐五代」とし、隋代部分の各頁の先頭行に表記する。各枠内にはこれらの略號は表記せず、代わりに「彙編」の場合は掲載場所（複數頁に及ぶ場合には最初の頁のみ）、「彙編」修訂版の場合は略號「修」と掲載場所（複數頁に及ぶ場合には最初の頁のみ）、「隋唐五代」の場合は卷名の略號と册數・掲載場所（複數頁に及ぶ場合には最初の頁のみ）を表記する。		

D1	彙編	
	（頁）	趙超著『漢魏南北朝墓誌彙編』（天津古籍出版社、1992 年 6 月）
	修(+頁)	趙超著『漢魏南北朝墓誌彙編（修訂本）』（中華書局、2021 年 11 月）
D2	隋唐五代	
	陝西(+册・頁)	王仁波・吳鋼主編『隋唐五代墓誌彙編：陝西卷』（天津古籍出版社、1991 年 8 月）
	洛陽(+册・頁)	洛陽古代藝術館編、陳長安主編『隋唐五代墓誌彙編：洛陽卷』（天津古籍出版社、1991 年 12 月）
	河南(+頁)	郝本性主編『隋唐五代墓誌彙編：河南卷』（天津古籍出版社、1991 年 12 月）
	北京遼寧(+册・頁)	張寧・傅洋・趙超・吳樹平・徐秉琨主編『隋唐五代墓誌彙編：北京卷附遼寧卷』（天津古籍出版社、1991 年 12 月）
	河北(+頁)	河北省文物研究所墓誌編輯組編、孟繁峰・劉超英主編『隋唐五代墓誌彙編：河北卷』（1991 年 12 月）
	山西(+頁)	張希舜主編『隋唐五代墓誌彙編：山西卷』（天津古籍出版社、1991 年 12 月）
	江蘇山東(+頁)	王思禮・印志華・徐良玉・賴非・肖夢龍主編『隋唐五代墓誌彙編：江蘇山東卷』（天津古籍出版社、1991 年 12 月）
	北大(+册・頁)	孫蘭風・胡海帆主編『隋唐五代墓誌彙編：北京大學卷』（天津古籍出版社、1992 年 1 月）

E 類：全文・補遺

　　ここでは『全上古三代秦漢三國六朝文』とその關聯著作である『全北魏東魏西魏文補遺』、『全北齊文北周文補遺』、『全隋文補遺』を取り上げる。前者の略號は「全文」、後者の略號は「補遺」とし、各頁の先頭行に表記する。これらの略號は各枠内には表記せず、代わりに「全文」の場合は略號「全」と掲載場所（複數頁に及ぶ場合には最初の頁のみ）、「補遺」の場合は卷名の略號と掲載場所（複數頁に及ぶ場合には最初の頁のみ）を表記する。

E1	全文	
	全(+頁)	嚴可均輯『全上古三代秦漢三國六朝文』（中華書局、1958 年 12 月）
E2	補遺	
	隋補(+頁)	韓理洲輯校編年『全隋文補遺』（三秦出版社、2004 年 3 月）
	齊補/周補(+頁)	韓理洲等輯校編年『全北齊文北周文補遺』（三秦出版社、2008 年 6 月）
	魏補(+頁)	韓理洲等輯校編年『全北魏東魏西魏文補遺』（三秦出版社、2010 年 12 月）

F 類：疏證・墨香閣

　　ここでは『新出魏晉南北朝墓誌疏證』と『墨香閣藏北朝墓誌』を取り上げる。前者の略號は「疏證」、後

者の略號は「墨香閣」とし、各頁の先頭行に表記する。これらの略號は各枠内には表記せず、代わりに「疏證」の場合は掲載場所（複数頁に及ぶ場合には最初の頁のみ）、「疏證」修訂版の場合は略號「修」と掲載場所（複数頁に及ぶ場合には最初の頁のみ）、「墨香」の場合は略號「墨」と掲載場所（複数頁に及ぶ場合には最初の頁のみ）を表記する。

F1	疏證	
	（頁）	羅新・葉煒著『新出魏晉南北朝墓誌疏證』（中華書局、2005年3月）
	修(+頁)	羅新・葉煒著『新出魏晉南北朝墓誌疏證（修訂本）』（中華書局、2016年5月）
F2	墨香閣	
	墨(+頁)	葉煒・劉秀峰主編『墨香閣藏北朝墓誌』（上海古籍出版社、2016年10月）

G類：碑校・彙考

　ここでは『漢魏六朝碑刻校注』と『隋代墓誌銘彙考』を取り上げる。ただし、前者は北朝部分のみ、後者は隋代部分のみで取り上げる。前者の略號は「碑校」とし、北朝部分の各頁の先頭行に表記する。後者の略號は「彙考」とし、隋代部分の各頁の先頭行に表記する。各枠内にはこれらの略號は表記せず、代わりに各書の冊數・掲載場所（複数頁に及ぶ場合には最初の頁のみ）を表記する。

G1	碑校	
	（冊・頁）	毛遠明編著『漢魏六朝碑刻校注』（全10冊、綫裝書局、2008年12月）
G2	彙考	
	（冊・頁）	王其禕・周曉薇編著『隋代墓誌銘彙考』（全6冊、綫裝書局、2007年10月）

H類：集成・可憑

　ここでは『南北朝墓誌集成』と『貞石可憑：新見隋代墓誌銘疏證』を取り上げる。ただし、前者は北朝部分のみ、後者は隋代部分のみで取り上げる。前者の略號は「集成」とし、北朝部分の各頁の先頭行に表記する。後者の略號は「可憑」とし、隋代部分の各頁の先頭行に表記する。各枠内にはこれらの略號は表記せず、代わりに各書の掲載場所（複数頁に及ぶ場合には最初の頁のみ）を表記する。なお、後者には北朝墓誌が數點含まれるため、北朝部分でも取り上げている。その場合のみ例外的に略號「可憑」と掲載場所を表記する。

H1	集成	
	（頁）	王連龍編撰『南北朝墓誌集成』（上海人民出版社、2021年3月）
H2	可憑	
	（頁）	周曉薇・王其禕著『貞石可憑：新見隋代墓誌銘疏證』（科學出版社、2019年12月）

I類：叢考

　ここでは『六朝石刻叢考』を取り上げる。略號は「叢考」とし、各頁の先頭行に表記する。各枠内にはこの略號は表記せず、代わりに掲載場所（複数頁に及ぶ場合には各々の最初の頁）を表記する。

| I1 | 叢考 | |
| | （頁） | 梁春勝著『六朝石刻叢考』（中華書局、2021年5月） |

J類：その他の圖書

ここでは上記以外の石刻關係書籍を取り上げる。各頁の先頭行には「その他の圖書」と表記する。各枠内にはそれぞれ書名に因む略號と掲載場所（複數頁に及ぶ場合には最初の頁のみ）を表記する。

J1	矢吹三階(+頁)	矢吹慶輝著『三階教之研究』（岩波書店、1927年6月）
J2	倫敦中國(+頁)	倫敦中國藝術國際展覽會籌備委員會編輯『參加倫敦中國藝術國際展覽會出品圖說（第四册：其他類）』（商務印書館、1936年4月〈中央編譯出版社、2022年9月影印〉）
J3	山西古蹟(+頁)	水野清一・日比野丈夫著『山西古蹟志』（中村印刷株式會社出版部、1956年6月）
J4	張肅墓(+頁)	山西省博物館編『太原壙坡北齊張肅墓文物圖錄』（中國古典藝術出版社、1958年6月）
J5	突厥集史(+頁)	岑仲勉著『突厥集史』（中華書局、1958年10月〈2004年5月北京第2次印刷〉）
J6	柔然錄(+頁)	中國科學院歷史研究所史料編纂組編『柔然資料輯錄』（中華書局、1962年12月）
J7	越縵堂(+頁)	李慈銘撰、由雲龍輯『越縵堂讀書記』（中華書局、1963年6月）
J8	西安郊墓(+頁)	中國社會科學院考古研究所編著『西安郊區隋唐墓』（科學出版社、1966年6月）
J9	文革期(+頁)	出土文物展覽工作組編輯『文化大革命期間出土文物（第1輯）』（文物出版社、1972年2月）
J10	精華(+頁)	中田勇次郎編『中國墓誌精華』（中央公論社、1975年12月）
J11	隴右錄(+卷・葉)	張維編『隴右金石錄』（新文豐出版公司編輯部編『石刻史料新編』第21册、新文豐出版股份有限公司、1977年12月、所收）
J12	長安城墓(+頁)	中國社會科學院考古研究所編著『唐長安城郊隋唐墓』（文物出版社、1980年9月）
J13	庾集注(+頁)	庾信撰、倪璠注、許逸民校點『庾子山集注』（中華書局、1980年10月）
J14	增校隨(+頁)	方若著、王壯弘增補『增補校碑隨筆』（上海書畫出版社、1981年7月。また新文豐出版公司編輯部編『石刻史料新編（第3輯）』第33册、新文豐出版股份有限公司、1986年7月、所收）
	增校隨修(+頁)	方若著、王壯弘增補『增補校碑隨筆（修訂本）』（上海書店出版社、2008年10

		月〈2011 年 10 月第 2 次印刷〉）
J15	千唐藏誌(+頁)	河南省文物研究所・河南省洛陽地區文管處編『千唐誌齋藏誌』（文物出版社、1984 年 1 月）
J16	祕境山東(+頁)	坂田玄翔著『鄭道昭 祕境山東の摩崖』（雄山閣、1984 年 3 月）
J17	淄博志(+頁)	『淄博市文物志』（淄博市文物志編寫小組、1985 年 2 月）
J18	廣東晉唐(+頁)	廣東省博物館・香港中文大學文物館合辦『廣東出土晉至唐文物』（廣東省博物館・香港中文大學文物館、1985 年 12 月）
J19	魯迅碑(+頁)	北京魯迅博物館・上海魯迅紀念館編『魯迅輯校石刻手稿（第 1 函：碑銘）』（上海書畫出版社、1987 年 7 月）
	魯迅誌(+頁)	北京魯迅博物館・上海魯迅紀念館編『魯迅輯校石刻手稿（第 3 函：墓誌）』（上海書畫出版社、1987 年 7 月）
J20	百種(+輯)	許寶馴・王壯弘編『北魏墓誌百種』（全 10 輯、上海書畫出版社、1987 年）
J21	英華(+揭載順)	陝西省古籍整理辦公室編、張伯齡編著『北朝墓誌英華』（三秦出版社、1988 年 6 月）
J22	石學蠡探(+頁)	葉國良著『石學蠡探』（大安出版社、1989 年 5 月）
J23	北山集古(+頁)	施蟄存著『北山集古錄』（巴蜀書社、1989 年 10 月）
J24	積石錄(+頁)	張思溫編著『積石錄』（甘肅民族出版社、1989 年 12 月）
J25	魏二十(+頁)	遼寧省博物館編『北魏墓誌二十品』（文物出版社、1990 年 6 月）
J26	東北古史(+頁)	孫進己・莊嚴・李彥新・孫泓編『東北古史資料叢編（三）唐卷』（遼瀋書社、1990 年 8 月）
J27	臨淄志(+頁)	臨淄文物志編輯組編、張慶恩・張龍海・李劍主編『臨淄文物志』（山東友誼出版公司、1990 年 10 月）
J28	咸陽碑石(+頁)	張鴻傑主編『咸陽碑石』（三秦出版社、1990 年 12 月）
J29	四川(+頁)	高文・高成剛編『四川歷代碑刻』（四川大學出版社、1990 年 12 月）
J30	輯繩(+頁)	洛陽市文物工作隊編『洛陽出土歷代墓誌輯繩』（中國社會科學出版社、1991 年 6 月）
J31	靈泉寺(+頁)	河南省古代建築保護研究所『寶山靈泉寺』（河南人民出版社、1991 年 12 月）
J32	吐谷渾錄(+頁)	周偉洲編『吐谷渾資料輯錄』（青海人民出版社、1992 年 1 月）
	吐谷渾錄增(+頁)	周偉洲編著『吐谷渾資料輯錄（增訂本）』（商務印書館、2017 年 6 月）
J33	集萃(+函・番號)	文物出版社編『中國金石集萃（第 7～8 函：六朝墓誌）』（文物出版社、1992 年 5 月～1994 年 1 月）
		文物出版社編『中國金石集萃（第 9 函：隋唐墓誌）』（文物出版社、1992 年 5

		月)
J34	壽光志(+頁)	山東省壽光縣地方史志編纂委員會編『壽光縣志』(中國大百科全書出版社上海分社、1992年11月)
J35	民族姓氏(+頁)	陳連慶著『中國古代少數民族姓氏研究』(吉林文史出版社、1993年6月)
J36	北周珍貴(+頁)	員安志『中國北周珍貴文物』(陝西人民美術出版社、1993年9月)
J37	泰山(+頁)	姜豐榮編注『泰山歷代石刻選注』(青島海洋大學出版社、1993年10月)
J38	河北錄(+頁)	石永士・王素芳・裴淑蘭著『河北金石輯錄』(河北人民出版社、1993年12月)
J39	河東錄(+頁)	李百勤執筆『河東出土墓誌錄』(山西人民出版社、1994年4月)
J40	大倉(+頁)	大倉文化財團編『大倉集古館五百選』(便利堂、1994年6月)
J41	隋人傳(+頁)	洛陽古代藝術館編、馮吾現主編『隋墓誌人物傳』(中州古籍出版社、1994年9月)
J42	法全北誌(+頁)	劉正成主編『中國書法全集(第13卷:三國兩晉南北朝墓誌卷)』(榮寶齋出版社、1995年6月)
	法全隋誌(+頁)	劉正成主編『中國書法全集(第30卷:隋唐五代墓誌卷)』(榮寶齋出版社、2002年10月)
J43	鴛鴦藏石(+頁)	趙力光編『鴛鴦七誌齋藏石』(三秦出版社、1995年12月)
J44	華山碑石(+頁)	張江濤編著『華山碑石』(三秦出版社、1995年12月)
J45	陝西石藝(+頁)	李域錚編著『陝西古代石刻藝術』(三秦出版社、1995年12月)
J46	朝陽文物(+頁)	朝陽市博物館編『朝陽歷史與文物』(遼寧大學出版社、1996年3月)
J47	固原隋唐(+頁)	羅豐編著『固原南郊隋唐墓地』(文物出版社、1996年8月)
J48	山東選粹(+番號)	山東省石刻藝術博物館編『山東石刻藝術選粹・歷代墓誌卷』(浙江文藝出版社、1996年8月)
J49	新獲(+頁)	李獻奇・郭引強編『洛陽新獲墓誌』(文物出版社、1996年10月)
J50	磁縣考略(+頁)	張子英著『磁縣北朝墓誌考略』(臨漳縣精美印刷廠、出版年月不明〈1996年10月序〉)
J51	齊魯碑刻(+頁)	包備五編著『齊魯碑刻』(齊魯書社、1996年11月)
J52	山東志(+頁)	山東省地方史志編纂委員會編『山東省志(第70卷:文物志)』(山東人民出版社、1996年12月)
J53	山西碑碣(+頁)	山西省考古研究所編『山西碑碣』(山西人民出版社、1997年2月)
J54	歷博大觀(+頁)	周錚主編『中國歷史博物館藏法書大觀(第10卷:墓誌拓本)』(柳原書店、1997年3月)
J55	曲周志(+頁)	河北省曲周縣地方志編纂委員會編、侯建國・李修文主編『曲周縣志』(新華出

		版社、1997 年 10 月)
J56	敦煌編年(+頁)	饒宗頤主編、王素・李方著『魏晉南北朝敦煌文獻編年』(新文豐出版公司、1997 年 12 月)
J57	西本三階(+頁)	西本照眞著『三階教の研究』(春秋社、1998 年 2 月)
J58	北大拓(+頁)	北京大學圖書館金石組・胡海帆・湯燕編『北京大學圖書館藏歷代金石拓本菁華』(文物出版社、1998 年 4 月)
J59	潼關碑石(+頁)	劉蘭芳・張江濤編著『潼關碑石』(三秦出版社、1999 年 1 月)
J60	原州(+圖番號)	寧夏回族自治區固原博物館・中日原州聯合考古隊編『原州古墓集成』(文物出版社、1999 年 4 月)
J61	新泰大觀(+頁)	王尹成主編『新泰文化大觀』(齊魯書社、1999 年 5 月)
J62	廣東博(+頁)	廣東省博物館編『廣東省博物館藏品選』(文物出版社、1999 年 10 月)
J63	碑林全(+卷・頁)	高峽主編『西安碑林全集』(全 25 函 200 卷、廣東經濟出版社・海天出版社、1999 年 12 月)
J64	鄭州志(+頁)	鄭州歷史文化叢書編纂委員會編『鄭州市文物志』(河南人民出版社、1999 年 12 月)
J65	西石續(+頁)	張俊民編『西北石刻集錄續編(一)』(『中國西北文獻叢書續編　西北考古文獻卷(第 3 冊)』、甘肅文化出版社、1999 年)
J66	遼博(+番號)	片山智士・王海濱監修、王綿厚・王海萍主編『遼寧省博物館藏墓誌精粹』(中教出版、2000 年 1 月)
		遼寧省博物館編著『遼寧省博物館藏碑誌精粹』(文物出版社・日本中教出版、2000 年 1 月)
J67	晉唐裴氏(+頁)	周征松著『魏晉隋唐間的河東裴氏』(山西人民出版社、2000 年 1 月)
J68	田弘墓a(+頁)	原州聯合考古隊編『北周田弘墓』(勉誠出版、2000 年 2 月)
	田弘墓b(+頁)	原州聯合考古隊編『北周田弘墓』(文物出版社、2009 年 8 月)
J69	曲陽北岳(+頁)	薛增福・王麗敏主編『曲陽北岳廟』(河北美術出版社、2000 年 4 月)
J70	西北(+頁)	趙平編『中國西北地區歷代石刻滙編(第 1 冊)』(天津古籍出版社、2000 年 8 月)
J71	魏選粹(+頁)	上海圖書館歷史文獻研究所編、孫啟治・仲威編『北魏墓誌選粹』(湖北美術出版社、2001 年 2 月)
	隋選粹(+頁)	上海圖書館歷史文獻研究所編、仲威・孫啟治編『隋墓誌選粹』(湖北美術出版社、2001 年 2 月)
J72	禮縣(+頁)	禮縣老年書畫協會・禮縣博物館編『禮縣金石集錦』(出版社不明、2001 年 5

		月)
J73	洛選(+頁)	朱亮主編『洛陽出土北魏墓誌選編』(科學出版社、2001年6月)
J74	三八種(+頁)	北京圖書館出版社編『墓誌精華三十八種』(北京圖書館出版社、2001年6月)
J75	尋覓瑰寶(+頁)	周天游主編『尋覓散落的瑰寶:陝西歷史博物館徵集文物精粹』(三秦出版社、2001年6月)
J76	三秦瑰寶(+頁)	陝西歷史博物館編『三秦瑰寶:陝西新發現文物精華』(陝西人民出版社、2001年6月)
J77	晉中選粹(+頁)	張晉平編著『晉中碑刻選粹』(山西古籍出版社、2001年6月)
J78	廊坊文物(+頁)	張兆祥主編、廊坊市文物管理處編著『廊坊文物』(開明出版社、2001年8月)
J79	武威錄(+頁)	武威市志編纂委員會・武威市人民政府辦公室編、王其英主編『武威金石錄』(蘭州大學出版社、2001年8月)
J80	文館詞林a(+頁) 文館詞林b(+頁)	許敬宗編、羅國威整理『日藏弘仁本文館詞林校證』(中華書局、2001年10月) 林家驪・鄧成林著『日本影弘仁本《文館詞林》校注』(中國社會科學出版社、2021年9月)
J81	新昌志(+頁)	新昌文物志編纂委員會編、潘表惠主編『新昌文物志』(當代中國出版社、2001年10月)
J82	晉祠碑碣(+頁)	晉祠博物館編注『晉祠碑碣』(山西人民出版社、2001年12月)
J83	遼寧志(+頁)	遼寧省地方志編纂委員會辦公室主編『遼寧省志・文物志』(遼寧人民出版社、2001年12月)
J84	銘刻文物(+圖番號)	游學華責任編集『中國古代銘刻文物』(湖南省博物館・香港中文大學文物館、2001年)
J85	保定碑(+頁)	侯璐主編『保定名碑』(河北美術出版社、2002年1月)
J86	選萃	嘯滄編『古代善本碑帖選萃:魏常季繁墓誌』(榮寶齋出版社、2002年2月) 嘯滄編『古代善本碑帖選萃:魏刁遵墓誌』(人民美術出版社、2003年1月) 嘯滄編『古代善本碑帖選萃:隋董穆・尉富娘墓誌』(人民美術出版社、2003年1月) 劉恒編『古代善本碑帖選萃:北魏崔賓媛墓誌』(榮寶齋出版社、2003年2月) 嘯滄編『古代善本碑帖選萃:魏皇甫驎墓誌』(人民美術出版社、2004年9月) 嘯滄編『古代善本碑帖選萃:北齊朱岱林墓誌』(人民美術出版社、2004年9月) 嘯滄編『古代善本碑帖選萃:魏高貞碑』(人民美術出版社、2006年1月) 嘯滄編『古代善本碑帖選萃:魏司馬景和妻孟夫人・元颺妻王夫人・元珽妻穆

		夫人墓誌』(人民美術出版社、2006年1月)
J87	天水文史(+頁)	天水市政協文史資料委員會編、劉少榮主編『天水文史資料（第9輯：天水碑文選）』(天水市政協文史資料委員會、出版年月不明〈2002年3月後記〉)
J88	邯鄲碑刻(+頁)	吳光田・李強編『邯鄲碑刻』(天津人民出版社、2002年6月)
J89	隋誌百品(+頁)	隋代碑誌編選組編『隋代碑誌百品』(新時代出版社、2002年6月)
J90	二四品(+頁)	王河松・王國航主編『北魏墓誌二十四品：洛陽民間收藏北魏墓誌集粹』(洛陽松鶴齋書藝工作室、2002年10月)
J91	山東碑造(+頁)	郭建芬等編著『山東文物叢書：碑刻造像』(山東友誼出版社、2002年10月)
J92	韓城志(+頁)	韓城市文物旅遊局編、張躍主編『韓城市文物志』(三秦出版社、2002年11月)
J93	濟南誌(+頁)	韓明祥編著『濟南歷代墓誌銘』(黃河出版社、2002年12月)
J94	遼寧碑誌(+頁)	王晶辰主編『遼寧碑誌』(遼寧人民出版社、2002年12月)
J95	崔芬墓(+頁)	臨朐縣博物館編『北齊崔芬壁畫墓』(文物出版社、2002年12月)
J96	北岳廟注(+頁)	韓成武・王麗敏『北岳廟碑刻選注』(中國文聯出版社、2003年3月)
J97	翰墨(+册・番號)	李源河主編『翰墨石影：河南省文史研究館館藏搨片精選』(全8册、廣陵書社、2003年4月)
J98	保定誌(+頁)	侯璐主編『保定出土墓誌選注』(河北美術出版社、2003年4月)
J99	濮陽(+頁)	王義印編著『濮陽碑刻墓誌』(中州古籍出版社、2003年5月)
J100	皇家(+番號)	天津人民美術出版社編『北魏皇家墓誌二十品』(天津人民美術出版社、2003年6月)
J101	咸陽碑刻(+頁)	李慧・曹發展注考『咸陽碑刻』(三秦出版社、2003年7月)
J102	安伽墓(+頁)	陝西省文物考古研究所編著『西安北周安伽墓』(文物出版社、2003年8月)
J103	禹域(+頁)	中村不折著、李德範譯『禹域出土墨寶書法源流考』(中華書局、2003年8月)
J104	榆林碑石(+頁)	康蘭英主編、張仲權・宋英副主編『榆林碑石』(三秦出版社、2003年10月)
J105	北京所拓(+頁)	北京市文物研究所編『北京市文物研究所藏墓誌拓片』(北京燕山出版社、2003年11月)
J106	商洛文史(+頁)	中國人民政治協商會議・商洛市委員會學習文史委員會編『商洛文史（第2輯：碑文專集）』(陝西商南順意印務有限責任公司、2003年11月)
J107	青州博(+頁)	青州博物館編『青州博物館』(文物出版社、2003年12月)
J108	齊魯誌研(+頁)	賴非著『齊魯碑刻墓誌研究』(齊魯書社、2004年1月)
J109	北京精粹(+頁)	《北京文物精粹大系》編委會・北京市文物局編『北京文物精粹大系・石刻卷』(北京出版社、2004年1月)
J110	孟州文物(+頁)	梁永照主編『孟州文物』(孟州市政協文史資料研究委員會、出版年月不明〈2004

		年1月序))
J111	撒馬爾干(+頁)	榮新江・張志清主編『從撒馬爾干到長安：粟特人在中國的文化遺迹』(北京圖書館出版社、2004年4月)
J112	偃師(+頁)	周劍曙・郭宏濤編著『偃師碑誌精選』(湖北美術出版社、2004年4月)
J113	邙洛(+頁)	趙君平編『邙洛碑誌三百種』(中華書局、2004年7月)
J114	固原文物(+頁)	寧夏固原博物館編著『固原歷史文物』(科學出版社、2004年8月)
J115	山陽(+頁)	郭建設・索全星著『山陽石刻藝術』(河南美術出版社、2004年9月)
J116	景州(+頁)	鄧文華編著『景州金石』(中國文史出版社、2004年9月)
J117	洛新釋錄(+頁)	楊作龍・趙水森等編著『洛陽新出土墓誌釋錄』(北京圖書館出版社、2004年10月)
J118	安陽集萃(+頁)	鄧葉君・李長生・孫景鳳主編『安陽縣古碑刻集萃』(安陽縣老幹部局・安陽縣文化局・安陽縣老年書畫研究會、2004年10月)
J119	裴氏集(+頁)	裴王旗編著、裴壽山審校『裴氏碑誌集』(東方文化藝術出版社、2004年12月)
J120	少林寺(+頁)	米禎祥主編、王雪寶編著『嵩山少林寺石刻藝術大全』(光明日報出版社、2004年12月)
J121	戶縣碑刻(+頁)	吳敏霞主編、劉兆鶴・吳敏霞編著『戶縣碑刻』(三秦出版社、2005年1月)
J122	安丘(+頁)	張俊法策劃、李清華・趙家志主編、周慶武・李劍民副主編『安丘古代碑刻』(安丘市文化局・安丘市書畫協會、2005年1月)
J123	北京文物(+頁)	北京市文物研究所編『北京出土文物』(北京燕山出版社、2005年5月)
J124	虞弘墓(+頁)	山西省考古研究所編著『太原隋虞弘墓』(文物出版社、2005年8月)
J125	涿州錄(+頁)	楊衞東・黃涿生編『涿州貞石錄』(北京燕山出版社、2005年9月)
J126	金石錄(+頁)	趙明誠撰、金文明校證『金石錄校證』(廣西師範大學出版社、2005年10月。初出は上海書畫出版社、1985年10月)
J127	涿州志(+頁)	涿州市文物旅遊局『涿州文物志』(北京燕山出版社、2005年10月)
J128	焦作志(+頁)	焦作市文物局編『焦作市文物志』(中州古籍出版社、2005年10月)
J129	高平志(+頁)	王樹新主編『高平金石志』(中華書局、2005年11月)
J130	臨汾(+頁)	王汝雕・牛文山編著『臨汾歷代碑文選』(延邊大學出版社、2005年12月)
J131	溫縣(+頁)	王士章主編『溫縣金石錄』(政協溫縣委員會、2006年3月)
J132	北魏棺床(+頁)	和泉市久保惣記念美術館編『北魏棺床の研究：和泉市久保惣記念美術館石造人物神獸圖棺床研究』(和泉市久保惣記念美術館、2006年3月)
J133	陝西精華(+頁)	陝西省社會科學院・陝西省文物局編、余華青・張廷皓主編『陝西碑石精華』(三秦出版社、2006年6月)

J134	唐補千唐(+頁)	吳鋼主編『全唐文補遺・千唐誌齋新藏專輯』(三秦出版社、2006 年 6 月)
J135	關中部族(+頁)	馬長壽著『碑銘所見前秦至隋初的關中部族』(廣西師範大學出版社、2006 年 6 月。初出は中華書局、1985 年 1 月)
J136	房山墓誌(+頁)	陳亞洲著『房山墓誌』(北京市房山區文物管理所、2006 年 7 月)
J137	長治萃編(+頁)	常福江・郭生竑著『長治金石萃編』(山西春秋電子音像出版社、2006 年 8 月)
J138	洛中(+卷・頁)	柴新勝・馬發喜編著『洛陽與中國書法』(全 4 卷、河南美術出版社、2006 年 8 月)
J139	婁叡墓(+頁)	山西省考古研究所・太原市文物考古研究所編著『北齊東安王婁叡墓』(文物出版社、2006 年 9 月)
J140	天書地字(+頁)	濬縣文物旅遊局編『天書地字・大伾文化（二）』(文物出版社、2006 年 11 月)
J141	龍門西域(+頁)	張乃翥著『龍門石窟與西域文明』(中州古籍出版社、2006 年 12 月)
J142	拾零(+頁)	趙君平・趙文成編『河洛墓刻拾零』(北京圖書館出版社、2007 年 1 月)
J143	渭城志(+頁)	張德臣編著『渭城文物志』(三秦出版社、2007 年 1 月)
	渭城志修(+頁)	張德臣編著『渭城文物志（修訂本）』(三秦出版社、2018 年 12 月)
J144	洛絲(+頁)	洛陽市地方史志辦公室編『圖説洛陽絲綢之路』(大象出版社、2007 年 4 月)
J145	寧夏集(+頁)	銀川美術館編『寧夏歷代碑刻集』(寧夏人民出版社、2007 年 6 月)
J146	胡姓考(+頁)	姚薇元著『北朝胡姓考（修訂本）』(中華書局、2007 年 7 月。初出は科學出版社、1958 年 5 月)
J147	滄州(+頁)	滄州市文物局編『滄州出土墓誌』(科學出版社、2007 年 8 月)
J148	碑林新(+頁)	西安碑林博物館編、趙力光主編『西安碑林博物館新藏墓誌彙編』(綫裝書局、2007 年 10 月)
J149	山西概覽(+頁)	楊子榮著『山西碑碣墓誌銘概覽』(山西春秋電子音像出版社、2007 年 11 月)
J150	山東摩崖(+頁)	賴非著『山東北朝佛教摩崖刻經調查與研究』(科學出版社、2007 年 12 月)
J151	近新	薛海洋・陳輝編『近年新出歷代碑誌精選系列：北魏元萇墓誌』(河南美術出版社、2007 年 12 月)
		薛海洋・陳輝編『近年新出歷代碑誌精選系列：北魏元瓚墓誌』(河南美術出版社、2007 年 12 月)
		薛海洋・陳輝編『近年新出歷代碑誌精選系列：北魏楊孝邕墓誌』(河南美術出版社、2007 年 12 月)
		薛海洋・陳輝編『近年新出歷代碑誌精選系列：東魏高慈妻趙夫人墓誌』(河南美術出版社、2007 年 12 月)
		薛海洋・陳輝編『近年新出歷代碑誌精選系列：北魏楊鈞墓誌』(河南美術出版

		社、2008年4月）
		薛海洋・白玫編『近年新出歷代碑誌精選系列：北魏羅宗墓誌』（河南美術出版社、2008年4月）
		薛海洋・陳輝編『近年新出歷代碑誌精選系列：北魏裴譚墓誌』（河南美術出版社、2008年4月）
		薛海洋・陳輝編『近年新出歷代碑誌精選系列：北魏元昭墓誌』（河南美術出版社、2008年4月）
		薛海洋・陳輝編『近年新出歷代碑誌精選系列：北魏王虬墓誌』（河南美術出版社、2008年4月）
		薛海洋・陳輝編『近年新出歷代碑誌精選系列：北魏元子直墓誌』（河南美術出版社、2008年4月）
		薛海洋・陳輝編『近年新出歷代碑誌精選系列：隋楊約墓誌』（河南美術出版社、2008年4月）
		薛海洋・陳輝編『近年新出歷代碑誌精選系列：東魏茹茹公主墓誌』（河南美術出版社、2008年7月）
		薛海洋・梁德水編『近年新出歷代碑誌精選系列：隋楊异墓誌』（河南美術出版社、2010年1月）
		白立獻・梁德水編『近年新出歷代碑誌精選系列：北魏猴静墓誌』（河南美術出版社、2010年6月）
		白立獻・梁德水編『近年新出歷代碑誌精選系列：北魏原延伯墓誌』（河南美術出版社、2010年6月）
		劉剛・賈文豐編『近年新出歷代碑誌精選系列：大隋開府長史揚州故司士墓誌』（河南美術出版社、2011年8月）
		劉應濤編『近年新出歷代碑誌精選系列：東魏姬靜墓誌』（河南美術出版社、2013年11月）
		劉應濤編『近年新出歷代碑誌精選系列：隋長孫懿墓誌』（河南美術出版社、2013年11月）
J152	河間(+頁)	田國福主編『河間金石遺錄』（河北教育出版社、2008年1月）
J153	晉刻北朝(+頁)	太原市三晉文化研究會・《晉陽古刻選》編輯委員會編『晉陽古刻選：北朝墓誌卷』（山西人民出版社、2008年1月）
	晉刻隋唐(+頁)	太原市三晉文化研究會・《晉陽古刻選》編輯委員會編『晉陽古刻選：隋唐五代墓誌卷』（文物出版社、2013年4月）

J154	碑帖收研(+頁)	宗鳴安著『碑帖收藏與研究』（陝西人民美術出版社、2008年1月）
J155	新獲續(+頁)	洛陽市第二文物工作隊・喬棟・李獻奇・史家珍編著『洛陽新獲墓誌續編』（科學出版社、2008年3月）
J156	北京報告(+頁)	北京市文物研究所編著『北京段考古發掘報告集』（科學出版社、2008年4月）
J157	北拓精品(+頁)	李仁清編『中國北朝石刻拓片精品集』（大象出版社、2008年4月）
J158	黎城(+頁)	趙江明・趙滿芳編撰『黎城碑文化賞識』（黎城縣文化研究會、2008年4月）
J159	西民大拓(+頁)	郭郁烈主編『西北民族大學圖書館于右任舊藏金石拓片精選』（上海古籍出版社、2008年4月）
J160	清水(+頁)	溫小牛著『清水碑文研究』（中國文史出版社、2008年5月）
J161	佛石百品(+頁)	顏娟英主編『北朝佛教石刻拓片百品』（中央研究院歷史語言研究所、2008年5月）
J162	故宮珍品(+頁)	鄭珉中・胡國強主編『故宮博物院藏文物珍品全集：銘刻與雕塑』（商務印書館（香港）有限公司、2008年7月）
J163	磚刻(+番號)	胡海帆・湯燕編著『中國古代磚刻銘文集』（全2冊、文物出版社、2008年8月）
J164	鳳翔墓(+頁)	陝西省考古研究院・西北大學文博學院編著『陝西鳳翔隋唐墓：1983～1990年田野考古發掘報告』（文物出版社、2008年10月）
J165	楊氏考錄(+頁)	楊永玖・馬萬學・薛洪波・劉永興編『中華楊氏碑刻考錄』（吉林文史出版社、2008年10月）
J166	東平碑文(+頁)	瞿慶復主編『東平碑文集粹』（東平縣政協文史資料委員會、2008年11月）
J167	固原漢唐(+頁)	寧夏文物考古研究所編著『固原南塬漢唐墓地』（文物出版社、2009年1月）
J168	洛陽民間(+頁)	王繡主編、周加申・才予副主編『洛陽民間收藏精品集』（解放軍外語音像出版社、2009年4月）
J169	彭州(+頁)	劉雨茂・榮遠大・丁武明編著『彭州博物館藏李宗昉集北朝隋唐碑拓』（四川美術出版社、2010年1月）
J170	衡水墓誌(+頁)	衡水市文物局編、王耀宗・路軍秋主編『衡水出土墓誌』（河北教育出版社、2010年2月）
J171	固原選編(+頁)	寧夏固原博物館編『固原歷代碑刻選編』（寧夏人民出版社、2010年4月）
J172	大全壽陽(+頁)	劉澤民總主編、李玉明執行總主編、史景怡主編『三晉石刻大全・晉中市壽陽縣卷』（三晉出版社、2010年4月）
	大全鹽湖(+頁)	劉澤民總主編、李玉明執行總主編、張培蓮主編『三晉石刻大全・運城市鹽湖區卷』（三晉出版社、2010年10月）

	大全高平(+頁)	劉澤民總主編、李玉明執行總主編、常書銘主編『三晉石刻大全・晉城市高平市卷』（三晉出版社、2011年1月）
	大全侯馬(+頁)	劉澤民總主編、李玉明執行總主編、高青山主編『三晉石刻大全・臨汾市侯馬市卷』（三晉出版社、2011年2月）
	大全沁源(+頁)	劉澤民總主編、李玉明執行總主編、杜天雲主編『三晉石刻大全・長治市沁源縣卷』（三晉出版社、2011年12月）
	大全榆次(+頁)	劉澤民總主編、李玉明執行總主編、王琳玉主編、閻震執行主編『三晉石刻大全・晉中市榆次區卷』（三晉出版社、2012年12月）
	大全黎城(+頁)	劉澤民總主編、李玉明執行總主編、王蘇陵主編『三晉石刻大全・長治市黎城縣卷』（三晉出版社、2012年12月）
	大全長治(+頁)	劉澤民總主編、李玉明執行總主編、賈圪堆主編『三晉石刻大全・長治市長治縣卷』（三晉出版社、2012年12月）
	大全長子(+頁)	李玉明總主編、王雅安執行總主編、申修福主編『三晉石刻大全・長治市長子縣卷』（三晉出版社、2013年8月）
	大全武鄉(+頁)	李玉明總主編、王雅安執行總主編、李樹生主編『三晉石刻大全・長治市武鄉縣卷』（三晉出版社、2013年8月）
	大全南郊(+頁)	李玉明・王雅安總主編、許德合主編『三晉石刻大全・大同市南郊區卷』（三晉出版社、2014年8月）
	大全壺關(+頁)	李玉明・王雅安總主編、張平和主編『三晉石刻大全・長治市壺關縣卷』（三晉出版社、2014年8月）
	大全迎澤(+頁)	李玉明・王雅安總主編、劉文華主編『三晉石刻大全・太原市迎澤區卷』（三晉出版社、2014年9月）
	大全懷仁(+頁)	李玉明・王雅安總主編、周志強主編『三晉石刻大全・朔州市懷仁縣卷』（三晉出版社、2014年12月）
	大全新絳(+頁)	李玉明總主編、王國傑主編『三晉石刻大全・運城市新絳縣卷』（三晉出版社、2015年10月）
	大全襄垣(+頁)	李玉明總主編、趙栓慶主編、劉九成・路建偉執行主編『三晉石刻大全・長治市襄垣縣卷』（三晉出版社、2015年11月）
	大全襄汾(+頁)	李玉明總主編、高建錄主編『三晉石刻大全・臨汾市襄汾縣卷』（三晉出版社、2016年2月）
	大全臨猗(+頁)	李玉明總主編、文紅武主編『三晉石刻大全・運城市臨猗縣卷』（三晉出版社、2016年12月）

		大全朔城(+頁)	李玉明總主編、杜啓貴主編『三晉石刻大全・朔州市朔城區卷』(三晉出版社、2017年3月)
		大全汾陽(+頁)	李玉明總主編、武登雲主編、張立新執行主編『三晉石刻大全・呂梁市汾陽市卷』(三晉出版社、2017年9月)
		大全永濟(+頁)	李玉明總主編、董榕主編『三晉石刻大全・運城市永濟市卷』(三晉出版社、2022年1月)
J173	稀見		鄭志剛・夏京州編『稀見古石刻叢刊：北魏穆景冑墓誌』(河南美術出版社、2010年6月)
			鄭志剛・夏京州編『稀見古石刻叢刊：北魏李暉儀墓誌』(河南美術出版社、2010年6月)
			鄭志剛・夏京州編『稀見古石刻叢刊：北魏元長文墓誌』(河南美術出版社、2010年6月)
			鄭志剛・尚曉周編『稀見古石刻叢刊：唐大周梁玉墓誌・北魏元華光墓誌殘石』(河南美術出版社、2010年6月)
			鄭志剛・尚曉周編『稀見古石刻叢刊：東魏郭挺墓誌』(河南美術出版社、2010年6月)
			鄭志剛・夏京州編『稀見古石刻叢刊：東魏田洛墓記・北魏元緦墓誌殘石』(河南美術出版社、2010年6月)
			鄭志剛・夏京州著『稀見古石刻叢刊：北魏趙盛夫婦墓誌・唐呂府君墓誌』(河南美術出版社、2010年6月)
			鄭志剛・夏京州編『稀見古石刻叢刊：北齊天保造像題記・東魏李光顯墓誌』(河南美術出版社、2010年6月)
			鄭志剛編撰『稀見古石刻叢刊：北魏殷伯姜墓誌・鞏義石窟東漢詩刻』(河南美術出版社、2010年12月)
			鄭志剛編撰『稀見古石刻叢刊：北魏染華墓誌』(河南美術出版社、2010年12月)
			鄭志剛編撰『稀見古石刻叢刊：東魏趙鋻墓誌』(河南美術出版社、2010年12月)
			鄭志剛編撰『稀見古石刻叢刊：北齊褚寶慧墓誌・唐李歸一鎭墓文』(河南美術出版社、2010年12月)
			鄭志剛編撰『稀見古石刻叢刊：北齊劉難陀墓誌・唐張夫人墓誌』(河南美術出版社、2010年12月)

		鄭志剛編撰『稀見古石刻叢刊：北齊于孝卿墓誌・篆隸磚書五種』（河南美術出版社、2010年12月）
		鄭志剛編撰『稀見古石刻叢刊：東漢永和四年墓石・北齊任遜墓誌』（河南美術出版社、2010年12月）
J174	新見銘刻(+頁)	許雄志・崔學順編著『新見秦漢魏唐銘刻精選』（河南美術出版社、2010年6月）
J175	故宮彙編(+頁)	故宮博物院編、郭玉海・方斌主編『故宮博物院藏歷代墓誌彙編』（紫禁城出版社、2010年7月）
J176	青社齋(+頁)	李森著『青社齋碑誌叢稿』（光明日報出版社、2010年7月）
J177	襄汾文史(+頁)	政協襄汾縣文史資料委員會・襄汾縣文體局編『襄汾文史資料（第17輯：碑碣誌文錄）』（臨汾工藝美術印刷有限公司、2010年8月）
J178	打開北朝(+頁)	潘偉斌著『打開北朝之門』（中國國際廣播出版社、2010年8月）
J179	鄭道昭家(+頁)	邢學敏著『北魏書法家鄭道昭家族研究』（線裝書局、2010年9月）
J180	汾陽書法(+頁)	汾陽書法篆刻選集編集領導小組編『汾陽書法篆刻選集』（京華出版社、2010年12月）
J181	隋唐集萃(+頁)	芙蓉齋主編『新出隋唐墓誌集萃』（私家版、出版年月不明〈2010年秋序〉）
J182	濟寧誌(+頁)	李恒法・解華英編著『濟寧歷代墓誌銘』（齊魯書社、2011年2月）
J183	西岳廟(+頁)	張江濤・劉帆編著『西岳廟碑石』（中央文獻出版社、2011年3月）
J184	長安新誌(+頁)	西安市長安博物館編『長安新出墓誌』（文物出版社、2011年5月）
J185	滎陽志(+頁)	滎陽文物志編纂委員會編著、常維華・陳萬卿主編『滎陽文物志』（中州古籍出版社、2011年5月）
J186	釋要(+頁)	彭興林編著『中國歷代名碑釋要』（山東美術出版社、2011年6月）
J187	洛少(+頁)	洛陽市文物管理局編著『洛陽出土少數民族墓誌彙編』（河南美術出版社、2011年7月）
J188	洛陽新見(+頁)	齊淵編『洛陽新見墓誌』（上海古籍出版社、2011年8月）
J189	鄴城碑石(+頁)	霍玉辰・王福生主編『鄴城碑石』（中國文史出版社、2011年9月）
J190	趙紹祖(+頁)	趙紹祖撰、牛繼清・趙敏校點『趙紹祖金石學三種』（黃山書社、2011年9月）
J191	龍門文萃(+頁)	張乃翥輯『龍門區系石刻文萃』（國家圖書館出版社、2011年10月）
J192	安豐(+頁)	賈振林編著『文化安豐』（大象出版社、2011年11月）
J193	元氏錄(+頁)	趙志芳主編、崔竹元編著『元氏金石錄』（中國文獻出版社、2011年11月）
J194	聖殿(+頁)	鄭州市華夏文化藝術博物館編著『聖殿里拾來的文明』（文物出版社、2011年12月）

J195	民間藏誌(+頁)	劉煒東編著『中國民間藏誌識讀』(河南美術出版社、2011年12月)
J196	滿城(+頁)	范福生主編『滿城歷代碑(石)刻輯錄』(河北教育出版社、2011年12月)
J197	秦晉豫(+頁)	趙君平・趙文成編『秦晉豫新出墓誌蒐佚(第1冊)』(國家圖書館出版社、2012年1月)
J198	鄴華甄賞(+頁)	陳子游主編、白恒副主編『中國民間私家藏品書系・奧缶齋(下) 鄴華甄賞』(文化藝術出版社、2012年1月)
J199	新獲七朝(+頁)	齊運通編『洛陽新獲七朝墓誌』(中華書局、2012年3月)
J200	扶溝(+頁)	郝萬章著『扶溝石刻』(中國廣播電視出版社、2012年3月)
J201	北窗(+頁)	潘思源編『施蟄存北窗碑帖選萃』(上海古籍出版社、2012年6月)
J202	北京房山(+頁)	宋大川主編、李偉敏著『北京考古志：房山卷』(上海古籍出版社、2012年8月)
J203	西市(+頁)	胡戟・榮新江主編『大唐西市博物館藏墓誌』(北京大學出版社、2012年9月)
J204	題跋集萃(+頁)	李亞平主編『金石拓本題跋集萃』(河北美術出版社、2012年9月)
J205	鴛鴦輯錄(+頁)	郭茂育・趙水森等編著『洛陽出土鴛鴦誌輯錄』(國家圖書館出版社、2012年10月)
J206	成都墓文(+頁)	劉雨茂・榮遠大編著『成都出土歷代墓銘券文圖錄綜釋』(文物出版社、2012年11月)
J207	北大新拓(+頁)	北京大學圖書館金石組・胡海帆・湯燕編『1996－2012北京大學圖書館新藏金石拓本菁華』(北京大學出版社、2012年12月)
J208	任丘(+頁)	馬合意編著『任丘金石文徵』(滄州區域文化研究所、2012年12月)
J209	柏鄉(+頁)	柏鄉縣文物保管所編著『河北柏鄉歷代碑銘拓錄』(中國文史出版社、2013年3月)
J210	三階史(+頁)	張總著『中國三階教史：一個佛教史上湮滅的教派』(社會科學文獻出版社、2013年3月)
J211	山東分類(+頁)	《山東石刻分類全集》編輯委員會編著(第5卷主編：賴非)『山東石刻分類全集：第5卷 歷代墓誌』(青島出版社・山東文化音像出版社、2013年4月)
J212	薛氏(+頁)	謝振中著『河東望族萬榮薛氏』(三晉出版社、2013年4月)
J213	西交大博(+頁)	李家駿主編『西安交通大學博物館藏品集錦・碑石書法卷』(陝西人民美術出版社、2013年5月)
J214	安陽墓葬(+頁)	河南省文物局編著『安陽北朝墓葬』(科學出版社、2013年7月)
J215	星空(+頁)	鄧文華著『歷史的星空(第3卷：景縣古代墓誌釋讀)』(中央文獻出版社、2013年8月)

J216	刻石精粹(+頁)	濟寧市任城石刻藝術館編、胡慶躍・孫峻・李偉編著『漢魏書刻石精粹（上）墓誌』（三秦出版社、2013年9月）
J217	慶陽菁華(+頁)	張智全主編、吳景山著『慶陽金石碑銘菁華』（甘肅文化出版社、2013年9月）
J218	衛輝碑刻(+頁)	安喜萍著『衛輝歷代碑刻』（中州古籍出版社、2013年10月）
J219	水調工程(+頁)	河南省文物局編『河南省南水北調工程考古發掘出土文物集萃（二）墓誌精選』（河南大學出版社、2013年11月）
J220	紀年墓(+頁)	謝虎軍・張劍編著『洛陽紀年墓研究』（大象出版社、2013年11月）
J221	天津博(+頁)	天津博物館編、岳宏主編『天津博物館文物展覽系列圖集：天津人文的由來』（文物出版社、2013年11月）
J222	藥王碑(+頁)	陝西省古籍整理辦公室編、吳敏霞主編、曹永斌編著『藥王山碑刻』（三秦出版社、2013年12月）
J223	藥王總(+頁)	陝西省考古研究院・陝西省銅川市藥王山管理局編、張燕・王福民編著、趙超編審『陝西省藥王山碑刻藝術總集（第六卷：歷代石碑）（上冊）』（上海辭書出版社、2013年12月）
J224	史君墓(+頁)	西安市文物保護考古研究院編著、楊軍凱著『北周史君墓』（文物出版社、2014年1月）
J225	杞芳堂(+頁)	李檣著『杞芳堂讀碑記』（西泠印社出版社、2014年1月）
J226	新精(+卷・頁)	郭茂育・谷國偉・張新鋒編著『新出土墓誌精粹（北朝卷上）』（上海書畫出版社、2014年2月）
		郭茂育・谷國偉・張新鋒編著『新出土墓誌精粹（北朝卷下）』（上海書畫出版社、2014年2月）
		郭茂育・谷國偉・張新鋒編著『新出土墓誌精粹（隋唐卷）』（上海書畫出版社、2014年2月）
J227	河東碑刻(+頁)	運城市河東博物館編『河東碑刻精選』（文物出版社、2014年5月）
J228	碑林新續(+頁)	趙力光主編『西安碑林博物館新藏墓誌續編』（陝西師大學出版總社有限公司、2014年7月）
J229	券研(+頁)	魯西奇著『中國古代買地券研究』（廈門大學出版社、2014年7月）
J230	長安碑刻(+頁)	吳敏霞主編、宋英・吳敏霞・穆曉軍・趙曉寧編著『長安碑刻』（陝西人民出版社、2014年9月）
J231	宇文猛墓(+頁)	耿志強著『寧夏固原北周宇文猛墓發掘報告與研究』（陽光出版社、2014年9月）
J232	萊山館藏(+頁)	煙臺市萊山區博物館編『萊山館藏歷代碑刻拓片精選：慶祝萊山區建區二十周

		年』(山東友誼出版社、2014年11月)
J233	獻縣(+頁)	朱惠民主編『獻縣墓誌銘鈎沉』(獻縣文化廣電新聞出版局、2014年11月)
J234	新泰集萃(+頁)	政協新泰市委員會編、馬秀義主編『新泰石刻集萃』(北京燕山出版社、2014年12月)
J235	濟寧考(+頁)	政協山東省濟寧市委員會編、李恒法編注『濟寧歷代墓誌考』(中國社會出版社、2014年12月)
J236	廣西石刻(+頁)	杜海軍輯校『廣西石刻總集輯校』(社會科學文獻出版社、2014年12月)
J237	燕趙(+頁)	詹文宏・李保平・鄧子平主編『燕趙碑刻(先秦秦漢魏晉南北朝卷)』(天津人民出版社、2015年3月)
J238	甀椎閒話(+頁)	武慕姚著『甀椎閒話』(河南大學出版社、2015年3月)
J239	譜牒(+頁)	陳爽著『出土墓誌所見中古譜牒研究』(學林出版社、2015年4月)
J240	廣東圖志(+頁)	伍慶祿・陳鴻鈞著『廣東金石圖志』(綫裝書局、2015年5月)
J241	秦晉豫續(+頁)	趙文成・趙君平主編『秦晉豫新出墓誌蒐佚續編(第1冊)』(國家圖書館出版社、2015年7月)
J242	大司馬墓(+頁)	河南省文物局編著『衛輝大司馬墓地』(科學出版社、2015年8月)
J243	琬琰流芳(+頁)	譚淑琴主編『琬琰流芳:河南博物院藏碑誌集粹』(中州古籍出版社、2015年9月)
J244	麥積區(+頁)	汪明校注『麥積區金石校注』(三秦出版社、2015年9月)
J245	徐顯秀墓(+頁)	太原北齊壁畫博物館編、武光文著『北齊徐顯秀墓』(三晉出版社、2015年9月)
J246	洛陽精品	余扶危・王木鋒・顧濤主編『洛陽歷代碑誌書法精品』(中州古籍出版社、2015年10月)
J247	楊氏輯錄(+頁)	雷建國主編『北魏弘農華陰楊氏墓誌輯錄』(西岳廟文物管理處、出版年月不明〈2015年11月序〉)
J248	安陽選編(+頁)	安陽市文物考古研究所・安陽博物館編著『安陽墓誌選編』(科學出版社、2015年12月)
J249	岱廟碑刻(+頁)	陶莉著『岱廟碑刻研究』(齊魯書社、2015年12月)
J250	五十年(+册・頁)	陝西省文物保護研究院編著、姜寶蓮主編『二十世紀五十年代陝西考古發掘資料整理研究』(全2册、三秦出版社、2015年12月)
J251	邵氏(+頁)	邵恩成・邵宜勇・邵奇青點校『邵氏先賢墓表墓誌銘選注』(香港良圖文化出版有限公司、2015年12月)
J252	誌法精選(+册)	榮寶齋出版社編『墓誌書法精選第1册:田靜墓誌・爾朱世邕墓誌』(榮寶齋

出版社、2015 年 12 月)

榮寶齋出版社編『墓誌書法精選第 2 册：宇文斌墓誌・王孝康墓誌』(榮寶齋出版社、2015 年 12 月)

榮寶齋出版社編『墓誌書法精選第 3 册：和子源墓誌・張叔墓誌』(榮寶齋出版社、2015 年 12 月)

榮寶齋出版社編『墓誌書法精選第 4 册：姚玉粲墓誌・費康遠墓誌』(榮寶齋出版社、2015 年 12 月)

榮寶齋出版社編『墓誌書法精選第 5 册：王均墓誌・梁㲿墓誌』(榮寶齋出版社、2015 年 12 月)

榮寶齋出版社編『墓誌書法精選第 6 册：馮誕墓誌・王壽德墓誌』(榮寶齋出版社、2016 年 8 月)

榮寶齋出版社編『墓誌書法精選第 7 册：呂達墓誌・元禹墓誌』(榮寶齋出版社、2016 年 8 月)

榮寶齋出版社編『墓誌書法精選第 8 册：元囧墓誌・裴敬墓誌』(榮寶齋出版社、2016 年 8 月)

榮寶齋出版社編『墓誌書法精選第 9 册：元遵墓誌・郭穎墓誌』(榮寶齋出版社、2016 年 8 月)

榮寶齋出版社編『墓誌書法精選第 10 册：王皓墓誌・張永墓誌』(榮寶齋出版社、2016 年 8 月)

榮寶齋出版社編『墓誌書法精選第 11 册：梁衍墓誌・卞茂墓誌』(榮寶齋出版社、2018 年 3 月)

榮寶齋出版社編『墓誌書法精選第 12 册：華端墓誌・李平墓誌』(榮寶齋出版社、2018 年 3 月)

榮寶齋出版社編『墓誌書法精選第 13 册：包愷墓誌・李協墓誌』(榮寶齋出版社、2018 年 3 月)

榮寶齋出版社編『墓誌書法精選第 14 册：樊覽墓誌・張順墓誌』(榮寶齋出版社、2018 年 3 月)

榮寶齋出版社編『墓誌書法精選第 15 册：楊居墓誌・長孫懿墓誌』(榮寶齋出版社、2018 年 3 月)

榮寶齋出版社編『墓誌書法精選第 16 册：王君墓誌・獨孤公墓誌』(榮寶齋出版社、2022 年 12 月)

榮寶齋出版社編『墓誌書法精選第 17 册：子建墓誌・元妃墓誌』(榮寶齋出版

		社、2022 年 12 月)
		榮寶齋出版社編『墓誌書法精選第 18 册：李公墓誌・賈君墓誌』(榮寶齋出版社、2022 年 12 月)
		榮寶齋出版社編『墓誌書法精選第 19 册：高君墓誌・馮君墓誌』(榮寶齋出版社、2022 年 12 月)
		榮寶齋出版社編『墓誌書法精選第 20 册：萇壽墓誌・傅君墓誌』(榮寶齋出版社、2022 年 12 月)
J253	北山汲古(+頁)	何碧琪主編『北山汲古：碑帖銘刻拓本』(香港中文大學文物館、2015 年)
J254	濟南圖記(+頁)	李銘主編『濟南考古圖記』(濟南出版社、2016 年 1 月)
J255	西安新獲(+頁)	西安市文物稽查隊編『西安新獲墓誌集萃』(文物出版社、2016 年 2 月)
J256	九朝(+頁)	洛陽九朝刻石文字博物館編『洛陽九朝刻石文字博物館』(洛陽九朝刻石文字博物館、出版年月不明〈2016 年 3 月後記〉)
J257	北朝院(+頁)	大同北朝藝術研究院編著、殷憲主編『北朝藝術研究院藏品圖錄：墓誌』(文物出版社、2016 年 5 月)
J258	盛世側影(+頁)	河南博物院編『盛世側影：河南博物院藏漢唐文物精品』(文物出版社、2016 年 7 月)
J259	題跋菁華(+頁)	郭慶華・羅向軍・李亞平主編『金石拓本題跋菁華』(河北美術出版社、2016 年 7 月)
J260	珍稀百品(+頁)	胡戟著『珍稀墓誌百品』(陝西師範大學出版總社有限公司、2016 年 8 月)
J261	永遠北朝(+頁)	趙超・吳強華主編『永遠的北朝：深圳博物館北朝石刻藝術展』(文物出版社、2016 年 8 月)
J262	滄海遺珍(+頁)	晉華編著『滄海遺珍：文物卷』(三晉出版社、2016 年 8 月)
J263	高陽原誌(+頁)	陝西省考古研究院編、李明・劉呆運・李舉綱主編『長安高陽原新出土隋唐墓誌』(文物出版社、2016 年 9 月)
J264	發現山西(+頁)	山西省考古研究所・山西博物院編『發現山西：考古的故事』(山西人民出版社、2016 年 9 月)
J265	石刻法律(+頁)	李明曉著『兩漢魏晉南北朝石刻法律文獻整理與研究』(人民出版社、2016 年 10 月)
J266	盧氏(+頁)	盧夏龍編撰『盧氏碑誌輯錄（宋朝以前）』(私家版、2016 年 10 月)
J267	山西藝博(+頁)	張建華・劉國華編著『山西省藝術博物館館藏碑誌集萃』(山西經濟出版社、2016 年 11 月)
J268	隆堯輯要(+頁)	戴建兵主編、趙生泉・馬振祺・趙夫辰副主編『隆堯碑誌輯要』(天津人民美術

		出版社、2016年12月)
J269	考古故事(+頁)	山西博物院・山西省考古研究所編『考古的故事：山西"十二五"考古成果展』（山西人民出版社、2016年12月）
J270	新獲一五(+頁)	齊運通・楊建鋒編『洛陽新獲墓誌二〇一五』（中華書局、2017年2月）
J271	羌族(+頁)	曾曉梅・吳明冉集釋『羌族石刻文獻集成』（巴蜀書社、2017年2月）
J272	字里集粹(+頁)	吳振鋒編著『字里千秋：新見碑誌拓片集粹』（陝西師範大學出版總社、2017年3月）
J273	斛律徹墓(+頁)	山西省考古研究所編著『太原沙潞唐代斛律徹墓』（科學出版社、2017年3月）
J274	菁英(+頁) 菁英二(+頁)	羅振玉編『六朝墓誌菁英』（河南美術出版社、2017年4月） 羅振玉編『六朝墓誌菁英二編』（河南美術出版社、2017年4月）
J275	平城書迹(+頁)	殷憲編著『北魏平城書迹』（文物出版社、2017年5月）
J276	國博誌(+頁)	中國國家博物館編『中國國家博物館館藏文物研究叢書・墓誌卷』（上海古籍出版社、2017年6月）
J277	風引薤歌(+頁)	陝西歷史博物館『風引薤歌：陝西歷史博物館藏墓誌萃編』（陝西師範大學出版總社、2017年8月）
J278	金石爲開(+頁)	姚強著『金石爲開：三餘堂傳拓藝術』（三晉出版社、2017年8月）
J279	越秀碑刻(+頁)	高旭紅編著『越秀碑刻』（廣東人民出版社、2017年8月）
J280	臨城館藏(+頁)	王信忠編著『河北臨城館藏墓誌』（花山文藝出版社、2017年9月）
J281	臨汾西趙(+頁)	山西省考古研究所・臨汾市文物旅遊局編著『臨汾西趙：隋唐金元明清墓葬』（科學出版社、2017年9月）
J282	衡水金石(+頁)	衡水市政協文史資料委員會編『衡水金石書法錄』（九州出版社、2017年9月）
J283	絲路紀影(+頁)	張乃翥・張成渝編『絲路紀影：洛汭草堂藏拓擷英』（國家圖書館出版社、2017年10月）
J284	海岱石華(+頁)	顧亞龍主編、孟鴻聲・賴非執行主編『海岱石華：山東秦漢魏石刻書法藝術』（山東畫報出版社、2017年12月）
J285	磁縣雙廟(+頁)	南水北調中綫幹綫工程建設管理局・河北省南水北調工程建設領導小組辦公室・河北省文物局編著『磁縣雙廟墓群考古發掘報告』（文物出版社、2017年12月）
J286	天水輯校(+頁)	劉雁翔校注『天水金石文獻輯錄校注』（三秦出版社、2017年12月）
J287	元祉墓(+頁)	吳業恒・史家珍主編『洛陽北魏元祉墓』（中州古籍出版社、2018年1月）
J288	隴南校錄(+頁)	趙逵夫主編『隴南金石校錄』（社會科學文獻出版社、2018年1月）
J289	陝西新隋(+頁)	劉文編著『陝西新見隋朝墓誌』（三秦出版社、2018年1月）

J290	絲路洛陽(+頁)	張乃翥・張成渝著『絲綢之路視域中的洛陽石刻』(上海古籍出版社、2018年1月)
J291	邯鄲校釋(+頁)	任乃宏・張潤澤・王興校釋『邯鄲地區隋唐五代碑刻校釋』(中國文史出版社、2018年1月)
J292	隨葬文書(+頁)	黃景春著『中國宗教性隨葬文書研究：以買地券、鎮墓文、衣物疏為主』(上海人民出版社、2018年3月)
J293	鄭氏誌(+頁)	張應橋著『隋唐滎陽鄭氏家族墓誌疏證』(中州古籍出版社、2018年5月)
J294	牛氏(+頁)	牛建東編著『中古隴西牛氏碑刻集錄』(三晉出版社、2018年6月)
J295	佛教金石(+頁)	許明編著『中國佛教金石文獻・塔銘墓誌部』(上海書店出版社、2018年6月)
J296	邯鄲石刻(+卷・頁)	賈紅軍・朱獻東・陳振山主編『邯鄲石刻』(全1函8卷、綫裝書局、2018年6月)
J297	小營(+頁)	北京市文物研究所編『小營與西紅門：北京大興考古發掘報告』(上海古籍出版社、2018年6月)
J298	北朝百品(+番號)	齊運通・趙力光主編『北朝墓誌百品』(中華書局、2018年7月)
J299	國博法帖	王春法主編、李文秋編著『中華寶典・中國國家博物館館藏法帖書系(第2輯)：元顯儁墓誌(民國拓本)』(安徽美術出版社、2018年8月)
		王春法主編、蘇強編著『中華寶典・中國國家博物館館藏法帖書系(第5輯)：元羽墓誌(北魏刻石)』(安徽美術出版社、2020年5月)
		王春法主編、陳暢編著『中華寶典・中國國家博物館館藏法帖書系(第5輯)：封魔奴墓誌(北魏刻石)』(安徽美術出版社、2020年5月)
		王春法主編、于璐編著『中華寶典・中國國家博物館館藏法帖書系(第5輯)：獨孤信墓誌(北周刻石)』(安徽美術出版社、2020年5月)
J300	沁陽(+頁)	張紅軍主編『沁陽市博物館藏墓誌』(科學出版社、2018年9月)
J301	雲峰四山(+頁)	邱學才主編『雲峰四山北朝刻石全集』(天津古籍出版社、2018年9月)
J302	佛造天水(+頁)	李寧民・王來全主編『甘肅散見佛教石刻造像調查與研究・天水卷』(文物出版社、2018年9月)
J303	韓家灣墓(+頁)	陝西省考古研究院編著『西安長安區韓家灣墓地發掘報告』(三秦出版社、2018年10月)
J304	金石證史(+頁)	劉勇著『金石證史：三晉碑誌中的歷史細節』(三晉出版社、2018年10月)
J305	字里賞讀(+頁)	楊勇著『字里千秋：新出中古墓誌賞讀』(江西美術出版社、2018年10月)
J306	道在瓦甓(+頁)	李剛田編著『道在瓦甓：李剛田金石題跋集』(河南美術出版社、2018年10月)
J307	張家川(+頁)	張家川回族自治縣文物局・張家川回族自治縣博物館編著『張家川金石錄』(文

		物出版社、2018 年 10 月)
J308	山西档案(+册・頁)	山西省文物局編『山西珍貴文物档案（4）山西博物院綜合卷』(科學出版社、2018 年 10 月)
		山西省文物局編『山西珍貴文物档案（11）太原卷』(科學出版社、2020 年 11 月)
		山西省文物局編『山西珍貴文物档案（12）運城卷』(科學出版社、2019 年 12 月)
		山西省文物局編『山西珍貴文物档案（13）大同卷』(科學出版社、2019 年 12 月)
		山西省文物局編『山西珍貴文物档案（14）長治卷』(科學出版社、2020 年 11 月)
J309	介休(+頁)	溫旭霞主編、侯清柏・許中編著『介休碑傳集』(三晉出版社、2018 年 10 月)
J310	北大新續(+頁)	北京大學圖書館金石組・胡海帆・湯燕編『1996-2017 北京大學圖書館新藏金石拓本菁華（續編）』(北京大學出版社、2018 年 12 月)
J311	瑯琊王(+頁)	南京博物院編『瑯琊王：從東晉到北魏』(譯林出版社、2018 年 12 月)
J312	壽光集萃(+頁)	袁慶華編著『壽光市碑刻集萃』(中國文史出版社、2018 年 12 月)
J313	鹿泉(+頁)	戴建兵主編、趙生泉副主編『石家莊市鹿泉碑刻輯錄』(河北人民出版社、2018 年 12 月)
J314	上黨中古(+頁)	閻朝輝主編『上黨中古代墓誌拓片及臨摹題跋』(天津人民美術出版社、2018 年 12 月)
J315	圖裝(+頁)	林聖智著『圖像與裝飾：北朝墓葬的生死表象』(國立臺灣大學出版中心、2019 年 2 月)
J316	陝西院(+頁)	陝西省考古研究院編『陝西省考古研究院新入藏墓誌』(上海古籍出版社、2019 年 4 月)
J317	晝錦堂(+頁)	安陽市市區文物景點管理處編『晝錦堂藏石粹編』(中州古籍出版社、2019 年 4 月)
J318	廣東集(+頁)	伍慶祿・陳鴻鈞編著『廣東碑刻銘文集（第 3 卷：墓碑誌銘類其他）』(廣東高等教育出版社、2019 年 7 月)
J319	高姓(+頁)	高廣偉編著『歷代高姓墓誌滙考』(中州古籍出版社、2019 年 8 月)
J320	唐代鄭氏(+頁)	謝思煒・王昕・燕雪平著『唐代滎陽鄭氏家族：世系與婚姻關係考』(上海古籍出版社、2019 年 8 月)
J321	河南散存(+頁)	陳朝雲著『河南散存散見及新獲漢唐碑誌整理研究』(科學出版社、2019 年 9

		月)
J322	曹連墓(+頁)	司馬國紅・顧雪軍編著『洛陽北魏曹連石棺墓』(科學出版社、2019年9月)
J323	全集北魏(+册・頁)	余扶危・郭茂育主編『中國歷代墓誌全集．北魏卷』(全2册、中州古籍出版社、2019年10月)
J324	銅川碑刻(+頁)	陝西省古籍整理辦公室編、吳敏霞・黨斌主編、陳曉捷・王建域・任篠虎編著『銅川碑刻』(三秦出版社、2019年10月)
J325	啓功(+頁)	王靖憲主編『啓功先生舊藏金石碑帖』(文物出版社、2019年10月)
J326	西南滙釋(+頁)	毛遠明・李海峰編著『西南大學新藏石刻拓本滙釋』(中華書局、2019年11月)
J327	河西墓文(+頁)	吳浩軍著『河西墓葬文獻研究』(上海古籍出版社、2019年11月)
J328	秦州(+頁)	政協天水市秦州區委員會編『秦州金石拓片圖錄』(華夏文化出版社、2020年1月)
J329	碑證望都(+頁)	何任道・王英輝・李志剛編著『碑證望都』(人民出版社、2020年5月)
J330	渭華翠色(+頁)	隋曉會・陳根遠主編『渭華翠色：陝西渭南名碑拓本圖鑒』(陝西電子·音像出版社、2020年5月。陝西人民出版社、2020年9月)
J331	秦晉豫三(+頁)	張永華・趙文成・趙君平編『秦晉豫新出墓誌蒐佚三編(第1册)』(國家圖書館出版社、2020年6月)
J332	韓祖念墓(+頁)	太原市文物考古研究所編著、周富年・彭娟英・龍眞主編『太原北齊韓祖念墓』(科學出版社、2020年6月)
J333	洛陽院(+頁)	洛陽市文物考古研究院編『洛陽市文物考古研究院藏石集粹・墓誌篇』(中州古籍出版社、2020年9月)
J334	美術院(+頁)	牛篠桔主編、中國美術學院圖書館編『中國美術學院圖書館藏精品碑拓』(浙江古籍出版社、2020年9月)
J335	山西北朝(+頁)	王力軍編著『山西出土北朝墓誌輯釋』(北岳文藝出版社、2020年9月)
J336	大興報告(+頁)	北京市文物研究所編著『大興古墓葬考古發掘報告集』(科學出版社、2020年9月)
J337	新獲百品(+頁)	齊運通主編、潘向東・王化昆・吳炯炯副主編『洛陽新獲墓誌百品』(國家圖書館出版社、2020年10月)
J338	券輯(+頁)	褚紅著『歷代買地券輯注』(文物出版社、2020年10月)
J339	武威志(+頁)	王其英編著『武威金石志』(天津古籍出版社、2020年11月)
J340	吐魯番(+頁)	張銘心編著『吐魯番出土墓誌彙考』(廣西師範大學出版社、2020年11月)
J341	牧野名碑(+頁)	霍德柱編著『牧野名碑』(中國社會科學出版社、2020年12月)
J342	遼寧志續(+頁)	遼寧省地方志編纂委員會辦公室編『遼寧省志・文物志：1986-2005』(遼寧人

		民出版社、2020年12月)
J343	絲路沿綫(+頁)	史家珍主編『絲綢之路沿綫民族人士墓誌輯釋』(上海交通大學出版社、2021年1月)
J344	北精粹(+卷・頁)	上海書畫出版社編『北朝墓誌精粹(第1輯：北魏卷1～5)』(全5卷、上海書畫出版社、2021年1月)
		上海書畫出版社編『北朝墓誌精粹(第2輯：北魏卷6～8、東魏西魏卷、北齊北周卷)』(全5卷、上海書畫出版社、2021年1月)
J345	持志齋拓(+頁)	堀川英嗣・殷亦玄主編『持志齋舊藏北魏平城書法拓本選集』(上海書畫出版社、2021年1月)
J346	韋氏(+頁)	戴應新編著『長安鳳棲原韋氏家族墓地墓誌輯考』(三秦出版社、2021年3月)
J347	晉陽遺珍(+頁)	太原市文物考古研究所編『晉陽遺珍』(三晉出版社、2021年4月)
J348	河州(+頁)	馬志勇編著『河州金石錄』(甘肅教育出版社、2021年4月)
J349	魏碑聖地(+頁)	魏碑聖地組委會編『魏碑聖地：當代魏碑書法三十人展・魏碑刻石拓片精選作品集』(魏碑聖地組委會、出版年月不明〈2021年4月序〉)
J350	永年志(+頁)	郭須善主編『永年碑石志』(河北美術出版社、2021年5月)
J351	廣府錄(+頁)	高旭紅・陳鴻鈞著『廣府金石錄』(廣東人民出版社、2021年6月)
J352	隴南萃編(+頁)	蔡副全著『隴南金石題壁萃編』(中華書局、2021年7月)
J353	李氏墓(+頁)	北京大學考古文博學院・河北省文物考古研究院編著『贊皇西高北朝趙郡李氏家族墓地：2009～2010年北區發掘報告』(科學出版社、2021年9月)
J354	德州誌研(+頁)	呂宏偉著『德州出土墓誌研究』(濟南出版社、2021年9月)
J355	嘉樹堂(+頁)	陳郁『嘉樹堂讀碑記』(文物出版社、2021年9月)
J356	山東書全(+頁)	顧亞龍主編、賴非・薰現強編著『山東書法全集(第八卷・墓誌)』(山東畫報出版社、2021年10月)
J357	白水碑刻(+頁)	陝西省古籍整理辦公室編、薰斌主編、范志鵬・杜永智・王志勇・魏亞飛編著『白水碑刻』(三秦出版社、2021年12月)
J358	鄭州北朝(+頁)	鄭州市地方史志辦公室編著『鄭州金石志・北朝編』(中國水利水電出版社、2021年12月)
	鄭州隋唐(+頁)	鄭州市地方史志辦公室編著『鄭州金石志・隋唐五代編』(中國水利水電出版社、2021年12月)
J359	固原新區(+頁)	寧夏文物考古研究所編著『固原新區南塬墓地發掘報告』(文物出版社、2021年12月)
J360	幽州誌研(+頁)	蔣愛花著『身份、記憶、反事實書寫：隋唐時期幽州墓誌研究』(中國社會科學

		出版社、2021年12月)
J361	刻石珍拓(+頁)	北京文物交流中心編、李晨主編『收藏家2021年增刊：三國兩晉南北朝刻石珍拓研究』(北京《收藏家》雜誌社有限公司、2021年12月)
J362	房山志六(+頁)	楊亦武著『房山碑刻通志（卷六・韓村河鎮、石樓鎮）』(學苑出版社、2022年1月)
J363	雲雨蟄龍(+頁)	陳花容著『雲雨蟄龍：千唐誌齋藏石百品繩鑒』(河南美術出版社、2022年2月)
J364	陝西萃編(+頁)	吳敏霞等編著『陝西碑刻文獻萃編（唐前卷）』(中華書局、2022年3月)
J365	歷城(+頁)	王海峰・張婷・劉汝振主編『歷城碑刻選』(中國書籍出版社、2022年4月)
J366	壽光歷代(+頁)	張書功編著『壽光歷代碑刻』(中國文史出版社、2022年5月)
J367	廻望桑乾(+頁)	王銀田著『廻望桑乾：北朝、遼金考古研究』(上海古籍出版社、2022年6月)
J368	柳氏(+册・頁)	柳育龍編著『歷代柳氏墓誌碑傳』(全2册、中國文學藝術出版社、2022年6月)
J369	僧尼(+頁)	介永強編『隋唐僧尼碑誌塔銘集錄』(上海古籍出版社、2022年8月)
J370	涼州(+頁)	鄭炳林主編、魏迎春・馬振穎編著『涼州金石錄』(甘肅文化出版社、2022年9月)
J371	壽光金石(+頁)	李瑞成・袁慶華・葛懷聖編著『壽光金石文化』(綫裝書局、2022年9月)
J372	千唐全集(+頁)	陳振濂主編、陳花容執行主編『千唐誌齋碑銘全集（第一卷）』(朝華出版社、2022年10月)
J373	洛陽移民(+頁)	洛陽絲綢之路博物館編、王軍花著『洛陽古代異域移民遺存研究』(上海交通大學出版社、2022年10月)
J374	磚書(+頁)	上海書畫出版社編、黎旭・王立翔主編『兩晉至宋元磚銘書法（第4册）』(上海書畫出版社、2022年10月)
J375	崔氏(+頁)	張應橋著『隋唐崔氏家族墓誌疏證』(上海交通大學出版社、2022年11月)
J376	文字墨影(+頁)	黃德寬・劉紀獻主編『文字墨影：中國文字博物館館藏墓誌拓片選釋』(中州古籍出版社、2022年11月)
J377	統萬城(+頁)	陝西省考古研究院編著、邢福來・侯甬堅主編、康蘭英・喬建軍・王富春・趙延海分册主編『五至十世紀統萬城夏州城考古發現與研究（圖版編：統萬城周邊墓葬出土文物圖册）』(三秦出版社、2022年12月)
J378	晉陽北齊(+頁)	張長海著『晉陽出土北齊墓誌研究』(山西科學技術出版社、2022年12月)
J379	魚國之謎(+頁)	馮培紅著『魚國之謎：從葱嶺東西到黃河兩岸』(甘肅教育出版社、2023年3月)

J380	黄泉(+頁)	稲田奈津子・王海燕・榊佳子編著『黄泉の國との契約書：東アジアの買地券』（勉誠出版、2023年3月）
J381	張海館a(+頁)	張海書法藝術館編、張海主編、薛帥傑・張永強執行主編『張海書法藝術館館藏石刻選』（張海書法藝術館、出版年月不明）
	張海館b(+頁)	張海書法藝術館編、張永強主編『張海書法藝術館館藏石刻選（上冊）』（西泠印社出版社、2023年4月）
J382	碑誌春秋(+頁)	王強著『碑誌春秋：石頭上的歷史事件與人物』（上海書畫出版社、2023年6月）
J383	淄博誌釋(+頁)	譚秀柯著『淄博出土墓誌集釋』（綫裝書局、2023年8月）
J384	洛誌研(+頁)	杜鵑花・王化昆『洛陽出土墓誌研究』（上海交通大學出版社、2023年9月）
J385	豆盧恩墓(+頁)	陝西省考古研究院編著『北周豆盧恩家族墓地發掘報告』（文物出版社、2023年10月）
J386	隋精粹(+册・頁)	上海書畫出版社編『隋代墓誌精粹（第1輯：1〜5）』（全5册、上海書畫出版社、2023年11月）
		上海書畫出版社編『隋代墓誌精粹（第2輯：6〜10）』（全5册、上海書畫出版社、2023年11月）
J387	關中院(+頁)	何如月・王勇超著『石墨鐫華：關中民俗藝術博物院收藏碑誌集釋』（陝西師範大學出版總社、2023年12月）
J388	陝西集成(+頁)	陝西省古籍整理辦公室編、吳敏霞・黨斌・王志勇編著『陝西碑刻文獻集成（第1册：六六－六二七年）』（中華書局、2023年12月）
J389	高陽原墓(+頁)	陝西省考古研究院編著『高陽原隋墓考古發掘報告』（文物出版社、2023年12月）
J390	邢州萃編(+頁)	睢金山總策劃、胡湛主編『邢州金石萃編』（邢臺市文學藝術界聯合會、出版年月不明）
J391	贊皇錄(+頁)	王占民・智吉民主編『贊皇金石錄：贊皇金石碑帖集萃』（贊皇縣文學藝術界聯合會・贊皇縣歷史紅色文化研究會、出版年月不明）

K類：論文等

ここでは學術雜誌や論文集や新聞等に掲載された論文を取り上げる。各頁の先頭行には「論文等」と表記する。各枠内には著者名と發表年を表記する。なお、著者が複數の場合には「筆頭著者名+等」と略稱する。

K1	神田喜一郎1922	神田喜一郎「三階教に關する隋唐の古碑（上）」（『佛教研究』第3卷第3號、1922年7月、第1〜23頁、同著『神田喜一郎全集（第1卷）』、同朋舍出版、1986年1月、第277〜298頁）

K2	趙萬里 1929	趙萬里「北魏江陽王元繼墓誌跋」(『北平北海圖書館月刊』第2卷第5號、1929年5月。同著、冀淑英・張志清・劉波主編『趙萬里文集（第2卷）』、上海科學技術文獻出版社・國家圖書館出版社、2012年11月、第247頁)
K3	陳寅恪 1933	陳寅恪「李唐氏族之推測後記」(國立中央研究院歷史語言研究所編『國立中央研究院歷史語言研究所集刊（第3本第4分）』、商務印書館、1933年1月、第511～516頁。同著『陳寅恪集．金明館叢稿二編』、生活・讀書・新知三聯書店、2001年7月、第335～345頁)
K4	趙萬里 1935a	趙萬里「元龍墓誌跋」(『益世報・讀書周刊』第30期、1935年12月26日。同著、冀淑英・張志清・劉波主編『趙萬里文集（第2卷）』、上海科學技術文獻出版社・國家圖書館出版社、2012年11月、第248～249頁)
K5	趙萬里 1935b	趙萬里「彭城王元勰妃李媛華墓誌銘」(『益世報・讀書周刊』第30期、1935年12月26日。同著、冀淑英・張志清・劉波主編『趙萬里文集（第2卷）』、上海科學技術文獻出版社・國家圖書館出版社、2012年11月、第250～251頁。清華大學國學研究院主編、付佳選編『趙萬里文存』、江蘇人民出版社、2016年10月、第420～421頁)
K6	岑仲勉 1936	岑仲勉「金石證史」(國立中山大學研究院文科研究所歷史學部編『史學專刊（第1卷4期）』、國立中山大學出版部、1936年12月、第51～80頁。同著『金石論叢』、上海古籍出版社、1981年11月、第47～75頁)
K7	塚本善隆 1937	塚本善隆「三階教資料雜記」(『支那佛教史學』第1卷第1號、1937年4月、第57～74頁。同著『塚本善隆著作集 第3卷：中國中世佛教史論攷』、大東出版社、1975年3月、第209～250頁)
K8	岑仲勉 1939	岑仲勉「貞石證史」(國立中央研究院歷史語言研究所集刊編輯委員會編『國立中央研究院歷史語言研究所集刊（第8本第4分）』、商務印書館、1939年12月、第495～596頁。同著『金石論叢』、上海古籍出版社、1981年11月、第76～195頁)
K9	汪兆鏞 1942a	汪兆鏞「《前陳散騎侍郎劉猛進墓誌銘》跋」(同著『微尚齋雜文』卷三、1942年。同著、鄧駿捷・劉心明編校『汪兆鏞文集』、廣東人民出版社、2015年5月、第265～267頁)
K10	汪兆鏞 1942b	汪兆鏞「《隋儀同三司建州刺史徐智竦墓誌銘》跋」(同著『微尚齋雜文』卷三、1942年。同著、鄧駿捷・劉心明編校『汪兆鏞文集』、廣東人民出版社、2015年5月、第267～268頁)
K11	汪兆鏞 1942c	汪兆鏞「《隋王夫人墓誌》跋」(同著『微尚齋雜文』卷三、1942年。同著、鄧

		駿捷・劉心明編校『汪兆鏞文集』、廣東人民出版社、2015年5月、第268～269頁)
K12	趙萬里 1943	趙萬里「魏宗室東陽王榮與敦煌寫經」(『中德學志』第5卷第3期、1943年9月。同著、冀淑英・張志清・劉波主編『趙萬里文集 (第1卷)』、上海科學技術文獻出版社・國家圖書館出版社、2011年12月、第474～480頁。清華大學國學研究院主編、付佳選編『趙萬里文存』、江蘇人民出版社、2016年10月、第409～415頁)
K13	岑仲勉 1945	岑仲勉「續貞石證史」(國立中央研究院歷史語言研究所編『史料與史學 (第1本下冊)』、獨立出版社、1945年11月、第263～322頁。國立中央研究院歷史語言研究所集刊編輯委員會編『國立中央研究院歷史語言研究所集刊 (第15本)』、商務印書館、1948年4月、第225～281頁。同著『金石論叢』、上海古籍出版社、1981年11月、第196～264頁)
K14	趙萬里 1946a	趙萬里「洛陽新出爾朱敞父子墓誌考證」(『天津民國日報・圖書周刊』第19期、1946年11月29日。同著、冀淑英・張志清・劉波主編『趙萬里文集 (第2卷)』、上海科學技術文獻出版社・國家圖書館出版社、2012年11月、第252～256頁。清華大學國學研究院主編、付佳選編『趙萬里文存』、江蘇人民出版社、2016年10月、第422～425頁)
K15	趙萬里 1946b	趙萬里「跋館藏盧文構李月相夫婦墓誌」(『圖書季刊』新第7卷第3、4期合刊、1946年12月。同著、冀淑英・張志清・劉波主編『趙萬里文集 (第2卷)』、上海科學技術文獻出版社・國家圖書館出版社、2012年11月、第257～259頁)
K16	趙萬里 1947a	趙萬里「古誌新證」(『天津民國日報・圖書副刊』第27、28、29、31、36、38、40期、1947年1～4月。同著、冀淑英・張志清・劉波主編『趙萬里文集 (第2卷)』、上海科學技術文獻出版社・國家圖書館出版社、2012年11月、第260～269頁。また同文中の「高虯墓誌跋」、「高湛墓誌跋」、「李挺墓誌跋」、「徐智竦墓誌跋」のみ清華大學國學研究院主編、付佳選編『趙萬里文存』、江蘇人民出版社、2016年10月、第426～427頁、第428～429頁、第430～431頁、第432～433頁)
K17	趙萬里 1947b	趙萬里「跋洛陽近出陳叔明墓誌」(『圖書季刊』新第8卷第3、4期合刊、1947年12月。同著、冀淑英・張志清・劉波主編『趙萬里文集 (第2卷)』、上海科學技術文獻出版社・國家圖書館出版社、2012年11月、第270～272頁。清華大學國學研究院主編、付佳選編『趙萬里文存』、江蘇人民出版社、2016年

		10月、第434～436頁)
K18	陳寅恪 1950	陳寅恪「崔浩與寇謙之」(『嶺南學報』第11卷第1期、1950年12月、第111～134頁。同著『陳寅恪集. 金明館叢稿初編』、生活・讀書・新知三聯書店、2001年6月、第120～158頁)
K19	考古研究所陝西隊 1955	考古研究所陝西考古調查發掘隊「寶鷄和西安附近考古發掘簡報」(『考古通訊』1955年第2期、第33～40頁、圖版拾貳～拾肆)
K20	茹士安等 1955	茹士安・何漢南「西安地區考古工作中的發現」(『考古通訊』1955年第3期、第20～24頁、圖版捌～拾)
K21	陝西省文物管理委員會 1955	陝西省文物管理委員會「西安任家口M229號北魏墓清理簡報」(『文物參考資料』1955年第12期、第59～65頁)
K22	俞偉超 1956	俞偉超「西安白鹿原墓葬發掘報告」(『考古學報』1956年第3期、第33～75頁、圖版壹～捌)
K23	張平一 1956	張平一「河北吳橋縣發現東魏墓」(『考古通訊』1956年第6期、第42～43頁、圖版拾壹)
K24	周到 1956	周到「考古簡訊:河南安陽琪村發現隋墓」(『考古通訊』1956年第6期、第71～72頁)
K25	侯鴻鈞 1957	侯鴻鈞「文物工作報導・河南省:洛陽西車站發現北魏墓一座」(『文物參考資料』1957年第2期、第86頁)
K26	張季 1957	張季「河北景縣封氏墓群調查記」(『考古通訊』1957年第3期、第28～37頁、圖版8～15)
K27	黃河水庫考古工作隊 1957	黃河水庫考古工作隊「一九五六年河南陝縣劉家渠漢唐墓葬發掘簡報」(『考古通訊』1957年第4期、第9～19頁、圖版參～陸)
K28	陝西省文物管理委員會 1957	陝西省文物管理委員會「西安郭家灘隋墓清理簡報」(『文物參考資料』1957年第8期、第65～66頁)
K29	宋伯胤 1958	宋伯胤「卜仁墓中的隋代青瓷器」(『文物參考資料』1958年第8期、第47～49頁)
K30	簡又文 1958a	簡又文「劉猛進碑考」(『大陸雜誌』第16卷第12期、1958年6月、第1～13頁。同原著、蔡登山主編『簡又文談藝錄』、新銳文創、2020年4月、第319～352頁)
K31	簡又文 1958b	簡又文「補錄「隋王夫人墓誌」之眞偽問題」(『大陸雜誌』第17卷第2期、1958年7月、第16頁。朱萬章著『嶺南金石書法論叢』、文化藝術出版社、2001年8月、第17～18頁)

K32	河北省文物管理委員會 1959a	河北省文物管理委員會「河北磁縣講武城古墓清理簡報」(『考古』1959年第1期、第24～26頁)
K33	楊富斗 1959	楊富斗「山西曲沃縣秦村發現的北魏墓」(『考古』1959年第1期、第43～44頁)
K34	孟昭林 1959a	孟昭林「無極甄氏諸墓的發現及其有關問題」(『文物』1959年第1期、第44～46頁)
K35	河南省文化局 1959	河南省文化局文物考古隊「一九五五年洛陽澗西區北朝及隋唐墓葬發掘報告」(『考古學報』1959年第2期、第95～107頁、圖版壹～貳)
K36	孟昭林 1959b	孟昭林「記後魏邢偉墓出土物及邢巒墓的發現」(『考古』1959年第4期、第209～210頁)
K37	河北省文物管理委員會 1959b	河北省文物管理委員會「河北石家莊市趙陵舖鎮古墓清理簡報」(『考古』1959年第7期、第350～353頁)
K38	陝西省文物管理委員會 1959	陝西省文物管理委員會「西安郭家灘隋姬威墓清理簡報」(『文物』1959年第8期、第4～7頁)
K39	唐金裕 1959	唐金裕「西安西郊隋李靜訓墓發掘簡報」(『考古』1959年第9期、第471～472頁、圖版貳～參)
K40	考古研究所安陽發掘隊 1959	考古研究所安陽發掘隊「安陽隋張盛墓發掘記」(『考古』1959年第10期、第541～545頁、圖版玖～拾參)
K41	曹天信 1960	曹天信「文物工作報導・河南省：鄭州市南關外187號唐墓發掘簡訊」(『文物』1960年第8・9期、第94～95頁)
K42	岡崎敬 1960	岡崎敬「隋趙國公獨孤羅の墓誌銘の考證：陝西省咸陽・底張灣の北周・隋唐墓」(『史淵』第83號、1960年12月、第31～62頁。同著『中國の考古學：隋唐篇』、同朋舍出版、1987年6月、第73～100頁)
K43	池田溫 1961	池田溫「中國古代墓葬の一考察：隨葬衣物券について」(『國際東方學者會議紀要』第6冊、1961年、第51～60頁)
K44	馬國權 1962	馬國權「廣東的四方隋碑」(『藝林叢錄（第3編）』、商務印書館香港分館、1962年1月、第4～6頁)
K45	蔡語邨 1962	蔡語邨「隋正議大夫甯贙碑」(『藝林叢錄（第3編）』、商務印書館香港分館、1962年1月、第7～8頁)
K46	宮城正俊 1963	宮城正俊「胡太后物語：ある北魏の墓誌について」(『書品』第136號、1963年1月、第38～42頁)
K47	武伯綸 1963	武伯綸「唐萬年、長安縣鄉里考」(『考古學報』1963年第2期、第87～99頁)

K48	王玉山 1963	王玉山「太原市南郊清理北齊墓葬一座」(『文物』1963 年第 6 期、第 48〜50 頁。李非主編『太原考古』、山西古籍出版社、2003 年 8 月、第 153〜154 頁)
K49	游清漢 1963	游清漢「河南省石刻調査登記狀況簡介」(『文物』1963 年第 6 期、第 51 頁)
K50	塚本善隆 1963	塚本善隆「魏故昭玄沙門大統僧令法師墓誌銘」(岩井博士古稀記念事業會編『岩井博士古稀記念典籍論集』、岩井博士古稀記念事業會、1963 年 6 月、第 374〜378 頁)
K51	周到 1964	周到「河南濮陽北齊李雲墓出土的瓷器和墓誌」(『考古』1964 年第 9 期、第 482〜484 頁)
K52	劉玉杲 1964	劉玉杲「饒陽縣王橋村隋墓清理簡報」(『文物』1964 年第 10 期、第 47〜48 頁)
K53	郭存仁 1964	郭存仁「北京郊區出土一塊北齊墓誌」(『文物』1964 年第 12 期、第 68 頁)
K54	山西省文物管理委員會 1965	山西省文物管理委員會晉東南文物工作組「山西長治北石槽南唐墓」(『考古』1965 年第 9 期、第 462〜466 頁、圖版捌〜玖)
K55	阿英 1965	阿英「從晉磚文字説到《蘭亭序》書法：爲郭沫若《蘭亭序》依託説做一些補充」(『文物』1965 年第 10 期、第 21〜28 頁)
K56	陝西省文物管理委員會 1966	陝西省文物管理委員會「陝西省三原縣雙盛村隋李和墓清理簡報」(『文物』1966 年第 1 期、1966 年 1 月、第 27〜42 頁)
K57	河南省文化局 1966	河南省文化局文物工作隊「洛陽北魏長陵遺址調査」(『考古』1966 年第 3 期、第 155〜158 頁)
K58	王建浩等 1966	王建浩・蔣寶庚「濟南市東郊發現東魏墓」(『文物』1966 年第 4 期、第 56〜58 頁)
K59	原田正己 1967	原田正己「墓券文に見られる冥界の神とその祭祀」(『東方宗教』第 29 號、1967 年 7 月、第 17〜35 頁)
K60	小田義久 1969	小田義久「中國中世の庶民信仰」(『龍谷大學論集』第 389・390 合併號、1969 年 5 月、第 267〜278 頁)
K61	河南省博物館 1972	河南省博物館「河南安陽北齊范粹墓發掘簡報」(『文物』1972 年第 1 期、第 47〜57、86 頁。中國社會科學院考古研究所・河北省文物研究所・河北省臨漳縣文物旅遊局編『鄴城考古發現與研究』、文物出版社、2014 年 8 月、第 124〜135 頁)
K62	安陽縣文教衛生管理站 1972	安陽縣文教衛生管理站「河南安陽縣發現一座北齊墓」(『考古』1972 年第 1 期、第 45〜47 頁、圖版拾壹)
K63	山西省大同市博物館等 1972	山西省大同市博物館・山西省文物考古委員會「山西大同石家寨北魏司馬金龍墓」(『文物』1972 年第 3 期、1972 年 3 月、第 20〜29、64 頁)

K64	河北省博物館文管處 1972	河北省博物館文物管理處「河北曲陽發現北魏墓」(『考古』1972 年第 5 期、第 33～35 頁、圖版捌～拾壹)
K65	安陽縣文教局 1973a	安陽縣文教局「河南安陽縣清理一座北齊墓」(『考古』1973 年第 2 期、第 90～91 頁)
K66	祝嘉 1973	祝嘉「碑談八則」(『藝林叢錄 (第 8 編)』、商務印書館香港分館、1973 年 4 月、第 78～83 頁)
K67	洛陽博物館 1973	洛陽博物館「洛陽北魏元邵墓」(『考古』1973 年第 4 期、第 218～224, 243 頁、圖版捌～拾貳)
K68	安陽縣文教局 1973b	安陽縣文教局「河南安陽隋墓清理簡記」(『考古』1973 年第 4 期、第 232～233, 231 頁)
K69	新鄉市博物館 1973	新鄉市博物館「北齊竇、婁、石、劉四墓誌中幾個問題的探討」(『文物』1973 年第 6 期、第 8～15 頁)
K70	河北省博物館等 1973	河北省博物館・文物管理處「河北平山北齊崔昂墓調查報告」(『文物』1973 年第 11 期、第 27～38 頁、圖版伍)
K71	寬予 1974	寬予「美人董氏墓誌銘跋」(『藝林叢錄 (第 10 編)』、商務印書館香港分館、1974 年 3 月、第 48～51 頁)
K72	洛陽博物館 1974	洛陽博物館「河南洛陽北魏元乂墓調查」(『文物』1974 年第 12 期、第 53～55 頁、圖版壹)
K73	陶正剛 1975	陶正剛「山西祁縣白圭北齊韓裔墓」(『文物』1975 年第 4 期、第 64～73 頁)
K74	谷川道雄 1975	谷川道雄「鄭道昭とその一族」(『書論』第 6 號、1975 年 5 月、第 44～53 頁)
K75	秦明智等 1975	秦明智・任步雲「甘肅張家川發現"大趙神平二年"墓」(『文物』1975 年第 6 期、第 85～88 頁)
K76	安徽省展覽等 1976	安徽省展覽・博物館「合肥西郊隋墓」(『考古』1976 年第 2 期、第 134～140, 77 頁、圖版拾～圖版拾貳)
K77	黃頤壽 1976	黃頤壽「清江縣發現兩座紀年隋墓」(『文物工作資料』1976 年第 3 期、第 2 頁)
K78	亳縣博物館 1977	亳縣博物館「安徽亳縣隋墓」(『考古』1977 年第 1 期、第 65～68 頁、圖版拾～拾貳)
K79	清江博物館 1977	清江博物館「江西清江隋墓」(『考古』1977 年第 2 期、第 142～143 頁)
K80	日比野丈夫 1977	日比野丈夫「墓誌の起源について」(江上波夫教授古稀記念事業會編『江上波夫教授古稀記念論集 民族・文化篇』、山川出版社、1977 年 4 月、第 181～192 頁)
K81	馬衡 1977	馬衡「北魏墓誌跋六種」(同著『凡將齋金石叢稿』、中華書局、1977 年 10 月、

		第 190～196 頁。同著『馬衡講金石學』、鳳凰出版社、2010 年 1 月、第 115～120 頁）
K82	石家莊革委會文化局 1977	石家莊地區革委會文化局文物發掘組「河北贊皇東魏李希宗墓」（『考古』1977 年第 6 期、第 382～390、372 頁）
K83	磁縣文化館 1977	磁縣文化館「河北磁縣東陳村東魏墓」（『考古』1977 年第 6 期、第 391～400、428 頁、圖版捌～玖。中國社會科學院考古研究所・河北省文物研究所・河北省臨漳縣文物旅遊局編『鄴城考古發現與研究』、文物出版社、2014 年 8 月、第 136～147 頁、圖版 10～12）
K84	湯池 1977	湯池「河北磁縣出土魏昌樂王元誕墓誌」（文物編輯委員會編『文物資料叢刊（第 1 輯）』、文物出版社、1977 年 12 月、第 189～191 頁）
K85	臺靜農 1978	臺靜農「鄭羲碑與鄭道昭諸刻石」（董作賓先生逝世十四週年紀念刊編輯委員會編『董作賓先生逝世十四週年紀念刊』、藝文印書館、1978 年 3 月。陳子善編『臺靜農藝術隨筆』、上海文藝出版社、2014 年 3 月、第 7～19 頁）
K86	周偉洲 1978	周偉洲「甘肅張家川出土北魏《王眞保墓誌》試析」（『四川大學學報（哲學社會科學版）』1978 年第 3 期、第 79～84 頁。同著『西北民族史研究』、中州古籍出版社、1994 年 12 月、第 429～434 頁）
K87	山東省博物館文物組 1978	山東省博物館文物組「山東高唐東魏房悅墓清理紀要」（文物編輯委員會編『文物資料叢刊（第 2 輯）』、文物出版社、1978 年 12 月、第 105～109 頁、圖版拾柒～拾捌）
K88	河北省文管處 1979	河北省文管處「河北景縣北魏高氏墓發掘簡報」（『文物』1979 年第 3 期、第 17～31 頁）
K89	磁縣文化館 1979	磁縣文化館「河北磁縣北齊高潤墓」（『考古』1979 年第 3 期、第 235～243、234 頁。中國社會科學院考古研究所・河北省文物研究所・河北省臨漳縣文物旅遊局編『鄴城考古發現與研究』、文物出版社、2014 年 8 月、第 148～158 頁、圖版 13～15）
K90	陳仲安 1979	陳仲安「王眞保墓誌考釋」（武漢大學歷史系魏晉南北朝隋唐史研究室編『魏晉南北朝隋唐史資料（第 1 期）』、武漢大學歷史系魏晉南北朝隋唐史研究室、1979 年 5 月、第 9～15 頁。中國社會科學院歷史研究所魏晉南北朝隋唐史研究室編『魏晉隋唐史論集（第 2 輯）』、中國社會科學出版社、1983 年 12 月、第 138～148 頁）
K91	馬明達 1979	馬明達「北魏王眞保墓誌考略」（『甘肅社會科學』1979 年第 3 期、第 64～69 頁）

K92	王克林 1979	王克林「北齊庫狄迴洛墓」(『考古學報』1979 年第 3 期、第 377～402 頁、圖版壹～拾貳)
K93	秦公 1979	秦公「釋北魏高道悅墓誌」(『文物』1979 年第 9 期、第 61～63 頁)
K94	鄭紹宗 1979	鄭紹宗「北魏司馬興龍墓誌銘跋」(『文物』1979 年第 9 期、第 64～65 頁)
K95	彥鳴 1979	彥鳴「劉賢墓誌書法小議」(『遼寧書法』1979 年第 2 期、1979 年 11 月、第 46～47 頁)
K96	琴心 1979	琴心「記香港中文大學文物館所藏的廣東隋碑」(書譜出版社編『海外珍藏書蹟選（香港部份）』、書譜出版社、1979 年 12 月、第 41～58 頁)
K97	臺靜農 1980	臺靜農「魏密雲太守霍揚碑」(『書目季刊』第 13 卷第 4 期、1980 年 3 月、第 55～60 頁。陳子善編『臺靜農藝術隨筆』、上海文藝出版社、2014 年 3 月、第 1～6 頁)
K98	郭建邦 1980	郭建邦「北魏寧懋石室和墓誌」(『河南文博通訊』1980 年第 2 期、1980 年 6 月、第 33～40 頁、圖版 4～8)
K99	陳直 1980	陳直「南北朝譜牒形式的發現與索隱」(『西北大學學報（社會科學版）』1980 年第 3 期、1980 年 8 月、第 48～53 頁。同著『文史考古論叢』、天津古籍出版社、1988 年 10 月、第 218～230 頁。中華書局、2018 年 11 月、第 156～168 頁)
K100	尚振明 1980	尚振明「孟縣出土北魏司馬悅墓誌」(『河南文博通訊』1980 年第 3 期、1980 年 9 月、第 40～41 頁)
K101	孫國平 1980	孫國平「朝陽新荒地隋韓暨墓清理簡報」(『遼寧文物』第 1 期、1980 年 11 月、第 48～52 頁)
K102	胡順利 1981	胡順利「北魏寧懋墓誌釋補」(『中原文物』1981 年第 1 期、第 59 頁)
K103	郭建邦 1981	郭建邦「北魏寧懋墓誌再釋：答胡順利同志」(『中原文物』1981 年第 2 期、第 62 頁)
K104	山東省博物館 1981	山東省博物館「山東嘉祥英山一號隋墓清理簡報：隋代墓室壁畫的首次發現」(『文物』1981 年第 4 期、第 28～33 頁、圖版壹～貳)
K105	熊傳新 1981	熊傳新「湖南湘陰縣鄱隋大業六年墓」(『文物』1981 年第 4 期、第 39～43 頁)
K106	社科院安陽工作隊 1981	中國社會科學院考古研究所安陽工作隊「安陽隋墓發掘報告」(『考古學報』1981 年第 3 期、第 369～405 頁)
K107	代尊德 1981	代尊德「太原北魏辛祥墓」(《考古》編輯部編『考古學集刊（第 1 集）』、中國社會科學出版社、1981 年 11 月、第 197～202 頁。李非主編『太原考古』、山西古籍出版社、2003 年 8 月、第 136～141 頁)

K108	岑仲勉 1981	岑仲勉「證史補遺」(同著『金石論叢』、上海古籍出版社、1981年11月、第265～269頁)
K109	池田溫 1981	池田溫「中國歷代墓券略考」(『東洋文化研究所紀要』第86冊、1981年11月、第193～278頁)
K110	尚振明 1981	尚振明「孟縣出土北魏司馬悅墓誌」(『文物』1981年第12期、第44～46頁、圖版肆)
K111	黃明蘭 1982	黃明蘭「西晉裴祇和北魏元暐兩墓拾零」(『文物』1982年第1期、第70～73頁)
K112	徐州博物館 1983	徐州博物館「江蘇銅山縣茅村隋墓」(『考古』1983年第2期、第149～151頁、圖版柒～捌)
K113	祝嘉 1982	祝嘉「《霍揚碑》研究」(同著『書學論集』、金陵書畫社、1982年7月、第199～223頁)
K114	孟縣人民文化館 1983	孟縣人民文化館「河南省孟縣出土北魏司馬悅墓誌」(『考古』1983年第3期、第279～281頁)
K115	宮大中 1983	宮大中「介紹洛陽出土的北魏墓誌四種」(『書法』1983年第2期、1983年3月、第3～14、16、24～26、49、52頁)
K116	董彥明 1983	董彥明「北魏劉賢墓誌」(『書法叢刊』總第6輯、1983年8月、第10～12頁)
K117	馬玉基 1983	馬玉基「大同市小站村花圪塔臺北魏墓清理簡報」(『文物』1983年第8期、第1～4頁、圖版1)
K118	劉慶柱 1983	劉慶柱「陝西長武縣出土太和元年地券」(『文物』1983年第8期、第94頁)
K119	山西省考古研究所等 1983	山西省考古研究所・太原市文物管理委員會「太原市北齊婁叡墓發掘簡報」(『文物』1983年第10期、1983年10月、第1～23頁。李非主編『太原考古』、山西古籍出版社、2003年8月、第155～177頁、圖版20～27)
K120	萩信雄 1983	萩信雄「高貞碑解說」(『書論』第22號、1983年11月、第71～76頁)
K121	清原實門 1983	清原實門「德州二高の現況」(『書論』第22號、1983年11月、第77～80頁)
K122	杉村邦彥 1983	杉村邦彥「高貞碑雜考」(『書論』第22號、1983年11月、第81～89頁)
K123	弓野隆之 1983	弓野隆之「高貞碑譯注」(『書論』第22號、1983年11月、第90～101頁)
K124	陳長安 1983	陳長安「北魏元懌墓誌考釋」(『中原文物』1983年特刊 (河南省考古學會論文選集)、1983年、第163～167頁)
K125	薛增福 1984	薛增福「河北曲陽發現隋代墓誌及瓷器」(『文物』1984年第2期、第16頁)
K126	高維德 1984	高維德「劉懿墓誌考辨」(『晉陽學刊』1984年第2期、第75～77頁)
K127	山東省文物考古	山東省文物考古研究所「臨淄北朝崔氏墓」(『考古學報』1984年第2期、第

	研究所 1984	221～244 頁)
K128	磁縣文化館 1984a	磁縣文化館「河北磁縣東魏茹茹公主墓發掘簡報」(『文物』1984 年第 4 期、第 1～9 頁、圖版壹～伍。中國社會科學院考古研究所・河北省文物研究所・河北省臨漳縣文物旅遊局編『鄴城考古發現與研究』、文物出版社、2014 年 8 月、第 167～177 頁、彩版 10、圖版 16～20)
K129	磁縣文化館 1984b	磁縣文化館「河北磁縣東陳村北齊堯峻墓」(『文物』1984 年第 4 期、第 16～22 頁。中國社會科學院考古研究所・河北省文物研究所・河北省臨漳縣文物旅遊局編『鄴城考古發現與研究』、文物出版社、2014 年 8 月、第 159～166 頁)
K130	王壯弘 1984	王壯弘「歷代碑刻外流考」(『書法研究』1984 年第 2 期、1984 年 6 月、第 57～80 頁)
K131	呂樹芝 1984	呂樹芝「北魏封魔奴墓誌」(『歷史教學』1984 年第 7 期、第 64 頁、封面)
K132	曹汎 1984	曹汎「北魏劉賢墓誌」(『考古』1984 年第 7 期、第 615～621 頁)
K133	王敏之 1984	王敏之「黃驊縣北齊常文貴墓清理簡報」(『文物』1984 年第 9 期、第 39～42 頁)
K134	楊寶順等 1984	楊寶順・孫德萱・衛本峰「河南安陽寶山寺北齊雙石塔」(『文物』1984 年第 9 期、第 43～44 頁)
K135	杜葆仁等 1984	杜葆仁・夏振英「華陰潼關出土的北魏楊氏墓誌考證」(『考古與文物』1984 年第 5 期、1984 年 9 月、第 17～27、16 頁。西安碑林博物館編『陝西碑石墓誌資料彙編』、西北大學出版社、1995 年 8 月、第 583～590 頁)
K136	李域錚等 1984	李域錚・關雙喜「隋羅達墓清理簡報」(『考古與文物』1984 年第 5 期、1984 年 9 月、第 28～31、45 頁、圖版肆～伍)
K137	杜玉冰等 1984	杜玉冰・何繼英「有關李賢的幾個問題」(『寧夏社會科學』1984 年第 4 期、1984 年 11 月、第 97～101 頁)
K138	崔漢林等 1985	崔漢林・夏振英「陝西華陰北魏楊舒墓發掘簡報」(『文博』1985 年第 2 期、第 4～11 頁、圖版壹～貳)
K139	淄博市博物館等 1985	淄博市博物館・臨淄區文管所「臨淄北朝崔氏墓地第二次清理簡報」(『考古』1985 年第 3 期、第 216～221 頁、圖版肆)
K140	陳浩 1985	陳浩「隋禪宗三祖僧璨塔銘磚」(『文物』1985 年第 4 期、第 8 頁)
K141	周偉洲 1985	周偉洲「河北磁縣出土的有關柔然、吐谷渾等族文物考釋」(『文物』1985 年第 5 期、第 53～56 頁。同著『西北民族史研究』、中州古籍出版社、1994 年 12 月、第 445～449 頁)
K142	衢州市文物館	衢州市文物館「浙江衢州市隋唐墓清理簡報」(『考古』1985 年第 5 期、第 450

	1985	～458、449頁、圖版伍)
K143	濟南市博物館 1985	濟南市博物館「濟南市馬家莊北齊墓」(『文物』1985年第10期、第42～48、66頁)
K144	夏名采 1985	夏名采「益都北齊石室墓綫刻畫像」(『文物』1985年第10期、第49～54頁。青州市博物館編『山東青州傅家莊北齊綫刻畫像石』、齊魯書社、2014年8月、第44～50頁)
K145	韓明祥 1985	韓明祥「釋北齊宜陽國太妃傅華墓誌銘」(『文物』1985年第10期、第55～57頁)
K146	寧夏博物館等 1985	寧夏回族自治區博物館・寧夏固原博物館「寧夏固原北周李賢夫婦墓發掘簡報」(『文物』1985年第11期、第1～20頁、圖版壹～參)
K147	劉漢東 1985	劉漢東「關於北魏《元診墓誌》幾個問題的考訂」(鄭州大學歷史研究所編『史學論集』、中州古籍出版社、1985年12月、第67～72頁)
K148	羅豐 1985	羅豐「李賢夫婦墓誌考略」(『美術研究』1985年第4期、第59～61、89、48頁。『寧夏文物』1986年試刊號・總第1期、第47～51頁)
K149	大鹽重義 1985	大鹽重義「高貞碑考：高慶碑との關連性について」(『大阪教育大學紀要. 第I部門：人文科學』第34卷第2號、1985年12月、第105～123頁)
K150	朱子方等 1986	朱子方・孫國平「隋《韓暨墓誌》跋」(『北方文物』1986年第1期、第38～42頁)
K151	河北正定文物保管所 1986	河北省正定縣文物保管所「河北獲鹿發現北魏東梁州刺史閻靜遷葬墓」(『文物』1986年第5期、第42～45頁、圖版壹)
K152	桑紹華 1986	桑紹華「西安東郊隋李椿夫婦墓清理簡報」(『考古與文物』1986年第3期、1986年5月、第22～31頁、圖版壹。また同文中の墓誌關連部分のみ西安碑林博物館編『陝西碑石墓誌資料彙編』、西北大學出版社、1995年8月、第603～606頁)
K153	呂一飛 1986	呂一飛「板楯蠻略論」(中國魏晉南北朝史學會編『魏晉南北朝史研究』、四川省社會科學院出版社、1986年3月、第226～247頁)
K154	安陽市博物館 1986	安陽市博物館「安陽活水村隋墓清理簡報」(『中原文物』1986年第3期、第42～43頁)
K155	馬明達 1986	馬明達「北魏《王眞保墓誌》補釋」(『西北民族研究』1986年第1期(試刊號)、1986年6月、第120～128頁)
K156	張鴻修 1986	張鴻修「北魏《元楨墓誌》」(『書譜』1986年第3期。西安碑林博物館編『陝西碑石墓誌資料彙編』、西北大學出版社、1995年8月、第581～582頁)

K157	黄利平 1986	黄利平「隋羅達墓誌考釋」(『考古與文物』1986 年第 5 期、1986 年 9 月、第 110、70 頁)
K158	河南省文物研究所 1987	河南省文物研究所・安陽縣文管會「安陽北齊和紹隆夫婦合葬墓清理簡報」(『中原文物』1987 年第 1 期、第 8～16 頁。中國社會科學院考古研究所・河北省文物研究所・河北省臨漳縣文物旅遊局編『鄴城考古發現與研究』、文物出版社、2014 年 8 月、第 178～189 頁)
K159	張光明 1987	張光明「山東淄博市發現北魏傅豎眼墓誌」(『考古』1987 年第 2 期、第 109～113 頁)
K160	邯鄲市文物保管所 1987	邯鄲市文物保管所「邯鄲鼓山水浴寺石窟調查報告」(『文物』1987 年第 4 期、第 1～23 頁、圖版壹～参)
K161	陳長安 1987a	陳長安「洛陽邙山北魏定陵終寧陵考」(『中原文物』1987 年特刊 7 (洛陽古墓博物館館刊・創刊號)、1987 年 4 月、51～59 頁)
K162	周錚 1987	周錚「隋新鄭縣令蕭瑾墓誌」(『中原文物』1987 年特刊 7 (洛陽古墓博物館館刊・創刊號)、1987 年 4 月、第 65～68 頁)
K163	陳長安 1987b	陳長安「邙山北魏墓誌中的洛陽地名及相關問題」(『中原文物』1987 年特刊 7 (洛陽古墓博物館館刊・創刊號)、1987 年 4 月、第 76～89 頁)
K164	王金科等 1987	王金科・鄭名禎「河北省歷代名碑：北魏、北齊、隋、唐」(『河北學刊』1987 年第 4 期、第 2、113 頁)
K165	李開嶺等 1987	李開嶺・劉金亭「山東樂陵縣出土北齊墓誌」(『考古』1987 年第 10 期、第 954～955 頁。また「樂陵市出土北齊墓誌」と改題し李開嶺・馬長軍主編『德州考古文集』、百花州文藝出版社、2000 年 8 月、第 231～233 頁)
K166	氣賀澤保規 1987	氣賀澤保規「隋代繪畫をめぐる一試論：隋徐敏行壁畫墓を手がかりとして」(日野開三郎博士頌壽記念論集刊行會編『日野開三郎博士頌壽記念論集：中國社會・制度・文化史の諸問題』、中國書店、1987 年 10 月、第 447～475 頁)
K167	嘉祥縣文物管理所 1987	嘉祥縣文物管理所「山東嘉祥英山二號隋墓清理簡報」(『文物』1987 年第 11 期、第 57～60 頁)
K168	咸陽市文管會等 1987	咸陽市文管會・咸陽博物館「咸陽市胡家溝西魏侯義墓清理簡報」(『文物』1987 年第 12 期、第 57～68 頁)
K169	冨谷至 1987	冨谷至「黃泉の國の土地賣買：漢魏六朝買地券考」(『大阪大學教養部研究集錄 (人文・社會科學)』第 36 輯、1987 年 12 月、第 1～32 頁)
K170	安徽省博物館 1988	安徽省博物館「合肥隋開皇三年張靜墓」(『文物』1988 年第 1 期、第 85～92 頁)

K171	鄭洪春 1988	鄭洪春「西安東郊隋舍利墓清理簡報」(『考古與文物』1988 年第 1 期、第 61～65 頁、圖版貳)
K172	馬忠理 1988	馬忠理「北齊蘭陵王高肅墓及碑文述略」(『中原文物』1988 年第 2 期、第 21～25 頁、圖版 2。邯鄲市文物保護研究所編、馬忠理主編『邯鄲考古研究：馬忠理考古文集』、中國文史出版社、2018 年 2 月、第 156～159 頁)
K173	古兵 1988	古兵「跋元顯儁墓誌」(『東南文化』1988 年第 3・4 合期、第 140～143 頁)
K174	韓偉 1988	韓偉「陝西耀縣藥王山北周張僧妙碑」(『考古與文物』1988 年第 4 期、1988 年 7 月、第 74～76 頁。西安碑林博物館編『陝西碑石墓誌資料彙編』、西北大學出版社、1995 年 8 月、第 377～379 頁)
K175	鄭隆 1988	鄭隆「內蒙古包頭市北魏姚齊姬墓」(『考古』1988 年第 9 期、第 856～857 頁)
K176	陳仲安 1988	陳仲安「跋元懌墓誌」(武漢大學歷史系魏晉南北朝隋唐史研究室編『魏晉南北朝隋唐史資料（第 9、10 期）』、武漢大學學報編輯部出版、1988 年 12 月、第 1～3 頁)
K177	舟子 1989	舟子「羊祉"重開褒斜"及其仕迹考評」(『成都大學學報（社會科學版）』1989 年第 1 期、第 127～130、126 頁。また「羊祉與《石門銘》初考三題」と改題し『文博』1989 年第 3 期、第 56～62 頁。西安碑林博物館編『陝西碑石墓誌資料彙編』（西北大学出版社、1995 年 8 月、第 370～376 頁)
K178	陳長安 1989	陳長安「洛陽隋誌史料淺釋」(『中原文物』1989 年第 2 期、第 50～62 頁。洛陽古代藝術館編、馮吾現主編『隋墓誌人物傳』、中州古籍出版社、1994 年 9 月、第 160～201 頁)
K179	大同市博物館 1989	大同市博物館「大同東郊北魏元淑墓」(『文物』1989 年第 8 期、第 57～65 頁)
K180	王銀田 1989	王銀田「元淑墓誌考釋：附北魏高琨墓誌小考」(『文物』1989 年第 8 期、第 66～68 頁)
K181	陳忠凱 1989	陳忠凱「隋《馬稚墓誌銘》側的"告地策"」(『文博』1989 年第 4 期、第 34～35 頁)
K182	韓兆民 1989	韓兆民「北周李賢墓誌銘考釋」(寧夏回族自治區文史研究館編『寧夏文史（第 5 輯：國慶四十周年專輯）』、寧夏民政福利印刷廠、1989 年 10 月、第 128～149 頁)
K183	陳仲安 1989	陳仲安「李賢墓誌申論」(國家文物局古文獻研究室編『出土文獻研究續集』、文物出版社、1989 年 12 月、第 301～306 頁)
K184	梁建邦 1990	梁建邦「楊素墓誌的發現與價值」(『渭南師專學報』1990 年第 1 期、第 94～

		98 頁)
K185	淺見直一郎 1990	淺見直一郎「中國南北朝時代の葬送文書：北齊武平四年『王江妃隨葬衣物疏』を中心に」（『古代文化』第 42 卷第 4 號、1990 年 4 月、第 1～19 頁）
K186	渠川福 1990	渠川福「北齊《賀妻悅墓誌銘》釋考」（『北朝研究』1990 年上半年刊、1990 年 6 月、第 106～109 頁。山西省考古學會・山西省考古研究所編『山西省考古學會論文集』、山西人民出版社、1992 年 10 月、第 194～198 頁）
K187	陝西省考古研究所 1990	陝西省考古研究所「長安縣北朝墓葬清理簡報」（『考古與文物』1990 年第 5 期、1990 年 9 月、第 57～62 頁）
K188	李學文 1990	李學文「山西襄汾出土東魏天平二年裴良墓誌」（『文物』1990 年第 12 期、1990 年 12 月、第 86～90 頁）
K189	河北省文物研究所 1990	河北省文物研究所墓誌小組「封孝琰及其妻崔氏墓誌」（『文物春秋』1990 年第 4 期、第 11～15、50 頁）
K190	高敏 1991	高敏「跋《北齊婁叡墓誌》」（『史學月刊』1991 年第 1 期、第 25～32 頁。同著『魏晉南北朝史發微』、中華書局、2005 年 1 月、第 322～338 頁）
K191	顧鐵符 1991	顧鐵符「隋姚辯墓誌銘傳本小議」（『故宮博物院院刊』1991 年第 2 期、第 3～15 頁）
K192	蕭璠 1991	蕭璠「北周李賢墓誌一處斷句的商榷」（『文物』1991 年第 3 期、第 67 頁）
K193	姚雙年 1991	姚雙年「隋楊素墓誌初考」（『考古與文物』1991 年第 2 期、1991 年 3 月、第 88～93 頁。西安碑林博物館編『陝西碑石墓誌資料彙編』、西北大學出版社、1995 年 8 月、第 598～602 頁）
K194	馬忠理 1991	馬忠理「磁縣系北朝墓群：東魏北齊陵墓兆域考」（劉心長・馬忠理主編『鄴城暨北朝史研究』、河北人民出版社、1991 年 4 月、第 46～75 頁。『文物』1994 年第 11 期、第 56～67 頁。中國社會科學院考古研究所・河北省文物研究所・河北省臨漳縣文物旅遊局編『鄴城考古發現與研究』、文物出版社、2014 年 8 月、第 445～458 頁。邯鄲市文物保護研究所編、馬忠理主編『邯鄲考古研究：馬忠理考古文集』、中國文史出版社、2018 年 2 月、第 141～155 頁）
K195	周錚 1991	周錚「封魔奴墓誌考釋」（『北朝研究』1991 年上半年刊、1991 年 5 月、第 86～93 頁）
K196	西安市文物管理處 1991	西安市文物管理處「西安西郊熱電廠基建工地隋唐墓葬清理簡報」（『考古與文物』1991 年第 4 期、1991 年 7 月、第 50～95 頁）
K197	洛陽市文物工作隊 1991	洛陽市文物工作隊「洛陽孟津晉墓、北魏墓發掘簡報」（『文物』1991 年第 8 期、第 48～61 頁）

K198	李建麗等 1991	李建麗・李振奇「臨城李氏墓誌考」(『文物』1991 年第 8 期、第 85～90 頁)
K199	社科院河南二隊 1991	中國社會科學院考古研究所河南二隊「河南偃師縣杏園村的四座北魏墓」(『考古』1991 年第 9 期、第 818～831 頁)
K200	戴應新 1991	戴應新「韋孝寬墓誌」(『文博』1991 年第 5 期、第 54～59、78 頁。西安碑林博物館編『陝西碑石墓誌資料彙編』、西北大學出版社、1995 年 8 月、第 591～597 頁)
K201	河南古代建築保護所 1992	河南省古代建築保護研究所「河南安陽寶山靈泉寺塔林」(『文物』1992 年第 1 期、第 1～13、30 頁、圖版壹～參)
K202	安丘縣博物館 1992	安丘縣博物館「山東安丘發現隋代墓銘」(『文物』1992 年第 4 期、第 96 頁)
K203	葉其峰 1992	葉其峰「故宮藏石兩種」(『故宮博物院院刊』1992 年 3 期、第 55～59 頁。同著『古代銘刻論叢』、文物出版社、2012 年 10 月、第 286～291 頁)
K204	丘剛 1992	丘剛「啓(開)封故城的興廢與勘探：兼談啓(開)封的鄭氏家族」(『史學月刊』1992 年第 2 期、第 97～101 頁。『大同高專學報』第 12 卷第 2 期、1998 年 6 月、第 49～52 頁)
K205	王大良 1992a	王大良「從北魏刁遵墓誌看南北朝世族婚姻」(『北朝研究』1992 年第 2 期、1992 年 5 月、第 64～73 頁)
K206	周錚 1992	周錚「河北景縣封氏墓群叢考」(『文物春秋』1992 年第 2 期、1992 年 6 月、第 31～36 頁)
K207	壽光縣博物館 1992	壽光縣博物館「山東壽光北魏賈思伯墓」(『文物』1992 年第 8 期、第 15～19 頁)
K208	張乃翥等 1992	張乃翥・韓玉玲「北魏元邵墓出土文物的民族學研究」(『北朝研究』1992 年第 3 期、1992 年 8 月、第 43～50 頁)
K209	常一民 1992	常一民「太原市神堂溝北齊賀婁悅墓整理簡報」(『文物季刊』1992 年第 3 期、第 33～38 頁。李非主編『太原考古』、山西古籍出版社、2003 年 8 月、第 188～193 頁、圖版 32～33)
K210	湯淑君 1992	湯淑君「元懷墓誌」(『中原文物』1992 年第 3 期、第 120 頁)
K211	王天庥 1992a	王天庥「北魏辛祥家族三墓誌」(『文物季刊』1992 年第 3 期、第 80～86 頁)
K212	王天庥 1992b	王天庥「北齊東安王妻叡墓誌銘注釋」(山西省考古學會・山西省考古研究所編『山西省考古學會論文集』、山西人民出版社、1992 年 10 月、第 173～180 頁。山西省考古研究所・太原市文物考古研究所編著『北齊東安王妻叡墓』、文物出版社、2006 年 9 月、第 253～266 頁)

K213	山西省考古研究所等 1992	山西省考古研究所・太原市文物管理委員會「太原隋斛律徹墓清理簡報」(『文物』1992 年第 10 期、第 1～14 頁、彩色挿頁壹、圖版壹～貳。李非主編『太原考古』、山西古籍出版社、2003 年 8 月、第 226～238 頁、圖版 34～35)
K214	王大良 1992b	王大良「跋《北魏刁遵墓誌》」(『許昌師專學報（社會科學版）』第 11 卷第 3 期、1992 年 9 月、第 31～36 頁)
K215	寧夏文物考古研究所等 1992	寧夏文物考古研究所・寧夏固原博物館「寧夏固原隋史射勿墓發掘簡報」(『文物』1992 年第 10 期、第 15～22 頁、圖版參～肆)
K216	山西省博物館等 1992	山西省博物館・汾陽縣博物館「山西汾陽北關隋梅淵墓清理簡報」(『文物』1992 年第 10 期、第 23～27 頁)
K217	鄧林秀 1992	鄧林秀「婁叡墓誌銘淺注」(『北朝研究』1992 年第 4 期、1992 年 11 月、第 59～64 頁、扉頁)
K218	鑒克 1993	鑒克「新出土的隋《祕丹墓誌》并蓋」(『中國書法』1993 年第 1 期、第 58～59 頁)
K219	310 國道孟津考古隊 1993	310 國道孟津考古隊「洛陽孟津邙山西晉北魏墓發掘報告」(『華夏考古』1993 年第 1 期、第 42～51 頁)
K220	王天庥 1993	王天庥「北齊厙狄迴洛夫婦墓誌點注」(『文物季刊』1993 年第 1 期、第 76～79 頁)
K221	倪水通等 1993	倪水通・霍宏偉「北魏《元冏墓誌》」(『書法叢刊』1993 年第 1 期、1993 年 2 月、第 4～9 頁)
K222	甄家斌 1993	甄家斌「《北魏鎭遠將軍崔景播墓誌銘》簡介」(『中國書法』1993 年第 2 期、第 22 頁)
K223	周錚 1993	周錚「《楊素墓誌初考》補正」(『考古與文物』1993 年第 2 期、1993 年 3 月、第 100～107、57 頁)
K224	秋山進午 1993	秋山進午「獨孤信墓誌と獨孤開遠墓誌」(坪井清足さんの古稀を祝う會編『論苑考古學』、天山舍、1993 年 4 月、第 817～840 頁)
K225	偃師商城博物館 1993	偃師商城博物館「河南偃師兩座北魏墓發掘簡報」(『考古』1993 年第 5 期、第 414～425、481～485 頁)
K226	張子英 1993	張子英「從磁縣出土墓誌考北齊高氏塋地」(『北朝研究』1993 年第 2 期、1993 年 6 月、第 67～70 頁)
K227	馬小青 1993	馬小青「司馬興龍、司馬遵業墓誌銘考」(『文物春秋』1993 年第 3 期、第 28～32、27 頁。孫繼民主編、郝良眞・馬小青副主編『河北新發現石刻題記與隋唐史研究』、河北人民出版社、2006 年 12 月、第 247～258 頁)

K228	李子春等 1993	李子春・劉學梓「遷安發現北魏墓誌」(『文物春秋』1993 年第 3 期、第 93 頁)
K229	王太明等 1993	王太明・賈文亮「山西榆社縣發現北魏畫像石棺」(『考古』1993 年第 8 期、第 767 頁)
K230	梁洪生 1993	梁洪生「對山東樂陵出土北齊墓誌釋文的兩點意見」(『考古』1993 年第 9 期、第 821 頁)
K231	楊明珠等 1993	楊明珠・楊高雲「北齊裴子誕兄弟三人墓誌略探」(『北朝研究』1993 年第 3 期、1993 年 9 月、第 47〜52 頁)
K232	黎大祥 1993	黎大祥「甘肅武威發現隋唐墓誌」(『文物』1993 年第 10 期、第 80〜83 頁。同著『武威文物研究文集』、甘肅文化出版社、2002 年 8 月、第 171〜175 頁)
K233	咸陽市渭城區文管會 1993	咸陽市渭城區文管會「咸陽市渭城區北周拓跋虎夫婦墓清理記」(『文物』1993 年第 11 期、第 35〜39 頁)
K234	馬向欣 1993	馬向欣「《時珍墓誌》補釋」(『考古』1993 年第 11 期、第 1029〜1030 頁)
K235	米士誠 1993	米士誠「北魏寇猛墓誌」(『中原文物』1993 年第 4 期、第 111 頁)
K236	高峽 1993	高峽「西安碑林・北朝墓誌鑒評(上篇)」(西安碑林博物館編『碑林集刊(第 1 輯)』、西北大學出版社、1993 年 12 月、第 13〜79 頁)
K237	羅坤學 1993	羅坤學「淺談北魏穆亮墓誌」(西安碑林博物館編『碑林集刊(第 1 輯)』、西北大學出版社、1993 年 12 月、第 80〜87 頁)
K238	李林娜 1993	李林娜「元顯儁龜形墓誌小叙」(西安碑林博物館編『碑林集刊(第 1 輯)』、西北大學出版社、1993 年 12 月、第 122〜126 頁)
K239	張岩等 1993	張岩・王建榮「隋孟顯達碑初探」(西安碑林博物館編『碑林集刊(第 1 輯)』、西北大學出版社、1993 年 12 月、第 132〜138 頁。西安碑林博物館編『陝西碑石墓誌資料彙編』、西北大學出版社、1995 年 8 月、第 384〜388 頁)
K240	鈴木洋保 1993	鈴木洋保「美人董氏墓誌銘について」(『書論』第 29 號、1993 年 12 月、第 102〜117 頁)
K241	陝西省考古研究所 1994	陝西省考古研究所隋唐研究室「陝西長安隋宋忻夫婦合葬墓清理簡報」(『考古與文物』1994 年第 1 期、第 32〜41 頁)
K242	馬先登 1994	馬先登「北周武德皇后墓誌考略」(『涇渭稽古』1994 年第 1 期、第 31〜33 頁)
K243	周錚 1994a	周錚「裴良墓誌考」(『北朝研究』1994 年第 1 期、1994 年 3 月、第 54〜57、32 頁)
K244	運城地區河東博物館 1994	運城地區河東博物館「晉南發現北齊裴子誕兄弟墓誌」(『考古』1994 年第 4 期、第 338〜342 頁。山西省考古學會・山西省考古研究所編『山西省考古學會論文集(二)』、山西人民出版社、1994 年 4 月、第 222〜229 頁)

K245	丘剛 1994	丘剛「啓（開）封故城遺址的初步勘探與試掘」（『中原文物』1994 年第 2 期、第 22～25 頁）
K246	徐伯勇 1994	徐伯勇「滎陽鄭氏家族散論」（『中原文物』1994 年第 2 期、第 106～110 頁）
K247	羅國威 1994	羅國威「北魏碑刻中的千古之謎」（『中國典籍與文化』1994 年第 2 期、第 87～88 頁）
K248	戴應新 1994	戴應新「三方唐墓誌扎記」（『故宮學術季刊』第 11 卷第 4 期、1994 年 7 月、第 93～108 頁）
K249	張乃翥 1994	張乃翥「北魏王溫墓誌紀史勾沉」（『中原文物』1994 年第 4 期、第 88～93 頁）
K250	李獻奇 1994	李獻奇「北魏六方墓誌考釋」（李獻奇・黄明蘭主編『畫像磚石刻墓誌研究』、中州古籍出版社、1994 年 9 月、第 204～222 頁）
K251	葉其峰 1994	葉其峰「隋元公墓誌及其中的典故」（『故宮文物月刊』第 12 卷第 7 期（總第 139 期）、1994 年 10 月、第 90～95 頁）
K252	李陽 1994	李陽「北魏《元繼墓誌》考釋」（西安碑林博物館編『碑林集刊（第 2 輯）』、陝西師範大學出版社、1994 年 12 月、第 39～41 頁）
K253	田中華 1994	田中華「爾朱紹、爾朱襲墓誌研究」（西安碑林博物館編『碑林集刊（第 2 輯）』、陝西師範大學出版社、1994 年 12 月、第 42～47 頁）
K254	周錚 1994b	周錚「北齊封子繪及夫人王楚英墓誌釋文與箋證」（『中國歷史博物館館刊』1994 年第 2 期、1994 年 12 月、第 116～121、125 頁）
K255	唐冬冬 1995	唐冬冬「石刻珍品 元暐墓誌」（『中原文物』1995 年第 1 期、第 114～115 頁）
K256	王金爐 1995	王金爐「劉賢族屬之管見」（『遼海文物學刊』1995 年第 1 期、第 89～91 頁。遼寧省博物館編『遼寧省博物館學術論文集：第 3 輯（1999-2008）』、遼海出版社、2008 年 12 月、第 425～427 頁）
K257	遼寧省文物考古所等 1995	遼寧省文物考古研究所・朝陽市博物館「朝陽市發現的幾座北魏墓」（『遼海文物學刊』1995 年第 1 期、第 140～146 頁、圖版陸）
K258	劉韞 1995	劉韞「遼寧省博物館藏隋代宮人墓誌拓片」（『遼海文物學刊』1995 年第 1 期、第 246～249、239 頁）
K259	王興邦 1995	王興邦「《中國北周珍貴文物：北周墓葬發掘報告》在墓誌考釋中的疏失」（『貴州文史叢刊』1995 年第 1 期、第 32～37、18 頁）
K260	王壯弘 1995	王壯弘「北魏封君夫人長孫氏墓誌」（『書法』1995 年第 3 期、第 8～16 頁。同著『藝林雜談』、上海書店出版社、2008 年 10 月、第 20～26 頁）
K261	王新良 1995	王新良「介紹《崔猷墓誌銘》」（『書法』1995 年第 3 期、第 8、31～41 頁）
K262	馬先登 1995	馬先登「北周武德皇后墓誌」（『文物天地』1995 年第 2 期、1995 年 3 月、第

		30～31頁)
K263	洛陽市文物工作隊1995	洛陽市文物工作隊「洛陽孟津北陳村北魏壁畫墓」(『文物』1995年第8期、第26～35頁)
K264	魯才全1995	魯才全「長樂馮氏與元魏宗室婚姻關係考：以墓誌爲中心」(『北朝研究』1995年第4期、1995年12月、第29～40頁)
K265	田中華1995	田中華「隋馬稺墓誌銘釋讀」(西安碑林博物館編『碑林集刊（第3輯）』、陝西人民美術出版社、1995年12月、第43～46頁)
K266	横山裕男1995	横山裕男「北齊の恩倖について」(中國中世史研究會編『中國中世史研究續編』、京都大學學術出版會、1995年12月、第301～331頁)
K267	李春敏1996	李春敏「隋蕭瑒墓誌考」(『考古與文物』1996年第1期、第78～79、23頁)
K268	寧蔭棠1996	寧蔭棠「山東章丘隋代周皆墓」(『考古與文物』1996年第1期、第95～96頁)
K269	王金科1996a	王金科「鄴城早年出土的幾方北朝墓誌（一）」(『文物春秋』1996年第1期、第78～80頁)
K270	黄吉軍等1996	黄吉軍・黄吉博「北魏高猛及夫人元瑛墓誌淺釋」(『中原文物』1996年第1期、第94～96頁。『中國書法』2009年第8期、第123～128頁)
K271	羅新1996	羅新「北大館藏拓本《給事君夫人韓氏墓誌》辨僞」(『文獻』1996年第1期、第253～255頁)
K272	李春風1996	李春風「北周叱羅氏墓誌考」(『涇渭稽古』1996年第1期、第22～23頁)
K273	王金科1996b	王金科「鄴城早年出土的幾方墓誌（二）」(『文物春秋』1996年第2期、第81～85、94頁)
K274	石戰軍1996	石戰軍「北魏董富妻郭氏墓」(『中原文物』1996年第2期、第100～101頁)
K275	李獻奇等1996a	李獻奇・郭引强「洛陽碑誌選刊：北魏皮演墓誌」(『書法叢刊』1996年第2期、1996年5月、第7～13頁)
K276	李獻奇等1996b	李獻奇・郭引强「洛陽碑誌選刊：北魏殷伯姜墓誌」(『書法叢刊』1996年第2期、1996年5月、第14～15頁)
K277	寧夏文物考古所固原站1996	寧夏文物考古所固原工作站「固原北周宇文猛墓發掘簡報」(許成主編、李祥石副主編『寧夏考古文集』、寧夏人民出版社、1996年6月、第134～147頁)
K278	何德章1996	何德章「北朝鮮卑族人名的漢化：讀北朝碑誌札記之一」(武漢大學歷史系魏晉南北朝唐史研究室編『魏晉南北朝隋唐史資料（第14輯）』、武漢大學出版社、1996年6月、第39～47頁)
K279	張利亞1996	張利亞「磁縣出土濟南愍悼王妃李尼墓誌述略」(『北朝研究』1996年第3期、1996年9月、第33～34頁、封二～三。また「磁縣出土北齊愍悼王妃李尼墓

		誌」と改題し『文物春秋』1997年第3期、1997年9月、第73～80頁)
K280	殷憲1996	殷憲「《濟南愍悼王妃李尼墓誌》的書法價値」(『北朝研究』1996年第3期、1996年9月、第35～40頁。殷憲・殷亦玄著『北魏平城書迹研究』、商務印書館、2016年7月、第506～526頁)
K281	張子英1996	張子英「磁縣出土北朝墓誌簡述」(『北朝研究』1996年第3期、1996年9月、第41～54頁)
K282	宮大中1996	宮大中「洛陽美術文物的鑒定與辨僞」(『美術觀察』1996年第10期、第55～56、65～67頁)
K283	曹發展1996	曹發展「北周武帝陵誌、后誌、后璽考」(『涇渭稽古』1996年第3期、第38～43頁。陝西歷史博物館館刊編輯部編『陝西歷史博物館館刊（第7輯）』、三秦出版社、2000年11月、第217～221頁)
K284	祥生1996	祥生「長安發現北魏獻文皇帝之孫墓誌」(西安碑林博物館編『碑林集刊（第4輯）』、陝西人民美術出版社、1996年12月、第62～63頁)
K285	高峽1996	高峽「碑誌集評」(西安碑林博物館編『碑林集刊（第4輯）』、陝西人民美術出版社、1996年12月、第133～151頁)
K286	戴應新1996	戴應新「隋豐寧公主楊靜徽駙馬韋圓照墓誌箋證」(『故宮學術季刊』第14卷第1期、1996年10月、第159～170頁)
K287	施安昌1997	施安昌「北魏馮邕妻元氏墓誌紋飾考」(『故宮博物院院刊』1997年第2期、第73～85頁。同著『善本碑帖論集』、紫禁城出版社、2002年2月、第343～358頁。同著『火壇與祭司鳥神』、紫禁城出版社、2004年12月、第32～51頁)
K288	李偉科1997	李偉科「北齊武威王墓誌」(『文物春秋』1997年第2期、第77～78頁)
K289	陝西省考古研究所等1997	陝西省考古研究所・咸陽市考古研究所「北周武帝孝陵發掘簡報」(『考古與文物』1997年第2期、第8～28頁)
K290	沈淑玲等1997	沈淑玲・唐俊玲「劉賓與妻王氏墓誌考釋」(『中原文物』1997年第2期、第99、75頁)
K291	磁縣文物保管所1997	磁縣文物保管所「河北磁縣北齊元良墓」(『考古』1997年第3期、第33～39、85頁)
K292	李朝陽1997	李朝陽「咸陽市郊北周獨孤渾貞墓誌考述」(『文物』1997年第5期、第84～85、58頁)
K293	蘇哲1997	蘇哲「元懌元叉墓誌與北魏孝明帝朝的朋黨政治」(北京大學考古系編『考古學研究（二）』、科學出版社、1997年6月、第111～115頁)
K294	魯才全1997	魯才全「北魏《元伯陽墓誌》辨僞」(武漢大學歷史系魏晉南北朝隋唐史研究室

		編『魏晉南北朝隋唐史資料（第15輯）』、武漢大學出版社、1997年6月、第141～146頁）
K295	周郢1997	周郢「新發現的羊氏家族墓誌考略」（『岱宗學刊』1997年第3期、第48～57頁。泰安市泰山區档案館編『周郢文史論文集：泰山歷史研究』、山東文藝出版社、1997年6月、第46～80頁）
K296	王志斌等1997	王志斌・張長發「河北鹽山出土北齊□尗墓誌」（『文物』1997年第7期、第70頁）
K297	鄭州市文物考古所等1997	鄭州市文物考古研究所・滎陽市文物保管所「鄭州市幾座隋墓的發掘」（『中原文物』1997年第3期、第61～69頁）
K298	周玉峰1997	周玉峰「《鄭文公碑》綜論」（『東南文化』1997年第3期、第112～119頁）
K299	張民生等1997	張民生・陳桂枝「渭城發現北魏北周墓葬」（『中國文物報』1997年8月17日）
K300	周錚1997	周錚「北魏侯忻墓誌考釋」（『北朝研究』1997年第3期、1997年9月、第68～71頁）
K301	羅新1997	羅新「十六國北朝時期的樂浪王氏」（北京大學韓國學研究中心編『韓國學論文集（第6輯）』、新華出版社、1997年9月、第15～19頁。同著『王化與山險：中古邊裔論集』、北京大學出版社、2019年7月、第313～319頁）
K302	周桂香等1997	周桂香・郭志成「試論程哲碑及其歷史藝術價值」（『文物季刊』1997年第3期、第64～68頁）
K303	羅豐1997	羅豐「固原南郊隋唐中亞史氏墓誌考釋」（『大陸雜誌』第95卷第5・6期、1997年11・12月。また「隋唐史氏墓誌」と改題し同著『胡漢之間："絲綢之路"與西北歷史考古』、文物出版社、2004年9月、第423～491頁）
K304	馬志強1997	馬志強「《皮演墓誌》略論」（『北朝研究』1997年第4期、1997年12月、第73～75頁）
K305	杜彤華等1998	杜彤華・傅山泉「原新鄉市博物館館藏及市區散存石刻綜述」（『平原大學學報』1998年第1期、1998年3月、第73～78頁。新鄉市文物考古研究所・劉習祥・傅山泉編著『新鄉考古發現與研究』、內蒙古人民出版社、2007年9月、第561～566頁）
K306	佐伯眞也1998	佐伯眞也「崔鴻一族墓誌銘譯注五種（一）」（『大東文化大學中國學論集』第15號、1998年3月、第81～96頁）
K307	殷憲1998	殷憲「一方鮮爲人知的北魏早期墓誌」（『北朝研究』1998年第1期、1998年3月、第49～52頁。また「《申洪之墓銘》及幾個相關問題」と改題し殷憲・殷亦玄著『北魏平城書迹研究』、商務印書館、2016年7月、第128～141頁）

K308	趙君平 1998	趙君平「隋皇朝將軍李陁墓誌」(『書法』1998年第2期、第41頁)
K309	江德珠 1998	江德珠「介紹淮南出土的隋《陶礬朗墓誌》」(『書法』1998年第2期、第41頁)
K310	冠麟等 1998	冠麟・宗全「魏介休令李明府墓誌」(『書法』1998年第2期、第42頁。『青少年書法』2009年第4期、2009年4月、第58～65頁)
K311	施安昌 1998	施安昌「北魏荀景墓誌及紋飾考」(『故宮博物院院刊』1998年第2期、第21～29頁。同著『善本碑帖論集』、紫禁城出版社、2002年2月、第359～370頁。同著『火壇與祭司鳥神』、紫禁城出版社、2004年12月、第52～65頁)
K312	吉川忠夫 1998	吉川忠夫「北魏孝文帝借書攷」(『東方學』第96輯、1998年7月、第1～15頁。同著『六朝隋唐文史哲論集Ⅰ人・家・學術』、法藏館、2020年10月、第485～504頁)
K313	賀華 1998	賀華「《李和墓誌銘》考補」(『文博』1998年第4期、第81～82頁)
K314	史智民等 1998	史智民・寧會振「三門峽清理出北朝墓誌」(『中國文物報』1998年7月12日)
K315	梁勇 1998	梁勇「江蘇徐州市茅村邨隋開皇三年劉鑒墓」(『考古』1998年第9期、第50～52頁)
K316	鄭君雷 1998	鄭君雷「劉賢墓誌的若干問題」(『博物館研究』1998年第3期、1998年9月、第27～31頁。同著『邊疆考古與民族史論集』、科學出版社、2019年3月、第89～94頁)
K317	郭世軍等 1998	郭世軍・劉心健「開封發現北魏鄭胡墓誌磚」(『文物』1998年第11期、第82～83頁)
K318	李子春等 1998	李子春・劉學梓「河北遷安縣發現北魏墓誌」(『文物』1998年第11期、第84頁)
K319	王昕 1998	王昕「元悥墓誌證僞」(中國文物研究所編『出土文獻研究(第4輯)』、中華書局、1998年11月、第88～91頁)
K320	戴應新 1998	戴應新「北周韋孝寬夫婦合葬墓」(『故宮文物月刊』第16卷第9期、1998年12月、第100～113頁)
K321	孫啓治 1998	孫啓治「關於新發現的兩種珍貴北魏墓誌拓本」(『圖書館雜誌』1998年第6期、1998年12月、第57～58頁)
K322	山本光朗 1999	山本光朗「鄯乾墓誌銘について」(『史林』第82卷第1號、1999年1月、第102～121頁)
K323	殷憲 1999	殷憲「大同魏碑述略」(『書法叢刊』1999年第1期、1999年2月、第8～30頁)
K324	澤田雅弘 1999	澤田雅弘「北魏墓誌の鐫刻について」(『大東書道研究』第7號、1999年3月、

		第18～36頁）
K325	佐伯眞也1999	佐伯眞也「崔鴻一族墓誌銘譯注五種（二）」（『大東文化大學中國學論集』第16號、1999年3月、第45～69頁）
K326	岳維宗1999	岳維宗「清水李虎墓非唐公李虎墓辨」（『文博』1999年第2期、第35～36頁）
K327	賀雲翱1999	賀雲翱「《齊故平南將軍太中大夫金鄉縣緱開國侯趙君墓誌銘序》及其考釋」（『南方文物』1999年第2期、第93～97頁）
K328	羅豐1999	羅豐「北朝、隋唐時期的原州墓葬」（寧夏回族自治區固原博物館・中日原州聯合考古隊編『原州古墓集成』、文物出版社、1999年4月、第9～26頁。同著『胡漢之間："絲綢之路"與西北歷史考古』、文物出版社、2004年9月、第27～51頁）
K329	藏中進1999	藏中進「隋使裴世清の周邊：付、裴鴻墓誌のこと」（大阪市立大學文學部創立五十周年記念國語國文學論集編集委員會編『大阪市立大學文學部創立五十周年記念國語國文學論集』、和泉書院、1999年6月、第1～16頁）
K330	李舉綱1999	李舉綱「碑誌所見"魏前"、"魏後"考辨」（西安碑林博物館編『碑林集刊（第5輯）』、陝西人民美術出版社、1999年8月、第51～53頁）
K331	趙力光1999	趙力光「隋《劉氏墓誌》、唐《孟孝敏墓誌》、唐《陸氏墓誌》考」（西安碑林博物館『碑林集刊（第5輯）』、陝西人民美術出版社、1999年8月、第54～59頁）
K332	袁尚操1999	袁尚操「《大隋故儀同虞公墓誌》校注」（杜錦華主編『晉陽文史資料（第1輯）』、政協太原市晉源區委員會、1999年9月、第155～163頁）
K333	榮新江1999	榮新江「北朝隋唐粟特人之遷徙及其聚落」（耿行霈主編『國學研究（第6卷）』、北京大學出版社、1999年11月、第27～85頁。同著『中古中國與外來文明』、生活・讀書・新知三聯書店、2001年12月、第37～110頁）
K334	王則等1999	王則・張淑華「釋北魏中山王元熙墓誌」（『古籍整理研究學刊』1999年第6期、1999年11月、第22～24頁）
K335	張子英1999	張子英「磁州三高碑考」（『華夏考古』1999年第4期、1999年12月、第86～87頁）
K336	劉健明1999	劉健明「楊素政治生涯考析」（榮新江主編『唐研究（第5卷）』、北京大學出版社、1999年12月、第219～245頁）
K337	羅豐2000	羅豐「田弘墓誌疏證」（原州聯合考古隊編『北周田弘墓』、勉誠出版、2000年2月、第105～121頁、日文版（妹尾信子・飯田史惠譯）第217～230頁。原州聯合考古隊編著『北周田弘墓』、文物出版社、2009年8月、第173～193頁）

		また「新獲北周庾信佚文：北周田弘墓誌」と改題し同著『胡漢之間："絲綢之路"與西北歷史考古』、文物出版社、2004年9月、第372〜400頁)
K338	周錚 2000a	周錚「元恩墓誌析」(『華夏考古』2000年第1期、第73〜74頁)
K339	韓明祥等 2000	韓明祥・張幼輝「釋脣開皇六年李惠墓誌銘」(『齊魯文史』2000年第1期、第55頁)
K340	何德章 2000	何德章「僞托望族與冒襲先祖：以北族人墓誌爲中心：讀北朝碑誌札記之二」(武漢大學中國三至九世紀研究所編『魏晉南北朝隋唐史資料（第17輯）』、武漢大學出版社、2000年4月、第137〜143頁。王連龍主編『中國古代墓誌研究』、社會科學文獻出版社、2023年2月、下冊第874〜882頁)
K341	王則 2000	王則「北魏元思墓誌銘跋」(『北方文物』2000年第2期、第69〜71頁)
K342	周偉洲等 2000	周偉洲・賈麥明・穆小軍「新出土的四方北朝韋氏墓誌考釋」(『文博』2000年第2期、第65〜72頁。周偉洲著『漢唐氣象：長安遺珍與漢唐文明』、中國社會科學出版社、2013年4月、第61〜73頁)
K343	戴應新 2000	戴應新「隋韋謀墓和韋壽夫婦合葬墓的出土文物」(『故宮文物月刊』第18卷第4期、2000年7月、第62〜73頁)
K344	殷憲 2000	殷憲「北魏早期平城墓銘析」(中國魏晉南北朝史研究會・平城北朝研究會編『北朝研究（第1輯）』、北京燕山出版社、2000年8月、第163〜192頁。殷憲・殷亦玄著『北魏平城書迹研究』、商務印書館、2016年7月、第88〜114頁)
K345	周錚 2000b	周錚「北魏尹祥墓誌考釋」(中國魏晉南北朝史研究會・平城北朝研究會編『北朝研究（第1輯）』、北京燕山出版社、2000年8月、第193〜199頁)
K346	賴非 2000	賴非「北魏高道悅墓地調查及其墓誌補釋」(李開嶺・馬長軍主編『德州考古文集』、百花州文藝出版社、2000年8月、第1〜23頁)
K347	李玉鳳 2000	李玉鳳「北魏渤海太守王偃墓誌」(李開嶺・馬長軍主編『德州考古文集』、百花州文藝出版社、2000年8月、第224〜225頁)
K348	李開嶺等 2000	李開嶺・謝龍堂「陵縣孟家廟北齊墓」(李開嶺・馬長軍主編『德州考古文集』、百花州文藝出版社、2000年8月、第234〜239頁)
K349	岳紹輝 2000	岳紹輝「隋《田行達墓誌》考釋」(西安碑林博物館編『碑林集刊（第6輯）』、陝西人民美術出版社、2000年8月、第26〜32頁)
K350	王原茵 2000	王原茵「隋唐墓誌的出土時地與葬地」(西安碑林博物館編『碑林集刊（第6輯）』、陝西人民美術出版社、2000年8月、第185〜206頁)
K351	劉恒 2000	劉恒「新出土石刻拓本題跋二則」(『書法叢刊』2000年第3期、2000年8月、

		第50～61頁)
K352	澤田雅弘2000	澤田雅弘「劉阿素・劉華仁・張安姫墓誌とその類似書風の墓誌：北魏墓誌の筆者と刻者に関する試論」(書學書道史學會編『國際書學研究/2000：第4回國際書學研究大會記念論文集』、萱原書房、2000年9月、第17～28頁)
K353	劉化成2000	劉化成「河北廊坊市大城縣出土四方隋唐墓誌」(『考古』2000年第10期、第94～96頁)
K354	王太明2000	王太明「楡社縣發現一批石棺」(山西省考古學會編『山西省考古學會論文集(三)』、山西古籍出版社、2000年11月、第119～123頁)
K355	陝西省考古研究所2000	陝西省考古研究所「西安北郊北周安伽墓發掘簡報」(『考古與文物』2000年第6期、第28～35頁)
K356	倪潤安2000	倪潤安「墓誌所見上谷寇氏的興衰」(『北方文物』2000年第4期、第52～59頁)
K357	侯養民等2000	侯養民・穆渭生「北周武帝孝陵三題」(『文博』2000年第6期、第40～43、49頁)
K358	沈浩2000	沈浩「隋《美人董氏墓誌銘》及所見墨拓述略」(上海博物館集刊編輯委員會編『上海博物館集刊(第8期)』、上海書畫出版社、2000年12月、第443～452頁)
K359	陝西省考古研究所2001a	陝西省考古研究所「西安發掘的北周安伽墓」(『文物』2001年第1期、第4～26頁、封面)
K360	山西省考古研究所等2001a	山西省考古研究所・太原市考古研究所・太原市晉源區旅遊局「太原隋代虞弘墓清理簡報」(『文物』2001年第1期、第27～52頁。李非主編『太原考古』、山西古籍出版社、2003年8月、第239～261頁)
K361	張慶捷2001a	張慶捷「《虞弘墓誌》中的幾個問題」(『文物』2001年第1期、第102～108頁)
K362	井上直樹2001	井上直樹「『韓暨墓誌』を通してみた高句麗の對北魏外交の一側面：六世紀前半を中心に」(『朝鮮學報』第178輯、2001年1月、第1～37頁。また「六世紀前半の華北情勢と高句麗：『韓暨墓誌』の分析を中心に」と改題し同著『高句麗の史的展開過程と東アジア』、塙書房、2021年12月、第277～312頁)
K363	劉軍等2001	劉軍・董如亮「北魏《辛祥墓誌》芻議」(『書法叢刊』2001年第1期、2001年2月、第4～8頁)
K364	董如亮等2001	董如亮・劉軍「變化方圓盡奇麗 光芒鱗甲若遊龍：《劉懿墓誌》賞析」(『書法叢刊』2001年第1期、2001年2月、第9～13頁)
K365	陳宇2001	陳宇「《北齊趙征興墓誌》考及其他」(『書法』2001年2月號、第59～70頁)

K366	河北省文物研究所 2001	河北省文物研究所・平山縣博物館「河北平山縣西岳村隋唐崔氏墓」(『考古』2001 年第 2 期、第 55～70 頁、圖版陸～捌)
K367	馮林傑等 2001	馮林傑・楊海青「荊山黃帝鑄鼎原古碑刻及墓誌銘簡考」(許海星・楊海青主編『三門峽考古文集』、中國檔案出版社・時代(遠東)出版社、2001 年 3 月、第 187～193 頁)
K368	王木鐸 2001	王木鐸「洛陽新獲磚誌說略」(『中國書法』2001 年第 4 期、第 47～49 頁)
K369	邢福來等 2001	邢福來・李明「咸陽發現北周最高等級墓葬：再次證明咸陽北原爲北周皇家墓葬區」(『中國文物報』2001 年 5 月 2 日)
K370	李建麗 2001	李建麗「崔昂墓誌考」(『書法叢刊』2001 年第 2 期、2001 年 5 月、第 14～25 頁)
K371	李獻奇等 2001	李獻奇・周錚「北周、隋五方楊氏家族墓誌綜考」(西安碑林博物館編『碑林集刊(第 7 輯)』、陝西人民美術出版社、2001 年 6 月、第 53～61 頁)
K372	王雪玲 2001	王雪玲「新發現五種隋唐墓誌考證」(西安碑林博物館編『碑林集刊(第 7 輯)』、陝西人民美術出版社、2001 年 6 月、第 62～69 頁)
K373	董理 2001a	董理「陳沅陵王陳叔興墓誌銘考釋」(周天游主編『陝西歷史博物館館刊(第 8 輯)』、三秦出版社、2001 年 6 月、第 258～266 頁)
K374	陝西省考古研究所 2001b	陝西省考古研究所「北周宇文儉墓清理發掘簡報」(『考古與文物』2001 年第 3 期、第 27～40 頁)
K375	周郢 2001	周郢「新見泰山羊族墓誌二種」(『泰山鄉鎮企業職工大學學報』2001 年第 3 期、第 18～19 頁)
K376	劉恒 2001	劉恒「隋《李世舉墓誌》拓本跋」(『中國書法』2001 年第 6 期、第 65～66 頁)
K377	吳建華 2001	吳建華「南朝陳叔寶母后柳氏墓誌淺釋及相關問題辨正」(『河洛史志』2001 年第 4 期、第 16～20 頁)
K378	山西省考古研究所等 2001b	山西省考古研究所・大同市考古研究所「大同市北魏宋紹祖墓發掘簡報」(『文物』2001 年第 7 期、第 19～39 頁)
K379	張慶捷等 2001	張慶捷・劉俊喜「北魏宋紹祖墓兩處銘記析」(『文物』2001 年第 7 期、第 58～61 頁。また「北魏宋紹祖墓出土磚銘題記考釋」と改題し大同市考古研究所編、劉俊喜主編『大同雁北師院北魏墓群』、文物出版社、2008 年 1 月、第 200～204 頁。張慶捷著『民族滙衆與文明互動：北朝社會的考古學觀察』、商務印書館、2010 年 9 月、第 242～256 頁)
K380	莊輝 2001	莊輝「從北魏《元頊墓誌》試探顏楷之源」(『書法』2001 年第 7 期、第 9～14 頁)

K381	張海嘯 2001	張海嘯「宋紹祖與敦煌宋氏」(『中國文物報』2001年8月19日)
K382	王其禕 2001	王其禕「西安新出土《隋元世斌墓誌》考證」(『文物』2001年第8期、第59～60頁)
K383	朱萬章 2001	朱萬章「廣東脩碑考」(同著『嶺南金石書法論叢』、文化藝術出版社、2001年8月、第3～19頁)
K384	莊學香 2001	莊學香「真的是"千古之謎"嗎？:《鞠彥雲墓誌》、《段峻德墓誌》考辨」(『中國典籍與文化』2001年第3期、第125～127頁)
K385	牟發松 2001	牟發松「《拓跋虎墓誌》釋考」(武漢大學中國三至九世紀研究所編『魏晉南北朝隋唐史資料（第18輯）』、武漢大學出版社、2001年9月、第127～139頁)
K386	任昉 2001	任昉「《洛陽新獲墓誌》釋文補正」(『故宮博物院院刊』2001年第5期、第38～46頁)
K387	叢文俊 2001a	叢文俊「跋《李瞻墓誌銘》」(『書法』2001年第10期、第55頁。同著『藝術與學術：叢文俊書法研究題跋文集』、人民美術出版社、2015年9月、第67頁。李亞平・李俊卿主編『燕趙金石論集』、河北教育出版社、2016年1月、上冊第84～85頁)
K388	楊寧國 2001	楊寧國「寧夏彭陽縣系出土北魏員標墓誌磚」(『考古與文物』2001年第5期、第92、91頁)
K389	董理 2001b	董理「《陳臨賀王國太妃墓誌銘》考釋」(『文博』2001年第5期、第68～71頁)
K390	劉曉華 2001	劉曉華「《北周賀蘭祥墓誌》及其相關問題」(『咸陽師範學院學報』第16卷第5期、2001年10月、第30～32頁)
K391	叢文俊 2001b	叢文俊「崔宣默、崔宣靖墓誌考」(『中國書法』2001年第11期、第56～61頁。李亞平・李俊卿主編『燕趙金石論集』、河北教育出版社、2016年1月、下冊第369～377頁)
K392	韓琦 2001	韓琦「雲峰刻石與《熒陽鄭文公碑》析」(『美術觀察』2001年第11期、第58～60頁)
K393	李森等 2001	李森・王瑞霞・董貴勝「北齊崔頠墓誌探考」(『濰坊教育學院學報』第14卷第4期、2001年12月、第44～45頁)
K394	汪受寬 2001	汪受寬「唐先祖李虎與清水李虎墓誌銘」(『天水師範學院學報』第21卷第6期、2001年6月、第33～35頁)
K395	羅新 2001	羅新「跋北齊《可朱渾孝裕墓誌》」(北京大學歷史學系編『北大史學（第8輯）』、北京大學出版社、2001年12月、第135～151頁。同著『王化與山險：中古邊裔論集』、北京大學出版社、2019年7月、第357～371頁)

K396	張慶捷 2001b	張慶捷「虞弘墓誌考釋」(榮新江主編『唐研究（第7卷）』、北京大學出版社、2001年12月、第145〜176頁。山西省考古研究所編著『太原隋虞弘墓』、文物出版社、2005年8月、第209〜234頁。張慶捷著『民族滙衆與文明互動：北朝社會的考古學觀察』、商務印書館、2010年9月、第570〜603頁）
K397	林梅村 2002	林梅村「稽胡史迹考：太原新出隋代虞弘墓誌的幾個問題」(『中國史研究』2002年第1期、第71〜84頁)
K398	郭俊峰等 2002	郭俊峰・劉麗麗・張幻輝「濟南發現一隋墓：墓主濟南郡守與隋文帝有關」(『中國文物報』2002年2月22日)
K399	徐嬋菲 2002	徐嬋菲「洛陽北魏元懌墓壁畫」(『文物』2002年第2期、第89〜92頁)
K400	何汝泉 2002	何汝泉「跋《龍山公墓誌》」(『西南師範大學學報（人文社會科學版）』第28卷第2期、2002年3月、第118〜123頁)
K401	朱紹侯 2002	朱紹侯「《北魏于昌容墓誌》研究」(趙振華主編『洛陽出土墓誌研究文集』、朝華出版社、2002年3月、第282〜290頁。同著『朱紹侯文集』、河南大學出版社、2005年9月、第360〜366頁)
K402	王河松 2002	王河松「北魏侯夫人墓誌銘」(『書法』2002年3月號、第45〜52頁)
K403	山東省文物考古研究所 2002	山東省文物考古研究所・臨朐縣博物館「山東臨朐北齊崔芬壁畫墓」(『文物』2002年第4期、第4〜26頁)
K404	王振國 2002	王振國「關於邯鄲水浴寺石窟的幾個問題」(『中原文物』2002年第2期、第65〜73頁)
K405	劉合心等 2002	劉合心・呼林貴「北周徒何綸誌史地考」(『文博』2002年第2期、第66〜69頁)
K406	王立斌等 2002	王立斌・李非「北齊磚室墓葬」(『文物世界』2002年第2期、第3〜4頁)
K407	劉恒 2002	劉恒「北朝墓誌題跋二則」(『書法叢刊』2002年第2期、2002年5月、第2〜9頁)
K408	朱關田 2002	朱關田「承前啓後的隋代書法/隋代書法選」(『中國書法』2002年第5期、第16〜36頁)
K409	陸明君 2002	陸明君「北魏華陰楊氏墓誌及相關問題」(『中國書法』2002年第5期、第52〜58頁。叢文俊・劉成主編『好太王碑暨十六國北朝刻石書法研究』、吉林文史出版社、2006年3月、第226〜234頁)
K410	周錚 2002a	周錚「張猛龍墓誌辨僞」(『收藏家』2002年第5期、第21〜23頁)
K411	馬寶山 2002	馬寶山「跋北魏張猛龍墓誌銘」(『收藏家』2002年第5期、第23頁)
K412	許建平 2002	許建平「碑誌釋詞」(浙江大學漢語史研究中心編『漢語史學報（第2輯）』、

		上海教育出版社、2002年5月、第12～19頁)
K413	羅豐 2002	羅豐「一件關於柔然民族的重要史料：隋《虞弘墓誌》」(『文物』2002年第6期、第78～83、93頁。同著『胡漢之間："絲綢之路"與西北歷史考古』、文物出版社、2004年9月、第405～422頁)
K414	王素 2002	王素「近年以來魏晉至隋唐墓誌資料的整理與研究：兼談中國文物研究所的墓誌整理工作」(『唐代史研究』第5號、2002年6月、第87～105頁)
K415	楊強 2002	楊強「"薛孝通貽後券"辨偽」(『文博』2002年第3期、第64～66頁)
K416	呂冬梅等 2002	呂冬梅・田燕萍「廊坊近年出土的隋唐墓誌」(『文物春秋』2002年第3期、第64～69、73頁)
K417	姜波 2002	姜波「豆盧氏世系及其漢化：以墓碑、墓誌為線索」(『考古學報』2002年第3期、第303～334頁)
K418	余太山 2002	余太山「魚國淵源臆說」(『史林』2002年第3期、第16～20、68頁)
K419	高世華 2002	高世華「趙佺墓誌銘及相關史事考述」(『天水師範學院學報』第22卷第4期、2002年8月、第35～37頁)
K420	馬卓婭 2002	馬卓婭「吐谷渾璣墓誌考略」(『中原文物』2002年第4期、第60～61頁)
K421	洛陽市第二文物工作隊 2002	洛陽市第二文物工作隊「洛陽紗廠西路北魏HM555發掘簡報」(『文物』2002年第9期、第9～20頁)
K422	毛遠明 2002	毛遠明「讀漢魏六朝石刻札記：兼及石刻詞彙研究的意義」(『成都師專學報』第21卷第3期、2002年9月、第63～66頁)
K423	王去非等 2002	王去非・王昕「隋李和墓誌綜考」(《宿白先生八秩華誕紀念文集》編輯委員會編『宿白先生八秩華誕紀念文集』、文物出版社、2002年9月、上冊第217～229頁)
K424	瞿安全 2002	瞿安全「《叱羅協墓誌》考釋」(西安碑林博物館編『碑林集刊（第8輯）』、陝西人民美術出版社、2002年9月、第38～48頁)
K425	宋英等 2002	宋英・趙小寧「北周《宇文瓘墓誌》考釋」(西安碑林博物館編『碑林集刊（第8輯）』、陝西人民美術出版社、2002年9月、第49～56頁)
K426	陳財經 2002	陳財經「隋李和石棺綫刻圖反映的祆教文化特徵」(西安碑林博物館編『碑林集刊（第8輯）』、陝西人民美術出版社、2002年9月、第94～103頁)
K427	王原茵 2002	王原茵「讀誌札記二則」(西安碑林博物館編『碑林集刊（第8輯）』、陝西人民美術出版社、2002年9月、第194～198頁)
K428	宮大中 2002	宮大中「隋唐五代墓誌概述」(劉正成主編『中國書法全集（第30卷：隋唐五代墓誌卷）』、榮寶齋出版社、2002年10月、第1～23頁)

K429	毛陽光 2002	毛陽光「關於《西安新出土《隋元世斌墓誌》考證》的幾點看法」(『文物』2002年第11期、第94頁)
K430	周錚 2002b	周錚「對賀拔昌墓誌的幾點看法」(『文物世界』2002年第6期、第37頁)
K431	沈浩 2002	沈浩「從《常醜奴墓誌》再述中國古代的誌墓誌和墓誌」(上海博物館編『上海博物館集刊（第9期）』、上海書畫出版社、2002年12月、第433〜440頁)
K432	劉蓮芳等 2002	劉蓮芳・王京陽「北周成忠縣開國公茹洪墓誌考釋」(『考古與文物』2002年增刊：漢唐考古、2002年、第240〜242頁)
K433	羅新 2003	羅新「北朝墓誌叢札（一）」(北京大學歷史學系編『北大史學（第9輯）』、北京大學出版社、2003年1月、第359〜369頁)
K434	河北正定縣定武山房 2003	河北正定縣定武山房「齊太尉中郎元府君墓誌」(『書法』2003年1月號、第45〜50頁)
K435	劉文鎖 2003	劉文鎖「《安伽墓誌》与"關中本位政策"」(『中山大學學報（社會科學版）』2003年第1期、第41〜46頁)
K436	劉衞鵬 2003	劉衞鵬「咸陽西魏謝婆仁墓清理簡報」(『考古與文物』2003年第1期、第10〜11頁)
K437	張靈威 2003	張靈威「北魏元固墓誌考釋」(洛陽市文物局編『耕耘論叢（二）』、科學出版社、2003年2月、第145〜148頁)
K438	楊魯安 2003	楊魯安「北魏刁遵墓誌初拓本跋」(『書法叢刊』2003年第1期、2003年2月、第48〜77頁。李亞平・李俊卿主編『燕趙金石論集』、河北教育出版社、2016年1月、下冊第341〜352頁)
K439	山下將司 2003	山下將司「隋・唐初期の獨孤氏と八柱國問題再考：開皇二十年「獨孤羅墓誌」を手がかりとして」(『早稻田大學教育學部學術研究：地理學・歷史學・社會科學編』第51號、2003年2月、第1〜15頁)
K440	太原市文物考古研究所 2003a	太原市文物考古研究所「太原北齊賀拔昌墓」(『文物』2003年第3期、2003年3月、第11〜25頁。李非主編『太原考古』、山西古籍出版社、2003年8月、第194〜208頁)
K441	太原市文物考古研究所 2003b	太原市文物考古研究所「太原北齊庫狄業墓」(『文物』2003年第3期、2003年3月、第26〜36頁。李非主編『太原考古』、山西古籍出版社、2003年8月、第209〜219頁)
K442	太原市文物考古研究所 2003c	太原市文物考古研究所「太原北齊狄湛墓」(『文物』2003年第3期、2003年3月、第37〜42頁。李非主編『太原考古』、山西古籍出版社、2003年8月、第220〜225頁)

K443	園田俊介 2003	園田俊介「北魏時代における匈奴の遼西徙民とその背景」(『中央大學アジア史研究』第 27 號、2003 年 3 月、第 47～72 頁)
K444	常明 2003	常明「東魏《羊令君妻崔夫人墓誌銘》考」(『書法叢刊』2003 年第 2 期、2003 年 5 月、第 78～81 頁)
K445	東賢司 2003	東賢司「山東省臨淄縣出土の東清河崔氏墓誌群に關する研究(前編)：一族の發展の歷史と陰の部分を追って」(『大東書道研究』第 11 號、2003 年 6 月、第 106～121 頁)
K446	王麗華 2003	王麗華「《北京圖書館藏中國歷代石刻拓本彙編》正誤」(『文獻』2003 年第 3 期、2003 年 7 月、第 96～101 頁)
K447	羅豐 2003	羅豐「北周大利稽氏墓磚」(『考古與文物』2003 年第 4 期、第 68～70 頁。同著『胡漢之間："絲綢之路"與西北歷史考古』、文物出版社、2004 年 9 月、第 401～404 頁)
K448	郎保利等 2003	郎保利・楊林中「山西沁源隋代韓貴和墓」(『文物』2003 年第 8 期、第 37～43 頁)
K449	嚴耀中 2003	嚴耀中「跋隋《故靜證法師碎身塔》」(『文物』2003 年第 8 期、第 60～63 頁)
K450	陳麥靑 2003	陳麥靑「記北齊《趙征興墓誌》原石」(同著『隨興居談藝』、復旦大學出版社、2003 年 8 月、第 141～142 頁)
K451	梶山智史 2003	梶山智史「大趙神平二年「王眞保墓誌」について：十六國北朝時期における「匈奴」の一側面」(『駿臺史學』第 119 號、2003 年 8 月、第 1～32 頁)
K452	山西省考古研究所等 2003	山西省考古研究所・太原市文物考古研究所「太原北齊徐顯秀墓發掘簡報」(『文物』2003 年第 10 期、第 4～40 頁。周富年・周健・馮鋼・陳慶軒編著『太原考古(第 2 輯)』、山西人民出版社、2019 年 9 月、第 82～119 頁)
K453	李愛國 2003	李愛國「太原北齊張海翼墓」(『文物』2003 年第 10 期、2003 年 10 月、第 41～49 頁。周富年・周健・馮鋼・陳慶軒編著『太原考古(第 2 輯)』、山西人民出版社、2019 年 9 月、第 71～81 頁)
K454	任平等 2003	任平・宋鎮「北周《鄭術墓誌》考略」(『文博』2003 年第 6 期、第 62～63、80 頁)
K455	李俊卿 2003	李俊卿「北魏《趙謐墓誌銘》跋」(『文物春秋』2003 年第 6 期、第 72 頁。李亞平・李俊卿主編『燕趙金石論集』、河北教育出版社、2016 年 1 月、下冊第 331～333 頁)
K456	王昕 2003	王昕「河南新見陶潛墓誌辨僞」(『中國歷史文物』2003 年第 6 期、第 70～75 頁)

K457	呼琳貴 2003	呼琳貴「陝西潼關出土隋《蕭妙瑜墓誌》考釋」（西安碑林博物館編『碑林集刊（第9輯）』、陝西人民美術出版社、2003年12月、第1～3頁）
K458	陳躍進 2003	陳躍進「陝西彬縣發現北周乞伏龍環墓誌石」（西安碑林博物館編『碑林集刊（第9輯）』、陝西人民美術出版社、2003年12月、第163～164頁）
K459	周曉薇 2003	周曉薇「兩方新出土隋代墓誌銘解讀」（西安碑林博物館編『碑林集刊（第9輯）』、陝西人民美術出版社、2003年12月、第165～170頁）
K460	何德章 2003	何德章「北魏遷洛後鮮卑貴族的文士化：讀北朝碑誌札記之三」（武漢大學中國三至九世紀研究所編『魏晉南北朝隋唐史資料（第20輯）』、武漢大學文科學報編輯部、2003年12月、第7～18頁。同著『魏晉南北朝史叢稿』、商務印書館、2010年11月、第263～282頁）
K461	周偉洲 2004	周偉洲「隋虞弘墓誌釋證」（榮新江・李孝聰主編『中外關係史：新史料與新問題』、科學出版社、2004年1月、第247～257頁。同著『新出土中古有關胡族文物研究』、社會科學文獻出版社、2016年12月、第103～124頁）
K462	許萬順 2004a	許萬順「新出土隋沙彌墓誌」（『中國書法』2004年第1期、第63～67頁）
K463	魏宏利 2004	魏宏利「《北周珍貴文物》墓誌釋文正誤」（韓理洲主編『中華傳統文化與新世紀：西北大學百年校慶國際學術研討會論文集』、三秦出版社、2004年1月、第348～352頁）
K464	吳磬軍 2004	吳磬軍「隋劉衆墓誌簡說」（『文物春秋』2004年第1期、第70～71頁）
K465	羅新 2004a	羅新「說《文館詞林》魏收《征南將軍和安碑銘》」（『中國史研究』2004年第1期、第118頁）
K466	魏平 2004	魏平「《漢魏南北朝墓誌彙編》標點辨誤」（『古籍整理研究學刊』2004年第1期、2004年1月、第85～89頁）
K467	劉衛鵬 2004	劉衛鵬「咸陽西魏謝婆仁墓」（『文博』2004年第1期、第79～80頁）
K468	宮大中 2004a	宮大中「關於孝文遷洛前《靳英墓誌》與《垣獻墓誌》真偽的管窺」（同著『中原貞石墨影』、中州古籍出版社、2004年2月、上册第328～330頁）
K469	宮大中 2004b	宮大中「洛陽北魏墓誌的作偽與考辨」（同著『中原貞石墨影』、中州古籍出版社、2004年2月、上册第331～338頁）
K470	宮大中 2004c	宮大中「北魏《張猛龍墓誌》考索」（同著『中原貞石墨影』、中州古籍出版社、2004年2月、上册第339～342頁）
K471	宮大中 2004d	宮大中「并非原石的兩種隋《姚辯墓誌》刻本」（同著『中原貞石墨影』、中州古籍出版社、2004年2月、上册第355～356頁）
K472	宮萬琳 2004	宮萬琳「中原魏晉書壇名家的傳世刻帖與西晉、北齊、晚唐墨迹」（宮大中著

		『中原貞石墨影』、中州古籍出版社、2004年2月、下册第477～484頁)
K473	王盛婷2004	王盛婷「試論漢魏六朝碑刻同根委婉語」(『西華師範大學學報(哲學社會科學版)』2004年第2期、2004年3月、第78～82頁)
K474	吳占良2004	吳占良「北魏《刁遵墓誌》新識」(中國書法家協會學術委員會主編『全國第六屆書學討論會論文集』、河南美術出版社、2004年4月、第493～496頁。李亞平・李俊卿主編『燕趙金石論集』、河北教育出版社、2016年1月、下册第353～368頁)
K475	邵磊2004	邵磊「北魏《宇文永墓誌》考證」(同著『冶山存稿：南京文物考古論叢』、鳳凰出版社、2004年5月、第182～186頁)
K476	朱萬章2004	朱萬章「嶺南隋碑：寧贙碑考」(『中國書法』2004年第5期、第35～39頁)
K477	山西省考古研究所2004	山西省考古研究所「太原西南郊北齊洞室墓」(『文物』2004年第6期、第35～46頁。周富年・周健・馮鋼・陳慶軒編著『太原考古(第2輯)』、山西人民出版社、2019年9月、第52～63頁)
K478	曾廣2004	曾廣「元暐墓誌考辨」(『開封教育學院學報』第24卷第2期、2004年6月、第29頁)
K479	毛遠明2004	毛遠明「《漢魏南北朝墓誌彙編》校理」(『漳州師範學院學報(哲學社會科學版)』2004年第3期、第82～87頁)
K480	羅新2004b	羅新「新見北齊《豐洛墓誌》考釋」(殷憲主編『北朝史研究：中國魏晉南北朝史國際學術研討會論文集』、商務印書館、2004年7月、第165～183頁。また「新見北齊辥豐洛墓誌考釋」と改題し同著『王化與山險：中古邊裔論集』、北京大學出版社、2019年7月、第373～393頁)
K481	許萬順2004b	許萬順「新出土《大魏趙謐墓誌》」(『中國書法』2004年第7期、第37～41頁)
K482	趙生泉2004a	趙生泉「《邸元明碑》跋」(『書法雜誌』2004年第3期、2004年7月、第58～77頁。楊麗靜編著『曲陽古代碑刻書法論集』、河北美術出版社、2021年6月、第111～116頁)
K483	馬永強等2004	馬永強・孫愛芹「咸陽出土西魏墓磚銘商榷」(『考古與文物』2004年第4期、第28頁)
K484	王其禕2004a	王其禕「洛陽新見僞刻《隋楊公夫人潁川郡君墓誌》辨識」(『收藏』2004年第8期、第106～107頁)
K485	趙生泉2004b	趙生泉「新近出土磚拓十種」(『中國書畫』2004年第8輯、第104～109頁)
K486	山下將司2004	山下將司「新出土史料より見た北朝末・唐初開ソグド人の存在形態：固原出土史氏墓誌を中心に」(『唐代史研究』第7號、2004年8月、第60～77頁)

K487	王則 2004	王則「魏故寧陵公主墓誌考釋」(『北方文物』2004 年第 3 期、第 58～60 頁)
K488	楊曉春 2004	楊曉春「隋《虞弘墓誌》所見史事系年考證」(『文物』2004 年第 9 期、第 74～80、84 頁)
K489	羅新 2004c	羅新「北魏直勤考」(『歷史研究』2004 年第 5 期、2004 年 10 月、第 24～38 頁。同著『中古北族名號研究』、北京大學出版社、2009 年 3 月、第 80～117 頁)
K490	葉其峰 2004	葉其峰「隋元智墓誌涉及的史事及其用典」(廣東省文物鑒定站編『文物鑒定與研究（二）』、文物出版社、2004 年 9 月、第 1～19 頁。同著『古代銘刻論叢』、文物出版社、2012 年 10 月、第 341～358 頁)
K491	楊焄 2004	楊焄「楊素行年及其他」(『文學遺產』2004 年第 6 期、第 120～121 頁)
K492	趙振華 2004	趙振華「《趙諠墓誌》與都洛北魏朝廷的道教政治因素」(『河南科技大學學報（社會科學版）』第 22 卷第 3 期、2004 年 9 月、第 30～33 頁。同著『洛陽古代銘刻文獻研究』、三秦出版社、2009 年 12 月、第 280～287 頁)
K493	郎保利等 2004	郎保利・渠傳福「試論北齊徐顯秀墓的祆教文化因素」(『世界宗教研究』2004 年第 3 期、2004 年 9 月、第 114～122 頁)
K494	襄垣縣文物博物館等 2004	襄垣縣文物博物館・山西省考古研究所「山西襄垣隋代浩喆墓」(『文物』2004 年第 10 期、第 4～17 頁)
K495	李森 2004	李森「北齊張攀墓誌考鑒」(『中國文物報』2004 年 10 月 13 日)
K496	嚴輝 2004	嚴輝「北魏永寧寺建築師郭安興事迹的新發現及相關問題」(『中原文物』2004 年第 5 期、第 40～42、88 頁)
K497	孫福喜 2004	孫福喜「西安史君墓粟特文漢文雙語題銘漢文考釋」(西安市文物保護考古所編『西安文物考古研究』、陝西人民出版社、2004 年 11 月、第 184～191 頁。《法國漢學》叢書編集委員會編、榮新江・華瀾・張志清主編『粟特人在中國：歷史、考古、語言的新探索（法國漢學第 10 輯）』、中華書局、2005 年 12 月、第 18～25 頁)
K498	陝西省考古研究所 2004	陝西省考古研究所「隋呂思禮夫婦合葬墓清理簡報」(『考古與文物』2004 年第 6 期、第 21～30 頁)
K499	趙振華等 2004	趙振華・王學春「談隋唐時期喪葬文化中的墓誌識言：讀《柳山濤墓誌》及其識言」(西安碑林博物館編『碑林集刊（第 10 輯）』、陝西人民美術出版社、2004 年 12 月、第 193～200 頁)
K500	盛秦陵等 2004	盛秦陵・張維慎「隋唐墓誌所反映的統萬城、朔方城、夏州城：兼論統萬城周圍土地的沙漠化」(西安碑林博物館編『碑林集刊（第 10 輯）』、陝西人民美術

		出版社、2004年12月、第210～216頁)
K501	李志傑2004	李志傑「新見隋《茹洪墓誌》考釋」(西安碑林博物館編『碑林集刊(第10輯)』、陝西人民美術出版社、2004年12月、第230～233頁)
K502	王京陽2004	王京陽「隋《楊素妻越國夫人鄭氏墓誌銘》考釋」(西安碑林博物館編『碑林集刊(第10輯)』、陝西人民美術出版社、2004年12月、第234～239頁)
K503	侯紀潤2004	侯紀潤「讀隋《高善德墓誌銘》」(西安碑林博物館編『碑林集刊(第10輯)』、陝西人民美術出版社、2004年12月、第240～244頁)
K504	王其禕2004b	王其禕「新發現《隋元妃渠姨墓誌》跋」(西安碑林博物館編『碑林集刊(第10輯)』、陝西人民美術出版社、2004年12月、第305頁)
K505	叢文俊2004	叢文俊「北魏《趙謐墓誌》考」(『中國書法』2004年第12期、第36～37頁。同著『藝術與學術：叢文俊書法研究題跋文集』、人民美術出版社、2015年9月、第59～61頁。李亞平・李俊卿主編『燕趙金石論集』、河北教育出版社、2016年1月、下冊第334～338頁)
K506	ソグドゼミ2004	ソグド人墓誌研究ゼミナール「ソグド人漢文墓誌譯注(1)固原出土「史射勿墓誌」(隋・大業六年)」(『史滴』第26號、2004年12月、第51～72頁。石見清裕編著『ソグド人墓誌研究』、汲古書院、2016年3月、第159～185頁)
K507	羅豐2004	羅豐「北魏員標墓誌」(鄧聰・陳星燦主編『桃李成蹊集：慶祝安志敏先生八十壽辰』、香港中文大學中國考古藝術研究中心、2004年。同著『胡漢之間："絲綢之路"與西北歷史考古』、文物出版社、2004年9月、第356～371頁)
K508	濟南市考古研究所2005	濟南市考古研究所「濟南隋代呂道貴兄弟墓」(『文物』2005年第1期、第29～32頁)
K509	陳小青2005	陳小青「《北魏楊播墓誌》考釋」(『古籍整理研究學刊』2005年第1期、第51～53頁)
K510	許萬順2005a	許萬順「新出土袖珍《魏安東將軍夫人墓誌》」(『中國書法』2005年第1期、第46～47頁)
K511	崔世平2005	崔世平「崔芬墓誌與南北戰爭下的青州崔氏」(『南京曉莊學院學報』第21卷第1期、2005年1月、第36～41頁。同著『中古喪葬藝術、禮俗與歷史研究』、中國社會科學出版社、2018年3月、第162～172頁)
K512	張海嘯2005	張海嘯「北魏宋紹祖石室研究」(『文物世界』2005年第1期、第33～40頁)
K513	園田俊介2005a	園田俊介「南北朝時代における匈奴劉氏の祖先傳説とその形成」(『中央大學大學院研究年報(文學研究科篇)』第34號、2005年2月、第1031～1044頁)
K514	羅新2005a	羅新「可汗號研究：兼論中國古代"生稱謚"問題」(『中國社會科學』2005年

		第2期、2005年3月、第177～188頁。また「可汗號之性質：兼論早期政治組織制度形式的演化」と改題し同著『中古北族名號研究』、北京大學出版社、2009年3月、第1～26頁）
K515	西安市文物保護考古所 2005	西安市文物保護考古所「西安北周涼州薩保史君墓發掘簡報」（『文物』2005年第3期、第4～33頁）
K516	趙生泉 2005	趙生泉「新出土東魏《慧光墓誌》考評」（『中國書法』2005年第3期、第28～35頁。同著『金石探幽』、中國文聯出版社、2008年12月、第46～52頁）
K517	程林泉等 2005a	程林泉・張翔宇「第七座有圍屏石榻的粟特人墓葬：北周康業墓」（『文物天地』2005年第3期、2005年3月、第48～52頁）
K518	吳磬軍等 2005	吳磬軍・劉德彪「新出『魏尉陵、賀夫人墓誌銘』淺説：兼談脩尉仁弘墓誌銘」（『榮寶齋』2005年第3期、第194～199頁）
K519	林聖智 2005	林聖智「北魏寧懋石室的圖像與功能」（『國立臺灣大學美術史研究集刊』第18期、2005年3月、第1～74頁）
K520	東賢司 2005	東賢司「山東省臨淄縣出土の東清河崔氏墓誌群に關する研究（後編）：一族と南朝の關係・崔鴻墓誌の文字」（『大東書道研究』第12號、2005年3月、第124～136頁）
K521	許萬順 2005b	許萬順「新出土北齊《蔡府月璣袁氏墓誌文》」（『中國書法』2005年第4期、第33～37頁）
K522	殷憲 2005	殷憲「近年所見北魏書迹二則」（『書法叢刊』2005年第3期、2005年5月、第14～19頁。また「《屈突隆業墓磚》考述」「北魏石棺墨書"四耶耶骨"」の2篇に分けて殷憲・殷亦玄著『北魏平城書迹研究』、商務印書館、2016年7月、第162～166頁および第361～365頁）
K523	楊希義等 2005	楊希義・劉向陽「從《李虎墓誌》看李唐皇室對其氏族與先世事迹的杜撰」（樊英峰主編『乾陵文化研究（第1輯）』、三秦出版社、2005年5月、第155～162頁）
K524	張文彥等 2005	張文彥・王顯智「濮陽縣這河寨北齊李亨墓發掘報告」（濮陽市文物保護管理所編、張文彥主編『濮陽考古發現與研究』、中國科學技術出版社、2005年6月、第53～63頁）
K525	張麗華 2005	張麗華「《北魏延和二年張正子爲亡父母合葬立鎮墓石》淺識」（董恒宇主編『全國首屆碑帖學術研討會論文集』、文物出版社、2005年6月、第83～86頁。また「《北魏張正子爲亡父母合葬立鎮墓石》淺識」と改題し『中國書法』2005年第10期、第27～29頁）

K526	李舉綱等 2005	李舉綱・王秋芳「國家博物館藏脅張通妻陶貴墓誌拓本四種」(『收藏家』2005年第7期、第24～28頁)
K527	張福有等 2005	張福有・趙振華「洛陽、西安出土北魏與唐高句麗人墓誌及泉氏墓地」(『東北史地』2005年第4期、第2～19頁。徐光輝編『東北アジア古代文化論叢』、北九州中國書店、2008年3月、第185～218頁。趙振華著『洛陽古代銘刻文獻研究』三秦出版社、2009年12月、第535～562頁)
K528	周加申等 2005	周加申・劉航寧「河南洛陽博物館徵集到一批珍貴文物」(『中國文物報』2005年9月16日)
K529	叢文俊 2005	叢文俊「《魏廣陵王元羽妻鄭太妃墓誌》考」(『中國書法』2005年第9期、第24～26頁、彩14～15頁。同著『藝術與學術：叢文俊書法研究題跋文集』、人民美術出版社、2015年9月、第62～66頁。李亞平・李俊卿主編『燕趙金石論集』、河北教育出版社、2016年1月、上冊第147～154頁)
K530	會田大輔 2005	會田大輔「北周「叱羅協墓誌」に關する一考察：宇文護時代再考の手がかりとして」(『文學研究論集〈明治大學大學院文學研究科〉』第23號、2005年9月、第123～144頁)
K531	盧瑞芳等 2005	盧瑞芳・劉漢芹「河北吳橋北魏封龍墓及其相關問題」(『文物春秋』2005年第3期、第27～30頁)
K532	李磊 2005	李磊「《侯子欽墓誌》釋考」(『古籍整理研究學刊』2005年第5期、2005年9月、第92～97頁)
K533	澤田雅弘 2005	澤田雅弘「僞刻家Xの形影：同手の僞刻北魏洛陽墓誌群」(『書學書道史研究』第15號、2005年9月、第3～21頁)
K534	劉衞東等 2005	劉衞東・臧瑞平「兩方北魏墓誌的發現：《元始和墓誌》的再發現與《元翫墓誌》的新發現」(『中國文物報』2005年10月19日)
K535	程林泉等 2005b	程林泉・張小麗・張翔宇「談談對北周李誕墓的幾點認識」(『中國文物報』2005年10月21日)
K536	陝西省考古研究所 2005	陝西省考古研究所「西安洪慶北朝、隋家族遷葬墓地」(『文物』2005年第10期、第47～67頁)
K537	前島佳孝 2005	前島佳孝「北周徒何綸墓誌銘と隋李椿墓誌銘：西魏北周支配階層の出自に關する新史料」(『人文研紀要〈中央大學人文科學研究所〉』第55號、2005年10月、第93～129頁。同著『西魏・北周政權史の研究』、汲古書院、2013年8月、第387～427頁)
K538	羅新 2005b	羅新「北魏孝文帝《弔比干碑》的立碑時間」(『文史』2005年第4輯、2005年

		11月、第125～128頁。同著『中古北族名號研究』、北京大學出版社、2009年3月、第253～258頁)
K539	王其禕等2005a	王其禕・周曉薇「西安新出土隋代上開府樂安縣開國伯趙世摸墓誌疏證」(中國文物研究所編『出土文獻研究 (第7輯)』、上海古籍出版社、2005年11月、第332～342頁)
K540	喬棟等2005a	喬棟・李獻奇「魏王琿奴墓誌」(『書法叢刊』2005年第6期、2005年11月、第5～7頁)
K541	喬棟等2005b	喬棟・李獻奇「魏宇文永妻韓氏墓誌」(『書法叢刊』2005年第6期、2005年11月、第8～13頁)
K542	喬棟等2005c	喬棟・李獻奇「魏郭定興墓誌」(『書法叢刊』2005年第6期、2005年11月、第14～15頁)
K543	喬棟等2005d	喬棟・李獻奇「魏張孃墓誌」(『書法叢刊』2005年第6期、2005年11月、第16～17頁)
K544	喬棟等2005e	喬棟・李獻奇「魏楊濟墓誌」(『書法叢刊』2005年第6期、2005年11月、第18～19頁)
K545	喬棟等2005f	喬棟・李獻奇「魏元道隆神銘」(『書法叢刊』2005年第6期、2005年11月、第20頁)
K546	喬棟等2005g	喬棟・李獻奇「魏長孫季墓誌」(『書法叢刊』2005年第6期、2005年11月、第21～23頁)
K547	喬棟等2005h	喬棟・李獻奇「隋牛諒墓誌」(『書法叢刊』2005年第6期、2005年11月、第24～25頁)
K548	喬棟等2005i	喬棟・李獻奇「魏楊熙儸墓誌」(『書法叢刊』2005年第6期、2005年11月、封二)
K549	王盛婷2005	王盛婷「試說漢魏南北朝碑刻婚姻詞」(『古籍整理研究學刊』2005年第6期、2005年11月、第41～47頁)
K550	岩本篤志2005	岩本篤志「徐顯秀墓出土貴石印章と北齊政權」(『史滴』第27號、2005年12月、第136～152頁)
K551	伊藤滋2005	伊藤滋 (賈梅譯)「隋代《董美人墓誌銘》原拓本介紹」(西安碑林博物館編『碑林集刊 (第11輯)』、陝西人民美術出版社、2005年12月、第99～102頁)
K552	劉東平等2005	劉東平・段志凌「《張玄墓誌》史料輯釋與書法藝術特點」(西安碑林博物館編『碑林集刊 (第11輯)』、陝西人民美術出版社、2005年12月、第136～144頁)

K553	周曉薇 2005	周曉薇「長安灃水南岸發現隋代《梁暄墓誌銘》」(西安碑林博物館編『碑林集刊（第11輯）』、陝西人民美術出版社、2005年12月、第204〜207頁)
K554	王京陽等 2005	王京陽・楊之昉「隋車騎將軍《王臺墓誌銘》略考」(西安碑林博物館編『碑林集刊（第11輯）』、陝西人民美術出版社、2005年12月、第208〜215頁)
K555	謝高文等 2005	謝高文・劉衛鵬「隋《蕭紹墓誌》考」(西安碑林博物館編『碑林集刊（第11輯）』、陝西人民美術出版社、2005年12月、第216〜221頁)
K556	楊宏毅等 2005	楊宏毅・賀達炘「隋《王懋及妻賀拔氏墓誌》考」(西安碑林博物館編『碑林集刊（第11輯）』、陝西人民美術出版社、2005年12月、第222〜226頁)
K557	王其禕等 2005b	王其禕・穆小軍「長安縣郭杜鎮新出土隋代墓誌銘四種」(西安碑林博物館編『碑林集刊（第11輯）』、陝西人民美術出版社、2005年12月、第227〜235頁)
K558	劉呆運等 2005	劉呆運・李明「西安南郊新出土的三方隋代墓誌」(西安碑林博物館編『碑林集刊（第11輯）』、陝西人民美術出版社、2005年12月、第236〜242頁)
K559	王慶衛等 2005	王慶衛・王煊「隋代華陰楊氏考述：以墓誌銘爲中心」(西安碑林博物館編『碑林集刊（第11輯）』、陝西人民美術出版社、2005年12月、第243〜270頁)
K560	程林泉等 2005c	程林泉・張翔宇・張小麗「西安北周李誕墓初探」(中山大學藝術史研究中心編『藝術史研究（第7輯）』、中山大學出版社、2005年12月、第299〜308頁)
K561	普武正等 2005	普武正・胡葵花「濟南出土東魏崔氏墓誌銘考釋」(『濟南職業學院學報』2005年第6期、2005年12月、第7〜8頁)
K562	羅新 2005c	羅新「跋北魏鄭平城妻李暉儀墓誌」(『中國歷史文物』2005年第6期、第44〜49頁。同著『王化與山險：中古邊裔論集』、北京大學出版社、2019年7月、第337〜344頁)
K563	吉田豐 2005	吉田豐「西安新出史君墓誌的粟特文部分考釋」(《法國漢學》叢書編集委員會編、榮新江・華瀾・張志清主編『粟特人在中國：歷史、考古、語言的新探索（法國漢學第10輯）』、中華書局、2005年12月、第26〜42頁)
K564	園田俊介 2005b	園田俊介「北魏・東西魏時代における鮮卑拓跋氏（元氏）の祖先傳說とその形成」(『史滴』第27號、2005年12月、第63〜80頁)
K565	張永強 2006	張永強「新出土的南北朝《袁月璣墓誌》與梁武帝《古今書評》」『書法叢刊』2006年第1期、2006年1月、第28〜33頁)
K566	田熊信之 2006	田熊信之「邯鄲鼓山水浴寺東山石窟の銘文について」(『學苑：日本文學紀要』第783號、2006年1月、第139〜150頁。中文版「水浴寺東山石窟銘文考釋」、山東省石刻藝術博物館・河北省邯鄲市文物局編、焦德森主編、魏廣平・王興

		副主編『北朝摩崖刻經研究（三）』、內蒙古人民出版社、2006年7月、第147～164頁）
K567	馬志強2006	馬志強「《袁月璣墓誌》鈎沉」（『文物世界』2006年第1期、第51～54頁。また「《袁月璣墓誌》研究」と改題し中國魏晉南北朝史學會・武漢大學中國三至九世紀研究所編『魏晉南北朝史研究：回顧與探索─中國魏晉南北朝史學會第九屆年會論文集』、湖北教育出版社、2009年8月、第703～711頁。中國魏晉南北朝史學會・山西大同大學雲岡文化研究中心・大同平城北朝研究會編『北朝研究（第11輯）』、科學出版社、2020年11月、第202～214頁）
K568	程林泉2006	程林泉「西安北周李誕墓的考古發現與研究」（西北大學考古學系・西北大學文化遺產與考古學研究中心編著『西部考古（第1輯）』、三秦出版社、2006年1月、第391～400頁）
K569	羅新2006	羅新「北齊韓長鸞之家世」（『北京大學學報（哲學社會科學版）』2006年第1期、第149～153頁。同著『王化與山險：中古邊裔論集』、北京大學出版社、2019年7月、第395～403頁）
K570	趙立春2006	趙立春「鄴城地區新發現的慧光法師資料」（『中原文物』2006年第1期、第69～76頁）
K571	佚名2006	佚名「拿雲美術博物館藏墓誌選：齊□□墓誌」（『書法叢刊』2006年第2期、2006年3月、第45～46頁）
K572	王盛婷2006a	王盛婷「試說漢魏六朝碑同根葬詞」（『西華師範大學學報（哲學社會科學版）』2006年第2期、2006年3月、第85～89頁）
K573	室山留美子2006	室山留美子「北魏漢人官僚とその埋葬地選擇」（『東洋學報』第87卷第4號、2006年3月、第1～32頁）
K574	澤田雅弘2006	澤田雅弘「偽刻北魏墓誌考：朱奇墓誌・段峻德墓誌・李頤墓誌・陳歆墓誌・高珪墓誌」（『大東書道研究』第13號、2006年3月、第60～74頁）
K575	東賢司2006	東賢司「大東文化大學書道研究所藏宇野雪村文庫拓本所收の墓誌銘についての研究：北朝墓誌銘の稀珍拓本を中心に」（『大東書道研究』第13號、2006年3月、第76～89頁）
K576	木島史雄2006	木島史雄「匡僧安墓誌小考」（和泉市久保惣記念美術館編『北魏棺床の研究：和泉市久保惣記念美術館石造人物神獸圖棺床研究』（和泉市久保惣記念美術館、2006年3月、第60～85頁）
K577	山西省考古研究所等2006a	山西省考古研究所・太原市文物考古研究所・晉源區文物旅遊局「太原開化村北齊洞室墓發掘簡報」（『考古與文物』2006年第2期、第7～12頁。周富年・

		周健・馮鋼・陳慶軒編著『太原考古（第2輯）』、山西人民出版社、2019年9月、第64～70頁）
K578	阮新正2006	阮新正「陝西藍田縣發現的西魏紀年墓」（『考古與文物』2006年第2期、第13～15頁）
K579	趙生泉等2006	趙生泉・史瑞英「河北北朝墓誌札記（七則）」（『文物春秋』2006年第2期、第43～48、61頁）
K580	陶鈞2006	陶鈞「北魏《慕容纂墓誌銘》考釋」（『東方藝術：書法2』2006年第捌期（總第108期）、2006年4月、第122～127頁）
K581	程林泉等2006	程林泉・張小麗・張翔宇・王磊・李書鎖「西安北郊北周李誕墓」（國家文物局主編『2005中國重要考古發現』、文物出版社、2006年5月、第123～128頁）
K582	魏宏利2006	魏宏利「北朝碑誌所見北方少數民族之漢化」（『西安電子科技大學學報（社會科學版）』第16卷第3期、2006年5月、第100～104頁）
K583	關尾史郎2006	關尾史郎「莫高窟北區出土《大涼安樂三年(619)二月郭方隨葬衣物疏》的兩三個問題」（季羨林・饒宗頤主編『敦煌吐魯番研究（第9卷）』、中華書局、2006年5月、第111～122頁）
K584	毛遠明2006	毛遠明「《元睿墓誌》釋文校正」（『考古』2006年第5期、第95～96頁）
K585	樊英民2006	樊英民「呂思禮墓誌錄文校正」（『考古與文物』2006年第3期、第68～69頁）
K586	劉瑞等2006	劉瑞・穆曉軍「從隋何雄墓誌談阿城與阿房宮的地望」（『中國文物報』2006年6月16日）
K587	張乃翥2006	張乃翥「閭伯昇墓誌所見的北魏柔然」（『河南科技大學學報（社會科學版）』第24卷第3期、2006年6月、第11～14頁）
K588	方高峰2006	方高峰「試論左郡左縣制」（『中國邊疆史地研究』第16卷第2期、2006年6月、第23～30頁）
K589	殷憲2006a	殷憲「從北魏王禮斑妻輿磚、王斑殘磚到太和遼東政治圏」（『中華文史論叢』2006年第4期、第129～160頁。殷憲・殷亦玄著『北魏平城書迹研究』、商務印書館、2016年7月、第238～263頁）
K590	趙超2006	趙超「慧光法師墓誌與唐邕刻經」（山東省石刻藝術博物館・河北省邯鄲市文物局編、焦德森主編、魏廣平・王興副主編『北朝摩崖刻經研究（三）』、內蒙古人民出版社、2006年7月、第84～92頁。氣賀澤保規編『中國石刻資料とその社會：北朝隋唐期を中心に』、明治大學東アジア石刻文物研究所・汲古書院、2007年9月、第346～340頁。同著『鍥而不舍：中國古代石刻研究』、三晉出版社、2015年9月、第82～90頁）

K591	王素 2006	王素「近年來中國出土文獻整理研究概況」(『唐代史研究』第9號、2006年7月、第106～113頁)
K592	牟發松等 2006	牟發松・蓋金偉「新出四方北朝韋氏墓誌校注」(『故宮博物院院刊』2006年第4期、2006年7月、第44～63頁)
K593	常一民 2006	常一民「北齊徐顯秀墓發掘記」(『文物世界』2006年第4期、2006年7月、第11～20頁)
K594	鄒冬珍等 2006	鄒冬珍・衛文革「山西運城出土幾盒裴氏墓誌」(『文物世界』2006年第4期、2006年7月、第24～30頁)
K595	許萬順 2006	許萬順「新發現隋開皇九年《賈府君之神碑》」(『中國書法』2006年第7期、2006年7月、第52～56頁)
K596	王盛婷 2006b	王盛婷「六朝碑刻詞語札記」(『中國典籍與文化』2006年第3期、第108～110頁)
K597	孫英林 2006	孫英林「羊烈夫婦墓誌考略」(『南方文物』2006年第3期、2006年8月、第137～139頁)
K598	殷憲 2006b	殷憲「《叱干渴侯墓磚》考略」(山西省考古學會・山西省考古研究所編『山西省考古學會論文集（四）』、山西人民出版社、2006年9月、第204～206頁、圖版11。殷憲・殷亦玄著『北魏平城書迹研究』、商務印書館、2016年7月、第142～149頁)
K599	張志忠等 2006	張志忠・古順芳「北魏平城墓銘磚的初步研究」(山西省考古學會・山西省考古研究所編『山西省考古學會論文集（四）』、山西人民出版社、2006年9月、第207～210頁、圖版11～12)
K600	郭平梁 2006	郭平梁「《虞弘墓誌》新考」(『民族研究』2006年4期、第64～70頁)
K601	南水北調考古工作隊 2006	南水北調考古工作隊「岩上墓葬區考古發掘取得重大收穫」(『北京文博』2006年第3輯、2006年9月、第39～41頁)
K602	咸陽市文物考古研究所 2006	咸陽市文物考古研究所「咸陽隋代蕭紹墓」(『文物』2006年第9期、第39～44頁)
K603	山西省考古研究所等 2006b	山西省考古研究所・太原市文物考古研究所・晉源區文物旅遊局「太原西北環高速公路建設墓葬發掘簡報」(山西省考古研究所・山西省考古學會編、石金鳴主編『三晉考古（第3輯）』、山西人民出版社、2006年9月、第328～335頁、圖版23～28)
K604	翟盛榮等 2006	翟盛榮・晉華「昔陽縣沾尚鎮瓦窰足村發現隋寧州刺史王季族墓葬」(山西省考古研究所・山西省考古學會編、石金鳴主編『三晉考古（第3輯）』、山西人民

		出版社、2006年9月、第372～376頁、圖版33)
K605	明海2006	明海「新出土的慧光大師墓誌銘」(河北禪學研究所主辦、吳言生主編『中國禪學(第4卷)』、中華書局、2006年9月、第233～234頁)
K606	王華山2006	王華山「北朝臨淄崔氏家族史新證」(『管子學刊』2006年第3期、第122～125頁)
K607	大同市考古研究所2006a	大同市考古研究所「山西大同沙嶺北魏壁畫墓發掘簡報」(『文物』2006年第10期、2006年10月、第4～24頁、封面2)
K608	大同市考古研究所2006b	大同市考古研究所「山西大同七里村北魏墓群發掘簡報」(『文物』2006年第10期、第25～49頁)
K609	大同市考古研究所2006c	大同市考古研究所「山西大同迎賓大道北魏墓群」(『文物』2006年第10期、2006年10月、第50～71頁)
K610	趙瑞民等2006	趙瑞民・劉俊喜「大同沙嶺北魏壁畫墓出土漆皮文字考」(『文物』2006年第10期、2006年10月、第78～81頁、封面2)
K611	張志忠2006	張志忠「大同七里村北魏楊眾慶墓磚銘析」(『文物』2006年第10期、2006年10月、第82～85頁)
K612	張金龍2006	張金龍「文成帝時期的北魏政治：以統治集團構成爲中心」(同主編、王煒民・張軍副主編『黎虎教授古稀紀念中國古代史論叢』、世界知識出版社、2006年11月、第470～501頁。同著『考古論史：張金龍學術論文集』、人民出版社、2019年10月、第36～95頁)
K613	陳小青2006	陳小青「《北魏司馬顯姿墓誌》考釋」(『圖書館雜誌』2006年第11期、第74～75頁)
K614	饒宗頤2006	饒宗頤「陳劉猛進碑跋」(同著、鄭會欣編『選堂序跋集』、中華書局、2006年11月、第335頁)
K615	張金耀2006	張金耀「新出北朝慧光法師墓誌雜考」(復旦大學中文系編『朱東潤先生誕辰一百一十周年紀念文集』、上海古籍出版社、2006年11月、第443～452頁)
K616	山東石刻藝術博物館等2006	山東省石刻藝術博物館・德國海德堡學術院・中國社會科學院世界宗教研究所「山東東平洪頂山摩崖刻經考察」(『文物』2006年第12期、第79～91頁)
K617	溫玉成2006	溫玉成「關於《鄴城地區新發現的慧光法師資料》一文的意見」(『中原文物』2006年第6期、第17頁)
K618	劉蓮香等2006	劉蓮香・蔡運章「北魏元䛒墓誌考略」(『中國歷史文物』2006年第6期、第57～66頁)
K619	殷憲2006c	殷憲「山西大同沙嶺北魏壁畫墓漆畫題記研究」(張慶捷・李書吉・李鋼主編『4

		～6世紀的北中國與歐亞大陸』、科學出版社、2006年12月、第346～360頁。殷憲・殷亦玄著『北魏平城書迹研究』、商務印書館、2016年7月、第312～332頁)
K620	孫繼民等2006	孫繼民・馬小青・李倫「未刊石刻的錄文及簡介」(孫繼民主編、郝良眞・馬小青副主編『河北新發現石刻題記與隋唐史研究』、河北人民出版社、2006年12月、第287～313頁)
K621	董淑燕2006	董淑燕「隋唐墓誌四神十二辰紋述論」(西安碑林博物館編『碑林集刊(第12輯)』、陝西人民美術出版社、2006年12月、第93～112頁)
K622	王慶衛等2006	王慶衛・王煊「隋代弘農楊氏續考：以墓誌銘爲中心」(西安碑林博物館編『碑林集刊(第12輯)』、陝西人民美術出版社、2006年12月、第199～222頁)
K623	趙陽陽2006	趙陽陽「《魏故昭玄沙門大統墓誌銘》錄文校補」(『文教資料』2006年12月號下旬刊、第58～59頁)
K624	張慶捷2007	張慶捷「北魏破多羅氏壁畫墓所見文字考述」(『歷史研究』2007年第1期、第174～179頁。同著『民族滙衆與文明互動：北朝社會的考古學觀察』、商務印書館、2010年9月、第114～138頁)
K625	李嘎2007	李嘎「北魏崔猷墓誌及相關問題」(『考古』2007年第1期、2007年1月、第70～78頁)
K626	羅新2007a	羅新「虞弘墓誌所見的柔然官制」(北京大學歷史學系編『北大史學(第12輯)』、北京大學出版社、2007年1月、第50～73頁。同著『中古北族名號研究』、北京大學出版社、2009年3月、第108～132頁)
K627	澤田雅弘2007a	澤田雅弘「北朝墓誌の刻について：元毓墓誌と元昉墓誌」(『群馬大學教育學部紀要(人文・社会科学編)』第56卷、2007年2月、第1～16頁)
K628	羅新2007b	羅新「中國國家博物館藏北魏元則、元宥墓誌疏解」(『中國歷史文物』2007年第2期、第22～28頁。また「跋國家博物館所藏北魏元則、元宥兩墓誌」と改題し中國國家博物館編『中國國家博物館館藏文物研究叢書・墓誌卷』、上海古籍出版社、2017年6月、第202～208頁。同著『王化與山險：中古邊裔論集』、北京大學出版社、2019年7月、第345～356頁)
K629	趙超2007	趙超「中國國家博物館藏北朝封氏諸墓誌彙考」(『中國歷史文物』2007年第2期、第29～40頁。同著『鍥而不舍：中國古代石刻研究』、三晉出版社、2015年9月、第64～81頁。中國國家博物館編『中國國家博物館館藏文物研究叢書・墓誌卷』、上海古籍出版社、2017年6月、第190～201頁)
K630	羅新2007c	羅新「柔然官制續考」(『中華文史論叢』2007年第1期(總第85輯)、2007年

		3 月、第 73～97 頁。同著『中古北族名號研究』、北京大學出版社、2009 年 3 月、第 133～154 頁）
K631	園田俊介 2007	園田俊介「北魏時代の樂浪郡と樂浪王氏」（『中央大學アジア史研究』第 31 號、2007 年 3 月、第 1～32 頁）
K632	澤田雅弘 2007b	澤田雅弘「北朝墓誌の書者と刻者について：元颺墓誌と元詳墓誌」（『大東書道研究』第 14 號、2007 年 3 月、第 106～123 頁）
K633	楊曉春 2007	楊曉春「隋《虞弘墓誌》所見"魚國"、"尉紇驎城"考」（『西域研究』2007 年第 2 期、第 113～120 頁）
K634	周阿根 2007	周阿根「《〈洛陽新獲墓誌〉釋文補正》商榷一則」（『保定師範專科學校學報』第 20 卷第 2 期、2007 年 4 月、第 112 頁）
K635	王新邦 2007	王新邦「北魏汝南王元悅爲徐州刺史問題之考察」（『貴州文史叢刊』2007 年第 2 期、2007 年 4 月、第 29～30 頁）
K636	蔡先金等 2007	蔡先金・趙海麗「《顯祖嬪侯骨氏墓誌銘》辨僞」（『中國書法』2007 年第 4 期、第 98～101 頁）
K637	江嵐 2007	江嵐「《新出魏晉南北朝墓誌疏證》錄文勘誤六則」（『四川職業技術學院學報』第 17 卷第 2 期、2007 年 5 月、第 48～49 頁）
K638	楊衛東 2007	楊衛東「北齊盧譽墓誌考」（『文物春秋』2007 年第 3 期、2007 年 6 月、第 71～73 頁）
K639	榮新江 2007	榮新江「北朝隋唐粟特人之遷徙及其聚落補考」（余太山・李錦繡主編『歐亞學刊（第 6 輯）』、中華書局、2007 年 6 月、第 165～178 頁。同著『中古中國與粟特文明』、生活・讀書・新知三聯書店、2014 年 8 月、第 22～41 頁）
K640	殷憲 2007	殷憲「《楊衆度磚銘》研究」（『中國書法』2007 年第 6 期、第 81～84 頁。また「《楊衆度磚銘》簡述」と改題し殷憲・殷亦玄著『北魏平城書迹研究』、商務印書館、2016 年 7 月、第 155～161 頁）
K641	朱岩石等 2007	朱岩石・何利群「河北磁縣發現東魏皇族元祜墓」（『中國文物報』2007 年 7 月 11 日）
K642	邵磊 2007	邵磊「略論北齊袁月璣墓誌」（『南京曉莊學院學報』2007 年第 4 期、2007 年 7 月、第 35～38 頁。李洪天主編『回望如夢的六朝：六朝文史論集』、鳳凰出版社、2009 年 9 月、第 406～413 頁）
K643	章紅梅 2007a	章紅梅「《〈遼寧博物館藏碑誌精粹〉》標點勘誤」（《古籍研究》編輯部編『古籍研究（2007 卷上/總第 51 期）』、安徽大學出版社、2007 年 7 月、第 112～119 頁）
K644	李達通 2007	李達通「欽州國寶今在廣州：隋代欽江縣正議大夫寧贊墓碑」（廣西博物館編

		『廣西博物館文集(第4輯)』、廣西人民出版社、2007年8月、第317〜319頁)
K645	張安興2007	張安興「讀酈《解方保墓誌》」(『書法叢刊』2007年第5期、2007年9月、第39〜46頁)
K646	章紅梅2007b	章紅梅「新公布出土文獻應注意的幾個問題」(『樂山師範學院學報』第22卷第9期、2007年9月、第67〜70頁)
K647	室山留美子2007	室山留美子「北魏の郡望:上谷寇氏を中心に」(『史學研究』第258號、2007年9月、第1〜19頁)
K648	前島佳孝2007	前島佳孝「李虎の事跡とその史料」(『人文研紀要〈中央大學人文科學研究所〉』第61號、2007年9月、第69〜100頁。同著『西魏・北周政權史の研究』、汲古書院、2013年8月、第359〜386頁)
K649	兼平充明2007	兼平充明「氏族苻氏・呂氏に關する石刻史料」(氣賀澤保規編『中國石刻資料とその社會:北朝隋唐期を中心に』、明治大學東アジア石刻文物研究所・汲古書院、2007年9月、第179〜206頁)
K650	會田大輔2007	會田大輔「北周「張僧妙碑」からみた宇文護執政期の佛教政策」(氣賀澤保規編『中國石刻資料とその社會:北朝隋唐期を中心に』、明治大學東アジア石刻文物研究所・汲古書院、2007年9月、第207〜238頁)
K651	伊藤誠浩2007	伊藤誠浩「隋大業六年「姬威墓誌」に關する一考察」(氣賀澤保規編『中國石刻資料とその社會:北朝隋唐期を中心に』、明治大學東アジア石刻文物研究所・汲古書院、2007年9月、第239〜269頁)
K652	蓋金偉等2007	蓋金偉・董理「新出四方北朝韋氏墓誌考補」(『考古與文物』2007年第5期、第85〜91頁)
K653	李文才2007	李文才「華陰出土北魏楊氏墓誌考釋」(陝西歷史博物館編『陝西歷史博物館館刊(第14輯)』、三秦出版社、2007年10月、第125〜132頁)
K654	董理2007	董理「從楊舒墓誌看魏宣武帝時期的南北戰爭:讀《魏故鎭遠將軍華州刺史楊君(舒)墓誌銘》」(陝西歷史博物館編『陝西歷史博物館館刊(第14輯)』、三秦出版社、2007年10月、第133〜138頁)
K655	景亞鸝2007	景亞鸝「研讀碑林藏"吐谷渾"墓誌二例」(陝西歷史博物館編『陝西歷史博物館館刊(第14輯)』、三秦出版社、2007年10月、第139〜145頁)
K656	曾廣等2007	曾廣・張富華「魏元懿墓誌銘考」(『中國書法』2007年第10期、第113〜116頁)
K657	許儁國2007	許儁國「北魏《元周安墓誌》簡析」(『東方藝術』2007年第20期、第84〜95

		頁）
K658	田熊信之 2007	田熊信之「北魏高道悦、李夫人墓誌銘と「父天母地」の語」（相川鐵崖古稀記念書學論文集編集委員會編『相川鐵崖古稀記念書學論文集』、木耳社、2007年10月、第216～233頁）
K659	佐藤智水 2007	佐藤智水「河北省涿縣の北魏造像と邑義（前編）」（『佛教史研究』第43號、2007年10月、第1～47頁）
K660	洛陽博物館 2007	洛陽博物館「洛陽北魏楊機墓出土文物」（『文物』2007年第11期、2007年11月、第56～69頁）
K661	張子英 2007	張子英「磁縣出土北齊趙熾墓誌」（『文物』2007年第11期、2007年11月、第95～96頁）
K662	社科院河北工作隊 2007	中國社會科學院考古研究所河北工作隊「河北磁縣系北朝墓群發現東魏皇族元祜墓」（『考古』2007年第11期、第3～6頁。中國社會科學院考古研究所・河北省文物研究所・河北省臨漳縣文物旅遊局編『鄴城考古發現與研究』、文物出版社、2014年8月、第199～202頁、彩版13）
K663	王慶衞 2007	王慶衞「新見北魏《楊椿墓誌》考」（中國文物研究所編『出土文獻研究（第8輯）』、上海古籍出版社、2007年11月、第240～249頁）
K664	王其禕等 2007	王其禕・李舉綱「新出土北周建德二年庾信撰《宇文顯墓誌銘》勘證」（中國文物研究所編『出土文獻研究（第8輯）』、上海古籍出版社、2007年11月、第250～259頁。西安碑林博物館編『紀念西安碑林九百二十周年華誕國際學術研討會論文集』、文物出版社、2008年10月、第487～496頁）
K665	韓偉東等 2007	韓偉東・劉學連「臨淄石刻擷萃」（『書法叢刊』2007年第6期、2007年11月、第23～31頁）
K666	宋燕鵬 2007	宋燕鵬「西門豹信仰：中古鄴下居民的一個生活内容」（『邯鄲職業技術學院學報』第20卷第4期、2007年12月、第7～11頁）
K667	蔡子鶴等 2007	蔡子鶴・陳杏留「《遼寧省博物館藏碑誌精粹》校正」（『晉中學院學報』第24卷第6期、2007年12月、第4～8頁）
K668	淺見直一郎 2007	淺見直一郎「黄泉の土地と冥途への旅：中國の葬送文書に關する一考察」（『大谷學報』第87卷第1號、2007年12月、第1～20頁）
K669	鍾曉青 2008	鍾曉青「安陽靈泉寺北齊雙石塔再探討」（『文物』2008年第1期、第85～91頁）
K670	李森 2008	李森「新見北齊張潔墓誌考鑒」（『考古與文物』2008年第1期、第100～101頁）

K671	黎李 2008	黎李「甘肅武威發現的《驪靬縣令成公府君墓誌銘》」(『隴右文博』2008 年第 1 期、第 66～67 頁。武威市文物考古研究所編『武威考古研究文集』、讀者出版社、2023 年 1 月、第 598～599 頁)
K672	麥超美 2008	麥超美「從《隋虞弘墓誌》看府兵制度的發展」(『西南大學學報(社會科學版)』第 34 卷第 1 期、2008 年 1 月、第 162～165 頁)
K673	王華山 2008	王華山「臨淄崔氏墓誌所載"十二世祖琰"考析」(『管子學刊』2008 年第 1 期、第 109～114 頁)
K674	田熊信之 2008	田熊信之「北魏寇臻墓誌銘小攷」(『學苑・日本文學紀要』第 807 號、2008 年 1 月、第 108～122 頁)
K675	趙生泉 2008a	趙生泉「《李騫墓誌》跋」(『東方藝術・書法 2』總第 152 期、2008 年 2 下半月、第 68～81 頁。李亞平・李俊卿主編『燕趙金石論集』、河北教育出版社、2016 年 1 月、上冊第 128～134 頁)
K676	王其禕等 2008a	王其禕・周曉薇「隋代墓誌銘祛僞三例」(杜文玉主編『唐史論叢(第 10 輯)』、三秦出版社、2008 年 2 月、第 248～257 頁。また「隋代墓誌辨僞」と改題増補し同著『片石千秋：隋代墓誌銘與隋代歷史文化』、科學出版社、2014 年 6 月、第 89～99 頁)
K677	田餘慶 2008	田餘慶「關於拓跋猗盧殘碑及題記二則：兼釋殘碑出土地點之疑」(『中華文史論叢』2008 年第 1 輯、2008 年 3 月、第 1～12、385 頁。また「關於拓跋猗盧殘碑及拓本題記二則：兼釋殘碑出土地點之疑」と改題し同著『拓跋史探(修訂本)』、生活・讀書・新知三聯書店、2011 年 10 月、第 252～264 頁)
K678	窪添慶文 2008	窪添慶文「北魏における滎陽鄭氏」(『お茶の水史學』第 51 號、2008 年 3 月、第 181～209 頁。同著『墓誌を用いた北魏史研究』、汲古書院、2017 年 9 月、第 491～522 頁)
K679	園田俊介 2008	園田俊介「北魏時代における十六國諸君主の子孫とその影響」(中央大學文學部東洋史學研究室編『池田雄一教授古稀記念アジア史論叢』、白東史學會、2008 年 3 月、第 133～153 頁)
K680	會田大輔 2008	會田大輔「北齊における蕭莊政權人士：「袁月璣墓誌」を中心に」(公益信託松尾金藏記念獎學基金編『明日へ翔ぶ―人文社會學の新視點―1』、風間書房、2008 年 3 月、第 1～25 頁)
K681	澤田雅弘 2008	澤田雅弘「北朝墓誌の刻について：元顥墓誌と元瑱墓誌」(『大東書道研究』第 15 號、2008 年 3 月、第 46～62 頁)
K682	趙陽陽 2008	趙陽陽「《新出魏晉南北朝墓誌疏證》校讀札記」(南京大學古典文獻研究所編

		『古典文獻研究（第 11 輯）』、鳳凰出版社、2008 年 4 月、第 497〜504 頁）
K683	周曉薇等 2008	周曉薇・王慶衞「隋代婚姻語詞集解：以隋代墓誌銘爲基本素材」（《中國典籍與文化》編輯部編『中國典籍與文化論叢（第 10 輯）』、北京大學出版社、2008 年 4 月、第 94〜121 頁。また「百兩來儀：隋代婚姻語詞集解」と改題し周曉薇・王其禕著『柔順之象：隋代女性與社會』、中國社會科學出版社、2012 年 10 月、第 97〜118 頁）
K684	鄭志剛 2008	鄭志剛「范粹墓誌：節比貞松 才侔勁竹」（『青少年書法』2008 年第 4 期、第 63 頁）
K685	薛海洋 2008	薛海洋「北魏《元瓚墓誌》説略」（『書法』2008 年第 4 期、2008 年 4 月、第 27〜28 頁。また「北魏《元瓚墓誌》漫議」と改題し『青少年書法』2010 年第 2 期、第 48〜60 頁）
K686	仇鹿鳴 2008	仇鹿鳴「"攀附先世"與"僞冒士籍"：以渤海高氏爲中心的研究」（『歷史研究』2008 年第 2 期、第 60〜74 頁）
K687	羅新 2008a	羅新「論闕特勤之"闕"」（『中國社會科學』2008 年第 3 期、2008 年 5 月、第 192〜202 頁。同著『中古北族名號研究』、北京大學出版社、2009 年 3 月、第 194〜212 頁）
K688	張銘心 2008a	張銘心「十六國時期碑形墓誌源流考」（『文史』2008 年第 2 輯、2008 年 5 月、第 37〜54 頁。同著『出土文獻與中國中古史研究』、廣西師範大學出版社、2022 年 7 月、第 64〜97 頁。王連龍主編『中國古代墓誌研究』、社會科學文獻出版社、2023 年 2 月、下册第 674〜695 頁）
K689	常彧 2008	常彧「袁月璣墓誌與梁陳之際史事鉤沉」（『文史』2008 年第 2 輯、2008 年 5 月、第 67〜76 頁）
K690	陳昊 2008	陳昊「墓誌所見南北朝醫術世家的身份認同與宗教信仰：丹陽徐氏爲中心」（『文史』2008 年第 2 輯、2008 年 5 月、第 77〜103 頁）
K691	胡鴻 2008a	胡鴻「小人物，大歷史：北魏元瓚夫婦墓誌中的三個故事」（『文史』2008 年第 2 輯、2008 年 5 月、第 115〜128 頁）
K692	宗鳴安 2008	宗鳴安「《楊弘墓誌》與《隋書》所記異同考」（『中國典籍與文化』2008 年 2 期、第 114〜115 頁）
K693	殷憲 2008a	殷憲「蓋天保墓磚銘考」（『晉陽學刊』2008 年第 3 期、第 25〜34 頁。中國魏晉南北朝史學會・大同平城北朝研究會編『北朝研究（第 6 輯）』、科學出版社、2008 年 5 月、第 12〜28 頁。殷憲・殷亦玄著『北魏平城書迹研究』、商務印書館、2016 年 7 月、第 167〜191 頁）

K694	曹旅寧 2008	曹旅寧「拓跋猗盧之碑殘石性質的一種推測」(中國魏晉南北朝史學會・大同平城北朝研究會編『北朝研究（第6輯）』、科學出版社、2008年5月、第104～106頁)
K695	李文才等 2008	李文才・俞鈺培「北魏楊播家族研究」(中國魏晉南北朝史學會・大同平城北朝研究會編『北朝研究（第6輯）』、科學出版社、2008年5月、第107～116頁)
K696	羅新 2008b	羅新「高昌文書中的柔然政治名號」(『吐魯番學研究』2008年第1期、2008年5月、第35～41頁。同著『中古北族名號研究』、北京大學出版社、2009年3月、第155～165頁)
K697	劉文海 2008	劉文海「北朝明賷墓誌釋及其書法」(『中國書法』2008年第5期、第55～56頁)
K698	吳建華 2008	吳建華「從洛陽出土石刻論匈奴」(洛陽歷史文物考古研究所編『河洛文化論叢（第4輯）』、北京圖書館出版社、2008年5月、第333～343頁)
K699	西安市文物保護考古所 2008	西安市文物保護考古所「西安北周康業墓發掘簡報」(『文物』2008年第6期、第14～35頁)
K700	程林泉等 2008	程林泉・張翔宇・山下將司「北周康業墓誌考略」(『文物』2008年第6期、第82～84頁)
K701	何漢儒 2008	何漢儒「北魏元淵墓誌探微」(『河洛春秋』2008年第2期、2008年6月、第15～18、24頁)
K702	李發 2008	李發「北朝石刻俗字類型舉隅」(『南昌航空大學學報』第10卷第2期、2008年6月、第89～94頁)
K703	侯紀潤 2008	侯紀潤「北朝至唐河東薛氏南祖系世系考辨」(西安碑林博物館編『碑林集刊（第13輯）』、陝西人民美術出版社、2008年6月、第151～156頁)
K704	王其禕等 2008b	王其禕・王慶衛「《隋代墓誌銘彙考》補」(西安碑林博物館編『碑林集刊（第13輯）』、陝西人民美術出版社、2008年6月、第189～202頁)
K705	楊宏毅 2008	楊宏毅「隋《陰雲墓誌》考」(西安碑林博物館編『碑林集刊（第13輯）』、陝西人民美術出版社、2008年6月、第239～247頁)
K706	樊波 2008a	樊波「《隋僧璨磚塔銘》跋」(西安碑林博物館編『碑林集刊（第13輯）』、陝西人民美術出版社、2008年6月、第248～261頁)
K707	唐榮 2008	唐榮「淺論南北書風的相互影響：從《張玄墓誌》談起」(『嘉興學院學報』第20卷第4期、2008年7月、第142～145頁)
K708	崔世平 2008	崔世平「北齊竇興洛墓誌與代北竇氏」(『中原文物』2008年第4期、第96～99頁。同著『中古喪葬藝術、禮俗與歷史研究』、中國社會科學出版社、2018

		年3月（2021年11月重印）、第183～190頁）
K709	宋燕鵬等2008	宋燕鵬・馮紅「《北齊盧譽墓誌考》獻疑」（『文物春秋』2008年第4期、2008年8月、第60～63頁）
K710	魏宏利2008	魏宏利「北周《梁才墓誌》考釋」（『寶鷄文理學院學報（社會科學版）』第28卷第4期、2008年8月、第84～86頁）
K711	王珊2008	王珊「北魏僧芝墓誌考釋」（北京大學歷史學系編『北大史學（第13輯）』、北京大學出版社、2008年8月、第87～107頁）
K712	解峰2008	解峰「北齊馮氏墓誌考釋」（『博物館研究』2008年4期、第41～43頁）
K713	魏平2008	魏平「《漢魏南北朝墓誌彙編》文字校正」（『漳州師範學院學報（哲學社會科學版）』2008年第4期、第107～110頁）
K714	李舉綱等2008	李舉綱・高波「新見北魏《胡國寶墓誌》考略」（『中國文物報』2008年9月5日）
K715	張婷等2008	張婷・張寧「新見一方隋代墓誌」（『中國文物報』2008年9月24日）
K716	殷憲2008b	殷憲「《顯祖嬪侯骨氏墓誌銘》非僞辨」（『中國書法』2008年第9期、第95～97頁。殷憲・殷亦玄著『北魏平城書迹研究』、商務印書館、2016年7月、第472～478頁）
K717	王慶衞2008	王慶衞「隋代女性貞節問題初探：從隋開皇九年《吳女英誌》説起」（西安碑林博物館編『紀念西安碑林九百二十周年華誕國際學術研討會論文集』、文物出版社、2008年10月、第179～198頁。また「守性惟貞：隋代女性的貞節觀」と改題し周曉薇・王其褘著『柔順之象：隋代女性與社會』、中國社會科學出版社、2012年10月、第97～118頁）
K718	殷憲2008c	殷憲「北齊《劉洪徽妻高阿難墓誌》考述」（西安碑林博物館編『紀念西安碑林九百二十周年華誕國際學術研討會論文集』、文物出版社、2008年10月、第239～254頁。殷憲・殷亦玄著『北魏平城書迹研究』、商務印書館、2016年7月、第482～505頁）
K719	羅新2008c	羅新「跋北魏辛鳳麟妻胡墨頭明、辛祥及妻李慶容墓誌」（西安碑林博物館編『紀念西安碑林九百二十周年華誕國際學術研討會論文集』、文物出版社、2008年10月、第255～261頁。同著『王化與山險：中古邊裔論集』、北京大學出版社、2019年7月、第327～336頁）
K720	徐冲2008	徐冲「北魏鄭平城妻李暉儀墓誌補釋」（西安碑林博物館編『紀念西安碑林九百二十周年華誕國際學術研討會論文集』、文物出版社、2008年10月、第386～396頁）

K721	胡鴻 2008b	胡鴻「北魏宣武孝明之際的于高之争：跋北魏元瓚夫婦墓誌」（西安碑林博物館編『紀念西安碑林九百二十周年華誕國際學術研討會論文集』、文物出版社、2008年10月、第397～410頁）
K722	伊藤滋 2008	伊藤滋「碑法帖存疑・"張黒女墓誌弁正"への疑問」（西安碑林博物館『紀念西安碑林九百二十周年華誕國際學術研討會論文集』、文物出版社、2008年10月、第447～451頁）
K723	毛遠明 2008	毛遠明「石本校《庾子山集》二篇」（西安碑林博物館編『紀念西安碑林九百二十周年華誕國際學術研討會論文集』、文物出版社、2008年10月、第497～506頁）
K724	樊波 2008b	樊波「西安碑林藏《隋趙芬殘碑》復原」（西安碑林博物館『紀念西安碑林九百二十周年華誕國際學術研討會論文集』、文物出版社、2008年10月、第535～543頁）
K725	張銘心 2008b	張銘心「司馬金龍墓葬出土碑形墓誌源流淺析」（西安碑林博物館編『紀念西安碑林九百二十周年華誕國際學術研討會論文集』、文物出版社、2008年10月、第553～562頁。同著『出土文獻與中國中古史研究』、廣西師範大學出版社、2022年7月、第98～113頁）
K726	周曉薇 2008	周曉薇「隋代墓誌石上的四神與十二辰紋飾」（西安碑林博物館編『紀念西安碑林九百二十周年華誕國際學術研討會論文集』、文物出版社、2008年10月、第563～575頁。周曉薇・王其禕著『片石千秋：隋代墓誌銘與隋代歷史文化』、科學出版社、2014年6月、第161～172頁）
K727	任喜來 2008	任喜來「從韓城最早的一方墓誌考韓城最早的一支薛氏」（『韓城博苑：韓城市博物館館刊』總第3期、2008年10月、第13～16頁）
K728	孔德銘 2008	孔德銘「河南安陽発現完整的北齊賈進墓」（『中國文物報』2008年11月21日）
K729	李恒光 2008	李恒光「《北齊張潔墓誌》札記三則」（『安徽文學』2008年第11期、第301頁）
K730	趙海麗 2008	趙海麗「南朝陳郡袁氏家族譜系與聯姻關係探討：以正史及碑誌爲中心叙述」（『蘭州學刊』2008年第11期、第205～211頁）
K731	曾廣 2008	曾廣「魏江陽王元乂墓誌銘考」（『中國書法』2008年第11期、第79頁）
K732	王義康 2008	王義康「國家博物館藏墓誌概述」（『中國歷史文物』2008年第6期、第56～64頁。中國國家博物館編『中國國家博物館藏文物研究叢書・墓誌卷』、上海古籍出版社、2017年6月、第1～7頁）
K733	侯旭東 2008	侯旭東「北魏申洪之墓誌考釋」（吉林大學古籍研究所編『1～6世紀中國北方

		邊疆・民族・社會國際學術研討會論文集』、科學出版社、2008年12月、第207～223頁)
K734	刁淑琴等2008	刁淑琴・朱鄭慧「北魏鄯乾、鄯月光、于仙姬墓誌及其相關問題」(『河南科技大學學報（社會科學版）』第26卷第6期、2008年12月、第13～16頁)
K735	李海葉2008	李海葉「《新唐書・宰相世系表》之"豆盧氏"源出考」(『中國邊疆史地研究』第18卷第4期、2008年12月、第127～132頁)
K736	邱光華2008	邱光華「《千唐誌齋新藏專輯》墓誌詞語校釋」(《古籍研究》編輯部編『古籍研究（2008卷・上/總第53期）』、安徽大學出版社、2008年12月、第43～47頁)
K737	樊波等2008	樊波・李舉綱「隋代支提塔銘研究：以安陽靈泉寺爲中心」(文化遺產研究與保護技術教育部重點實驗室・西北大學文化遺產與考古學研究中心編著『西部考古（第3輯）』、三秦出版社、2008年12月、第264～274頁)
K738	鄭小紅2008	鄭小紅「北魏員標墓誌淺釋」(『寧夏固原博物館館刊』2008年第2期、2008年12月、第41～43頁)
K739	趙生泉2008b	趙生泉「山海堂金石叢札」(同著『金石探幽』、中國文聯出版社、2008年12月、第276～304頁)
K740	胡迪軍2009	胡迪軍「雄強時代中一朵秀麗的奇葩：《元珽妻穆玉容墓誌》賞析」(『青少年書法』2009年第1期、2009年1月、第54～63頁)
K741	田熊信之2009	田熊信之「新出土北朝刻字資料瞥見：東魏・北齊期の墓誌、墓磚」(『學苑・日本文學紀要』第819號、2009年1月、第85～94頁)
K742	趙寶榮2009	趙寶榮「略談北魏皇室《元欽墓誌》」(『中國書法』2009年第2期、第125～128頁)
K743	呂蒙等2009	呂蒙・張利芹「北周《康業墓誌》釋文校正」(『宜賓學院學報』2009年第2期、2009年2月、第96～97頁)
K744	王慶衞等2009	王慶衞・王煊「新見北魏《楊津墓誌》考」(西安碑林博物館編『碑林集刊（第14輯）』、陝西人民美術出版社、2009年3月、第1～6頁)
K745	陳根經2009	陳根經「讀北周信州總綰（管）達奚忠墓誌」(西安碑林博物館編『碑林集刊（第14輯）』、陝西人民美術出版社、2009年3月、第7～12頁)
K746	王建城2009	王建城「新見隋《高叡墓誌》考釋」(西安碑林博物館編『碑林集刊（第14輯）』、陝西人民美術出版社、2009年3月、第13～15頁)
K747	段雙印等2009	段雙印・馬旭東「隋郝伏願墓誌考釋」(西安碑林博物館編『碑林集刊（第14輯）』、陝西人民美術出版社、2009年3月、第16～19頁)

K748	趙陽陽 2009	趙陽陽「《新出魏晉南北朝墓誌疏證》隋前錄文補闕」(西安碑林博物館編『碑林集刊（第14輯）』、陝西人民美術出版社、2009年3月、第209〜212頁。《古籍研究》編輯部編『古籍研究（2008卷・下/總第54期）』、安徽大學出版社、2009年8月、第61〜64頁)
K749	趙振華 2009a	趙振華「近代洛陽復刻偽造的墓誌及其惡劣影響」(西安碑林博物館編『碑林集刊（第14輯）』、陝西人民美術出版社、2009年3月、第243〜254頁。王連龍主編『中國古代墓誌研究』、社會科學文獻出版社、2023年2月、下冊第980〜1014頁)
K750	羅新 2009	羅新「高句麗兄系官職的内亞淵源」(同著『中古北族名號研究』、北京大學出版社、2009年3月、第175〜193頁)
K751	衛文革 2009	衛文革「唐以前河東裴氏墓誌叢札」(『山西師大學報（社会科學版）』第36卷第2期、2009年3月、第71〜75頁)
K752	沈博慶 2009	沈博慶「《高猛妻元瑛墓誌》簡介」(『青少年書法』2009年第3期、2009年3月、第47〜58頁)
K753	榮新江 2009	榮新江「從聚落到鄉里：敦煌等地胡人集團的社會變遷」(高田時雄責任編集『敦煌寫本研究年報（第3號）』、京都大學人文科學研究所西陲發現中國中世寫本研究班、2009年3月、第25〜36頁。同著『中古中國與粟特文明』、生活・讀書・新知三聯書店、2014年8月、第143〜159頁)
K754	澤田雅弘 2009a	澤田雅弘「隋代墓誌の刻について：張盈墓誌と夫人蕭氏墓誌」(『大東書道研究』第16號、2009年3月、第34〜45頁)
K755	澤田雅弘 2009b	澤田雅弘「偽刻墓誌考：(北魏) 張君夫人李淑眞墓誌・(陳) 到仲舉墓誌」(『書學文化』第10號、2009年3月、第29〜40頁)
K756	李憑 2009	李憑「北魏平城郭城南緣的定位和與此相關的交通問題」(『山西大同大學學報（社會科學版）』第23卷第2期、2009年4月、第36〜41頁、封三)
K757	崔世平 2009	崔世平「王昌父子墓誌與北周京兆王氏」(『考古與文物』2009年第2期、第76〜80頁。同著『中古喪葬藝術、禮俗與歷史研究』、中國社會科學出版社、2018年3月（2021年11月重印）、第191〜200頁)
K758	西安市文物保護考古所 2009	西安市文物保護考古所「西安南郊北魏北周墓發掘簡報」(『文物』2009年第5期、第21〜49頁)
K759	李海葉 2009	李海葉「北魏時期的慕容鮮卑」(『寧夏大學學報（人文社會科學版）』第31卷第3期、2009年5月、第96〜99頁)
K760	張永強 2009	張永強「河北曲陽北魏邸元明碑北齊邸珍碑考」(『書法叢刊』2009年第3期、

		2009年5月、第23～37頁。楊麗靜編著『曲陽古代碑刻書法論集』、河北美術出版社、2021年6月、第92～101頁）
K761	殷憲2009a	殷憲「北魏蓋天保墓磚及其書法」（『中國書法』2009年第6期、第102～105、24頁。殷憲・殷亦玄著『北魏平城書迹研究』、商務印書館、2016年7月、第167～191頁）
K762	劉志生2009a	劉志生「《漢魏南北朝墓誌彙編》詞語拾遺」（『華南理工大學學報（社會科學版）』第11卷第3期、2009年6月、第64～66頁）
K763	河南省文物考古研究所2009	河南省文物考古研究所「河南安陽固岸墓地考古發掘收獲」（『華夏考古』2009年第3期、第19～23頁、彩版一五～二〇。中國社會科學院考古研究所・河北省文物研究所・河北省臨漳縣文物旅遊局編『鄴城考古發現與研究』、文物出版社、2014年8月、第203～208頁、彩版14～16、圖版21～22）
K764	傅山泉2009	傅山泉「河南新鄉石刻綜述」（『華夏考古』2009年第3期、第69～76頁）
K765	李森2009	李森「考釋青州出土的兩通隋代墓誌」（『華夏考古』2009年第3期、第86～89、107頁）
K766	陝西省考古研究院2009a	陝西省考古研究院「西安南郊隋李裕墓發掘簡報」（『文物』2009年第7期、第4～20頁）
K767	劉志生2009b	劉志生「《漢魏南北朝墓誌彙編》詞語零拾」（『寧夏大學學報（人文社會科學版）』第31卷第4期、2009年7月、第36～38頁）
K768	劉天琪2009	劉天琪「隋唐"讖語"墓誌及相關問題」（『唐都學刊』第25卷第4期、2009年7月、第34～37頁）
K769	何山2009	何山「漢魏六朝碑刻中所見隋前著述輯考」（『黑龍江史志』2009年第14期、第75頁）
K770	卓鴻澤2009	卓鴻澤「《大隋故儀同虞公墓誌》中三胡名擬測及粟特胡、丁零胡問題」（沈衛榮主編、中國人民大學國學院西域歷史語言研究所編『西域歷史語言研究集刊（第2輯）』、科學出版社、2009年7月、第75～77頁）
K771	王連龍2009	王連龍「王皓墓誌考略」（『中國書法』2009年第7期、第75～77、129頁）
K772	張乃翥等2009	張乃翥・張成渝「隋代中西交通史上一個典型案例的研究」（張乃翥・張成渝著『洛陽與絲綢之路』、國家圖書館出版社、2009年8月、第96～102頁）
K773	德安2009	德安「端莊俊秀、寬博遒勁的《寇演墓誌》」（『青少年書法』2009年第8期、2009年8月、第41～47頁）
K774	葛承雍2009	葛承雍「祆教聖火藝術的新發現：隋代安備墓文物初探」（『美術研究』2009年第3期、第14～18頁）

K775	羅火金等 2009	羅火金・劉剛州「隋代司馬融墓誌考」(『中原文物』2009 年第 3 期、第 94～97 頁)
K776	殷憲 2009b	殷憲「賀多羅即破多羅考」(『學習與探索』2009 年第 5 期、第 227～233 頁。殷憲・殷亦玄著『北魏平城書迹研究』、商務印書館、2016 年 7 月、第 333～352 頁)
K777	許東方 2009	許東方「北魏《高道悅夫人李氏墓誌》」(『中國書法』2009 年第 9 期、第 123～125 頁)
K778	邱光華 2009	邱光華「中古墓誌釋詞」(浙江大學漢語史研究中心編『漢語史學報 (第 8 輯)』、上海教育出版社、2009 年 9 月、第 240～245 頁)
K779	趙生泉 2009	趙生泉「東魏《慧光墓誌》考」(『文物春秋』2009 年第 5 期、第 41～47 頁。李亞平・李俊卿主編『燕趙金石論集』、河北教育出版社、2016 年 1 月、下册第 388～398 頁)
K780	宋燕鵬等 2009	宋燕鵬・趙學鋒「《北齊趙熾墓誌》試釋」(『文物春秋』2009 年第 5 期、第 48～52 頁。孫繼民・楊金廷主編『邯鄲新出東魏北齊隋唐五代碑刻論文集』、中國文史出版社、2018 年 1 月、第 84～89 頁)
K781	陝西省考古研究院 2009b	陝西省考古研究院「北周郭生墓發掘簡報」(『文博』2009 年第 5 期、第 3～9 頁)
K782	殷憲 2009c	殷憲「《源模墓誌》書迹以及誌文所及北魏源氏的幾個相關問題」(西安碑林博物館編『第七屆中國書法史論國際研討會論文集』、文物出版社、2009 年 10 月、第 254～267 頁。また「《源模墓誌》所及北魏源氏的幾個相關問題」と改題し殷憲・殷亦玄著『北魏平城書迹研究』、商務印書館、2016 年 7 月、第 454～471 頁)
K783	薛海洋 2009	薛海洋「北魏羅宗墓誌暨其妻陸孷蔡墓誌考證與藝術淺析」(『中國書法』2009 年第 10 期、第 131～140 頁)
K784	渠傳福 2009	渠傳福「太原狄氏源自羌人：跋北齊《狄湛墓誌》」(山西博物院編『春華集：紀念山西博物院九十週年學術文集』、山西人民出版社、2009 年 10 月、第 109～114 頁)
K785	張慶捷 2009	張慶捷「大同電廠北魏墓題記壁畫初探」(『中國社會科學報』2009 年 11 月 5 日)
K786	洛陽市文物工作隊 2009	洛陽市文物工作隊「洛陽龍門新村出土隋代墓誌」(『文物』2009 年第 11 期、第 89～90、41 頁)
K787	趙君平 2009	趙君平「隋《楊异墓誌》小識」(『中國書法』2009 年第 11 期、第 124～128 頁)

K788	薛元明 2009	薛元明「支離錯落天眞：《元彬墓誌》解讀」(『青少年書法』2009 年第 11 期、2009 年 11 月、第 42～49 頁)
K789	田韶品 2009	田韶品「曲陽北魏崔楷墓」(『文物春秋』2009 年第 6 期、第 35～39 頁)
K790	三門峽文物考古所 2009	三門峽市文物考古研究所「河南三門峽市北朝和隋代墓葬清理簡報」(『華夏考古』2009 年第 4 期、第 40～51、101 頁)
K791	韓昇 2009	韓昇「從《陰雲墓誌》論周隋之際的政局」(西安碑林博物館編『碑林集刊（第 15 輯）』、三秦出版社、2009 年 12 月、第 49～60 頁。日文版（河上麻由子譯）「新發見隋代陰壽の墓誌」、『汲古』第 56 號、2009 年 12 月、第 1～12 頁)
K792	王玉來 2009	王玉來「隋《楊乂墓誌》釋證」(西安碑林博物館編『碑林集刊（第 15 輯）』、三秦出版社、2009 年 12 月、第 61～71 頁)
K793	王銘 2009	王銘「北周《裴璣墓誌》疏證」(西安碑林博物館編『碑林集刊（第 15 輯）』、三秦出版社、2009 年 12 月、第 103～109 頁)
K794	楊爲剛 2009	楊爲剛「中古弘農楊氏貫望與居葬地考論：以新出墓誌爲中心」(西安碑林博物館編『碑林集刊（第 15 輯）』、三秦出版社、2009 年 12 月、第 226～235 頁)
K795	趙振華 2009b	趙振華「北魏《元琛墓誌》跋」(同著『洛陽古代銘刻文獻研究』三秦出版社、2009 年 12 月、第 272～275 頁)
K796	趙振華等 2009	趙振華・郭洪濤「偃師新出北魏《慕容纂墓誌》及其書藝」(趙振華著『洛陽古代銘刻文獻研究』、三秦出版社、2009 年 12 月、第 276～278 頁)
K797	呂卓民 2009	呂卓民「中古長安韋氏家族考古及墓誌補遺」(文化遺產研究與保護技術教育部重點實驗室・西北大學文化遺產與考古學研究中心編『西部考古（第 4 輯）』、三秦出版社、2009 年 12 月、第 203～223 頁)
K798	莊輝 2009	莊輝「試從北魏《元頊墓誌》探尋顏楷成因」(『書法賞評』2009 年第 6 期、2009 年 12 月、第 44～47 頁)
K799	張曉崢等 2010	張曉崢・張小滄「河北磁縣發現北齊皇族高孝緒墓」(『中國文物報』2010 年 1 月 15 日)
K800	龍仕平等 2010	龍仕平・毛遠明「隋代弘農華陰楊氏家族再考述」(『文獻』2010 年第 1 期、2010 年 1 月、第 119～127 頁)
K801	羅新 2010	羅新「《申洪之墓誌》補釋」(中國文化遺產研究院編『出土文獻研究（第 9 輯）』、中華書局、2010 年 1 月、第 332～344 頁。同著『王化與山險：中古邊裔論集』、北京大學出版社、2019 年 7 月、第 257～271 頁)
K802	凌文超 2010	凌文超「北魏《羅宗夫婦墓誌》考釋」(中國文化遺產研究院編『出土文獻研究（第 9 輯）』、中華書局、2010 年 1 月、第 367～373 頁)

K803	陳瑞青等 2010	陳瑞青・吳玉梅「《北齊爾朱世邕墓誌銘》考釋」(『文物春秋』2010年第1期、第68～72頁)
K804	福島惠 2010	福島惠「罽賓李氏一族攷：シルクロードのバクトリア商人」(『史學雜誌』第119編第2號、2010年2月、第181～204頁。同著『東部ユーラシアのソグド人：ソグド人漢文墓誌の研究』、汲古書院、2017年2月、第225～259頁)
K805	任軍偉 2010	任軍偉「北齊道明墓誌及其相關問題」(『書法叢刊』2010年第2期、2010年3月、第52～61頁)
K806	趙海麗 2010	趙海麗「《魏書》所記孝文帝"以沖女爲夫人"之思考」(『理論學刊』2010年第3期、2010年3月、第111～113頁)
K807	田熊信之 2010	田熊信之「大齊故昭玄沙門大統僧賢墓銘疏攷」(『學苑』第833號、2010年3月、第54～67頁)
K808	窪添慶文 2010	窪添慶文「李延齡墓誌」(『東アジア石刻研究』第2號、2010年3月、第50～56頁)
K809	澤田雅弘 2010	澤田雅弘「東魏墓誌の刻について：李挺墓誌・劉幼妃墓誌・元季聰墓誌」(『大東書道研究』第17號、2010年3月、第34～51頁)
K810	陝西省考古研究院 2010a	陝西省考古研究院「2009年陝西省考古研究院考古調查發掘新收獲」(『考古與文物』2010年第2期、第3～13頁、圖版一～九)
K811	宗成振 2010	宗成振「《叔孫協墓誌》解析」(『青少年書法』2010年第4期、第47～56頁)
K812	張曉崢 2010	張曉崢「河北磁縣北齊高孝緒墓」(國家文物局主編『2009中國重要考古發現』、文物出版社、2010年4月、第100～105頁)
K813	張全民等 2010	張全民・郭永淇「西安長安鳳棲原墓葬發掘」(國家文物局主編『2009中國重要考古發現』、文物出版社、2010年4月、第136～139頁。陝西省文物局・陝西省考古研究院編『留住文明：陝西"十一五"期間基本建設考古重要發現(2006～2010)』、三秦出版社、2011年5月、第199～205頁)
K814	李憑 2010	李憑「北魏蓋天保墓磚透露的歷史信息」(中國社會科學院歷史研究所・日本東方學會・大東文化大學編『第一屆中日學者中國古代史論壇文集』、中國社會科學出版社、2010年4月、第229～242頁)
K815	懷仁縣文物管理所 2010	懷仁縣文物管理所「山西懷仁北魏丹揚王墓及花紋磚」(『文物』2010年第5期、2010年5月、第19～26頁、封3)
K816	王銀田 2010	王銀田「丹揚王墓主考」(『文物』2010年第5期、2010年5月、第44～50、77頁)
K817	趙君平 2010a	趙君平「北魏《常敬蘭墓誌》摭談」(『書法叢刊』2010年第3期、2010年5

		月、第18～21頁)
K818	趙生泉等2010	趙生泉・史瑞英「東魏《閆詳墓誌》贅語」(『青少年書法』2010年第5期、2010年5月、第42～49頁)
K819	徐志學2010	徐志學「北朝石刻詞語八則」(『漢字文化』2010年第3期、第42～44頁)
K820	蔡宗憲2010	蔡宗憲「《魏故輔國將軍瑯琊太守平原明府君墓誌銘》考釋」(『早期中國史研究』第2卷第1期、2010年6月、第179～196頁)
K821	繆韻2010	繆韻「《北魏元瓚墓誌》及其相關問題」(洛陽歷史文物考古研究所編『河洛文化論叢(第5輯)』、國家圖書館出版社、2010年6月、第182～188頁)
K822	趙君平2010b	趙君平「魏孝文帝撰《馮熙墓誌》考述」(洛陽歷史文物考古研究所編『河洛文化論叢(第5輯)』、國家圖書館出版社、2010年6月、第189～195頁)
K823	陝西省考古研究院2010b	陝西省考古研究院「西安南郊隋蘇統師墓發掘簡報」(『考古與文物』2010年第3期、第3～6頁、圖版1～2)
K824	劉志生2010	劉志生「《漢魏南北朝墓誌彙編》表"死亡"義詞語零拾」(『語文學刊』2010年第3期、第40～41頁)
K825	李風暴2010	李風暴「北魏《馮熙墓誌》考評」(『中國書法』2010年第6期、第129～131頁)
K826	李松2010	李松「《北魏元誘妻馮氏墓誌銘》解析」(『青少年書法』2010年第6期、第31～43頁)
K827	馬立軍2010	馬立軍「北魏《給事君夫人韓氏墓誌》與《元理墓誌》辨偽：兼談北朝墓誌著錄中的偽刻問題」(『江漢考古』2010年第2期、第88～94頁。また「北朝墓誌偽刻著錄及《韓氏墓誌》與《元理墓誌》辨偽」と改題し同著『北朝墓誌文體與北朝文化』、中國社會科學出版社、2015年5月、第273～282頁)
K828	陶淵旻2010	陶淵旻「德清縣博物館藏宗愨墓誌銘辨偽」(浙江省博物館編『東方博物(第35輯)』、浙江大學出版社、2010年6月、第105～106頁)
K829	李森2010a	李森「北齊逢哲墓誌出土地點辨正」(『文物春秋』2010年第4期、第59～61頁)
K830	趙君平2010c	趙君平「北魏《源延伯墓誌》瑣談」(『青少年書法』2010年第8期、第29～38頁)
K831	李鴻賓2010	李鴻賓「從隋李裕個案說"關隴集團"問題」(朱鳳玉・汪娟主編『張廣達先生八十華誕祝壽論文集』、新文豐出版股份有限公司、2010年9月、上册第111～130頁。同著『疆域・權力・人群：隋唐史諸題專論』、人民出版社、2020年1月、第3～15頁)

K832	河南省文物管理局等2010	河南省文物管理局南水北調文物保護管理辦公室・安陽市文物考古研究所・孔德銘・焦鵬・申明清「河南安陽縣東魏趙明度墓」(『考古』2010年第10期、第93～96頁)
K833	趙蘭香2010	趙蘭香「北魏《元天穆墓誌》考釋」(『中國歷史文物』2010年第5期、第77～80頁)
K834	章紅梅2010	章紅梅「《楊機墓誌》釋文校正」(『中國歷史文物』2010年第5期、第81～83頁)
K835	王連龍2010a	王連龍「新見北齊《高渙墓誌》考略」(『中國歷史文物』2010年第5期、第84～88頁)
K836	王連龍2010b	王連龍「新見北魏《濟陰王元欝墓誌》考釋」(『古代文明』第4卷第4期、2010年10月、第77～82頁)
K837	楊慶興2010	楊慶興「《魏故郭君墓誌》簡釋」(『青少年書法』2010年第10期、2010年10月、第31～40頁)
K838	趙君平2010d	趙君平「北魏《綵靜墓誌》概說」(『中國書法』2010年第10期、第134～136頁)
K839	宋慧傑2010	宋慧傑「由解盛夫婦合葬墓誌看隋朝歷史沿革」(『才智』2010年第29期、2010年10月、第164頁)
K840	李建廷2010	李建廷「魏晉南北朝碑刻疑難字例釋」(華東師範大學中國文字研究與應用中心編『中國文字研究（第13輯）』、大象出版社、2010年10月、第126～129頁)
K841	邱光華2010	邱光華「當前墓誌銘錄文中的幾個問題」(復旦大學漢語言文字學科《語言研究集刊》編委會編『語言研究集刊（第7輯）』、上海辭書出版社、2010年10月、第284～291頁)
K842	室山留美子2010	室山留美子「出土刻字資料研究における新しい可能性に向けて：北魏墓誌を中心に」(『中國史學』第20卷、2010年10月、第133～151頁)
K843	鄧瑩2010	鄧瑩「六朝碑刻詞語札記」(『語言學刊』2010年第11期、第20～21、25頁)
K844	何山等2010	何山・馬錦衞「漢魏六朝碑刻補正史書舉隅」(『西南民族大學學報（人文社會科學版）』2010年第11期、第265～268頁)
K845	閔曉丹2010	閔曉丹「北魏元廣墓誌考釋」(『山西師大學報（社會科學版）研究生論文專刊』第37卷、2010年11月、第50～52頁)
K846	李森2010b	李森「新見北齊燕繼墓誌考析」(『中國文化研究』2010年第4期、第136～142頁)

K847	張武軍2010	張武軍「鄭邕墓誌銘考：兼論榮陽鄭氏祖塋在開封」(『殷都學刊』2010年第4期、第59～62頁)
K848	魯西奇2010	魯西奇「北魏買地券三種考釋」(武漢大學中國三至九世紀研究所編『魏晉南北朝隋唐史資料（第26輯）』、武漢大學文科學報編輯部、2010年12月、第44～54頁)
K849	明建2010	明建「北魏太和十二年前後平城司州的廢而復置：以《元萇墓誌》爲中心」(武漢大學中國三至九世紀研究所編『魏晉南北朝隋唐史資料（第26輯）』、武漢大學文科學報編輯部、2010年12月、第55～61頁)
K850	高然2010	高然「鮮卑豆盧氏世系補論」(『中國邊疆史地研究』第20卷第4期、2010年12月、第135～137頁)
K851	于正安2011	于正安「漢魏六朝碑刻詞語輯釋」(『焦作大學學報』2011年第1期、2011年1月、第81～84頁)
K852	張金龍2011	張金龍「高歡家世族屬真偽考辨」(『文史哲』2011年第1期、第47～67頁。同著『考古論史：張金龍學術論文集』、人民出版社、2019年10月、第252～300頁)
K853	何俊芳2011	何俊芳「北魏辛穆墓誌銘考釋」(『洛陽理工學院學報（社會科學版）』第26卷第1期、2011年2月、第77～79頁)
K854	侯林虎2011	侯林虎「北齊亡後山東豪族心態試析：以董敬墓誌爲綫索」(『淮陰師範學院學報（哲學社會科學版）』2011年第1期、第54～58頁)
K855	刁淑琴等2011	刁淑琴・李惠君「隋劉度墓誌與楊玄感起義」(『中原文物』2011年第1期、第65～68、109頁)
K856	羅紅俠2011	羅紅俠「《周故梁府君墓誌之銘》考略」(『文博』2011年第1期、第19～21頁)
K857	曹鵬鴈2011	曹鵬鴈「略陽北魏永安陵"姜太妃墓誌頌"碑考證」(『隴右文博』2011年第1期、第35～37頁)
K858	劉偉航等2011	劉偉航・劉玉山「《顏玉光墓誌》探微」(『許昌學院學報』2011年第1期、第16～20頁)
K859	趙振華等2011	趙振華・徐有欽「隋左武衛將軍周法尚墓誌研究」(杜文玉主編『唐史論叢（第13輯）』、三秦出版社、2011年2月、第351～371頁)
K860	羅曼2011	羅曼「《隋代墓誌銘彙考》釋文校補舉隅」(『宜賓學院學報』第11卷第2期、2011年2月、第89～91、112頁)
K861	趙海麗2011a	趙海麗「關於北朝墓誌記時法的使用與記時校正」(西安碑林博物館編『碑林集刊（第16輯）』、三秦出版社、2011年2月、第290～298頁)

K862	劉丹2011	劉丹「庫狄迴洛墓誌補釋」(『中國文物報』2011年3月2日)
K863	社科院河北工作隊等2011	中國社會科學院考古研究所河北工作隊・北京大學文博學院考古系「河北贊皇西高北朝家族墓地考古發掘與收獲」(『中國文物報』2011年3月25日)
K864	徐冲2011	徐冲「從"異刻"現象看北魏後期墓誌的"生產過程"」(『復旦學報(社會科學版)』2011年第2期、第102〜113頁。余欣主編『中古時代的禮儀、宗教與制度』、上海古籍出版社、2012年6月、第423〜447頁。王連龍主編『中國古代墓誌研究』、社會科學文獻出版社、2023年2月、下册第782〜803頁)
K865	張京華2011	張京華「新出《隋吳女英墓誌銘》初探」(陳建明主編『湖南省博物館館刊(第7輯)』、岳麓書社、2011年3月、第408〜414頁)
K866	周曉薇等2011a	周曉薇・王其禕「隋代宮人的鷹選標準與社會期許:以隋代宮人墓誌銘為基本素材」(『陝西師範大學學報(哲學社會科學版)』第40卷第2期、2011年3月、第56〜63頁。また「掖庭女職:隋代宮人制度新證」と改題増補し同著『柔順之象:隋代女性與社會』、中國社會科學出版社、2012年10月、第155〜211頁。周曉薇著『系日山房叢稿』、科學出版社、2015年12月、第123〜140頁)
K867	王培峰等2011	王培峰・李繼高「北魏延昌二年《韓氏墓誌》偽作説補證」(『西北農林科技大學學報(社會科學版)』第11卷第2期、2011年3月、第137〜140頁)
K868	窪添慶文2011a	窪添慶文「北魏墓誌中の銘辞」(『立正大學文學部論叢』第133號、2011年3月、第1〜23頁。同著『墓誌を用いた北魏史研究』、汲古書院、2017年9月、第99〜124頁)
K869	堀井裕之2011	堀井裕之「崔民幹の事蹟と『貞觀氏族志』:「崔幹(崔民幹)墓誌」を手掛かりに」(『東アジア石刻研究』第3號、2011年3月、第15〜32頁。中文版「崔民幹事迹與太宗修《貞觀氏族志》:以《崔幹(崔民幹)墓誌》為綫索」、杜文玉主編『唐史論叢(第19輯)』、三秦出版社、2014年10月、第243〜259頁)
K870	窪添慶文2011b	窪添慶文「李延齡墓誌について」(『東アジア石刻研究』第3號、2011年3月、第118頁)
K871	澤田雅弘2011a	澤田雅弘「北魏楊鈞墓誌の書法と刻法:特徴ある刻法[001]を中心に」(『大東書道研究』第18號、2011年3月、第36〜54頁)
K872	澤田雅弘2011b	澤田雅弘「北魏墓誌の刻と工房:李媛華墓誌と元子直墓誌について」(書學書道史學會編『書學書道史論叢/2011:創立20周年記念論文集』、萱原書房、2011年3月、第315〜339頁)
K873	西安市文物保護	西安市文物保護考古所「西安南郊清理兩座小型北周墓」(『文博』2011年第2

	考古所 2011	期、第 13～17 頁）
K874	河南省文物管理局等 2011	河南省文物管理局南水北調文物保護管理辦公室・安陽市文物考古研究所「河南安陽縣北齊賈進墓」（『考古』2011 年第 4 期、第 42～49 頁）
K875	曹汛 2011	曹汛「北魏寧想石室新考訂」（王貴祥主編、賀從容副主編『中國建築史論彙刊（第肆輯）』、清華大學出版社、2011 年 4 月、第 77～125 頁）
K876	呂蒙 2011	呂蒙「漢魏六朝碑刻文字札記」（『重慶工商大學學報（社會科學版）』第 28 卷第 2 期、2011 年 4 月、第 110～113 頁）
K877	榮新江 2011	榮新江（森部豐譯・解說）「新出石刻史料から見たソグド人研究の動向」（『關西大學東西學術研究所紀要』第 44 號、2011 年 4 月、第 121～151 頁。同著『ソグドから中國へ：シルクロード史の研究』、汲古書院、2021 年 10 月、第 396～439 頁）
K878	羅新 2011	羅新「茹茹公主」（『文景』2011 年 4 月總第 74 期。同著『王化與山險：中古邊裔論集』、北京大學出版社、2019 年 7 月、第 75～95 頁）
K879	鄭志剛 2011	鄭志剛「北齊石刻五種」（『書法叢刊』2011 年第 3 期、2011 年 5 月、第 20～39 頁）
K880	馬立軍 2011	馬立軍「北魏"宮學生"考」（『中國史研究』2011 年第 2 期、第 90 頁。同著『北朝墓誌文體與北朝文化』、中國社會科學出版社、2015 年 5 月、第 271～272 頁）
K881	李舉綱等 2011	李舉綱・袁明・楊潔「西安長安蘇統師墓」（陝西省文物局・陝西省考古研究院編『留住文明：陝西"十一五"期間基本建設考古重要發現（2006～2010）』、三秦出版社、2011 年 5 月、第 184～186 頁）
K882	馬瑞 2011	馬瑞「《新中國出土墓誌・河北卷》釋文校補」（『古籍整理研究學刊』2011 年第 3 期、2011 年 5 月、第 29～32、28 頁）
K883	章紅梅 2011a	章紅梅「六朝醫家徐氏考辨：以墓誌爲主要材料」（『史林』2011 年第 3 期、第 50～55 頁）
K884	王連龍 2011a	王連龍「新見北周尉遲元偉墓誌」（『社會科學戰綫』2011 年第 3 期、第 283 頁）
K885	王連龍 2011b	王連龍「西魏獵生墓誌」（『社會科學戰綫』2011 年第 4 期、第 286 頁）
K886	王連龍 2011c	王連龍「北魏楊仲彥墓誌」（『社會科學戰綫』2011 年第 5 期、第 284 頁）
K887	王連龍 2011d	王連龍「北周拔拔兜墓誌」（『社會科學戰綫』2011 年第 5 期）、第 285 頁）
K888	王連龍 2011e	王連龍「隋吳通墓誌道教文化內涵考論」（『世界宗教研究』2011 年第 4 期、第 65～68 頁。また「隋代喪葬活動道教因素研究：基於《吳通墓誌》個案考察」と改題し同著『王若曰：出土文獻論集』、鳳凰出版社、2021 年 7 月、第 293

		～298 頁)
K889	梁春勝 2011a	梁春勝「《新出魏晉南北朝墓誌疏證》疏誤舉正」(『河北大學學報 (哲學社會科學版)』第 36 卷第 3 期、2011 年 6 月、第 65～70 頁)
K890	裴蘭婷 2011	裴蘭婷「隋代墓誌銘文點校獻疑：《新出魏晉南北朝墓誌疏證》校讀札記」(『傳奇・傳記文學選刊 (理論研究)』2011 年第 3 期、第 77～79 頁)
K891	薛海洋 2011	薛海洋「從新發現北魏《杜祖悅墓誌銘》談起」(『中國書法』2011 年第 6 期、第 128～132 頁)
K892	楊勇 2011	楊勇「北魏《楊璉墓誌》淺談」(『青少年書法』2011 年第 6 期、第 47～55 頁)
K893	趙海麗 2011b	趙海麗「北魏門閥婚姻制之代表家族：冀州長樂信都馮氏與北魏皇宗室及顯族聯姻關係探論」(『理論學刊』2011 年第 6 期、2011 年 6 月、第 93～97 頁)
K894	宮大中 2011a	宮大中「新發現的北魏源延伯墓誌銘」(『中原文史』2011 年第 2 期、2011 年 6 月、第 24～26 頁)
K895	梁春勝 2011b	梁春勝「《漢魏六朝碑刻校注》商兌」(『河北師範大學學報 (哲學社會科學版)』第 34 卷第 4 期、2011 年 7 月、第 111～114 頁)
K896	吳健華 2011	吳健華「洛陽出土北魏丘穆陵氏後裔墓誌撮要及族系考證」(『洛陽師範學院學報』第 30 卷第 7 期、2011 年 7 月、第 4～6 頁)
K897	周曉薇等 2011b	周曉薇・王其禕「新見隋代《尚衣奉御尹彥卿墓誌》研讀：兼説"小陵原"與"少陵原"的名稱沿革」(『考古與文物』2011 年第 4 期、第 95～98 頁。同著『片石千秋：隋代墓誌銘與隋代歷史文化』、科學出版社、2014 年 6 月、第 287～292 頁。周曉薇著『系日山房叢稿』、科學出版社、2015 年 12 月、第 314～320 頁)
K898	楊吉平 2011	楊吉平「《北魏張徹墓誌》評析」(『青少年書法』2011 年第 8 期、2011 年 8 月、第 37～45 頁)
K899	周佩妮 2011	周佩妮「北周田弘墓出土文物的重要學術價值」(『寧夏師範學院學報 (社會科學版)』第 32 卷第 4 期、2011 年 8 月、第 99～102 頁)
K900	王丁 2011	王丁「中古碑誌、寫本中的漢胡語文札記 (一)」(寧夏文物考古研究所編、羅豐主編『絲綢之路上的考古、宗教與歷史』、文物出版社、2011 年 8 月、第 235～243 頁)
K901	李紅 2011	李紅「《洛陽出土北魏墓誌選編》校勘零拾」(『文教資料』2011 年 8 月號下旬刊、第 6～7 頁)
K902	北石研究班 2011	「北朝石刻資料の研究」班「北朝石刻資料選注 (一)」(『東方學報 (京都)』第 86 册、2011 年 8 月、第 335～477 頁)

K903	洛陽市文物工作隊2011	洛陽市文物工作隊「河南洛陽市吉利區兩座北魏墓的發掘」(『考古』2011年第9期、第44〜57頁)
K904	胡海帆2011	胡海帆「《元昂墓誌》及北魏陽平幽王嗣息之探析」(『中國國家博物館刊』2011年第9期、第110〜123頁)
K905	胡文波2011	胡文波「元繼元乂父子均爲"道武帝之玄孫"解」(『中華文史論叢』2011年第3期、第162頁)
K906	王力春2011	王力春「遼寧今存早期四碑誌釋讀」(『文化學刊』2011年第5期、2011年9月、第137〜141頁)
K907	李紅等2011	李紅・周阿根「北魏墓誌詞語札記」(『保定學院學報』第24卷第5期、2011年9月、第83〜87頁
K908	章紅梅2011b	章紅梅「碑刻"策"字校釋」(『西南民族大學學報(人文社會科學版)』2011年第9期、第41頁)
K909	劉琰2011	劉琰「王馥墓誌述評」(『青少年書法』2011年第9期、第42〜50頁)
K910	宮大中2011b	宮大中「破解北魏孝文之謎的邙洛高照容與馮熙二墓誌」(『中原文史』2011年第3期、2011年9月、第28〜31頁)
K911	劉志生2011a	劉志生「六朝墓誌詞語零釋」(『吉首大學學報(社會科學版)』第32卷第5期、2011年9月、第132〜134、142頁)
K912	郭中濱2011	郭中濱「魏晉六朝石刻詞語考釋三則」(鄧章應主編『學行堂語言文字論叢(第1輯)』、四川大學出版社、2011年9月、第48〜53頁)
K913	薛元明2011	薛元明「《緱光姬墓誌銘》解析」(『青少年書法』2011年第10期、第38〜46頁)
K914	陝西省考古研究院2011	陝西省考古研究院「北周獨孤賓墓發掘簡報」(『考古與文物』2011年第5期、第30〜37頁)
K915	劉呆運等2011	劉呆運・李舉綱「北周《獨孤賓墓誌》探微」(『考古與文物』2011年第5期、第80〜83、96頁)
K916	毛陽光2011	毛陽光「洛陽新出土隋《安備墓誌》考釋」(『考古與文物』2011年第5期、第84〜88頁。また「大唐西市博物館藏隋《安備墓誌》考釋」と改題し呂建中・胡戟主編『大唐西市博物館藏墓誌研究』、陝西師範大學出版總社有限公司、2013年3月、第1〜9頁)
K917	宮萬松等2011	宮萬松・宮萬瑜「濟源出土的北魏宗室元萇墓誌銘考釋」(『中原文物』2011年第5期、2011年10月、第72〜75頁)
K918	劉志生2011b	劉志生「魏晉南北朝墓誌詞語考釋二十一則」(『惠州學院學報(社會科學版)』

		第31卷第5期、2011年10月、第67～69頁)
K919	許萬順2011	許萬順「新發現東魏興和二年《仲翼墓誌》」(『中國書法』2011年第11期、第121～125頁)
K920	大同市考古研究所2011	大同市考古研究所「山西大同陽高北魏尉遲定州墓發掘簡報」(『文物』2011年第12期、2011年12月、第4～12、51頁)
K921	李梅田2011	李梅田「丹揚王墓考辨」(『文物』2011年第12期、2011年12月、第55～60頁)
K922	殷憲等2011	殷憲・劉俊喜「北魏尉遲定州石椁封門石銘文」(『文物』2011年第12期、2011年12月、第47～51頁。また「北魏尉遲定州墓門石刻銘文及其書法」と改題し殷憲著『平城史稿』、科學出版社、2012年2月、第167～170頁)
K923	王其禕等2011a	王其禕・周曉薇「洛陽新見隋代墓誌銘輯釋三種」(『華夏考古』2011年第4期、第109～115頁、圖版三～五。また同文中の「三、開皇十五年《王節墓誌》」のみ「偽刻爲北魏墓誌的《王節墓誌》」と改題し同著『片石千秋：隋代墓誌銘與隋代歷史文化』、科學出版社、2014年6月、第99～104頁)
K924	楊娟2011	楊娟「出自洛陽的一方北朝墓誌偽品辨析」(『文博』2011年第6期、第35～37頁)
K925	張建華2011	張建華「臨猗縣博物館碑刻保護修復」(『文物世界』2011年第6期、第74～78頁)
K926	陳財經等2011	陳財經・王建中「新出土北朝長孫氏墓誌三方考略」(西安碑林博物館編『碑林集刊（第17輯）』、三秦出版社、2011年12月、第11～21頁)
K927	曹旅寧2011	曹旅寧「與嶺南有關的北周《康業墓誌》」(西安碑林博物館編『碑林集刊（第17輯）』、三秦出版社、2011年12月、第56～59頁)
K928	周曉薇等2011c	周曉薇・王其禕「隋代女子結縭年齡與婚姻理念」(西安碑林博物館編『碑林集刊（第17輯）』、三秦出版社、2011年12月、第136～161頁。また「桃之夭夭：隋代女子結縭年齡與婚姻理念」と改題し同著『柔順之象：隋代女性與社會』、中國社會科學出版社、2012年10月、第27～54頁)
K929	劉天琪2011	劉天琪「試論隋唐墓誌蓋題銘"字體雜糅"現象及相關問題」(西安碑林博物館編『碑林集刊（第17輯）』、三秦出版社、2011年12月、第276～290頁)
K930	趙萬里2011	趙萬里「趙韶事實考證：北朝定州之新史料」(同著、冀淑英・張志清・劉波主編『趙萬里文集（第1卷）』、上海科學技術文獻出版社・國家圖書館出版社、2011年12月、第490～493頁。清華大學國學研究院主編、付佳選編『趙萬里文存』、江蘇人民出版社、2016年10月、第416～419頁)

K931	李松儒 2011	李松儒「《元暐墓誌》疏解」（遼寧省博物館編『遼寧省博物館館刊（2011）』、遼海出版社、2011年12月、第122～128頁）
K932	趙艷華 2011	趙艷華「《韓虎墓誌》僞誌辨」（『青少年書法』2011年第12期、2011年12月、第38～46頁）
K933	李不殊 2011	李不殊「館藏《北齊崔頠墓誌》考述」（揚州博物館編『江淮文化論叢』、文物出版社、2011年12月、第255～263頁）
K934	王其禕等 2011b	王其禕・周曉薇「隋墓誌所見"仁壽宮"史料三例」（樊英峰主編『乾陵文化研究（第6輯）』、三秦出版社、2011年12月、第331～342頁）
K935	胡元超 2011	胡元超「隋姚勳墓誌勘誤」（樊英峰主編『乾陵文化研究（第6輯）』、三秦出版社、2011年12月、第343～345頁）
K936	謝國劍等 2011	謝國劍・李海燕「《隋代墓誌銘彙考》文字校讀13則」（華東師範大學中國文字研究與應用中心編『中國文字研究（第15輯）』、大象出版社、2011年12月、第126～130頁）
K937	吉田豊 2011	吉田豊「西安出土北周「史君墓誌」ソグド語部分譯注」（森安孝夫編『ソグドからウイグルへ：シルクロード東部の民族と文化の交流』、汲古書院、2011年12月、第93～111頁。石見清裕編著『ソグド人墓誌研究』、汲古書院、2016年3月、第80～61頁）
K938	山下將司 2011	山下將司「北朝時代後期における長安政權とソグド人：西安出土「北周・康業墓誌」の考察」（森安孝夫編『ソグドからウイグルへ：シルクロード東部の民族と文化の交流』、汲古書院、2011年12月、第113～140頁。また「西安出土「康業墓誌」（北周・天和六年―五七一年）」と改題し石見清裕編著『ソグド人墓誌研究』、汲古書院、2016年3月、第81～113頁）
K939	ソグドゼミ 2011	ソグド人墓誌研究ゼミナール「ソグド人漢文墓誌譯注(8) 太原出土「虞弘墓誌」（隋・開皇十二年）」（『史滴』第33號、2011年12月、第205～237頁。石見清裕編著『ソグド人墓誌研究』、汲古書院、2016年3月、第114～156頁）
K940	朱滸 2012	朱滸「徐州出土薛道衡所撰隋代劉弘墓誌考釋及研究」（『文獻』2012年第1期、2012年1月、第49～53頁）
K941	毛志剛 2012	毛志剛「《漢魏六朝碑刻校注》補正」（『古籍整理研究學刊』2012年第1期、2012年1月、第70～73頁）
K942	劉志生 2012a	劉志生「六朝墓誌詞語小釋」（『武陵學刊』第37卷第1期、2012年1月、第142～144頁）
K943	陝西省考古研究	陝西省考古研究院・咸陽市文物考古研究所「隋元威夫婦墓發掘簡報」（『考古

	院等 2012	與文物』2012 年第 1 期、第 24～34 頁、圖版四～八)
K944	倪潤安 2012	倪潤安「懷仁丹揚王墓補考」(『考古與文物』2012 年第 1 期、第 62～67 頁)
K945	周繁文 2012	周繁文「隋代李靜訓墓研究：兼論唐以前房形石葬具的使用背景」(『華夏考古』2012 年第 1 期、第 100～110、119 頁)
K946	殷憲 2012a	殷憲「北齊《張謨墓誌》與北新城」(『晉陽學刊』2012 年第 2 期、第 11～19 頁。同著『平城史稿』、科學出版社、2012 年 2 月、第 128～142 頁。山西博物院・山西省考古研究所編著『山西朔州水泉梁北齊壁畫墓發掘報告』、科學出版社、2019 年 11 月、第 155～170 頁)
K947	殷憲 2012b	殷憲「北魏平城磚瓦文字簡述」(同著『平城史稿』、科學出版社、2012 年 2 月、第 145～154 頁)
K948	王其禕等 2012a	王其禕・周曉薇「長安新出隋大業九年《杜祐墓誌》疏證：兼爲梳理隋唐墓誌所見京兆杜氏世系」(杜文玉主編『唐史論叢（第 14 輯）』、陝西師範大學出版總社有限公司、2012 年 2 月、第 1～25 頁。また「新出隋《杜祐墓誌》與隋唐墓誌所見京兆杜氏世系」と改題増補し同著『片石千秋：隋代墓誌銘與隋代歷史文化』、科學出版社、2014 年 6 月、第 1～21 頁)
K949	毛永娟 2012	毛永娟「《隋平遠將軍成洪顯墓銘》考釋」(杜文玉主編『唐史論叢（第 14 輯）』、陝西師範大學出版總社有限公司、2012 年 2 月、第 38～43 頁。秦進才主編『鉅鹿歷史文化研究』、天津古籍出版社、2016 年 12 月、第 205～210 頁)
K950	任小行 2012	任小行「魏故龍驤將軍檀賓籍貫小考」(『中國文物報』2012 年 2 月 1 日)
K951	張穎慧 2012	張穎慧「《漢魏六朝碑刻校注》訂補」(『瀋陽師範大學學報（社會科學版）』2012 年第 2 期、第 153～154 頁)
K952	胡湛 2012	胡湛「北魏楊翬碑考評」(『中國書法』2012 年第 3 期、第 188～189 頁)
K953	楊明珠等 2012	楊明珠・楊二斌「河東歷代書法述略」(『書法叢刊』2012 年第 2 期、2012 年 3 月、第 18～79 頁)
K954	楊明珠 2012	楊明珠「兩個有關河東書法名跡的話題」(『書法叢刊』2012 年第 2 期、2012 年 3 月、第 80～86 頁)
K955	曾曉梅等 2012	曾曉梅・吳明冉「碑銘釋讀與中國歷史文化：以《遼寧省博物館藏碑誌精粹》釋文校理爲例」(『寧夏大學學報（人文社會科學版）』第 34 卷第 2 期、2012 年 3 月、第 26～29 頁)
K956	窪添慶文 2012	窪添慶文「長樂馮氏に關する諸問題」(『立正史學』第 111 號、2012 年 3 月、第 11～31 頁。同著『墓誌を用いた北魏史研究』、汲古書院、2017 年 9 月、第 523～550 頁)

K957	會田大輔 2012	會田大輔「北周宗室の婚姻動向:「楊文愻墓誌」を手がかりとして」(『駿臺史學』第144號、2012年3月、第107～139頁)
K958	堀井裕之 2012	堀井裕之「「北魏・楊鈞墓誌」の譯注と考察」(『駿臺史學』第144號、2012年3月、第141～164頁)
K959	樊波 2012a	樊波「隋趙芬家族世系及相關問題考補」(『文博』2012年第2期、第44～46頁)
K960	石少欣等 2012	石少欣・陳洪「北魏世宗高皇后出俗爲尼考:兼談北朝后妃出家與宮廷政爭」(『文學與文化』2012年第2期、第111～116頁)
K961	殷憲 2012c	殷憲「北齊張謨墓誌及其書法」(『中國書法』2012年第4期、第178～180頁)
K962	劉志生 2012b	劉志生「六朝墓誌詞語考釋十一則」(『華南理工大學學報(社會科學版)』第14卷第2期、2012年4月、第69～71頁)
K963	劉志生等 2012a	劉志生・黃友福「魏晉南北朝墓誌所見辭書漏收詞語例釋」(『上饒師範學院學報』第32卷第2期、2012年4月、第77～80頁)
K964	黎樹科 2012	黎樹科「甘肅武威出土隋王府君墓誌銘考釋」(中共高臺委・高臺縣人民政府・甘肅敦煌學學會・河西學院編『高臺魏晉墓與河西歷史文化研究』、甘肅教育出版社、2012年4月、第278～282頁)
K965	馮小紅等 2012	馮小紅・關會芳「東魏・北齊時期邯鄲隰城治考:以《竇奉高墓誌》爲中心」(『中國歷史地理論叢』第27卷第2輯、2012年4月、第151～155頁。孫繼民・楊金廷主編『邯鄲新出東魏北齊隋唐五代碑刻論文集』、中國文史出版社、2018年1月、第33～39頁)
K966	王其禕等 2012b	王其禕・周曉薇「新出北齊聘高麗使主《裴遺業墓誌》疏證」(『北方文物』2012年第2期、2012年5月、第66～69頁。また「新見北齊聘高麗使主《裴遺業墓誌》」と改題し同著『片石千秋:隋代墓誌銘與隋代歷史文化』、科學出版社、2014年6月、第275～280頁)
K967	張雲華 2012	張雲華「北魏異姓貴族婚姻論略」(『史學集刊』2012年第3期、2012年5月、第31～37頁)
K968	呂文明 2012	呂文明「天眞自得,其高無極:東魏《姬靜墓誌》賞析」(『青少年書法』2012年第5期、第38～43頁)
K969	許萬順 2012	許萬順「新發現的東魏慕容鑒墓誌」(『中國書法』2012年第5期、第202～203頁)
K970	周曉薇等 2012a	周曉薇・王其禕「隋代宮人制度及相關問題」(『陝西師範大學學報(哲學社會科學版)』第41卷第3期、2012年5月、第98～110頁。また「掖庭女職:隋

		代宮人制度新證」と改題増補し同著『柔順之象：隋代女性與社會』、中國社會科學出版社、2012年10月、第155〜211頁。また「隋代宮人制度研究：圍繞《隋書》相關志傳與隋代宮人墓誌銘展開」と改題し周曉薇著『系日山房叢稿』、科學出版社、2015年12月、第141〜169頁）
K971	吳蘭蘭2012	吳蘭蘭「北魏墓誌詞語札記」（『安徽廣播電視大學學報』2012年第3期、第83〜85頁）
K972	王力春2012	王力春「遼寧出土《劉賢墓誌》入窆年代獻疑」（『蘭臺世界』2012年第18期、2012年6月、第57〜58頁。王力春著『古代石刻書人身份與書法史研究』、科學出版社、2022年3月、第44〜49頁）
K973	徐志學2012	徐志學「從意義層次關係看石刻用典形式的表義方式特點」（『廣西社會科學』2012年第6期、2012年6月、第154〜158頁）
K974	張全民等2012	張全民・郭永淇・辛龍「陝西西安長安韋曲高望堆西魏北周長孫家族墓」（國家文物局主編『2011中國重要考古發現』、文物出版社、2012年6月、第118〜123頁）
K975	佐川英治2012	佐川英治「南北朝新出土墓誌的實地考察：南京、洛陽、西安、太原」（『早期中國史研究』第4卷第1期、2012年6月、第153〜193頁。日文版「南北朝新出土墓誌の現地調査：南京、洛陽、西安、太原」、伊藤敏雄編『墓誌を通した魏晋南北朝史研究の新たな可能性』（平成22〜26（2010〜2014）年度科學研究費補助金（基盤研究(A)）「石刻史料と史料批判による魏晋南北朝史の基本問題の再檢討」（課題番號22242022）中間成果報告書、大阪教育大學、2013年5月、第1〜22頁）
K976	陶鈞2012	陶鈞「北魏崔賓媛墓誌考釋」（『收藏家』2012年第6期、第25〜34頁）
K977	李欽善2012a	李欽善「隋《高善德墓誌》及其書法價值」（『中國書法』2012年第6期、第197〜199頁）
K978	仲威2012	仲威「眞假《尉富娘墓誌》」（『書法』2012年第7期、第92〜95頁）
K979	胡海帆2012	胡海帆「端方藏磚大觀」（『收藏』2012年第7期（總第241期）、第118〜123頁）
K980	陝西省考古研究院2012	陝西省考古研究院「北周莫仁相、莫仁誕發掘簡報」（『考古與文物』2012年第3期、第3〜15頁）
K981	樊波2012b	樊波「浙江杭州出土《僧璨磚塔銘》刊刻年代獻疑」（『考古與文物』2012年第3期、第74〜77、104頁）
K982	宮萬瑜2012	宮萬瑜「邙洛近年出土馮聿・源模・張懋三方北魏墓誌略考」（『中原文物』2012

		年第5期、第74～78頁)
K983	辛德勇2012	辛德勇「北齊樂陵王及王妃斛律氏墓誌與百年太子命案本末」(燕京研究院編『燕京學報 (新30期)』、北京大學出版社、2012年8月、第1～42頁。同著『石室賸言』、中華書局、2014年7月、第235～278頁)
K984	鄭邵琳2012	鄭邵琳「《漢魏六朝碑刻校注》釋文校補」(教育部人文社會科學重點研究基地・華東師範大學中國文字研究與應用中心・華東師範大學語言文字工作委員會編『中國文字研究 (第16輯)』、上海人民出版社、2012年8月、第111～115頁)
K985	程志宏2012	程志宏「北魏《王虬墓誌》賞析」(『青少年書法』2012年第8期、第11～13頁)
K986	劉志生等2012b	劉志生・黃友福「六朝墓誌詞語零札」(『韓山師範學院學報』第33卷第4期、2012年8月、第47～49、57頁)
K987	宋馨2012	宋馨「關隴地區對北朝墓誌形制的影響」(中國魏晉南北朝史學會・山西大學歷史文化學院編『中國魏晉南北朝史學會第十屆年會暨國際學術研討會論文集』、北岳文藝出版社、2012年8月、第533～541頁)
K988	王丁2012	王丁「中古碑誌、寫本中的漢胡語文札記 (三)」(新疆吐魯番學研究院編『語言背後的歷史：西域古典語言學高峰論壇論文集』、上海古籍出版社、2012年9月、第183～187頁)
K989	李紅2012	李紅「試論北朝墓誌對《漢語大詞典》之補益」(『樂山師範學院學報』第27卷第9期、2012年9月、第47～50頁)
K990	梁春勝2012a	梁春勝「《漢魏六朝碑刻校注》校讀舉正」(『長江學術』2012年第4期、第132～139、110頁)
K991	李欽善2012b	李欽善「風骨峻峭 莊重典雅：釋新出北魏《裴譚墓誌》」(『青少年書法』2012年第9期、第43～51頁)
K992	馬艷茹2012	馬艷茹「亳州博物館館藏歷代碑刻」(『文物世界』2012年第5期、第32～35頁)
K993	王連龍2012a	王連龍「北魏元弼"奪爵事件"考略」(『史學月刊』2012年第10期、第127～129頁。また「北魏元弼"奪爵事件"考略：以碑誌文獻為綫索」と改題し同著『王若曰：出土文獻論集』、鳳凰出版社、2021年7月、第299～310頁)
K994	馮健2012	馮健「洛陽北魏元邵墓與楊機墓出土墓誌所反映的社會問題淺析」(『洛陽理工學院學報 (社會科學版)』第27卷第5期、2012年10月、第10～12、90頁)
K995	葉其峰2012a	葉其峰「于景墓誌再考釋」(同著『古代銘刻論叢』、文物出版社、2012年10

		月、第 292～299 頁)
K996	葉其峰 2012b	葉其峰「刁遵先人及刁氏家族的興衰：讀刁遵墓誌銘」(同著『古代銘刻論叢』、文物出版社、2012 年 10 月、第 315～328 頁)
K997	葉其峰 2012c	葉其峰「北魏趙郡李氏的人和事：讀李憲墓誌」(同著『古代銘刻論叢』、文物出版社、2012 年 10 月、第 329～340 頁。李鴻賓主編『中古墓誌胡漢問題研究』、寧夏人民出版社、2013 年 9 月、第 67～81 頁)
K998	梁春勝 2012b	梁春勝「《漢魏六朝碑刻校注》商榷」(復旦大學漢語言文字學科《語言研究集刊》編委會編『語言研究集刊（第 9 輯）』、上海辭書出版社、2012 年 10 月、第 300～311 頁)
K999	李檣 2012	李檣「《陶浚墓誌》誌疑」『東方藝術』2012 年第 20 期、第 137～138 頁。同著『杞芳堂讀碑記』、西泠印社出版社、2014 年 1 月、第 250～255 頁。李亞平・李俊卿主編『中國金石（第 1 輯）』、河北美術出版社、2019 年 12 月、第 95～99 頁)
K1000	張蕾 2012	張蕾「讀北魏呂達・呂仁墓誌」『淮陰師範學院學報（哲學社會科學版）』2012 年第 5 期、第 647～653 頁)
K1001	周曉薇等 2012b	周曉薇・王其禕「適人之道：隋代在室女子的家庭教育」(同著『柔順之象：隋代女性與社會』、中國社會科學出版社、2012 年 10 月、第 55～81 頁。西安碑林博物館編『碑林集刊（第 18 輯）』、三秦出版社、2012 年 12 月、第 160～181 頁)
K1002	周曉薇等 2012c	周曉薇・王其禕「寢門之内：隋代社會對妻子角色的審美取向」(同著『柔順之象：隋代女性與社會』、中國社會科學出版社、2012 年 10 月、第 82～96 頁)
K1003	周曉薇等 2012d	周曉薇・王其禕「摩挲片石：隋代女性個案解讀」(同著『柔順之象：隋代女性與社會』、中國社會科學出版社、2012 年 10 月、第 212～235 頁)
K1004	王連龍 2012b	王連龍「新見北魏《楊恩墓誌》與華陰楊氏譜系補正」『社會科學戰綫』2012 年第 10 期、第 117～119 頁。また「北魏《楊恩墓誌》與華陰楊氏譜系補證」と改題し同著『王若曰：出土文獻論集』、鳳凰出版社、2021 年 7 月、第 293～298 頁)
K1005	劉軍 2012	劉軍「試析北魏元遙墓誌的史料價值」『史學史研究』2012 年第 4 期、第 110～117 頁)
K1006	梁春勝 2012c	梁春勝「六朝石刻誤讀舉正」(南京大學古典文獻研究所編『古典文獻研究（第 15 輯）』、鳳凰出版社、2012 年 11 月、第 490～499 頁)
K1007	鵬宇 2012	鵬宇「新見墓誌錄文校正（十則）」(鄧章應主編『学行堂語言文字論叢（第 2

		輯)』、四川大學出版社、2012年11月、第168～182頁)
K1008	洛陽市文物考古研究院2012	洛陽市文物考古研究院「洛陽孟津朱倉北魏墓」(『文物』2012年第12期、第38～51頁)
K1009	李朝陽2012	李朝陽「陝西關中出土的西晉十六國時期磚誌考述」(『文博』2012年第6期、第17～21頁)
K1010	劉東平等2012	劉東平・段志凌「南書北傳的典範之作：北魏《元玨妻穆玉容墓誌》」(『文博』2012年第6期、第54～59頁)
K1011	王其禕2012	王其禕「新見隋大業十二年《獨孤儉墓誌》箋證」(『書法叢刊』2012年第6期、第34～36頁。また「長安新出《獨孤儉墓誌》與隋代監察御史」と改題し周曉薇・王其禕著『片石千秋：隋代墓誌銘與隋代歷史文化』、科學出版社、2014年6月、第284～287頁)
K1012	楊婭萍2012	楊婭萍「簡析《元倪墓誌》的歷史價值」(『美術教育研究』2012年第12期、第46～47頁)
K1013	陳財經2012	陳財經「讀北魏《長孫盛墓誌》」(西安碑林博物館編『碑林集刊(第18輯)』、三秦出版社、2012年12月、第1～5頁)
K1014	朱振宏2012	朱振宏「隋《口徹墓誌》箋證考釋」(西安碑林博物館編『碑林集刊(第18輯)』、三秦出版社、2012年12月、第50～68頁。同著『西突厥與隋朝關係史研究(581-617)』、稻鄉出版社、2015年5月、第325～360頁)
K1015	葉煒2012	葉煒「從王光、叱羅招男夫婦墓誌論西魏北周史二題」(武漢大學中國三至九世紀研究所編『魏晉南北朝隋唐史資料(第28輯)』、武漢大學人文社會科學學報編集部、2012年12月、第84～93頁)
K1016	喬登雲2012	喬登雲「魏贈驃騎大將軍冀州刺史游松墓誌銘考釋」(『文物春秋』2012年第6期、2012年12月、第44～57頁。邯鄲市文物保護研究所編『邯鄲考古研究：喬登雲考古文集』、科學出版社、2016年4月、第218～236頁。孫繼民・楊金廷主編『邯鄲新出東魏北齊隋唐五代碑刻論文集』、中國文史出版社、2018年1月、第90～103頁)
K1017	魏秋萍2012	魏秋萍「長安新出隋開皇十五年《元綸墓誌》釋讀」(『考古與文物』2012年第6期、第100～103頁)
K1018	馬愛民2012	馬愛民「北齊《杜達墓誌》等對佐證曹操高陵的史料價值」(『中原文物』2012年第6期、第23～29頁)
K1019	徐沖2012	徐沖「北魏元融墓誌小札」(『早期中國史研究』第4卷第2期、2012年12月、第129～160頁。余欣主編『存思集：中古中國共同研究班論文萃編』、上海古

		籍出版社、2013年11月、第117～137頁)
K1020	北石研究班2012	「北朝石刻資料の研究」班「北朝石刻資料選注（二）」（『東方學報（京都）』第87册、2012年12月、第267～375頁)
K1021	ソグドゼミ2012	ソグド人墓誌研究ゼミナール「ソグド人漢文墓誌譯注（9）西安出土「安伽墓誌」（北周・大象元年）」（『史滴』第34號、2012年12月、第138～158頁。石見清裕編著『ソグド人墓誌研究』、汲古書院、2016年3月、第3～30頁)
K1022	佐藤智水2012	佐藤智水「中國における初期の「邑義」について（下）：北魏における女性の集團造像」（『佛教文化研究所紀要』第51集、2012年12月、第105～139頁)
K1023	北京市文物研究所等2013	北京市文物研究所・延慶縣文物管理所「北京市延慶縣西屯墓地西區（Ⅰ區）考古發掘簡報」（『北京文博文叢』2012年第4期、2013年1月、第19～30頁)
K1024	平田陽一郎2013	平田陽一郎「「隋・趙世摸墓誌」の譯注と考察」（『沼津工業高等專門學校研究報告』第47號、2013年1月、第409～414頁。また「營州の高寶寧政權崩壞から高句麗遠征へ：趙世摸鄉兵集團の事例から」と改題・増補・改稿し同著『隋唐帝國形成期における軍事と外交』、汲古書院、2021年1月、第136～166頁)
K1025	周偉洲2013a	周偉洲「北周莫仁相、莫仁誕父子墓誌釋解」（『考古與文物』2013年第1期、第73～79頁。同著『新出土中古有關胡族文物研究』、社會科學文獻出版社、2016年12月、第33～53頁)
K1026	倪潤安2013	倪潤安「河北曲陽北魏崔楷墓的年代及相關問題」（『中國國家博物館館刊』2013年第2期、第33～40頁)
K1027	周慧敏2013	周慧敏「北周莫仁相、莫仁誕父子墓誌考釋」（『淮陰師範學院學報（哲學社會科學版）』2013年第2期、第206～211頁)
K1028	楊永林等2013	楊永林・張哲浩「西安發布北周家族墓考古報告：墓主曾任長安"市長"，與西漢開國功臣張良同宗」（『光明日報』2013年3月4日)
K1029	高美林2013	高美林「近出兩方隋唐墓誌札記」（『欽州學院學報』第28卷第3期、2013年3月、第66～68頁)
K1030	王亞芳2013	王亞芳「論廣東碑刻的史料價值」（『嶺南文史』2013年第1期、2013年3月、第55～61頁)
K1031	劉本才2013	劉本才「李肅墓誌辨僞」（教育部人文社會科學重點研究基地・華東師範大學中國文字研究與應用中心・華東師範大學語言文字工作委員會編『中國文字研究（第17輯）』、上海人民出版社、2013年3月、第96～100頁)
K1032	徐志學2013	徐志學「典故詞在石刻文字中的呈現」（教育部人文社會科學重點研究基地・華

		東師範大學中國文字研究與應用中心・華東師範大學語言文字工作委員會編『中國文字研究（第17輯）』、上海人民出版社、2013年3月、第114～122頁）
K1033	井上直樹 2013	井上直樹「『裴遺業墓誌』と高句麗：五七〇年代の北齊・高句麗關係の一齣」（石田肇教授退休記念事業會編『金壺集：石田肇教授退休記念金石書學論叢』、石田肇教授退休記念事業會、2013年3月、第99～109頁。同著『高句麗の史的展開過程と東アジア』、塙書房、2021年12月、第313～333頁）
K1034	窪添慶文 2013a	窪添慶文「遷都後の北魏墓誌に關する補考」（『東アジア石刻研究』第5號、2013年3月、第1～24頁。同著『墓誌を用いた北魏史研究』、汲古書院、2017年9月、第55～98頁）
K1035	梶山智史 2013a	梶山智史「稀見北朝墓誌輯錄」（『東アジア石刻研究』第5號、2013年3月、第125～147頁）
K1036	澤田雅弘 2013	澤田雅弘「北朝墓誌にみる刻法の傳播：特定刻法[002]について」（『大東書道研究』第20號、2013年3月、第70～87頁）
K1037	周曉薇等 2013	周曉薇・王菁「蘭蕙倶摧：陳朝妃子入隋後的蹇促命運：以隋大業五年《施太妃誌》爲中心」（杜文玉主編『唐史論叢（第16輯）』、陝西師範大學出版總社有限公司、2013年4月、第126～133頁。周曉薇著『系日山房叢稿』、科學出版社、2015年12月、第113～122頁）
K1038	耿志強等 2013	耿志強・陳曉樺「北周宇文猛墓誌考釋」（『西夏研究』2013年第2期、2013年5月、第91～100頁）
K1039	李鴻賓 2013	李鴻賓「北周是云俱及夫人賀拔定妃墓誌考釋」（伊藤敏雄編『墓誌を通した魏晉南北朝史研究の新たな可能性』平成22～26（2010～2014）年度科學研究費補助金（基盤研究（A））「石刻史料と史料批判による魏晉南北朝史の基本問題の再檢討」（課題番號22242022）中間成果報告書、大阪教育大學、2013年5月、第51～61頁。呂建中・胡戟主編『大唐西市博物館藏墓誌研究：續一（上冊）』、陝西師範大學出版社有限公司、2013年7月、第39～53頁）
K1040	窪添慶文 2013b	窪添慶文「北魏における弘農楊氏」（伊藤敏雄編『墓誌を通した魏晉南北朝史研究の新たな可能性』平成22～26（2010～2014）年度科學研究費補助金（基盤研究（A））「石刻史料と史料批判による魏晉南北朝史の基本問題の再檢討」（課題番號22242022）中間成果報告書、大阪教育大學、2013年5月、第62～89頁。同著『墓誌を用いた北魏史研究』、汲古書院、2017年9月、第551～595頁）

K1041	趙耀輝 2013a	趙耀輝「東魏《高妻斤墓誌》簡述」(『青少年書法』2013 年第 5 期、2013 年 5 月、第 45～52 頁)
K1042	劉軍 2013a	劉軍「元舉墓誌與北魏遷洛宗室的士族化」(『史林』2013 年第 3 期、第 28～33 頁)
K1043	趙耀輝 2013b	趙耀輝「北魏《程暐墓誌》簡說」(『青少年書法』2013 年第 6 期、2013 年 6 月、第 49～50 頁)
K1044	楊寧 2013	楊寧「從墓誌看隋代宮人的幾個問題」(『重慶第二師範學院學報』第 26 卷第 4 期、2013 年 7 月、第 32～35 頁)
K1045	趙耀輝 2013c	趙耀輝「新見北齊《長孫彥墓誌》述評」(『青少年書法』2013 年第 7 期、2013 年 7 月、第 35～45 頁)
K1046	谷國偉 2013a	谷國偉「北魏《于神恩墓誌》」(『書法』2013 年第 7 期、第 26～33 頁)
K1047	洛陽市文物考古研究院 2013	洛陽市文物考古研究院「北魏淮南王元遵墓發掘簡報」(『洛陽考古』2013 年第 2 期、2013 年 7 月、第 33～37 頁)
K1048	吳江等 2013	吳江・劉順安「《開封縣鄭胡銘》墓誌磚考：兼談滎陽鄭氏祖源在開封」(『開封教育學院學報』第 33 卷第 3 期、2013 年 7 月、第 1～4 頁)
K1049	周偉洲 2013b	周偉洲「大唐西市博物館入藏北朝胡族墓誌考」(呂建中・胡戟主編『大唐西市博物館藏墓誌研究：續一（上冊）』、陝西師範大學出版總社有限公司、2013 年 7 月、第 5～20 頁。同著『新出土中古有關胡族文物研究』、社會科學文獻出版社、2016 年 12 月、第 3～32 頁)
K1050	湯勤福 2013	湯勤福「魏晉南北朝南人北遷及相關史迹釋讀」(呂建中・胡戟主編『大唐西市博物館藏墓誌研究：續一（上冊）』、陝西師範大學出版總社有限公司、2013 年 7 月、第 21～38 頁)
K1051	胡明曌 2013	胡明曌「有涉楊玄感起兵事件的三方新發現墓誌」(呂建中・胡戟主編『大唐西市博物館藏墓誌研究：續一（上冊）』、陝西師範大學出版總社有限公司、2013 年 7 月、第 54～61 頁)
K1052	黃正建 2013	黃正建「從《楊岳墓誌》看楊氏在唐前期的浮沉」(呂建中・胡戟主編『大唐西市博物館藏墓誌研究：續一（上冊）』、陝西師範大學出版總社有限公司、2013 年 7 月、第 62～67 頁)
K1053	黨相魁等 2013a	黨相魁・孔德銘「北齊劉通墓誌考釋」(河南省文物局編著『安陽北朝墓葬』、科學出版社、2013 年 7 月、第 108～112 頁)
K1054	黨相魁等 2013b	黨相魁・孔德銘「北齊叔孫夫人墓誌考釋」(河南省文物局編著『安陽北朝墓葬』、科學出版社、2013 年 7 月、第 113～115 頁)

K1055	吳繼剛 2013	吳繼剛「《新中國出土墓誌・陝西卷》釋文校正」(『四川文理學院學報』第 23 卷第 4 期、2013 年 7 月、第 86〜91 頁)
K1056	謝國劍 2013	謝國劍「從中古石刻文獻看大型辭書訓釋之不足：以涉佛詞語爲例」(『江西社會科學』2013 年第 7 期、2013 年 7 月、第 239〜243 頁)
K1057	楊軍凱等 2013	楊軍凱・辛龍・郭永淇「西安北周張氏家族墓清理發掘收獲」(『中國文物報』2013 年 8 月 2 日)
K1058	楊軍凱 2013	楊軍凱「北周史君墓雙語銘文及相關問題」(『文物』2013 年第 8 期、2013 年 8 月、第 49〜58 頁)
K1059	趙耀輝 2013d	趙耀輝「北魏《李伯欽墓誌》評析」(『青少年書法』2013 年第 8 期、2013 年 8 月、第 44〜53 頁)
K1060	李建廷 2013	李建廷「《漢魏六朝碑刻校注》獻疑十則」(教育部人文社會科學重點研究基地・華東師範大學中國文字研究與應用中心・華東師範大學語言文字工作委員會編『中國文字研究（第 18 輯）』、上海人民出版社、2013 年 8 月、第 137〜139 頁)
K1061	高然 2013	高然「北朝隋唐鮮卑豆盧氏、源氏家族比較研究」(周偉洲主編『西北民族論叢（第 9 輯）』、中國社會科學出版社、2013 年 8 月、第 54〜75 頁)
K1062	陝西省考古研究院等 2013	陝西省考古研究院・咸陽市文物考古研究所「陝西咸陽隋鹿善夫婦墓發掘簡報」(『考古與文物』2013 年第 4 期、第 35〜44 頁)
K1063	劉呆運 2013	劉呆運「鹿善墓葬研究」(『考古與文物』2013 年第 4 期、第 92〜94、99 頁)
K1064	王其禕等 2013a	王其禕・周曉薇「長安新出隋開皇十八年《韓恒貴墓誌》疏證」(『文博』2013 年第 4 期、第 55〜57 頁)
K1065	谷國偉 2013b	谷國偉「新出土北齊《和子源墓誌》」(『書法』2013 年第 9 期、第 26〜33 頁)
K1066	謝琛 2013	謝琛「魏晉南北朝隋唐斛斯氏家族研究」(李鴻賓主編『中古墓誌胡漢問題研究』、寧夏人民出版社、2013 年 9 月、第 3〜22 頁)
K1067	郭月瓊 2013	郭月瓊「《封和突墓誌》淵源考」(李鴻賓主編『中古墓誌胡漢問題研究』、寧夏人民出版社、2013 年 9 月、第 23〜33 頁)
K1068	劉軍 2013b	劉軍「北魏元叉墓誌補釋探究」(『鄭州大學學報（哲學社會科學版）』第 46 卷第 5 期、2013 年 9 月、第 151〜155 頁)
K1069	趙君平 2013	趙君平「北魏《王遇墓誌》釋略」(『書法叢刊』2013 年第 5 期、2013 年 9 月、第 25〜30 頁。『書法叢刊』2014 年第 5 期、2014 年 9 月、第 51〜61 頁)
K1070	劉軍 2013c	劉軍「《魏書・廣平王元懷傳》補疑」(『古代文明』第 7 卷第 4 期、2013 年 10

		月、第65～71頁)
K1071	趙耀輝2013e	趙耀輝「東魏《呂盛墓誌》識讀」(『青少年書法』2013年第10期、2013年10月、第39～45頁)
K1072	殷憲2013	殷憲「王慈墓誌考述」(雅安博物館・文物出版社編『第九屆中國書法史論研討會論文集』、文物出版社、2013年10月、第138～151頁)
K1073	古花開2013	古花開「北齊范粹墓及同期墓葬中的西域文化」(『中原文物』2013年第5期、第26～30頁)
K1074	舒韶雄2013	舒韶雄「隋劉度墓誌文字校補」(『中原文物』2013年第5期、第99～112頁)
K1075	李建平等2013	李建平・尚磊明「邙洛近年新出北魏馮聿・源模・張懋墓誌商補」(『中原文物』2013年第5期、第96～98頁)
K1076	梁松濤等2013	梁松濤・王麗敏・劉雪彥「北魏《邸府君之碑》考釋」(『文物』2013年第11期、第78～81、86頁)
K1077	黃壽成2013	黃壽成「《北齊樂陵王高百年墓誌》發微」(肖小勇主編『交流與互動：民族考古與文物研究』、中央民族大學出版社、2013年11月、第218～227頁。また「北齊樂安王高百年發微」と改題し杜文玉主編、胡耀飛副主編『遠邁終南：隋唐五代史論文集』、陝西師範大學出版總社、2021年12月、第491～500頁)
K1078	谷國偉2013c	谷國偉「新出土北魏《王茂墓誌》」(『書法』2013年第11期、第24～31頁)
K1079	趙耀輝2013f	趙耀輝「北魏《李瞻墓誌》芻議」(『青少年書法』2013年第11期、2013年11月、第39～45頁)
K1080	陳爽2013	陳爽「出土墓誌所見中古譜牒探迹」(『中國史研究』2013年第4期、2013年11月、第69～100頁。改訂增補し同著『出土墓誌所見中古譜牒研究』、學林出版社、2015年4月、第55～99頁。王連龍主編『中國古代墓誌研究』、社會科學文獻出版社、2023年2月、下冊第883～921頁)
K1081	尹波濤2013	尹波濤「北魏時期楊播家族建構祖先譜系過程初探：以墓誌為中心」(『中國史研究』2013年第4期、第101～116頁)
K1082	何山2013	何山「馮聿・源模・張懋三種北魏墓誌誌文釋錄瑣議」(『保定學院學報』第26卷第6期、2013年11月、第75～78頁)
K1083	梶山智史2013b	梶山智史「北朝における東淸河崔氏：崔鴻『十六國春秋』編纂の背景に關する一考察」(『史林』第96卷第6號、2013年11月、第73～106頁)
K1084	任乃宏等2013	任乃宏・張潤澤「《唐張興墓誌》校釋與《東魏張瓘墓誌》辨僞」(『邯鄲職業技術學院學報』第26卷第4期、2013年12月、第6～11頁。任乃宏著『邯鄲市叢臺區非物質文化遺產集萃(特輯)・邯鄲地區隋唐五代碑刻校錄』、中國文聯

		出版社、2014年8月、第277～292頁。孫繼民・楊金廷主編『邯鄲新出東魏北齊隋唐五代碑刻論文集』、中國文史出版社、2018年1月、第174～181頁)
K1085	王其禕等2013b	王其禕・周曉薇「長安地區新出隋代墓誌銘十種集釋」(西安碑林博物館編『碑林集刊 (第19輯)』、三秦出版社、2013年12月、第5～27頁)
K1086	王靜2013	王靜「咸陽出土隋元威夫婦墓誌考說」(西安碑林博物館編『碑林集刊 (第19輯)』、三秦出版社、2013年12月、第66～77頁)
K1087	王書欽2013	王書欽「再說獨孤：關於北朝獨孤部事三個問題之芻議」(西安碑林博物館編『碑林集刊 (第19輯)』、三秦出版社、2013年12月、第153～160頁)
K1088	王雪迪2013	王雪迪「北朝隋唐時期墓葬中的龜甲紋裝飾試析」(西安碑林博物館編『碑林集刊 (第19輯)』、三秦出版社、2013年12月、第322～330頁)
K1089	王其禕等2013c	王其禕・周曉薇「長安新出隋《秦僧伽暨妻徐氏墓誌》小考：兼說北朝隋唐墓誌中的"地主"一詞」(『考古與文物』2013年第6期、第82～85頁。また「新出《秦僧伽暨妻徐氏墓誌》與北朝隋唐墓誌中的"地主"一詞」と改題し同著『片石千秋：隋代墓誌銘與隋代歷史文化』、科學出版社、2014年6月、第293～298頁)
K1090	王其禕等2013d	王其禕・周曉薇「西安新出隋代聘陳使主《薛舒墓誌》考證」(陝西歷史博物館編『陝西歷史博物館館刊 (第20輯)』、三秦出版社、2013年12月、第244～246頁。また「《薛舒墓誌》与隋代聘陳使主」と改題し同著『片石千秋：隋代墓誌銘與隋代歷史文化』、科學出版社、2014年6月、第281～284頁)
K1091	束莉2013	束莉「中古女性生活圖景與才德觀之重構：以《王士良妻董榮暉墓誌》考論為中心」(《古籍研究》編輯委員會編『古籍研究 (總第60卷)』、安徽大學出版社、2013年12月、第219～230頁)
K1092	李欽善2013	李欽善「洛陽新出土北魏《元祉墓誌》」(『中國書法』2013年第12期、第178～181頁)
K1093	趙耀輝2013g	趙耀輝「東魏《田盛墓誌》芻議」(『青少年書法』2013年第12期、2013年12月、第33～46頁)
K1094	張志亮2013	張志亮「北魏安州刺史長孫季墓誌」(『東方藝術』2013年第24期、第88～101頁)
K1095	北石研究班2013	「北朝石刻資料の研究」班「北朝石刻資料選注 (三)」(『東方學報 (京都)』第88冊、2013年12月、第273～285頁)
K1096	德泉さち2013	德泉さち「北齊碑刻にみられる復古的書法について」(『美術史研究』第51冊、2013年12月、第89～110頁)

K1097	周曉薇等 2014a	周曉薇・王其禕「咸陽新出隋開皇十五年《尉永墓誌》釋證」(樊英峰主編『乾陵文化研究（第8輯）』、三秦出版社、2014年1月、第388～393頁)
K1098	趙耀輝 2014a	趙耀輝「東魏《任祥墓誌》跋」(『青少年書法』2014年第1期、2014年1月、第33～42頁)
K1099	舒韶雄等 2014	舒韶雄・雷金瑾「洛陽新出三方北魏墓誌文字校補」(『河南科技大學學報（社會科學版）』第32卷第1期、2014年2月、第11～13頁)
K1100	尚磊明 2014	尚磊明「《邸府君之碑》釋文商補」(『江漢考古』2014年第1期、第122～124頁)
K1101	李蜜 2014	李蜜「霍揚碑考略」(『山西档案』2014年第1期、第40～44頁)
K1102	王連龍 2014a	王連龍「北魏高樹生及妻韓期姬墓誌考」(『文物』2014年第2期、第80～86頁)
K1103	王其禕等 2014a	王其禕・王菁「咸陽出土北周《魏故南秦刺史成君碑》疏證」(『中國國家博物館館刊』2014年第2期、第71～76頁)
K1104	羅曼 2014	羅曼「隋《王光墓誌》所見"右箱角抵"考」(教育部人文社會科學重點基地・華東師範大學中國文字研究與應用中心・華東師範大學語言文字工作委員會編『中國文字研究（第19輯）』、上海書店出版社、2014年2月、第151～154頁)
K1105	徐志學 2014	徐志學「石刻用典形式變體的構成方式、特點和形成原因」(教育部人文社會科學重點基地・華東師範大學中國文字研究與應用中心・華東師範大學語言文字工作委員會編『中國文字研究（第19輯）』、上海書店出版社、2014年2月、第167～176頁)
K1106	周能俊 2014	周能俊「徙居洛陽求發展，家族盛衰豈由人：洛陽龍門村出土隋衛侗墓誌考釋」(『閩江學刊』2014年第1期、2014年2月、第60～65頁)
K1107	趙耀輝 2014b	趙耀輝「北齊《索泰墓誌》述說」(『青少年書法』2014年第2期、2014年2月、第45～53頁)
K1108	曲柄睿 2014	曲柄睿「王馥墓誌所見北魏宦官制度考辨」(『魯東大學學報（哲學社會科學版）』第31卷第2期、2014年3月、第66～71頁)
K1109	殷憲 2014a	殷憲「《魏故城陽宣王（拓跋忠）墓誌》考」(『中國國家博物館館刊』2014年第3期、第76～83頁。また「北魏城陽宣王墓誌考略」と改題し大同北朝藝術研究院編著、殷憲主編『北朝藝術研究院藏品圖錄：墓誌』、文物出版社、2016年5月、第210～215頁。また《城陽宣王（拓跋忠）墓誌》考略」と改題し殷憲・殷亦玄著『北魏平城書迹研究』、商務印書館、2016年7月、第199

		～208頁)
K1110	趙耀輝2014c	趙耀輝「崔宣靖、崔宣默兄弟墓誌識讀」(『靑少年書法』2014年第3期、2014年3月、第43～52頁)
K1111	仲威2014a	仲威「南北朝碑刻善拓過眼之三」(『書法』2014年第3期、第126～131頁)
K1112	張學鋒2014	張學鋒「墓誌所見北朝的民族融合：以司馬金龍家族墓誌爲綫索」(『許昌學院學報』第33卷第3期、2014年3月、第1～6頁。日文版（溝口瑛譯、辻正博校閲）「墓誌から見た中國北朝時代の民族融合：司馬金龍家族墓誌を手がかりとして」、『歴史文化社會論講座紀要』第13號、2016年2月、第1～11頁。また「胡漢交融：平城的建康貴冑」と改題し南京博物院編『瑯琊王：從東晉到北魏』、譯林出版社、2018年12月、第8～15頁)
K1113	堀井裕之2014	堀井裕之「北魏の東西分裂と山東貴族：「隋・李希仁妻崔芷蘩墓誌」を手掛かりに」(『明大アジア史論集』第18號、2014年3月、第72～93頁)
K1114	澤田雅弘2014a	澤田雅弘「北朝墓誌にみる刻法の傳播：特定刻法[003]について」(『大東書道研究』第21號、2014年3月、第94～105頁)
K1115	澤田雅弘2014b	澤田雅弘「碑における刻法の混在：寧贙碑・孟法師碑の場合」(『書學文化』第15號、2014年3月、第5～15頁)
K1116	大同市考古研究所2014	大同市考古研究所「山西大同沙嶺新村北魏墓地發掘簡報」(『文物』2014年第4期、第4～15頁)
K1117	殷憲2014b	殷憲「北魏平城書迹綜覽」(『中國書法』2014年第4期、第38～79頁)
K1118	張永強2014	張永強「北魏前期碑刻書迹考察」(『中國書法』2014年第4期、第92～119頁)
K1119	持志等2014	持志・劉俊喜「北魏毛德祖妻張智朗石槨銘刻」(『中國書法』2014年第4期、第120～123頁。また「北魏毛德祖妻張智朗石槨銘刻考述」と改題し殷憲・殷亦玄著『北魏平城書迹研究』、商務印書館、2016年7月、第119～127頁)
K1120	牛紅廣2014	牛紅廣「隋唐墓誌僞刻辨析」(『文物鑒定與鑒賞』2014年第4期、第31～37頁)
K1121	仲威2014b	仲威「南北朝碑刻善拓過眼之四」(『書法』2014年第4期、第128～133頁)
K1122	湯勤福2014	湯勤福「長安新出墓誌所見南人北遷之迹考釋：以南北朝胥爲例」(『首都師範大學學報（社會科學版）』2014年第2期、2014年4月、第8～13頁)
K1123	牛敬飛2014	牛敬飛「北周宇文逌墓誌考釋」(杜文玉主編『唐史論叢（第18輯）』、陝西師範大學出版總社有限公司、2014年4月、第187～196頁)
K1124	蘇小華2014	蘇小華「讀胥代墓誌札記」(杜文玉主編『唐史論叢（第18輯）』、陝西師範大學出版總社有限公司、2014年4月、第197～205頁)

K1125	李宗俊 2014	李宗俊「隋大將軍辛瑾墓誌考釋」（杜文玉主編『唐史論叢（第18輯）』、陝西師範大學出版總社有限公司、2014年4月、第206～213頁）
K1126	張乃翥 2014	張乃翥「洛陽出土隋突厥徹墓誌讀跋：以中古漢籍紀事爲中心」（同著『佛教石窟與絲綢之路』、甘肅教育出版社、2014年4月、第225～235頁）
K1127	松下憲一 2014	松下憲一「北魏部族解散再考：元萇墓誌を手がかりに」（『史學雜誌』第123編第4號、2014年4月、第35～58頁）
K1128	安建峰 2014	安建峰「《魏故襄威將軍積射將軍郭君誌銘》考」（『文物世界』2014年第2期、第21～22、8頁）
K1129	魏秋萍 2014	魏秋萍「萬善尼寺中的金枝玉葉：關於隋代李靜訓墓的幾個問題」（『文物世界』2014年第2期、第23～27頁）
K1130	倪潤安 2014	倪潤安「從叱羅招男墓誌看北魏道武帝早年入蜀事迹」（『四川文物』2014年第2期、第68～72頁）
K1131	安磊 2014	安磊「《元颺妻王夫人墓誌》若干問題探析」（『四川文物』2014年第2期、第73～75頁）
K1132	李海菊等 2014	李海菊・劉金英「武強紊出土一隋代墓誌」（河北新聞網、2014年5月14日）
K1133	王素 2014	王素「大唐西市博物館新藏北朝墓誌疏證」（故宮博物院編『故宮學刊（第11輯）』、故宮出版社、2014年5月、第54～73頁）
K1134	邵郁 2014	邵郁「北周宇文廙、宇文廣墓誌疏證」（『天水師範學院學報』第34卷第3期、2014年5月、第17～21頁）
K1135	周北南等 2014	周北南・毛遠明「從中古碑刻文獻看典故詞語的生成、結構調整和規範化："陳轄""孔罇"爲例」（『東南大學學報（哲學社會科學版）』第16卷第3期、2014年5月、第75～78、123頁）
K1136	趙耀輝 2014d	趙耀輝「大隋《長丹墓誌》辨析」（『青少年書法』2014年第5期、2014年5月、第37～43頁）
K1137	仲威 2014c	仲威「南北朝碑刻善拓過眼之五」（『書法』2014年第5期、第124～127頁）
K1138	姜維公 2014	姜維公「黎明讀碑錄・高句麗五篇」（姜維東主編、李曉光副主編『東北亞研究論叢（第7輯）』、東北師範大學出版社、2014年5月、第267～288頁）
K1139	蔡副全 2014	蔡副全「新發現武興國主楊文弘與姜太妃夫婦墓誌考」（『考古與文物』2014年第2期、第86～93頁。袁智慧主編『仇池文化研究』、甘肅文化出版社、2017年9月、第314～326頁）
K1140	陳英傑 2014	陳英傑「《考釋青州出土的兩通隋代墓誌》補議」（『華夏考古』2014年第2期、第102～105頁）

K1141	黃林納 2014	黃林納「隋代蔣慶墓誌考釋」(『中原文物』2014 年第 3 期、第 89～93 頁)
K1142	魏宏利 2014	魏宏利「北魏《張孃墓誌》考證」(『寶鷄文理學院學報(社會科學版)』第 34 卷第 3 期、2014 年 6 月、第 51～54 頁)
K1143	章紅梅等 2014	章紅梅・毛遠明「六朝石刻疑難字考釋四題」(『古漢語研究』2014 年第 2 期、2014 年 6 月、第 77～81 頁)
K1144	周曉薇等 2014b	周曉薇・王其禕「隋代《解方保墓誌》與中古鴈門解氏」(同著『片石千秋：隋代墓誌銘與隋代歷史文化』、科學出版社、2014 年 6 月、第 48～64 頁)
K1145	山西省考古研究所等 2014	山西省考古研究所・中國社會科學院考古研究所・臨汾市文物考古工作站・王金平・楊及耘・李永敏・王飛峰・張新智・狄根分「山西臨汾西趙遺址首次發現唐代紀年墓」(『中國文物報』2014 年 7 月 4 日)
K1146	梁春勝 2014a	梁春勝「六朝石刻疑難字考釋」(『語言研究』第 34 卷第 3 期、2014 年 7 月、第 93～97 頁)
K1147	趙耀輝 2014e	趙耀輝「新見北齊《高液墓誌》跋」(『青少年書法』2014 年第 7 期、2014 年 7 月、第 43～50 頁)
K1148	毛健 2014	毛健「《原拓蘇孝慈碑》考釋」(『湖南科技學院學報』第 35 卷第 7 期、2014 年 7 月、第 59～61 頁)
K1149	石野智大 2014	石野智大「隋代鄉里制下の里長について：「祕丹墓誌」を中心に」(『東方學』第 128 輯、2014 年 7 月、第 73～90 頁)
K1150	周曉薇等 2014c	周曉薇・王其禕「流寓周隋的南朝士人交往圖卷：新出隋開皇八年《朱幹墓誌》箋證」(『陝西師範大學學報(哲學社會科學版)』第 43 卷第 4 期、2014 年 7 月、第 83～92 頁。周曉薇著『系日山房叢稿』、科學出版社、2015 年 12 月、第 271～293 頁)
K1151	江山 2014	江山「南遷"山陽高平"檀氏文才武將：地域、時代、家風和個人(上)」(王鈞林主編『海岱學刊(2014 年第 1 輯/總第 14 輯)』、齊魯書社、2014 年 8 月、第 24～64 頁)
K1152	灑鏞 2014	灑鏞「新出土北魏《王茂墓誌》」(『書法』2014 年第 8 期、第 32～37 頁)
K1153	仲威 2014d	仲威「隋代碑刻善拓過眼錄之二」(『書法』2014 年第 8 期、第 130～134 頁)
K1154	福島惠 2014	福島惠「長安・洛陽のソグド人」(森部豐編『アジア遊學 175：ソグド人と東ユーラシアの文化交渉』、勉誠出版、2014 年 8 月、第 140～160 頁。同著『東部ユーラシアのソグド人：ソグド人漢文墓誌の研究』、汲古書院、2017 年 2 月、第 107～126 頁)
K1155	山下將司 2014	山下將司「北朝末～唐初におけるソグド人軍府と軍團」(森部豐編『アジア遊

		學175：ソグド人と東ユーラシアの文化交涉』、勉誠出版、2014年8月、第161〜173頁)
K1156	章紅梅2014	章紅梅「《文物》近年所刊兩通石刻釋文校補」(『古籍整理研究學刊』2014年第5期、2014年9月、第26〜30頁)
K1157	李倬汶等2014	李倬汶・李森「北齊《和子源墓誌》辨正」(『書法』2014年第9期、第39頁)
K1158	仲威2014e	仲威「隋代碑刻善拓過眼錄之三」(『書法』2014年第9期、第119〜123頁)
K1159	殷憲等2014	殷憲・殷雪鴈「北魏墓誌的文体和書法：以《北魏洮王妃楊氏墓誌》爲例」(青島崇漢軒漢畫像磚博物館・文物出版社編『全國第三屆碑帖學術研討會論文集』、文物出版社、2014年9月、第118〜131頁)
K1160	賈城會等2014	賈城會・巨建強「內丘出土隋代墓誌」(『文物春秋』2014年第4期、第39〜40頁)
K1161	王連龍2014b	王連龍「新見北齊《爾朱世邕墓誌》及相關問題研究」(『華夏考古』2014年第4期、第116〜123頁。また「新見北齊《爾朱世邕墓誌》考釋」と改題し李亞平・李俊卿主編『燕趙金石論集』、河北教育出版社、2016年1月、上冊第135〜146頁。また「北朝後期爾朱氏研究：以《爾朱世邕墓誌》爲視角」と改題し同著『王若曰：出土文獻論集』、鳳凰出版社、2021年7月、第311〜325頁)
K1162	崔冠華2014	崔冠華「新見北齊《賈進墓誌》考釋」(『燕山大學學報（哲学社會科學版）』第15卷第3期、2014年9月、第59〜62頁。孫繼民・楊金廷主編『邯鄲新出東魏北齊隋唐五代碑刻論文集』、中國文史出版社、2018年1月、第64〜68頁)
K1163	趙耀輝2014f	趙耀輝「東魏《張遵墓誌》考述」(『青少年書法』2014年第9期、2014年9月、第38〜53頁)
K1164	前島佳孝2014	前島佳孝「北周徒何標墓誌銘とその世系の再檢討」(『人文研紀要〈中央大學人文科學研究所〉』第79號、2014年9月、第111〜138頁)
K1165	王其禕等2014b	王其禕・周曉薇「新見隋仁壽元年《柳機墓誌》考釋：兼爲梳理西眷柳氏主支世系及其初入關中躋身"郡姓"之情形」(杜文玉主編『唐史論叢（第19輯）』、三秦出版社、2014年10月、第221〜242頁)
K1166	趙耀輝2014g	趙耀輝「東魏《張瓊墓誌》跋」(『青少年書法』2014年第10期、2014年10月、第45〜54頁)
K1167	仲威2014f	仲威「隋代碑刻善拓過眼錄之四」(『書法』2014年第10期、第124〜127頁)
K1168	劉麗明2014	劉麗明「東魏沙門統慧光墓誌賞評」(『中國書法』2014年第11期、第196〜198頁)
K1169	趙耀輝2014h	趙耀輝「北魏《王導墓誌》簡跋」(『青少年書法』2014年第11期、2014年11

		月、第35～38頁）
K1170	仲威 2014g	仲威「隋代碑刻善拓過眼錄之五」（『書法』2014年第11期、第119～123頁）
K1171	張准智 2014	張准智「北齊段榮墓誌的史料價值」（『河北民族師範學院學報』第34卷第4期、2014年11月、第65～70頁）
K1172	梁春勝 2014b	梁春勝「六朝石刻疑難俗字例釋」（『文史』2014年第4輯、第275～284頁）
K1173	郝軍軍 2014	郝軍軍「北魏尉遲定州墓墓主身份再考」（『文物』2014年第12期、2014年12月、第89、91頁）
K1174	趙耀輝 2014i	趙耀輝「東魏《慕容鑒墓誌》摭談」（『青少年書法』2014年第12期、2014年12月、第36～43頁）
K1175	金傳道 2014	金傳道「北朝《李騫墓誌》考釋」（『河南科技大學學報（社會科學版）』第32卷第6期、2014年12月、第17～22頁）
K1176	馮莉 2014	馮莉「西魏張惇墓誌考」（『文博』2014年第6期、第54～56頁）
K1177	吳寅寅 2014	吳寅寅「北魏《楊穎墓誌》考略」（『書法賞評』2014年第6期、第60～61頁）
K1178	楊勇 2014	楊勇「從薛晉撰《隋齊士幹墓誌》一窺隋代墓誌之體例」（『書法』2014年第12期、第34～41頁）
K1179	仲威 2014h	仲威「隋代碑刻善拓過眼錄之六」（『書法』2014年第12期、第136～138頁）
K1180	趙和平 2014	趙和平「尉遲氏族源考：中古尉遲氏研究之一」（饒宗頤主編『敦煌吐魯番研究（第14卷）』、上海古籍出版社、2014年12月、第245～260頁）
K1181	北石研究 II 班 2014	「北朝石刻資料の研究（II）」班「北朝石刻資料選注 II（一）」（『東方學報（京都）』第89冊、2014年12月、第65～209頁）
K1182	土屋聰 2014	土屋聰「北魏墓誌銘における南齊永明聲律理論の反映について」（『中國文學論集』第43號、2014年12月、第41～50頁）
K1183	大同市考古研究所 2015	大同市考古研究所「山西大同恒安街北魏墓（11DHAM13）發掘簡報」（『文物』2015年第1期、第13～21頁）
K1184	王化昆等 2015	王化昆・王文浩「《全唐文補遺・千唐誌齋新藏專輯》錄文商榷」（洛陽市文物考古研究院・洛陽市邙山陵墓群管理處編、史家珍主編『河洛文化論叢（第6輯）』、中州古籍出版社、2015年1月、第230～244頁）
K1185	平田陽一郎 2015	平田陽一郎「「隋・郁久閭可婆頭墓誌」の譯注と考察」（『沼津工業高等專門學校研究報告』第49號、2015年1月、第75～80頁。また「柔然・突厥交代劇と柔然可汗一族のその後：郁久閭可婆頭の事績を中心に」と改題・增補・改稿し同著『隋唐帝國形成期における軍事と外交』、汲古書院、2021年1月、第97～135頁）

K1186	王其禕 2015	王其禕「琬琰證史：研讀墓誌札記三題」（西安碑林博物館編『碑林集刊（第20輯）』、三秦出版社、2015年1月、第83～87頁）
K1187	胡耀飛 2015	胡耀飛「墓誌所見北朝韓氏"姓族"考：以安定、廣寧、太安、河南四支爲例」（西安碑林博物館編『碑林集刊（第20輯）』、三秦出版社、2015年1月、第286～294頁）
K1188	趙耀輝 2015a	趙耀輝「北齊《可朱渾孝裕墓誌》簡說」（『青少年書法』2015年第1期、第37～47頁）
K1189	石松 2015	石松「新見北魏《胡國寶墓誌》書法考」（『書法賞評』2015年第1期、第60～63頁）
K1190	鄭衞等 2015	鄭衞・鄭霞「洛陽出土北魏叱干氏後裔墓誌人物考證及相關史實鈎沉」（『洛陽考古』2015年第1期、第76～79頁）
K1191	徐冲 2015	徐冲「元淵之死與北魏末年政局：以新出元淵墓誌爲綫索」（『歷史研究』2015年第1期、第38～53頁。余欣主編『瞻奧集：中古中國共同研究班十周年紀念論叢』、上海古籍出版社、2021年2月、第125～149頁）
K1192	趙耀輝 2015b	趙耀輝「《元渠姨墓誌》跋」（『青少年書法』2015年第2期、第45～52頁）
K1193	梁建波 2015	梁建波「關於北魏司馬金龍墓誌的幾個問題」（『河北北方學院學報（社會科學版）』第31卷第1期、2015年2月、第39～40、44頁）
K1194	劉華國等 2015	劉華國・姜建成「山東青州新出土隋張崇訓墓誌」（『文物』2015年第2期、2015年2月、第71～73頁）
K1195	四川大學考古學系等 2015	四川大學考古學系・河南省文物局南水北調文物保護辦公室「河南衞輝市大司馬村隋唐乞扶令和夫婦墓」（『考古』2015年第2期、第32～70頁）
K1196	杜鎮 2015	杜鎮「從燕代到兩京：北朝隋唐時期的庫狄氏：以隋開皇十四年《庫狄士文墓誌》爲切入點」（杜文玉主編『唐史論叢（第20輯）』、三秦出版社、2015年2月、第103～117頁）
K1197	吳洪琳 2015	吳洪琳「關於中古時期獨孤氏的幾個問題」（杜文玉主編『唐史論叢（第20輯）』、三秦出版社、2015年2月、第233～246頁）
K1198	朱振宏 2015	朱振宏「北周武德皇后墓誌考釋研究」（杜文玉主編『唐史論叢（第20輯）』、三秦出版社、2015年2月、第296～328頁。また「北周武德皇后突厥族阿史那氏研究」と改題增補し同著『跬步集』、臺灣商務印書館、2020年4月、第72～133頁）
K1199	劉軍 2015a	劉軍「論北魏元珍墓誌的史料價值」（『閩江學刊』2015年第1期、2015年2月、第73～80頁）

K1200	周能俊 2015	周能俊「西安南郊隋李裕墓誌考釋」(『閩江學刊』2015 年第 1 期、2015 年 2 月、第 81～87 頁)
K1201	李淼 2015	李淼「北魏元淵墓誌釋考」(『甘肅廣播電視大學學報』第 25 卷第 1 期、2015 年 2 月、第 20～24 頁)
K1202	過超 2015	過超「北魏邸珍墓誌銘考釋」(『四川職業技術學院學報』第 25 卷第 1 期、2015 年 2 月、第 54～58 頁)
K1203	翟秀峰等 2015	翟秀峰・宋聞兵「《新出魏晉南北朝墓誌疏證》詞語雜釋」(『現代語文』2015 年第 2 期、第 27～28 頁)
K1204	宋婷 2015	宋婷「新出土北周《三水貞公墓誌》補正韓褒傳」(『文獻』2015 年第 2 期、2015 年 3 月、第 29～35 頁)
K1205	佐川英治 2015	佐川英治「北魏末の北邊社會と六鎮の乱：楊鈞墓誌と韓買墓誌」(伊藤敏雄編『石刻史料と史料批判による魏晉南北朝史研究』、平成 22～26 (2010～2014) 年度科學研究費補助金（基盤研究（A））「石刻史料と史料批判による魏晉南北朝史の基本問題の再檢討」（課題番号 22242022）成果報告書、研究代表者：伊藤敏雄、大阪教育大學、2015 年 3 月、第 1～20 頁。中文版「北魏末期的北邊社會與六鎮之亂：以楊鈞墓誌和韓買墓誌爲綫索」、武漢大學中國三至九世紀研究所編『魏晉南北朝隋唐史資料（第 36 輯）』、上海古籍出版社、2017 年 11 月、第 88～107 頁)
K1206	邢鵬 2015	邢鵬「隋代宮人墓誌初探」(『文物春秋』2015 年第 2 期、第 62～70 頁)
K1207	趙耀輝 2015c	趙耀輝「北齊《韓太妃墓誌》小考」(『青少年書法』2015 年第 4 期、第 35～49 頁)
K1208	劉軍 2015b	劉軍「試述元魏宗室墓誌中的江南元素」(『江蘇社會科學』2015 年第 2 期、2015 年 4 月、第 245～251 頁)
K1209	劉軍 2015c	劉軍「北魏元昭墓誌考釋」(『咸陽師範學院學報』第 30 卷第 3 期、2015 年 5 月、第 74～79、102 頁)
K1210	趙耀輝 2015d	趙耀輝「北魏《拓跋忠墓誌》小議」(『青少年書法』2015 年第 5 期、2015 年 5 月、第 40～41 頁)
K1211	陳鵬 2015	陳鵬「嫁接世系與望托東海：北周隋唐虜姓于氏譜系建構之考察」(蒼銘主編『民族史研究（第 12 輯）』、中央民族大學出版社、2015 年 5 月、第 178～191 頁)
K1212	西安文物保護考古院 2015	西安市文物保護考古研究院「隋韋協墓發掘簡報」(『文博』2015 年第 3 期、第 9～18 頁)

K1213	趙晶 2015	趙晶「隋代秦州刺史《韋協墓誌》考釋」(『文博』2015年第3期、第59〜63、94頁)
K1214	馬琳 2015	馬琳「北魏元爽墓誌考釋」(『史志學刊』2015年第3期、第93〜97頁。また「北魏元爽墓誌試探」と改題し『安陽師範學院學報』2016年第3期、第66〜70頁)
K1215	張亞芳等 2015	張亞芳・吳繼剛「《邸府君之碑》釋文勘正」(『許昌學院學報』第34卷第3期、2015年5月、第6〜11頁)
K1216	高鐵泰等 2015	高鐵泰・高然「《豆盧定墓誌》與北朝隋唐豆盧氏家族」(『齊魯學刊』2015年第3期、第52〜56頁)
K1217	吳志浩 2015	吳志浩「北魏《宇文善墓誌》考述」(『洛陽師範學院學報』第34卷第6期、2015年6月、第26〜29頁)
K1218	姚立偉 2015	姚立偉「北朝時期上谷寇贊家族之遷徙與發展」(『河南科技大學學報(社會科學版)』第33卷第3期、2015年6月、第24〜28頁)
K1219	孔德銘 2015	孔德銘「安陽古野馬崗考」(『殷都學刊』2015年第2期、2015年6月、第34〜39頁)
K1220	劉軍 2015d	劉軍「新出北魏淮南王元遵墓誌考釋」(『洛陽考古』2015年第2期、2015年7月、第73〜77頁)
K1221	劉軍 2015e	劉軍「三方元魏宗室墓誌透露的歷史眞相」(『文物春秋』2015年第3期、第68〜72頁)
K1222	劉燦輝 2015	劉燦輝「新見北魏《江文遙母吳夫人墓誌》」(『書法』2015年第7期、第64〜69頁)
K1223	梁春勝 2015a	梁春勝「隋《楊通墓誌》辨僞」(『文獻』2015年第4期、2015年7月、第62〜67頁)
K1224	牛敬飛 2015	牛敬飛「楊堅誅五王史實補考:從《大周故滕國開公墓誌》說起」(權家玉主編『中國中古史集刊(第1輯)』、2015年7月、第354〜376頁)
K1225	劉軍 2015f	劉軍「貴族化視角下的北魏元湛墓誌考釋」(『淮陰師範學院學報(哲學社會科學版)』2015年第4期、第482〜487頁)
K1226	社科院河北工作隊 2015a	中國社會科學院考古研究所河北工作隊「河北贊皇縣北魏李仲胤夫婦墓發掘簡報」(『考古』2015年第8期、2015年8月、第75〜88頁)
K1227	梁春勝 2015b	梁春勝「六朝石刻疑難字例釋」(中國文字學會《中國文字學報》編輯部編『中國文字學報(第6輯)』、商務印書館、2015年8月、第197〜205頁)
K1228	李春林 2015	李春林「隋陳叔忠墓誌考:兼談隋煬帝對陳朝皇族後裔的政策」(揚州市文物局

		編、冬冰主編『流星王朝的遺輝："隋煬帝與揚州"國際學術研討會論文集』、蘇州大學出版社、2015年8月、第208～213頁)
K1229	梶山智史2015	梶山智史「稀見北朝墓誌輯錄（二）」(『東アジア石刻研究』第6號、2015年8月、第54～83頁)
K1230	趙強2015	趙強「西魏兩座紀年墓葬及相關問題探討」(『考古與文物』2015年第4期、第124～128頁)
K1231	程剛2015	程剛「北魏初至北周中莫仁氏家族之興替」(『内蒙古社會科學（漢文版）』第36卷第5期、2015年9月、第70～75頁)
K1232	張海艷2015	張海艷「《考古與文物》近年公布五篇墓誌釋文校正」(『古籍整理研究學刊』2015年第5期、2015年9月、第22～26頁)
K1233	殷憲2015a	殷憲「西京博物館北朝墓誌可資補史、正史舉例」(樓勁主編『魏晉南北朝史的新探索：中國魏晉南北朝史學會第十一屆年會暨國際學術研討會論文集』、中國社會科學出版社、2015年9月、第575～594頁)
K1234	王銀田2015	王銀田「《王遇墓誌》再考」(樓勁主編『魏晉南北朝史的新探索：中國魏晉南北朝史學會第十一屆年會暨國際學術研討會論文集』、中國社會科學出版社、2015年9月、第595～602頁。王銀田等著『北魏平城考古研究：公元五世紀中國都城的演變』、科學出版社、2017年6月、第304～309頁)
K1235	李薛妃2015	李薛妃「碑刻校注訓詁價值蠡測：以《漢魏六朝碑刻校注》爲例」(『賀州學院學報』第31卷第3期、2015年9月、第50～55頁)
K1236	劉軍2015g	劉軍「二維視野下的北魏元暉墓誌考釋」(『南京曉莊學院學報』2015年第5期、2015年9月、第18～24頁)
K1237	何碧琪2015a	何碧琪「北魏元思墓誌」(『書法叢刊』2015年第5期、2015年9月、第82～84頁)
K1238	何碧琪2015b	何碧琪「北魏楊珍墓誌」(『書法叢刊』2015年第5期、2015年9月、第85頁)
K1239	劉秀海2015	劉秀海「漢魏六朝碑刻詞語拾零」(『文教資料』2015年第9期、第7～8、12頁)
K1240	閻秋鳳2015	閻秋鳳「寇猛墓誌初探」(『中原文物』2015年第5期、第95～99頁)
K1241	殷憲2015b	殷憲「邢子才、魏收撰銘的兩方北齊墓誌：兼及北朝後期墓誌的文士撰銘問題」(『中國藝術時空』2015年第6期、第58～65頁)
K1242	徐錦順2015	徐錦順「安陽出土北齊畫家劉殺鬼墓誌研究」(『榮寶齋』2015年第9期、第138～149頁)
K1243	陝西省考古研究	陝西省考古研究院「西安南郊韋曲北塬北朝墓發掘簡報」(『考古與文物』2015

	院 2015	年第 5 期、第 12～17 頁)
K1244	殷憲 2015c	殷憲「北魏《元保洛墓誌》釋讀：兼及南遷代人的懷北情結」(魏堅・武燕主編『北魏六鎮學術研討會論文集』、內蒙古人民出版社、2015 年 10 月、第 41～48 頁)
K1245	吳超 2015	吳超「庫狄還是厙狄」(魏堅・武燕主編『北魏六鎮學術研討會論文集』、內蒙古人民出版社、2015 年 10 月、第 225～231 頁)
K1246	容軒 2015	容軒「東魏《于纂墓誌》」(『書法』2015 年第 10 期、第 38～45 頁)
K1247	王銀田等 2015	王銀田・李杲「東魏高唐縣開國男穆瑜及夫人陸氏墓誌考釋」(紀宗安主編『暨南史學（第 11 輯）』、廣西師範大學出版社、2015 年 11 月、第 14～23 頁。大同北朝藝術研究院編著、殷憲主編『北朝藝術研究院藏品圖錄：墓誌』、文物出版社、2016 年 5 月、第 216～221 頁)
K1248	周曉薇等 2015	周曉薇・王其禕「枕上浮生：長安新出隋代梁衍墓誌銘與枕銘疏證」(杜文玉主編『唐史論叢（第 21 輯）』、三秦出版社、2015 年 11 月、第 196～211 頁。周曉薇著『系日山房叢稿』、科學出版社、2015 年 12 月、第 294～313 頁)
K1249	劉東升 2015	劉東升「東魏張瓊墓誌考釋」(『內蒙古社會科學（漢文版）』第 36 卷第 6 期、2015 年 11 月、第 54～57 頁)
K1250	羅小如 2015	羅小如「魏晉南北朝石刻詞彙的特點及在中古漢語詞彙史研究上的價值」(『寧夏大學學報（人文社會科學版）』第 37 卷第 6 期、2015 年 11 月、第 1～7 頁)
K1251	羅爾波等 2015	羅爾波・周香均「《東魏司馬昇墓誌》墓主人身份考：兼考司馬楚之的祖父」(『內江師範學院學報』2015 年第 11 期、第 76～79 頁)
K1252	劉軍 2015h	劉軍「河洛北魏宗室群体的貴族化趨勢：以元壽安墓誌為例」(『常州大學學報（社會科學版）』第 16 卷第 6 期、2015 年 11 月、第 61～67 頁)
K1253	山西省考古研究所等 2015a	山西省考古研究所・大同市考古研究所「山西大同南郊全家灣北魏墓（M7、M9）發掘簡報」(『文物』2015 年第 12 期、2015 年 12 月、第 4～22 頁)
K1254	山西省考古研究所等 2015b	山西省考古研究所・山西大學歷史文化學院・太原市文物考古研究所・太原市晉源區文物旅遊局「山西太原開化墓群 2012～2013 年發掘簡報」(『文物』2015 年第 12 期、2015 年 12 月、第 23～45 頁。周富年・周健・馮鋼・陳慶軒編著『太原考古（第 2 輯）』、山西人民出版社、2019 年 9 月、第 13～36 頁)
K1255	劉輝等 2015	劉輝・馬昇・張光輝・裴靜蓉「北齊趙信墓誌考略」(『文物』2015 年第 12 期、2015 年 12 月、第 84～87 頁)
K1256	社科院河北工作隊 2015b	中國社會科學院考古研究所河北工作隊「河北贊皇縣北魏李翼夫婦墓」(『考古』2015 年第 12 期、2015 年 12 月、第 64～77 頁)

K1257	馬瑞等 2015	馬瑞・黨懷興「碑刻古文字釋疑五則」(『考古與文物』2015 年第 6 期、第 51〜54 頁)
K1258	鄭州市文物考古院等 2015	鄭州市文物考古研究院・首都師範大學歷史學院「隋代鄭仲明墓發掘簡報」(『中原文物』2015 年第 6 期、2015 年 12 月、第 4〜7 頁)
K1259	張楨等 2015	張楨・梁敏「"薩保"社會職能的再研究」(『文博』2015 年第 6 期、第 50〜57 頁)
K1260	段毅 2015	段毅「北朝兩方韋氏墓誌釋解」(『碑林集刊(第 21 輯)』、三秦出版社、2015 年 12 月、第 1〜6 頁)
K1261	王其禕等 2015	王其禕・周曉薇「長安新出隋仁壽元年《毛護墓誌》小考」(『碑林集刊(第 21 輯)』、2015 年 12 月、第 7〜13 頁)
K1262	牟發松 2015	牟發松「赫連勃勃後裔及其姓氏變動略考：以石刻文獻爲中心」(侯甬堅・邢福來・鄧輝・安介生・陳識仁編『統萬城建城一千六百年國際學術研討會文集』、陝西師範大學出版總社、2015 年 12 月、第 190〜199 頁)
K1263	王佳月 2015	王佳月「北朝清河崔氏烏水房家族墓研究」(山東大學文化遺產研究院編『東方考古(第 12 集)』、科學出版社、2015 年 12 月、第 72〜97 頁)
K1264	北石研究 II 班 2015	「北朝石刻資料の研究(II)」班「北朝石刻資料選注 II(二)」(『東方學報(京都)』第 90 册、2015 年 12 月、第 173〜242 頁)
K1265	劉恒 2016a	劉恒「北魏《李伯欽墓誌》拓本跋」(李亞平・李俊卿主編『燕趙金石論集』、河北教育出版社、2016 年 1 月、上册第 81〜83 頁)
K1266	趙生泉 2016a	趙生泉「《慕容鑒墓誌》跋」(李亞平・李俊卿主編『燕趙金石論集』、河北教育出版社、2016 年 1 月、上册第 86〜89 頁)
K1267	張淮智 2016	張淮智「北齊《段榮墓誌》考釋」(李亞平・李俊卿主編『燕趙金石論集』、河北教育出版社、2016 年 1 月、上册第 99〜106 頁)
K1268	胡海帆 2016	胡海帆「新出《獨孤忻墓誌》與獨孤氏若干歷史人物關係的考辨」(李亞平・李俊卿主編『燕趙金石論集』、河北教育出版社、2016 年 1 月、上册第 107〜127 頁)
K1269	劉恒 2016b	劉恒「北齊薛懷儁、皇甫艶兩墓誌拓本跋」(李亞平・李俊卿主編『燕趙金石論集』、河北教育出版社、2016 年 1 月、上册第 155〜158 頁)
K1270	趙生泉 2016b	趙生泉「《趙謐墓誌》札記」(李亞平・李俊卿主編『燕趙金石論集』、河北教育出版社、2016 年 1 月、下册第 339〜340 頁)
K1271	劉恒 2016c	劉恒「北周崔宣靖、崔宣默兩兄弟墓誌跋」(李亞平・李俊卿主編『燕趙金石論集』、河北教育出版社、2016 年 1 月、下册第 378〜380 頁)

K1272	王連龍 2016a	王連龍「《高婁斤墓誌》考釋」(李亞平・李俊卿主編『燕趙金石論集』、河北教育出版社、2016年1月、下册第381～383頁)
K1273	趙耀輝 2016a	趙耀輝「東魏《高婁斤墓誌》跋」(李亞平・李俊卿主編『燕趙金石論集』、河北教育出版社、2016年1月、下册第384～387頁)
K1274	趙立春 2016	趙立春「《魏故昭玄大統慧光法師墓誌》初考」(李亞平・李俊卿主編『燕趙金石論集』、河北教育出版社、2016年1月、下册第399～413頁)
K1275	趙耀輝 2016b	趙耀輝「北魏《奚融墓誌》考」(『青少年書法』2016年第1期、2016年1月、第52～60頁)
K1276	閻秋鳳 2016a	閻秋鳳「寇猛家世生平考」(『雲夢學刊』第37卷第1期、2016年1月、第49～53頁)
K1277	何俊芳 2016	何俊芳「新見五方偽刻北魏墓誌辨釋」(『許昌學院學報』第35卷第1期、2016年1月、第7～11頁)
K1278	鄧小軍 2016	鄧小軍「元好問詩述沁州出土隋薛収撰《文中子墓誌》」(『學術交流』2016年第1期、2016年1月、第165～174頁)
K1279	李森 2016	李森「新見《魏故樂安太守朱府君墓誌銘》考析」(『華夏考古』2016年第1期、第103～106頁)
K1280	宮萬松 2016	宮萬松「北魏墓誌"變臉"案例:北魏比丘尼統清蓮墓誌識偽」(『中原文物』2016年第1期、第84～86頁)
K1281	章紅梅 2016	章紅梅「新出三方北魏墓誌釋文補正」(『北方文物』2016年第1期、第78～83頁)
K1282	王沛等 2016	王沛・王木鋒「北魏王曦墓誌簡析」(『洛陽考古』2016年第1期、第73～76頁。『書法叢刊』2016年第4期、2016年7月、第50～57頁)
K1283	殷憲 2016a	殷憲「北魏建安王妻樂鄉君墓磚」(『中國國家博物館館刊』2016年第2期、第71～77頁。また「建安王妻樂鄉君墓磚考略」と改題し殷憲・殷亦玄著『北魏平城書迹研究』、商務印書館、2016年7月、第209～217頁)
K1284	魯穎 2016	魯穎「故宮藏三種《董美人墓誌》原拓」(『中國書法』2016年第2期、第68～77頁)
K1285	李阿能等 2016	李阿能・穆興平「也論清水李虎墓誌與李唐皇室世系」(樊英峰主編『乾陵文化研究(第10輯)』、三秦出版社、2016年2月、第258～263頁)
K1286	李紅霞等 2016	李紅霞・賈建鋼「古鄴城出土北朝墓誌俗字例釋」(『邯鄲學院學報』第26卷第1期、2016年3月、第86～89頁)
K1287	陳懿人等 2016	陳懿人・胡月「東魏《崔景播墓誌》初探」(『邢臺學院學報』第31卷第1期、

		2016年3月、第110～112頁)
K1288	閻秋鳳 2016b	閻秋鳳「北魏寇猛家世生平考釋：以墓誌和本傳爲中心」(『河南理工大學學報（社會科學版）』第17卷第1期、2016年3月、第105～110頁)
K1289	劉軍 2016a	劉軍「齊運通《洛陽新獲七朝墓誌》所見北魏起家制度舉正」(『古籍整理研究學刊』2016年第2期、2016年3月、第76～82頁)
K1290	石見淸裕 2016a	石見淸裕「ユーラシアの民族移動と唐の成立：近年のソグド人關係新史料を踏まえて」(『專修大學古代東ユーラシア研究センター年報』第2號、2016年3月、第5～16頁)
K1291	石見淸裕 2016b	石見淸裕「西安出土「史君墓誌」漢文部分（北周・大象二年―五八〇年）」(同編著『ソグド人墓誌研究』、汲古書院、2016年3月、第31～60頁)
K1292	梶山智史 2016	梶山智史「北魏における墓誌銘の出現」(『駿臺史學』第157號、2016年3月、第23～46頁)
K1293	劉連香 2016a	劉連香「東魏齊獻武高王閭夫人茹茹公主墓誌考釋」(『華夏考古』2016年第2期、第67～73頁)
K1294	張金龍 2016	張金龍「隋代虞弘族屬及其祆教信仰管窺」(『文史哲』2016年第2期、第91～113頁。同著『考古論史：張金龍學術論文集』、人民出版社、2019年10月、第357～403頁)
K1295	王夢筆 2016	王夢筆「北魏《李璧墓誌》研究二題」(『中國書法』2016年第4期、第196～197頁)
K1296	林辛勤 2016	林辛勤「南北關通初啓緒 海日遺珠有奇芒：沈曾植先生跋《刁遵墓誌》考略」(『西泠藝叢』2016年第4期、第26～35頁)
K1297	退之 2016a	退之「元嶷墓誌銘」(『書法』2016年第4期、第44～51頁)
K1298	劉軍 2016b	劉軍「北魏庶姓勳貴起家制度探研：以墓誌所見爲基礎」(『人文雜誌』2016年第4期、2016年4月、第68～78頁)
K1299	衣雪峰 2016	衣雪峰「東魏的平寬書風：閭詳墓誌」(『東方藝術』2016年第8期、第58～83頁)
K1300	張卉 2016	張卉「武興國主楊文弘與姜太妃墓誌補釋」(『中原文物』2016年第2期、第85～88、123頁)
K1301	周玉茹 2016	周玉茹「北魏比丘尼統慈慶墓誌考釋」(『北方文物』2016年第2期、第91～96頁)
K1302	廖基添 2016	廖基添「論魏齊之際"河南－河北"政治格局的演變：從東魏張瓊父子墓誌説起」(『文史』2016年第3輯、第91～126頁)

K1303	王亮等2016	王亮・王銀田「北齊馬頭墓誌考釋」（大同北朝藝術研究院編著、殷憲主編『北朝藝術研究院藏品圖錄：墓誌』、文物出版社、2016年5月、第222～225頁）
K1304	張慶捷2016a	張慶捷「斛律羨墓誌考」（大同北朝藝術研究院編著、殷憲主編『北朝藝術研究院藏品圖錄：墓誌』、文物出版社、2016年5月、第226～237頁）
K1305	牟發松2016	牟發松「《刁遵墓誌》"僅"字臆釋」（本書編委會主編『敦煌吐魯番文書與中古史研究：朱雷先生八秩榮誕祝壽集』、上海古籍出版社、2016年5月、第112～118頁）
K1306	趙曈曈2016a	趙曈曈「隋代墓誌文獻釋文補正」『古籍整理研究學刊』2016年第3期、2016年5月、第40～43頁）
K1307	王倩倩2016	王倩倩「安丘市博物館館藏"石刻精品"：漢代畫像石刻、隋代墓誌、北宋畫像石棺」（『東方收藏』2016年第5期、第51～53頁）
K1308	仇鹿鳴2016	仇鹿鳴「制作郡望：中古南陽張氏的形成」（『歷史研究』2016年第3期、第21～39頁。余欣主編『瞻奧集：中古中國共同研究班十周年紀念論叢』、上海古籍出版社、2021年2月、第168～196頁）
K1309	劉連香2016b	劉連香「北魏馮熙馮誕墓誌與遷洛之初陵墓區規劃」『中原文物』2016年第3期、第82～89頁）
K1310	張小麗等2016	張小麗・張婷・羅曉艷「西安出土北魏《韋輝和墓誌》和《韋乾墓誌》研讀」（『文博』2016年第3期、第76～80頁）
K1311	董剛2016	董剛「北魏元延明墓誌考釋」（『史學史研究』2016年第3期、第100～107頁）
K1312	白艷章2016	白艷章「北魏《李仲胤墓誌》考釋」（『邢臺學院學報』第31卷第2期、2016年6月、第20～22頁）
K1313	張慶捷2016b	張慶捷「北魏石堂棺床與附屬壁畫文字：以新發現解興石堂爲例探討葬俗文化的變遷」（北京大學中國考古学研究中心編『兩個世界的徘徊：中古時期喪葬觀念風俗與禮儀制度學術研討會論文集』、科學出版社、2016年6月、第233～249頁）
K1314	羅豐等2016	羅豐・榮新江「北周西國胡人翟曹明墓誌及墓葬遺物」（寧夏文物考古研究所・北京大學中國古代史研究中心編、榮新江・羅豐主編『粟特人在中國：考古發現與出土文獻的新印證』、科學出版社、2016年6月、上册第269～299頁）
K1315	趙超2016	趙超「介紹胡客翟門生墓門誌銘及石屏風」（寧夏文物考古研究所・北京大學中國古代史研究中心編、榮新江・羅豐主編『粟特人在中國：考古發現與出土文獻的新印證』、科學出版社、2016年6月、下册第673～684頁。同著『我思古人：古代銘刻與歷史考古研究』、社會科學文獻出版社、2018年6月、第219

		～229頁）
K1316	周偉洲 2016a	周偉洲「乞伏令和夫婦墓誌證補」（周偉洲主編『西北民族論叢（第13輯）』、社會科學文獻出版社、2016年6月、第80～89頁。同著『新出土中古有關胡族文物研究』、社會科學文獻出版社、2016年12月、第125～136頁。同著『南涼與西秦』、社會科學文獻出版社、2021年9月、第306～320頁）
K1317	徐沖 2016	徐沖「新出北魏長孫忻墓誌疏證」（『早期中國史研究』第8卷第1期、2016年6月、第138～183頁）
K1318	梁春勝 2016a	梁春勝「六朝石刻典故詞語例釋」（浙江大學漢語史研究中心編『漢語史學報（第16輯）』、上海教育出版社、2016年6月、第261～269頁）
K1319	胡湛 2016	胡湛「張海書法藝術館藏北朝墓誌校考及其書藝特徵與價值」（『中國書法』2016年第6期、第87～101頁）
K1320	楊慶興 2016	楊慶興「新見《源延伯墓誌》」（『中國書法』2016年第6期、第197～199頁）
K1321	趙耀輝 2016c	趙耀輝「北魏《王遇墓誌》考略」（『青少年書法』2016年第6期、2016年6月、第34～42頁）
K1322	張彪 2016a	張彪「李寧墓誌：北齊復古書風的意義」（『東方藝術』2016年第12期、第70～85頁）
K1323	周阿根 2016a	周阿根「《新見北朝墓誌集釋》文字校理」（『江海學刊』2016年第3期、第50頁）
K1324	殷憲 2016b	殷憲「《孫恪墓銘》及其創立時間」（殷憲・殷亦玄著『北魏平城書迹研究』、商務印書館、2016年7月、第115～118頁）
K1325	殷憲 2016c	殷憲「太和八年磚銘及"因舊土城南之半增築"」（殷憲・殷亦玄著『北魏平城書迹研究』、商務印書館、2016年7月、第150～154頁）
K1326	殷憲 2016d	殷憲「《馮熙墓誌》及其書法」（殷憲・殷亦玄著『北魏平城書迹研究』、商務印書館、2016年7月、第192～198頁）
K1327	殷憲 2016e	殷憲「《元淑墓誌》考述」（殷憲・殷亦玄著『北魏平城書迹研究』、商務印書館、2016年7月、第209～217頁）
K1328	殷憲 2016f	殷憲「北魏臨洮王妃楊氏墓誌考述」（殷憲・殷亦玄著『北魏平城書迹研究』、商務印書館、2016年7月、第434～453頁）
K1329	殷憲 2016g	殷憲「《趙謐墓誌》書後」（殷憲・殷亦玄著『北魏平城書迹研究』、商務印書館、2016年7月、第479～481頁）
K1330	殷亦玄等 2016	殷亦玄・殷憲「《高貴墓誌》與《高寶墓誌》的書法」（『書法叢刊』2016年第4期、2016年7月、第59～71頁）

K1331	劉軍 2016c	劉軍「新見北魏元進墓誌探研」(『溫州大學學報（社會科學版）』第29卷第4期、2016年7月、第66〜72頁)
K1332	劉大新 2016	劉大新「北魏《崔氏墓誌》考」(『書法叢刊』2016年第4期、2016年7月、第34〜45頁)
K1333	堯遠生 2016	堯遠生「隋《蕭妙瑜墓誌》述評」(『青少年書法』2016年第7期、2016年7月、第11〜15頁)
K1334	黃楨 2016	黃楨「新出北齊《赫連遷墓誌》考釋」(『文物世界』2016年第4期、2016年7月、第24〜28頁)
K1335	梁春勝 2016b	梁春勝「六朝石刻訛混俗字例釋」(『文史』2016年第3輯、第71〜90頁)
K1336	宋凱 2016	宋凱「國家圖書館藏《高湜墓誌》述略」(《文津學志》編委會編『文津學志（第9輯）』、國家圖書館出版社、2016年8月、第318〜326頁)
K1337	趙耀輝 2016d	趙耀輝「北魏《王馥墓誌》考議」(『青少年書法』2016年第8期、第11〜13頁)
K1338	張彪 2016b	張彪「從未中斷的脈絡：《慕容纂墓誌》」(『東方藝術』2016年第16期、第120〜133頁)
K1339	李浩 2016	李浩「唐代士族轉型的新案例：以趙郡李氏漢中房支三方墓誌銘為重點的闡釋」(『中華文史論叢』2016年第3期、2016年9月、第299〜319頁。同著『摩石錄』、聯經出版、2020年11月、第123〜149頁)
K1340	趙曜曜 2016b	趙曜曜「隋《陳叔明墓誌》相關問題新探」(『河南理工大學學報（社會科學版）』第17卷第3期、2016年9月、第362〜366頁)
K1341	王連龍 2016b	王連龍「石刻辨偽通例」(『書法研究』2016年第3期、2016年9月、第143〜153頁。また「碑誌辨偽通例」と改題し同著『王若曰：出土文獻論集』、鳳凰出版社、2021年7月、第120〜134頁)
K1342	王其禕等 2016	王其禕・周曉薇「安陽出土隋代索氏家族五兄弟墓誌集釋」(杜文玉主編『唐史論叢（第23輯）』、三秦出版社、2016年9月、第204〜220頁)
K1343	壽光市博物館 2016	壽光市博物館「山東壽光東魏賈思同墓清理簡報」(『中原文物』2016年第5期、第4〜10、2頁)
K1344	周曉薇等 2016	周曉薇・王其禕「新出隋墓誌所見大興城城郊地名釋證三題」(『中國歷史地理論叢』第31卷第4輯、2016年10月、第34〜40頁)
K1345	退之 2016b	退之「北魏韓彥墓誌」(『書法』2016年第10期、第52〜57頁)
K1346	趙耀輝 2016e	趙耀輝「北魏《蘇阿女墓誌》略言」(『青少年書法』2016年第10期、2016年10月、第34〜39頁)

K1347	董睿 2016	董睿「安陽北齊畫家劉殺鬼墓誌銘考釋」(『民族藝術研究』2016 年第 5 期、2016 年 11 月、第 181～187 頁)
K1348	李紅 2016	李紅「河東柳氏的歸葬與籍貫遷移:基於墓誌資料的考察」(『史志學刊』2016 年第 5 期、第 78～83 頁)
K1349	邱亮等 2016	邱亮・毛遠明「六朝石刻俗字考釋八則」(『中國語文』2016 年第 5 期、第 595～600 頁)
K1350	周陽等 2016	周陽・王羽「北魏墓誌文獻校補釋例」(『綿陽師範學院學報』第 35 卷第 10 期、2016 年 10 月、第 128～131 頁)
K1351	張利同 2016	張利同「新見北齊李禮之、李倩之墓誌及相關問題考論」(『蘭臺世界』2016 年第 10 期、第 107～109 頁)
K1352	于芹 2016	于芹「李璧墓誌探析」(『中原文物』2016 年第 5 期、第 72～75、90 頁)
K1353	趙耀輝 2016f	趙耀輝「北魏《李略墓誌》考議」(『青少年書法』2016 年第 11 期、2016 年 11 月、第 33～41 頁)
K1354	王其禕 2016a	王其禕「西安新出隋《董琳暨妻魏氏墓誌》小識」(陝西歷史博物館編、張躍主編『陝西歷史博物館館刊(第 23 輯)』、三秦出版社、2016 年 11 月、第 197～200 頁)
K1355	顧農 2016	顧農「庾信墓誌文之疏證與分析」(『中原文化研究』2016 年第 6 期、第 86～93 頁)
K1356	王連龍 2016c	王連龍「魏碑斷代問題研究」(『中原文化研究』2016 年第 6 期、第 99～104 頁。また「文獻學理論視野下的魏碑年代學研究:以《劉賢墓誌》斷代爲例」と改題し同著『王若曰:出土文獻論集』、鳳凰出版社、2021 年 7 月、第 135～146 頁)
K1357	周陽 2016	周陽「《張崇訓墓誌》釋文校補」(『重慶文理學院學報(社會科學版)』2016 年第 6 期、第 41～43 頁)
K1358	張應橋 2016	張應橋「隋觀德王楊雄及夫人王妃墓誌」(『中國國家博物館館刊』2016 年第 12 期、第 58～69 頁)
K1359	王其禕 2016b	王其禕「讀新出隋《萬寶暨妻王氏墓誌》札記」(西安碑林博物館編『碑林集刊(第 22 輯)』、三秦出版社、2016 年 12 月、第 30～34 頁)
K1360	劉森垚 2016	劉森垚「《楊文端墓誌》相關問題考略」(西安碑林博物館編『碑林集刊(第 22 輯)』、三秦出版社、2016 年 12 月、第 54～62 頁)
K1361	王書欽 2016	王書欽「新出《獨孤華墓誌》之衍義」(西安碑林博物館編『碑林集刊(第 22 輯)』、三秦出版社、2016 年 12 月、第 63～70 頁)

K1362	王哲 2016	王哲「北周《達符忠墓誌》再考」（西安碑林博物館編『碑林集刊（第22輯）』、三秦出版社、2016年12月、第71～78頁）
K1363	蒙海亮 2016	蒙海亮「成備墓誌所見周隋地方經營：兼對北朝後期軍功家族興衰的思考」（西安碑林博物館編『碑林集刊（第22輯）』、三秦出版社、2016年12月、第96～103頁）
K1364	朱梁梓 2016	朱梁梓「新出《堯奮墓誌》《獨孤華墓誌》鴛鴦墓誌及其書風探究」（『中國書法』2016年第12期、第109～114頁）
K1365	趙耀輝 2016g	趙耀輝「東魏《姬靜墓誌》詮解」（『青少年書法』2016年第12期、2016年12月、第35～42頁）
K1366	周偉洲 2016b	周偉洲「《楊文思墓誌》與北朝民族及民族關係」（周偉洲主編『西北民族論叢（第14輯）』、社會科學文獻出版社、2016年12月、第38～52頁。同著『新出土中古有關胡族文物研究』、社會科學文獻出版社、2016年12月、第54～71頁）
K1367	周偉洲 2016c	周偉洲「新出土柔然王族墓誌彙釋」（同著『新出土中古有關胡族文物研究』、社會科學文獻出版社、2016年12月、第72～99頁。同著『敕勒與柔然（增訂本）』、商務印書館、2022年9月、第139～160頁）
K1368	徐筱妍 2016	徐筱妍「〈郁久閭肱墓誌〉校箋考釋」（中國中古史研究編輯委員會編『中國中古史研究（第16期）』、蘭臺出版社、2016年12月、第63～90頁）
K1369	馮國東 2016	馮國東「唐前釋氏志幽文初探」（戒幢佛學研究所編『戒幢佛學（第4卷）』、江蘇人民出版社、2016年12月、第1～17頁）
K1370	周阿根 2016b	周阿根「《新見北朝墓誌集釋》校理」（『勵耘語言學刊』2016年第2輯、2016年12月、第189～197頁）
K1371	趙耀輝 2017a	趙耀輝「北魏《長孫盛墓誌》述議」（『青少年書法』2017年第1期、2017年1月、第11～14頁）
K1372	楊海波 2017	楊海波「齊故伏波將軍黎君墓誌銘」（『青少年書法』2017年第1期、2017年1月、第26～30頁）
K1373	宋愛平 2017	宋愛平「北碑逸品 塔銘佳作：館藏"孫遼浮圖銘"」（『文物天地』2017年第1期、第22～24頁）
K1374	朱艷桐 2017	朱艷桐「《北魏張略墓誌》考釋：兼補北涼沮渠無諱流亡河西史事」（『青海民族大學學報（社會科學版）』2017年第1期、2017年1月、第16～21頁）
K1375	王萌等 2017	王萌・杜漢超「隋代《郁久閭伏仁墓誌》考釋」（『草原文物』2017年第1期、第85～89頁）

K1376	平田陽一郎 2017	平田陽一郎「「隋・于寬墓誌」の譯注と考察」(『沼津工業高等專門學校研究報告』第51號、2017年1月、第63～68頁)。また「北朝末期の「親信」について：「隋・于寬墓誌」の分析を中心に」と改題・増補・改稿し同著『隋唐帝國形成期における軍事と外交』、汲古書院、2021年1月、第360～388頁)
K1377	呂蒙 2017	呂蒙「漢魏六朝碑刻疑難文字考釋五則」(『衡陽師範學院學報』第38卷第1期、2017年2月、第77～81頁)
K1378	張馨 2017	張馨「北魏《源延伯墓誌》商補：兼述北魏末夏州的軍事地位」(『文物春秋』2017年第1期、2017年2月、第61～69頁)
K1379	張耐冬等 2017	張耐冬・禪馨「魏孝武朝高歡議遷鄴事新考：基於高樹生夫婦墓誌所載葬地的分析」(『國學學刊』2017年第1期、第110～115頁)
K1380	李婷 2017	李婷「修梵行願：隋代女子名號中的佛教色彩：以墓誌資料爲基礎素材」(樊英峰主編『乾陵文化研究（第11輯）』、三秦出版社、2017年2月、第153～164頁)
K1381	王其禕 2017	王其禕「長安新出隋《平梁公夫人王氏墓誌》疏證」(樊英峰主編『乾陵文化研究（第11輯）』、三秦出版社、2017年2月、第208～212頁)
K1382	周曉薇 2017	周曉薇「史傳"事行闕落"與墓銘"徽音永播"：隋代《劉仁恩墓誌》與《郭均墓誌》疏證」(杜文玉主編『唐史論叢（第24輯）』、三秦出版社、2017年2月、第239～250頁)
K1383	趙耀輝 2017b	趙耀輝「《萬寶墓誌》詮言」(『青少年書法』2017年第2期、2017年2月、第35～43頁)
K1384	趙曜曜 2017	趙曜曜「隋代墓誌俗字考釋舉隅」(『中國語文』2017年第2期、第234～237頁)
K1385	福島惠 2017	福島惠「ソグド人墓誌の時代層」(同著『東部ユーラシアのソグド人：ソグド人漢文墓誌の研究』、汲古書院、2017年2月、第63～103頁)
K1386	呂宏偉 2017	呂宏偉「被忽視的李夫人：北魏高道悦夫人墓誌考」(『中國文物報』2017年3月24日)
K1387	趙耀輝 2017c	趙耀輝「北魏《封之乗墓誌》略言」(『青少年書法』2017年第3期、2017年3月、第11～15頁)
K1388	李哲 2017	李哲「《滄州出土墓誌》南北朝至隋唐部分錄文校正」(『保定學院學報』第30卷第2期、2017年3月、第90～93頁)
K1389	周曉薇等 2017a	周曉薇・王其禕「禮遇與懷柔：江南士人流寓隋朝的文教事功：以新出隋大業十三年《包愷墓誌》爲中心」(『陝西師範大學學報（哲學社會科學版）』第46

		卷第2期、2017年3月、第130～143頁。日文版（速水大譯）「禮遇と懷柔：江南士人の隋朝への流入と文教活動上の功績：新出土の大業十三年「包愷墓誌」を中心に」、『東アジア石刻研究』第8號、2019年3月、第6～38頁）
K1390	池田恭哉2017	池田恭哉「甄琛から見る北魏という時代」（『東洋史研究』第75編第4卷、2017年3月、第40～75頁）
K1391	堀井裕之2017	堀井裕之「隋代弘農楊氏の研究：隋唐政權形成期の「門閥」」（『東洋文化研究』第19號、2017年3月、第1～30頁）
K1392	梶山智史2017	梶山智史「稀見北朝墓誌輯錄（三）」（『東アジア石刻研究』第7號、2017年3月、第83～122頁）
K1393	趙強等2017	趙強・姜寶蓮・郭明卿「隋獨孤羅墓的發現和研究」（『華夏考古』2017年第2期、第121～127頁）
K1394	周春曉2017	周春曉「《元懷墓誌》撫論」（『福建廣播電視大學學報』2017年第2期、第93～96頁）
K1395	鄭㺯等2017	鄭㺯・鄭霞・吳健華「洛陽出土的達奚氏後裔墓誌述略及其家族人物鈎沉」（『洛陽考古』2017年第2期、第68～71頁）
K1396	張崇依2017	張崇依「隋代墓誌定名三題」（『開封教育學院學報』第37卷第4期、2017年4月、第18～19頁）
K1397	淺見直一郎2017	淺見直一郎「中國の隨葬衣物疏における用語と表現：佛教語の檢討を中心として」（『大谷大學研究年報』第69號、2017年4月、第1～38頁）
K1398	梁春勝2017a	梁春勝「魏韓君夫人輿氏墓誌小考」（『北方文物』2017年第2期、2017年5月、第53～55頁）
K1399	郭增民2017	郭增民「《邸元明碑》實考及書法藝術特色淺析」（『中國書法』2017年第5期、第103～107頁）
K1400	趙耀輝2017d	趙耀輝「《呂達墓誌》的眞僞及其書法」（『青少年書法』2017年第5期、2017年5月、第31～41頁）
K1401	呂蒙等2017	呂蒙・袁華「淺析漢魏六朝碑刻人名的"名"和"字"」（『西華大學學報（哲學社會科學版）』第36卷第3期、2017年5月、第47～50頁）
K1402	ケイト・リングレイ2017	ケイト・リングレイ（德泉さち譯）「水浴寺石窟における寄進と記念」（濱田瑞美責任編集『アジア佛教美術論集 東アジアⅠ　後漢・三國・南北朝』、中央公論美術出版、2017年5月、第539～574頁）
K1403	華建光等2017	華建光・余宣蓉・韓潔「《高婁斤墓誌》字詞考釋」（『國學學刊』2017年第2期、第49～56頁）

K1404	劉軍 2017	劉軍「新出元淵墓誌所見北魏超品宗室的仕進特徵：兼論城陽・廣陽二王衝突之實質」（『蘇州大學學報（哲學社會科學版）』2017 年第 3 期、第 174～180 頁）
K1405	段鋭超 2017	段鋭超「北周《辛術妻裴氏墓誌》考釋：兼論北周對洋州的管理」（『文博』2017 年第 3 期、第 63～66 頁）
K1406	陝西省考古研究院 2017	陝西省考古研究院「陝西咸陽鄧村北周墓發掘簡報」（『考古與文物』2017 年第 3 期、第 35～54 頁）
K1407	陳旭鵬等 2017	陳旭鵬・楊鎖強「北魏末期弘農華陰楊氏家族六方墓誌及其書法藝術」（『中國書法』2017 年第 6 期、第 95～105 頁。薛養賢・楊曉萍主編『遮蔽與再生：以西安交大博物館館藏墓誌爲中心』、西安交通大學出版社、2022 年 2 月、第 1～24 頁）
K1408	劉燦輝 2017a	劉燦輝「新見北魏《封之乘墓誌》研究」（『書法』2017 年第 6 期、第 48～55 頁）
K1409	趙耀輝 2017e	趙耀輝「隋《楊文端墓誌》考略」（『青少年書法』2017 年第 6 期、2017 年 6 月、第 45～53 頁）
K1410	張彪 2017a	張彪「延續中的書法：從北周《朱緒墓誌》説起」（『東方藝術：書法』2017 年 6 下半月、第 36～55 頁）
K1411	趙家棟 2017a	趙家棟「漢魏南北朝墓誌校讀拾補」（北京師範大學民俗典籍文字研究中心編『民俗典籍文字研究（第 19 輯）』、商務印書館、2017 年 6 月、第 149～155 頁）
K1412	段朋飛 2017	段朋飛「北魏元氏宗族出土墓誌研究探微」（『特立學刊』2017 年第 3 期、第 60～64 頁）
K1413	張賀君等 2017	張賀君・張芳「《魏故皇子侍郎張珍寶墓銘》與張琛家族史」（『大衆考古』2017 年第 7 期、第 44～47 頁）
K1414	胡鴻 2017	胡鴻「蠻女文羅氣的一生：新出墓誌所見北魏後期蠻人的命運」（武漢大學中國三至九世紀研究所編『魏晉南北朝隋唐史資料（第 35 輯）』、上海古籍出版社、2017 年 7 月、第 97～111 頁）
K1415	周陽 2017	周陽「北魏碑誌俗字考辨舉隅」（『重慶文理學院學報（社會科學版）』第 36 卷第 4 期、2017 年 7 月、第 79～82 頁）
K1416	何山 2017	何山「六朝石刻異体字釋例」（教育部人文社會科學重點研究基地・華東師範大學中國文字研究與應用中心・華東師範大學語言文字工作委員會編『中國文字研究（第 25 輯）』、上海書店出版社、2017 年 7 月、第 92～99 頁）
K1417	濮陽文物保管所	濮陽市文物保護管理所・濮陽縣文物管理所「河南省濮陽縣寔河寨北齊李亨墓

	等2017	發掘簡報」(『中原文物』2017年第4期、2017年8月、第16～28頁)
K1418	聖凱2017	聖凱「僧賢與地論學派：以《大齊故沙門大統僧賢墓銘》等考古資料爲中心」(『世界宗教研究』2017年第4期、第63～74頁)
K1419	鄧盼2017	鄧盼「北魏蘇阿女墓誌賞析」(陳建貢主編『金石研究（第1輯）』、世界圖書出版西安有限公司、2017年8月、第108～109頁)
K1420	常美琦2017	常美琦「《隋韓舒之墓誌》考釋」(『成都大學學報（社會科學版）』2017年第4期、2017年8月、第74～78頁)
K1421	王琨2017	王琨「寧夏出土墓誌整理研究綜述」(『圖書館理論與實踐』2017年第8期、2017年8月、第97～103頁)
K1422	洛陽市文物考古研究院2017	洛陽市文物考古研究院「洛陽北魏元祉墓發掘簡報」(『洛陽考古』2017年第3期、第3～26頁)
K1423	朱安2017	朱安「武威近年來出土四合隋唐墓誌」(『隴右文博』2017年第3期、第3～11頁。武威市文物考古研究所編『武威考古研究文集』、讀者出版社、2023年1月、第585～592頁)
K1424	他維宏2017	他維宏「嘉靖《河州志》所載墓碑考釋：兼論康熙《河州志》與《河州志校刊》之錯訛」(『西夏研究』2017年第3期、第94～98頁)
K1425	邱亮等2017	邱亮・孔德銘「河南安陽出土北齊劉通墓誌考釋」(『中國國家博物館館刊』2017年第9期、第98～103頁)
K1426	王萌2017	王萌「北魏《郁久閭肱墓誌》考釋」(中國人民大學北方民族考古研究所・中國人民大學歷史學院考古文博系編『北方民族考古（第4輯）』、科學出版社、2017年9月、第367～374頁)
K1427	李鵬爲2017	李鵬爲「北齊堯峻墓出土吐谷渾靜媚墓誌考」(中國人民大學北方民族考古研究所・中國人民大學歷史學院考古文博系編『北方民族考古（第4輯）』、科學出版社、2017年9月、第375～382頁)
K1428	趙家棟2017b	趙家棟「北魏崔賓媛墓誌錄文校正」(西南大學出土文獻綜合研究中心・西南大學漢語言文獻研究所主辦『出土文獻綜合研究集刊（第6輯）』、巴蜀書社、2017年9月、第196～203頁)
K1429	魏立安2017	魏立安「隋皇甫忍墓誌銘相關問題考釋」(杜文玉主編『唐史論叢（第25輯）』、三秦出版社、2017年9月、第41～50頁)
K1430	景凱東2017	景凱東「《陸孝昇墓誌》考釋：兼論北齊的南兗州行臺」(『文教資料』2017年第18期、第68～70、152頁)
K1431	宋平2017	宋平「勒石留香：寧夏固原博物館藏魏晉南北朝時期墓誌賞析」(『文物天地』

		2017年第9期、第44~49頁）
K1432	周曉薇等2017b	周曉薇・王其禕「長安新出隋《張寂墓誌》與隋代宦官史事輯略」（『考古與文物』2017年第5期、第103~109頁）
K1433	周阿根2017	周阿根「吐谷渾墓誌語詞釋正」（『江海学刊』2017年第5期、第77頁）
K1434	李迪2017	李迪「東魏穆景相墓誌考釋」（『河南牧業經濟學院學報』2017年第5期、第35~40頁）
K1435	張勇等2017	張勇・馬建飛「新泰羊氏文物遺存及相關問題疏證」（山東博物館編『山東博物館輯刊（2016年）』、文物出版社、2017年10月、第42~52頁）
K1436	劉燦輝2017b	劉燦輝「洛陽北魏墓誌的作僞、考辨與鑒別」（『中國書法』2017年第10期、第56~64頁。王連龍主編『中國古代墓誌研究』、社會科學文獻出版社、2023年2月、下册第1015~1032頁）
K1437	宮子農等2017	宮子農・陳旭鵬「隋《梁季明墓誌》書法價値及審美特徵蠡測」（『中國書法』2017年第10期、第115~119頁。また「關於新出土隋《梁季明墓誌》及其審美價値的思考」と改題し薛養賢・楊曉萍主編『遮蔽與再生：以西安交大博物館館藏墓誌爲中心』、西安交通大學出版社、2022年2月、第25~36頁）
K1438	吳業恒2017	吳業恒「北魏元祉墓誌考釋」（『洛陽考古』2017年第4期、第67~70頁）
K1439	張彪2017b	張彪「亦須悟得隸法：北齊《宋休墓誌》」（『東方藝術：書法』2017年10下半月、第68~85頁）
K1440	章名未2017	章名未「東魏《穆良墓誌》考釋」（『湖北社會科學』2017年第11期、第105~112、125頁）
K1441	梁春勝2017b	梁春勝「新出北朝墓誌釋錄舉正」（虞萬里主編『經學文獻研究集刊（第18輯）』、上海書店出版社、2017年11月、第52~78頁）
K1442	章紅梅2017	章紅梅「隋唐碑誌疑難字考釋四題」（『古籍整理研究學刊』2017年第6期、2017年11月、第23~27頁）
K1443	黑田彰2017	黑田彰「翟門生覺書：吳氏藏東魏武定元年翟門生石床について」（『京都語文』第25號、2017年11月、第55~101頁。中文版「翟門生備忘錄：關於吳氏藏東魏武定元年翟門生石床」、吳强華・趙超編著『翟門生的世界：絲綢之路上的使者』、文物出版社、2022年8月、第20~59頁）
K1444	楊艷華2017	楊艷華「出土墓誌與北朝趙郡李氏家族研究：以東祖李順房支爲中心」（『北方文物』2017年第4期、第58~63頁）
K1445	倪潤安2017	倪潤安「朝陽地區北魏墓葬研究」（教育部人文社會科學重點基地・吉林大學邊疆考古研究中心編『邊境考古研究（第22輯）』、科學出版社、2017年12月、

		第219〜239頁)
K1446	徐冲 2017	徐冲「馮熙墓誌與北魏後期墓誌文化的創生」(榮新江主編『唐研究(第23卷)』、北京大學出版社、2017年12月、第109〜143頁)
K1447	王其禕等 2017	王其禕・周曉薇「讀長安新出隋代墓誌札記三題」(陝西歷史博物館編『陝西歷史博物館館刊(第24輯)』、三秦出版社、2017年12月、第160〜166頁)
K1448	王立巧 2017	王立巧「《新出魏晉南北朝墓誌疏證》(修訂本)釋詞六則」(『現代語文』2017年第12期、第42〜43頁)
K1449	李海峰 2017	李海峰「《新見北朝墓誌集釋》釋文校理」(教育部人文社會科學重點研究基地・華東師範大學中國文字研究與應用中心・華東師範大學語言文字工作委員會編『中國文字研究(第26輯)』、上海書店出版社、2017年12月、第85〜93頁)
K1450	郭偉濤 2017	郭偉濤「論北魏楊播、楊鈞家族祖先譜系的構建：兼及隋唐弘農楊氏相關問題」(『中華文史論叢』2017年第4期、第131〜159頁)
K1451	潘敦 2017	潘敦「北魏王琚妻郭氏墓誌考釋」(『中華文史論叢』2017年第4期、第161〜181頁)
K1452	Bi Bo 等 2017	Bi Bo, Nicholas Sims-Williams, Yan Yan. "Another Sogdian-Chinese bilingual epitaph." *Bulletin of the School of Oriental & African Studies*, vol.80, no.2, (SOAS, University of London, 2017), pp.305-318.
K1453	侯馨 2018	侯馨「助力文物迴歸 彰顯愛國情懷」(『中國文物報』2018年1月9日)
K1454	西安文物保護考古院 2018	西安市文物保護考古研究院「西安長安隋張綝夫婦合葬墓發掘簡報」(『文物』2018年第1期、2018年1月、第26〜46頁)
K1455	何毓靈等 2018	何毓靈・申文喜「河南省安陽市小屯村北發現的隋代達奚慶碑」(『考古』2018年第1期、第119〜120頁)
K1456	董林亭等 2018	董林亭・崔冠華「東魏《元誕墓誌》校釋」(孫繼民・楊金廷主編『邯鄲新出東魏北齊隋唐五代碑刻論文集』、中國文史出版社、2018年1月、第12〜27頁)
K1457	崔冠華 2018	崔冠華「東魏《長孫邵墓碑》辨偽」(孫繼民・楊金廷主編『邯鄲新出東魏北齊隋唐五代碑刻論文集』、中國文史出版社、2018年1月、第59〜63頁)
K1458	柯亞莉 2018	柯亞莉「北齊《段榮妃妻信相墓誌》考釋」(孫繼民・楊金廷主編『邯鄲新出東魏北齊隋唐五代碑刻論文集』、中國文史出版社、2018年1月、第69〜73頁)
K1459	艾蓉 2018	艾蓉「《北齊武威王段榮墓誌》考釋」(孫繼民・楊金廷主編『邯鄲新出東魏北齊隋唐五代碑刻論文集』、中國文史出版社、2018年1月、第74〜78頁)
K1460	孫建剛 2018	孫建剛「北齊《段榮妻梁令春墓誌》考釋」(孫繼民・楊金廷主編『邯鄲新出東魏北齊隋唐五代碑刻論文集』、中國文史出版社、2018年1月、第79〜83頁)

K1461	任乃宏 2018	任乃宏「隋《張貴南墓誌》校釋」（孫繼民・楊金廷主編『邯鄲新出東魏北齊隋唐五代碑刻論文集』、中國文史出版社、2018 年 1 月、第 116～123 頁）
K1462	魏寬成 2018	魏寬成「鑫縣碑刻書法藝術概述」（『書法叢刊』2018 年第 1 期、2018 年 1 月、第 26～49 頁）
K1463	郭洪義 2018	郭洪義「碑刻疑難異體字考辨八題」（『樂山師範學院學報』第 33 卷第 1 期、2018 年 1 月、第 35～40 頁）
K1464	梁春勝 2018a	梁春勝「北魏霍揚碑校考」（『文物春秋』2018 年第 1 期、第 55～60、80 頁）
K1465	呂宏偉 2018	呂宏偉「北魏營州刺史高道悅墓誌銘考」（『文物春秋』2018 年第 1 期、第 61～68 頁）
K1466	司曉潔 2018	司曉潔「北朝至隋入華粟特人墓誌研究」（『中原文物』2018 年第 1 期、第 113～118 頁）
K1467	段鋭超 2018a	段鋭超「北周裴智英墓誌考釋」（『北方文物』2018 年第 1 期、2018 年 2 月、第 62～66 頁）
K1468	章紅梅 2018	章紅梅「"可足渾氏"考辨」（『北方文物』2018 年第 1 期、2018 年 2 月、第 88～90 頁）
K1469	楊奇霖 2018	楊奇霖「楊雄墓誌疏證：兼論楊氏觀王房的譜系建構」（杜文玉主編『唐史論叢（第 26 輯）』、三秦出版社、2018 年 2 月、第 199～219 頁）
K1470	張超瑾 2018	張超瑾「元顯儁墓誌考釋」（『藝術家』2018 年第 2 期、第 36～37 頁）
K1471	李鳳艷 2018	李鳳艷「《劉和墓誌》考釋」（『中國邊疆史地研究』第 28 卷第 1 期、2018 年 3 月、第 43～49 頁）
K1472	王懷有等 2018	王懷有・郭永利「北魏金猥墓誌考釋」（周偉洲主編『西北民族論叢（第 16 輯）』、社會科學文獻出版社、2018 年 3 月、第 79～92 頁）
K1473	王沛 2018	王沛「北魏《直顯墓誌》及其書法特點」（『書法叢刊』2018 年第 2 期、2018 年 3 月、第 39～43 頁）
K1474	周曉薇 2018a	周曉薇「新發現的隋代《梁脩芝墓誌》與中古安定梁氏」（『隴東學院學報』2018 年第 2 期、2018 年 3 月、第 1～5 頁）
K1475	徐憲坤 2018	徐憲坤「北魏元氏墓誌書刻水準差異現象研究：以《元彬墓誌》爲例」（『中國書法』2018 年第 3 期、第 113～129 頁）
K1476	劉燦輝 2018	劉燦輝「北周《拓跋昇墓誌》初探」（『書法』2018 年第 3 期、第 42～47 頁）
K1477	梁春勝 2018b	梁春勝「新出北朝墓誌俗字例釋」（『漢字漢語研究』2018 年第 2 期、第 72～79 頁）
K1478	周曉薇等 2018	周曉薇・王其禕「洛陽新出土隋《陸平墓誌》釋讀：兼談齊隋直蕩官與洛陽"破

		陵"之説」(『華夏考古』2018年第2期、第86～92頁)
K1479	于唯德等2018	于唯德・周國文「北魏《穆君墓誌銘》考釋及書法藝術」(『美與時代』2018年第4期、第75～76頁)
K1480	趙珊珊2018	趙珊珊「北魏傅堅眼墓誌校錄與研究」(『書法賞評』2018年第4期、第62～66頁)
K1481	郭曉燕等2018	郭曉燕・李鵬爲「北齊《闇子燦墓誌》箋證」(中國人民大學北方民族考古研究所・中國人民大學歷史學院考古文博系編『北方民族考古(第5輯)』、科學出版社、2018年5月、第154～162頁)
K1482	王其禕等2018a	王其禕・周曉薇「咸陽地區新出隋代墓誌銘研讀兩則：大業三年《姚勳墓誌》與大業七年《趙榮墓誌》」(丁偉・樊英峰主編『乾陵文化研究(第12輯)』、三秦出版社、2018年5月、第208～214頁)
K1483	王玉清2018	王玉清「安陽博物館藏北朝墓誌賞析」(『文物天地』2018年第5期、2018年5月、第28～34頁)
K1484	王其禕等2018b	王其禕・傅清音「讀洛陽九朝刻石文字博物館藏隋墓誌三種」(『文博』2018年第3期、第67～73頁)
K1485	退之2018	退之「北齊裴遺業墓誌」(『書法』2018年第6期、第34～37頁)
K1486	楊學是2018	楊學是「《新見北朝墓誌集釋》新校理」(『綿陽師範學院學報』第37卷第6期、2018年6月、第94～103頁)
K1487	顧盼等2018	顧盼・張顯成「《山東石刻分類全集》(卷伍)俗字釋讀訂誤舉隅」(俞理明・雷漢卿主編、王彤偉副主編『漢語史研究集刊(第24輯)』、四川大學出版社、2018年6月、第290～296頁)
K1488	倪潤安2018	倪潤安「隋徐之範父子的墓誌生平與葬俗取向」(西安碑林博物館編、裴建平主編『紀念西安碑林930周年華誕學術研討會論文集』、三秦出版社、2018年6月、第72～91頁)
K1489	王書欽等2018a	王書欽・趙力光「新出兩方《普六如徽之墓誌》研究」(西安碑林博物館編、裴建平主編『紀念西安碑林930周年華誕學術研討會論文集』、三秦出版社、2018年6月、第92～110頁)
K1490	李宗俊2018	李宗俊「隋郁久閭可婆頭墓誌與柔然王族之源流考」(西安碑林博物館編、裴建平主編『紀念西安碑林930周年華誕學術研討會論文集』、三秦出版社、2018年6月、第111～119頁。また「隋郁久閭可婆頭墓誌與柔然王族相關問題」と改題し『石河子大學學報(哲學社會科學版)』第35卷第4期、2021年8月、第83～89頁)

K1491	周曉薇 2018b	周曉薇「止園宅之閑 極山勢之樂：從隋大業二年《王清墓誌》管窺園宅營造的時代風尚」（西安碑林博物館編、裴建平主編『紀念西安碑林 930 周年華誕學術研討會論文集』、三秦出版社、2018 年 6 月、第 120～132 頁。黃留珠・賈二強編『長安學研究（第 5 輯）』、科學出版社、2020 年 9 月、第 272～286 頁）
K1492	關雲翔 2018	關雲翔「《隋代墓誌銘彙考》釋文校誤二則」（『皖西學院學報』第 34 卷第 3 期、2018 年 6 月、第 84～86、90 頁）
K1493	劉軍 2018a	劉軍「中古門閥貴族制機理窺管：以新見北魏王曦墓誌爲中心」（『南京曉莊學院學報』2018 年第 3 期、第 33～38 頁）
K1494	張童心等 2018	張童心・毛天辛「馮邕妻元氏墓誌神怪榜題考」（『中原文化研究』2018 年第 4 期、第 102～106 頁）
K1495	李建斌等 2018	李建斌・楊珏「山西萬榮發現北魏汾州刺史薛懷吉墓」（『光明日報』2018 年 7 月 23 日）
K1496	張全民等 2018	張全民・徐晶「北魏《杜龍首銘記》考鑒」（『書法叢刊』2018 年第 4 期、2018 年 7 月、第 24～28 頁）
K1497	鄒虎 2018	鄒虎「隋代石刻俗字考釋六則」（『中國語文』2018 年第 4 期、第 470～476 頁）
K1498	梁春勝 2018c	梁春勝「隋唐碑誌疑難字考釋」（『中國語文』2018 年第 4 期、第 485～492、512 頁。王連龍主編『中國古代墓誌研究』、社會科學文獻出版社、2023 年 2 月、下册第 986～979 頁）
K1499	呂冠軍 2018	呂冠軍「隋弘農華陰楊氏越公房楊文偉婚宦事迹考略：以新出墓誌爲中心」（故宫博物院編『故宫學刊（2018 年總第 19 輯）』、故宫出版社、2018 年 7 月、第 49～61 頁）
K1500	曾堯民 2018	曾堯民「北齊昭玄大統試探：以《法上傳》、僧賢碑、水浴寺石窟爲中心」（釋永信主編『少林寺與北朝佛教』、宗教文化出版社、2018 年 7 月、第 380～390 頁）
K1501	段鋭超 2018b	段鋭超「北魏《于神恩墓誌》考釋」（『華夏考古』2018 年第 5 期、第 97～105 頁）
K1502	安瑞軍等 2018	安瑞軍・李鵬爲「北齊和士開墓誌相關問題研究」（『晉陽學刊』2018 年第 5 期、第 132～136 頁）
K1503	西北大文化遺産學院等 2018	西北大學文化遺産學院・西安市文物保護考古研究院「西安市東郊東小寨村兩座北魏墓葬發掘簡報」（『文博』2018 年第 5 期、第 3～14 頁）
K1504	杜鎮 2018	杜鎮「魏齊魯陽蠻王問(文)氏動向：以《問度墓誌》爲核心」（『中央民族大學學報（哲學社會科學版）』2018 年第 5 期、第 78～84 頁）

K1505	段鋭超 2018c	段鋭超「北魏鮮卑將軍宇文延史事述論：以《宇文延墓誌》爲據」（『西北民族大學學報（哲學社會科學版）』2018 年第 5 期、第 67～75 頁）
K1506	劉軍 2018b	劉軍「新出北魏元祉墓誌再探討」（『洛陽考古』2018 年第 3 期、第 60～65 頁）
K1507	王連龍等 2018	王連龍・胡宗華「《劉賢墓誌》考論」（『中國書法』2018 年第 8 期、第 79～84 頁）
K1508	劉森垚 2018	劉森垚「中古尉遲氏源流及其墓誌再考」（周偉洲主編『西北民族論叢（第 17 輯）』、社會科學文獻出版社、2018 年 8 月、第 50～66 頁）
K1509	吳曼玉等 2018	吳曼玉・吳洪琳「中古時期代北竇氏的祖先譜系建構與郡望僞冒」（周偉洲主編『西北民族論叢（第 17 輯）』、社會科學文獻出版社、2018 年 8 月、第 67～82 頁）
K1510	劉琴麗 2018a	劉琴麗「近年出版《新中國出土墓誌》所收僞誌舉隅」（中國社會科學院歷史研究所魏晉南北朝隋唐史研究室・宋遼金元史研究室編『隋唐遼宋金元史論叢（第 8 輯）』、上海古籍出版社、2018 年 8 月、第 246～249 頁）
K1511	劉軍 2018c	劉軍「北魏門閥士族窺管：以新見封之秉墓誌爲中心」（『社會科學』2018 年第 9 期、第 157～164 頁）
K1512	王素 2018	王素「北魏爾朱氏源出粟特新證：隋修北魏爾朱彥伯墓誌發覆兼說虞弘族屬及魚國今地」（『故宮博物院院刊』2018 年第 5 期、2018 年 9 月、第 57～71 頁。同著『敦煌吐魯番與漢唐西域史』、生活・讀書・新知三聯書店、2023 年 7 月、第 180～205 頁）
K1513	閆焰 2018	閆焰「遊渥渥槃陁及其妻康紀姜的漢文及粟特文墓誌：粟特商客在相州（鄴）的遺存」（劉進寶主編『絲路文明（第 3 輯）』、上海古籍出版社、2018 年 9 月、第 93～110 頁）
K1514	王江 2018	王江「《齊故太尉公太保尚書令徐武安王墓誌》釋考」（『文物鑒定與鑒賞』2018 年第 9 期上、第 32～33 頁）
K1515	魏軍剛 2018	魏軍剛「北魏《趙盛夫婦墓誌》考略」（『中國書法』2018 年第 10 期、第 98～100 頁）
K1516	李淑琴 2018	李淑琴「方硬簡練　古拙飛動：北齊《道明墓誌》的書法特色」（『中國書法』2018 年第 10 期、第 197～200 頁）
K1517	張顯成等 2018	張顯成・顧盼「《山東石刻分類全集》卷伍文字釋讀訂補例說」（教育部人文社會科學重點研究基地・清華大學出土文獻與中國文明研究中心・清華大學出土文獻研究與保護中心編、李學勤主編『出土文獻（第 13 輯）』、中西書局、2018 年 10 月、第 407～421 頁）

K1518	劉琴麗 2018b	劉琴麗「近年北魏墓誌整理中誤收的僞誌」(『中國社會科學報』2018 年 10 月 15 日。李亞平・李俊卿主編『中國金石（第 2 輯）』、河北美術出版社、2020 年 7 月、第 91～97 頁)
K1519	陝西省考古研究院 2018	陝西省考古研究院「長安高陽原隋郁久周可婆頭墓發掘簡報」(『文博』2018 年第 4 期、第 17～29 頁、封二～三)
K1520	陝西省考古研究院隋唐室 2018	陝西省考古研究院隋唐考古研究室「2008～2017 年陝西三國隋唐宋元明清考古綜述」(『考古與文物』2018 年第 5 期、第 111～147 頁)
K1521	傅清音 2018	傅清音「西安南郊出土隋代劉悅墓誌考釋」(『中國國家博物館館刊』2018 年第 11 期、第 74～80 頁)
K1522	新華網 2018	新華網「山西發現東魏冠軍將軍、豫州長史孟鴻墓」(『文物鑒定與鑒賞』2018 年第 11 期上、第 17 頁)
K1523	謝國劍 2018	謝國劍「中古石刻文獻字詞札記七則」(教育部人文社會科學重點研究基地・華東師範大學中國文字研究與應用中心・華東師範大學語言文字工作委員會編『中國文字研究（第 28 輯）』、上海書店出版社、2018 年 11 月、第 108～113 頁)
K1524	申文喜 2018	申文喜「隋代達奚慶碑考」(『考古』2018 年第 12 期、第 107～115 頁)
K1525	周偉洲 2018	周偉洲「北魏《王遇墓誌》補考」(周偉洲主編『西北民族論叢（第 18 輯）』、社會科學文獻出版社、2018 年 12 月、第 86～96 頁)
K1526	劉昕 2018	劉昕「北魏劉晦墓誌考釋」(常建華主編『中國社會歷史評論（第 21 卷）』、天津古籍出版社、2018 年 12 月、第 109～114 頁)
K1527	周阿根 2018	周阿根「墨香閣藏北齊墓誌錄文校補」(『江海學刊』2018 年第 6 期、第 205 頁)
K1528	周鼎 2018	周鼎「北魏《元妙墓誌》三題」(中國魏晉南北朝史學會・山西大同大學雲岡文化研究中心・大同平城北朝研究會編『北朝研究（第 9 輯）』、科學出版社、2018 年 12 月、第 162～169 頁)
K1529	郭明卿等 2018	郭明卿・王向農「北周譙國公夫人步六孤氏墓葬發掘情況整理與研究」(陝西歷史博物館編『陝西歷史博物館論叢（第 25 輯）』、三秦出版社、2018 年 12 月、第 88～93 頁)
K1530	王其禕等 2018c	王其禕・傅清音「大唐西市博物館藏隋開皇十年《耿雄墓誌》釋讀：兼談耿氏賜姓和稽與劉氏賜姓侯莫陳之族屬」(陝西歷史博物館編『陝西歷史博物館論叢（第 25 輯）』、三秦出版社、2018 年 12 月、第 228～235 頁)
K1531	翟戰勝 2018	翟戰勝「北周康業墓誌所涉羅州考」(陝西歷史博物館編『陝西歷史博物館論叢（第 25 輯）』、三秦出版社、2018 年 12 月、第 242～246 頁)

K1532	王書欽等 2018b	王書欽・秦航「新出北周《宇文賢墓誌》《宇文盛墓誌》考釋」(西安碑林博物館編『碑林論叢(總第23輯)』、三秦出版社、2018年12月、第1～10頁)
K1533	周曉薇 2018c	周曉薇「安陽出土隋代盧勝鬘李伯憲母子墓誌釋讀」(西安碑林博物館編『碑林論叢(總第23輯)』、三秦出版社、2018年12月、第11～21頁)
K1534	傅清音等 2018	傅清音・王其禕「從三方墓誌看北周尚主劉昶家庭在隋的境遇沈浮」(西安碑林博物館編『碑林論叢(總第23輯)』、三秦出版社、2018年12月、第38～49頁)
K1535	李皓 2018	李皓「中古隴西辛氏的地緣歷史嬗變：以墓誌所見族塋遷徙爲綫索」(西安碑林博物館編『碑林論叢(總第23輯)』、三秦出版社、2018年12月、第90～98頁)
K1536	張馳 2019a	張馳「北齊天保九年朱書墓誌考釋」(『青少年書法』2019年第1期、2019年1月、第36～47頁)
K1537	李宗俊 2019	李宗俊「《釋童眞墓誌銘》與隋朝二帝崇佛相關問題」(『唐都學刊』第35卷第1期、2019年1月、第5～15頁)
K1538	周曉薇 2019a	周曉薇「西安新出隋大業十年《童眞法師墓誌》疏證」(黃留珠・賈二強主編『長安學研究(第4輯)』、科學出版社、2019年1月、第31～37頁)
K1539	拜根興 2019	拜根興「墓誌所見隋煬帝親征高句麗：兼論唐初君臣對隋亡事件的詮釋」(『陝西師範大學學報(哲學社會科學版)』第48卷第1期、2019年1月、第148～155頁)
K1540	平田陽一郎 2019	平田陽一郎「「隋・長孫汪墓誌」の譯注と考察」(『沼津工業高等專門學校研究報告』第53號、2019年1月、第77～84頁。また「隋代宿衛官職に關する一考察：長孫汪の官歷を中心に」と改題・增補・改稿し同著『隋唐帝國形成期における軍事と外交』、汲古書院、2021年1月、第239～262頁)
K1541	張慶捷 2019	張慶捷「可汗祠探源」(『歷史研究』2019年第1期、2019年2月、第36～54頁)
K1542	西安文物保護考古院等 2019	西安市文物保護考古研究院・北京聯合大學「西安市灞橋區江村北魏王氏家族墓地發掘簡報」(『文博』2019年第1期、第13～20頁)
K1543	周曉薇 2019b	周曉薇「西安新見隋《史崇基墓誌》與中古史氏脈系」(『文博』2019年第1期、第82～87頁)
K1544	趙海燕 2019	趙海燕「隋代柔然貴族《郁久閭可婆頭墓誌》探析」(『四川文物』2019年第1期、第69～75頁)
K1545	黨斌 2019a	黨斌「北朝《馮景之墓誌》考釋」(『圖書館雜誌』2019年第1期、第103～107、

		112頁）
K1546	王萌等2019	王萌・魏長虹「北魏姬靜墓誌考釋」（『文物春秋』2019年第1期、2019年2月、第65～71頁）
K1547	舒韶雄等2019	舒韶雄・雷金瑾「用典與墓誌文字考釋舉隅」（『漢字漢語研究』2019年第1期、第18～25頁）
K1548	高繼習2019	高繼習「濟南發現北齊《房智墓誌》考略」（『中國國家博物館館刊』2019年第2期、第40～47頁）
K1549	段銳超2019	段銳超「西安西魏《辛術墓誌》考釋：兼論北朝隴西辛氏之一支的流移與發展」（『中國國家博物館館刊』2019年第2期、第48～60頁）
K1550	雷秀紅2019a	雷秀紅「《考古與文物》近幾年公布的五篇墓誌釋文校正」（『四川職業技術學院學報』第29卷第1期、2019年2月、第16～19頁）
K1551	趙耀輝2019	趙耀輝「北魏《王形墓誌》小考」（『青少年書法』2019年第2期、2019年2月、第40～45頁）
K1552	劉琴麗2019	劉琴麗「三方北朝墓誌辨僞：再論北朝墓誌著錄中的僞刻問題」（『文獻』2019年第2期、2019年3月、第14～24頁）
K1553	蒲宣伊2019	蒲宣伊「子貴母死的謝幕：《魏瑤光寺尼慈義墓誌銘》研究」（『文獻』2019年第2期、2019年3月、第25～33頁）
K1554	黨斌2019b	黨斌「新見隋代墓誌銘三種考釋」（『文獻』2019年第2期、2019年3月、第34～43頁）
K1555	范兆飛2019	范兆飛「螭龍的光與影：中古早期碑額形象演變一瞥」（葉煒主編『唐研究（第24卷）』、北京大學出版社、2019年3月、第341～372頁）
K1556	劉志生2019a	劉志生「魏晉南北朝墓誌詞語考釋十五條」（『唐山學院學報』第32卷第2期、2019年3月、第106～108頁）
K1557	劉志生2019b	劉志生「魏晉南北朝墓誌詞語考釋二十則」（『浙江樹人大學學報』第19卷第2期、2019年3月、第72～74頁）
K1558	梶山智史2019	梶山智史「稀見北朝墓誌輯錄（四）」（『東アジア石刻研究』第8號、2019年3月、第78～123頁）
K1559	馬曉寧2019	馬曉寧「北齊宇文長墓誌銘考釋」（『中原文物』2019年第2期、2019年4月、第94～100頁）
K1560	張曉劍2019	張曉劍「北魏《密雲太守霍揚之碑》考釋」（『文物世界』2019年第2期、第12～15頁）

K1561	周曉薇等 2019	周曉薇・李皓「隋代鮮卑族乞伏氏與賀婁氏之新史料：長安新見開皇十五年《婁叡妻乞伏氏墓誌》」（杜文玉主編『唐史論叢（第 28 輯）』、三秦出版社、2019 年 4 月、第 288～298 頁）
K1562	黨斌 2019c	黨斌「新見墓誌所涉鮮卑乙弗氏問題」（『石河子大學學報（哲學社會科學版）』第 33 卷第 2 期、2019 年 4 月、第 78～83 頁）
K1563	張馳 2019b	張馳「甘肅清水北魏太和二十年《許萬冢碑》考」（『青少年書法』2019 年第 4 期、2019 年 4 月、第 32～36 頁）
K1564	殷小波等 2019	殷小波・何山「《新見隋唐墓誌集釋》釋文校理」（『綿陽師範學院學報』第 38 卷第 4 期、2019 年 4 月、第 141～148 頁）
K1565	余宣蓉 2019	余宣蓉「《徐顯秀墓誌》"致哈△於魯邦"考釋」（陝西師大學文學院編『長安學術（第 13 輯）』、高等教育出版社、2019 年 4 月、第 156～163 頁）
K1566	張睿濤 2019	張睿濤「《張猛龍墓誌》獻疑」（『中國書法』2019 年第 5 期、90～93 頁）
K1567	周阿根等 2019	周阿根・顧若言「《陝西新見隋朝墓誌》文字校理」（『江海學刊』2019 年第 3 期、第 222 頁）
K1568	何山 2019	何山「《陝西新見隋朝墓誌》錄文斠讀」（北京師範大學文學院編『耕耘語言學刊（2019 年第 1 輯/總第 30 輯）』、中華書局、2019 年 6 月、第 43～57 頁）
K1569	張葳 2019	張葳「北朝隋唐源氏受姓及郡望變化考」（『中央民族大學學報（哲學社會科學版）』2019 年第 3 期、129～138 頁）
K1570	劉森垚 2019a	劉森垚「中古郁久閭氏墓誌再考」（『中央民族大學學報（哲學社會科學版）』2019 年第 3 期、139～145 頁）
K1571	劉森垚 2019b	劉森垚「中古墓誌所見入華粟特安氏源流考述」（紀宗安・馬建春主編『暨南史學（第 18 輯）』、暨南大學出版社、2019 年 6 月、第 40～62 頁）
K1572	陝西省考古研究院 2019	陝西省考古研究院「咸陽北周拓拔迪夫婦墓發掘簡報」（『中原文物』2019 年第 3 期、2019 年 6 月、第 15～30 頁）
K1573	張愛民等 2019	張愛民・薛占柱「新發現的北周一碑：《摯紹碑》書法藝術簡析」（『書畫世界』2019 年第 6 期、第 21～23 頁）
K1574	杜鎮等 2019	杜鎮・秦航「"諸杜"之外的榮耀：隋大業三年《杜棨墓誌》小考」（『文博』2019 年第 3 期、第 49～58 頁）
K1575	劉凱 2019a	劉凱「東魏《張瓊墓誌》疏證」（『華夏考古』2019 年第 3 期、第 82～87 頁）
K1576	余國江 2019	余國江「《珍稀墓誌百品》商兌」（『文物春秋』2019 年第 3 期、第 57～64 頁）
K1577	邵秀梅等 2019	邵秀梅・何山「北齊《馮妪羅墓誌》用典探析」（『重慶第二師範學院學報』第 32 卷第 4 期、2019 年 7 月、第 39～42 頁）

K1578	薛飛 2019a	薛飛「隋《紇干廣墓誌》考及相關石刻隷書風格問題」(『文物鑒定與鑒賞』2019年第7期上、第36～37頁)
K1579	退之 2019a	退之「北魏猴光姬墓誌」(『書法』2019年第7期、第128～134頁)
K1580	吳洪琳 2019	吳洪琳「北魏拓跋氏黃帝祖源認同的構建」(周偉洲主編『西北民族論叢(第19輯)』、社會科學文獻出版社、2019年7月、第1～19頁)
K1581	大同市考古研究所 2019	大同市考古研究所「山西大同二電廠北魏墓群發掘簡報」(『文物』2019年第8期、第15～37頁)
K1582	程迎昌等 2019	程迎昌・何漢儒「魏收撰魏仲姿墓誌略考」(『書法叢刊』2019年第3期、第45～51頁)
K1583	楊長振 2019	楊長振「北齊《邸珍墓誌》及相關問題考辨」(『中國書法』2019年第8期、第178～182頁。また「北齊《邸珍墓誌》考辨及書風淺析」と改題・増補し楊麗靜編著『曲陽古代碑刻書法論集』、河北美術出版社、2021年6月、第117～124頁)
K1584	李忠魁 2019	李忠魁「《宇文廣墓誌》考釋」(『中國書法』2019年第8期、第183～192頁)
K1585	劉燦輝 2019	劉燦輝「新見北魏《王形墓誌》《封園姬墓誌》跋」(『書法』2019年第8期、第128～133頁)
K1586	雷秀紅 2019b	雷秀紅「《考古與文物》所刊墓誌錄文校釋舉隅」(『安陽師範學院學報』2019年第4期、第103～106頁)
K1587	黃登欣等 2019	黃登欣・任小行「北齊醫學家徐之才籍貫問題輯考」(『文物鑒定與鑒賞』2019年第8期下、第74～76頁)
K1588	孫強 2019	孫強「『虛和高穆,新體異態』的《元懌墓誌》」(『中國書法』2019年第9期、第200～208頁)
K1589	陳一梅等 2019	陳一梅・趙珊珊「北魏《李壁墓誌》考論」(『榮寶齋』2019年第9期、第144～149頁)
K1590	陝西省考古研究院等 2019	陝西省考古研究院・陝西歷史博物館・長安區旅遊民族宗教文物局「陝西西安西魏吐谷渾公主與茹茹大將軍合葬墓發掘簡報」(『考古與文物』2019年第4期、第36～60頁)
K1591	魏宏利 2019	魏宏利「鳳翔縣博物館藏隋《韓舒墓誌》考釋」(『文博』2019年第4期、第82～86、43頁)
K1592	楊柳 2019	楊柳「爲誰而寫:墓誌文體的書寫問題考察」(『重慶師範大學學報(社會科學版)』2019年第4期、第53～60頁)
K1593	濮仲遠 2019	濮仲遠「隋朝成公蒙夫婦墓誌釋證」(『社科縱橫』第34卷第8期、2019年8

		月、第105～107頁)
K1594	劉亞龍 2019	劉亞龍「新出土長孫家族墓誌考釋」(『吉林廣播電視大學學報』2019年第8期、第61～62頁)
K1595	甘肅省文物考古研究所 2019	甘肅省文物考古研究所「甘肅省敦煌市佛爺廟灣－新店臺墓群曹魏、隋唐墓2015年發掘簡報」(『文物』2019年第9期、第25～43頁)
K1596	尚珩等 2019	尚珩・金和天「北京市大興區三合莊東魏韓顯度墓」(『考古』2019年第9期、第118～120頁)
K1597	周偉洲 2019	周偉洲「吐谷渾墓誌通考」(『中國邊疆史地研究』2019年第3期、第65～79頁。同著『吐谷渾史』、商務印書館、2021年8月、第236～256頁。王連龍主編『中國古代墓誌研究』、社會科學文獻出版社、2023年2月、上册第486～505頁。また日文版(村井恭子・市来弘志翻譯および解説・附錄)『神戸大學文學部紀要』第48號、2021年3月、第147～187頁)
K1598	宋愛平等 2019	宋愛平・周坤「山東省博物館藏墓誌概述」(山東博物館編『山東博物館輯刊(2019年)』、文物出版社、2019年9月、第81～88頁)
K1599	崔永勝等 2019a	崔永勝・殷京泉「朱岱林、朱神達、朱緒墓誌與樂陵朱氏考略」(山東博物館編『山東博物館輯刊(2019年)』、文物出版社、2019年9月、第89～95頁)
K1600	楊曉春 2019	楊曉春「中國出土粟特人墓誌所見墓主的祖源追溯與入華記憶：中古入華粟特人中國化進程析論」(魏志江等著『歐亞區域史研究與絲綢之路：濱下武志先生執教中山大學十周年紀念文集』、社會科學文獻出版社、2019年9月、第59～132頁)
K1601	劉軍 2019	劉軍「北魏于神恩墓誌所見鮮卑勳臣于氏家族之盛衰：基於閥閱流品視角的考察」(『常州大學學報(社會科學版)』第20卷第5期、2019年9月、第80～90頁)
K1602	劉本才 2019	劉本才「當前石刻文獻著錄中的幾個問題」(『古籍整理研究學刊』2019年第5期、2019年9月、第14～19頁)
K1603	周阿根 2019	周阿根「《隋代墓誌銘彙考》文字校理」(『江海學刊』2019年第5期、第176頁)
K1604	孫久龍 2019	孫久龍「從南北朝趙超宗夫婦墓誌看其家族的婚姻網絡」(『史學月刊』2019年第5期、第130～133頁)
K1605	耿鑫 2019	耿鑫「東魏《王茂墓誌》考釋」(陳建貢主編『金石研究(第2輯)』、陝西電子音像出版社、2019年10月、第84～93頁)
K1606	王紹宇 2019	王紹宇「從北岳廟藏北朝碑誌看北朝字体的隸楷之變」(『書法賞評』2019年第

		5期、第43~47頁。楊麗靜編著『曲陽古代碑刻書法論集』、河北美術出版社、2021年6月、第222~231頁)
K1607	傅清音等2019	傅清音・周曉薇「西安出土隋《扈志墓誌》考釋」(『考古與文物』2019年第5期、第107~113頁)
K1608	楊振威2019	楊振威「洛陽新出北魏元泰墓誌考釋」(『中原文物』2019年第5期、第118~122頁)
K1609	黨斌2019d	黨斌「《荔非明墓誌》與隋唐荔非氏相關問題」(丁偉・樊英峰主編『乾陵文化研究(第13輯)』、三秦出版社、2019年10月、第249~253頁)
K1610	張金龍2019a	張金龍「離散部落:遊牧向農耕的轉變」(同著『考古論史:張金龍學術論文集』、人民出版社、2019年10月、第1~35頁)
K1611	張金龍2019b	張金龍「札記八題」(同著『考古論史:張金龍學術論文集』、人民出版社、2019年10月、第404~458頁)
K1612	退之2019b	退之「東魏高妻斤墓誌」(『書法』2019年第10期、第135~145頁)
K1613	劉凱2019b	劉凱「奚康生"鞭像拔舌"及相關史事考論」(中國社會科學院歷史研究所學刊編委會編『中國社會科學院歷史研究所學刊(第11集)』、中國社會科學出版社、2019年11月、第45~73頁)
K1614	周陽2019	周陽「北魏碑誌俗字考辨七則」(俞理明・雷漢卿主編『漢語史研究集刊(第27輯)』、四川大學出版社、2019年11月、第253~261頁)
K1615	太原市文物考古研究所2019	太原市文物考古研究所「太原小店區崗頭村北齊劉貴墓」(『華夏考古』2019年第6期、第22~29頁)
K1616	代愛玲2019	代愛玲「北魏《辛祥墓誌》特點雜議」(『文物世界』2019年第6期、第48~50頁)
K1617	偃師市文物旅遊局等2019	偃師市文物旅遊局・洛陽市文物考古研究院「洛陽偃師兩座北魏墓發掘簡報」(『中原文物』2019年第6期、2019年12月、第45~54頁)
K1618	魏晴晴2019	魏晴晴「《元液墓誌》所見北魏末年的民族關係與政治博弈」(西安碑林博物館編『碑林論叢(總第24輯)』、三秦出版社、2019年12月、第42~53頁)
K1619	王曉眞2019	王曉眞「北魏《長孫盛墓誌》再考」(西安碑林博物館編『碑林論叢(總第24輯)』、三秦出版社、2019年12月、第54~62頁)
K1620	肖容艷2019	肖容艷「庾信撰《步六孤須蜜多墓誌》探微」(西安碑林博物館編『碑林論叢(總第24輯)』、三秦出版社、2019年12月、第63~72頁)
K1621	李煜東2019	李煜東「北魏末年長孫季家族的動向:以新出墓誌為中心」(西安碑林博物館編『碑林論叢(總第24輯)』、三秦出版社、2019年12月、第92~101頁)

K1622	王書欽 2019	王書欽「宣政之喪：隱沒於墓誌與史籍間的獨孤信族事之考證」（西安碑林博物館編『碑林論叢（總第24輯）』、三秦出版社、2019年12月、第102〜111頁）
K1623	傅清音 2019	傅清音「新出元華光墓誌與元媛柔墓誌所見元魏宗女的婚姻和信仰」（中國文化遺產研究院編『出土文獻研究（第18輯）』、中西書局、2019年12月、第410〜422頁）
K1624	朱艷桐 2019	朱艷桐「北魏至唐沮渠氏踪迹鈎沉：以墓誌碑刻、西域文書爲中心」（『中國邊疆史地研究』第29卷第4期、2019年12月、第57〜66頁。陸帥・劉萃峰・張今・胡偉等編『六朝歷史與考古青年學者交流會論文集（2016-2020）』、南京大學出版社、2023年7月、第325〜342頁）
K1625	北京市文物研究所 2019	北京市文物研究所「北京通州潞城鎮胡各莊村西晉、北朝墓葬發掘簡報」（北京市文物研究所編『北京文物與考古（第7輯）』、科學出版社、2019年12月、第24〜34頁、圖版13）
K1626	羅福頤等 2019	羅福頤撰、李俊義・王磊・張壽祺校點注釋「奉天博物館藏石記略」（遼寧省博物館編『遼寧省博物館館刊（2018-2019）』、遼海出版社、2019年12月、第335〜376頁）
K1627	崔永勝等 2019b	崔永勝・李寶壘「北周《魏故樂安太守朱府君墓誌銘》及樂陵朱氏考略」（『理財：收藏』2019年第12期、第84〜89頁）
K1628	穆青 2019	穆青「北魏《司馬昞墓誌》考論」（『漢字文化』2019年12月（總第246期）、第78〜79頁）
K1629	薛飛 2019b	薛飛「新見《李士謙墓誌》考」（『中國書法』2019年第12期、第60〜63頁）
K1630	竇元章 2019	竇元章「新見北魏《堯遵墓誌》及其書法略論」（『中國書法』2019年第12期、第84〜86頁）
K1631	王丁 2019	王丁「中古碑誌、寫本中的漢胡語文札記（四）」（劉迎勝・廉亞明主編『元史及民族與邊疆研究集刊（第38輯）』、上海古籍出版社、2019年12月、第177〜190頁）
K1632	程淑顏 2019	程淑顏「《洛陽新獲墓誌續編》釋文校補若干則」（『皖西學院學報』第35卷第6期、2019年12月、第107〜109頁）
K1633	楊學是 2020	楊學是「《新見北朝墓誌集釋》再校理」（『樂山師範學院學報』第35卷第1期、2020年1月、第28〜36頁）
K1634	容軒 2020	容軒「東魏姬靜墓誌」（『書法』2020年第1期、第132〜143頁）
K1635	西安文物保護考古院 2020a	西安市文物保護考古研究院「陝西西安西魏乙弗虬及夫人隋代席氏合葬墓發掘簡報」（『考古與文物』2020年第1期、第33〜48頁）

K1636	寧琰 2020a	寧琰「西魏乙弗虬暨夫人隋代席氏墓誌考釋」(『考古與文物』2020 年第 1 期、第 88～92 頁)
K1637	馮臻 2020	馮臻「隋《楊炬墓誌》考論」(『文物世界』2020 年第 1 期、第 37～39 頁)
K1638	陳意 2020	陳意「隋代《戴府君墓誌銘》考釋」(『隴右文博』2020 年第 1 期、第 51～55 頁)
K1639	劉連香 2020	劉連香「石刻中的乙弗昆裔踪迹與北朝社會格局」(『中央民族大學學報(哲學社會科學版)』2020 年第 1 期、第 135～145 頁)
K1640	趙滿 2020	趙滿「北魏《韓玖墓誌》四題」(『中國國家博物館館刊』2020 年第 2 期、第 47～56 頁)
K1641	退之 2020	退之「東魏張略墓誌」(『書法』2020 年第 2 期、第 140～148 頁)
K1642	趙耀輝 2020a	趙耀輝「東魏《寇永墓誌》識讀」(『青少年書法』2020 年第 3 期、2020 年 3 月、第 27～33 頁)
K1643	魏軍剛 2020	魏軍剛「中古濟陰鹿氏研究：以世系、郡望、族屬爲中心考察」(周偉洲主編『西北民族論叢(第 20 輯)』、社會科學文獻出版社、2020 年 3 月、第 23～36 頁)
K1644	北京市文物研究所 2020	北京市文物研究所「房山區魚兒溝村墓葬發掘簡報」(『北京文博文叢』2019 年第 3 輯、2020 年 3 月、第 91～96 頁)
K1645	山下將司 2020	山下將司「漢文墓誌より描く六世紀華北分裂期のソグド人」(『日本女子大學紀要. 文學部』第 69 號、2020 年 3 月、第 41～54 頁)
K1646	楊方昊 2020	楊方昊「入華胡人動向と信仰研究：隋安備墓出土墓誌銘と葬具を中心にして」(『龍谷大學大學院國際文化研究論集』第 17 卷、2020 年 3 月、第 5～34 頁)
K1647	周偉洲 2020	周偉洲「吐谷渾暉華公主墓誌與北朝北方民族關係」(『民族研究』2020 年第 2 期、第 112～118 頁。同著『吐谷渾史』、商務印書館、2021 年 8 月、第 257～268 頁)
K1648	劉軍 2020a	劉軍「西魏馮景之墓誌所見中古寒士之昇進」(『煙臺大學學報(哲學社會科學版)』2020 年第 2 期、第 82～92 頁)
K1649	江敏 2020	江敏「新見兩方隋代墓誌小考」(『洛陽考古』2020 年第 2 期、第 62～64 頁)
K1650	周曉薇等 2020a	周曉薇・周騫「安陽新出隋《成氏故士孫夫人墓誌》研讀」(『華夏考古』2020 年第 2 期、第 109～113 頁)
K1651	武亨偉 2020	武亨偉「墓誌所見中古太原的兩個歷史地理問題」(『文博』2020 年第 2 期、第 87～93、110 頁)
K1652	孟凡港 2020	孟凡港「東京書道博物館藏《李延齡墓誌》考釋」(張伯偉編『域外漢籍研究集

		刊（第19輯）』、中華書局、2020年4月、第293〜304頁）
K1653	朱明歧2020	朱明歧「明止堂藏太安四年乙弗氏磚獻疑」（宮長爲・朱明歧主編『字磚研究（第3輯）』、文物出版社、2020年4月、第5〜10頁）
K1654	袁鵬博等2020	袁鵬博・石磊「東魏《竇泰墓誌》相關問題研究」（河南博物院編『河南博物院院刊(第1輯)』、大象出版社、2020年4月、第64〜68頁）
K1655	劉迪2020	劉迪「《北魏王欽墓誌》書法考論」『中國書法』2020年第4期、第176〜179頁）
K1656	范兆飛2020	范兆飛「文本與形制：北魏司馬金龍墓表釋證」『復旦學報（社會科學版）』2020年第4期、第61〜74頁）
K1657	陳花容2020	陳花容「新見《北魏王曇慈墓誌》考釋」『書法研究』2020年第4期、第124〜131頁）
K1658	榮新江2020	榮新江「中古入華胡人墓誌的書寫」『文獻』2020年第3期、2020年5月、第121〜137頁. 王連龍主編『中國古代墓誌研究』、社會科學文獻出版社、2023年2月、上册第506〜523頁）
K1659	田河2020	田河「中國國家博物館藏王江妃木牘考釋」『中國國家博物館館刊』2020年第5期、第135〜145頁）
K1660	李文婷2020	李文婷「隋代《元公墓誌》史實及書風考論」『中國書法』2020年第5期、第148〜152頁）
K1661	韓達2020	韓達「李伯憲墓誌與河陰之變」『三門峽職業技術學院學報』第19卷第2期、2020年6月、第78〜84頁）
K1662	何山2020	何山「關於《西南大學新藏墓誌集釋》錄文及注釋的幾個問題」（西南大學出土文獻綜合研究中心・西南大學漢語文獻研究所主辦『出土文獻綜合研究集刊(第11輯)』、巴蜀書社、2020年6月、第144〜163頁）
K1663	張慶捷2020	張慶捷「高歡舊友與東魏北齊政治」（魏堅・王玉明・郭勇主編『秦風魏韻：固陽秦漢長城與北魏懷朔鎮學術研討會論文集』、內蒙古人民出版社、2020年6月、第93〜104頁）
K1664	李航2020	李航「墓誌の眞贋に關する一つの視角：京都藤井齊成會有鄰館藏「楊松年墓誌」を手掛かりに」『古代文化』第72卷第1號、2020年6月、第39〜57頁）
K1665	劉軍2020b	劉軍「出土文獻所見北魏早期的士族元素：楊璡・劉玉墓誌比較研究」『重慶師範大學學報（社會科學版）』2020年第4期、第46〜53頁）
K1666	王萌2020	王萌「世族意識與國家政治視角下的北魏《元顯魏墓誌》研究」（中國人民大學

		北方民族考古研究所・中國人民大學歷史學院考古文博系編『北方民族考古（第9輯）』、科學出版社、2020年7月、第340～352頁）
K1667	劉琴麗2020a	劉琴麗「《隋周良墓誌》辨偽」（中國社會科學院歷史研究所隋唐五代十國史研究室・宋遼西夏金史研究室・元史研究室編『隋唐遼宋金元史論叢（第10輯）』、上海古籍出版社、2020年7月、第62～65頁）
K1668	梁春勝2020	梁春勝「六朝石刻典故詞語例釋」『古漢語研究』2020年第3期、2020年7月、第12～20頁）
K1669	趙耀輝2020b	趙耀輝「北魏《楊測墓誌》考略」『青少年書法』2020年第7期、第29～35頁）
K1670	權圓圓等2020	權圓圓・邵子楓「《源延伯墓誌》書法風格研究」『書畫世界』2020年第7期、第79～80頁）
K1671	田熊敬之2020	田熊敬之「北齊「恩倖」再考：君主家政官としての嘗食典御・主衣都統を中心に」『史學雜誌』第129編第7號、2020年7月、第1～36頁）
K1672	劉琴麗2020b	劉琴麗「《隋代墓誌銘彙考》續補」『中國國家博物館館刊』2020年第8期、第58～68頁）
K1673	趙耀輝2020c	趙耀輝「北魏《王晏墓誌》考釋」『青少年書法』2020年第8期、第1～8、11～12頁）
K1674	劉燦輝等2020	劉燦輝・王慶昱「北魏《宇文悅墓誌》初探」『書法』2020年第8期、第140～145頁）
K1675	趙和平2020	趙和平「東魏北齊尉景族系考：中古尉遲氏研究之四」（南華大學敦煌學研究中心編輯『敦煌學（第36期）』、樂學書局有限公司、2020年8月、第457～470頁。鄭阿財・汪娟主編『張廣達先生九十華誕祝壽論文集』、新文豐出版公司、2021年5月、第633～648頁）
K1676	南澤2020	南澤「北魏《尉陵》《賀夫人》墓誌研究」（『書法』2020年第9期、第140～145頁。また「鴛鴦誌《魏尉陵墓誌》《賀夫人墓誌》淺論」と改題し楊麗靜編著『曲陽古代碑刻書法論集』、河北美術出版社、2021年6月、第232～242頁）
K1677	孫正軍2020	孫正軍「司馬妙玉與北齊司馬氏：讀新出《元忠暨妻司馬妙玉墓誌》」（韋正主編、邢臺市文物管理處・隆堯縣人民政府編『洞幽燭微："趙郡李氏與唐文化高端論壇"文集』、上海古籍出版社、2020年9月、第36～51頁）
K1678	李寶軍2020	李寶軍「臨淄北朝崔氏墓地札記三則」（韋正主編、邢臺市文物管理處・隆堯縣人民政府編『洞幽燭微："趙郡李氏與唐文化高端論壇"文集』、上海古籍出版

		社、2020年9月、第210～214頁)
K1679	王書欽2020	王書欽「北周僭代西魏之史境再審視：從新見《拓跋初墓誌》等墓誌和史籍説起」(黃留珠・賈二強編『長安學研究 (第5輯)』、科學出版社、2020年9月、第253～271頁)
K1680	王慶昱2020	王慶昱「新見隋薛萬壽墓誌研究」(黃留珠・賈二強編『長安學研究 (第5輯)』、科學出版社、2020年9月、第287～290頁)
K1681	章紅梅2020	章紅梅「"賀若氏"考辨」(『古籍整理研究學刊』2020年第5期、2020年9月、第82～84、66頁)
K1682	羅新2020	羅新「西魏暉華公主墓誌所見的吐谷渾與柔然名號」(『中山大學學報 (社會科學版)』2020年第5期、第124～127頁)
K1683	周舟2020	周舟「北魏元乂墓誌考」(『收藏與投資』2020年第10期、第57～60頁)
K1684	寧夏文物考古研究所2020	寧夏回族自治區文物考古研究所「固原南郊北魏墓發掘簡報」(『中原文物』2020年第5期、2020年10月、第21～30頁)
K1685	霍倩2020	霍倩「北魏常敬蘭墓誌考釋」(『大衆考古』2020年第5期、第34～38頁)
K1686	趙世金2020	趙世金「新見《北周宇文鴻漸墓誌》研究二題」(『敦煌學輯刊』2020年第4期、第162～165頁)
K1687	銅川市考古研究所2020	銅川市考古研究所「陝西銅川隋折婓熊墓發掘簡報」(『文物』2020年第10期、2020年10月、第46～58頁)
K1688	西安文物保護考古院2020b	西安市文物保護考古研究院「陝西西安北周康城愷公柳帶韋墓發掘簡報」(『文博』2020年第5期、第10～24頁)
K1689	寧琰2020b	寧琰「北周康城愷公柳帶韋墓誌考釋」(『文博』2020年第5期、第79～82、78頁)
K1690	張德鋒2020	張德鋒「欧陽詢與隋《楊素墓誌》」(『文物鑒定與鑒賞』2020年第10期下、第1～5頁)
K1691	陳麗萍2020	陳麗萍「中古吐谷渾王族婚姻略考」(中國社會科學院敦煌學研究中心・武威市涼州文化研究院編、雷聞・張國才主編、劉子凡・王守榮副主編『交流與融合：隋唐河西文化與絲路文明學術研討會論文集』、中西書局、2020年10月、第105～126頁)
K1692	謝振華2020	謝振華「北魏元龍墓誌考釋」(中國中古史集刊編委會編『中國中古史集刊 (第6輯)』、商務印書館、2020年11月、第225～250頁)
K1693	燕晴山2020	燕晴山「北魏馬鳴寺碑略」(山東省文物考古研究院編『海岱考古 (第13輯)』、科學出版社、2020年11月、第457～465頁)

K1694	周曉薇等 2020b	周曉薇・李皓「隋開皇十五年《鹿善暨妻劉氏墓誌》釋讀」(周偉洲主編『西北民族論叢（第21輯）』、社會科學文獻出版社、2020年11月、第35～44頁)
K1695	王銘 2020	王銘「北魏寧陵公主墓誌未載葬年問題探討」(『通化師範學院學報』2020年第11期、第38～42頁)
K1696	鄒虎 2020	鄒虎「《隋代墓誌銘彙考》字詞校理十二則」(臧克和主編『中國文字研究（第31輯)』、華東師範大學出版社、2020年11月、第133～137頁)
K1697	徐超等 2020	徐超・朱小平「固原出土北周宇文猛墓誌考」(『文物天地』2020年第11期、第46～49頁)
K1698	李浩 2020	李浩「馮五娘墓誌銘錄文與釋讀」(同著『摩石錄』、聯經出版、2020年11月、第87～111頁)
K1699	默冰 2020	默冰「"大魏夏州世界沙門統銘"試析」(靖邊新聞信息網 2020年11月30日 http://www.jbxc.gov.cn/whly/whgd/27739.htm)
K1700	張建民 2020	張建民「《北魏長孫顯業墓誌》考釋」(『文物世界』2020年第6期、第24～26頁)
K1701	山西省考古研究院等 2020	山西省考古研究院・山西大學歷史文化學院・太原市文物考古研究所「山西太原開化北齊和公墓發掘簡報」(『中原文物』2020年第6期、2020年12月、第10～15頁)
K1702	王慶衛 2020	王慶衛「奚智父子墓誌與北魏後期墓誌形制變化中的晉制」(夏炎主編『中古中國的知識與社會：南開中古社會史工作坊系列文集二』、中西書局、2020年12月、第144～163頁)
K1703	李建棟 2020	李建棟「北齊徐顯秀墓誌識讀」(『呂梁學院學報』第10卷第6期、2020年12月、第1～3頁)
K1704	陳暢 2020	陳暢「中國國家博物館藏《封魔奴墓誌》(北魏刻石)」(『書畫世界』2020年第12期、第4～9頁)
K1705	張芳 2020	張芳「北魏《張徹墓誌》及其做刻考辨」(『書法』2020年第12期、第146～151頁)
K1706	岳紅記等 2020	岳紅記・李敏「論北魏《皇甫驎墓誌》書法藝術及文化內涵」(『齊魯師範學院學報』第35卷第6期、2020年12月、第139～145頁)
K1707	劉勇 2020	劉勇「大同北朝藝術博物館館藏墓誌疏證二題」(中國魏晉南北朝史學會・山西大同大學雲岡文化生態研究院・大同平城北朝研究會編『北朝研究（第12輯）』、科學出版社、2020年12月、第132～139頁)
K1708	王其禕等 2020a	王其禕・傅清音「咸陽新出隋開皇九年《宇文則墓誌》淺識」(西安碑林博物館

		編『碑林集刊（總第25輯）』、三秦出版社、2020年12月、第1～7頁）
K1709	鄧盼2020	鄧盼「隋《于斌墓誌》探微」（西安碑林博物館編『碑林集刊（總第25輯）』、三秦出版社、2020年12月、第42～47頁）
K1710	魏晴晴2020	魏晴晴「尋踪赫連：大夏滅亡後赫連勃勃後裔在北朝的際遇」（西安碑林博物館編『碑林集刊（總第25輯）』、三秦出版社、2020年12月、第94～106頁）
K1711	王其禕2020	王其禕「隋仁壽元年《紇干廣墓誌》小識」（陝西歷史博物館編『陝西歷史博物館論叢（第27輯）』、三秦出版社、2020年12月、第179～182頁）
K1712	王其禕等2020b	王其禕・周騫「長安新見隋代墓誌銘劄記兩則」（陝西省社會科學院古籍整理研究所編、吳敏霞主編『古文獻整理與研究（第5輯）』、鳳凰出版社、2020年12月、第115～122頁）
K1713	黨斌2020	黨斌「《彭成興墓誌》及相關問題」（陝西省社會科學院古籍整理研究所編、吳敏霞主編『古文獻整理與研究（第5輯）』、鳳凰出版社、2020年12月、第239～247頁）
K1714	段彬等2020	段彬・王子虎「北齊□買墓誌、太妃好墓誌考論與晉中什貼墓群墓主蠡測」（程章燦主編『古典文獻研究（第23輯上卷）』、鳳凰出版社、2020年12月、第273～288頁）
K1715	安育2020	安育「《賀若嵩墓誌》考略：兼議周隋之際賀若氏家族政治命運」（常州博物館編『常州文博論叢（2020年總第6輯）』、文物出版社、2020年12月、第131～134頁）
K1716	王雙慶2020	王雙慶「北朝墓誌辨偽一則」（黃德寬・劉紀獻主編『中國文字博物館集刊（2020）』、中州古籍出版社、2020年12月、第83～89頁）
K1717	周永研等2020	周永研・潘玉坤「《墨香閣藏北朝墓誌》文字校理」（《古籍研究》編輯委員会編『古籍研究（2020年下卷/總第72卷）』、鳳凰出版社、2020年12月、第202～207頁）
K1718	席蘭2020	席蘭「《墨香閣藏北朝墓誌》詞語考釋九則」（『遼寧工業大學學報（社會科學版）』第22卷第6期、2020年12月、第67～69頁）
K1719	孔德銘等2021	孔德銘・周偉・胡玉君「河南安陽發現隋代漢白玉石棺床墓：墓主麴慶爲高昌王室後人」（『中國文物報』2021年1月15日）
K1720	龔靜2021	龔靜「武川系軍事貴族的四方墓誌」（政協武川縣委員會・中國魏晉南北朝史學會・中國敦煌吐魯番學會絲綢之路專業委員會編、胡戟・張立俠主編『草原絲綢之路第一站：武川與白道』、中國文史出版社、2021年1月、第130～135頁）
K1721	朱文浩2021	朱文浩「《蘇孝慈墓誌》再考：兼論北周府兵軍職都督的勳官化問題」（『安陽工

		學院學報』第 20 卷第 1 期、2021 年 1 月、第 77～82 頁)
K1722	李皓等 2021	李皓・周曉薇「中古北族複姓折婁氏之新史料：耀州出土隋開皇三年《折婁羆墓誌》疏證」(『文博』2021 年第 1 期、第 74～77 頁)
K1723	呂偉濤 2021	呂偉濤「"□墮暨妻趙氏墓誌"考鑒」(『故宮博物院院刊』2021 年第 1 期、第 68～81 頁)
K1724	雷庭軍等 2021	雷庭軍・胡黎明「白帝城龍山公墓誌考論」(『重慶三峽學院學報』2021 年第 1 期、第 1～15 頁)
K1725	山西省考古研究院 2021	山西省考古研究院「山西侯馬虒祁北魏墓 (M1007) 發掘簡報」(『文物』2021 年第 2 期、第 16～21 頁)
K1726	陳郁 2021	陳郁「崔敬邕墓誌的出土、傳拓及亡佚」(『書法叢刊』2021 年第 1 期、第 18～35 頁)
K1727	柏進波等 2021	柏進波・余國江「隋代泰州小考：以《韋協墓誌》爲新綫索」(『中國國家博物館館刊』2021 年第 2 期、第 118～122 頁)
K1728	段鋭超 2021a	段鋭超「隋《獨孤羅墓誌》考釋及相關史志歧異問題辨正」(『陝西理工大學學報（社會科學版）』第 39 卷第 1 期、2021 年 2 月、第 35～42 頁)
K1729	唐冬冬 2021	唐冬冬「《任軌幷妻薛氏墓誌》的史料價值及書法藝術價值」(『開封文化藝術職業學院學報』第 41 卷第 2 期、2021 年 2 月、第 21～22、39 頁)
K1730	王强 2021a	王强「山東省博物館訪《刁遵墓誌》」(『中國書法』2021 年第 2 期、第 153～156 頁)
K1731	李榮輝 2021	李榮輝「代王拓跋猗盧殘碑出土地及相關問題探討」(『内蒙古社會科學』2021 年第 2 期、第 73～78 頁)
K1732	李宗俊 2021a	李宗俊「北魏源延伯墓誌與北朝源氏考」(『唐都學刊』第 37 卷第 2 期、2021 年 3 月、第 73～78 頁)
K1733	楊瑩霞等 2021	楊瑩霞・何山「北魏《邢晏墓誌》釋文校補」(『保定學院學報』2021 年第 2 期、2021 年 3 月、第 95～99 頁)
K1734	李宗俊 2021b	李宗俊「論柔然與北朝諸政權的"和親"外交：以柔然、吐谷渾公主墓誌爲中心」(『煙臺大學學報（哲學社會科學版）』第 34 卷第 2 期、2021 年 3 月、第 102～112 頁)
K1735	郭曉濤 2021	郭曉濤「北周拓拔迪墓誌所見消渴症發微」(『考古與文物』2021 年第 2 期、第 65～70 頁)
K1736	李皓 2021	李皓「族姓的式微：北朝隋唐時期西秦乞伏氏的遷徙流變與民族融合」(『寧夏社會科學』2021 年第 2 期、第 172～178 頁)

K1737	吉篤學 2021	吉篤學「東魏石刻的標形器：翟門生屏風石床研究」（『美術學報』2021年第2期、第11～17頁）
K1738	周舟 2021	周舟「東魏元湛墓誌考」（『尋根』2021年第2期、第93～98頁）
K1739	翁志飛 2021	翁志飛「跋北齊墨書磚誌」（陳建貢主編『金石研究（第3輯）』、陝西電子音像出版社、2021年3月、第204～207頁）
K1740	王其禕 2021	王其禕「王其禕題跋」（陳建貢主編『金石研究（第3輯）』、陝西電子音像出版社、2021年3月、第238～239頁）
K1741	王江 2021	王江「王江題跋」（陳建貢主編『金石研究（第3輯）』、陝西電子音像出版社、2021年3月、第240～241頁）
K1742	王敬 2021	王敬「隴西李寶家族、爾朱榮與高歡時代的政治：以李彧之死爲綫索」（『長江師範學院學報』第37卷第2期、2021年3月、第76～81頁）
K1743	窪添慶文 2021	窪添慶文「北魏末・東魏の汎階と官僚の遷轉：穆良墓誌の檢討を中心に」（『立正大學文學部研究紀要』第37號、2021年3月、第69～91頁）
K1744	北村一仁 2021	北村一仁「新出墓誌から見た西魏・北周期の河東柳氏：柳虯とその家族」（『東洋史苑』第92・93合併號、2021年3月、第62～112頁）
K1745	大知聖子 2021	大知聖子「北魏墓誌の銘辭とその撰文：同一銘辭の問題を中心に」（『名古屋大學東洋史研究報告』第45號、2021年3月、第1～25頁）
K1746	張崇依 2021	張崇依「釋《隋李貴暨妻王氏墓誌》中的"骨"」（中國文字學會《中國文字學報》編輯部編『中國文字學報（第11輯）』、商務印書館、2021年4月、第213～215頁）
K1747	楊繼光等 2021	楊繼光・鞠雪「河南漢唐墓誌商補舉隅」（『綿陽師範學院學報』第40卷第4期、2021年4月、第70～74頁）
K1748	范兆飛 2021	范兆飛「中古早期譜系、譜牒與墓誌關係辨證」（『中國史研究』2021年第2期、第85～104頁）
K1749	陳鵬 2021	陳鵬「北朝頓丘李氏郡望形成考」（『中國史研究』2021年第2期、第105～122頁）
K1750	馬瑞 2021	馬瑞「釋"神祄"及其相關問題」（『西華師範大學學報（哲學社會科學版）』2021年第3期、第93～97頁）
K1751	張葳 2021	張葳「由隋唐潞州申屠氏所見中古的移民與聚落變遷」（武漢大學中國三至九世紀研究所編『魏晉南北朝隋唐史資料（第43輯）』、上海古籍出版社、2021年5月、第174～194頁）
K1752	潘堯 2021	潘堯「北齊和士開族姓來源考論」（馬建春主編『暨南史學（第22輯）』、暨南

		大學出版社、2021年5月、第12～17頁)
K1753	王強等2021	王強・譚帥「泰山羊氏考釋四題」(『泰山學院學報』2021年第3期、第21～27頁)
K1754	大同市考古研究所2021	大同市考古研究所「山西大同北魏賈寶墓發掘簡報」(『文物』2021年第6期、2021年6月、第23～37頁)
K1755	韓婷2021	韓婷「讀北齊《陸子瑩墓誌》札記」(『山西大同大學學報(社會科學版)』第35卷第3期、2021年6月、第53～56頁)
K1756	江如昊2021	江如昊「《全隋文補遺》錄文校補若干則」(『佳木斯職業學院學報』2021年第6期、第75～76頁)
K1757	胡湛2021	胡湛「北岳廟北魏《尉陵墓誌》《尉氏賀夫人墓誌》鴛鴦誌考」(楊麗靜編著『曲陽古代碑刻書法論集』、河北美術出版社、2021年6月、第58～68頁)
K1758	楊麗靜2021	楊麗靜「北岳廟藏"魏碑三品"書法美初探」(同編著『曲陽古代碑刻書法論集』、河北美術出版社、2021年6月、第77～83頁)
K1759	郭增民2021a	郭增民「《魏故侍中散騎常侍定州刺史司空邸公之碑》實考」(楊麗靜編著『曲陽古代碑刻書法論集』、河北美術出版社、2021年6月、第152～161頁)
K1760	郭增民2021b	郭增民「北岳廟北齊《邸珍碑》《邸珍墓誌》幷考」(楊麗靜編著『曲陽古代碑刻書法論集』、河北美術出版社、2021年6月、第162～175頁)
K1761	牛雪倩2021	牛雪倩「《魏故武邑郡君尉氏賀夫人墓誌銘》書風探析」(楊麗靜編著『曲陽古代碑刻書法論集』、河北美術出版社、2021年6月、第243～252頁)
K1762	霍佳凱等2021	霍佳凱・趙雨佳「淺析《魏故儀同三司定州刺史尉公墓誌銘》中俗字:兼談與《張玄墓誌》藝術特色比較」(楊麗靜編著『曲陽古代碑刻書法論集』、河北美術出版社、2021年6月、第253～262頁)
K1763	周阿根等2021	周阿根・董萌「《隋代墓誌銘彙考》文字校補」(臧克和主編『中國文字研究(第33輯)』、華東師範大學出版社、2021年6月、第123～128頁)
K1764	連文娟2021	連文娟「《新見北朝墓誌集釋》疑難詞彙考釋十則」(『大連大學學報』第42卷第3期、2021年6月、第40～44頁)
K1765	何山2021	何山「隋唐碑刻疑難字考釋十題」(北京師範大學文學院編『耕耘語言學刊(2021年第1輯/總第34輯)』、中華書局、2021年6月、第16～28頁)
K1766	夏炎2021	夏炎「《朱岱林墓誌》與魏晉南北朝青齊家族再認識」(『南開學報(哲學社會科學版)』2021年第3期、第166～177頁)
K1767	周沬如等2021a	周沬如・周曉薇「隋《韋甚墓誌》所見關中郡姓鏈接的婚姻關係」(『文博』2021年第3期、第82～85、81頁)

K1768	呂宏偉2021	呂宏偉「北齊安德郡功曹史明湛墓誌考」(『文物春秋』2021年第3期、第80～86頁)
K1769	段銳超2021b	段銳超「新見隋《長孫懿墓誌》考釋：兼以銘文作者沈警行迹看唐人小説的"史補"性」(『中國國家博物館館刊』2021年第7期、第99～114頁)
K1770	王強2021b	王強「泰山羊家幾方碑誌中的故事」(『中國書法』2021年第7期、第142～146頁)
K1771	寥新冬等2021	寥新冬・何山「北周及隋代碑誌俗字疏證十二則」(『巢湖學院學報』2021年第4期、2021年7月、第124～129頁)
K1772	周阿根2021	周阿根「墨香閣藏北朝墓誌錄文獻疑」(『江海學刊』2021年第4期、第146頁)
K1773	田熊敬之2021	田熊敬之「東魏北齊における漢人勳貴の一軌跡：堯氏一族墓誌を手がかりにして」(『中國出土資料研究』第25號、2021年7月、第1～28頁)
K1774	白艷章2021	白艷章「北朝墓誌俗字考釋」(『現代語文』2021年第8期、第37～41頁)
K1775	王玉來2021	王玉來「中古時期河東柳氏西眷的遷徙與嬗變」(杜文玉主編『唐史論叢(第33輯)』、三秦出版社、2021年9月、第133～147頁)
K1776	周曉薇等2021	周曉薇・王菁「東南之美："修禮議樂"的明克讓與平原明氏：新見隋開皇十四年《明克讓墓誌》疏證」(杜文玉主編『唐史論叢(第33輯)』、三秦出版社、2021年9月、第171～186頁)
K1777	宋志強2021	宋志強「北魏《賈寶墓銘》及其書法」(『雲岡研究』第1卷第3期、2021年9月、第66～79頁)
K1778	劉夢娜2021	劉夢娜「北魏《元純陀墓誌》考釋」(『大衆考古』2021年第4期、第56～58頁)
K1779	段銳超2021c	段銳超「北魏《元瞻墓誌》考釋與《二十五史補編》補正」(『寧夏大學學報(人文社會科學版)』第43卷第5期、2021年9月、第112～122頁)
K1780	李宗俊2021c	李宗俊「論北朝鮮卑姓氏的三次改易：從《拓跋昇墓誌》談起」(『中國邊疆史地研究』第31卷第3期、2021年9月、第171～180頁)
K1781	張新順等2021	張新順・張保民・任雙勇「隋代溫縣籍趙沖墓誌考」(『焦作師範高等專科學校學報』第37卷第3期、2021年9月、第4～6頁)
K1782	王學軍2021	王學軍「南北朝喪葬禮辭中的虚辭與僞辭：以《宋文元皇后哀策文》《臨洮王妃楊氏墓誌》爲例」(『重慶三峽學院學報』2021年第5期、第89～99頁)
K1783	王連龍等2021	王連龍・叢思飛「北魏平城時代高句麗移民史事考略：以《申洪之墓誌》爲綫索」(『考古與文物』2021年第5期、第91～96頁。また「北魏《申洪之買地券》"高梨高郁突"發凡」と改題し王連龍著『王若曰：出土文獻論集』、鳳凰

		出版社、2021年7月、第44～55頁)
K1784	周永研2021	周永研「新見隋代墓誌錄文覈正」(『江海學刊』2021年第5期、第153頁)
K1785	寧夏文物考古研究所2021	寧夏文物考古研究所「固原南郊發現的兩座北朝墓」(『中國國家博物館刊』2021年第10期、第6～16頁)
K1786	李孝正2021	李孝正「《席斐墓誌》淺析」(『青少年書法』2021年第10期、第34～38頁)
K1787	王婧2021	王婧「北魏比丘尼墓誌中女性形象的書寫策略」(『山西大同大學學報(社會科學版)』第35卷第5期、2021年10月、第53～57、62頁)
K1788	董文強等2021a	董文強・周曉薇「長安新見兩方隋代韋氏墓誌考釋」(黃留珠・賈二強編『長安學研究(第6輯)』、科学出版社、2021年10月、第45～54頁)
K1789	王其禕等2021a	王其禕・王菁「正本清源:新見隋代墓誌銘祛僞五種」(黃留珠・賈二強編『長安學研究(第6輯)』、科学出版社、2021年10月、第61～78頁)
K1790	周沫如等2021b	周沫如・周曉薇「隋代聘陳使主《韋爽墓誌》考述」(黃留珠・賈二強編『長安學研究(第6輯)』、科学出版社、2021年10月、第55～60頁)
K1791	徐超2021	徐超「固原出土的隋史射勿墓誌考」(『文物天地』2021年第10期、第39～42頁)
K1792	崔樹強2021	崔樹強「徐州新出隋《劉弘墓誌》及其書風考論」(『書法』2021年第10期、第84～95頁)
K1793	陝西省考古研究院2021	陝西省考古研究院「陝西西咸新區擺旗寨西魏莫魏墓發掘簡報」(『文物』2021年第11期、第4～30頁)
K1794	陝西省考古研究院等2021	陝西省考古研究院・咸陽師範學院・順陵文物管理所「陝西西咸新區朱家寨北周墓發掘簡報」(『文物』2021年第11期、第31～49頁)
K1795	張楊力錚2021	張楊力錚「西魏莫魏墓誌考釋」(『文物』2021年第11期、第83～89頁)
K1796	張永惠2021	張永惠「《漢魏六朝碑刻校注》釋文校讀札記」(武漢大學中國三至九世紀研究所編『魏晉南北朝隋唐史資料(第44輯)』、上海古籍出版社、2021年11月、第190～205頁)
K1797	馮鑫2021	馮鑫「東魏漢人武將上黨堯雄兄弟事迹考略」(『許昌學院學報』第40卷第6期、2021年11月、第6～11頁)
K1798	劉燦輝2021	劉燦輝「新見北魏《席詢墓誌》考略」(『書法』2021年第11期、第142～147頁)
K1799	谷圓園等2021	谷圓園・李亞輝「隋《明克讓墓誌》考釋」(『中國國家博物館館刊』2021年第11期、第33～44頁)
K1800	金溪2021	金溪「北魏墓誌文獻所見入北琅琊王氏:兼論宣武・孝明帝時期對待入北南人

		態度的轉變」(『嶺南學報（復刊第14輯）』、上海古籍出版社、2021年11月、第101～147頁)
K1801	劉軍2021	劉軍「北朝士族門閥制度探微：以勃海李氏家族爲例」(『内蒙古社會科學』第42卷第6期、2021年11月、第62～69頁)
K1802	叢鋭奇2021	叢鋭奇「北齊《朱岱林墓誌》拓本考」(『文物鑒定與鑒賞』2021年第22期、第34～36頁)
K1803	孟丹2021	孟丹「"元氏墓誌"對王羲之書風的繼承：以《元倪墓誌》爲例」(『美與時代（下）』2021年第11期、第74～76頁)
K1804	董文強等2021b	董文強・周曉薇「墓誌所見中古尉遲氏祖源建構與華夏認同」(『寧夏社會科學』2021年第6期、第196～203頁)
K1805	龍成松2021	龍成松「庾信《哀江南賦》"胡書之碣"新探：兼論中古民俗語碑刻文學」(『民族文學研究』2021年第6期、第5～15頁)
K1806	臺月2021	臺月「大同市博物館藏北魏乙弗氏文物研究」(文化遺產研究與保護技術教育部重點實驗室・西北大學絲綢之路文化遺產保護與考古學研究中心・邊疆考古與中國文化認同協同創新中心・西北大學唐仲英文化遺產研究與保護技術實驗室編『西部考古（第22輯）』、科學出版社、2021年12月、第126～134頁)
K1807	馬銘悦2021	馬銘悦「5世紀上半葉宗教文化對南北方取名的影響：以元忠暨妻司馬妙玉墓誌爲例」(文化遺產研究與保護技術教育部重點實驗室・西北大學絲綢之路文化遺產保護與考古學研究中心・邊疆考古與中國文化認同協同創新中心・西北大學唐仲英文化遺產研究與保護技術實驗室編『西部考古（第22輯）』、科學出版社、2021年12月、第135～144頁)
K1808	張海蛟等2021	張海蛟・侯曉剛「山西大同北魏賈寶墓（M13）相關問題的初步研究」(『雲岡研究』第1卷第4期、2021年12月、第39～46頁)
K1809	王萌2021a	王萌「世族意識與國家政治視角下的北魏元悛、元愔兄弟墓誌研究」(『雲岡研究』第1卷第4期、2021年12月、第68～79頁)
K1810	王萌2021b	王萌「北魏《元氏（馮邕妻）墓誌》考釋：以世族意識與國家政治爲視角」(中國魏晉南北朝史學會・山西大同大學雲岡文化生態研究院・大同平城北朝研究會編『北朝研究（第13輯）』、科學出版社、2021年12月、第31～41頁)
K1811	王書欽2021	王書欽「西魏《乙弗虬墓誌》補議」(西安碑林博物館編『碑林集刊（總第26輯）』、三秦出版社、2021年12月、第55～65頁)
K1812	梁偉2021	梁偉「墓誌文物保護與修復的探索：以西安碑林藏《元鑒墓誌》的保護修復爲例」(西安碑林博物館編『碑林集刊（總第26輯）』、三秦出版社、2021年12

		月、第346～353頁)
K1813	退之2021	退之「魏城陽宣王《拓跋忠墓誌》」(『書法』2021第12期、第142～147頁)
K1814	薛明輝2021	薛明輝「《張盛墓誌》釋讀」(『青少年書法』2021年第12期、2021年12月、第36～40頁)
K1815	傅清音等2021	傅清音・王其禕「新見隋皇甫顥墓誌及相關史實探析」(『華夏考古』2021年第6期、第86～95頁)
K1816	王其禕等2021b	王其禕・王菁「新見三種隋代墓誌銘附考」(陝西省社會科學院古籍整理研究所編、黨斌主編『古文獻整理與研究（第6輯）』、鳳凰出版社、2021年12月、第93～105頁)
K1817	李秋展等2021	李秋展・鄧新波「新出北魏邲勖墓誌簡考」(河南大學黃河文明與可持續發展研究中心主辦『黃河文明與可持續發展（第17輯）』、河南大學出版社、2021年12月、第194～199頁)
K1818	大同市考古研究所2022	大同市考古研究所「山西大同金家灣北魏邢合姜墓石槨調查簡報」(『文物』2022年第1期、2022年1月、第18～34頁)
K1819	李裕群2022	李裕群「佛殿的象徵：山西大同金家灣北魏佛教壁畫石槨」(『文物』2022年第1期、2022年1月、第52～61頁)
K1820	張慶捷2022	張慶捷「北魏乙弗莫瑰父子墓磚銘跋」(北京大學考古文博學院編『宿白紀念文集』、文物出版社、2022年1月、第236～246頁)
K1821	呼嘯2022	呼嘯「吐谷渾暉華公主夫婦墓出土銅器略談」(浙江省博物館編『東方博物（第80輯）』、上海書畫出版社、2022年1月、第37～42頁)
K1822	南麗江2022	南麗江「大同北魏浮雕彩繪石槨：見證民族融合交流」(『山西晚報』2022年1月23日)
K1823	李嘉妍2022	李嘉妍「東漢至北朝的墓葬石堂研究：兼論"寧懋石室"的形制與性質」(『故宮博物院院刊』2022年第1期、第117～130頁)
K1824	胡勝源2022	胡勝源「反宇文護聯盟的集結與離析：北周明帝朝的潛流」(『許昌學院學報』2022年第1期、第1～5頁)
K1825	陳薈宇等2022	陳薈宇・何山「《中國民間藏誌識讀》北朝墓誌錄文校補拾零」(『龍岩學院學報』第40卷第1期、2022年1月、第87～92頁)
K1826	西安文物保護考古院2022	西安市文物保護考古研究院「陝西西咸新區空港新城唐豆盧賢家族墓發掘簡報」(『考古與文物』2022年第1期、第43～58頁、封面)
K1827	李宗俊等2022	李宗俊・柴怡「新出隋豆盧賢與唐豆盧弘毅墓誌跋」(『考古與文物』2022年第1期、第98～102頁)

K1828	洛陽市文物考古研究院 2022	洛陽市文物考古研究院「洛陽定鼎北路北魏王曇慈墓發掘簡報」(『華夏考古』2022 年第 1 期、第 28～34 頁)
K1829	南澤 2022	南澤「尉氏家族墓誌研究」(『書法研究』2022 年第 1 期、第 157～178 頁)
K1830	謝振華 2022	謝振華「隱没的龜茲王：北魏慕容歸事迹考」(『西域研究』2022 年第 1 期、第 14～25、54 頁)
K1831	馬振穎 2022	馬振穎「辨僞存眞與去粗求精：以武威碑誌中的僞刻、翻刻與精拓爲例」(『敦煌學輯刊』2022 年第 1 期、第 198～208 頁)
K1832	劉森垚 2022	劉森垚「分流與衝突：中古達奚氏源流考述」(『中央民族大學學報（哲學社會科學版）』2022 年第 1 期、第 154～165 頁)
K1833	李宗俊 2022	李宗俊「《沮渠恩墓誌》與北涼政權相關問題」(『甘肅社會科學』2022 年第 1 期、第 146～153 頁)
K1834	丁宏武等 2022	丁宏武・劉偉強「新出北周劉義夫婦墓碑墓誌考釋」(『甘肅社會科學』2022 年第 1 期、第 154～161 頁)
K1835	孫淑芳 2022	孫淑芳「《大魏故持節龍驤將軍定州刺史王郡王謐墓誌銘》辯僞」(『文物鑒定與鑒賞』2022 年第 2 期上、第 38～40 頁)
K1836	張强 2022	張强「僧安『古意美學』多向實踐及『墓誌體』新概念：新發現的《李祖勳墓誌》及相關問題探討」(『中國書法』2022 年第 2 期、第 185～189 頁)
K1837	孫琪 2022	孫琪「《隋梁暄墓誌》及其書法藝術特色」(薛養賢・楊曉萍主編『遮蔽與再生：以西安交大博物館館藏墓誌爲中心』、西安交通大學出版社、2022 年 2 月、第 37～44 頁)
K1838	徐培華 2022	徐培華「《敦西縣開國公楊君之墓誌》考釋」(薛養賢・楊曉萍主編『遮蔽與再生：以西安交大博物館館藏墓誌爲中心』、西安交通大學出版社、2022 年 2 月、第 45～54 頁)
K1839	劉中偉 2022	劉中偉「懷仁丹揚王墓的年代與墓主探討」(『北方文物』2022 年第 2 期、第 28～38 頁)
K1840	趙世金 2022	趙世金「"北周迎后"及北周政權對甘州的經略：以碑刻史料爲中心」(『敦煌學輯刊』2022 年第 2 期、第 157～168 頁)
K1841	鄒芳望 2022	鄒芳望「高樹生夫婦墓誌與高歡家族之追崇先世・遷葬先塋」(『敦煌學輯刊』2022 年第 2 期、第 169～179 頁)
K1842	于芹 2022	于芹「李璧墓誌與拓本考辨」(『書法叢刊』2022 年第 2 期、第 35～41 頁、封底)
K1843	鄭州市文物考古	鄭州市文物考古研究院「河南滎陽市豫龍鎭北魏尹平墓發掘簡報」(『考古』2022

	院 2022	年第 3 期、第 41～58 頁）
K1844	高歌 2022	高歌「從墓龕銘文探討寶山靈泉寺隋唐時期的佛教宗派」（『中國國家博物館館刊』2022 年第 3 期、第 72～82 頁）
K1845	陳根遠 2022	陳根遠「北周彭陽公劉義墓碑誌石刻淺説」（『中國書法』2022 年第 3 期、第 170～172 頁）
K1846	王文婷等 2022	王文婷・王義「榆中新發現劉義夫婦碑誌書法藝術初探」（（『中國書法』2022 年第 3 期、第 172～179 頁）
K1847	岳鋒等 2022	岳鋒・錢斌「北周劉義墓碑及墓誌考釋」（『隴右文博』2022 年第 1 期、2022 年 3 月、第 3～9 頁）
K1848	錢斌等 2022	錢斌・岳鋒「周故儀同三司彭陽伯妻夫人李氏墓誌考釋」（『隴右文博』2022 年第 1 期、2022 年 3 月、第 10～14 頁）
K1849	鄧躍敏 2022	鄧躍敏「西魏姬買島・鄧子詢墓誌補釋」（『成都師範學院學報』第 38 卷第 3 期、2022 年 3 月、第 119～124 頁）
K1850	梶山智史 2022	梶山智史「稀見北朝墓誌輯録（五）」（『東アジア石刻研究』第 9 號、2022 年 3 月、第 102～139 頁）
K1851	河南省文物考古院等 2022	河南省文物考古研究院・三門峽市文物考古研究所・靈寶市文物保護管理所「河南靈寶北朝向氏家族墓發掘簡報」（『洛陽考古』2022 年第 2 期、第 3～14 頁）
K1852	安徽省文物考古所等 2022	安徽省文物考古研究所・淮南市博物館「安徽淮南錢郢孜北朝墓（M180、M370）發掘簡報」（『文物』2022 年第 4 期、第 25～39 頁）
K1853	劉苯峰等 2022	劉苯峰・郭宇琴「東魏郭欽墓誌銘考論」（程章燦主編『古典文獻研究（第 25 輯上卷）』、鳳凰出版社、2022 年 4 月、第 174～186 頁）
K1854	魏軍剛 2022a	魏軍剛「出土墓誌與五涼史研究」（『档案』2022 年第 4 期、2022 年 4 月、第 29～34 頁）
K1855	張穎慧 2022	張穎慧「南北朝碑誌典故詞考」（『貴州師範學院學報』第 38 卷第 4 期、2022 年 4 月、第 8～13 頁）
K1856	劉秀峰 2022a	劉秀峰「北魏李伯欽墓誌」（『書法』2022 年第 4 期、第 134～139 頁）
K1857	蘆會影等 2022	蘆會影・馮小紅「鄴城遺址周邊所見東魏北齊墓誌辨識」（『北方文物』2022 年第 3 期、第 91～100 頁）
K1858	沈國光 2022	沈國光「《東魏林連明墓誌》考釋：兼論北朝至唐林連氏的發展」（『河北師範大學學報（哲學社會科學版）』第 45 卷第 3 期、2022 年 5 月、第 142～149 頁）
K1859	吳慶等 2022	吳慶・劉孝珍「北魏時期"齊地"僑流豪族與區域社會變遷：以武威賈氏爲例」（『山東理工大學學報（社會科學版）』第 38 卷第 3 期、2022 年 5 月、第 75～

		82 頁)
K1860	王永平 2022	王永平「論入北南朝醫術人士之境遇及其影響」（『東岳論叢』第 43 卷第 5 期、2022 年 5 月、第 80〜100 頁）
K1861	于立松等 2022	于立松・林煦寧「《元楨墓誌》探賾」（『青少年書法』2022 年第 5 期、第 37〜43 頁）
K1862	古順芳等 2022	古順芳・呂曉晶「北魏平城墓葬出土石槨淺探」（『雲岡研究』第 2 卷第 2 期、2022 年 6 月、第 57〜74 頁）
K1863	袁洋 2022	袁洋「新見北齊《王盛墓誌》考」（『中國書法』2022 年第 6 期、第 165〜168 頁）
K1864	陳建貢 2022	陳建貢「陳建貢題跋」（陳建貢主編『金石研究（第 4 輯）』、陝西未來出版社有限責任公司、2022 年 6 月、第 210〜211 頁）
K1865	李忠魁 2022	李忠魁「北朝尉景一支家族世系及其相關問題考述：以《尉茂墓誌》《尉州墓誌》等爲例」（『雲岡研究』第 2 卷第 2 期、2022 年 6 月、第 81〜89 頁）
K1866	武夏 2022	武夏「晉陽北齊中低級官吏士洞墓研究」（教育部人文社會科學重點研究基地・吉林大學邊疆考古研究中心・邊疆考古與中國文化認同協同創新中心編『邊疆考古研究（第 31 輯）』、科學出版社、2022 年 7 月、第 208〜224 頁）
K1867	段銳超 2022	段銳超「隋《辛瑾墓誌》再探討：以李宗俊先生相關研究爲基礎」（『中北大學學報（社會科學版）』第 38 卷第 5 期、2022 年 7 月、第 36〜43、50 頁）
K1868	韋正 2022	韋正「大同北魏呂續墓石槨壁畫的意義：在漢晉北朝墓葬壁畫變遷的視野下」（『美術大觀』2022 年第 4 期、第 56〜60 頁）
K1869	魏軍剛 2022b	魏軍剛「北魏《沮渠樹焉墓誌》考釋」（『文博』2022 年第 4 期、第 68〜73、88 頁）
K1870	張長海 2022	張長海「北朝內遷士族的構建：以辛祥家族墓誌爲例」（『史志學刊』2022 年第 5 期、第 11〜18 頁）
K1871	蘇珂 2022	蘇珂「北魏末至唐初司馬興龍家族研究」（『鎮江高專學報』第 35 卷第 3 期、2022 年 7 月、第 78〜83 頁）
K1872	劉秀峰 2022b	劉秀峰「東魏《慕容鑒墓誌》」（『書法』2022 年第 7 期、第 136〜143 頁）
K1873	薛蘇晨 2022	薛蘇晨「北魏墓誌詞語考釋九則」（『遼寧工業大學學報（社會科學版）』第 24 卷第 4 期、2022 年 8 月、第 62〜64 頁）
K1874	管金粮 2022	管金粮「《新見隋唐墓誌集釋》釋文斠讀」（『現代語文』2022 年第 9 期、第 51〜56 頁）
K1875	姜寧 2022	姜寧「西魏淮安王元育考：以《拓跋育墓誌》爲中心」（『文化學刊』2022 年第

		9期、2022年9月、第244～247頁)
K1876	謝千欣等2022	謝千欣・王新利「《張玄墓誌》的美學意蘊及價值」(『雲岡研究』第2卷第3期、2022年9月、第75～78頁)
K1877	劉秀峰2022c	劉秀峰「北魏《李瞻墓誌》」(『書法』2022年第9期、第146～147頁)
K1878	劉軍2022a	劉軍「北魏皇甫驎墓誌與安定皇甫氏家族」(『故宮博物院院刊』2022年第9期、第51～60頁)
K1879	胡嚴培2022	胡嚴培「從《宋休墓誌》的出土談北齊楷書的書手問題」(『百科知識』2022年第9期、第19～21頁)
K1880	劉良超2022	劉良超「北魏《尹平墓誌》考」(『黃河・黃土・黃種人』2022年第20期、第49～52頁)
K1881	周沫如2022	周沫如「隋《韋甚墓誌》疏證：兼論韋氏南皮公房居葬地變遷」(杜文玉編『唐史論叢(第35輯)』、三秦出版社、2022年10月、第261～273頁)
K1882	劉燦輝等2022	劉燦輝・侯予「朴茂幷臻：新見隋《薛萬壽墓誌》書風」(『書法』2022年第10期、第146～151頁)
K1883	婁鈺傑2022a	婁鈺傑「新見陽翟磚文考述」(『青少年書法』2022年第10期、第37～38頁)
K1884	潘向東2022	潘向東「新見東魏《王光墓誌》《王釗碑》所見皇魏紀年考釋」(『中國國家博物館館刊』2022年第11期、第105～116頁)
K1885	劉軍2022b	劉軍「論北魏墓誌文末補記三代家世履歷現象」(『寧波大學學報(人文科學版)』第35卷第6期、2022年11月、第62～71頁)
K1886	張潔2022	張潔「東魏《贈代郡太守程哲碑》考」(『炎黃地理』2022年第11期、2022年11月、第71～74頁)
K1887	何慧芳等2022	何慧芳・盛越浦・郝君濤「隋大業十三年《元統師墓誌》考」(『洛陽考古』2022年第4期、第66～71頁)
K1888	達吾力江・叶爾哈力克2022	達吾力江・叶爾哈力克「中古入華胡人雙語墓誌書寫與祆教喪葬文化」(『歷史研究』2022年第6期、第95～116頁)
K1889	宋豔陽2022	宋豔陽「北齊修武縣蠶眞山居士道明墓誌考析」(『焦作師範高等專科學校學報』第38卷第4期、2022年12月、第1～3頁)
K1890	杜鵑花等2022	杜鵑花・周華・陳建軍「東魏北齊鄴都可考里坊的補錄與辨誤」(『三門峽職業技術學院學報』第21卷第4期、2022年12月、第9～15頁)
K1891	胡永等2022	胡永・呂彩萍・劉鋒・韓雪「仇池國文物界定之淺見」(『隴右文博』2022年第4期、2022年12月、第21～27頁)
K1892	王書欽2022	王書欽「新出西魏《尉遲伐墓誌》蠡測：兼議西魏一朝帝室與相府間之關係」

		（西安碑林博物館編『碑林集刊（總第27輯）』、三秦出版社、2022年12月、第1〜11頁）
K1893	馬志祥等2022	馬志祥・馬駿「隋《長孫汪墓誌》考釋」（西安碑林博物館編『碑林集刊（總第27輯）』、三秦出版社、2022年12月、第49〜56頁）
K1894	侯紀潤2022	侯紀潤「略論嵌入鐵環的墓誌蓋：以西安碑林博物館藏墓誌爲中心」（西安碑林博物館編『碑林集刊（總第27輯）』、三秦出版社、2022年12月、第283〜291頁）
K1895	王菁等2022	王菁・周曉薇「銘之琬琰：山西長治出土兩種隋代墓誌銘釋讀」（陝西歷史博物館編『陝西歷史博物館論叢（第29輯）』、三秦出版社、2022年12月、第244〜252頁）
K1896	王其禕等2022	王其禕・王菁「貞珉可傳：新見隋代墓誌銘四種札記」（陝西省社會科學院古籍整理研究所編、黨斌主編『古文獻整理與研究（第7輯）』、鳳凰出版社、2022年12月、第76〜88頁）
K1897	馮培紅2022	馮培紅「隋虞弘夫婦墓誌新校」（陝西省社會科學院古籍整理研究所編、黨斌主編『古文獻整理與研究（第7輯）』、鳳凰出版社、2022年12月、第89〜105頁）
K1898	劉琴麗2022	劉琴麗「魏《囗遐碑》當爲《長孫遐碑》考辨」（中國文化遺產研究院編『出土文獻研究（第21輯）』、中西書局、2022年12月、第301〜315頁）
K1899	王萌等2022	王萌・孟凡慧「洛陽時代的北魏宗室身份轉換與境遇：以《元子正墓誌》爲中心的研究」（中國人民大學北方民族考古研究所・中國人民大學歷史學院考古文博系編『北方民族考古（第14輯）』、科學出版社、2022年12月、第329〜341頁）
K1900	婁鈺傑2022b	婁鈺傑「新見陽翟磚文考述（二）」（『青少年書法』2022年第12期、第36〜37頁）
K1901	山西省考古研究院等2023	山西省考古研究院・運城市文物保護中心・萬榮縣文化和旅遊局「山西萬榮西思雅北魏薛懷吉墓發掘簡報」（『文物』2023年第1期、第4〜32頁）
K1902	武俊華2023	武俊華「北魏薛懷吉墓誌考釋」（『文物』2023年第1期、第70〜77頁）
K1903	李浩2023	李浩「新見柳宗元七世祖柳慶夫婦合祔誌初探」（『文獻』2023年第1期、2023年1月、第87〜101頁、封面3）
K1904	陳俊宇2023	陳俊宇「陳皇室成員入隋境遇研究：基於對隋唐相關墓誌的考辨」（『隴東學院學報』第34卷第1期、2023年1月、第37〜42頁）
K1905	董文強等2023	董文強・周曉薇「絲路貞珉：新出隋代《劉義碑》研讀」（『敦煌研究』2023年

		第1期、第101～110頁)
K1906	馮培紅 2023	馮培紅「魚與白：步落稽人東遷的混融與共生」(『西夏研究』2023年第1期、第12～41頁)
K1907	衛天琦 2023	衛天琦「新見北魏《裴經磚誌》及其書法藝術賞析」(『青少年書法』2023年第2期、第45～47頁)
K1908	張穎慧 2023	張穎慧「南北朝碑誌典故詞考釋十例」(『河西學院學報』第39卷第1期、2023年2月、第66～70頁)
K1909	劉軍 2023a	劉軍「新見北魏元泰墓誌的士族化書寫」(『文物季刊』2023年第1期、2023年3月、第91～96、128頁)
K1910	劉軍 2023b	劉軍「新出北魏裴經墓誌磚考略」(『雲岡研究』第3卷第1期、2023年3月、第38～44頁)
K1911	王萌 2023a	王萌「洛陽時代北魏宗室從北族貴族到士人的身份轉換與仕宦境遇：以元毓、元昉兄弟墓誌爲中心的研究」(『雲岡研究』第3卷第1期、2023年3月、第45～52頁)
K1912	王艷琪等 2023	王艷琪・馬志強「北齊墓誌中士人作品輯佚」(『雲岡研究』第3卷第1期、2023年3月、第53～58頁)
K1913	張強 2023	張強「書法風格：是"主體顯現"還是"被動追認"：僧安道壹書刊《崔幼妃墓誌》探討」(『書法研究』2023年第1期、2023年3月、第92～105頁)
K1914	錢久隆 2023	錢久隆「東魏北齊政權中的"西來武人"：從"督將家屬多在關西"說起」(『歷史教學』2023年第6期、2023年3月、第44～56頁)
K1915	吳洪琳等 2023	吳洪琳・張梓軒「十六國北朝時期的素和氏及和士開族屬問題」(『西域研究』2023年第2期、第16～25頁)
K1916	吳正浩等 2023	吳正浩・周偉洲「北魏《鄯乾墓誌》《鄯月光磚誌》與西域鄯善國」(『西域研究』2023年第2期、第38～45頁)
K1917	馬振穎等 2023a	馬振穎・陳晶晶「隋代孟顯達碑所涉北魏西魏史事考述：武威相關金石整理研究之一」(第39卷第2期、2023年3月、第18～25頁)
K1918	常麗麗 2023a	常麗麗「中古墓誌詞語考釋七則」(『現代語文』2023年第4期、第23～28頁)
K1919	張富春 2023	張富春「河南安陽新出隋代麴慶及夫人墓誌考釋兼論其意義」(『寶雞文理學院學報(社會科學版)』第43卷第2期、2023年4月、第64～68頁)
K1920	劉軍 2023c	劉軍「論北朝士族族內房支閥閱等第之分化：以清河崔氏烏水房爲例」(『管子學刊』2023年第2期、2023年4月、第118～128頁)
K1921	傅清音等 2023	傅清音・王治「西魏皇族墓誌與趙貴謀反案鉤沉」(黃留珠・賈二強主編『長安

		學研究（第 7 輯）』、上海古籍出版社、2023 年 4 月、第 104〜113 頁）
K1922	周曉薇等 2023	周曉薇・王菁「蒿風薤露：隋代墓誌磚十種跋尾：兼及隋代墓誌磚的歸理與分析」（黃留珠・賈二強主編『長安學研究（第 7 輯）』、上海古籍出版社、2023 年 4 月、第 114〜131 頁）
K1923	劉燦輝等 2023	劉燦輝・劉斐然「北魏《乞伏英娬墓誌》考略」『書法』2023 年第 5 期、第 148〜153 頁）
K1924	李世忠 2023	李世忠・唐紀北「民族融合背景下的文化認同：北魏郝勗墓誌考論」『吉林師範大學學報（人文社會科學版）』2023 年第 3 期、2023 年 5 月、第 68〜76 頁）
K1925	徐炯 2023	徐炯「國家圖書館藏《石暎墓誌》考略」『新世紀圖書館』2023 年第 5 期、2023 年 5 月、第 83〜88 頁）
K1926	王藝然 2023	王藝然「四方魏晉南北朝墓誌辨僞」『保定學院學報』第 36 卷第 3 期、2023 年 5 月、第 44〜48 頁）
K1927	楊繼光 2023a	楊繼光「《西南大學新藏墓誌集釋》校讀釋例」『保定學院學報』第 36 卷第 3 期、2023 年 5 月、第 56〜61 頁）
K1928	CCTV2023a	CCTV「步六孤亮夫婦墓發掘記」（CCTV 節目官網、2023 年 6 月 9 日）
K1929	王靜 2023a	王靜「中古石刻典故詞語例釋」『勵耘語言學刊』2022 年第 2 輯、2023 年 6 月、第 111〜124 頁）
K1930	薛蘇晨 2023	薛蘇晨「北魏墓誌疑難詞語考釋八則」『遼寧工業大學學報（社會科學版）』第 25 卷第 3 期、2023 年 6 月、第 61〜63 頁）
K1931	楊繼光 2023b	楊繼光「《西南大學新藏墓誌集釋》文字校理」（《古籍研究》編輯委員會編『古籍研究（2023 年上/總第 77 輯）』、鳳凰出版社、2023 年 6 月、第 130〜135 頁）
K1932	張春 2023	張春「《崔孝直墓誌》考釋」『雲岡研究』第 3 卷第 2 期、2023 年 6 月、第 69〜73 頁）
K1933	張偉藝 2023	張偉藝「北齊《李祖勳墓誌》及其書法價値」『雲岡研究』第 3 卷第 2 期、2023 年 6 月、第 74〜78 頁）
K1934	西安文物保護考古院等 2023	西安市文物保護考古研究院・西北大學文化遺產學院「西安長安區北周宇文鴻漸、宇文吉甫墓發掘簡報」『文物』2023 年第 6 期、第 4〜24 頁）
K1935	羅豐等 2023	羅豐・寧琰「北周宇文鴻漸、宇文吉甫墓誌考釋」『文物』2023 年第 6 期、第 82〜88、96 頁）
K1936	河北省文物考古研究院 2023	河北省文物考古研究院「河北唐縣東都亭、李家莊發現魏晉北朝墓葬」『文物春秋』2023 年第 3 期、第 32〜40 頁）
K1937	劉秀峰 2023a	劉秀峰「隋《祕丹墓誌》」『書法』2023 年第 6 期、第 155〜159 頁）

K1938	郭保平 2023	郭保平「《齊故武都太守孫君墓誌銘》考釋」（山西省博物館協會博物館學專委會編『"文物保護利用與文化自信自強"學術研討會論文集』、山西省博物館協會、2023年6月、第31～37頁）
K1939	鄒芳望 2023	鄒芳望「"層累造成"的高歡家族世系：以高氏家族墓誌所見"飾官"與"改名"爲中心」（『敦煌學輯刊』2023年第2期、第193～204頁）
K1940	胡芳 2023	胡芳「吐谷渾與西秦、柔然和東魏的聯姻關係：以《吐谷渾暉華公主墓誌》爲媒介」（『中國士族』2023年夏季號、第60～65頁）
K1941	楊建虎 2023	楊建虎「北齊《婁叡墓誌》發覆：以"復古"現象爲中心的探討」（『中國美術研究』2023年第2期、第129～132、146頁）
K1942	會田大輔 2023a	會田大輔「北周侍衛の起家基準：韋孝寬一族の墓誌を糸口に」（『中國出土資料研究』第27號、2023年6月、第24～50頁）
K1943	劉軍 2023d	劉軍「新見張弁墓誌與北魏清河張氏家族」（『河北師範大學學報（哲學社會科學版）』第46卷第4期、2023年7月、第165～173頁）
K1944	馬振穎等 2023b	馬振穎・鄭炳林「與敦煌有關的北周隋代裴氏墓誌三種集釋」（郝春文主編『敦煌吐魯番研究（第22卷）』、上海古籍出版社、2023年7月、第113～127頁）
K1945	李煜東 2023a	李煜東「北魏《邢巒墓誌》研究」（『地域文化研究』2023年第5期、第103～109頁）
K1946	謝振華 2023	謝振華「淮荒擾動與南北對立之際的郁洲：以新出《北魏尹平墓誌》爲中心」（『安徽大學學報（哲學社會科學版）』2023年第4期、第61～68頁）
K1947	安陽文物考古所等 2023	安陽市文物考古研究所・河南省文物考古研究院「河南安陽隋代麴慶夫婦合葬墓的發掘」（『考古學報』2023年第3期、第393～434頁、圖版1～16）
K1948	曹建國 2023	曹建國「北魏牧官選任變化：以《楊椿墓誌》爲中心」（『蘭臺世界』2023年第8期、第157～160頁）
K1949	趙娜 2023	趙娜「淺析北魏《尹祥墓誌》」（『收藏與投資』2023年第8期、第110～112頁）
K1950	魏斌 2023	魏斌「孝思與神仙：雲峰諸山北朝題刻的形成」（『中國史研究』2023年第3期、2023年8月、第89～106頁）
K1951	劉瑞鵬 2023	劉瑞鵬「"太和改制"視域下《霍揚碑》書風源流考述」（『中國美術研究』2023年第2期、2023年8月、第122～128頁）
K1952	宋志強等 2023	宋志強・王輝輝「北魏韓受洛拔妻邢合姜墓銘考述」（中國古都學會編『中國古都研究（2022年第1期・總42輯）』、三秦出版社、2023年8月、第31～37頁）
K1953	董憲臣等 2023	董憲臣・鄭邦宏「柳帶韋墓誌釋文補正」（臧克和主編『中國文字研究（第37

		輯)』、華東師範大學出版社、2023年9月、第88～90頁)
K1954	劉軍2023e	劉軍「北齊尉氏家族的門第建構與華夏認同」『甘肅社會科學』2023年第5期、第1～9頁)
K1955	蘭大敦煌學研究所等2023	蘭州大學敦煌學研究所・甘肅省文物考古研究所・甘肅省文物資料信息中心・榆中縣博物館「甘肅榆中隋代劉義夫婦合葬墓發掘簡報」『考古與文物』2023年第4期、第52～63頁)
K1956	李曉東2023	李曉東「《臨洮王妃楊氏墓誌》考釋」『文物鑒定與鑒賞』2023年第8期下、第22～25頁)
K1957	CCTV2023b	CCTV「《探索・發現》北周宇文覺墓」(CCTV節目官網、2023年9月11日)
K1958	李煜東2023b	李煜東「新出《李稚華墓誌》與魏周時期的隴西李氏」『雲岡研究』第3卷第3期、2023年9月、第58～63頁)
K1959	鮑智2023	鮑智「北魏《胡玄輝墓誌》考釋」『雲岡研究』第3卷第3期、2023年9月、第64～68頁)
K1960	劉軍2023f	劉軍「從《崔楷墓誌蓋》看北朝士族的門第婚」(河南博物院編『博物館探索(第1輯)』、大象出版社、2023年9月、第63～68頁)
K1961	趙京娜2023	趙京娜「海日樓舊藏北魏《高植墓誌》清拓本」(陳建貢主編『金石研究(第6輯)』、陝西未來出版社有限責任公司、2023年9月、第89～95頁)
K1962	任乃宏2023	任乃宏「西晉《游述碑》與東魏《游松墓誌》補釋」(陳建貢主編『金石研究(第6輯)』、陝西未來出版社有限責任公司、2023年9月、第230～237頁)
K1963	徐藝萌2023a	徐藝萌「共同體視野下中古獨孤氏墓誌中漢族先祖認同」『寧夏師範學院學報』第44卷第9期、2023年9月、第11～15頁)
K1964	徐藝萌2023b	徐藝萌「論隋唐成氏的華夏祖先認同：以出土墓誌爲中心」『唐山師範學院學報』第45卷第5期、2023年9月、第67～71頁)
K1965	會田大輔2023b	會田大輔「拓跋初の死：西魏宗室の肅清と歷史叙述」『駿臺史學』第179號、2023年9月、第45～66頁)
K1966	梁春勝等2023	梁春勝・劉日照「六朝石刻疑難字例釋」『古漢語研究』2023年第4期、第35～45頁)
K1967	趙占銳等2023	趙占銳・鄭旭東「試析隋王韶家族墓園的布局特徵和營建過程」『文博』2023年第5期、第61～66、24頁)
K1968	羅紅勝2023	羅紅勝「隋解方保墓誌」『中國書法』2023年第10期、第98～99頁)
K1969	張夢儒2023	張夢儒「王褒書《李稚華墓誌》考」『書法』2023年第10期、第186～189頁)
K1970	劉嘯2023	劉嘯「從職位到官位：以魏晉南北朝的中正爲例」『文史哲』2023年第5期、

		第106～121頁）
K1971	樓勁2023	樓勁「《封魔奴墓誌》釋疑："崔浩之獄"研究的又一綫索」（『中國文化』第58期（2023年秋季號）、2023年10月、第324～332頁）
K1972	趙世金2023	趙世金「新見北周《獨孤渾建墓誌》考釋」（周偉洲主編『西北民族論叢（第23輯）』、社會科學文獻出版社、2023年10月、第109～122頁）
K1973	楊浩燁2023	楊浩燁「東魏北齊封王人物墓誌的文本考論：兼談高潤墓誌的文本結構」（董勁偉・秦飛・王紅利・鞠賀主編『中華歷史與傳統文化論叢（第7輯/2022年卷）』、燕山大學出版社、2023年10月、第238～252頁）
K1974	馬振穎等2023c	馬振穎・黃瑞娜「敦煌新出土《隋鄯善郡司馬張毅墓誌》考釋：敦煌相關金石整理研究之三」（『西域研究』2023年第4期、第80～86頁）
K1975	張存良2023	張存良「《固原歷代碑刻選編》校讀記」（中國歷史文獻研究會編『歷史文獻研究（總第51輯）』、廣陵書社、2023年11月、第252～270頁）
K1976	常麗麗2023b	常麗麗「中古石刻文獻補訂《漢語大詞典》十四則」（『樂山師範學院學報』第38卷第11期、2023年11月、第43～48頁）
K1977	劉永瑞2023	劉永瑞「北魏乙弗貳虎妻陽平長公主銘記考」（『大眾考古』2023年第11期、第39～43頁）
K1978	徐錦順2023	徐錦順「寧懋石室、墓誌相關問題研究」（『藝術探索』第37卷第6期、2023年11月、第66～73頁）
K1979	呂偉濤2023	呂偉濤「普六如徹之的兩盒墓誌」（『藝術博物館』2023年第6期、2023年11月、第21～28頁）
K1980	退之等2023	退之・馮嘉欣「北魏《元祉墓誌》」（『書法』2023年第11期、第160～165頁）
K1981	張金龍2023	張金龍「"北齊張譴墓誌"辨僞」（『文史哲』2023年第6期、第97～112頁）
K1982	謝擇墨等2023	謝擇墨・李洪智「《司馬昞墓誌》異寫字的類型及成因研究」（『大學書法』2023年第6期、第135～141頁）
K1983	周宗旭等2023	周宗旭・龍仕平「隋《祕丹墓誌》釋文補正：兼論題名及其他」（『書法』2023年第12期、第188～191頁）
K1984	陝西省考古研究院2023	陝西省考古研究院「陝西西咸新區空港新城隋盧詮墓發掘簡報」（『文博』2023年第6期、第11～24頁）
K1985	趙汗青等2023	趙汗青・鄭旭東・馬倩娜「隋盧詮墓誌考釋」（『文博』2023年第6期、第78～84頁）
K1986	段曉莉2023	段曉莉「北齊《高孝瑜墓誌》考釋」（『雲岡研究』第3卷第4期、2023年12月、第86～90頁）

K1987	何鑫 2023	何鑫「《蘇孝慈墓誌》辨疑三論」(『中國書法』2023 年第 12 期、第 39～46 頁)
K1988	羅輥哲 2023	羅輥哲「"庫真"與"庫直":一個中古時期外語音譯詞的考辨」(程章燦主編『古典文獻研究(第 26 輯下卷)』、鳳凰出版社、2023 年 12 月、第 288～298 頁)
K1989	李煜東 2023c	李煜東「洛陽出土北魏《楊機墓誌》及《梁氏墓誌》補論」(『洛陽師範學院學報』第 42 卷第 12 期、2023 年 12 月、第 64～66 頁)
K1990	段毅 2023	段毅「豆盧恩家族墓地新出土墓誌集釋」(西安碑林博物館編『碑林集刊(總第 28 輯)』、三秦出版社、2023 年 12 月、第 1～15 頁)
K1991	王書欽 2023	王書欽「新出北周宇文秀夫妻墓誌考略:兼議沌口之戰和南北內廷之帝相鬥爭」(西安碑林博物館編『碑林集刊(總第 28 輯)』、三秦出版社、2023 年 12 月、第 16～28 頁)
K1992	王一鑫 2023	王一鑫「東魏《祖孝隱墓誌》輯考」(西安碑林博物館編『碑林集刊(總第 28 輯)』、三秦出版社、2023 年 12 月、第 94～102 頁)
K1993	周曉薇 2023a	周曉薇「隋開皇八年《李士謙墓誌》新證」(西安碑林博物館編『碑林集刊(總第 28 輯)』、三秦出版社、2023 年 12 月、第 103～110 頁)
K1994	楊瑋燕 2023	楊瑋燕「隋《楊欽墓誌》考釋」(西安碑林博物館編『碑林集刊(總第 28 輯)』、三秦出版社、2023 年 12 月、第 111～116 頁)
K1995	劉秀峰 2023b	劉秀峰「北齊《可朱渾孝裕墓誌》」(『書法』2023 年第 12 期、第 157～161 頁)
K1996	魏軍剛 2023a	魏軍剛「東魏《麴神墓誌》與西平麴氏家族的佛教信仰」(『佛教研究』2023 年第 2 期、2023 年 12 月、第 10～22 頁)
K1997	魏軍剛 2023b	魏軍剛「出土文獻所見十六國爵號輯考」(『高原文化研究』2023 年第 4 期、2023 年 12 月、第 33～54 頁)
K1998	梁春勝 2023	梁春勝「北魏呂達、呂通、呂仁三方墓誌真偽辨析」(曾憲通主編『華學(第 13 輯)』、中西書局、2023 年 12 月、第 186～194 頁)
K1999	王靜 2023b	王靜「中古石刻典故詞語釋讀四則」(浙江大學漢語史研究中心編『漢語史學報(第 29 輯)』、上海教育出版社、2023 年 12 月、第 128～137 頁)
K2000	王治等 2023	王治・傅清音「新見西魏文帝嬪席暉華墓誌及相關問題探析」(陝西省社會科學院古籍整理研究所編、黨斌主編『古文獻整理與研究(第 8 輯)』、鳳凰出版社、2023 年 12 月、第 134～141 頁)
K2001	周曉薇 2023b	周曉薇「新見兩方隋代弘農楊氏墓誌叢識」(陝西省社會科學院古籍整理研究所編、黨斌主編『古文獻整理與研究(第 8 輯)』、鳳凰出版社、2023 年 12 月、第 142～147 頁)

K2002	顧冰峰 2023	顧冰峰「《新出魏晉南北朝墓誌疏證》(修訂本) 校考及補正」(陝西省社會科學院古籍整理研究所編、黨斌主編『古文獻整理與研究 (第8輯)』、鳳凰出版社、2023年12月、第243～256頁)
K2003	王萌 2023b	王萌「歷史記憶整合與文化族群選擇視角下的北魏奚智、奚眞父子墓誌研究」(中國魏晉南北朝史學會・山西大同大學雲岡文化生態研究院・大同平城北朝研究會編『北朝研究 (第14輯)』、科學出版社、2023年12月、第9～22頁)
K2004	周雙林 2023	周雙林「關於南北朝時期范陽祖氏的幾個問題」(中國魏晉南北朝史學會・山西大同大學雲岡文化生態研究院・大同平城北朝研究會編『北朝研究 (第14輯)』、科學出版社、2023年12月、第50～58頁)
K2005	周曉薇 2023c	周曉薇「玉志留踪：新見隋代墓誌銘四種題跋」(陝西歷史博物館編『陝西歷史博物館論叢 (第30輯)』、三秦出版社、2023年12月、第252～259頁)
K2006	陳晶晶等 2023	陳晶晶・馬振穎「兩方隋唐時期的河東裴氏墓誌考：兼校『新唐書・宰相世系表』洗馬裴氏世系」(陝西歷史博物館編『陝西歷史博物館論叢 (第30輯)』、三秦出版社、2023年12月、第271～279頁)
K2007	陳錦清 2023	陳錦清「庾信の碑誌の源流について：「鄿州都督蕭子昭碑銘」との關連を中心に」(『人間・環境學』第32卷、2023年12月、第231～244頁)

新編北朝隋代墓誌所在總合目錄

北朝(386-581)

北魏(386-534)

No.	墓誌名稱	紀年	出土地	現藏場所	A 目錄	B 集釋	C 北圖拓· 新中國	D 彙編
1	滑景墓誌	始光元年(424) 正月18日	河北 蠡縣					
2	張正子父母 鎮墓石	延和2年(433) 10月26日	內蒙 呼和 浩特	個人藏	北朝集存30			
3	破多羅(賀 多羅)母□ 氏墓誌	太延元年(435) 8月	山西 大同	大同市考 古研究所	碑索3-1329			
4	萬縱□及妻 樊合會墓誌	太延2年(436) 4月9日			碑索3-1330;北朝集存30		3-3	35 修53
5	苟頭赤魯墓 券	太延2年(436) 9月4日	甘肅 靈臺		日本193			
6	張愈墓券	太延3年(437) 5月28日	山西 朔州	個人藏	北朝集存344			
7	孫恪墓誌	正平元年 (451)?	山西 大同		碑索3-1332;北朝集存30			
8	韓弩眞妻王 億變墓誌碑	興安3年(454) 正月26日	山西 大同		碑索3-1332;北朝集存30			
9	呂續墓誌	太安2年(456) 正月23日	山西 大同					
10	尉遲定州墓 券	太安3年(457) 2月16日	山西 大同	大同市考 古研究所	碑索3-1333;北朝集存30			
11	許胤墓誌	太安3年(457) 2月28日						
12	解興墓誌	太安4年(458) 4月6日	山西 大同?	西京文化 博物館	北朝集存30			
13	乙弗莫瓌墓 誌	太安4年(458) 4月21日						
14	邵遠墓誌	太安5年(459)	河北 獻縣	獻縣文物 保管所	碑索3-1334;北朝集存32			
15	毛德祖妻張 智朗墓誌	和平元年(460) 7月25日	山西 大同		碑索3-1334;北朝集存32			
16	梁拔胡墓誌	和平2年(461) 3月15日	山西 大同		碑索3-1335;北朝集存32			

E 全文・補遺	F 疏證・墨香閣	G 碑校	H 集成	I 叢考	J その他の圖書	K 論文等	No.
						魏寬成2018	1
		3-223				張麗華2005	2
			46		平城書迹261;圖裝29	大同市考古研究所2006a;趙瑞民等2006;殷憲2006c;張慶捷2007;殷憲2009b;趙海麗2011a;宋馨2012;殷憲2014b;張金龍2019b	3
魏補82			46		磚刻0917;全集北魏1-3		4
魏補687					券研162;石刻法律137		5
					大全朔城6		6
			985		大全南郊5;秦晉豫續36;平城書迹48;山西北朝1;持志齋拓8	殷憲2000;殷憲2014b;殷憲2016b;梶山智史2017	7
			47		大全南郊6;平城書迹52;山西北朝6;持志齋拓10	殷憲1999;殷憲2000;殷憲2014b;梶山智史2017	8
						南麗江2022;韋正2022	9
					石刻法律168;平城書迹55;隨葬文書394;券輯110	大同市考古研究所2011;殷憲等2011;宋馨2012;殷憲2014b;郝軍軍2014;古順芳等2022	10
					秦晉豫三46		11
			47			張慶捷2016b;梶山智史2017	12
					金石爲開140	朱明歧2020;臺月2021;張慶捷2022;梶山智史2022	13
			47		滄州1;河閒71;獻縣5	梶山智史2017	14
			47		平城書迹58	持志等2014;梶山智史2017;古順芳等2022	15
			48		平城書迹266	張慶捷2009;張慶捷2011;宋馨2012;殷憲2014b;山西省考古研究所等2015a;梶山智史2017	16

No.	墓誌名稱	紀年	出土地	現藏場所	A 目錄	B 集釋	C 北圖拓・新中國	D 彙編
17	邸元明(邸遷)墓碑	和平3年(462)6月12日		北岳廟	淑德28;碑索3-1335;日本195			
18	邸香妻張氏墓誌(2種)	和平5年(464)			碑索3-1336			
19	叱干渴侯墓誌	天安元年(466)11月26日	山西大同	大同市考古研究所	碑索3-1336;北朝集存32			
20	張略墓誌碑	皇興2年(468)11月13日	遼寧朝陽	朝陽市博物館	碑索3-1337;北朝集存32			
21	魚玄明墓誌	皇興2年(468)11月19日			題跋131;檢要45/修29;北大目9;碑索3-1337;北朝集存32	漢魏582		35 修53
22	黃鑒墓誌	皇興3年(469)5月25日	北京房山	北京市文物研究所				
23	韓猛妻馬氏墓誌	皇興3年(469)10月20日	河南洛陽?		洛續3;碑索3-1338;北朝集存32			
24	韓受洛拔妻邢合姜墓誌碑	皇興3年(469)丁卯(閏9月?11月?)朔辛酉		北朝藝術研究院	碑索3-1339;北朝集存32			
25	申洪之墓券(墓誌)	延興2年(472)10月5日	山西大同	大同市博物館	晉目大同1;碑索3-1339;北朝集存32;日本197			
26	王源妻曹氏墓誌	延興3年(473)11月8日			碑索3-1340;北朝集存34			
27	謝過酋念妻大沮渠樹昌墓誌	延興4年(474)3月11日		北朝藝術研究院	碑索3-1340;北朝集存34			
28	司馬金龍妻欽文姬辰墓誌	延興4年(474)11月27日	山西大同		檢要46/修30;四十年12;碑索3-1340;北朝集存34			35 修53
29	陳永及妻劉氏墓誌	延興6年(476)6月7日	山西大同	陽高縣文物管理所	碑索3-1341;北朝集存34			
30	封道珍墓誌	承明元年(476)11月24日	甘肅西和	西和縣博物館				
31	郭孟紹墓券	太和元年(477)2月10日	陝西長武	咸陽市文管會				

E 全文・補遺	F 疏證・墨香閣	G 碑校	H 集成	I 叢考	J その他の圖書	K 論文等	No.
		3-239			曲陽北岳95;燕趙170;平城書迹36	趙生泉2004a;張永強2009;梁松濤等2013;尚磊明2014;殷憲2014b;張永強2014;章紅梅2014;梁春勝2014b;張亞芳等2015;羅小如2015;郭增民2017;王紹宇2019;楊麗靜2021;張永惠2021	17
							18
			48		平城書迹66	殷憲2006b;張志忠等2006;大同市考古研究所2006c;宋馨2012;梶山智史2017	19
魏補82	48 修49		48	239	朝陽文物86;遼寧碑誌332;遼寧志續345	遼寧省文物考古所等1995;梁春勝2011a;王力春2011;仇鹿鳴2016;朱艷桐2017;魏軍剛2022a;魏軍剛2023b	20
		3-244	49		磚刻0919		21
					北京報告92;北京房山175	南水北調考古工作隊2006;梶山智史2022	22
			49		拾零15;全集北魏1-6	梶山智史2019	23
			49		北朝院74	大同市考古研究所2022;李裕群2022;古順芳等2022;宋志強等2023	24
			985	400	券研136;大全南郊7;石刻法律172;平城書迹70;隨葬文書396;山西北朝8;券輯115;持志齋拓20	日比野丈夫1977;池田溫1981;殷憲1998;殷憲1999;殷憲2000;侯旭東2008;羅新2010;魯西奇2010;殷憲2014b;梶山智史2019;章紅梅2020;王連龍等2021;魏軍剛2023b	25
			49		磚刻0920		26
			49		北朝院76;涼州425	朱艷桐2019;魏軍剛2022a;魏軍剛2022b;魏軍剛2023b	27
魏補83			50		山西概覽50;大全南郊9;平城書迹74;絲路紀影129;瑯琊王171;山西档案13-155;山西北朝14;持志齋拓22	山西省大同市博物館等1972;殷憲1999;殷憲2000;羅新2004;張金龍2006;張銘心2008a;張銘心2008b;張學鋒2014;殷憲2014b;梁建波2015;張葳2019	28
			50		平城書迹78;持志齋拓31	殷憲2000;張志忠等2006;殷憲2014b;梶山智史2016;梶山智史2017	29
					隴南萃編65	胡永等2022	30
魏補689		3-254		297;409;410;856	券研167;石刻法律178	劉慶柱1983;冨谷至1987;梁春勝2011b	31

No.	墓誌名稱	紀年	出土地	現藏場所	A 目錄	B 集釋	C 北圖拓・新中國	D 彙編
32	賈寶墓誌碑	太和元年(477)10月10日	山西大同	大同市考古研究所				
33	上官何陰妻劉妙娥墓誌	太和元年(477)11月20日	河南洛陽		檢要46/修30;洛目4;時地a20/b10;北大目9;碑索3-1341;北朝集存34			
34	宋紹祖墓誌	太和元年(477)	山西大同		碑索3-1342;北朝集存34			
35	王朝陽墓誌	太和3年(479)4月			淑德70;碑索3-1343;北朝集存34;日本198			
36	劉英妻楊玬墓誌	太和4年(480)10月	陝西西安		檢要47/修31;碑索3-1344;北朝集存34			
37	孫惲墓誌	太和5年(481)6月4日	山西大同		碑索3-1345;北朝集存34			
38	朱元柏墓誌	太和7年(483)	陝西西安					
39	史小磁妻□氏墓誌	太和8年(484)8月			碑索3-1348;北朝集存36			
40	楊衆度墓誌	太和8年(484)11月1日	山西大同	大同市考古研究所?	碑索3-1347;北朝集存34			
41	司馬金龍墓表幷墓誌碑	太和8年(484)11月16日	山西大同	山西博物院(墓表);大同市博物館(墓誌碑)	檢要48/修31;四十年13;晉目大同1;北大目9;碑索3-1345;北朝集存36;日本199			35修54
42	□君(秦州刺史)墓誌	太和8年(484)	山西大同		北朝集存36			
43	乙弗貳虎妻阿若益腰墓誌	太和9年(485)正月2日	山西朔州					
44	黃聰墓誌	太和11年(487)7月8日	北京房山	北京市文物研究所				
45	董富妻郭氏墓誌	太和12年(488)2月30日			碑索3-1348;北朝集存36			
46	王阿瞋墓誌	太和14年(490)9月23日	陝西西安	西安碑林博物館	碑索3-1348;北朝集存36		陝西貳434	
47	屈突隆業墓誌	太和14年(490)11月3日	山西大同		碑索3-1349;北朝集存36			
48	陽成惠也拔墓誌	太和14年(490)11月	山西大同		北朝集存36			
49	呂鳳墓誌	太和15年(491)5月15日	河南洛陽		檢要49/修32;時地a20/b10;碑索3-1349;北朝集存36			

E 全文・補遺	F 疏證・墨香閣	G 碑校	H 集成	I 叢考	J その他の圖書	K 論文等	No.
						大同市考古研究所2021;宋志強2021;張海蛟等2021	32
			51		磚刻0922		33
魏補83	50 修50	3-258	51		磚刻0923;平城書迹82	山西省考古研究所等2001b;張慶捷等2001;張海嘯2001;張海嘯2005;張志忠等2006;宋馨2012;殷憲2014b;古順芳等2022	34
							35
							36
			52			殷憲2012b;梶山智史2017	37
						西北大文化遺產學院等2018	38
魏補84			53				39
			53		平城書迹90	大同市考古研究所2006b;張志忠等2006;張志忠2006;殷憲2007;李憑2009;宋馨2012;殷憲2014b;梶山智史2017	40
魏補83		3-266	52		集萃7-3;法全北誌42;山西概覽51;北大新拓64;大全南郊11;平城書迹86;瑯琊王169;山西檔案13-154・159;山西北朝19;北精粹北魏1-1;持志齋拓32	山西省大同市博物館等1972;殷憲1999;室山留美子2006;張銘心2008;宋馨2012;張學鋒2014;殷憲2014b;梶山智史2016;范兆飛2020	41
						殷憲2016c	42
						臺月2021;張慶捷2022;劉永瑞2023	43
					北京報告96;北京房山175		44
魏補84			53		紀年墓82	石戰軍1996	45
魏補84			54				46
		3-274	54		磚刻0924;平城書迹94	殷憲2005;張志忠等2006;梶山智史2016;大同市考古研究所2019	47
					平城書迹97;持志齋拓51		48
							49

No.	墓誌名稱	紀年	出土地	現藏場所	A 目錄	B 集釋	C 北圖拓·新中國	D 彙編
50	黃豐直等墓券	太和15年(491)	河北唐縣	河北省文物考古研究院				
51	蓋天保墓誌	太和16年(492)2月29日	山西大同		碑索3-1349;北朝集存38			
52	殘墓誌(雍州京兆人)	太和18年(494)7月13日			檢要50/修32;碑索3-1350;北朝集存38			
53	嚴德蚝墓誌	太和18年(494)9月1日	河北定興	定興縣文管所	碑索3-1350;北朝集存38			
54	賈難生墓誌	太和18年(494)	山西大同		北朝集存38			
55	馮誕墓誌	太和19年(495)5月4日	河南洛陽	個人藏	碑索3-1351;北朝集存38			
56	趙阿猛妻石定姬墓誌	太和19年(495)9月□日	河北唐縣		北大目10;碑索3-1352;北朝集存38		3-24	
57	馮熙墓誌	太和19年(495)12月26日	河南洛陽	洛陽龍門博物館	洛續3;碑索3-1352;北朝集存38			
58	郭奴墓誌	太和19年(495)						
59	牛天護妻邢□香墓誌	太和20年(496)4月1日	河北任丘	任丘市文物保護所				
60	惠□□墓誌	太和20年(496)11月7日			北大目10;碑索3-1353;北朝集存40			
61	許萬□墓券	太和20年(496)11月20日	甘肅清水		北朝集存38			
62	元楨墓誌	太和20年(496)11月26日	河南洛陽	西安碑林博物館	題跋131;檢要51/修33;史語所3;北圖目5;洛目4;時地a20/b10;北大目10;淑德70;陝目提要13;碑索3-1353;北朝集存40;日本204	漢魏132	3-30	36 修54
63	黃零□墓誌	太和20年(496)12月26日	河北唐縣	河北省文物考古研究院				
64	李元茂墓誌	太和20年(496)12月26日(遷葬時期不明)	河北贊皇					
65	李徐墓誌	太和21年(497)2月3日			碑索3-1354;北朝集存40			

E 全文・補遺	F 疏證・墨香閣	G 碑校	H 集成	I 叢考	J その他の圖書	K 論文等	No.
						河北省文物考古研究院2023	50
			54		平城書迹102	殷憲2008a;李憑2009;殷憲2009a;李憑2010;殷憲2014b;梶山智史2017	51
							52
			54		保定誌1;燕趙476	梶山智史2015	53
					平城書迹97;持志齋拓52		54
			55	40	秦晉豫13;誌法精選6;全集北魏1-16	窪添慶文2013a;劉連香2016b;梶山智史2017	55
魏補84			56		磚刻0925;燕趙478;全集北魏1-20		56
			56		秦晉豫14;萊山館藏55;平城書迹106;全集北魏1-18;洛誌研17	李風暴2010;趙君平2010b;趙海麗2011b;宮大中2011b;窪添慶文2012;佐川英治2012;窪添慶文2013a;梶山智史2016;劉連香2016b;殷憲2016d;梶山智史2017;徐冲2017	57
					隴南萃編69		58
					任丘5		59
			56		磚刻0926		60
					天水文史1;清水12;北大新續117	張馳2019b	61
魏補84		3-293	57		精華15;英華1;集萃7-4;陝西石藝224;法全北誌43;鴛鴦藏石12;北大拓168;碑林全59-20;洛選3;洛中2-543;西民大拓25;洛少20;北窗20;萊山館藏86;北朝百品1;全集北魏1-22	張鴻修1986;陳長安1987b;高峽1993;宮大中2004b;王盛婷2004;毛遠明2004;王盛婷2006a;魏宏利2006;窪添慶文2011a;李紅等2011;段朋飛2017;徐憲坤2018;于立松等2022	62
						河北省文物考古研究院2023	63
					李氏墓10		64
			57		磚刻0927		65

No.	墓誌名稱	紀年	出土地	現藏場所	A 目錄	B 集釋	C 北圖拓·新中國	D 彙編
66	元偃墓誌	太和22年(498)12月2日	河南洛陽		題跋132;中央館2;檢要51/修33;史語所3;北圖目5;洛目4;時地a20/b10;北大目10;碑索3-1355;北朝集存40;日本208	漢魏115	3-35	36 修55
67	孟熾墓誌	太和22年(498)12月	河南洛陽		檢要52;/修33;碑索3-1356;北朝集存40			
68	宋玄慶墓誌	太和22年(498)			碑索3-1356;北朝集存40			
69	元簡墓誌	太和23年(499)3月18日	河南洛陽	西安碑林博物館	題跋132;檢要52/修33;史語所3;北圖目5;洛目4;時地a20/b10;北大目10;淑德70;陝目提要14;碑索3-1357;北朝集存40;日本208	漢魏162	3-37	37 修56
70	畢小妻蘇貫針墓誌	太和23年(499)6月2日			北大目10;碑索3-1358;北朝集存40;日本209			37 修56
71	廉涼州妻姚齊姬墓誌	太和23年(499)7月28日	内蒙古包頭		碑索3-1359;北朝集存42			
72	元弼(元扶皇)及妻張氏墓誌	太和23年(499)9月29日	河南洛陽	西安碑林博物館	題跋132;檢要53/修34;史語所3;北圖目6;洛目4;時地a20/b10;北大目10;陝目提要14;碑索3-1359;北朝集存42;日本209	漢魏62	3-41	37 修57
73	孫紹兒妻栗妙朱墓誌	太和23年(499)10月13日			北大目10;碑索3-1360;北朝集存42			
74	元彬墓誌	太和23年(499)11月20日	河南洛陽	開封博物館?	題跋132;中央館2;檢要53/修34;史語所3;北圖目6;洛目5;時地a21/b11;北大目10;淑德70;碑索3-1361;北朝集存42;日本210	漢魏149	3-42	38 修58
75	李詵墓誌	太和23年(499)12月25日	山西曲澳		檢要54/修34;碑索3-1362;北朝集存42			39 修59
76	韓顯宗墓誌碑	太和23年(499)12月26日	河南洛陽	山東省博物館	題跋132;檢要54/修35;史語所3;北圖目5;洛目5;時地a21/b11;北大目11;淑德70;碑索3-1363;北朝集存42;日本210	漢魏200	3-44	39 修59
77	玄□姬墓誌	太和23年(499)			碑索3-1364;北朝集存42			
78	鄭胤伯碑	太和中(477-499)			題跋32;碑索4-1885			
79	元禧妻申屠氏墓誌	景明元年(500)2月28日			碑索3-1366;北朝集存42	新北11		
80	元定墓誌	景明元年(500)11月19日	河南洛陽	西安碑林博物館	題跋132;中央館2;檢要55/修35;史語所3;北圖目6;洛目5;時地a21/b11;北大目11;陝目提要15;碑索3-1367;北朝集存44;日本213	漢魏108	3-47	40 修60

E 全文·補遺	F 疏證·墨香閣	G 碑校	H 集成	I 叢考	J その他の圖書	K 論文等	No.
魏補85		3-304	58		魏選粹1;洛選4;洛少20;全集北魏1-24	宮大中2004b;李紅等2011;王連龍2012a;劉燦輝2017b	66
					增校隨247/修167		67
			58		磚刻0928		68
魏補85		3-308	58		精華17;英華2;集萃7-5;集萃8-8;陝西石藝225;鴛鴦藏石13;碑林全59-31;魏選粹8;洛選4;皇家1;彭州3;洛少21;全集北魏1-26	陳長安1987b;高峽1993;澤田雅弘1999;徐志學2010;李紅等2011	69
魏補85			58	415	磚刻0929		70
魏補86			59		磚刻0930;涼州426	鄭隆1988;張志忠等2006;宋馨2012	71
魏補26		3-313	986		增校隨247/修167;百種1;英華4;鴛鴦藏石14;陝西石藝226;北大拓170;碑林全59-39;洛選5;彭州4;洛少21;北朝百品2;全集北魏1-28	高峽1993;王盛婷2004;李發2008;窪添慶文2011a;李紅等2011;土屋聰2014;段朋飛2017	72
魏補86			59		磚刻0931	胡海帆2012	73
魏補86		3-316	59	415	精華16;百種1;法全北誌46;洛選5;北拓精品14;洛少22;北窗21;全集北魏1-30	王盛婷2004;劉志生2009b;薛元明2009;徐冲2011;窪添慶文2011a;李紅2011;李紅等2011;徐憲坤2018	74
魏補87			60		磚刻0932;大全侯馬5	楊富斗1959;宋馨2012	75
魏補87		3-321	60		增校隨248/修167;魯迅誌35;集萃7-6;魏選粹15;洛選6;齊魯誌研363;洛中2-546;釋要440;北窗22;山東分類4;全集北魏1-32;山東書全4	陳長安1987b;澤田雅弘1999;王盛婷2004;室山留美子2006;宋愛平2019;魏軍剛2023b	76
			61		磚刻0933		77
					金石錄362		78
			61			周阿根2016b;楊學是2018	79
魏補88		3-336	61		百種1;英華5;集萃8-9;鴛鴦藏石15;;陝西石藝226;碑林全59-45;魏選粹20;洛選7;河間185;洛少22;獻縣7;燕趙479;全集北魏1-38	高峽1993;羅小如2015	80

No.	墓誌名稱	紀年	出土地	現藏場所	A 目錄	B 集釋	C 北圖拓·新中國	D 彙編
81	元榮宗墓誌	景明元年(500)11月19日	河南洛陽	洛陽古代藝術館	洛目5;碑索3-1368;北朝集存44			
82	元羽墓誌	景明2年(501)7月29日	河南洛陽	中國國家博物館	題跋132;檢要56/修36;史語所4;北圖目6;洛目5;時地a21/b11;北大目11;淑德70;碑索3-1369;北朝集存44;日本213	漢魏178	3-48	40 修61
83	高華英墓誌	景明2年(501)7月	河南洛陽		檢要56/修36;碑索3-1371;北朝集存44;日本214			
84	趙諡墓誌	景明2年(501)10月24日	河北趙縣	個人藏	北大目11;淑德70;碑索3-1371;北朝集存44;日本215			
85	元澄妻李氏墓誌	景明2年(501)11月19日	河南洛陽	西安碑林博物館	題跋132;中央館2;檢要57/修36;洛目5;時地a21/b11;淑德70;陝目提要16;碑索3-1372;北朝集存44;日本215	漢魏125		41 修61
86	張林長墓誌	景明3年(502)2月6日			碑索3-1374;北朝集存44			
87	穆亮墓誌	景明3年(502)6月29日	河南洛陽	西安碑林博物館	題跋132;中央館2;檢要57/修36;史語所4;北圖目6;洛目6;時地a21/b11;北大目11;淑德70;陝目提要16;碑索3-1374;北朝集存44;日本219	漢魏201	3-58	41 修62
88	趙續生墓誌	景明3年(502)8月13日			題跋132;檢要58/修37;北大目11;碑索3-1375;北朝集存46;日本220			
89	李伯欽墓誌	景明3年(502)12月12日	河北臨漳	墨香閣	北大目12;碑索3-1376;北朝集存46			
90	員標墓誌	景明3年(502)	寧夏彭陽	固原博物館	碑索3-1377;北朝集存46			
91	李叔胤墓誌	景明3年(502)	河北贊皇					
92	拓跋弘(獻文帝)妻侯氏(侯骨氏)墓誌	景明4年(503)3月21日	河南洛陽	遼寧省博物館	題跋132;中央館3;檢要58/修37;史語所4;北圖目6;洛目6;文庫11;時地a22/b12;北大目12;淑德70;碑索3-1378;北朝集存46;日本221	漢魏21	3-60	42 修63
93	王彤墓誌	景明4年(503)3月21日			北朝集存344			

E 全文・補遺	F 疏證・墨香閣	G 碑校	H 集成	I 叢考	J その他の圖書	K 論文等	No.
魏補88	52 修52	3-334	62		輯繩16;洛選7;皇家2;洛少23;獻縣9;全集北魏1-36;魏碑聖地266	梁春勝2011a;劉志生2011a;劉志生2011b;劉志生2019a	81
魏補89		3-338	62		精華18;增校隨249/修168;魯迅誌39;集萃7-7;歷博大觀53;北大拓171;洛選8;魏選粹27;洛中2-551;釋要444;國博誌8;衡水墓誌2;洛少23;衡水金石260;全集北魏1-40;國博法帖;魏碑聖地106	王盛婷2004;李發2008;王義康2008;劉軍2015e;李薛妃2015	82
						東賢司2006	83
魏補89	54 修54	3-342	63		題跋集萃42;北大新拓66;新精北朝上68;燕趙481;秦晉豫續37;題跋菁華102;全集北魏1-42;北精粹北魏1-9	李俊卿2003;許萬順2004b;叢文俊2004;趙生泉2006;趙生泉2008b;趙生泉2016b;殷憲2016g	84
魏補27		3-344	63		百種1;英華6;鴛鴦藏石16;碑林全59-51;洛選8;全集北魏1-44;洛陽院2;李氏墓110	王盛婷2004;李紅等2011;李薛妃2015	85
			64		磚刻0934		86
魏補89		3-357	64	772	百種10;英華7;集萃8-10;法全北誌51;鴛鴦藏石17;陝西石藝227;北大拓172;碑林全59-58;魏選粹37;洛選9;西民大拓26;洛少392;譜牒310;全集北魏1-46;魏碑聖地90;洛誌研6	高峽1993;羅坤學1993;王盛婷2005;徐志學2010;何山等2010;吳健華2011;劉軍2016b	87
魏補90			64		磚刻0935		88
魏補90	58 修58 墨2	3-362	65		安豐38;題跋集萃43;北大新拓67;杞芳堂263;新精北朝上2;燕趙483;譜牒312;唐代鄭氏48;全集北魏1-48;北精粹北魏6-1;魏碑聖地198	劉恒2002;宋燕鵬2007;趙陽陽2008;趙海麗2010;趙耀輝2013d;劉凱2016a;劉恒2019b;范兆飛2021;薛蘇晨2022;魏軍剛2022a;劉秀峰2022a;魏軍剛2023b	89
魏補91	55 修55	3-365	65	314;416	固原文物115;寧夏集2;磚刻0936;固原選編66	楊寧國2001;羅豐2004;趙陽陽2008;鄭小紅2008;李薛妃2015;王琨2017;宋平2017;張存良2023;魏軍剛2023b	90
					李氏墓58		91
魏補91		4-1	66		精華19;魯迅誌41;百種1;魏二十1;集萃7-8;遼博6;洛選9;皇家3;胡姓考90;釋要455;洛少276;北窗23;菁英二14;全集北魏1-50;魏碑聖地80;刻石珍拓70	王盛婷2004;魏宏利2006;張金龍2006;蔡先金等2007;魏平2008;殷憲2008b;李建廷2010;鄭邵琳2012;李紅霞等2016;張金龍2019a;羅福頤等2019	92
					魏碑聖地218	趙耀輝2019;劉燦輝2019	93

— 193 —

No.	墓誌名稱	紀年	出土地	現藏場所	A 目錄	B 集釋	C 北圖拓·新中國	D 彙編
94	于烈碑	景明4年(503)4月			題跋32;碑索3-1379			
95	元誘妻馮氏墓誌	景明4年(503)8月4日	河南洛陽	西安碑林博物館	題跋132;檢要58/修37;史語所4;北圖目6;洛目7;時地a22/b12;北大目12;淑德70;陝目提要16;碑索3-1380;北朝集存46;日本222	漢魏137	3-64	42 修63
96	平奉親及妻程氏墓誌	景明4年(503)11月1日	北京大興	北京市文物研究所				
97	張整墓誌	景明4年(503)11月25日	河南孟津	西安碑林博物館	題跋132;檢要59/修37;史語所4;北圖目7;洛目6;時地a22/b12;淑德70;陝目提要16;碑索3-1381;北朝集存46;日本224	漢魏203	3-68	43 修64
98	趙洪源墓誌	正始元年(504)正月21日			北大目12;碑索3-1383;北朝集存48			
99	封和突墓誌碑	正始元年(504)4月	山西大同	大同市博物館	四十年15;晉目大同1;碑索3-1384;北朝集存48			44 修66
100	元龍墓誌	正始元年(504)10月16日	河南洛陽		題跋132;檢要60/修38;洛目6;時地a22/b12;北大目12;碑索3-1384;北朝集存48	漢魏41		45 修67
101	王遇墓誌	正始元年(504)10月24日	河南偃師?		北大目12;碑索3-1385;北朝集存48			
102	霍揚墓碑	景明5年(504)正月26日	山西臨猗	臨猗縣博物館	晉目運城74;淑德28;碑索6-3152;日本225		3-70	
103	拓跋忠及妻司馬妙玉墓誌碑	景明5年(504)11月6日	山西大同?	西京文化博物館	碑索3-1382;北朝集存46			
104	楊文弘妻姜太妃墓誌	正始元年(504)11月18日	陝西略陽	略陽縣江神廟	碑索3-1386;北朝集存48			
105	許和世墓誌	正始元年(504)12月13日	河南獲嘉		題跋132;中央館3;檢要60/修38;史語所4;北大目12;碑索3-1386;北朝集存48;日本230	漢魏204	3-80	46 修68
106	楊君墓誌	正始元年(504)12月□4日		中國國家博物館	碑索3-1387;北朝集存48			
107	盧晨墓誌	正始元年(504)閏12月19日	甘肅禮縣	禮縣博物館	碑索3-1388;北朝集存48			
108	王曇慈墓誌	正始2年(505)4月27日	河南洛陽	洛陽市文物考古研究院				

— 194 —

E 全文・補遺	F 疏證・墨香閣	G 碑校	H 集成	I 叢考	J その他の圖書	K 論文等	No.
					民族姓氏101;金石錄363		94
魏補92		4-3	66		百種1;英華8;集萃8-11;鴛鴦藏石18;陝西石藝228;碑林全59-71;洛選10;彭州6;全集北魏1-52	陳長安1987b;高峽1993;魯才全1995;李發2008;趙海麗2010;李松2010;趙海麗2011b;梁春勝2020	95
					大興報告258		96
魏補92		4-9	67	222	百種1;英華9;石學矗探188;民族姓氏383;鴛鴦藏石19;陝西石藝228;碑林全59-79;洛選10;洛中2-554;彭州7;洛少248;杞芳堂266;全集北魏1-54	高峽1993;何德章2000;室山留美子2006;李薛妃2015;仇鹿鳴2016	97
			67		道在瓦甓164;邢州萃編44		98
魏補93		4-23	69	173	山西概覽51;大全南郊19;平城書迹117;山西档案13-162;山西北朝32;持志齋拓36	馬玉基1983;殷憲1999;窪添慶文2011a;郭月瓊2013;殷憲2014b	99
魏補94		4-32	987	320	洛選11;洛中2-557;洛少23;譜牒313;全集北魏1-58	趙萬里1935a;陳長安1987b;園田俊介2005b;王盛婷2006a;魏宏利2006;劉志生2009b;李紅等2011;陳爽2013;劉志生2019b;謝振華2020	100
			70		秦晉豫續38;新獲一五10;羌族208;北朝百品3;廻望桑乾19	趙君平2013;梶山智史2015;王銀田2015;趙耀輝2016c;周偉洲2018	101
魏補52		4-20			山西古蹟167;魯迅碑691;山西碑碣6;山西概覽11;碑帖收研302;釋要456;河東碑刻4;大全臨猗6;山西档案12-118	祝嘉1973;臺靜農1980;祝嘉1982;張建華2011;李蜜2014;梁春勝2018a;范兆飛2019;張曉劍2019;劉瑞鵬2023;魏軍剛2023b	102
	墨4		68	425;774	北朝院78;題跋菁華104;平城書迹111;秦晉豫三47;山西北朝23;北精粹北魏3-1;持志齋拓38;魏碑聖地206	殷憲2014a;趙耀輝2015d;殷憲2015a;梁春勝2017b;孫正軍2020;馬銘悅2021;退之2021	103
			70		隴南萃編67	曹鵬雁2011;蔡副全2014;張卉2016;梶山智史2017	104
魏補95		4-37	71		磚刻0937;全集北魏1-60;磚書8		105
					歷博大觀22;磚刻0938		106
			71		禮縣21;隴南校錄18;隴南萃編70	梶山智史2015	107
						陳花容2020;洛陽市文物考古研究院2022	108

No.	墓誌名稱	紀年	出土地	現藏場所	A 目錄	B 集釋	C 北圖拓·新中國	D 彙編
109	元鸞墓誌	正始2年(505)11月17日	河南洛陽	故宮博物院	題跋132;中央館3;檢要61/修39;史語所4;北圖目7;洛目6;時地a22/b12;北大目12;碑索3-1389;北朝集存50	漢魏144	3-86	46 修69
110	元始和墓誌	正始2年(505)11月18日	河南洛陽	個人藏	題跋132;中央館3;檢要61/修39;史語所4;北圖目7;洛目6;時地a22/b12;北大目13;碑索3-1390;北朝集存50;日本232	漢魏116	3-87	47 修69
111	蘇標墓誌	正始2年(505)11月18日		洛陽九朝刻石文字博物館	北朝集存50			
112	車伯生息妻鄐月光墓誌	正始2年(505)11月27日	河南洛陽		題跋132;中央館3;檢要62/修39;史語所4;北圖目7;洛目6;時地a22/b12;北大目13;碑索3-1392;北朝集存50	漢魏583	3-88	47 修70
113	李蕤墓誌	正始2年(505)12月24日	河南洛陽	西安碑林博物館	題跋132;中央館3;檢要62/修39;史語所4;北圖目7;洛目6;時地a22/b12;陝目提要17;碑索3-1393;北朝集存50;日本232	漢魏205	3-89	48 修71
114	朱孝親墓誌	正始2年(505)	山東壽光		北朝集存50			
115	虎洛仁妻孫氏墓誌	正始3年(506)2月19日			題跋133;檢要63/修40;北大目13;碑索3-1394;北朝集存50;日本232			
116	寇臻墓誌	正始3年(506)3月26日	河南洛陽		題跋133;中央館3;檢要63/修40;史語所5;北圖目7;洛目7;時地a23/b13;北大目13;淑德70;碑索3-1394;北朝集存50;日本233		3-91	48 修72
117	寇猛墓誌	正始3年(506)11月29日	河南洛陽	洛陽博物館	檢要64/修40;北圖目7;四十年15;洛目7;碑索3-1396;北朝集存52	漢魏206	3-95	49 修73
118	馮聿墓誌	正始3年(506)11月29日	河南洛陽		碑索3-1397;北朝集存52			
119	江文遙母吳氏墓誌	正始4年(507)正月19日			碑索3-1398;北朝集存52			
120	李仲胤墓誌	正始4年(507)3月1日	河北贊皇		碑索3-1398;北朝集存52			
121	奚智及妻宋氏宗氏墓誌碑	正始4年(507)3月13日	河南洛陽	西安碑林博物館	題跋133;中央館4;檢要64/修41;史語所5;北圖目8;洛目7;時地a23/b13;北大目13;陝目提要18;碑索3-1399;北朝集存52;日本235	漢魏207	3-98	50 修73

E 全文・補遺	F 疏證・墨香閣	G 碑校	H 集成	I 叢考	J その他の圖書	K 論文等	No.
魏補96		4-51	72	23;293;425	洛選12;故宮彙編54;洛少24;佛教金石22;全集北魏1-68;涼州427	陳長安1987b;劉志生2009b;李建廷2010;徐冲2011;李紅等2011;鄭邵琳2012;劉軍2015b;羅小如2015;趙家棟2017a;劉志生2019a	109
魏補96		4-54	73		魯迅誌45;百種1;集萃8-12;魏選粹50;洛選13;北拓精品24;洛少25;北窗24;菁英二18;全集北魏1-70	劉衞東等2005;魏宏利2006;劉志生2010;李紅等2011;李薛妃2015	110
					九朝14;新獲一五11;北大新續118;全集北魏1-72;魏碑聖地212		111
魏補97		4-57	74		鴛鴦藏石21;洛選13;龍門西域36;洛中2-561;磚刻0939;洛少387;全集北魏1-74;吐魯番316	刁淑琴等2008;吳正浩等2023	112
魏補97		4-59	74		百種1;英華10;鴛鴦藏石20;陝西石藝229;碑林全59-85;洛選14;西民大拓28;譜牒314;全集北魏1-76	陳長安1987b;高峽1993;澤田雅弘1999;王盛婷2004;王盛婷2006a;室山留美子2006;李發2008;趙海麗2010;陳爽2013;劉軍2016b;范兆飛2021	113
					壽光歷代347;壽光金石157		114
魏補97			74		磚刻0940		115
魏補98		4-63	75		精華20;增校隨253/修170;魯迅誌47;集萃8-13;魏選粹57;洛選14;釋要462;北窗25;譜牒315;菁英二22;全集北魏1-78;魏碑聖地184	岑仲勉1939;陳寅恪1950;馬衡1977;澤田雅弘1999;倪潤安2000;王盛婷2006a;室山留美子2007;田熊信之2008;李發2008;劉志生2009b;李紅等2011;姚立偉2015;李薛妃2015	116
魏補98		4-68	76	240;316;774	輯繩18;洛選15;景州12;星空54;紀年墓84;譜牒316;全集北魏1-82;魏碑聖地260	侯鴻鈞1957;米士誠1993;倪潤安2000;毛遠明2004;羅新2007c;李建廷2010;室山留美子2010;閻秋鳳2015;閻秋鳳2016a;閻秋鳳2016b	117
			77	426;779	秦晉豫三48	宮萬瑜2012;李建平等2013;何山2013;舒韶雄等2014;梶山智史2015;章紅梅2016;周陽2017;舒韶雄等2019	118
					字里賞讀1;秦晉豫三49;魏碑聖地240	劉燦輝2015	119
			78		李氏墓111;贊皇錄44	社科院河北工作隊等2011;社科院河北工作隊2015a;白艷章2016;梶山智史2017	120
魏補99		4-74	78	240	百種1;集萃8-14;鴛鴦藏石22;陝西石藝230;民族姓氏96;碑林全59-91;洛選15;洛中2-563;洛少306;北窗26;北朝百品4;全集北魏1-84;絲路沿綫2	高峽1993;何德章2000;魏宏利2006;李發2008;張雲華2012;鄭衞等2017;張慶捷2019;吳洪琳2019;張金龍2019b;王慶衞2020;王萌2023b	121

No.	墓誌名稱	紀年	出土地	現藏場所	A 目錄	B 集釋	C 北圖拓·新中國	D 彙編
122	源規墓誌	正始4年(507)3月14日						
123	元達豆官妻楊貴姜墓誌	正始4年(507)3月14日			北大目13;碑索3-1400;北朝集存52			
124	奚阿成墓誌	正始4年(507)3月24日			北朝集存344			
125	元思墓誌	正始4年(507)3月25日	河南洛陽	吉林省博物館	題跋133;檢要65/修41;史語所5;北圖目7;洛目7;時地a23/b13;北大目13;淑德70;碑索3-1400;北朝集存52;日本235	漢魏155	3-99	50 修74
126	元鑒墓誌	正始4年(507)3月26日	河南洛陽	西安碑林博物館	題跋133;檢要65/修41;史語所5;北圖目7;洛目7;時地a23/b13;北大目13;淑德70;陝目提要17;碑索3-1401;北朝集存52;日本236	漢魏70	3-100	51 修75
127	陶市貴墓誌	正始4年(507)5月2日	北京大興	北京市文物研究所				
128	元嵩墓誌	正始4年(507)7月16日	河南洛陽	西安碑林博物館	題跋133;中央館4;檢要66/修41;史語所5;北圖目8;洛目7;時地a23/b13;淑德70;陝目提要17;碑索3-1403;北朝集存54;日本236	漢魏129	3-104	52 修76
129	元壽妻麴氏墓誌	正始4年(507)8月16日	河南洛陽	河南博物館	題跋133;檢要66/修42;史語所5;北圖目8;洛目8;時地a24/b14;北大目13;淑德70;碑索3-1404;北朝集存54;日本237	漢魏143	3-105	52 修77
130	張神洛墓券	正始4年(507)9月16日	河北涿州		題跋506;碑索3-1405;日本237		3-106	
131	元緒墓誌	正始4年(507)10月30日	河南洛陽	故宮博物院	題跋133;中央館3;檢要66/修42;史語所5;北圖目8;洛目8;時地a24/b14;北大目14;淑德70;碑索3-1405;北朝集存54;日本237	漢魏81	3-109	52 修77
132	李瞻墓誌	正始5年(508)正月1日	河北贊皇	墨香閣	北大目14;碑索3-1407;北朝集存54			
133	王通墓誌	正始5年(508)3月中旬			碑索3-1407;北朝集存54			
134	張洛都墓誌	正始5年(508)5月17日	河南洛陽		題跋133;檢要67/修43;北大目14;碑索3-1407;北朝集存54		3-113	54 修79
135	高慶墓碑	正始5年(508)8月10日	山東德州	德州市圖書館	題跋34;淑德28;碑索3-1408;日本238		3-114	

E 全文・補遺	F 疏證・墨香閣	G 碑校	H 集成	I 叢考	J その他の圖書	K 論文等	No.
					魏碑聖地226		122
			79		磚刻0941;磚書9	梶山智史2017	123
					秦晉豫三50	劉森垚2022	124
魏補99		4-76	79	775	百種2;集萃8-15;洛選16;洛少25;北山汲古376;全集北魏1-86	澤田雅弘1999;王則2000;李發2008;呂蒙2011;李紅等2011;張穎慧2012;何碧琪2015a	125
魏補100		4-78	80	336;775	百種2;集萃8-16;法全北誌53;鴛鴦藏石23;陝西石藝230;碑林全59-97;洛選16;彭州8;洛少26;全集北魏1-88	高峽1993;澤田雅弘1999;趙海麗2011a;徐沖2011;窪添慶文2011a;李紅等2011;梁春勝2012a;白艷章2021;梁偉2021	126
					小營12		127
魏補101		4-85	80		英華11;鴛鴦藏石24;陝西石藝231;碑林全59-103;洛選17;彭州9;洛少27;北朝百品5;全集北魏1-90;魏碑聖地284	陳長安1987b;高峽1993;王盛婷2004;毛遠明2004;李志生2009b;李建廷2010;李紅2011;劉秀海2015;李紅霞等2016	128
魏補101		4-87	988		百種2;集萃8-17;洛選17;皇家4;北窗27;全集北魏1-92;洛陽院4	魏宏利2006;徐沖2011;李紅等2011;李薛妃2015;魏軍剛2022a	129
魏補699		4-89		401;426	券研171;石刻法律195;隨葬文書397;磚書10	池田温1981;冨谷至1987	130
魏補102		4-93	81	307;359;427	增校隨254/修171;集萃8-18;洛選18;故宮珍品70;故宮彙編56;釋要466;洛少27;全集北魏1-96	趙萬里1943;澤田雅弘1999;園田俊介2005b;王盛婷2006a;魏宏利2006;徐沖2011;郭中濱2011;梁春勝2012a;李建廷2013;劉軍2015b;劉秀海2015;劉志生2019a;劉志生2019b;吳洪琳2019	131
	墨6		82	427;997	題跋集萃44;燕趙486;隆堯輯要3;秦晉豫三51;魏碑聖地208;李氏墓112;邢州萃編48;贊皇錄28	叢文俊2001a;趙耀輝2013f;梶山智史2015;劉秀峰2022c	132
			83		秦晉豫續39		133
魏補103			83		磚刻0943;全集北魏1-98		134
魏補61		4-96			增校隨255/修171;魯迅碑695;齊魯碑刻73;山東碑造151;釋要468;燕趙173;高姓25	梁春勝2011b;北石研究班2011;梁春勝2012b;范兆飛2021	135

No.	墓誌名稱	紀年	出土地	現藏場所	A 目錄	B 集釋	C 北圖拓・新中國	D 彙編
136	惠猛法師墓誌	正始中(504-508)	河南洛陽		題跋132;檢要202/修128;時地a56/b47;北大目52;碑索4-1881;北朝集存50;日本517	漢魏307	3-116	507 修639
137	趙超宗墓誌	永平元年(508)10月10日	陝西長安	西安碑林博物館	陝目提要18;碑索3-1410;北朝集存54			
138	元詳墓誌	永平元年(508)11月6日	河南洛陽		題跋133;中央館3;檢要68/修43;史語所6;洛目8;時地a24/b14;北大目14;淑德71;碑索3-1411;北朝集存56;日本239	漢魏181	3-117	54 修79
139	元颺墓誌	永平元年(508)11月6日	河南洛陽	遼寧省博物館	題跋133;檢要69/修43;史語所6;洛目8;文庫12;時地a24/b14;北大目14;淑德71;碑索3-1412;北朝集存56;日本239	漢魏185	3-118	54 修79
140	王珵奴墓誌碑	永平元年(508)11月6日	河南洛陽?	個人藏	洛續3;碑索3-1411;北朝集存54			
141	元繼妻石婉墓誌	永平元年(508)11月23日	河南洛陽	上海博物館	題跋133;中央館4;檢要69/修44;史語所6;北圖目8;洛目8;時地a24/b14;北大目14;碑索3-1414;北朝集存56;日本240	漢魏77	3-119	55 修80
142	元淑及妻呂賀渾墓誌碑	永平元年(508)12月4日	山西大同	大同市博物館	四十年16;晉目大同1;碑索3-1416;北朝集存56			
143	彭成興墓誌	永平2年(509)3月29日	陝西麟游	麟游縣博物館	碑索3-1416;北朝集存56		陝西叁4	
144	元融妻穆氏墓誌	永平2年(509)4月1日	河南洛陽	西安碑林博物館	檢要70/修44;洛目8;時地a25/b14;陝目提要19;碑索3-1417;北朝集存56			
145	孫桃史墓誌	永平2年(509)4月	河南洛陽	個人藏	洛續3;碑索3-1417;北朝集存56			
146	胡徹貴墓誌	永平2年(509)5月14日			題跋133;檢要70/修44;碑索3-1418;北朝集存56			
147	殘墓誌	永平2年(509)5月14日			北大目14;碑索3-1418;北朝集存56			
148	孫君妻趙光墓誌	永平2年(509)10月11日			北大目15;碑索3-1419;北朝集存58			
149	穆循墓誌	永平2年(509)10月17日	河南孟津	孟津縣文管會	洛目8;碑索3-1419;北朝集存58			
150	楊恩墓誌	永平2年(509)11月11日	河南洛陽?		洛續3;碑索3-1421;北朝集存58		新北19	

E 全文・補遺	F 疏證・墨香閣	G 碑校	H 集成	I 叢考	J その他の圖書	K 論文等	No.
魏補411			988		魯迅誌261;趙紹祖338;佛教金石22;全集北魏1-100		136
		4-101	84		碑林新7;陝西萃編28	孫久龍2019	137
魏補103		4-103	84		精華21;增校隨255/修171;;集萃8-19;北大拓175;洛選20;洛中2-566;釋要471;洛少28;萊山館藏85;全集北魏1-102	園田俊介2005b;澤田雅弘2007b;室山留美子2010;劉軍2015e;吳洪琳2019	138
魏補103		4-105	84		精華22;百種2;魏二十7;集萃7-9;北大拓84;遼博7;洛選19;皇家5;稀見;洛少28;譜牒317;全集北魏1-104;洛誌研39	羅新2004;澤田雅弘2007b;趙海麗2010;室山留美子2010;徐冲2011;陳爽2013;劉軍2015e;呂蒙等2017;羅福頤等2019	139
		4-107	85	5;430	新獲續3;洛少14;萊山館藏98;秦晉豫三52;洛陽移民109	喬棟等2005a;魏軍剛2023b	140
魏補104		4-109	86		增校隨256/修172;魯迅誌49;百種2;集萃8-20;法全北誌60;洛選20;西民大拓29;北窗28;菁英9;全集北魏1-106;佛教金石23;啟功204		141
魏補27	61 修60	4-114	86	137	大全南郊21;平城書迹120;山西北朝35;持志齋拓44;廻望桑乾13	大同市博物館1989;王銀田1989;殷憲1999;園田俊介2005b;殷憲2014b;殷憲2016e	142
			87		陝西萃編30;涼州429;陝西集成31	梶山智史2019;黨斌2020;魏軍剛2023b	143
魏補104	64 修63	4-122	88	184	英華13;輯繩19;鴛鴦藏石25;陝西石藝232;碑林全59-113;洛選21;洛少393;全集北魏1-108	高峽1993;吳健華2011;李紅2011;劉志生等2012b;張雲華2012	144
			88		拾零17;全集北魏1-110		145
魏補105			88				146
					磚刻0944		147
					磚刻0945	王盛婷2005	148
魏補105	66 修65	4-130	88		新獲9;洛少393	李獻奇1994;于正安2011;鄭邵琳2012;梁春勝2012b	149
			89		三八種29;二四品345;楊氏考錄149;龍門文萃411;秦晉豫15;新獲七朝9;楊氏輯錄29;全集北魏1-114;渭華翠色76	王連龍2012b;堀井裕之2017	150

No.	墓誌名稱	紀年	出土地	現藏場所	A 目錄	B 集釋	C 北圖拓·新中國	D 彙編
151	元願平妻王氏墓誌	永平2年(509)11月23日	河南洛陽	西安碑林博物館	題跋133;中央館4;檢要71/修45;史語所6;北圖目8;洛陽9;北大目15;淑德71;陝目提要19;碑索3-1421;北朝集存58;日本241	漢魏157	3-128	56 修82
152	王誦妻元氏(寧陵公主)墓誌	永平3年(510)正月8日	河南洛陽	吉林省博物館	題跋133;檢要71/修45;史語所6;北圖目8;洛陽9;時地a25/b15;北大目15;淑德71;碑索3-1423;北朝集存58;日本242	漢魏190	3-129	57 修82
153	李道勝墓誌	永平3年(510)正月24日	河北涿縣		北大目15;碑索3-1424;北朝集存58			57 修83
154	吳名桃妻郎氏墓誌	永平3年(510)3月27日		中國國家博物館	碑索3-1424;北朝集存330			
155	殘墓誌(平等寺道人等字)	永平3年(510)4月11日			北大目15;碑索3-1425;北朝集存58			
156	周千墓誌	永平3年(510)10月17日	河北定縣	遼寧省博物館	題跋133;中央館4;檢要72/修46;史語所6;北圖目8;北大目15;碑索3-1425;北朝集存58;日本244	漢魏208	3-134	57 修83
157	辛祥妻李慶容墓誌	永平3年(510)12月17日	山西太原	山西博物館	四十年17;晉目太原6;碑索3-1426;北朝集存60			
158	元英墓誌	永平4年(511)2月6日?	河南洛陽		題跋133;檢要72/修46;時地a56/b47;碑索3-1427;北朝集存60	漢魏133		508 修642
159	司馬悅墓誌	永平4年(511)2月18日	河南孟縣	河南博物院(誌石)·孟州市博物館(蓋石)	四十年16;北大目15;碑索3-1428;北朝集存60		河南壹212	57 修84
160	元悶(元曇朗)墓誌	永平4年(511)2月18日	河南孟津	孟津縣文管會	洛陽9;碑索3-1429;北朝集存60			
161	元保洛墓誌	永平4年(511)2月26日	河南洛陽	西安碑林博物館	題跋133;檢要73/修46;史語所6;北圖目8;洛陽9;時地a25/b15;北大目15;陝目提要19;碑索3-1430;北朝集存60;日本245	漢魏61	3-136	59 修85
162	王都墓誌	永平4年(511)4月19日	陝西西安					
163	司馬紹墓誌	永平4年(511)10月11日	河南孟縣		題跋133;中央館1;檢要73/修46;史語所6;北圖目5;文庫12;北大目16;淑德71;碑索3-1431;北朝集存60;日本246	漢魏209	3-140	59 修86

E 全文・補遺	F 疏證・墨香閣	G 碑校	H 集成	I 叢考	J その他の圖書	K 論文等	No.
魏補106		4-135	90	436	百種2;英華14;集萃7-10;民族姓氏156;鴛鴦藏石28;陝西石藝232;碑林全59-117;洛選21;洛少15;北朝百品6;全集北魏1-116	高峽1993;羅新1996;羅新1997;張福有等2005;王盛婷2005;王盛婷2006b;李發2008;趙振華2009a;劉志生2009b;徐志學2010;馬立軍2010;趙海麗2011a;王培峰等2011;李薛妃2015;羅小如2015;劉琴麗2018b;魏軍剛2023b	151
魏補106		4-138	990		百種2;洛選22;邙洛10;洛少29;北窗29;譜牒318;全集北魏1-118	王麗華2003;王則2004;園田俊介2005b;王盛婷2006a;吳洪琳2019;王銘2020;金溪2021	152
魏補107			90		磚刻0947;燕趙488		153
			974		歷博大觀40;磚刻0976;磚書11		154
							155
魏補107		4-147	90		魯迅誌51;河北錄432;遼博8;燕趙489;全集北魏1-120		156
魏補107		4-151	91		山西碑碣12;晉刻北朝19;山西北朝43	代尊德1981;王天庥1992a;羅新2008c;佐川英治2012;李皓2018;武亨偉2020;張長海2022	157
魏補108・413		4-153	91		鴛鴦藏石140;洛選22;洛少30	澤田雅弘2000;王盛婷2004;羅小如2015	158
魏補108		4-155	92		集萃7-12;山陽201;北拓精品30;孟州文物163;焦作志204;溫縣158;北大新拓70;萊山館藏54;琬琰流芳46;盛世側影202;北精粹北魏1-17;魏碑聖地118	尚振明1980;尚振明1981;孟縣人民文化館1983;王盛婷2006a;室山留美子2006;徐沖2011;張學鋒2014;周北南等2014;劉軍2016b	159
魏補109	68 修67	4-158	93	859	新獲10;三八種31;皇家6;洛少30;紀年墓88;誌法精選8;北大新續119;全集北魏1-124	310國道孟津考古隊1993;倪水通等1993;李獻奇1994;周錚2000a;任昉2001;趙陽陽2008;趙海麗2011a;徐沖2011;李紅2012;顧冰峰2023	160
魏補110		4-161	94		百種2;英華15;集萃8-21;法全北誌62;鴛鴦藏石29;陝西石藝234;碑林全59-126;魏選粹70;洛選23;彭州11;洛少31;譜牒319;北朝百品7;全集北魏1-122	高峽1993;殷憲2015c	161
						西安文物保護考古院等2019	162
全3797 魏補110		4-167	94	241	增校隨266/修177;北大拓86;焦作志205;溫縣160;趙紹祖339;獻縣11;全集北魏1-126	室山留美子2006;趙海麗2011a	163

No.	墓誌名稱	紀年	出土地	現藏場所	A 目錄	B 集釋	C 北圖拓·新中國	D 彙編
164	斛斯謙墓誌	永平4年(511)10月23日	河南洛陽	千唐誌齋博物館	洛續3;北大目16;碑索3-1434;北朝集存60			
165	元倁墓誌碑	永平4年(511)11月5日	河南洛陽	遼寧省博物館	題跋134;中央館5;檢要74/修47;史語所6;北圖目9;洛目4;文庫12;時地a25/b15;北大目16;淑德71;碑索3-1434;北朝集存60;日本247	漢魏54	3-144	60 修87
166	元悦墓誌	永平4年(511)11月17日	河南洛陽		題跋134;中央館4;檢要75/修48;史語所7;北圖目8;洛目9;時地a25/b15;北大目16;淑德71;碑索3-1439;北朝集存62;日本247	漢魏82	3-145	63 修91
167	王琚妻郭氏墓誌碑	永平4年(511)11月17日	河南洛陽?		碑索3-1440;北朝集存62			
168	楊範墓誌	永平4年(511)11月17日	陝西華陰		題跋134;中央館2;檢要74/修47;史語所7;北圖目6;陝目集存11;北大目17;秦嶺427;碑索3-1436;北朝集存62;日本248	漢魏210	3-146	61 修88
169	楊穎墓誌	永平4年(511)11月17日	陝西華陰	陝西歷史博物館	四十年18;北大目16;秦嶺427;陝目提要20;碑索3-1436;北朝集存62		陝西壹14	61 修88
170	楊阿難墓誌	永平4年(511)11月17日	陝西華陰	陝西歷史博物館	四十年13;北大目16;秦嶺427;陝目提要19;碑索3-1438;北朝集存62		陝西壹15	62 修89
171	楊君妻崔氏墓誌	永平4年(511)11月17日	陝西華陰	華陰市公安局	北大目16;秦嶺427;陝目提要19;碑索3-1440;北朝集存62			
172	楊老壽墓誌	永平4年(511)11月17日	河南洛陽	墨香閣	碑索3-1438;北朝集存62	新北13		
173	楊鈞墓誌	永平4年(511)11月17日		華山廟				
174	楊安德墓誌	永平4年(511)11月17日						
175	鄭羲上碑	永平4年(511)		山東平度天柱山	題跋32;淑德30;碑索3-1441;日本248			

E 全文・補遺	F 疏證・墨香閣	G 碑校	H 集成	I 叢考	J その他の圖書	K 論文等	No.
			95		唐補千唐435;洛少322;雲雨蟄龍18		164
魏補111		4-173	95	776	魏二十16;集萃8-22;遼博9;洛選23;洛少31;北窗32;譜牒321;全集北魏1-128	何德章1996;羅新2004;張福有等2005;吳建華2008;趙海麗2010;陳爽2013;羅福頤等2019	165
魏補114		4-184	99		集萃7-13;洛選24;翰墨1-29;洛少32;全集北魏1-130	趙萬里1943;窪添慶文2011a;李紅2011;劉燦輝2017b	166
			96	436	新獲七朝10;北朝百品8	潘敦2017	167
魏補112		4-180	97		增校隨268/修179;魯迅誌53;集萃7-11;西石續23;西北48;魏選粹77;洛選25;碑帖收研318;楊氏考錄481;甄椎閒話126;譜牒323;楊氏輯錄201;全集北魏1-132;渭華翠色86	陸明君2002;王慶衛等2005;室山留美子2006;龍仕平等2010;窪添慶文2013b;范兆飛2021	168
魏補112		4-177	97		華山碑石7;陝西石藝234;碑林全195-866;陝西精華8;楊氏考錄21;西岳廟412;譜牒322;楊氏輯錄61;風引薤歌3;全集北魏1-140;渭華翠色82;陝西萃編34;陝西集成34	杜葆仁等1984;陸明君2002;王慶衛等2005;室山留美子2006;李文才2007;何山2009;龍仕平等2010;窪添慶文2013b;陳爽2013;吳寅寅2014;范兆飛2021	169
魏補113		4-182	98		華山碑石8;陝西石藝233;碑林全195-870;陝西精華9;楊氏考錄27;西岳廟410;譜牒324;楊氏輯錄105;風引薤歌1;全集北魏1-136;渭華翠色84;陝西萃編36;陝西集成33	杜葆仁等1984;陸明君2002;王慶衛等2005;室山留美子2006;李文才2007;劉志生2009b;龍仕平等2010;何山等2010;窪添慶文2013b;陳爽2013;李薛妃2015;范兆飛2021;常麗麗2023a;常麗麗2023b	170
魏補113	71 修70	4-186	99		華山碑石9;碑林全195-873;西岳廟414;楊氏輯錄57;全集北魏1-138;渭華翠色80;陝西集成32	陸明君2002;龍仕平等2010;窪添慶文2013b	171
	墨8		96		全集北魏1-134		172
					楊氏輯錄21;渭華翠色78	梶山智史2022	173
					楊氏輯錄25	梶山智史2022	174
魏補52					增校隨259/修174;祕境山東139;齊魯碑刻75;山東碑造6;金石錄364;鄭道昭家14;釋要476;海岱石華144;雲峰四山1;嘉樹堂85	祝嘉1973;臺靜農1978;周爫峰1997;韓琦2001;王麗華2003;魏斌2023	175

No.	墓誌名稱	紀年	出土地	現藏場所	A 目錄	B 集釋	C 北圖拓·新中國	D 彙編
176	鄭羲下碑	永平4年(511)		山東掖縣雲峰山	題跋33;文庫12;淑德28;碑索3-1442;日本249		3-151	
177	封昕墓誌	永平5年(512) 4月13日	河南洛陽	西安碑林博物館	題跋134;中央館5;檢要76/修48;史語所7;北圖目9;洛目9;時地a26/b15;北大目17;淑德71;陝目提要20;碑索3-1445;北朝集存62;日本252	漢魏211	3-157	64 修92
178	元診(元詮)墓誌	延昌元年(512) 8月26日	河南洛陽	上海博物館	題跋134;中央館5;檢要77/修49;史語所7;北圖目9;洛目10;時地a26/b16;北大目17;淑德71;碑索3-1447;北朝集存64;日本252	漢魏160	4-1	64 修92
179	元顯妻李元姜墓誌	延昌元年(512) 8月26日	河南洛陽		題跋134;中央館5;檢要78/修49;史語所7;北圖目9;洛目10;時地a26/b16;北大目17;碑索3-1450;北朝集存64;日本254	漢魏183	4-2	65 修93
180	鄯乾墓誌	延昌元年(512) 8月26日	河南洛陽	西安碑林博物館	題跋134;中央館20;檢要78/修50;史語所7;北圖目9;洛目10;時地a26/b16;淑德71;陝目提要20;碑索3-1449;北朝集存64;日本254	漢魏212	4-3	66 修94
181	叔孫可知陵妻靳彥姬墓誌	延昌元年(512) 10月15日			北大目17;碑索3-1451;北朝集存64			
182	張氏墓誌	延昌元年(512) 10月			檢要79/修50;碑索3-1452;北朝集存64			
183	楊宣(楊翬)墓碑	延昌元年(512) 11月1日	河北隆堯	隆堯縣文物保管所	題跋33;淑德31;碑索3-1454;日本254		4-5	
184	崔猷墓誌	延昌元年(512) 11月28日	山東臨淄	山東省文物考古研究所	四十年17;碑索3-1453;北朝集存66			66 修95
185	楊祖興墓誌	延昌元年(512) 11月	陝西潼關		題跋134;檢要79/修50;陝目集存11;碑索3-1453;北朝集存66			
186	孫撫及妻趙醜女墓券	延昌元年(512) 12月8日						
187	□寧墓誌	延昌元年(512)	河南登封	登封市文物局?	碑索3-1455;北朝集存66			

E 全文・補遺	F 疏證・墨香閣	G 碑校	H 集成	I 叢考	J その他の圖書	K 論文等	No.
全3801		4-191			增校隨259/修174;祕境山東139;齊魯碑刻75;山東碑造3;金石錄363;鄭道昭家14;釋要476;杞芳堂277;萊山館藏87;海岱石華108;雲峰四山40;唐代鄭氏32;嘉樹堂85;刻石珍拓72	祝嘉1973;谷川道雄1975;臺靜農1978;周玉峰1997;韓琦2001;王麗華2003;窪添慶文2008;何山2009;何山等2010;梁春勝2014b;魏斌2023;魏軍剛2023b	176
魏補115		4-205	100	915	英華16;民族姓氏106;鴛鴦藏石30;陝西石藝234;碑林全59-129;洛選25;洛中2-569;洛少271;全集北魏1-142	高峽1993;王盛婷2006a;王盛婷2006b;趙海麗2011a	177
魏補115		4-213	101		精華23;增校隨268/修179;魯迅誌55;集苹7-14;魏選粹80;洛選27;皇家7;北拓精品40;洛少32;菁英15;河南散存138;全集北魏1-156;涼州431	劉漢東1985;陳長安1987b;王盛婷2004;李發2008;吳蘭蘭2012;劉燦輝2017b	178
魏補116		4-216	102	437	百種2;洛選26;全集北魏1-152	毛遠明2002;王盛婷2005;李紅2012;呂蒙2017;陳鵬2021	179
魏補116		4-219	102		百種2;英華17;民族姓氏363;鴛鴦藏石31;陝西石藝235;碑林全59-132;洛選26;龍門西域36;彭州12;洛少387;北窗34;絲路洛陽125;河南散存136;全集北魏1-154;吐魯番317;絲路沿綫4;魏碑聖地282	陳長安1987b;高峽1993;山本光朗1999;王盛婷2006a;刁淑琴等2008;趙海麗2011a;梁春勝2012c;吳正浩等2023	180
			103		磚刻0949	梶山智史2019	181
							182
魏補57					增校隨270/修180;魯迅碑727;河北錄32;燕趙176;隆堯輯要;邢州苹編40	胡滄2012;范兆飛2019	183
魏補117		4-225	104	173;911	臨淄志113;山東選粹1;齊魯碑刻74;山東碑造280;齊魯誌研218;山東分類6;譜牒325;海岱石華92;北精粹北魏4-1;山東書全6;碑誌春秋69;淄博誌釋4	淄博市博物館等1985;王新良1995;東賢司2003;室山留美子2006;王華山2006;李嘎2007;韓偉東等2007;王華山2008;劉志生2009b;梶山智史2013b;王佳月2015;李寶軍2020;范兆飛2021;劉軍2023c	184
							185
					券研142;石刻法律203	魯西奇2010	186
					少林寺150		187

No.	墓誌名稱	紀年	出土地	現藏場所	A 目錄	B 集釋	C 北圖拓·新中國	D 彙編
188	元顯儁墓誌	延昌2年(513) 2月29日	河南洛陽	南京博物院	題跋134;中央館5;檢要79/修50;史語所7;北圖目9;洛目10;文庫13;時地a26/b16;北大目17;淑德71;碑索3-1455;北朝集存66;日本255	漢魏148	4-7	68 修97
189	元演墓誌	延昌2年(513) 3月7日	河南洛陽	故宮博物院	題跋134;中央館5;檢要80/修51;史語所7;北圖目9;洛目10;文庫13;時地a26/b17;北大目17;淑德71;碑索3-1457;北朝集存66;日本256	漢魏164	4-9	68 修98
190	元恪(宣武帝)妻王普賢墓誌	延昌2年(513) 6月2日	河南洛陽	西安碑林博物館	題跋134;中央館5;檢要81/修51;史語所8;北圖目10;洛目11;時地a27/b16;北大目18;陝目提要20;碑索3-1458;北朝集存66;日本257	漢魏22	4-12	69 修99
191	張永墓誌碑	延昌2年(513) 10月28日	陝西西安		北大目18;碑索3-1460;北朝集存68	西南3		
192	楊君妻鄭興蘭墓誌	延昌2年(513) 11月11日			洛續4;碑索3-1460;北朝集存68			
193	王皓墓誌并墓券	延昌2年(513) 11月22日	河南孟津	個人藏	洛續4;碑索3-1452;北朝集存68	新北25		
194	元飅妻王氏墓誌	延昌2年(513) 12月4日	河南洛陽		題跋134;檢要82/修52;洛目11;文庫13;時地a27/b16;北大目18;碑索3-1460;北朝集存68;日本258	漢魏100	4-15	72 修102
195	司馬昞(司馬景和)妻孟敬訓墓誌	延昌3年(514) 正月12日	河南孟縣	故宮博物院	題跋134;中央館5;檢要83/修53;史語所8;北圖目10;文庫13;北大目18;淑德71;碑索3-1462;北朝集存70;日本258	漢魏231	4-16	72 修102
196	拓跋濬(文成帝)妻耿氏墓誌	延昌3年(514) 7月15日	河南洛陽	遼寧省博物館	題跋135;中央館6;檢要85/修54;史語所8;北圖目10;洛目11;文庫13;時地a27/b17;北大目18;淑德71;碑索3-1466;北朝集存70;日本259	漢魏23	4-17	73 修103
197	元宏(孝文帝)妻趙充華墓誌	延昌3年(514) 9月28日	河南洛陽	西安碑林博物館	題跋135;中央館6;檢要85/修54;史語所8;北圖目10;洛目11;時地a27/b17;陝目提要20;碑索3-1468;北朝集存70;日本260	漢魏24	4-18	74 修104

E 全文・補遺	F 疏證・墨香閣	G 碑校	H 集成	I 叢考	J その他の圖書	K 論文等	No.
魏補118		4-228	105	132	精華24;增校隨271/修181;;百種9;集萃7-15;法全北誌67;北大拓177;魏選粹101;洛選28;唐補千唐435;碑帖收研353;釋要483;洛少33;北窗35;萊山館藏52;國博法帖;瑯琊王182;河南散存140;全集北魏1-158;洛陽院6;啓功202;刻石珍拓76	古兵1988;李林娜1993;王盛婷2004;魏宏利2006;李發2008;吳蘭蘭2012;王雪迪2013;劉軍2015b;劉燦輝2017b;張超瑾2018	188
魏補119		4-231	106		增校隨273/修182;魯迅誌59;百種3;集萃7-16;北大拓178;洛選28;三八種33;皇家8;洛中2-572;西民大拓30;故宮珍品71;故宮彙編58;釋要487;洛少34;菁英26;道在瓦甓166;全集北魏1-160;刻石珍拓78	澤田雅弘1999;李發2008;徐沖2011	189
魏補119		4-237	107		百種3;英華18;集萃7-17;集萃8-23;鴛鴦藏石32;陝西石藝236;碑林全60-141;洛選29;彭州13;譜牒327;全集北魏1-164	高峽1993;魏平2004;王盛婷2004;毛遠明2004;室山留美子2006;李發2008;趙海麗2011a;李紅2011;吳蘭蘭2012;梶山智史2016;徐沖2017;金溪2021	190
			109	439;778	秦晉豫續40;珍稀百品2;誌法精選10;北大新續120	余國江2019;楊繼光2023b	191
			110		龍門文萃412;楊氏輯錄253;全集北魏1-170;渭華翠色88	窪添慶文2013b;梶山智史2022	192
			110		拾零18;券研143;石刻法律203;題跋菁華106;誌法精選10;新獲一五12;全集北魏1-146;魏碑聖地242	王連龍2009;魯西奇2010;周阿根2016b;楊學是2018	193
魏補121		4-248	111		精華27;增校隨274/修182;百種9;集萃7-18;魏選粹109;洛選30;選萃;釋要489;菁英33;全集北魏1-166;刻石珍拓80	王壯弘1984;孫啓治1998;澤田雅弘1999;王盛婷2004;仲威2014a;安磊2014;金溪2021	194
全3797		4-250	113	784	精華25;增校隨275/修183;魯迅誌63;百種3;集萃8-26;法全北誌69;魏選粹116;孟州文物166;焦作志205;選萃;溫縣160;故宮彙編60;釋要496;杞芳堂280;全集北魏1-172;刻石珍拓82	祝嘉1973;魏平2004;毛遠明2004;李發2008;劉志生2010;北石研究班2012;仲威2014a;羅小如2015	195
魏補122		4-253	114	916	增校隨277/修184;魯迅誌75;百種3;魏二十25;集萃7-19;遼博10;洛選31;北窗36;菁英二30;全集北魏1-174	毛遠明2002;趙海麗2011a;吳蘭蘭2012;梁春勝2015b;羅福頤等2019	196
魏補123		4-256	115		百種3;英華19;鴛鴦藏石33;陝西石藝237;碑林全60-151;洛選31;全集北魏1-176;洛陽院8	高峽1993;王盛婷2004;劉志生2009b;劉志生2011a;吳蘭蘭2012;李建廷2013;白艷章2021	197

No.	墓誌名稱	紀年	出土地	現藏場所	A 目錄	B 集釋	C 北圖拓・新中國	D 彙編
198	長孫瑱墓誌	延昌3年(514) 10月21日	河南洛陽	西安碑林博物館	題跋135;檢要86/修54;史語所8;北圖目9;洛目11;時地a27/b17;北大目18;淑德71;陝目提要21;碑索3-1469;北朝集70;日本260	漢魏213	4-19	74 修105
199	高琨墓誌	延昌3年(514) 10月22日	山西大同	大同市博物館	四十年19;碑索3-1470;北朝集存70			
200	邢巒碑	延昌3年(514) 10月			題跋33;碑索3-1470			
201	元飈墓誌	延昌3年(514) 11月4日	河南洛陽	大倉集古館	題跋135;檢要87/修55;洛目12;文庫13;時地a27/b17;北大目19;淑德72;碑索3-1472;北朝集存72;日本260	漢魏99	4-21	75 修106
202	元珍墓誌	延昌3年(514) 11月4日	河南洛陽		題跋135;中央館6;檢要86/修55;史語所8;北圖目10;洛目12;時地a27/b17;北大目19;淑德71;碑索3-1471;北朝集存70;日本261	漢魏44	4-20	76 修107
203	李弼妻鄭氏墓誌	延昌3年(514) 12月29日	河北贊皇		北大目19;碑索3-1474;北朝集存72			
204	姚纂墓誌	延昌4年(515) 正月16日	河北定縣	遼寧省博物館	題跋135;檢要88/修56;史語所9;北圖目10;文庫13;北大目19;淑德72;碑索3-1474;北朝集存72;日本262	漢魏214		
205	拓跋弘(獻文帝)妻成氏墓誌	延昌4年(515) 2月9日	河南洛陽	西安碑林博物館	題跋135;中央館6;檢要88/修56;史語所9;北圖目10;洛目12;時地a28/b17;北大目19;陝目提要22;碑索3-1475;北朝集存72;日本262	漢魏25	4-22	78 修109
206	邢巒墓誌	延昌4年(515) 2月11日	河北河間	河北省文物研究所	碑索3-1477;北朝集存72			
207	邢偉墓誌	延昌4年(515) 2月11日	河北河間	河間縣文物保管所	四十年18;北大目19;碑索3-1477;北朝集存72		河北壹2	78 修109
208	山暉墓誌	延昌4年(515) 3月18日	河南洛陽	西安碑林博物館	題跋135;中央館6;檢要88/修56;史語所9;北圖目10;洛目12;時地a28/b18;北大目19;陝目提要21;碑索3-1478;北朝集存72;日本263	漢魏215	4-23	79 修110
209	王禎墓誌	延昌4年(515) 3月29日	河南洛陽	西安碑林博物館	題跋135;中央館5;檢要89/修56;史語所9;北圖目10;洛目12;時地a28/b18;北大目19;陝目提要22;碑索3-1479;北朝集存72	漢魏216	4-24	80 修112

E 全文・補遺	F 疏證・墨香閣	G 碑校	H 集成	I 叢考	J その他の圖書	K 論文等	No.
魏補123		4-258	115		英華20;集萃7-21;鴛鴦藏石34;陝西石藝237;碑林全60-157;洛選32;洛少178;全集北魏1-178	陳長安1987b;高峽1993;澤田雅弘2000;毛遠明2004;吳蘭蘭2012	198
魏補124	72 修71	4-260	116		星空23;大全南郊23;譜牒329;平城書迹125;高姓16;山西北朝48;廻望桑乾17	王銀田1989;殷憲1999;室山留美子2006;仇鹿鳴2008;殷憲2014b;范兆飛2021;顧冰峰2023	199
					金石錄364		200
魏補28		4-262	116		精華28;增校隨277/修184;百種9;集萃7-20;大倉131;魏選粹146;洛選33;釋要500;洛少34;菁英38;全集北魏1-182;刻石珍拓84	王壯弘1984;孫啟治1998;何德章2003;王盛婷2004;魏宏利2006;劉志生2009a;劉志生2009b;趙海麗2011a;李紅2011;劉志生2012a;仲威2014a;劉軍2015b;趙家棟2017a;段朋飛2017;金溪2021	201
魏補124		4-265	118	184	精華26;魯迅誌77;集萃8-27;魏選粹130;洛選32;西民大拓31;釋要498;洛少35;全集北魏1-180	毛遠明2004;魏宏利2006;室山留美子2010;徐沖2011;郭中濱2011;張穎慧2012;劉軍2015a	202
					李氏墓36		203
魏補125		4-268	119		魯迅誌81;河北錄432;燕趙490	馬衡1977;羅福頤等2019	204
魏補125		4-272	120		百種3;英華21;集萃8-28;鴛鴦藏石35;陝西石藝238;碑林全60-163;洛選34;洛中2-576;彭州14;北朝百品9;全集北魏1-188;魏碑聖地100	高峽1993;劉志生2009b;薛蘇晨2023	205
			121		河北錄211;滄州2;河間186;任丘5;燕趙492	室山留美子2006;梶山智史2013a;李煜東2023a	206
魏補126		4-274	120		河北錄212;滄州4;河間188;題跋集萃45;北大新拓76;任丘7;燕趙494;譜牒330;全集北魏1-186	孟昭林1959b;室山留美子2006;劉志生2009a;劉志生2009b;陳爽2013	207
魏補126		4-277	122		英華22;民族姓氏121;鴛鴦藏石36;陝西石藝238;碑林全60-166;魏選粹156;洛選34;洛少11;全集北魏1-190	陳長安1987b;高峽1993;澤田雅弘1999;羅新2005b;劉志生2019b	208
魏補127		4-280	123		英華23;民族姓氏156;鴛鴦藏石37;陝西石藝238;碑林全60-170;魏選粹163;洛選35;彭州15;洛少16;全集北魏1-192;洛陽移民111	陳長安1987b;高峽1993;羅新1997;張福有等2005;魏軍剛2023b	209

No.	墓誌名稱	紀年	出土地	現藏場所	A 目錄	B 集釋	C 北圖拓·新中國	D 彙編
210	皇甫驎墓誌	延昌4年(515)4月18日	陝西鄠縣		題跋135;檢要89/修57;史語所9;北圖目10;陝目集存12;文庫13;北大目20;秦嶺198;淑德72;碑索3-1480;北朝集存74;日本263	漢魏217	4-25	80 修112
211	王紹墓誌	延昌4年(515)閏10月22日	河南洛陽		題跋135;中央館6;檢要90/修57;史語所9;北圖目10;洛目12;文庫13;時地a28/b18;北大目20;碑索3-1483;北朝集存74;日本265	漢魏218	4-28	82 修114
212	劉遐墓誌	延昌4年(515)閏10月癸卯	河南安陽?					
213	裴經墓誌	熙平元年(516)正月5日	山西侯馬		北朝集存74			
214	釋僧芝墓誌	熙平元年(516)正月24日	河南孟津		洛續4;碑索3-1489;北朝集存74			
215	楊熙僊墓誌	熙平元年(516)2月12日	河南洛陽	墨香閣	洛續4;碑索3-1487;北朝集存74			
216	源叡墓誌	熙平元年(516)2月23日			碑索3-1487;北朝集存74			
217	郭敬䡵墓誌	熙平元年(516)2月24日	北京石景山	北京市文物研究所				
218	戴雙受墓誌	熙平元年(516)2月24日	寧夏固原	寧夏文物考古研究所?				
219	王文愛及妻劉江女墓誌	熙平元年(516)3月4日			檢要90/修57;北大目20;碑索3-1487;北朝集存74		4-30	83 修116
220	元睿墓誌	熙平元年(516)3月17日	河南偃師	中國社會科學院考古研究所	洛目12;碑索3-1488;北朝集存74			
221	王昌墓誌	熙平元年(516)3月17日	河南洛陽		題跋135;檢要91/修57;洛目12;時地a28/b18;碑索3-1489;北朝集存74	漢魏219	4-31	84 修117
222	穆公墓誌	熙平元年(516)4月			北朝集存74			
223	元謐妻馮會墓誌	熙平元年(516)8月2日	河南洛陽	西安碑林博物館	題跋135;檢要91/修58;史語所9;洛目13;時地a28/b18;北大目20;淑德72;陝目提要22;碑索3-1490;北朝集存76;日本266	漢魏172	4-32	84 修117
224	元鷙及妻慕容氏墓誌	熙平元年(516)8月14日	山西大同	民間	碑索3-1491;北朝集存76		新北1	

E 全文·補遺	F 疏證·墨香閣	G 碑校	H 集成	I 叢考	J その他の圖書	K 論文等	No.
魏補29		4-282	123		精華29;增校隨278/修185;魯迅誌83;集萃7-22;法全北誌71;西北50;魏選粹176;選萃;釋要505;譜牒331;羌族225;全集北魏1-194;啓功214;刻石珍拓86	祝嘉1973;室山留美子2006;劉志生2009a;趙海麗2011a;劉志生2011b;李紅2012;章紅梅等2014;劉志生2019a;岳紅記等2020;劉軍2022a;梁春勝等2023	210
魏補128		4-286	125	440;859	增校隨279/修185;魯迅誌91;洛窗35;北窗37;譜牒332;全集北魏1-196;魏碑聖地196	魏平2004;室山留美子2006;劉志生2009a;徐志學2010;徐冲2011;梶山智史2016;徐冲2017;金溪2021	211
				440	秦晉豫三54		212
					發現山西140;考古故事101;山西北朝51	山西省考古研究院2021;衛天琦2023;劉軍2023b	213
			126	272;444;445	拾零20;佛教金石24;全集北魏1-198;洛誌研36	王珊2008;梶山智史2019;王婧2021;魏軍剛2023b	214
魏補129	墨10	4-292	127	222;293;343;445;904	二四品41;邙洛11;新獲續4;題跋集萃46;譜牒333;全集北魏1-200	喬棟等2005i;王慶衛2005;王慶衛等2006;龍仕平等2010;梁春勝2012b;羅小如2015;程淑顏2019	215
			128		二四品62		216
					北京文物263		217
					固原新區19;涼州433	寧夏文物考古研究所2020;梶山智史2022	218
魏補130		4-295	128		磚刻0950;全集北魏1-202;磚書12	何山2017	219
魏補130	75 修74	4-297	128		洛少36;紀年墓96;譜牒335;全集北魏1-204	社科院河南二隊1991;毛遠明2006;趙陽陽2008;趙海麗2011a;張雲華2012;周北南等2014;羅小如2015	220
魏補130		4-300	129		百種3;洛選36;全集北魏1-206;涼州435	陳長安1987b;澤田雅弘1999;室山留美子2006;劉志生2009b;鄧瑩2010;馬振穎2022;梁春勝等2023	221
							222
魏補131		4-302	130	445	百種3;英華27;鴛鴦藏石41;北大拓179;碑林全60-181;洛選37;譜牒336;北朝百品10;全集北魏1-206	陳長安1987b;高峽1993;魯才全1995;王盛婷2005;李發2008;劉志生2009a	223
			131	446;780;860;915	秦晉豫16;萊山館藏64;佛教金石26;全集北魏1-210;山西北朝55	于連龍2010b;王連龍2012a;梁春勝2014b;李海峰2017;楊學是2018;連文娟2021;魏軍剛2023b	224

No.	墓誌名稱	紀年	出土地	現藏場所	A 目錄	B 集釋	C 北圖拓・新中國	D 彙編
225	吳光墓誌	熙平元年(516)8月26日	河南洛陽	西安碑林博物館	題跋135;檢要92/修58;史語所9;北圖目11;洛目13;時地a28/b18;北大目20;陝目提要23;碑索3-1491;北朝集存76;日本266	漢魏26	4-33	85 修119
226	元瓚妻于昌容墓誌	熙平元年(516)8月27日	河南孟津	洛陽古代藝術館	洛續4;碑索3-1492;北朝集存76			
227	楊播墓誌	熙平元年(516)9月2日	陝西華陰	陝西歷史博物館	四十年18;北大目20;秦嶺427;陝目提要23;碑索3-1493;北朝集存76		陝西壹16	86 修119
228	王遵敬及妻薛氏墓誌	熙平元年(516)9月8日		故宮博物院	題跋135;檢要92/修58;北大目20;碑索3-1494;北朝集存76;日本267		4-34	88 修122
229	劉顏墓誌	熙平元年(516)10月4日	河北望都		題跋136;檢要92/修59;北朝集存76;碑索3-1495	漢魏584		88 修122
230	元彥墓誌	熙平元年(516)11月10日	河南洛陽	天津博物館?	題跋136;中央館7;檢要93/修59;史語所9;北圖目11;洛目13;文庫14;時地a29/b18;北大目20;淑德72;碑索3-1496;北朝集存76;日本267	漢魏156	4-36	88 修123
231	羊祉墓誌	熙平元年(516)11月20日	山東新泰	泰安市博物館	四十年19;碑索3-1497;北朝集存78			
232	楊津妻源顯明墓誌	熙平元年(516)11月21日	河南洛陽		洛續4;碑索3-1500;北朝集存78			
233	元延生墓誌	熙平元年(516)11月21日	河南洛陽		題跋136;中央館7;檢要93/修59;史語所9;北圖目11;洛目13;時地a29/b19;碑索3-1498;北朝集存78	漢魏196	4-37	89 修124
234	吐谷渾璣墓誌	熙平元年(516)11月21日	河南洛陽	西安碑林博物館	題跋136;檢要94/修59;史語所9;北圖目11;洛目13;時地a29/b19;北大目20;淑德72;陝目提要23;碑索3-1499;北朝集存78;日本268	漢魏220	4-38	89 修124
235	皮演墓誌	熙平元年(516)11月22日	河南偃師	偃師商城博物館	洛目13;北大目21;淑德71;碑索3-1505;北朝集存78;日本259			
236	楊胤墓誌	熙平元年(516)11月22日	陝西華陰		題跋136;中央館6;檢要94/修60;史語所10;北圖目11;文庫14;北大目21;碑索3-1503;北朝集存78;日本268	漢魏221	4-40	90 修126

E 全文・補遺	F 疏證・墨香閣	G 碑校	H 集成	I 叢考	J その他の圖書	K 論文等	No.
魏補132		4-305	133		英華24;集萃8-29;鴛鴦藏石38;陝西石藝239;碑林全60-188;洛選37;全集北魏1-216	高峽1993;澤田雅弘2000;王麗華2003;李發2008;劉志生2011a	225
			133		拾零21;洛少1;全集北魏1-218	朱紹侯2002;胡鴻2008a;胡鴻2008b;王連龍2012a;梶山智史2019	226
魏補132		4-307	134		華山碑石10;碑林全195-875;陝西精華10;楊氏考錄28;西岳廟415;楊氏輯錄33;風引薤歌5;全集北魏1-220;渭華翠色90;陝西萃編38;陝西集成36	杜葆仁等1984;陸明君2002;陳小青2005;王慶衛等2005;王盛婷2006a;室山留美子2006;李文才2007;李文才等2008;龍仕平等2010;室山留美子2010;何山等2010;趙海麗2011a;鄭邵琳2012;窪添慶文2013b;羅小如2015	227
魏補134			135		磚刻0951;全集北魏1-224;磚書13		228
魏補134		4-310	135		河北錄433;磚刻0952;燕趙497;譜牒337;碑證望都208		229
魏補134		4-314	136		精華30;增校隨281/修186;魯迅誌95;百種3;集萃7-23;魏選粹211;洛選38;洛少37;民開藏誌2;北窗38;菁英二34;全集北魏1-226	馬衡1977;王盛婷2004	230
魏補135	78 修77	4-317	137		泰山44;新泰大觀126;齊魯誌研240;山東分類8;新泰集萃148;譜牒338;岱廟碑刻28;山東書全8;碑誌春秋36	舟子1989;周郚1997;趙海麗2011a;李紅2012;陳爽2013;張勇等2017;王強2021b;薛蘇晨2022	231
魏補137			139		邙洛12;洛少353;譜牒340	羅新2004;窪添慶文2013b;張葳2019	232
魏補138		4-322	139		洛選38;磚刻0953;洛少37;全集北魏1-228;磚書14	趙海麗2011a	233
魏補138		4-324	139		百種3;英華25;吐谷渾錄87/增57;集萃8-30;民族姓氏82;鴛鴦藏石39;碑林全60-192;洛選39;西民大拓33;彭州16;洛少206;杞芳堂282;北朝百品11;全集北魏1-230;絲路沿綫6	高峽1993;馬卓婭2002;何德章2003;王盛婷2004;魏宏利2006;景亞鸝2007;李發2008;劉志生2009b;徐冲等2011;李紅等2011;周阿根2017;周偉洲2019;陳麗萍2020	234
魏補138	83 修81	4-331	142		新獲11;偃師41;北拓精品52;北大新拓77;全集北魏1-232;北精粹北魏1-39;魏碑聖地132;文字墨影1	李獻奇等1996a;馬志強1997;趙陽陽2009;徐冲2011	235
魏補139		4-327	141		增校隨281/修186;魯迅誌99;百種4;集萃8-31;西北52;碑帖收研320;譜牒341;楊氏輯錄159;菁英46;全集北魏1-238	陸明君2002;王慶衛等2005;室山留美子2006;李發2008;龍仕平等2010;趙海麗2011a;范兆飛2021	236

No.	墓誌名稱	紀年	出土地	現藏場所	A 目錄	B 集釋	C 北圖拓・新中國	D 彙編
237	元廣墓誌	熙平元年(516)11月22日	河南洛陽	西安碑林博物館	題跋136;中央館6;檢要95/修60;史語所10;北圖目11;洛目13;時地a29/b19;淑德72;陝目提要23;碑索3-1502;北朝集存78;日本268	漢魏69	4-39	91修126
238	韓興宗妻輿氏墓誌	熙平元年(516)11月22日	河南孟津	個人藏	洛續4;北大目21;碑索3-1501;北朝集存78			
239	元進墓誌	熙平元年(516)11月22日	河南洛陽?	墨香閣	洛續4;碑索3-1501;北朝集存78			
240	蘭幼摽及妻賀氏墓誌	熙平元年(516)11月22日			碑索3-1501;北朝集存80			
241	閔道生墓誌	熙平元年(516)11月22日			北大目21;碑索3-1502;北朝集存80			
242	高阿遼墓誌	熙平2年(517)2月9日			碑索3-1506;北朝集存80		4-41	92修127
243	趙盛及妻索始姜墓誌	熙平2年(517)2月23日			北大目21;碑索3-1506;北朝集存80			
244	元萇墓誌	熙平2年(517)2月29日	河南濟源	河南博物院	碑索3-1506;北朝集存80			
245	戴□福母墓誌	熙平2年(517)3月9日	寧夏固原	寧夏文物考古研究所?				
246	裴敬墓誌	熙平2年(517)3月11日	山西聞喜	個人藏	北大目21;碑索3-1508;北朝集存80			
247	張宜墓誌	熙平2年(517)3月23日	陝西渭城	西安碑林博物館	陝目提要24;碑索3-1507;北朝集存80			
248	張宜世子墓誌	熙平2年(517)3月23日	陝西渭城	秦遺址博物館	碑索3-1508;北朝集存80			
249	張宜世子妻閻氏墓誌	熙平2年(517)3月23日	陝西渭城	渭城區文物管理委員會	碑索3-1508;北朝集存80			
250	張雷墓誌	熙平2年(517)6月2日		故宮博物院	北大目21;碑索3-1509;北朝集存80;日本269			
251	元懷墓誌	熙平2年(517)8月20日	河南洛陽	河南博物院	題跋136;中央館7;檢要95/修60;史語所10;北圖目12;洛目14;時地a29/b19;北大目22;淑德72;碑索3-1511;北朝集存82;日本271	漢魏193	4-46	92修127

E 全文・補遺	F 疏證・墨香閣	G 碑校	H 集成	I 叢考	J その他の圖書	K 論文等	No.
魏補140		4-329	142		百種4;英華26;鴛鴦藏石40;陝西石藝239;碑林全60-198;洛選40;彭州17;洛少38;北朝百品12;河南散存142;全集北魏1-236	高峽1993;劉志生2009a;劉志生2009b;閔曉丹2010;劉志生等2012b;李建廷2013;劉志生2019b;楊繼光等2021	237
			140	151	拾零22;洛少384;龍門文萃413;新獲一五13;北大新續121;全集北魏1-234	梁春勝2017a;梶山智史2019	238
	墨12		140		洛少38;洛陽新見1;新獲七朝11;秦晉豫續42;北朝百品13;北精粹北魏3-11	梶山智史2015;劉軍2016a;劉軍2016c	239
			141		秦晉豫續43	魏軍剛2023b	240
			140		秦晉豫續44		241
魏補140			143		磚刻0954;高姓293;全集北魏1-240		242
			143		二四品78;稀見;民間藏誌4;秦晉豫18;新精北朝上12;全集北魏1-242;北精粹北魏1-53	魏軍剛2018	243
			144		拾零23;近新;龍門文萃414;新精北朝上18;萊山館藏56;琬琰流芳50;北朝百品14;全集北魏1-246;北精粹北魏3-19;魏碑聖地116	劉蓮香等2006;明建2010;宮萬松等2011;劉軍2013b;松下憲一2014	244
					固原新區19	寧夏文物考古研究所2020	245
			145		北大新拓78;秦晉豫續45;誌法精選8;新獲一五14;山西北朝68;北精粹北魏6-9	梶山智史2015	246
		4-334	145	11	咸陽碑刻5;渭城志212/修219;碑林新9;字里集粹1;陝西萃編40	李薛妃2015	247
		4-337	146		咸陽碑刻6;渭城志213/修220		248
		4-339	146		咸陽碑刻7;渭城志214/修220	張民生等1997	249
魏補141			147		磚刻0955		250
魏補141		4-346	147		精華32;集萃7-24;北大拓180;魏選粹224;洛選40;翰墨1-31;洛中2-579;北拓精品58;西民大拓32;洛少39;北窗40;琬琰流芳53;盛世側影204;河南散存144;全集北魏1-244;魏碑聖地126	湯淑君1992;魯才全1995;王盛婷2004;劉志生2009b;徐沖2011;劉軍2013c;羅小如2015;周春曉2017	251

— 217 —

No.	墓誌名稱	紀年	出土地	現藏場所	A 目錄	B 集釋	C 北圖拓·新中國	D 彙編
252	王誦妻元貴妃墓誌	熙平2年(517)8月20日	河南洛陽	遼寧省博物館	題跋136;中央館7;檢要96/修60;史語所10;北圖目11;洛目13;文庫14;時地a29/b19;北大目21;淑德72;碑索3-1509;北朝集存80;日本270	漢魏266	4-45	92 修128
253	元遙墓誌	熙平2年(517)9月2日	河南洛陽	西安碑林博物館	題跋136;中央館7;檢要97/修61;史語所10;北圖目12;洛目14;時地a29/b19;北大目22;淑德72;陝目提要24;碑索3-1513;北朝集存82;日本271	漢魏106	4-47	93 修129
254	楊舒墓誌	熙平2年(517)9月2日	陝西華陰	西安碑林博物館	陝目提要23;碑索3-1512;北朝集存82			94 修131
255	刁遵墓誌	熙平2年(517)10月9日	河北南皮	山東省博物館	題跋136;中央館6;檢要97/修61;史語所10;北圖目11;文庫14;北大目22;淑德72;碑索3-1514;北朝集存82;日本272	漢魏222	4-48	96 修133
256	崔敬邕墓誌	熙平2年(517)11月21日	河北安平		題跋136;檢要98/修62;史語所10;北大目22;碑索3-1519;北朝集存82;日本273	漢魏223		98 修135
257	元新成妻李氏墓誌	熙平2年(517)11月28日	河南洛陽		題跋136;中央館7;檢要99/修62;史語所11;北圖目12;洛目14;時地a29/b20;北大目22;淑德72;碑索3-1521;北朝集存82;日本273	漢魏98	4-50	100 修137
258	乞伏暉墓誌	熙平2年(517)12月22日	河南洛陽	洛陽師範學院	洛續5;碑索3-1522;北朝集存84			
259	吳翼墓誌	熙平3年(518)2月10日			北朝集存344			
260	侯敬宗妻張龍姬墓誌	神龜元年(518)2月15日	北京延慶		北朝集存84			
261	楊無醜墓誌	熙平3年(518)2月23日	陝西華陰	香港中文大學文物館	北大目23;碑索3-1524;北朝集存84			
262	宇文永妻韓氏墓誌	熙平3年(518)2月23日	河南洛陽	個人藏	碑索3-1523;北朝集存84			
263	堯遵墓誌	熙平3年(518)2月23日	河南洛陽?	鄭州市華夏文化藝術博物館	碑索3-1524;北朝集存84			

E 全文・補遺	F 疏證・墨香閣	G 碑校	H 集成	I 叢考	J その他の圖書	K 論文等	No.
魏補141		4-348	147		精華34;增校隨283/修187;魯迅誌101;百種4;魏二十31;北大拓87;遼博11;洛選41;釋要518;洛少39;譜牒342;全集北魏1-248;洛陽院10	陳長安1987b;宮大中2004b;園田俊介2005b;劉志生2010;李紅2012;羅福頤等2019;金溪2021	252
魏補142		4-350	148	915	百種4;英華28;集萃8-32;法全北誌73;鴛鴦藏石42;陝西石藝240;碑林全60-204;洛選41;洛少40;河南散存146;全集北魏1-250	高峽1993;王盛婷2006a;李紅2012;劉軍2012	253
魏補143		4-353	149	446	碑林新12;楊氏輯錄95;北朝百品15;陝西萃編42	崔漢林等1985;陸明君2002;王盛婷2004;王慶衛等2005;室山留美子2006;董理2007;魏平2008;劉志生2009b;龍仕平等2010;何山等2010;梁春勝2012c;窪添慶文2013b	254
魏補144		4-356	150	240;241;780	精華33;增校隨284/修188;魯迅誌103;河北錄434;法全北誌79;山東選粹2;山東志546;北大拓88;選萃;山東碑造281;碑帖收研321;滄州6;釋要510;山東分類11;杞芳堂284;燕趙498;譜牒343;高姓292;美術院17;魏碑聖地70;山東書全10;刻石珍拓88	王大良1992a;王大良1992b;楊魯安2003;王盛婷2004;吳占良2004;王盛婷2006a;室山留美子2006;李發2008;劉志生2010;梁春勝2012a;葉其峰2012b;陳爽2013;林辛勤2016;牟發松2016;梁春勝2016a;宋愛平等2019;王強2021a	255
全3798		4-361	990	174	精華31;增校隨291/修192;河北錄433;法全北誌82;魏選粹241;碑帖收研323;釋要515;趙紹祖339;杞芳堂287;燕趙502;譜牒347;衡水金石278;嘉樹堂131	王金科等1987;仲威2014b;周北南等2014;陳郁2021;范兆飛2021	256
魏補146		4-364	152		精華35;增校隨修194;輯繩26;集萃7-25;北大拓89;洛選42;洛中2-582;全集北魏1-252;啓功216	劉志生2009a;趙海麗2011a;劉志生等2012a;范兆飛2021;薛蘇晨2023	257
			153		洛新釋錄327;拾零24;洛少12;全集北魏1-254	梶山智史2015;李皓2021;魏軍剛2023b	258
					新獲百品4		259
						北京市文物研究所等2013;梶山智史2019	260
魏補147	87 修84	4-369	155		銘刻文物58;北大新拓79;北山汲古378	趙陽陽2008;龍仕平等2010;窪添慶文2013b;張永惠2021	261
魏補148		4-367	155	447	二四品88;邙洛13;新獲續5;譜牒348	喬棟等2005b;梁春勝2012b	262
				154	洛陽新見2;聖殿72;新獲七朝12;秦晉豫續46;北朝百品16	劉軍2016a;梶山智史2017;寶元章2019	263

No.	墓誌名稱	紀年	出土地	現藏場所	A 目錄	B 集釋	C 北圖拓·新中國	D 彙編
264	楊泰墓誌	熙平3年(518)2月	陝西華陰	陝西歷史博物館	四十年19;北大目23;秦嶺427;陝目提要24;碑索3-1525;北朝集存84		陝西壹17	101 修139
265	氾純光墓誌	神龜元年(518)3月5日			碑索3-1526			
266	拓跋濬(文成帝)妻耿壽姬墓誌	神龜元年(518)3月8日	河南洛陽	故宮博物院	題跋137;中央館7;檢要99/修63;史語所11;北圖目12;洛目14;時地a30/b20;北大目23;淑德72;碑索3-1527;北朝集存84;日本273	漢魏27	4-51	102 修140
267	卓吳仁妻蘇阿女墓誌	神龜元年(518)4月24日			碑索3-1528;北朝集存84			
268	孫惠蔚墓誌	神龜元年(518)5月			題跋137;檢要100/修63;碑索3-1528;北朝集存84			
269	馬阿臺墓誌	神龜元年(518)7月						
270	胡康墓誌	神龜元年(518)10月9日		個人藏				
271	慈義(高英)墓誌	神龜元年(518)10月15日	河南洛陽		題跋137;檢要101/修64;洛目14;時地a30/b20;北大目23;碑索3-1529;北朝集存86	漢魏28	4-57	102 修140
272	胡國寶墓誌	神龜元年(518)11月4日			碑索3-1530;北朝集存86			
273	鄧羨妻李榘蘭墓誌	神龜元年(518)12月9日	河南洛陽	西安碑林博物館	題跋137;中央館2;檢要101/修64;北圖目5;洛目14;時地a30/b20;北大目23;陝目提要25;碑索3-1530;北朝集存86	漢魏224	4-58	103 修141
274	李緬妻常敬蘭墓誌	神龜元年(518)12月22日	河南洛陽	個人藏	洛續5;北大目23;碑索3-1531;北朝集存86	新北40		
275	高道悅墓誌	神龜2年(519)2月20日	山東德州	山東省石刻藝術博物館	四十年14;北大目23;碑索3-1532;北朝集存86			104 修142
276	高道悅妻李氏墓誌	神龜2年(519)2月20日	山東德州	山東省石刻藝術博物館	北大目23;碑索3-1532;北朝集存86			

E 全文・補遺	F 疏證・墨香閣	G 碑校	H 集成	I 叢考	J その他の圖書	K 論文等	No.
魏補147		4-371	154		華山碑石11;碑林全195-878;陝西精華11;楊氏考錄25;西岳廟417;楊氏輯錄129;風引薤歌8;全集北魏1-256;渭華翠色92;陝西萃編44;陝西集成38	杜葆仁等1984;陸明君2002;王慶衞等2005;王盛婷2006b;室山留美子2006;李文才2007;龍仕平等2010;徐冲2011;窪添慶文2013b	264
							265
魏補148		4-374	991	447	精華36;集萃8-33;洛選43;故宮彙編62;北窗41;譜牒349;全集北魏1-258	李發2008;李紅等2011	266
			156		秦晉豫續47	趙耀輝2016e;鄧盼2017	267
					金石錄365		268
					道在瓦甓148		269
					北精粹北魏6-19		270
魏補149		4-382	157		集萃8-34;北大拓181;洛選43;景州25;洛少308;星空9;杞芳堂291;佛教金石28;高姓19;全集北魏1-260;洛陽移民55;洛誌研29	陳長安1987b;王盛婷2004;仇鹿鳴2008;趙振華2009a;石少欣等2012;羅小如2015;馮國東2016;何山2017;劉燦輝2017b;蒲宣伊2019;王婧2021	271
			157			李舉綱等2008;梶山智史2013a;石松2015	272
魏補149		4-384	158		英華29;鴛鴦藏石43;陝西石藝241;碑林全60-214;魏選粹263;洛選44;景州9;彭州18;星空44;北朝百品17;全集北魏1-262	高峽1993;澤田雅弘1999;王盛婷2005;王盛婷2006b;徐志學2010;趙海麗2011a;張穎慧2012;劉軍2021	273
			158	786	新獲七朝13;北大新拓80;秦晉豫續48;北朝百品18;河南散存149;北精粹北魏1-59;李氏墓113	趙君平2010a;霍倩2020	274
魏補150		5-3	159	145;297;447;448;916;918;1095	山東選粹5;齊魯碑刻82;山東志546;山東碑造284;齊魯誌研249;北大新拓81;山東分類13;星空14;杞芳堂293;海岱石華93;高姓153;北精粹北魏4-15;魏碑聖地306;德州誌研6;山東書全12	秦公1979;賴非2000;王盛婷2004;室山留美子2006;田熊信之2007;仇鹿鳴2008;劉志生2009a;劉志生2009b;劉志生2011b;羅小如2015;梶山智史2016;劉軍2016b;梁春勝2016b;呂宏偉2018;劉志生2019b;陳鵬2021;劉軍2022b	275
			160		山東選粹4;齊魯誌研254;北大新拓82;山東分類16;高姓155;北精粹北魏4-31;魏碑聖地308;德州誌研18;山東書全38	賴非2000;田熊信之2007;;許東方2009;梶山智史2013a;呂宏偉2017;顧盼等2018;陳鵬2021	276

No.	墓誌名稱	紀年	出土地	現藏場所	A 目錄	B 集釋	C 北圖拓·新中國	D 彙編
277	寇憑墓誌	神龜2年(519)2月23日	河南洛陽		題跋137;中央館7;檢要102/修64;史語所11;北圖目12;洛目14;時地a30/b20;北大目24;淑德72;碑索3-1535;北朝集存88;日本277	漢魏225	4-63	105修144
278	寇演墓誌	神龜2年(519)2月23日	河南洛陽		題跋137;中央館8;檢要102/修65;史語所11;北圖目12;洛目15;時地a30/b20;北大目24;淑德72;碑索3-1536;北朝集存88;日本276	漢魏226	4-62	106修145
279	元祐墓誌	神龜2年(519)2月23日	河南洛陽	遼寧省博物館	題跋137;檢要103/修65;史語所11;北圖目12;洛目15;文庫14;時地a30/b20;北大目24;淑德72;碑索3-1533;北朝集存86;日本276	漢魏165	4-61	107修146
280	楊珍墓誌	神龜2年(519)3月6日		香港中文大學文物館	北朝集存88			
281	元琛墓誌	神龜2年(519)3月18日	河南偃師	洛陽古代藝術館	碑索3-1538;北朝集存88			
282	李叔胤墓誌蓋	神龜2年(519)4月12日	河北贊皇					
283	李叔胤妻崔賓媛墓誌	神龜2年(519)4月12日		墨香閣	碑索3-1541;北朝集存88			
284	劉榮先妻馬羅英墓誌	神龜2年(519)7月5日	河南洛陽		碑索3-1541;北朝集存88			
285	楊胤季女墓誌	神龜2年(519)7月29日	陝西潼關	潼關縣文物管理委員會	四十年20;北大目24;秦嶺427;陝目提要25;碑索3-1542;北朝集存88		陝西壹18	108修147
286	元遙妻梁氏墓誌	神龜2年(519)8月	河南洛陽	西安碑林博物館	題跋137;中央館3;檢要104/修66;史語所11;北圖目12;洛目15;時地a30/b21;北大目24;淑德73;陝目提要26;碑索3-1542;北朝集存90;日本279	漢魏107	4-70	108修148
287	堯君妻元妙墓誌	神龜2年(519)10月15日		個人藏	碑索3-1545;北朝集存90			
288	元玨妻穆玉容墓誌	神龜2年(519)10月27日	河南洛陽	西安碑林博物館	題跋137;中央館8;檢要105/修66;史語所12;北圖目12;洛目15;時地a31/b21;北大目24;淑德72;陝目提要26;碑索3-1544;北朝集存90;日本280	漢魏159	4-72	109修148
289	張稚墓誌	神龜2年(519)10月27日	河南洛陽		北朝集存90		西南5	

E 全文・補遺	F 疏證・墨香閣	G 碑校	H 集成	I 叢考	J その他の圖書	K 論文等	No.
魏補151		5-9	161	787	增校隨296/修196;魯迅誌121;百種4;集萃8-35;魏選粹276;洛選45;碑帖收研327;北窗42;譜牒350;全集北魏1-264;魏碑聖地186	岑仲勉1939;陳長安1987b;澤田雅弘1999;倪潤安2000;王盛婷2004;室山留美子2006;室山留美子2007;劉志生2009b;徐沖2011;陳爽2013;姚立偉2015;范兆飛2021	277
魏補152		5-12	162		增校隨296/修195;魯迅誌125;百種4;集萃8-36;北大拓182;魏選粹289;洛選45;北窗44;譜牒351;菁英二41;全集北魏1-266;洛陽院12;魏碑聖地188	岑仲勉1939;倪潤安2000;室山留美子2006;室山留美子2007;李發2008;德安2009;姚立偉2015;范兆飛2021;劉軍2022b	278
魏補153		5-6	163		精華37;增校隨297/修196;魯迅誌117;魏二十40;集萃7-26;;遼博12;洛選46;洛少41;菁英50;全集北魏1-268	王壯弘1984;陳長安1987b;何德章2003;園田俊介2005b;李發2008;徐沖2011;李紅等2011;劉軍2015b;李薛妃2015;趙家棟2017a;羅福頤等2019	279
					北山汲古380	何碧琪2015b	280
			164	448;784;968	譜牒352;秦晉豫三55	趙振華2009b;劉軍2022b	281
					贊皇錄32		282
	墨14		166	340	選萃;譜牒353;李氏墓114;崔氏587;贊皇錄34	陶鈞2012;梶山智史2015;劉大新2016;趙家棟2017b;席蘭2020;范兆飛2021	283
魏補154	91 修88		168		磚刻0956;磚書15	王木鐸2001	284
魏補154		5-29	168		陝西石藝242;潼關碑石3;楊氏考錄68;譜牒356;楊氏輯錄257;渭華翠色94;秦晉豫三56;陝西萃編48;北精粹北魏7-9;陝西集成41	杜葆仁等1984;陸明君2002;龍仕平等2010;徐沖2011	285
魏補154		5-31	168		百種4;英華31;集萃8-37;法全北誌84;鴛鴦藏45;陝西石藝242;碑林全60-220;洛選47;全集北魏1-66	高峽1993	286
			169	452	秦晉豫20;全集北魏1-274	周鼎2018;梶山智史2022	287
魏補155		5-37	170		增校隨298/修197;百種4;英華30;集萃7-27;法全北誌86;鴛鴦藏石44;陝西石藝242;北大拓183;碑林全60-225;洛選47;選萃;釋要528;洛少394;全集北魏1-276;啓功206;刻石珍拓94	高峽1993;王盛婷2005;胡迪軍2009;劉東平等2012	288
				453	秦晉豫三57		289

No.	墓誌名稱	紀年	出土地	現藏場所	A 目錄	B 集釋	C 北圖拓·新中國	D 彙編
290	王欽墓誌	神龜2年(519)10月	河北曲陽					
291	元騰及妻程法珠墓誌	神龜2年(519)11月9日	河南洛陽	河南省博物館	題跋137;中央館4;檢要105/修67;史語所12;北圖目8;洛目15;時地a31/b21;北大目24;淑德73;碑索3-1546;北朝集存90;日本280	漢魏85	4-74	109 修149
292	元瓚墓誌	神龜2年(519)11月10日	河南孟津	個人藏	洛續5;碑索3-1547;北朝集存90	新北30		
293	羅宗墓誌	神龜2年(519)11月27日	河南洛陽	個人藏	洛續5;碑索3-1548;北朝集存90			
294	元宏(孝文帝)妻高照容陵誌	神龜2年(519)	河南洛陽	洛陽博物館	四十年14;洛目15;時地b21;碑索3-1549;北朝集存90			
295	高偃墓誌	神龜2年(519)	山東德州		碑索3-1555;北朝集存90			
296	郭翼墓誌	神龜3年(520)正月10日	河南洛陽	千唐誌齋博物館	洛續5;北大目25;碑索3-1550;北朝集存92			
297	常襲妻崔氏墓誌	神龜3年(520)2月28日	河北遷安	唐山市文管所	碑索3-1551;北朝集存92		河北壹3	
298	元暉墓誌	神龜3年(520)3月10日	河南洛陽	西安碑林博物館	題跋137;中央館8;檢要106/修67;北圖目12;洛目16;時地a31/b21;北大目25;淑德73;陝目提要27;碑索3-1551;北朝集存92;日本281	漢魏55	4-76	110 修150
299	婁矜妻乞伏英妮墓誌	神龜3年(520)3月22日			北朝集存344			
300	辛祥墓誌	神龜3年(520)4月30日	山西太原	山西省博物館	四十年20;晉目太原6;碑索3-1553;北朝集存92			
301	穆亮妻尉太妃墓誌	神龜3年(520)6月30日	河南洛陽	西安碑林博物館	題跋137;中央館8;檢要107/修67;史語所12;北圖目13;洛目16;時地a31/b22;北大目25;淑德73;陝目提要28;碑索3-1553;北朝集存92;日本284	漢魏202	4-82	112 修152
302	賈裕墓誌	神龜3年(520)12月15日	山西襄汾?					

E 全文・補遺	F 疏證・墨香閣	G 碑校	H 集成	I 叢考	J その他の圖書	K 論文等	No.
						劉迪2020	290
魏補155		5-40	170		百種4;集萃8-38;法全北誌94;洛選48;洛少41;北窗46;全集北魏1-278	趙萬里1943;澤田雅弘1999;澤田雅弘2000	291
			171		拾零25;近新;洛少42;民間藏誌6;道在瓦甓138;全集北魏1-280;北精粹北魏3-35	薛海洋2008;胡鴻2008a;胡鴻2008b;繆韻2010;王連龍2012a;周阿根2016b;楊學是2018;楊學是2020;薛蘇晨2022	292
			171		拾零26;近新;洛少255;龍門文萃415;新獲七朝14;鴛鴦輯錄3;北大新續124;全集北魏1-282;北精粹北魏5-1	薛海洋2009;淩文超2010;佐川英治2012;劉軍2016a	293
魏補156	89 修86	5-42	172		輯繩28;洛選49;皇家9;景州3;洛少308;星空3;高姓18;全集北魏1-286;洛陽移民57;北精粹北魏2-1;洛誌研32	河南省文化局1966;陳長安1987a;趙陽2008;仇鹿鳴2008;宮大中2011b;梁春勝2012b;薛蘇晨2023	294
					齊魯誌研364		295
			173		三八種35;唐補千唐436;北大新拓83;雲雨蟄龍22;千唐全集4	佐川英治2012;梶山智史2019;劉軍2022b	296
魏補156	92 修89	5-44	173		燕趙511;全集北魏1-284	李子春等1993;李子春等1998	297
魏補157		5-46	174	310;781	精華38;百種6;英華32;集萃7-28;鴛鴦藏石49;陝西石藝243;北大拓184;碑林全60-234;洛選49;洛少43;全集北魏1-290	高峽1993;澤田雅弘1999;王盛婷2004;園田俊介2005b;董淑燕2006;李發2008;鄧瑩2010;何山等2010;梁春勝2011b;吳蘭蘭2012;劉軍2015g;劉秀海2015;劉燦輝2017b	298
						李皓2021;劉燦輝等2023;魏軍剛2023b	299
魏補158		5-63	175	219;336	山西碑碣8;山西概覽51;晉刻北朝1;譜牒357;山西北朝75;河州256	代尊德1981;王天麻1992a;劉軍等2001;室山留美子2006;羅新2008c;佐川英治2012;李皓2018;代愛玲2019;武亨偉2020;張長海2022;魏軍剛2022a;劉軍2022b	300
魏補159		5-67	176	919	英華33;集萃8-39;鴛鴦藏石47;陝西石藝243;碑林全60-247;洛選50;彭州20;洛少344;北窗47;絲路洛陽127;佛教金石30;全集北魏1-294	高峽1993;李發2008;徐志學2010;徐冲2011;李紅等2011;張雲華2012;劉森垚2018	301
					金石爲開152		302

No.	墓誌名稱	紀年	出土地	現藏場所	A 目錄	B 集釋	C 北圖拓·新中國	D 彙編
303	元澄墓誌	神龜3年(520)	河南洛陽		題跋137;時地a45/b36;碑索3-1557;北朝集存94	漢魏124		506 修639
304	張歡張象墓誌	神龜3年(520)	河北永年		北朝集存344			
305	高植墓誌	神龜中(518-520)	河北景縣		題跋137;檢要108/修68;史語所12;淑德73;碑索3-1555;北朝集存98	漢魏227		112 修153
306	元穆妻墓誌	神龜中(518-520)	河南洛陽		碑索3-1558;北朝集存326			
307	孫龍墓誌	神龜中(518-520)	山西榆社	榆社縣博物館	晉目晉中199;碑索3-1558;北朝集存326			
308	達法度墓誌	正光元年(520)8月14日			北大目25;碑索4-1559;北朝集存94;日本285		4-88	113 修154
309	韓玄墓誌	正光元年(520)10月21日	山東淄博?		題跋138;檢要111/修70;史語所13;北圖目13;北大目26;碑索4-1560;北朝集存94;日本286	漢魏228	4-92	113 修154
310	元君妻趙光墓誌	正光元年(520)10月21日	河南洛陽	西安碑林博物館	題跋138;中央館8;檢要110/修70;史語所13;北圖目13;洛目16;時地a31/b22;北大目26;陝目提要29;碑索4-1561;北朝集存94;日本286	漢魏64	4-91	113 修155
311	劉阿素墓誌	正光元年(520)10月	河南洛陽	西安碑林博物館	題跋138;中央館8;檢要111/修70;史語所13;北圖目14;洛目16;時地a31/b22;北大目26;陝目提要29;碑索4-1562;北朝集存96;日本287	漢魏29	4-93	114 修156
312	邵眞墓誌	正光元年(520)11月3日	陝西西安	西安碑林博物館	檢要112/修71;四十人21;陝目提要29;碑索4-1564;北朝集存96		陝西貳1	115 修156
313	元昞墓誌	正光元年(520)11月14日	河南洛陽	洛陽博物館	洛目16;碑索4-1565;北朝集存96			
314	元懿墓誌	正光元年(520)11月14日	河南洛陽	河南博物館	題跋137;中央館8;檢要107/修68;史語所12;北圖目13;洛目17;時地a31/b22;北大目25;碑索4-1565;北朝集存92;日本284	漢魏177	4-84	115 修157
315	王曦墓誌碑	正光元年(520)11月14日	河南洛陽	個人藏	碑索4-1571;北朝集存96			
316	元孟輝墓誌	正光元年(520)11月15日	河南洛陽	西安碑林博物館	題跋137;檢要108/修68;史語所12;北圖目13;洛目17;時地a31/b22;北大目25;陝目提要28;碑索4-1567;北朝集存94;日本285	漢魏45	4-85	116 修158

E 全文・補遺	F 疏證・墨香閣	G 碑校	H 集成	I 叢考	J その他の圖書	K 論文等	No.
魏補412			1058			李紅等2011	303
					全集北魏1-300;永年志17		304
全3799		5-69	178		增校隨301/修198;齊魯碑刻83;釋要537;星空;燕趙512;高姓27;山東書全43;涼州438	仇鹿鳴2008;北石研究班2013;仲威2014a;范兆飛2021;趙京娜2023	305
魏補160		5-71	983		洛選52;洛少394;全集北魏1-302		306
					晉中選粹1;滄海遺珍82;圖裝68	王太明等1993;王太明2000	307
魏補160			179		磚刻0958;全集北魏1-304		308
魏補160		5-77	181	454	增校隨304/修200;魯迅誌127;全集北魏1-308;山東書全40		309
魏補161		5-75	180	244	英華35;鴛鴦藏石50;陝西石藝244;碑林全60-259;洛選53;彭州21;北朝百品19;全集北魏1-312	高峽1993;澤田雅弘1999;趙海麗2011a	310
魏補161		5-79	181	941	魯迅誌131;英華36;集萃7-31;鴛鴦藏石51;陝西石藝245;碑林全60-266;魏選粹309;洛選52;杞芳堂308;北山汲古382;全集北魏1-310	高峽1993;澤田雅弘2000;王盛婷2004;常麗麗2023a	311
魏補162		5-81	182	454	英華37;碑林全61-274;五十年下57;邵氏7	陝西省文物管理委員會1955;高峽1993;劉志生2010;窪添慶文2011a;李紅等2011	312
魏補164		5-87	183		輯繩34;洛選54;皇家10;洛少44;杞芳堂295;全集北魏1-316;北精粹北魏2-13;魏碑聖地262	游清漢1963;李紅2011	313
魏補162		5-90	183		增校隨301/修198;百種4;集萃7-29;北大拓186;魏選粹296;洛選51;翰墨1-32;西民大拓34;拾零27;洛少44;民間藏誌8;河南散存148;全集北魏1-296;魏碑聖地110	曾廣等2007	314
					全集北魏1-318;北精粹北魏5-17	王沛等2016;劉軍2018a;梶山智史2019	315
魏補163		5-92	184		英華34;集萃7-30;鴛鴦藏石48;陝西石藝244;碑林全60-251;洛選51;彭州22;洛少45;北朝百品20;全集北魏1-298	高峽1993;何德章2003;李發2008;鄧瑩2010;趙海麗2011a;劉軍2015b;羅小如2015;劉志生2019a	316

No.	墓誌名稱	紀年	出土地	現藏場所	A 目錄	B 集釋	C 北圖拓·新中國	D 彙編
317	叔孫協墓誌	正光元年(520)11月15日	河南洛陽	西安碑林博物館	題跋138;中央館9;檢要112/修71;史語所13;北圖14;洛目17;時地a32/b22;北大目26;淑德73;陝目提要29;碑索6-3172;北朝集存96;日本287	漢魏229	4-94	116 修649
318	張弁墓誌	正光元年(520)11月15日		墨香閣	碑索4-1567;北朝集存94			
319	司馬眪(司馬景和)墓誌	正光元年(520)11月26日	河南孟縣		題跋138;中央館9;檢要110/修69;史語所13;北大目26;淑德73;碑索4-1568;北朝集存96;日本287	漢魏230	4-95	117 修161
320	李璧墓誌	正光元年(520)12月21日	河北景縣	山東省博物館	題跋138;檢要113/修71;史語所13;北圖目12;北大目26;淑德73;碑索4-1571;北朝集存96;日本287	漢魏232	4-97	118 修159
321	邢勗墓誌	正光元年(520)12月21日	河南偃師					
322	孫尊墓誌	正光元年(520)	河南洛陽		檢要113/修72;碑索4-1573;北朝集存96			
323	張君墓誌	正光2年(521)2月5日?			北大目26;碑索4-1574;北朝集存98			
324	元恪(宣武帝)妻司馬顯姿墓誌	正光2年(521)2月22日	河南洛陽	遼寧省博物館	題跋138;中央館9;檢要114/修72;史語所13;北圖目14;洛目17;文庫15;時地a32/b22;北大目27;淑德73;碑索4-1574;北朝集存98;日本288	漢魏30	4-100	120 修162
325	穆纂墓誌	正光2年(521)2月28日	河南洛陽	西安碑林博物館	題跋138;檢要114/修72;史語所14;北圖目14;洛目17;時地a32/b23;北大目27;淑德73;陝目提要30;碑索4-1576;北朝集存98;日本289	漢魏233	4-101	121 修163
326	郭翻墓誌	正光2年(521)3月16日	山西高平	資聖寺	碑索4-1577;北朝集存98			
327	劉華仁墓誌	正光2年(521)3月17日	河南洛陽		題跋138;中央館9;檢要115/修73;史語所14;北圖目14;時地a32/b23;北大目27;碑索4-1577;北朝集存98;日本289	漢魏31	4-103	122 修164

E 全文・補遺	F 疏證・墨香閣	G 碑校	H 集成	I 叢考	J その他の圖書	K 論文等	No.
魏補164		5-94	185	914	民族姓氏182;鴛鴦藏石52;陝西石藝245;碑林全60-272;魏選粹316;洛選54;洛中2-586;洛少252;北朝百品21;全集北魏1-320	宮大中1996;何德章2000;宮大中2002;宮大中2004b;趙振華2009a;宗成振2010;徐沖2011;李紅2012;梁春勝2016b;劉燦輝2017b	317
	墨16		177	919		劉軍2023d	318
全3799		5-96	185	184	精華39;增校隨302/修199;魯迅誌139;魏選粹323;孟州文物167;焦作誌205;溫縣161;釋要535;杞芳堂297;全集北魏1-322	室山留美子2006;李薛妃2015;穆青2019;謝懌墨等2023	319
魏補165		5-98	186	454;789;862	增校隨303/修200;魯迅誌133;河北錄433;法全北誌101;山東選粹3;齊魯碑刻85;山東誌547;魏選粹335;山東碑造286;景州28;碑帖收研328;釋要532;山東分類18;星空48;燕趙514;譜牒362;唐代鄭氏49;全集北魏1-324;魏碑聖地86;山東書全41	吉川忠夫1998;王盛婷2004;室山留美子2006;李發2008;劉志生2011b;吳蘭蘭2012;李紅2012;陳爽2013;王夢筆2016;于芹2016;陳一梅等2019;宋愛平等2019;范兆飛2021;劉軍2021;于芹2022;劉軍2022b	320
					文字墨影3	偃師市文物旅遊局等2019;楊瑩霞等2021;李秋展等2021;李世忠2023	321
							322
					全集北魏1-348		323
魏補166		5-105	187	784	精華40;魯迅誌141;魏二十51;集萃7-32;法全北誌105;北大拓187;遼博13;魏選粹382;洛選55;皇家11;釋要539;菁英二46;全集北魏1-328;刻石珍拓96	王盛婷2004;王盛婷2005;陳小青2006;劉志生2009b;曾曉梅等2012;李紅2012;張學鋒2014;羅福頤等2019	324
魏補167		5-108	188		英華38;集萃7-33;鴛鴦藏石53;陝西石藝246;碑林全61-278;魏選粹395;洛選56;彭州24;洛少395;北窗48;北朝百品22;全集北魏1-330	高峽1993;何德章2003;李發2008;何山等2010;吳健華2011;劉志生2012b;李紅2012;于唯德等2018;大知聖子2021	325
			189	455;797;910;920	高平誌405;大全高平5;山西北朝84	安建峰2014;梶山智史2015	326
魏補30		5-111	189		增校隨305/修201;魯迅誌145;集萃8-40;魏選粹409;洛選56;杞芳堂308;全集北魏1-332;魏碑聖地190	澤田雅弘2000;佐藤智水2007	327

No.	墓誌名稱	紀年	出土地	現藏場所	A 目錄	B 集釋	C 北圖拓·新中國	D 彙編
328	馮迎男墓誌	正光2年(521) 3月26日	河南洛陽	故宮博物院	題跋138;中央館9;檢要115/修73;史語所14;北圖目14;洛目17;時地a32/b23;北大目27;碑索4-1579;北朝集存98;日本289	漢魏32	4-104	123 修165
329	張安姬墓誌	正光2年(521) 3月29日	河南洛陽	西安碑林博物館	題跋138;中央館9;檢要115/修73;北圖目14;洛目17;時地a32/b23;北大目27;陝目提要30;碑索4-1581;北朝集存100;日本289	漢魏33	4-105	123 修166
330	薛廣智墓誌	正光2年(521) 4月24日	甘肅禮縣	禮縣博物館	碑索4-1581;北朝集存100			
331	段華息妻范氏墓誌	正光2年(521) 5月21日		中國國家博物館	碑索4-1582;北朝集存100			
332	王遺女墓誌	正光2年(521) 8月20日	河南洛陽	西安碑林博物館	題跋139;中央館10;檢要117/修74;史語所14;北圖目14;洛目17;時地a32/b23;北大目27;陝目提要30;碑索4-1583;北朝集存100	漢魏34	4-110	124 修167
333	王僧男墓誌	正光2年(521) 9月20日	河南洛陽		題跋139;中央館10;檢要117/修74;史語所14;北圖目15;洛目18;文庫15;時地a33/b23;北大目28;淑德73;碑索4-1584;北朝集存100;日本292	漢魏35	4-113	124 修167
334	王晏墓誌	正光2年(521) 10月11日	河南洛陽?		北朝集存344			
335	封魔奴墓誌	正光2年(521) 10月20日	河北景縣	中國國家博物館	北圖目5;四十年12;碑索4-1585;北朝集存102		4-115	125 修168
336	任榮墓誌	正光2年(521) 10月20日	河南洛陽?		洛續5;北大目28;碑索4-1586;北朝集存102			
337	楊氏(宮內司)墓誌	正光2年(521) 11月3日	河南洛陽	西安碑林博物館	題跋139;中央館10;檢要118/修75;史語所14;北圖目15;洛目18;時地a33/b23;北大目28;陝目提要30;碑索4-1586;北朝集存102;日本293	漢魏36	4-117	126 修169
338	長孫忻墓誌	正光2年(521) 11月15日	河南洛陽?		碑索4-1588;北朝集存102			
339	王壽德墓誌	正光2年(521) 11月15日		鄭州民間	碑索4-1588;北朝集存102			
340	程暐墓誌	正光2年(521) 11月26日		北朝藝術研究院	碑索4-1588;北朝集存102			

E 全文・補遺	F 疏證・墨香閣	G 碑校	H 集成	I 叢考	J その他の圖書	K 論文等	No.
魏補168		5-113	190	184;919	百種5;洛選57;故宮彙編64;杞芳堂308;全集北魏1-334	澤田雅弘2000;李發2008;劉志生2009b;馬立軍2011;李紅等2011;劉志生2011b;李紅2012;劉秀海2015;梁春勝2016b;周陽2019	328
魏補169		5-115	191		魯迅誌147;英華39;集萃8-41;鴛鴦藏石54;陝西石藝247;碑林全61-284;洛選57;北窗50;杞芳堂309;菁英58;北朝百品23;全集北魏1-336	高峽1993;澤田雅弘2000;劉志生2009b	329
			191		禮縣20;隴南校錄22;隴南萃編71	梶山智史2015	330
			192		歷博大觀23;磚刻0960		331
魏補170		5-128	192	250	魯迅誌149;英華40;集萃8-42;鴛鴦藏石55;陝西石藝247;碑林全61-289;魏選粹418;洛選58;洛中2-589;杞芳堂309;菁英63;北朝百品24;全集北魏1-338	陳長安1987a;陳長安1987b;高峽1993;佐藤智水2007;李發2008;何山等2010;趙海麗2011a;梁春勝2012c	332
魏補170		5-132	193	456	魯迅誌151;百種5;集萃7-34;洛選59;北窗51;杞芳堂309;濟寧考2;全集北魏1-340;刻石珍拓98	陳長安1987a;陳長安1987b;澤田雅弘1999;澤田雅弘2000;劉志生2009b;趙海麗2011a;馬立軍2011;李紅2012;羅小如2015;羅福頤等2019	333
					魏碑聖地210	趙耀輝2020c	334
魏補171		5-134	193	97;250	河北錄212;歷博大觀58;衡水墓誌4;星空80;燕趙517;譜牒364;國博誌10;全集北魏1-342;國博法帖	張季1957;呂樹芝1984;周錚1991;周錚1992;王盛婷2006a;室山留美子2006;王盛婷2006b;王義康2008;趙超2007;劉志生2009a;劉志生2009b;陳暢2020;樓勁2023;魏軍剛2023b	335
			194		二四品110;龍門文萃417		336
魏補172		5-139	195	457	魯迅誌153;英華41;集萃7-35;鴛鴦藏石56;陝西石藝248;碑林全61-292;洛選59;彭州26;杞芳堂310;北朝百品25;全集北魏1-344	高峽1993;澤田雅弘1999;澤田雅弘2000;趙海麗2011a;鄭邵琳2012;李薛妃2015;李紅霞等2016;白艷章2021	337
			196		洛陽新見3;新獲七朝15;譜牒359;秦晉豫續49;北朝百品26	劉軍2016a;徐沖2016;梶山智史2017	338
			195	933	民間藏誌10;秦晉豫續50;誌法精選6;洛誌研199	陳薈宇等2022;魏軍剛2023b	339
	墨18		197	927	新精北朝上4;北朝院82;字里賞讀4;全集北魏1-346;秦晉豫三59;北精粹北魏1-69;魏碑聖地204	趙耀輝2013b;周永研等2020	340

No.	墓誌名稱	紀年	出土地	現藏場所	A 目錄	B 集釋	C 北圖拓・新中國	D 彙編
341	沮渠憨墓誌	辛丑歲(521)	河南洛陽	千唐誌齋博物館	洛續5;北大目28;碑索4-1589;北朝集存102			
342	田寧陵墓誌	正光2年(521)	安徽淮南		碑索4-1589			
343	□君墓誌	正光3年(522)正月28日	河南偃師	中國文字博物館	北大目28;碑索4-1593;北朝集存102			
344	張盧及妻劉法珠墓誌	正光3年(522)3月23日	河南洛陽		題跋139;中央館10;檢要119/修75;北圖目15;洛目18;時地a33/b23;碑索4-1593;北朝集存102	漢魏585	4-122	126 修170
345	尹弐和墓誌	正光3年(522)4月23日			北大目28;碑索4-1594;北朝集存104;日本296			
346	元詡(孝明帝)妻盧令媛墓誌	正光3年(522)4月30日	河南洛陽	西安碑林博物館	題跋139;檢要120/修76;史語所14;北圖目15;洛目18;時地a33/b24;北大目28;淑德73;陝目提要31;碑索4-1595;北朝集存104;日本296	漢魏37	4-123	127 修171
347	郭定興墓誌	正光3年(522)4月末	河南洛陽	洛陽市第二文物工作隊	洛續5;北大目28;碑索4-1596;北朝集存104			
348	元暉碑	正光3年(522)4月			題跋33;碑索4-1596			
349	馮邕妻元氏墓誌	正光3年(522)10月25日	河南洛陽		題跋139;中央館10;檢要120/修76;北圖目15;洛目19;時地a33/b24;北大目29;淑德73;碑索4-1597;北朝集存104;日本298	漢魏57	4-125	128 修172
350	李帶墓誌	正光3年(522)12月26日	河北高邑	正定縣文物保管所	碑索4-1601;北朝集存104		河北壹4	
351	鄭道忠墓誌	正光3年(522)12月26日	河南滎陽	開封市博物館	題跋139;檢要121/修77;史語所15;文庫15;北大目29;淑德73;碑索4-1599;北朝集存104;日本298	漢魏234	4-129	130 修174
352	辛鳳麟妻胡顯明墓誌	正光3年(522)12月27日	山西太原		四十年21;晉目太原6;碑索4-1601;北朝集存104			
353	孟元華墓誌	正光4年(523)正月16日	河南洛陽		題跋139;中央館10;檢要121/修77;北圖目16;洛目18;時地a33/b24;碑索4-1602;北朝集存106	漢魏580	4-130	131 修175
354	根法師墓碑	正光4年(523)2月4日	山東廣饒	山東省石刻藝術博物館	題跋34;淑德32;碑索4-1602;日本300		4-132	
355	賀拔墓誌	正光4年(523)2月15日			碑索4-1604;北朝集存106			

— 232 —

E 全文・補遺	F 疏證・墨香閣	G 碑校	H 集成	I 叢考	J その他の圖書	K 論文等	No.
			197		唐補千唐436;洛少263;涼州440;洛誌研201	王素2006;朱艷桐2019;李宗俊2022	341
						安徽省文物考古所等2022	342
					魏碑聖地134;文字墨影5		343
魏補173		5-146	198		百種5;洛選60;譜牒365;全集北魏1-350	王盛婷2004;羅新2009	344
魏補173			199		磚刻0962;燕趙520		345
魏補174		5-149	200		百種5;英華42;集萃7-36;鴛鴦藏石57;陝西石藝248;北大拓189;碑林全61-296;洛選61;彭州27;譜牒366;盧氏15;北朝百品27;全集北魏1-352	陳長安1987b;高峽1993;李發2008;鄧瑩2010;徐沖2011;陳爽2013;梁春勝2016a	346
魏補175	95 修91	5-152	200	336;785	新獲續6;紀年墓101;全集北魏1-360;洛誌研52	洛陽市第二文物工作隊2002;嚴輝2004;喬棟等2005c;佐川英治2012;梁春勝2012a;周陽2019;白艷章2021	347
					金石錄366		348
魏補175		5-156	201	191	增校隨310/修204;洛選61;龍門西域71;釋要544;洛少45;甂椎閒話23;絲路洛陽81;全集北魏1-354;魏碑聖地78;刻石珍拓100	趙萬里1947a;王壯弘1984;魯才全1995;施安昌1997;王盛婷2004;王盛婷2005;園田俊介2005b;周北南等2014;張童心等2018;吳洪琳2019;王萌2021b	349
魏補177		5-164	203		河北錄431;燕趙521;全集北魏1-356;李氏墓115		350
魏補177		5-161	202		越縵堂1076;增校隨311/修204;魯迅誌155;百種10;鄭州志317;滎陽志174;釋要546;甂椎閒話120;唐代鄭氏42;全集北魏1-358	室山留美子2006;王盛婷2006b;窪添慶文2008;劉志生2009b;何山等2010;趙海麗2011a;徐志學2012;劉軍2016b	351
魏補176		5-166	203	132;237	山西碑碣13;譜牒367;山西北朝88	代尊德1981;王天麻1992a;羅新2008c;李皓2018;武亨偉2020;張長海2022	352
魏補178		5-169	204		洛選62;洛中2-592;杞芳堂311;全集北魏1-362	徐沖2011	353
魏補60		5-173		197;279;459;460	增校隨312/修204;魯迅碑757;齊魯碑刻88;山東碑造160;碑帖收研332;佛石百品55;釋要551;杞芳堂306;甂椎閒話53;佛教金石30;啓功186;刻石珍拓110	周陽2019;燕睛山2020	354
			204		秦晉豫續51;洛誌研208		355

No.	墓誌名稱	紀年	出土地	現藏場所	A 目錄	B 集釋	C 北圖拓・新中國	D 彙編
356	緱顯墓誌	正光4年(523)2月15日		個人藏				
357	席盛墓誌	正光4年(523)2月24日	河南靈寶	靈寶市文物管理所	碑索4-1604;北朝集存106		河南貳321	
358	元秀墓誌	正光4年(523)2月27日	河南洛陽	西安碑林博物館	題跋139;中央館10;檢要125/修79;史語所15;北圖目16;洛目19;時地a34/b25;北大目29;淑德74;陝目提要32;碑索4-1612;北朝集存106;日本301	漢魏95	4-135	131 修176
359	元祐妻常季繁墓誌	正光4年(523)2月27日	河南洛陽	大倉集古館?	題跋139;檢要124/修78;北圖目15;洛目19;文庫16;時地a34/b25;北大目29;碑索4-1607;北朝集存108;日本301	漢魏166	4-136	132 修177
360	元仙墓誌	正光4年(523)2月27日	河南洛陽	西安碑林博物館	題跋139;檢要124/修79;史語所15;北圖目15;洛目19;時地a34/b24;北大目29;陝目提要32;碑索4-1609;北朝集存106;日本302	漢魏84	4-134	133 修179
361	元倪墓誌	正光4年(523)2月27日	河南洛陽	上海博物館	題跋139;檢要123/修78;史語所15;北圖目5;洛目18;文庫16;時地a34/b24;北大目29;碑索4-1605;北朝集存108;日本301	漢魏73	4-137	134 修180
362	元引墓誌	正光4年(523)2月27日	河南洛陽	西安碑林博物館	題跋139;中央館2;檢要122/修78;史語所15;北圖目6;洛目19;時地a34/b24;北大目29;淑德74;陝目提要32;碑索4-1610;北朝集存106;日本301	漢魏60	4-133	135 修181
363	元敷墓誌	正光4年(523)2月27日	河南洛陽		題跋139;中央館10;檢要122/修77;北圖目15;洛目18;時地a34/b24;北大目29;碑索4-1608;北朝集存106	漢魏571	4-138	136 修182
364	張豐姬(張孃)墓誌	正光4年(523)2月27日	河南洛陽	洛陽古代藝術館	洛續6;碑索4-1605;北朝集存106			
365	王虬墓誌	正光4年(523)2月27日	河南洛陽?		洛續6;碑索4-1611;北朝集存106			
366	單明暈妻賈氏墓誌	正光4年(523)3月3日(5月3日?)	河南洛陽?		北大目30;碑索4-1616;北朝集存108			
367	王靜墓誌	正光4年(523)3月11日	河南洛陽?	千唐誌齋博物館	洛續6;北大目30;碑索4-1612;北朝集存108			

E 全文・補遺	F 疏證・墨香閣	G 碑校	H 集成	I 叢考	J その他の圖書	K 論文等	No.
					北精粹北魏1-81		356
魏補179	97 修93	5-176	205	785	譜牒368;北精粹北魏8-1	馮林傑等2001;江嵐2007;趙陽陽2008;趙海麗2011a;徐冲2011;李紅等2011;章紅梅2011b;劉志生2011b;王立巧2017;梁春勝2020	357
魏補178		5-181	207		英華45;集萃8-44;鴛鴦藏石60;陝西石藝251;碑林全61-312;洛選63;彭州30;洛少46;北窗52;譜牒370;北朝百品29;全集北魏1-364	高峽1993;何德章2003;王盛婷2004;園田俊介2005b;魏宏利2006;劉軍2015b	358
魏補180		5-184	208	74;360;786;1015	精華42;增校隨313/修205;百種10;集萃8-43;法全北誌119;北大拓190;魏選粹425;洛選63;選萃;釋要555;菁英76;全集北魏1-366;啟功182;刻石珍拓108	王壯弘1984;澤田雅弘1999;李發2008;劉志生2010;李紅2012;梁春勝2012b;梁春勝2016b	359
魏補181		5-187	209	460	英華43;鴛鴦藏石58;陝西石藝250;碑林全61-302;洛選64;彭州28;洛少48;全集北魏1-368	高峽1993;劉志生2011a;毛志剛2012;羅小如2015;周陽2019	360
魏補182		5-190	210		增校隨314/修206;魯迅誌159;集萃7-38;法全北誌112;洛選65;洛中2-595;釋要557;洛少48;譜牒371;菁英67;河南散存151;全集北魏1-370;魏碑聖地276	徐志學2010;李紅2012;楊姬萍2012;劉志生2019b;孟丹2021;劉軍2022b	361
魏補183		5-192	210		英華44;集萃7-37;鴛鴦藏石59;陝西石藝251;碑林全61-308;洛選66;彭州29;洛少49;北朝百品28;全集北魏1-372	高峽1993	362
魏補183		5-194	211		洛選65;洛少47;氍毹閒話112		363
		5-179	206		拾零28;新獲續7;全集北魏1-374	喬棟等2005d;魏宏利2014	364
			206		拾零29;近新;龍門文萃418;全集北魏1-376;洛誌研210	程志宏2012	365
			215		新獲七朝17;洛誌研218		366
			211		唐補千唐437;聖殿73;新獲七朝16;譜牒361;秦晉豫續53;羌族274;北朝百品30;北大新續125;洛誌研212	劉軍2016a	367

No.	墓誌名稱	紀年	出土地	現藏場所	A 目錄	B 集釋	C 北圖拓・新中國	D 彙編
368	元譚妻司馬氏墓誌	正光4年(523)3月23日	河南洛陽	西安碑林博物館	題跋139;檢要125/修79;北圖目16;洛目19;時地a34/b25;淑德74;陝目提要33;碑索4-1613;北朝集存108;日本302	漢魏176	4-139	136 修182
369	元靈曜墓誌	正光4年(523)3月23日	河南洛陽	西安碑林博物館	題跋139;檢要125/修79;史語所15;北圖目16;洛目19;時地a34/b25;北大目30;陝目提要33;碑索4-1614;北朝集存106;日本303	漢魏109	4-140	137 修184
370	左文暢墓誌碑	正光4年(523)3月29日			北朝集存346			
371	元愉妻楊奧妃墓誌	正光4年(523)4月29日		北朝藝術研究院	碑索4-1616;北朝集存108			
372	姬伯度墓誌	正光4年(523)5月24日			題跋139;檢要126/修80;北大目30;碑索4-1616;北朝集存108	漢魏586		138 修185
373	王世義墓誌	正光4年(523)7月25日			北朝集存346			
374	楊順妻呂法勝墓誌	正光4年(523)9月26日	陝西華陰	華陰市西岳廟文物管理處	北大目30;秦嶺428;陝目提要34;碑索4-1620;北朝集存110			
375	王基墓誌	正光4年(523)10月20日	河南洛陽	西安碑林博物館	題跋139;檢要126/修80;史語所15;北圖目15;時地a34/b25;北大目30;陝目提要33;碑索4-1620;北朝集存110;日本305	漢魏235	4-151	138 修186
376	平珍顯妻李貞姬墓誌	正光4年(523)10月			題跋140;檢要127/修80;北大目30;碑索4-1621;北朝集存110		4-150	138 修187
377	高猛墓誌	正光4年(523)11月2日	河南洛陽	洛陽古代藝術館	洛目20;碑索4-1622;北朝集存110			
378	鞠彥雲墓誌	正光4年(523)11月2日	山東黃縣	山東省博物館	題跋140;檢要127/修81;史語所15;北圖目16;洛目20;北大目30;淑德74;碑索4-1623;北朝集存110;日本305	漢魏236	4-153	139 修187
379	步壽墓誌	正光4年(523)11月2日	山東	個人藏	北朝集存346			

E 全文・補遺	F 疏證・墨香閣	G 碑校	H 集成	I 叢考	J その他の圖書	K 論文等	No.
魏補183		5-196	212		英華47;鴛鴦藏石62;碑林全61-333;洛選67;彭州32;全集北魏1-378	高峽1993;趙海麗2011a;劉志生2011a;李紅2012;梁春勝2016a	368
魏補184		5-199	213		英華46;集萃7-39;鴛鴦藏石61;碑林全61-318;洛選67;彭州31;洛少49;譜牒372;北朝百品31;全集北魏1-380	高峽1993;澤田雅弘1999;王盛婷2004;園田俊介2005b;李發2008;劉志生2012a;劉志生2012b;張雲華2012;劉志生2019b	369
					新獲百品6		370
			214	460	北朝院84;秦晉豫三60;洛誌研214	殷憲等2014;殷憲2015a;殷憲2016f;梁春勝2017b;王學軍2021;李曉東2023	371
魏補185		5-204	215		磚刻0964;磚書16		372
					魏碑聖地230		373
魏補185	100 修96	5-222	216		華山碑石12;碑林全195-881;西岳廟427;楊氏輯錄77;全集北魏1-382;渭華翠色96	陸明君2002;龍仕平等2010;窪添慶文2013b;羅小如2015	374
魏補186		5-224	217	146	百種5;英華48;集萃7-40;民族姓氏156;鴛鴦藏石63;碑林全61-343;洛選68;彭州33;洛少16;譜牒373;全集北魏1-384;洛陽移民112	陳長安1987b;高峽1993;羅新1997;張福有等2005;徐沖2011;陳爽2013;周北南等2014;邱亮等2016;范兆飛2021;白艷章2021;張穎慧2023;魏軍剛2023b	375
魏補186			218		磚刻0965;全集北魏1-386		376
魏補187	101 修97	5-229	218		精華41;洛選69;景州33;洛少309;星空25;北大新續126;高姓20;全集北魏1-388;啓功200;洛陽移民61;北精粹北魏5-25;魏碑聖地272	宮大中1983;黃吉軍等1996;室山留美子2006;江嵐2007;趙陽陽2008;仇鹿鳴2008;何山2009;趙海麗2010;鄧瑩2010;梁春勝2011a;薛蘇晨2022	377
魏補187		5-227	219		精華43;增校隨317/修207;魯迅誌163;百種5;集萃7-41;法全北誌122;山東選粹6;齊魯碑刻90;山東志548;北大拓191;魏選粹438;碑帖收研336;齊魯誌研290;釋要553;山東分類20;甗椎開話118;全集北魏1-390;啓功211;魏碑聖地82;山東書全45;刻石珍拓114	羅國威1994;莊學香2001;宋愛平等2019;王雙慶2020	378
					北精粹北魏4-49		379

No.	墓誌名稱	紀年	出土地	現藏場所	A 目錄	B 集釋	C 北圖拓・新中國	D 彙編
380	高貞墓碑	正光4年(523) 11月6日	山東德州	山東省石刻藝術博物館	題跋34;文庫16;淑德32;碑索4-1617;日本306		4-143	
381	元斌墓誌	正光4年(523) 11月27日	河南洛陽	西安碑林博物館	題跋140;檢要129/修82;史語所15;北圖目16;洛目20;時地a35/b25;北大目31;陝目提要32;碑索4-1626;北朝集存112;日本307	漢魏110	4-155	140 修188
382	元尚之墓誌碑	正光4年(523) 11月27日	河南洛陽		題跋140;中央館11;檢要128/修81;北圖目17;洛目20;時地a35/b25;碑索4-1625;北朝集存112	漢魏572	4-154	141 修189
383	奚眞及妻孫氏墓誌	正光4年(523) 11月27日	河南洛陽	西安碑林博物館	題跋140;中央館11;檢要128/修81;史語所15;北圖目17;時地a35/b25;洛續6;北大目31;陝目提要33;碑索4-1627;北朝集存110;日本307	漢魏237	4-156	142 修190
384	王彤妻封園姬墓誌	正光4年(523) 11月27日			北朝集存346			
385	杜龍首墓誌碑	正光4年(523) 11月27日	陝西西安					
386	渴丸瓊墓誌	正光4年(523) 12月9日	河南洛陽		洛續6;碑索4-1628;北朝集存112			
387	劉纂墓誌	正光4年(523) 12月21日	河南洛陽		洛續6;碑索4-1629;北朝集存112			
388	陸希道墓誌	正光4年(523)	河南孟縣		題跋140;檢要129/修82;史語所28;北圖目17;北大目31;碑索4-1629;北朝集存112;日本294	漢魏238	4-157	
389	元鑒之墓誌	正光4年(523)	河南洛陽		碑索4-1631;北朝集存112			
390	劉道斌墓誌	正光5年(524) 2月21日	河北阜城	河北省文物研究所	碑索4-1632;北朝集存112			
391	元謐墓誌	正光5年(524) 閏2月3日	河南洛陽		題跋140;檢要130/修82;北圖目17;洛目20;時地a35/b26;北大目31;碑索4-1632;北朝集存112	漢魏171・579	4-158	142 修191
392	元平墓誌	正光5年(524) 3月10日	河南洛陽	西安碑林博物館	題跋140;中央館11;檢要130/修82;史語所15;北圖目17;洛目20;時地a35/b26;北大目31;陝目提要35;碑索4-1633;北朝集存114;日本307	漢魏48	4-159	143 修192
393	元隱墓誌	正光5年(524) 3月11日	河南洛陽	洛陽古代藝術館	洛目20;碑索4-1634;北朝集存114			

E 全文·補遺	F 疏證·墨香閣	G 碑校	H 集成	I 叢考	J その他の圖書	K 論文等	No.
全3803		5-232			增校隨315/修207;魯迅碑761;齊魯碑刻89;山東碑造158;選萃;景州15;碑帖收研334;釋要548;星空19;燕趙180;高姓24;刻石珍拓112	萩信雄1983;清原實門1983;杉村邦彥1983;弓野隆之1983;大鹽重義1985;仇鹿鳴2008;徐志學2010;范兆飛2019;范兆飛2021	380
魏補188		5-236	221	138	百種5;英華50;集萃8-45;鴛鴦藏石65;碑林全61-355;洛選71;彭州35;洛少50;北朝百品33;全集北魏1-392	高峽1993;何德章2003;園田俊介2005b;劉志生2009b;徐沖2011;劉軍2015b	381
魏補189		5-239	221	185	洛選70;洛少51;萊山館藏83;譜牒374;全集北魏1-394	劉軍2015b	382
魏補190		5-242	222		英華49;集萃8-46;鴛鴦藏石64;碑林全61-349;洛選70;彭州34;洛少307;北朝百品32;全集北魏1-396;絲路沿綫10	高峽1993;何德章2000;羅新2005b;魏宏利2006;羅小如2015;鄭衛等2017;吳洪琳2019;王慶衛2020;王萌2023b	383
					魏碑聖地220	劉燦輝2019	384
						張全民等2018	385
魏補190			223	461;759;838;921	邙洛15;洛少347;啓功218;絲路沿綫8		386
			224		龍門文萃23;絲路紀影141;洛誌研225	梶山智史2017	387
魏補414			992		增校隨318/修208;焦作志206		388
			224		皇家12;洛誌研227	梶山智史2015;劉軍2022b	389
			225	245;313	河北錄214;衡水墓誌6;燕趙522	梶山智史2013a	390
魏補191		5-244	226		增校隨318/修208;洛少52;全集北魏1-398	王壯弘1984;園田俊介2005b	391
魏補192		5-250	227	917;975	增校隨319/修209;百種10;英華51;集萃8-47;鴛鴦藏石66;碑林全61-359;洛選72;彭州36;釋要563;洛少52;全集北魏1-400	高峽1993;魏平2008	392
魏補194		5-257	227	138;768	輯繩38;洛選73;洛少54;北大新續127;全集北魏1-402;北精粹北魏3-45;魏碑聖地252	李紅等2011	393

No.	墓誌名稱	紀年	出土地	現藏場所	A 目錄	B 集釋	C 北圖拓・新中國	D 彙編
394	元昭墓誌	正光5年(524)3月11日	河南洛陽		題跋140;中央館10;檢要131/修83;史語所16;北圖目15;洛目20;時地a35/b26;北大目31;碑索4-1635;北朝集存114;日本307	漢魏49	4-160	144 修193
395	侯掌墓誌	正光5年(524)4月29日	河南孟津		洛目21;碑索4-1636;北朝集存114			
396	慈慶(王鍾兒)墓誌	正光5年(524)5月18日	河南洛陽		題跋140;中央館12;檢要131/修83;北圖目17;洛目21;時地a35/b26;北大目31;淑德74;碑索4-1637;北朝集存114;日本308	漢魏239	4-163	146 修195
397	韓玫墓誌	正光5年(524)7月24日	河南孟津	個人藏	碑索4-1638;北朝集存116			
398	孫遼浮圖銘	正光5年(524)7月25日	河南洛陽	山東省博物館	題跋140;中央館12;檢要132/修84;史語所16;淑德74;碑索4-1639;北朝集存116;日本310	漢魏240	4-168	147 修197
399	張道順墓誌	正光5年(524)8月1日	北京通州	北京市文物研究所				
400	趙晒墓誌	正光5年(524)8月4日	河南洛陽?		碑索4-1640;北朝集存116			
401	席詢墓誌	正光5年(524)8月6日	河南洛陽?		北朝集存346			
402	席斐墓誌	正光5年(524)8月6日	河南洛陽?					
403	元颺妻李媛華墓誌	正光5年(524)8月6日	河南洛陽	遼寧省博物館	題跋140;中央館11;檢要133/修85;史語所16;北圖目17;洛目21;文庫16;時地a36/b27;北大目32;淑德74;碑索4-1642;北朝集存116;日本310	漢魏186	4-170	148 修198
404	元子直墓誌	正光5年(524)8月6日	河南洛陽	西安碑林博物館	題跋140;中央館12;檢要133/修84;史語所16;北圖目17;洛目21;時地a36/b26;北大目32;陝目提要36;碑索4-1640;北朝集存116;日本311	漢魏187	4-169	150 修200
405	杜法眞墓誌	正光5年(524)10月3日	河南洛陽	西安碑林博物館	題跋140;中央館6;檢要134/修85;洛目21;時地a36/b27;陝目提要36;碑索4-1643;北朝集存116	漢魏581		151 修202
406	趙猛墓誌	正光5年(524)10月20日	山西永濟	永濟縣博物館	晉目運城51;碑索4-1644;北朝集存116			

E 全文・補遺	F 疏證・墨香閣	G 碑校	H 集成	I 叢考	J その他の圖書	K 論文等	No.
魏補192		5-253	228	186;307;798	集萃8-48;洛選74;近新;洛少53;北窗54;譜牒376;秦晉豫續56;絲路洛陽80;全集北魏1-404	趙海麗2011a;徐冲2011;李紅2012;梁春勝2012a;劉軍2015b;劉軍2015c;張永惠2021;劉軍2022b	394
魏補195	104 修100	5-262	230		輯繩39;集萃8-49;洛選75;洛少277;紀年墓107;全集北魏2-2;洛陽院16	洛陽市文物工作隊1991;趙陽陽2008;趙海麗2011a;劉志生2012b;李紅2012;梁春勝2020;張穎慧2023;顧冰峰2023	395
魏補22		5-266	231		增校隨319/修209;百種10;集萃8-50;洛選75;佛石百品57;釋要565;北窗56;杞芳堂311;佛教金石32;全集北魏2-4;魏碑聖地66	陳長安1987b;王盛婷2004;張金龍2006;李發2008;石少欣等2012;劉志生等2012b;周玉茹2016;何俊芳2016;宮萬松2016;梁春勝2016a;王婧2021	396
			235	456;462	秦晉豫22;譜牒377;全集北魏2-10	胡耀飛2015;趙滿2020;白艷章2021	397
魏補196		5-276	235		增校隨321/修210;魯迅碑773;集萃8-51;山東選粹50;山東志549;洛選76;佛石百品59;釋要561;佛教金石34;全集北魏2-12	魏平2008;李紅2012;羅小如2015;宋愛平2017	398
						北京市文物研究所2019	399
			236		秦晉豫續58;全集北魏2-14	魏軍剛2022a	400
					新獲百品8;魏碑聖地216	劉燦輝2021;常麗麗2023b	401
						李孝正2021	402
魏補196		5-279	237	360;366	魏二十61;遼博14;洛選78;譜牒378;盧氏15;唐代鄭氏45;全集北魏2-18;啓功213	趙萬里1935b;陳直1980;魯才全1995;王盛婷2005;窪添慶文2008;魏平2008;劉志生2009b;趙海麗2010;澤田雅弘2011b;曾曉梅等2012;陳爽2013;澤田雅弘2014a;梁春勝2016a;呂蒙等2017;羅福頤等2019;王敬2021;范兆飛2021	403
魏補198		5-282	238		英華52;鴛鴦藏石67;碑林全61-366;洛選77;洛中2-599;近新;彭州37;洛少55;北窗58;甄椎閒話106;譜牒380;北朝百品34;全集北魏2-16	高峽1993;李發2008;徐冲2011;澤田雅弘2011b;李紅2012;陳爽2013;澤田雅弘2014a;李薛妃2015	404
魏補199		5-287	239		英華53;鴛鴦藏石68;陝西石藝252;碑林全61-381;洛選79;彭州38;杞芳堂313;全集北魏2-20	陳長安1987b;高峽1993;魏平2008;徐冲2011	405
魏補199	106 修102		239		河東錄1;山西北朝93;大全永濟5	楊明珠等2012;王立巧2017;魏軍剛2023b;顧冰峰2023	406

No.	墓誌名稱	紀年	出土地	現藏場所	A 目錄	B 集釋	C 北圖拓・新中國	D 彙編
407	呂達墓誌	正光5年(524)11月3日	河南洛陽	洛陽文物工作隊	洛目21;碑索4-1645;北朝集存118			
408	呂通墓誌	正光5年(524)11月3日	河南洛陽		洛目22;碑索4-1644;北朝集存118			
409	長孫嵩墓誌	正光5年(524)11月3日	河南孟津		洛續6;碑索4-1646;北朝集存116			
410	元璨墓誌	正光5年(524)11月3日	河南洛陽	西安碑林博物館	題跋140;檢要134/修85;史語所16;北圖目17;洛目22;時地a36/b27;北大目32;淑德74;陝目提要35;碑索4-1647;北朝集存118;日本312	漢魏101	4-172	152修202
411	韓賄妻高氏墓誌	正光5年(524)11月3日	河北曲陽	河北省文物研究所	四十年22;碑索4-1646;北朝集存116			153修204
412	元崇業墓誌	正光5年(524)11月14日	河南洛陽	西安碑林博物館	題跋140;檢要135/修85;史語所16;北圖目17;洛目22;時地a37/b27;北大目32;淑德74;陝目提要35;碑索4-1649;北朝集存118;日本312	漢魏103	4-174	154修205
413	元悅妻馮季華墓誌	正光5年(524)11月14日	河南洛陽	洛陽博物館	題跋140;中央館11;檢要135/修86;史語所16;北圖目17;洛目22;時地a36/b27;北大目32;淑德74;碑索4-1648;北朝集存118;日本312	漢魏83	4-173	155修206
414	匡僧安墓誌	正光5年(524)11月15日	河南洛陽?	和泉市久保惣記念美術館				
415	長孫暉墓誌	正光5年(524)11月15日						
416	郭顯墓誌	正光5年(524)11月26日	河南洛陽	西安碑林博物館	題跋140;中央館10;檢要136/修86;史語所16;北圖目16;洛目22;時地a37/b27;北大目32;淑德74;陝目提要34;碑索4-1652;北朝集存118;日本313	漢魏241	4-177	157修209
417	檀賓墓誌	正光5年(524)11月27日	河南洛陽	西安碑林博物館	題跋140;檢要136/修86;史語所16;北圖目18;洛目22;時地a37/b28;北大目33;淑德74;陝目提要35;碑索4-1653;北朝集存120;日本313	漢魏242	4-178	158修210
418	杜祖悅墓誌	正光5年(524)11月遠旬	陝西西安	墨香閣	碑索4-1654;北朝集存120			
419	宇文永墓誌	正光5年(524)12月8日	河南洛陽		洛續7;碑索4-1655;北朝集存120			

E 全文・補遺	F 疏證・墨香閣	G 碑校	H 集成	I 叢考	J その他の圖書	K 論文等	No.
			241	1133	洛選201;紀年墓113;誌法精選7;秦晉豫三62;洛陽院18;洛誌研230	徐冲2011;洛陽市文物工作隊2011;張蕾2012;趙耀輝2017d;魏軍剛2022a;魏軍剛2023b;梁春勝2023	407
魏補201			242	1133	輯繩41;洛選79;紀年墓113;全集北魏2-22;洛誌研233	徐冲2011;洛陽市文物工作隊2011;魏軍剛2022a;魏軍剛2023b;梁春勝2023	408
魏補203			244	193	邙洛16;洛少179		409
魏補202		5-289	245		英華54;集萃7-42;鴛鴦藏石69;碑林全61-388;洛選80;彭州39;洛少56;北朝百品35;全集北魏2-24	陳長安1987b;高峽1993;澤田雅弘1999;澤田雅弘2000;王盛婷2004;園田俊介2005b;王盛婷2006b;李發2008;劉志生2009b;徐志學2014;梁春勝2016a;段朋飛2017;張穎慧2023	410
魏補200		5-292	246		集萃7-43;河北錄215;保定碑1;星空31;燕趙524;高姓17	河北省博物館文管處1972;仇鹿鳴2008;趙海麗2010;趙海麗2011a	411
魏補203		5-295	247		精華45;百種5;英華55;集萃7-44;碑林全61-401;鴛鴦藏石70;洛選82;彭州40;洛少57;北朝百品36;全集北魏2-28;洛陽院20	高峽1993;園田俊介2005b;何山等2010	412
魏補204		5-297	247		集萃7-45;洛選81;北窗60;譜牒381;全集北魏2-26;魏碑聖地244	魯才全1995;趙海麗2010;劉志生2010;趙海麗2011a;徐冲2011;趙海麗2011b;徐志學2014;劉燦輝2017b;張金龍2019b;魏軍剛2023b	413
					北魏棺床28	木島史雄2006	414
						張建民2020	415
魏補206		5-303	250		百種5;英華57;集萃8-53;鴛鴦藏石72;碑林全62-413;洛選83;彭州42;譜牒383;全集北魏2-32	高峽1993;室山留美子2006;趙海麗2011a;梁春勝2012a;陳爽2013	416
魏補206		5-306	251		百種6;英華58;集萃7-46;鴛鴦藏石73;碑林全62-419;洛選84;西民大拓35;彭州43;北朝百品38;全集北魏2-34	高峽1993;李發2008;劉志生2011a;任小行2012;李紅2012;江山2014	417
	墨20		251	922	秦晉豫續60;珍稀百品8	薛海洋2011	418
			252	230;241;242;305	龍門文萃419;秦晉豫23;全集北魏2-36	邵磊2004;梶山智史2017;白艷章2021	419

No.	墓誌名稱	紀年	出土地	現藏場所	A 目錄	B 集釋	C 北圖拓·新中國	D 彙編
420	王僧玉妻杜延登墓誌	正光5年(524)			北大目33;碑索4-1655;北朝集存120			
421	李超墓誌	正光6年(525)正月16日	河南偃師		題跋140;中央館12;檢要137/修87;史語所16;北圖目18;洛目22;時地a37/b28;北大目33;淑德74;碑索4-1656;北朝集存120;日本314	漢魏243	4-179 5-116	160 修212
422	甄凱墓誌	正光6年(525)正月27日	河北無極	正定縣文物保管所	檢要138/修88;四十年15;淑德74;碑索4-1660;北朝集存120		河北壹5	161 修213
423	徐淵墓誌	正光6年(525)正月27日	河南洛陽?	書道博物館	題跋141;中央館13;檢要138/修87;史語所17;北圖目18;文庫16;北大目33;碑索4-1658;北朝集存120;日本314	漢魏244		162 修214
424	張徹墓誌	正光6年(525)2月9日	河南偃師	個人藏	北大目33;碑索4-1661;北朝集存120	新北43		
425	緱光姬墓誌	正光6年(525)2月21日	河南洛陽		洛續7;北大目33;碑索4-1660;北朝集存120	新北49		
426	封龍墓誌	正光6年(525)3月7日	河北吳橋	吳橋縣文物保管所	碑索4-1660;北朝集存122			
427	元茂墓誌	正光6年(525)3月17日	河南洛陽		題跋141;中央館12;檢要139/修88;北圖目18;洛目23;時地a37/b28;碑索4-1662;北朝集存122	漢魏576	4-180	163 修216
428	李遵墓誌	正光6年(525)5月22日	河南洛陽	首都博物館	檢要139/修88;史語所17;北圖目18;北大目33;淑德74;碑索4-1663;北朝集存122;日本317		4-184	164 修217
429	□巴□墓誌	孝昌元年(525)7月			北朝集存122;日本319			
430	張君妻殷伯姜墓誌	孝昌元年(525)8月12日	河南偃師	偃師商城博物館	洛目23;北大目33;碑索4-1664;北朝集存122			
431	羊祉妻崔神妃墓誌	孝昌元年(525)8月30日	山東新泰	泰安市博物館	四十年22;碑索4-1665;北朝集存122			
432	王君妻元華光墓誌	孝昌元年(525)9月24日	河南洛陽		題跋141;中央館13;檢要141/修89;史語所17;北圖目19;洛目23;時地a37/b28;北大目33;淑德74;碑索4-1666;北朝集存122;日本319	漢魏86	5-5	165 修219
433	裴譚墓誌	孝昌元年(525)10月2日	河南孟津	個人藏	洛續7;碑索4-1667;北朝集存122			

E 全文・補遺	F 疏證・墨香閣	G 碑校	H 集成	I 叢考	J その他の圖書	K 論文等	No.
			253		磚刻0966		420
全3799		5-309	253	245	精華44;增校隨322/修211;魯迅誌171;百種6;集萃7-47;洛選84;翰墨1-33;洛中2-603;釋要567;北窗62;萊山館藏97;譜牒387;全集北魏2-38;刻石珍拓124	陳長安1987b;王盛婷2004;室山留美子2006;劉志生等2012a;仲威2014c;劉志生2019b;范兆飛2021	421
魏補207		5-312	254		河北錄432;燕趙526;全集北魏2-40	孟昭林1959a;王盛婷2004;室山留美子2006;劉志生2009b;李紅等2011;池田恭哉2017	422
魏補208		5-314	254		增校隨322/修210;魯迅誌167;龍門文萃21	王壯弘1984	423
			256	231;787	秦晉豫25;新精北朝上60;新獲一五15;全集北魏2-42	楊吉平2011;楊學是2018;張芳2020	424
魏補209			256		三八種39;邙洛17;洛少348;洛陽新見4;新獲七朝18;北大新拓85;新精北朝上40;北朝百品39;全集北魏2-44;北精粹北魏8-17	薛元明2011;李海峰2017;楊學是2018;退之2019a;薛蘇晨2023	425
魏補209			257		滄州10;燕趙528	盧瑞芳等2005;李哲2017;魏軍剛2023b	426
魏補31		5-317	259		洛選85;洛少59;全集北魏2-46;魏碑聖地250	何德章2003;李紅2012;劉軍2015b;段朋飛2017	427
魏補32		5-324	259	190;337;464;465;975	集萃8-54;北大拓193;全集北魏2-48	王盛婷2004;王盛婷2006b;宋燕鵬2007;李發2008;呂蒙2011;李紅2012;梁春勝2014a;劉凱2019b;魏軍剛2022a;常麗麗2023a	428
							429
魏補210	108 修104	5-333	261	465	新獲12;偃師52;稀見;北大新拓86;全集北魏2-50;北精粹北魏5-45;魏碑聖地136;文字墨影7	李獻奇1994;李獻奇等1996b;任昉2001;周阿根2007;于正安2011	430
魏補211	110 修106		262	465	泰山47;新泰大觀126;齊魯誌研242;山東分類24;新泰集萃152;岱廟碑刻28;山東書全49	周郢1997;趙海麗2011a;張勇等2017;王強2021b	431
魏補212		5-336	263	191	百種6;集萃7-48;洛選86;稀見;洛少59;全集北魏2-52	趙萬里1943;王盛婷2004;王盛婷2005;李發2008;徐志學2010;李紅霞等2016	432
			264	466;779;826	拾零30;近新;譜牒385;河南散存153;全集北魏2-54	李欽善2012b;楊繼光等2021	433

No.	墓誌名稱	紀年	出土地	現藏場所	A 目錄	B 集釋	C 北圖拓・新中國	D 彙編
434	元顯魏墓誌	孝昌元年(525)10月26日	河南洛陽	河南博物院	題跋141;中央館12;檢要141/修89;史語所17;北圖目18;洛目23;時地a37/b28;北大目34;淑德74;碑索4-1667;北朝集存124;日本320	漢魏146・574	5-6	166 修220
435	元煥墓誌	孝昌元年(525)11月8日	河南洛陽	西安碑林博物館	題跋141;檢要142/修90;史語所17;北圖目19;洛目23;時地a37/b28;北大目34;淑德75;陝目提要37;碑索4-1669;北朝集存124;日本320	漢魏161	5-7	168 修222
436	張問及妻王氏墓誌	孝昌元年(525)11月8日	河南孟津	個人藏	洛續7;碑索4-1670;北朝集存124			
437	封君妻長孫氏墓誌	孝昌元年(525)11月19日	河南洛陽	香港	洛續7;碑索4-1671;北朝集存124			
438	元義華墓誌	孝昌元年(525)11月20日	陝西西安	西安碑林博物館	陝目提要37;碑索4-1672;北朝集存126		陝西貳2	
439	元熙墓誌	孝昌元年(525)11月20日	河南洛陽		題跋141;中央館9;檢要142/修90;史語所17;北圖目13;洛目23;時地a38/b29;北大目34;淑德75;碑索4-1676;北朝集存126;日本321	漢魏134	5-12	169 修223
440	元誘墓誌	孝昌元年(525)11月20日	河南洛陽	西安碑林博物館	題跋141;檢要144/修91;北圖目14;洛目24;時地a38/b29;陝目提要37;碑索4-1677;北朝集存124	漢魏136	5-11	171 修225
441	元誘妻薛伯徽墓誌	孝昌元年(525)11月20日	河南洛陽	西安碑林博物館	題跋141;中央館9;檢要144/修91;史語所18;北圖目14;洛目24;時地a38/b29;北大目34;淑德75;陝目提要37;碑索4-1678;北朝集存124;日本321	漢魏138	5-10	174 修229
442	元懌墓誌	孝昌元年(525)11月20日	河南洛陽	洛陽古代藝術館	四十年21;洛目23;碑索4-1671;北朝集存126			172 修227
443	元纂墓誌	孝昌元年(525)11月20日	河南洛陽	遼寧省博物館	題跋141;檢要143/修91;史語所17;北圖目14;洛目24;文庫17;時地a38/b28;北大目34;淑德75;碑索4-1673;北朝集存126;日本320	漢魏140	5-13	175 修230
444	元晫墓誌	孝昌元年(525)11月20日	河南洛陽		題跋141;中央館13;檢要143/修90;史語所17;北圖目13;洛目24;文庫17;時地a38/b29;北大目34;淑德75;碑索4-1674;北朝集存126;日本321	漢魏135	5-9	175 修231

E 全文・補遺	F 疏證・墨香閣	G 碑校	H 集成	I 叢考	J その他の圖書	K 論文等	No.
魏補213		5-339	264		增校隨324/修212;魯迅誌179;百種6;集萃8-55;洛選87;洛中2-607;洛少60;薛氏206;譜牒388;菁英89;河南散存155;全集北魏2-56	魯才全1995;魯才全1997;園田俊介2005b;趙海麗2010;趙海麗2011b;陳爽2013;劉燦輝2017b;劉連香2020;王萌2020	434
魏補214		5-342	265	5	精華46;英華59;集萃8-56;鴛鴦藏石74;碑林全62-425;洛選87;彭州44;釋要571;洛少61;譜牒390;北朝百品40;全集北魏2-58	高峽1993;何德章2003;園田俊介2005b;劉志生2009b;劉軍2015b;章紅梅2020;侯紀潤2022	435
			267		拾零31;全集北魏2-60	佐川英治2012;魏軍剛2023b	436
魏補215	112 修108	5-345	267	224;788	洛少180;譜牒391	王壯弘1995;趙陽陽2009;梁春勝2011a;張雲華2012;鄭邵琳2012;劉志生2012b	437
魏補221		5-368	270		碑林全62-459		438
魏補215		5-351	270		增校隨325/修212;洛選92;西民大拓38;洛少62;全集北魏2-74	王則等1999;許建平2002;何德章2003;園田俊介2005b;李發2008;室山留美子2010;劉軍2015b	439
魏補217		5-354	271		英華60;鴛鴦藏石75;碑林全62-440;洛選90;彭州46;洛少64;全集北魏2-66	高峽1993;李發2008;室山留美子2010;徐沖2011;李紅2012;李紅霞等2016	440
魏補219		5-360	273		英華61;集萃7-49;鴛鴦藏石76;碑林全62-434;洛選91;彭州47;薛氏205;全集北魏2-70	高峽1993;王盛婷2005;李發2008;魏平2008;鄭衞等2015	441
魏補218		5-357	272		精華47;輯繩43;集萃8-59;洛選88;皇家13;洛少65;紀年墓120;全集北魏2-62;啓功201;北精粹北魏2-27;魏碑聖地264;洛誌研10	洛陽博物館1973;宮大中1983;陳長安1983;陳仲安1988;蘇哲1997;徐嬋菲2002;何德章2003;王盛婷2004;王盛婷2006a;室山留美子2010;劉軍2015b;段朋飛2017;孫強2019	442
魏補220		5-363	274		增校隨326/修213;魯迅誌187;魏二十74;集萃8-58;遼博15;洛選91;北拓精品64;洛少63;菁英二55;全集北魏2-72	王盛婷2004;室山留美子2010;羅福頤等2019	443
魏補220		5-365	274		魯迅誌183;集萃8-57;洛選89;魏選粹443;洛中2-611;洛少63;全集北魏2-64	李發2008;劉志生2009b;室山留美子2010;羅福頤等2019	444

No.	墓誌名稱	紀年	出土地	現藏場所	A 目錄	B 集釋	C 北圖拓·新中國	D 彙編
445	元遵墓誌	孝昌元年(525) 11月20日	河南洛陽	洛陽文物考古研究院	碑索4-1680;北朝集存126			
446	劇市墓誌碑	孝昌元年(525) 11月20日			碑索4-1680;北朝集存126			
447	劇逸墓誌	孝昌元年(525) 11月20日	河南洛陽	北朝藝術研究院	碑索4-1680;北朝集存126			
448	賈思伯墓誌	孝昌元年(525) 11月	山東壽光	壽光市博物館	碑索4-1681;北朝集存126			
449	元愨墓誌	孝昌元年(525) 12月2日	河南洛陽		洛目24;碑索4-1681;北朝集存126			
450	元寶月墓誌	孝昌元年(525) 12月3日	河南洛陽	西安碑林博物館	題跋141;中央館12;檢要145/修92;史語所18;北圖18;洛目24;時地a38/b29;北大目35;淑德75;陝目提要36;碑索4-1682;北朝集存126;日本322	漢魏191	5-14	176 修232
451	元匡墓誌	孝昌元年(525)			檢要145/修92;碑索4-1684;北朝集存126			
452	趙安妻房文姬墓誌	孝昌2年(526) 正月23日	河南偃師		洛續7;碑索4-1684;北朝集存128			
453	李謀墓誌碑	孝昌2年(526) 2月15日	山東安丘	山東省博物館	題跋141;中央館11;檢要146/修93;史語所18;北圖目16;文庫17;北大目35;淑德75;碑索4-1685;北朝集存128;日本323	漢魏246	5-17	178 修236
454	賈祥墓誌	孝昌2年(526) 2月27日	河南洛陽	墨香閣	北大目35;碑索4-1687;北朝集存128			
455	高猛妻元瑛(長樂長公主)墓誌	孝昌2年(526) 3月7日	河南洛陽	洛陽古代藝術館	洛目25;碑索4-1687;北朝集存128			
456	李道德墓誌	孝昌2年(526) 3月27日	河北廊坊					
457	元過仁墓誌	孝昌2年(526) 3月27日	河南洛陽	洛陽古代藝術館	洛目25;碑索4-1688;北朝集存128			

E 全文・補遺	F 疏證・墨香閣	G 碑校	H 集成	I 叢考	J その他の圖書	K 論文等	No.
			275	922	誌法精選9;秦晉豫三63;洛陽院22	洛陽市文物考古研究院2013;劉軍2015d;梶山智史2017	445
			268	275;466;789	洛陽新見5;新獲七朝19;秦晉豫續61;北朝百品41;邢州萃編50		446
			269		北朝院86;全集北魏2-68		447
魏補221		5-370	276	138;174	壽光志443;山東選粹7;齊魯碑刻93;齊魯誌研291;山東分類22;杞芳堂315;壽光集萃1;武威志341;北精粹北魏4-59;山東書全47;壽光歷代246;涼州440;壽光金石162;碑誌春秋83	壽光縣博物館1992;室山留美子2006;何山等2010;梶山智史2013a;吳慶等2022;魏軍剛2023b	448
魏補222	115 修111	5-373	281		輯繩44;洛選93;洛少66;全集北魏2-76;洛陽院24	羅小如2015;邱亮等2016	449
魏補223		5-376	282		英華62;鴛鴦藏石77;碑林全62-453;洛選93;彭州48;洛少67;譜牒393;北朝百品42;河南散存157;全集北魏2-78	趙萬里1947a;高峽1993;何德章2000;許建平2002;李發2008;徐冲2011;李紅等2011;楊繼光等2021;侯紀潤2022	450
							451
魏補224			284		三八種41;邙洛18;啓功217	魏軍剛2022a	452
魏補225		5-383	284	467	精華50;增校隨327/修214;魯迅誌195;集萃7-50;法全北誌124;山東選粹8;山東志549;北大拓195;魏選粹459;山東碑造289;安丘5;碑帖收研346;齊魯誌研295;釋要574;山東分類26;海岱石華84;介休10;全集北魏2-82;山東書全51;刻石珍拓126	冠麟等1998;王盛婷2006a;徐冲2011;趙海麗2011a;劉志生2011a;劉志生2012b;劉志生2019b;宋愛平等2019	453
	墨22		285		秦晉豫27;新獲七朝20;北大新拓87;譜牒394;北朝百品43;全集北魏2-84;武威志343;涼州443	劉軍2016a	454
魏補226	118 修114	6-1	285		精華48;輯繩45;洛選95;皇家14;景州41;洛少68;星空33;北大新續128;高姓22;全集北魏2-86;啓功200;北精粹北魏2-49;魏碑聖地274	宮大中1983;黃吉軍等1996;魏宏利2006;仇鹿鳴2008;沈博慶2009;劉志生2011a;毛志剛2012;劉志生2012a;顧冰峰2023	455
					廊坊文物42	梶山智史2019	456
魏補227		6-6	287	238	輯繩46;洛選96;洛少68;全集北魏2-90	張穎慧2023	457

No.	墓誌名稱	紀年	出土地	現藏場所	A 目錄	B 集釋	C 北圖拓·新中國	D 彙編
458	拓跋濬(文成帝)妻于仙姬墓誌	孝昌2年(526)4月4日	河南洛陽	西安碑林博物館	題跋141;中央館13;檢要148/修93;史語所18;北圖目19;洛目25;時地a39/b29;北大目35;淑德75;陝目提要39;碑索4-1689;北朝集存128;日本323	漢魏38	5-22	180 修237
459	伏君妻昝雙仁墓誌	孝昌2年(526)5月29日	河南洛陽	西安碑林博物館	題跋141;檢要148/修94;史語所18;北圖目20;洛目25;時地a39/b29;北大目35;陝目提要40;碑索4-1690;北朝集存130;日本326	漢魏247	5-29	180 修237
460	尹祥墓誌	孝昌2年(526)7月24日	河南偃師	偃師商城博物館	洛目25;北大目36;碑索4-1691;北朝集存130			
461	元乂墓誌	孝昌2年(526)7月24日	河南洛陽	河南博物院	題跋142;中央館13;檢要148/修94;史語所18;北圖目20;洛目25;時地a39/b30;北大目36;淑德75;碑索4-1692;北朝集存130;日本327	漢魏78	5-32	181 修238
462	元恪(宣武帝)妻李氏墓誌	孝昌2年(526)8月6日	河南洛陽	西安碑林博物館	題跋142;中央館14;檢要149/修94;史語所18;北圖目20;洛目26;時地a39/b30;北大目36;淑德75;陝目提要39;碑索4-1694;北朝集存130;日本327	漢魏39	5-33	184 修241
463	丘哲妻鮮于仲兒墓誌	孝昌2年(526)8月18日	河南洛陽	西安碑林博物館	題跋142;檢要149/修95;史語所18;北圖目20;洛目26;時地a39/b30;北大目36;淑德75;碑索4-1695;北朝集存130;日本327	漢魏269	5-34	185 修242
464	崔鴻墓誌	孝昌2年(526)9月17日	山東臨淄	山東省文物考古研究所	四十年22;碑索4-1696;北朝集存130;日本328			185 修243
465	秦洪墓誌	孝昌2年(526)10月18日	河南洛陽	西安碑林博物館	題跋142;檢要151/修96;史語所19;北圖目20;洛目26;時地a40/b30;陝目提要38;碑索4-1697;北朝集存132;日本329	漢魏248	5-37	187 修245

E 全文・補遺	F 疏證・墨香閣	G 碑校	H 集成	I 叢考	J その他の圖書	K 論文等	No.
魏補228		6-8	287		增校隨329/修214;百種6;英華63;集萃8-60;民族姓氏367;鴛鴦藏石78;北大拓196;碑林全62-461;洛選96;洛中2-615;胡姓考60;彭州50;洛少1;民間藏誌14;杞芳堂318;河南散存159;全集北魏2-92;洛陽院26;絲路沿綫12	高峽1993;王盛婷2005;刁淑琴等2008;徐冲2011	458
魏補228		6-14	288		百種6;集萃8-61;民族姓氏309;鴛鴦藏石79;碑林全62-468;洛選97;彭州51;洛少292;全集北魏2-94	呂一飛1986;陳長安1987b;高峽1993;王盛婷2004;王盛婷2006b;李發2008;魏平2008	459
魏補33	120 修116	6-22	290	468	新獲13;偃師54;北大新拓89;全集北魏2-100;魏碑聖地140;文字墨影9	李獻奇1994;周錚2000b;任昉2001;于正安2011;李紅2012;劉志生2019a;趙娜2023	460
魏補228		6-18	288	467	精華49;石學蠡探191;洛選97;翰墨1-34;北拓精品70;西民大拓39;洛少69;北窗63;紀年墓130;譜牒395;琬琰流芳56;盧氏16;河南散存161;全集北魏2-96;魏碑聖地122	洛陽博物館1974;陳長安1987b;蘇哲1997;王盛婷2006b;曾廣2008;室山留美子2010;何山等2010;徐冲2011;陳爽2013;周舟2020	461
魏補231		6-25	291	517	百種6;英華64;集萃8-62;鴛鴦藏石80;北大拓197;碑林全62-474;洛選99;北朝百品44;全集北魏2-102;李氏墓116	高峽1993;王盛婷2005	462
魏補231		6-27	292		英華65;集萃7-51;鴛鴦藏石81;魏選粹472;碑林全62-480;洛選99;彭州52;洛少384;北窗65;全集北魏2-104	高峽1993;毛遠明2002;毛遠明2004;羅新2005b;魏平2008;常麗麗2023a	463
魏補232		6-30	293	468	山東選粹9;山東碑造291;齊魯誌研224;山東分類30;杞芳堂321;譜牒396;海岱石華86;山東書全66;淄博誌釋10	山東省文物考古研究所1984;佐伯眞也1998;澤田雅弘1999;東賢司2003;王盛婷2004;東賢司2005;王華山2006;室山留美子2006;王華山2008;李發2008;趙海麗2011a;梶山智史2013b;羅小如2015;王佳月2015;李寶軍2020;范兆飛2021;劉軍2023c	464
魏補233		6-33	294	187;317;468	百種6;英華67;鴛鴦藏石83;碑林全62-498;洛選100;彭州53;北朝百品46;全集北魏2-108	陳長安1987b;高峽1993;澤田雅弘1999;李發2008;魏平2008;趙海麗2011a;梁春勝2012a	465

No.	墓誌名稱	紀年	出土地	現藏場所	A 目錄	B 集釋	C 北圖拓·新中國	D 彙編
466	侯剛墓誌	孝昌2年(526) 10月18日	河南洛陽	西安碑林博物館	題跋142;檢要150/修95;北圖目19;洛目25;時地a40/b30;北大目36;淑德75;陝目提要39;碑索4-1698;北朝集存132;日本328	漢魏249	5-35	188 修246
467	元珽墓誌	孝昌2年(526) 10月19日	河南洛陽	西安碑林博物館	題跋142;中央館14;檢要152/修97;史語所19;北圖目20;洛目27;時地a40/b31;北大目36;淑德75;陝目提要38;碑索4-1700;北朝集存132;日本329	漢魏158	5-39	190 修249
468	元壽安墓誌	孝昌2年(526) 10月19日	河南洛陽	遼寧省博物館	題跋142;中央館14;檢要151/修96;史語所19;北圖目21;洛目26;文庫17;時地a41/b31;北大目37;淑德75;碑索4-1702;北朝集存132;日本329	漢魏117	5-41	190 修249
469	楊乾墓誌	孝昌2年(526) 10月19日	河南洛陽	西安碑林博物館	題跋142;中央館14;檢要151/修96;史語所19;北圖目21;洛目26;時地a40/b30;北大目37;淑德75;陝目提要38;碑索4-1699;北朝集存132;日本330	漢魏250	5-43	193 修252
470	高廣墓誌	孝昌2年(526) 10月	河南洛陽	遼寧省博物館	題跋142;中央館14;檢要153/修97;史語所19;北圖目20;洛目26;文庫17;時地a40/b31;北大目37;淑德75;碑索4-1703;北朝集存132;日本330	漢魏251	5-45	195 修253
471	染華墓誌	孝昌2年(526) 11月14日	河南偃師	偃師商城博物館	洛目27;北大目37;碑索4-1705;北朝集存134			
472	于景墓誌	孝昌2年(526) 11月14日	河南洛陽	故宮博物院	題跋142;中央館14;檢要155/修99;史語所19;北圖目21;洛目27;時地a40/b31;北大目37;淑德75;碑索4-1707;北朝集存134;日本330	漢魏252	5-46	196 修254
473	公孫猗墓誌	孝昌2年(526) 11月14日	河南洛陽	西安碑林博物館	題跋142;中央館13;檢要154/修98;北圖目19;洛目27;時地a40/b31;北大目37;淑德76;陝目提要38;碑索4-1706;北朝集存134;日本331	漢魏253	5-48	197 修256
474	宋京墓誌	孝昌2年(526) 11月14日	河南孟津	個人藏	北大目37;碑索4-1708;北朝集存134			

E 全文・補遺	F 疏證・墨香閣	G 碑校	H 集成	I 叢考	J その他の圖書	K 論文等	No.
魏補34		6-36	294		英華66;石學蠡探196;鴛鴦藏石82;陝西石藝253;碑林全62-483;碑林全62-483;洛選100;碑帖收研342;彭州54;釋要577;洛少278;甗椎閒話107;絲路洛陽82;北朝百品45;全集北魏2-110;刻石珍拓128;洛誌研49	陳長安1987b;高峽1993;澤田雅弘1999;毛遠明2004;王盛婷2006b;李發2008;趙海麗2011a;劉志生2019a;侯紀潤2022	466
魏補233		6-40	296	468	增校隨330/修215;百種7;英華69;集萃7-52;鴛鴦藏石85;碑林全62-521;洛選102;彭州56;釋要581;洛少71;民間藏誌16;北窗66;全集北魏2-114;啓功206;刻石珍拓130	高峽1993;王盛婷2004;毛遠明2004;徐冲2011	467
魏補234		6-42	297	311;468;491	增校隨330/修215;魏二十85;北大拓198;洛選103;遼博16;釋要579;洛少71;河南散存164;全集北魏2-116;洛誌研62	何德章2003;園田俊介2005b;李發2008;魏平2008;徐冲2011;劉志生2012b;劉志生等2012b;李紅2012;劉軍2015h;羅福頤等2019	468
魏補236		6-46	298		百種6;英華68;鴛鴦藏石84;碑林全62-508;洛選101;洛中2-620;楊氏考錄25;北朝百品47;全集北魏2-112	高峽1993;李發2008;劉軍2016b	469
魏補237		6-52	300	311	魏二十106;遼博17;洛選104;景州44;星空56;高姓293;全集北魏2-120	章紅梅2007a;劉軍2016b;羅福頤等2019	470
魏補239	124 修120	6-62	304		新獲14;二四品145;偃師56;稀見;紀年墓123;全集北魏2-128;魏碑聖地138;文字墨影11	偃師商城博物館1993;李獻奇1994;任昉2001;羅新2003;趙海麗2011;劉志生2011b;劉志生等2012b;劉軍2016b;劉志生2019b;薛蘇晨2022;魏軍剛2023b	471
魏補238		6-55	302	237;869	百種7;民族姓氏101;洛選104;洛中2-624;故宮珍品72;故宮彙編68;洛少1;譜牒397;全集北魏2-122;洛誌研3	葉其峰1992;王盛婷2004;王盛婷2006a;魏平2008;劉志生2009a;葉其峰2012a;陳鵬2015	472
魏補240		6-59	303	922	英華70;集萃7-55;鴛鴦藏石86;碑林全62-530;洛選105;彭州57;譜牒398;北朝百品48;全集北魏2-124	陳長安1987a;陳長安1987b;高峽1993;魏軍剛2023b	473
			301	469;923	秦晉豫28;介休12;全集北魏2-126		474

No.	墓誌名稱	紀年	出土地	現藏場所	A 目錄	B 集釋	C 北圖拓・新中國	D 彙編
475	寇治墓誌	孝昌2年(526)11月17日	河南洛陽		題跋142;中央館12;檢要156/修99;史語所20;北圖目18;洛目27;時地a40/b31;北大目37;碑索4-1709;北朝集存134;日本331	漢魏254	5-50	198 修257
476	宇文善墓誌	孝昌2年(526)11月25日	河南洛陽	鄭州市華夏文化藝術博物館	碑索4-1710;北朝集存134			
477	宇文延墓誌	孝昌2年(526)11月25日	河南洛陽	鄭州市華夏文化藝術博物館	碑索4-1711;北朝集存134			
478	宇文悦墓誌	孝昌2年(526)11月25日	河南	個人藏				
479	元則墓誌	孝昌2年(526)閏11月7日	河南洛陽	中國國家博物館	題跋142;檢要154/修98;史語所20;洛目28;時地a41/b31;北大目38;淑德76;碑索4-1711;北朝集存136;日本331	漢魏87		200 修259
480	于纂(于榮業)墓誌	孝昌2年(526)閏11月7日	河南洛陽	西安碑林博物館	題跋142;中央館15;檢要156/修99;史語所20;北圖目20;洛目27;文庫17;時地a41/b32;北大目38;陝目提要40;碑索4-1712;北朝集存136;日本331	漢魏255	5-51	200 修260
481	趙億墓誌	孝昌2年(526)閏11月8日	河南洛陽	個人藏	洛續7;北大目38;碑索4-1713;北朝集存136			
482	元朗墓誌	孝昌2年(526)閏11月19日	河南洛陽	西安碑林博物館	題跋142;檢要157/修100;史語所20;北圖目20;洛目27;時地a41/b32;陝目提要40;碑索4-1714;北朝集存136;日本332	漢魏92	5-53	201 修261
483	封之秉墓誌	孝昌2年(526)閏11月19日	河南洛陽?		碑索4-1715			
484	薛懷吉墓誌	孝昌2年(526)閏11月19日	山西萬榮	萬榮縣文物管理所	北朝集存136			
485	韋彧墓誌	孝昌2年(526)12月10日	陝西長安	西安市長安博物館	秦嶺198;陝目提要39;碑索4-1716;北朝集存136			
486	李蒯墓誌	孝昌2年(526)12月12日		個人藏	碑索4-1716;北朝集存136			
487	元伏生妻輿龍姬墓誌	孝昌2年(526)12月20日	河南洛陽		題跋143;檢要164/修104;洛目28;時地a41/b32;碑索4-1717;北朝集存144	漢魏198		203 修263
488	寇侃墓誌	孝昌2年(526)12月26日	河南洛陽		題跋142;中央館14;檢要157/修100;史語所20;北圖目21;洛目28;時地a41/b32;北大目38;碑索4-1717;北朝集存136;日本332	漢魏256	5-54	203 修263

E 全文・補遺	F 疏證・墨香閣	G 碑校	H 集成	I 叢考	J その他の圖書	K 論文等	No.
魏補241		6-65	304	405;469	增校隨331/修216;魯迅誌199;集萃8-64;洛選106;翰墨1-35;釋要583;北窗67;譜牒399;全集北魏2-130;魏碑聖地192	岑仲勉1939;倪潤安2000;室山留美子2006;室山留美子2007;李發2008;徐冲2011;劉志生2012a;姚立偉2015;劉軍2016b;范兆飛2021	475
			306	469	聖殿74;萊山館藏58;秦晉豫續63;北精粹北魏8-27	吳志浩2015;梶山智史2017	476
			307	404;444;469	聖殿75;秦晉豫續64	梶山智史2017;段銳超2018c	477
					北精粹北魏5-69;魏碑聖地236	劉燦輝等2020	478
魏補242		6-69	308		集萃7-53;歷博大觀61;洛選108;洛少72;國博誌12;河南散存167	園田俊介2005b;羅新2007b;王義康2008;徐冲2011;李紅等2011;梁春勝2016a	479
魏補243		6-71	309		集萃7-54;民族姓氏101;鴛鴦藏石87;北大拓199;洛選107;北拓精品76;洛少2;北朝百品49;全集北魏2-132	王盛婷2006b;李發2008;徐志學2010;劉志生2010;趙海麗2011a;徐志學2014;陳鵬2015;劉志生2019b;梁春勝2020;張穎慧2022;侯紀潤2022	480
			301		拾零33;龍門文萃421;新獲一五16;佛教金石35;全集北魏2-106	梶山智史2019	481
魏補244		6-74	310		百種7;英華71;碑林全62-543;鴛鴦藏石88;彭州58;洛少73;北朝百品50;全集北魏2-134	高峽1993;李發2008;鄭邵琳2012;梁春勝2016a;吳洪琳2019	482
					字里賞讀10;新獲百品10;北精粹北魏5-53;魏碑聖地232	趙耀輝2017c;劉燦輝2017a;劉軍2018c;常麗麗2023a;常麗麗2023b	483
					山西北朝98;北精粹北魏6-31	李建斌等2018;山西省考古研究院等2023;;武俊華2023	484
魏補245	128 修124	6-77	312	298;790;791;865;866;923	長安新誌6;長安碑刻3;譜牒400;陝西萃編52;陝西集成51	周偉洲等2000;牟發松等2006;蓋金偉等2007;趙陽陽2008;趙海麗2011;徐冲2011;梁春勝2015b;馬瑞等2015;劉軍2016b;梁春勝2020;范兆飛2021	485
			314		秦晉豫續65;九朝15;字里賞讀14;新獲一五17;北大新續129;北精粹北魏8-45;魏碑聖地234		486
魏補247		6-135	314		石學蠡探201;洛選116;磚刻0967;洛少384	李海葉2009	487
魏補247		6-82	314		百種7;洛選109;洛中2-628;全集北魏2-136	岑仲勉1939;室山留美子2006;室山留美子2007;李發2008;姚立偉2015;范兆飛2021	488

No.	墓誌名稱	紀年	出土地	現藏場所	A 目錄	B 集釋	C 北圖拓・新中國	D 彙編
489	賀收及妻侯氏墓誌	孝昌2年(526)12月27日	河南洛陽	個人藏	北朝集存138			
490	郭崇墓誌	孝昌3年(527)正月20日			碑索4-1719;北朝集存138			
491	宇文旭及妻房氏墓誌	孝昌3年(527)2月2日						
492	董偉墓誌	孝昌3年(527)2月16日	河南洛陽	西安碑林博物館	題跋142;中央館10;檢要158/修100;史語所20;北圖目16;洛目28;時地a42/b32;北大目38;陝目提要41;碑索4-1719;北朝集存138;日本333	漢魏257	5-58	204 修264
493	蘇屯墓誌	孝昌3年(527)2月21日	河南洛陽	西安碑林博物館	題跋142;中央館13;檢要159/修101;史語所20;北圖目19;洛目28;時地a42/b32;北大目38;陝目提要41;碑索4-1720;北朝集存138;日本333	漢魏258	5-59	204 修265
494	元璋墓誌	孝昌3年(527)2月26日			北朝集存346			
495	元暐墓誌	孝昌3年(527)2月27日	河南洛陽	洛陽古代藝術館	中央館13;檢要159/修101;洛目28;時地a42/b33;碑索4-1723;北朝集存138			
496	元融墓誌	孝昌3年(527)2月27日	河南洛陽	西安碑林博物館	題跋142;中央館15;檢要160/修102;史語所20;北圖目21;洛目28;時地a42/b32;陝目提要41;碑索4-1721;北朝集存138	漢魏575	5-60	204 修266
497	和邃墓誌	孝昌3年(527)2月27日	河南洛陽	西安碑林博物館	題跋142;檢要159/修101;史語所20;北圖目20;洛目28;時地a42/b34;北大目38;陝目提要41;碑索4-1722;北朝集存138;日本339	漢魏263	5-74	207 修268
498	楊仲彥墓誌	孝昌3年(527)3月4日	河南洛陽	鑒印山房	洛續8;碑索4-1724;北朝集存138	新北56 西南7		
499	楊宜成墓誌	孝昌3年(527)3月10日	河南洛陽	千唐誌齋博物館	洛續8;北大目39;碑索4-1724;北朝集存140			
500	元子豫墓誌	孝昌3年(527)3月10日	河南洛陽	千唐誌齋博物館	洛續8;北大目39;碑索4-1725;北朝集存140			
501	李達及妻張氏墓誌	孝昌3年(527)5月10日	河南洛陽		洛續8;碑索4-1725;北朝集存140			

E 全文・補遺	F 疏證・墨香閣	G 碑校	H 集成	I 叢考	J その他の圖書	K 論文等	No.
					北大新續130;秦晉豫三64;北精粹北魏5-85;魏碑聖地214		489
			315		秦晉豫續66		490
					秦晉豫三65		491
魏補247		6-84	316		百種7;英華72;鴛鴦藏石90;碑林全63-549;洛選110;彭州59;全集北魏2-138	高峽1993;王盛婷2004;徐冲2011	492
魏補248		6-86	316		鴛鴦藏石91;碑林全63-551;洛選110;彭州60;全集北魏2-140	陳長安1987b;高峽1993;劉志生2009a;劉志生2019a	493
							494
魏補250		6-91	316		輯繩49;洛選112;洛少75;全集北魏2-146		495
魏補248		6-94	317	469	英華73;碑林全63-554;洛選111;洛少74;全集北魏2-142	陳長安1987b;高峽1993;澤田雅弘1999;王盛婷2004;毛遠明2004;園田俊介2005b;王盛婷2006a;徐志學2010;徐冲2011;窪添慶文2011a;徐冲2012;梁春勝2016a	496
魏補250		6-88	318		百種7;英華74;集苹7-56;法全北誌139;鴛鴦藏石92;碑林全63-560;洛選116;彭州61;洛少257;全集北魏2-174;絲路沿綫18	高峽1993;何德章2000;王麗華2003;張金龍2006;趙海麗2011a;羅小如2015;劉志生2019b;周陽2019	497
			320		新見銘刻68;龍門文萃422;新精北朝上10;楊氏輯錄185;北大新續131;全集北魏2-148;渭華翠色98;北精粹北魏7-15	王連龍2011c;窪添慶文2013b;楊學是2018	498
			320		唐補千唐439;北大新拓91;千唐全集6	王慶衛等2005;王慶衛等2006;龍仕平等2010;梶山智史2019;梁春勝等2023	499
			320		唐補千唐439;洛少76		500
魏補36			321	148;498;694	邙洛19		501

— 257 —

No.	墓誌名稱	紀年	出土地	現藏場所	A 目錄	B 集釋	C 北圖拓·新中國	D 彙編
502	于纂(于萬年)墓誌	孝昌3年(527)5月11日	河南洛陽	西安碑林博物館	題跋142;中央館14;檢要161/修102;北圖目21;洛目29;時地a42/b33;北大目39;淑德76;陝目提要42;碑索4-1726;北朝集存140;日本335	漢魏259	5-63	208 修270
503	胡明相墓誌	孝昌3年(527)5月23日	河南洛陽		題跋142;中央館15;檢要160/修102;史語所20;北圖目22;洛29;時地a42/b33;北大目39;淑德76;碑索4-1727;北朝集存140;日本335	漢魏40	5-64	209 修271
504	元汎略墓誌	孝昌3年(527)6月13日	河南洛陽		洛續8;北朝集存140			
505	張神龍息□□墓誌	孝昌3年(527)7月19日			北大目39;碑索4-1728;北朝集存140;日本336			
506	張斌墓誌	孝昌3年(527)10月26日	河南洛陽	張海書法藝術館	洛續8;碑索4-1729;北朝集存142			
507	元固墓誌	孝昌3年(527)11月2日	河南洛陽	洛陽古代藝術館	題跋142;檢要161/修103;史語所21;北圖目22;洛29;時地a42/b33;北大目39;淑德76;碑索4-1730;北朝集存142;日本338	漢魏120	5-70	211 修273
508	胡屯進墓誌	孝昌3年(527)11月13日	河南洛陽	中國國家博物館	題跋143;中央館15;檢要162/修103;史語所21;北圖目22;洛29;時地a43/b33;北大目39;淑德76;碑索4-1732;北朝集存142;日本338	漢魏260	5-71	212 修274
509	于神恩墓誌	孝昌3年(527)11月14日	河南洛陽	個人藏	洛續8;北大目40;碑索4-1732;北朝集存142	新北59		
510	劉玉墓誌	孝昌3年(527)11月24日	陝西西安		題跋143;檢要162/修103;史語所21;陝目集存13;北大目40;淑德76;碑索4-1733;北朝集存142;日本338	漢魏261	5-72	212 修275
511	元淵墓誌	孝昌3年(527)11月25日	河南洛陽	個人藏	洛續8;碑索4-1735;北朝集存142			
512	寧懋(寧想)墓誌	孝昌3年(527)12月15日	河南洛陽	西安碑林博物館	題跋143;中央館2;檢要163/修104;北圖目6;洛目29;時地a43/b33;陝目提要42;碑索4-1735;北朝集存142	漢魏262	5-73	213 修276
513	徐起墓誌	武泰元年(528)正月15日	河南洛陽		洛續9;碑索4-1737;北朝集存144			

E 全文・補遺	F 疏證・墨香閣	G 碑校	H 集成	I 叢考	J その他の圖書	K 論文等	No.
魏補251		6-108	322		增校隨331/修216;魯迅誌205;英華75;集萃7-58;鴛鴦藏石93;山東選粹10;碑林全63-571;洛選113;彭州63;釋要586;洛少3;山東分類32;菁英96;北朝百品51;全集北魏2-150;山東書全88;刻石珍拓134	高峽1993;羅新2005b;王盛婷2006a;王盛婷2006b;李發2008;徐沖2011;李紅2012;陳鵬2015;李紅霞等2016;周陽2019;宋愛平2019;王靜2023a	502
魏補252		6-111	323		精華51;百種7;集萃7-57;法全北誌127;北大拓201;洛選113;洛少274;杞芳堂323;全集北魏2-152	宮城正俊1963;王盛婷2005;李發2008	503
			324	231;317;469;470;797;802;924	洛少76;洛陽新見6;民間藏誌18;新獲七朝22;題跋集萃47;秦晉豫續67;北朝百品53	劉軍2016a;梶山智史2017	504
			326		磚刻0968		505
魏補255			327		邙洛21;全集北魏2-158;魏碑聖地156;涼州445;張海館a12/b58	胡湛2016	506
魏補256		6-125	329	924	增校隨334/修217;魯迅誌209;百種7;集萃7-59;洛選114;北拓精品82;釋要588;洛少77;譜牒402;全集北魏2-160	張靈威2003;宮大中2004b;劉志生2009a;鄧瑩2010;趙海麗2011a;徐沖2011;劉軍2015b;劉燦輝2017;呂偉濤2021	507
魏補257		6-128	331	87	歷博大觀64;洛選115;國博誌14;全集北魏2-162		508
魏補257			331	791;919	二四品166;邙洛26;洛少4;新精北朝上48;譜牒414;字里賞讀18;北大新續132;全集北魏2-164;北精粹北魏6-51;魏碑聖地292	佐川英治2012;谷國偉2013a;陳鵬2015;楊學是2018;段銳超2018b;劉軍2019;楊學是2020	509
魏補258		6-130	992	202	越縵堂1077;增校隨334/修217;百種10;集萃7-60;民族姓氏51;法全北誌130;北大拓202;魏選粹479;釋要590;全集北魏2-166;刻石珍拓136	何德章2000;園田俊介2005a;魏宏利2006;趙海麗2011a;趙海麗2011b;仲威2014c;張金龍2019a;劉軍2020b	510
			332	365;471;866;925	秦晉豫29;洛少78;聖殿77;新獲七朝23;譜牒403;全集北魏2-168;北精粹北魏3-59	何漢儒2008;徐沖2015;李森2015;劉軍2016a;梁春勝2016a;劉軍2017;梁春勝2020	511
魏補258		6-133	335	471	增校隨335/修218;法全北誌132;鴛鴦藏石89;碑林全63-569;洛選115;彭州65;唐代鄭氏50;全集北魏2-172;魏碑聖地92	郭建邦1980;胡順利1981;郭建邦1981;王壯弘1984;高峽1993;林聖智2005;曹汛2011;李薛妃2015;李嘉妍2022;徐錦順2023	512
魏補259			337	340;472	三八種43;邙洛23;新獲一五18;全集北魏2-178		513

No.	墓誌名稱	紀年	出土地	現藏場所	A 目錄	B 集釋	C 北圖拓·新中國	D 彙編
514	辛穆墓誌	武泰元年(528)正月15日	河南洛陽		北大目40;碑索4-1737;北朝集存144			
515	元湛妻薛慧命墓誌	武泰元年(528)2月17日	河南洛陽	千唐誌齋博物館	千唐目1;題跋143;中央館15;檢要165/修105;史語所21;北圖目22;洛目29;時地a43/b34;北大目40;碑索4-1738;北朝集存144	漢魏153	5-77	214 修276
516	元舉(元景昇)墓誌	武泰元年(528)2月21日	河南洛陽	西安碑林博物館	題跋143;中央館15;檢要164/修104;北圖目21;洛目30;時地a43/b34;北大目40;陝目提要46;碑索4-1739;北朝集存144	漢魏154	5-79	215 修278
517	張休祖墓誌	武泰元年(528)3月15日	山東臨朐		碑索4-1740			
518	王雍墓誌	武泰元年(528)3月15日	山東膠東	個人藏				
519	元舉(元長融)墓誌	武泰元年(528)3月16日	河南洛陽	西安碑林博物館	洛目30;時地a43/b34;淑德76;陝目提要46;碑索4-1740;北朝集存144;日本340			
520	元暐墓誌	武泰元年(528)3月16日	河南洛陽	河南博物館	題跋143;檢要165/修105;史語所21;北圖目22;洛目30;時地a43/b34;北大目40;碑索4-1741;北朝集存144;日本340	漢魏74	5-80	216 修279
521	穆彦妻元洛神墓誌	建義元年(528)4月18日	河南洛陽	西安碑林博物館	題跋143;檢要167/修106;史語所21;北圖目24;洛目33;時地a44/b34;北大目41;淑德76;陝目提要45;碑索4-1744;北朝集存146;日本341	漢魏276	5-82	218 修282
522	趙邕墓誌	武泰元年(528)4月22日	河南洛陽	香港中文大學文物館	北大目40;碑索4-1743;北朝集存144			
523	穆景冑墓誌	建義元年(528)5月5日	河南孟津	個人藏	洛續9;北大目41;碑索4-1745;北朝集存146			
524	元悌墓誌	建義元年(528)6月16日	河南洛陽	遼寧省博物館	題跋143;中央館17;檢要167/修106;史語所21;北圖目22;洛目30;文庫18;時地a44/b35;北大目41;淑德76;碑索4-1746;北朝集存146;日本341	漢魏194	5-85	219 修283
525	元邵墓誌	建義元年(528)7月5日	河南洛陽	洛陽古代藝術館	四十年23;洛目30;碑索4-1747;北朝集存146;日本342			221 修285

E 全文・補遺	F 疏證・墨香閣	G 碑校	H 集成	I 叢考	J その他の圖書	K 論文等	No.
			336	472;904	洛陽新見7;新獲七朝24;北大新拓92;譜牒386;秦晉豫續68;北朝百品54;河南散存169	何俊芳2011;劉軍2016a;邱亮等2016;李皓2018;梶山智史2019;張長海2022;王靜2023a	514
魏補260		6-141	338		洛選118;千唐藏誌2;洛中2-632;薛氏207;譜牒539;佛教金石36;全集北魏2-182;雲雨蟄龍26;千唐全集8	陳長安1987b;王盛婷2005;劉志生2009a;鄭衞等2015	515
魏補36		6-144	339	322	英華77;鴛鴦藏石95;碑林全63-587;魏選粹492;洛選117;彭州66;洛79;北朝百品55;譜牒404;全集北魏2-180	陳長安1987b;高峽1993;魯才全1995;何德章2003;趙海麗2011b;李紅2012;劉軍2013a;劉軍2015b;劉軍2022b	516
							517
					北精粹北魏4-73		518
魏補261		6-150	340	925	英華76;鴛鴦藏石96;碑林全63-580;洛選118;洛少81;北朝百品56	高峽1993;李紅等2011;章紅梅等2014;李紅霞等2016	519
魏補261		6-147	341	472	集萃7-61;洛選119;西民大拓42;洛少80;北窗70;紀年墓142;河南散存171;全集北魏2-184;魏碑聖地108	黃明蘭1982;唐冬冬1995;澤田雅弘1999;何德章2003;曾廣2004;劉志生2009b;李松儒2011;劉軍2015b;梁春勝2020	520
魏補263		6-152	993	925	精華53;英華78;鴛鴦藏石97;陝西石藝254;碑林全63-591;洛選121;洛少82;全集北魏2-190	高峽1993;王麗華2003;王盛婷2005;李發2008;張雲華2012	521
			342		北大新拓93;北山汲古384	梶山智史2017	522
			343	202;473;917;926	拾零34;稀見;洛少396;龍門文萃423;民間藏誌22;新獲七朝25;北大新拓94;佛教金石37;北朝百品57;全集北魏2-192	吳健華2011;劉軍2016a;陳薈宇等2022	523
魏補263		6-157	344	473	增校隨336/修219;百種7;魏二十111;遼博18;洛選121;西民大拓47;衡水墓誌8;釋要593;洛少83;燕趙532;譜牒405;全集北魏2-194;啓功208	何德章2003;毛遠明2004;章紅梅2007a;徐志學2010;曾曉梅等2012;劉志生2012b;劉志生等2012b;周北南等2014;羅福頤等2019;王靜2023a	524
魏補266		6-160	346	473;926	精華52;輯繩51;洛選122;皇家16;洛少84;紀年墓135;譜牒406;北大新續133;北精粹北魏2-63;全集北魏2-196;魏碑聖地258	洛陽博物館1973;宮大中1983;張乃翥等1992;何德章2003;園田俊介2005b;馮健2012;周北南等2014;吳洪琳2019;張穎慧2023	525

No.	墓誌名稱	紀年	出土地	現藏場所	A 目錄	B 集釋	C 北圖拓・新中國	D 彙編
526	元順墓誌	建義元年(528)7月5日	河南洛陽	西安碑林博物館	題跋143;中央館16;檢要168/修107;北圖目24;洛目31;時地a44/b35;陝目提要44;碑索4-1749;北朝集存146	漢魏127	5-87	223修288
527	張彥墓誌	建義元年(528)7月5日	河南洛陽	個人藏	碑索4-1748;北朝集存146			
528	元均之墓誌碑	建義元年(528)7月6日	河南洛陽	西安碑林博物館	題跋143;檢要168/修107;史語所22;洛目30;時地a45/b35;北大目41;陝目提要44;碑索4-1751;北朝集存148	漢魏88	5-88	225修290
529	元彝墓誌	建義元年(528)7月6日	河南洛陽	西安碑林博物館	題跋143;中央館17;檢要169/修107;史語所21;北圖目22;洛目30;時地a45/b36;陝目提要45;碑索4-1753;北朝集存148	漢魏128	5-90	225修290
530	元瞻墓誌	建義元年(528)7月6日	河南洛陽	西安碑林博物館	題跋143;中央館15;檢要169/修107;史語所21;洛目31;時地a45/b35;淑德76;陝目提要45;碑索4-1752;北朝集存148;日本342	漢魏130	5-89	227修292
531	元譚墓誌	建義元年(528)7月6日	河南洛陽	西安碑林博物館	題跋143;檢要169/修107;北圖目24;洛目31;時地a45/b35;陝目提要42;碑索4-1750;北朝集存146	漢魏175	5-91	229修294
532	元信墓誌	建義元年(528)7月12日	河南洛陽	西安碑林博物館	題跋143;中央館20;檢要170/修108;史語所22;北圖目24;洛目33;時地a46/b36;陝目提要44;碑索4-1756;北朝集存148	漢魏56	5-92	230 503修296
533	元悛墓誌	建義元年(528)7月12日	河南孟津	西安碑林博物館	題跋143;檢要170/修108;史語所22;北圖目23;洛目31;時地a46/b36;北大目41;陝目提要44;碑索4-1754;北朝集存148;日本342	漢魏58	5-93	231修297
534	元愔墓誌	建義元年(528)7月12日	河南洛陽	西安碑林博物館	題跋143;北圖目23;洛目31;時地a46/b36;陝目提要44;碑索4-1755;北朝集存148	漢魏59	5-94	232修298
535	元讜墓誌	建義元年(528)7月17日	河南洛陽		洛續9;碑索4-1760;北朝集存150			
536	元誕(元那延)墓誌	建義元年(528)7月17日	河南洛陽		題跋143;檢要171/修109;四十年26;洛目32;時地a46/b37;北大目41;碑索4-1757;北朝集存148	漢魏50	5-98	233修299
537	元端墓誌	建義元年(528)7月17日	河南洛陽		題跋144;檢要171/修108;洛目31;時地a46/b37;北大目41;碑索4-1759;北朝集存150	漢魏179	5-97	233修300

E 全文・補遺	F 疏證・墨香閣	G 碑校	H 集成	I 叢考	J その他の圖書	K 論文等	No.
魏補265		6-164	465	176;237;307;473;792;927	英華79;碑林全63-611;洛選123;洛少85;全集北魏2-200;洛誌研45	陳長安1987b;高峽1993;王原茵2002;何德章2003;園田俊介2005b;劉志生2009a;徐沖2011;梁春勝2011b;李紅2012;梁春勝2014a;梁春勝2015b;李薛妃2015;段朋飛2017	526
			345	473;780;792	二四品187;秦晉豫30;全集北魏2-202	白艷章2021	527
魏補268		6-168	348		鴛鴦藏石100;碑林全63-635;魏選粹499;洛選127;彭州67;洛少86;北窗72;全集北魏2-210	王原茵2002;徐沖2011	528
魏補268		6-170	349		集萃7-62;鴛鴦藏石98;碑林全63-616;洛選124;西民大拓43;彭州69;洛少87;譜牒408;北朝百品58;全集北魏2-204	陳長安1987b;高峽1993;魯才全1995;王原茵2002;何德章2003;園田俊介2005b;劉志生2009a;劉志生2010;鄧瑩2010;趙海麗2011b;劉軍2015b;梁春勝2020	529
魏補269		6-173	350	11;474;933	英華81;集萃8-68;鴛鴦藏石101;碑林全63-637;洛選126;皇家15;彭州70;洛少87;北朝百品59;全集北魏2-208	陳長安1987b;高峽1993;王原茵2002;劉志生2009a;徐志學2010;徐志學2014;羅小如2015;劉軍2016b;梁春勝2016a;段銳超2021c	530
魏補270		6-177	351	797	英華80;鴛鴦藏石99;碑林全63-621;洛選125;彭州68;洛少89;全集北魏2-206	高峽1993;王原茵2002;園田俊介2005b;李發2008;徐志學2014;張穎慧2023	531
魏補272		6-180	352		英華82;鴛鴦藏石102;碑林全63-654;洛選129;彭州74;洛少90;北朝百品60;全集北魏2-216	高峽1993;王原茵2002;毛遠明2004;園田俊介2005b;魏平2008;吳洪琳2019;梁春勝2020	532
魏補272		6-182	353		百種8;英華83;集萃8-69;鴛鴦藏石103;碑林全63-658;洛選128;洛中2-637;彭州72;洛少90;譜牒409;北朝百品61;全集北魏2-214	高峽1993;澤田雅弘1999;王原茵2002;王盛婷2006a;陳爽2013;陳鵬2021;王萌2021a	533
魏補273		6-184	353		英華84;鴛鴦藏石104;碑林全63-663;洛選128;洛少91;譜牒411;北朝百品62;全集北魏2-212	高峽1993;王原茵2002;劉志生2009a;陳爽2013;呂蒙等2017;陳鵬2021;王萌2021a;大知聖子2021	534
魏補276		6-196	355	474;866	洛選131;洛少92;全集北魏2-222	梁春勝2012b	535
魏補274		6-190	357	311	洛選131;洛少92;全集北魏2-220	魏平2004;徐沖2011;李紅等2011	536
魏補274		6-193	354	191	洛選129;洛少93;全集北魏2-218	陳長安1987b;趙海麗2011a;徐沖2011;大知聖子2021	537

No.	墓誌名稱	紀年	出土地	現藏場所	A 目錄	B 集釋	C 北圖拓· 新中國	D 彙編
538	陸紹墓誌	建義元年(528) 7月17日	河南洛陽	江蘇吳縣古物保存所	題跋143;中央館15;檢要171/修109;史語所22;北圖目23;洛目31;文庫18;時地a46/b37;北大目41;碑索4-1758;北朝集存150;日本343	漢魏264	5-99	235 修302
539	元宥墓誌	建義元年(528) 7月18日	河南洛陽	中國國家博物館	題跋143;中央館15;檢要166/修105;史語所22;北圖目22;洛目31;時地a44/b36;北大目42;碑索4-1761;北朝集存146	漢魏89	5-100	236 修303
540	元略墓誌	建義元年(528) 7月18日	河南洛陽	遼寧省博物館	題跋143;中央館16;檢要172/修109;史語所22;北圖目23;洛目32;文庫18;時地a46/b37;北大目42;淑德76;碑索4-1762;北朝集存150;日本344	漢魏139	5-101	237 修304
541	元湛(元珍興)墓誌	建義元年(528) 7月18日	河南洛陽	西安碑林博物館	題跋143;中央館16;檢要172/修109;北圖目23;洛目32;時地a47/b37;陝目提要43;碑索4-1764;北朝集存150;日本344	漢魏152	5-102	239 修306
542	元廞墓誌	建義元年(528) 7月18日	河南洛陽	西安碑林博物館	題跋143;中央館16;檢要173/修110;史語所22;北圖目24;洛目32;時地a47/b38;北大目42;淑德76;陝目提要43;碑索4-1765;北朝集存150;日本343	漢魏141	5-103	240 修308
543	直顯墓誌	建義元年(528) 7月18日	河南洛陽					
544	王誦墓誌	建義元年(528) 7月27日	河南洛陽		題跋144;中央館16;檢要173/修110;史語所22;北圖目23;洛目32;時地a47/b38;北大目42;碑索4-1766;北朝集存150;日本344	漢魏265	5-104	241 修310
545	王馥墓誌	建義元年(528) 7月29日	河南洛陽	墨香閣	洛續9;北大目42;碑索4-1768;北朝集存152	新北63		
546	元昉墓誌	建義元年(528) 7月30日	河南洛陽	開封市博物館	題跋143;檢要174/修110;史語所22;北圖目23;洛目32;時地a47/b38;北大目42;淑德76;碑索4-1770;北朝集存152;日本344	漢魏174	5-105	243 修312
547	元毓墓誌	建義元年(528) 7月30日	河南洛陽		題跋144;中央館17;檢要174/修111;史語所23;北圖目28;洛目32;文庫18;時地a47/b38;北大目42;碑索4-1768;北朝集存152·336;日本344	漢魏173	5-106 5-206	244 修313
548	薛眞度妻孫羅穀墓誌	建義元年(528) 8月23日	山西萬榮	個人藏	北朝集存152			

E 全文・補遺	F 疏證・墨香閣	G 碑校	H 集成	I 叢考	J その他の圖書	K 論文等	No.
魏補276		6-199	356		增校隨337/修219;魯迅誌213;百種8;民族姓氏99;法全北誌142;洛選132;釋要595;洛少243;全集北魏2-226;魏碑聖地194	陳長安1987b;何德章2000;羅新2005b;趙海麗2011a	538
魏補277		6-202	358		集萃8-66;歷博大觀65;洛選133;西民大拓45;洛少94;國博誌16;河南散存174;全集北魏2-224	羅新2007b;王義康2008;李紅等2011	539
魏補278		6-205	359	191;474	百種8;石學盍探202;魏二十122;集萃8-70;遼博19;西民大拓46;洛少95;杞芳堂327;譜牒417;盧氏17;全集北魏2-232;啓功209;魏碑聖地278;洛誌研25	毛遠明2002;章紅梅2007a;李發2008;趙海麗2011a;徐冲2011;曾曉梅等2012;呂蒙等2017;羅福頤等2019;張穎慧2022	540
魏補38		6-209	360		英華86;集萃7-63;鴛鴦藏石106;碑林全63-675;洛選133;彭州75;洛少96;北朝百品63;全集北魏2-228	陳長安1987b;高峽1993;王原茵2002;何德章2003;趙海麗2011a;劉軍2015b;劉軍2015f;羅小如2015;段朋飛2017	541
魏補280		6-212	361	474	英華85;石學盍探203;鴛鴦藏石105;碑林全63-669;洛選134;河間190;西民大拓41;洛少97;北窗73;北朝百品64;全集北魏2-230	高峽1993;王原茵2002;毛遠明2004;魏平2008;徐冲2011;劉志生等2012a	542
					洛陽精品;全集北魏2-234	王沛2018	543
魏補39		6-215	362		魯迅誌217;百種8;集萃8-71;洛選136;北窗74;杞芳堂330;譜牒412;全集北魏2-236	王盛婷2004;室山留美子2006;梶山智史2016;梁春勝2016a;徐冲2017;陳鵬2021;金溪2021	544
魏補281	墨24		363	386;475;923;927;928	二四品200;邙洛24;新獲七朝26;北大新拓95;新精北朝上52;譜牒410;北朝百品65;全集北魏2-238;魏碑聖地200	劉琰2011;佐川英治2012;曲柄睿2014;梁春勝2014b;劉軍2016a;梁春勝2016b;趙耀輝2016d;周阿根2016b;李海峰2017;楊學是2018;白艷章2021	545
魏補281		6-218	364		集萃8-72;洛選137;翰墨1-36;洛少98;民間藏誌24;全集北魏2-240;魏碑聖地114	王盛婷2004;澤田雅弘2007a;李紅2012;王萌2023a	546
魏補282 魏補410		6-220	364		魯迅誌223;百種8;洛選138;洛少98;菁英104;全集北魏2-242	澤田雅弘2007a;徐冲2011;王萌2023a	547
			366		薛氏208;山西北朝107	梶山智史2017	548

No.	墓誌名稱	紀年	出土地	現藏場所	A 目錄	B 集釋	C 北圖拓·新中國	D 彙編
549	元子正墓誌	建義元年(528) 8月24日	河南洛陽	千唐誌齋博物館	千唐目1;題跋144;中央館17;檢要175/修111;史語所23;北圖目23;洛目32;時地a47/b38;北大目43;碑索4-1772;北朝集存152	漢魏189	5-108	245 修315
550	楊濟墓誌	建義元年(528) 8月25日	河南洛陽	個人藏	洛續9;碑索4-1774;北朝集存146			
551	元周安墓誌	建義元年(528) 9月7日	河南洛陽	西安碑林博物館	題跋144;中央館18;檢要176/修112;史語所23;北圖目23;洛目33;時地a48/b39;北大目43;淑德76;陝西提要43;碑索4-1774;北朝集存152;日本345	漢魏121	5-109	247 修317
552	劉安囿墓誌	建義元年(528) 9月10日	河南三門峽	三門峽市文物考古研究所?	碑索4-1775;北朝集存154			
553	楊鈞墓誌	建義元年(528) 9月30日	陝西華陰?	千唐誌齋博物館	北大目43;碑索4-1776;北朝集存154			
554	鮑必墓誌	建義元年(528)			北大目43;碑索4-1776;北朝集存154			
555	曹連墓誌	永安元年(528) 10月13日	河南洛陽	洛陽市文物考古研究院	北朝集存346			
556	王導墓誌	永安元年(528) 10月22日		墨香閣(漳州市龍文區博物館)	碑索4-1777;北朝集存154			
557	陳隆墓誌	永安元年(528) 10月25日		北朝藝術研究院	碑索4-1778;北朝集存154			
558	唐耀墓誌	永安元年(528) 11月2日	河南洛陽	西安碑林博物館	題跋144;中央館16;檢要177/修113;史語所23;北圖目24;洛目34;時地a48/b39;北大目43;淑德76;陝西提要42;碑索4-1778;北朝集存154;日本346	漢魏267	5-111	248 修319
559	元誕業墓誌	永安元年(528) 11月8日	河南洛陽		洛目33;碑索4-1783;北朝集存156			
560	元欽墓誌	永安元年(528) 11月8日	河南洛陽	遼寧省博物館	題跋144;檢要178/修113;史語所23;北圖目23;洛目33;文庫18;時地a48/b39;北大目43;淑德76;碑索4-1781;北朝集存154;日本346	漢魏102	5-112	249 修320

E 全文・補遺	F 疏證・墨香閣	G 碑校	H 集成	I 叢考	J その他の圖書	K 論文等	No.
魏補283		6-225	367	288;313	千唐藏誌3;集萃8-73;洛選139;洛中2-640;洛少99;甗椎閒話129;河南散存176;全集北魏2-246;雲雨蟄龍38	澤田雅弘1999;何德章2003;園田俊介2005b;李發2008;趙海麗2010;李紅等2011;劉軍2015b;楊繼光等2021;王萌等2022	549
魏補284		6-228	368	202	二四品213;邙洛25;新獲續8;譜牒540;全集北魏2-186	喬棟等2005e	550
魏補286		6-233	369		百種8;英華88;集萃7-65;法全北誌145;鴛鴦藏石108;碑林全64-688;洛選140;彭州78;洛少100;北窗76;北朝百品66;全集北魏2-248	高峽1993;王原茵2002;園田俊介2005b;許衛國2007;吳洪琳2019	551
			370			三門峽文物考古所2009	552
			370	323;476;930	唐補千唐440;近新;北大新拓96;萊山館藏51;秦晉豫續72;楊氏輯錄145;北精粹北魏7-21;雲雨蟄龍32;千唐全集10	王慶衛等2005;王慶衛等2006;楊為剛2009;澤田雅弘2011a;堀井裕之2012;佐川英治2015;王化昆等2015;梁春勝2016a;堀井裕之2017;梁春勝2020	553
			372		磚刻0970		554
					曹連墓17;秦晉豫三66;洛陽院28		555
	墨26		372	797;931	秦晉豫續73;新獲一五20;魏碑聖地202	趙耀輝2014h	556
			373		北朝院87;秦晉豫三67		557
魏補286		6-235	374	476	英華89;鴛鴦藏石109;碑林全64-699;洛選140;彭州79;全集北魏2-250	陳長安1987b;高峽1993;王原茵2002;王盛婷2004;李發2008;劉志生等2012b	558
魏補289		6-242	376		輯繩52;洛選141;洛少102;全集北魏2-252;魏碑聖地246	李薛妃2015	559
魏補287		6-238	376	11;81;198;350	增校隨338/修220;魯迅誌227;魏二十135;集萃7-66;遼博20;洛選142;皇家17;西民大拓44;釋要597;洛少101;甗椎閒話26・82;菁英二64;全集北魏2-254;刻石珍拓138	何德章2003;魏平2004;園田俊介2005b;趙寶榮2009;徐冲2011;曾曉梅等2012;梁春勝2012a;梁春勝2014a;劉軍2015b;羅小如2015;何山2017;羅福頤等2019;梁春勝2020;常麗麗2023a;常麗麗2023b	560

No.	墓誌名稱	紀年	出土地	現藏場所	A 目錄	B 集釋	C 北圖拓・新中國	D 彙編
561	源模墓誌	永安元年(528) 11月8日	河南洛陽	千唐誌齋博物館	碑索4-1781;北朝集存156			
562	源侯(源延伯)墓誌	永安元年(528) 11月8日	河南孟津	洛陽九朝刻石文字博物館	洛續9;碑索4-1780;北朝集存156			
563	元昂墓誌	永安元年(528) 11月8日	河南洛陽	墨香閣	北大目43;碑索4-1779;北朝集存156			
564	元道隆墓誌	永安元年(528) 11月18日	河南孟津	洛陽市第二文物考古隊	洛續9;碑索4-1785;北朝集存156			
565	元彥妻蘭將墓誌	永安元年(528) 11月20日	河南洛陽	遼寧省博物館	題跋144;中央館18;檢要179/修114;史語所24;北圖目25;洛目34;文庫18;時地a48/b39;北大目44;淑德77;碑索4-1787;北朝集存156;日本346	漢魏199	5-114	251 修322
566	元禮之墓誌	永安元年(528) 11月20日	河南洛陽	西安碑林博物館	題跋144;中央館17;檢要179/修114;史語所24;北圖目24;洛目34;時地a48/b39;陝目提要46;碑索4-1786;北朝集存156;日本347	漢魏168	5-115	252 修323
567	元子永墓誌	永安元年(528) 11月20日	河南洛陽	西安碑林博物館	題跋144;中央館17;檢要166/修106;史語所24;北圖目22;洛目34;時地a48/b39;北大目44;陝目提要45;碑索4-1785;北朝集存156;日本347	漢魏167	5-113	252 修324
568	元瓶墓誌	永安元年(528) 11月20日	河南洛陽	個人藏	碑索4-1789;北朝集存156			
569	奚融墓誌	永安元年(528) 11月30日						
570	慕容紹墓誌	永安元年(528) 11月壬申						
571	李略墓誌	永安元年(528) 12月13日	河南偃師	偃師商城博物館	洛續9;北大目44;碑索4-1789;北朝集存156			
572	楊兒墓誌	永安2年(529) 2月9日	河南偃師	張海書法藝術館	北大目44;北朝集存158	西南9		
573	慕容纂墓誌	永安2年(529) 2月14日	河南偃師	偃師商城博物館	北大目44;碑索4-1790;北朝集存158			

E 全文・補遺	F 疏證・墨香閣	G 碑校	H 集成	I 叢考	J その他の圖書	K 論文等	No.
			380	176;476;797;949	近新;秦晉豫32;新獲七朝29;北朝百品68;全集北魏2-260;絲路沿綫20;涼州450	殷憲2009c;宮萬瑜2012;李建平等2013;何山2013;舒韶雄等2014;章紅梅2016;劉軍2016a;張葳2019;馬振穎2022	561
			378	477	二四品234;近新;洛少354;洛陽新見8;龍門文萃424;秦晉豫31;新獲七朝28;九朝16;絲路洛陽128;北朝百品69;北大新續134;全集北魏2-258;絲路沿綫22;魏碑聖地224;涼州448	趙君平2010c;宮大中2011a;梶山智史2015;劉軍2016a;楊慶興2016;張馨2017;張葳2019;權圓圓等2020;李宗俊2021a	562
	墨28		375	476;477;924;983	安豐140;新獲七朝27;題跋集萃48;譜牒413;秦晉豫續74;北朝百品67;全集北魏2-262;北精粹北魏3-79	胡海帆2011;劉軍2016a	563
魏補290		6-244	382	337;792	皇家18;邙洛27;新獲續9;洛少103;新獲七朝30;全集北魏2-264	喬棟等2005f;劉軍2016a;白艷章2021	564
魏補290		6-246	383		魯迅誌233;魏二十154;民族姓氏11;遼博21;洛選143;洛少204;菁英二79;全集北魏2-268;啓功210	王盛婷2004;王盛婷2005;劉志生2009a;羅福頤等2019	565
魏補291		6-248	383	231	英華91;鴛鴦藏石111;碑林全64-703;洛選143;彭州80;洛少103;北朝百品70;全集北魏2-266	陳長安1987b;高峽1993;澤田雅弘2000;王原茵2002;王盛婷2004	566
魏補291		6-250	384		英華90;鴛鴦藏石110;碑林全63-604;洛選144;彭州81;洛少104;全集北魏2-270	高峽1993;王盛婷2004;李紅2012	567
						劉衞東等2005	568
					秦晉豫三68	趙耀輝2016b;劉森垚2022	569
					魏碑聖地290		570
			385		偃師65;北大新拓97;河南散存178;全集北魏2-272;北精粹北魏8-51;魏碑聖地142;文字墨影13	趙耀輝2016f	571
			994	477	秦晉豫33;新精北朝上50;新獲一五21;道在瓦甓154;全集北魏2-302;張海館a14/b138	胡湛2016;周阿根2016a;李海峰2017;楊學是2018;楊學是2020;何山2020;連文娟2021	572
		6-255	385	788	魏碑聖地144;文字墨影15	陶鈞2006;園田俊介2008;趙振華等2009;梁春勝2012a	573

No.	墓誌名稱	紀年	出土地	現藏場所	A 目錄	B 集釋	C 北圖拓·新中國	D 彙編
574	王翊墓誌	永安2年(529)2月27日	河南洛陽	西安碑林博物館	題跋144;檢要180/修114;史語所24;北圖目25;洛目34;時地a49/b40;北大目44;陝目提要47;碑索4-1791;北朝集存158;日本347	漢魏270	5-117	253 修325
575	元馗(元道明)墓誌	永安2年(529)3月9日	河南洛陽	故宮博物院	題跋144;中央館18;檢要181/修115;史語所24;北圖目25;洛目34;時地a49/b40;北大目44;碑索4-1792;北朝集存158;日本348	漢魏72	5-119	255 修327
576	元維墓誌	永安2年(529)3月9日	河南洛陽	故宮博物院	題跋144;中央館16;檢要180/修115;史語所24;北圖目24;洛目34;時地a49/b40;北大目44;淑德77;碑索4-1793;北朝集存158;日本347	漢魏80	5-118	256 修328
577	笱景墓誌	永安2年(529)4月3日	河南洛陽	西安碑林博物館	題跋144;中央館18;檢要181/修115;史語所24;北圖目25;洛目34;時地a49/b40;北大目45;淑德77;陝目提要47;碑索4-1795;北朝集存158;日本348	漢魏271	5-121	257 修330
578	元君妻馮氏墓誌	永安2年(529)8月11日	河南洛陽		題跋144;檢要181/修115;洛目35;時地a49/b40;碑索4-1796;北朝集存158	漢魏180	5-123	258 修331
579	元繼墓誌	永安2年(529)8月12日	河南洛陽	西安碑林博物館	題跋144;檢要182/修116;史語所24;北圖目25;洛目35;時地a49/b40;北大目45;陝目提要47;碑索4-1797;北朝集存158;日本348	漢魏76	5-124	259 修332
580	邢巒妻元純陀墓誌	永安2年(529)11月7日	河南洛陽	西安碑林博物館	題跋144;檢要182/修116;北圖目26;洛目35;時地a50/b41;洛續9;北大目45;淑德77;陝目提要48;碑索4-1799;北朝集存160;日本348	漢魏131	5-126	261 修334
581	山徽墓誌	永安2年(529)11月7日	河南洛陽	西安碑林博物館	題跋144;檢要183/修116;史語所24;史語所24;北圖目25;洛目35;時地a50/b41;北大目45;陝目提要48;碑索4-1798;北朝集存160;日本348	漢魏272	5-125	262 修336
582	爾朱紹墓誌	永安2年(529)11月7日	河南洛陽	西安碑林博物館	題跋144;檢要183/修117;北圖目25;洛目35;時地a50/b41;北大目45;陝目提要48;碑索4-1800;北朝集存160	漢魏273	5-127	263 修337

E 全文・補遺	F 疏證・墨香閣	G 碑校	H 集成	I 叢考	J その他の圖書	K 論文等	No.
魏補292		6-258	386	793	百種8;英華92;集萃7-67;法全北誌151;鴛鴦藏石112;碑林全64-711;洛選145;西民大拓49;彭州82;杞芳堂330;譜牒418;北朝百品71;全集北魏2-274	高峽1993;毛遠明2004;室山留美子2006;李發2008;趙海麗2011a;徐冲2011;梶山智史2016;劉軍2016b;徐冲2017;金溪2021	574
魏補294		6-261	387		洛選146;故宮彙編72;洛少105;北窗78;全集北魏2-278	園田俊介2005b;劉軍2015b	575
魏補293		6-264	388		集萃8-74;洛選146;故宮彙編70;洛少105;全集北魏2-276	王盛婷2004;吳洪琳2019	576
魏補295		6-267	389		精華54;英華93;鴛鴦藏石113;陝西石藝255;碑林全64-714;洛選147;彭州83;洛少249;龍門文萃26;北朝百品72;河南散存180;全集北魏2-280	高峽1993;施安昌1998;魏平2008;梁春勝2020;侯紀潤2022	577
魏補296		6-270	390		洛選148;全集北魏2-282	陳長安1987b;魯才全1995;王盛婷2005;劉志生2009b;徐志學2010;趙海麗2011b;梁春勝2012c	578
魏補296		6-272	390	322	百種8;英華94;集萃7-68;鴛鴦藏石114;碑林全64-729;洛選148;洛少106;北朝百品73;全集北魏2-284	趙萬里1929;高峽1993;李陽1994;毛遠明2004;羅新2004;李發2008;徐冲2011;胡文波2011;鄭邵琳2012;梁春勝2020;侯紀潤2022	579
魏補298		6-275	392	4;191;308;366;929	百種8;英華95;集萃8-75;鴛鴦藏石115;碑林全64-741;洛選149;河間192;佛石百品69;彭州87;洛少107;任丘8;佛教金石38;北朝百品75;全集北魏2-286	陳長安1987b;高峽1993;王盛婷2004;毛遠明2004;王盛婷2005;王盛婷2006b;鄧瑩2010;梁春勝2016a;何山2017;劉夢娜2021;王婧2021;常麗麗2023a	580
魏補299		6-278	393	246	百種9;英華98;集萃8-76;鴛鴦藏石118;碑林全64-777;洛選150;彭州86;洛少12;北朝百品74;全集北魏2-288	高峽1993;劉志生等2012b;薛蘇晨2023	581
魏補300		6-281	394		百種9;英華96;鴛鴦藏石116;陝西石藝255;碑林全64-751;洛選151;西民大拓48;彭州85;洛少195;北朝百品76;全集北魏2-290;絲路沿綫24	高峽1993;田中華1994;何德章2000;徐冲2011;羅小如2015;李紅霞等2016;張金龍2019a	582

No.	墓誌名稱	紀年	出土地	現藏場所	A 目錄	B 集釋	C 北圖拓・新中國	D 彙編
583	爾朱襲墓誌	永安2年(529)11月7日	河南洛陽	西安碑林博物館	題跋144;中央館18;檢要183/修117;史語所24;北圖目26;洛目35;時地a50/b41;北大目45;淑德77;陝目提要48;碑索4-1802;北朝集存160;日本349	漢魏274	5-128	264 修339
584	張懋墓誌	永安2年(529)11月8日	河南洛陽		碑索4-1803;北朝集存160			
585	王眞保墓誌	神平2年(529)11月13日	甘肅張家川	甘肅省博物館	檢要178/修113;北圖目39;四十年25;碑索4-1784;北朝集存160			272 修348
586	張瓚墓誌	永安2年(529)11月15日		北朝藝術研究院	碑索4-1804;北朝集存160			
587	元恩墓誌	永安2年(529)11月19日	河南洛陽		題跋144;中央館19;檢要184/修117;史語所24;北圖目26;洛目35;時地a50/b41;北大目45;淑德77;碑索4-1805;北朝集存162;日本349	漢魏91	5-131	266 修340
588	丘哲墓誌	永安2年(529)11月19日	河南洛陽	西安碑林博物館	題跋145;檢要166/修105;史語所23;北圖目22;洛目33;時地a44/b40;北大目46;陝目提要47;碑索4-1804;北朝集存162;日本349	漢魏268	5-132	267 修342
589	韋鮮玉墓誌	永安2年(529)12月14日	陝西西安	陝西省考古研究院	碑索4-1806;北朝集存162		陝西肆1	
590	趙暄墓誌	永安2年(529)12月24日	河南孟津	洛陽古代藝術館	洛續10;碑索4-1807;北朝集存162			
591	穆彥墓誌	永安2年(529)12月26日	河南洛陽	西安碑林博物館	題跋145;中央館18;檢要184/修117;史語所25;北圖目26;洛目36;時地a50/b41;北大目46;陝目提要49;碑索4-1807;北朝集存162;日本349	漢魏275	5-133	267 修343
592	元液墓誌	永安3年(530)2月13日	河南洛陽	西安碑林博物館	題跋145;檢要185/修118;史語所25;北圖目24;洛目36;時地a51/b42;北大目46;陝目提要49;碑索4-1810;北朝集存162;日本350	漢魏111	5-136	269 修345
593	元祉墓誌	永安3年(530)2月14日	河南洛陽	洛陽市文物考古研究院	碑索4-1811;北朝集存162			
594	元泰墓誌	永安3年(530)2月14日	河南洛陽		北朝集存348			

E 全文・補遺	F 疏證・墨香閣	G 碑校	H 集成	I 叢考	J その他の圖書	K 論文等	No.
魏補301		6-284	395	191	精華55;英華97;鴛鴦藏石117;陝西石藝255;碑林全64-763;洛選152;彭州88;洛少196;絲路洛陽84;北朝百品77;全集北魏2-292;絲路沿綫26	高峽1993;田中華1994;董淑燕2006;李發2008;徐冲2011;張金龍2019a;王敬2021;侯紀潤2022	583
			396	919;929		宮萬瑜2012;李建平等2013;何山2013;舒韶雄等2014;章紅梅2016;周陽等2016;梶山智史2019;大知聖子2021	584
魏補302		6-287	400	222;323;477;915;961	民族姓氏17;敦煌編年190;天水輯校471;張家川24	秦明智等1975;周偉洲1978;馬明達1979;陳仲安1979;馬明達1986;何德章2000;毛遠明2002;梶山智史2003;室山留美子2006;宋馨2012;魏軍剛2023b	585
			397		北朝院90		586
魏補302		6-293	397	311;794	洛選153;翰墨1-37;洛少108;北窗79;全集北魏2-294	何德章2003;王盛婷2006a;梁春勝2012b;梁春勝2015b	587
魏補304		6-296	398	478	百種7;英華99;集萃8-67;鴛鴦藏石119;碑林全64-707;洛選120;彭州90;洛少195;全集北魏2-188	高峽1993;澤田雅弘1999;羅新2005b;趙海麗2011a	588
			398			陝西省考古研究院2015;段毅2015;梶山智史2017	589
			399	231;335;416;478;479;517	拾零35;洛少273;全集北魏2-296	趙振華2004;大知聖子2021	590
魏補304		6-299	402		英華100;石學蠡探205;鴛鴦藏石120;碑林全64-781;洛選153;彭州91;洛少396;北窗80;全集北魏2-300	陳長安1987b;高峽1993;王盛婷2004;吳健華2011;大知聖子2021	591
魏補305		6-304	402	300;320;479;932	英華101;石學蠡探207;集萃7-69;鴛鴦藏石121;碑林全64-785;洛選153;彭州94;洛少109;譜牒415;北朝百品78;全集北魏2-304	高峽1993;魯才全1995;澤田雅弘1999;澤田雅弘2000;王原茵2002;魏平2004;毛遠明2004;陳爽2013;羅小如2015;何山2017;魏晴2019;劉軍2022b	592
				245;479;802;812;890;916;947	洛陽精品;新獲一五22;元祉墓248;河南散存182;秦晉豫三69;洛陽院36	李欽善2013;洛陽市文物考古研究院2017;吳業恒2017;劉軍2018b;梶山智史2019;退之等2023	593
					新獲百品12	楊振威2019;劉軍2023a;梁春勝等2023	594

No.	墓誌名稱	紀年	出土地	現藏場所	A 目錄	B 集釋	C 北圖拓・新中國	D 彙編
595	元君妻陸孟暉墓誌	永安3年(530)2月15日	河南洛陽		題跋145;洛目36;時地a51/b42;碑索4-1811;北朝集存162	漢魏93		271 修347
596	寇霄墓誌	永安3年(530)2月	河南洛陽	西安碑林博物館	題跋145;檢要185/修118;北圖目26;洛目36;時地a51/b42;北大目46;陝目提要50;碑索4-1809;北朝集存162	漢魏277	5-137	268 修344
597	王舒墓誌	永安3年(530)9月11日	河南洛陽		題跋145;中央館19;檢要186/修118;洛目37;北大目46;碑索4-1812;北朝集存164;日本351	漢魏587		272 修348
598	奚毅墓誌	永安3年(530)11月13日						
599	元彧墓誌	永安3年(530)12月3日?	河南洛陽	洛陽古代藝術館	題跋145;中央館20;檢要177/修112;史語所27;北圖目27;洛目33;時地a48/b42;北大目46;碑索4-1911;北朝集存164;日本351	漢魏94	5-140	503 修634
600	緱靜墓誌	建明2年(531)2月20日	河南偃師	個人藏	北大目46;碑索4-1814;北朝集存164	新北74		
601	長孫子梵墓誌	普泰元年(531)3月2日	河南洛陽		洛續10;碑索4-1815;北朝集存164			
602	長孫盛墓誌	普泰元年(531)3月2日	河南洛陽	個人藏	洛續10;碑索4-1815;北朝集存164			
603	羅宗妻陸瘼藜墓誌	普泰元年(531)3月3日	河南孟津	個人藏	洛續10;碑索4-1816;北朝集存164			
604	元誨墓誌	普泰元年(531)3月27日	河南洛陽	遼寧省博物館(誌石)・西安碑林博物館(蓋石)	題跋145;中央館19;檢要186/修119;史語所25;北圖目26;洛目36;文庫19;時地a51/b42;北大目47;淑德77;陝目提要51;碑索4-1816;北朝集存164;日本353	漢魏195	5-145	273 修350
605	沈起墓誌	永安4年(531)4月22日			檢要186/修119;北大目46;碑索4-1813;北朝集存164;日本352			
606	赫連悅墓誌	普泰元年(531)7月14日	河南洛陽	西安碑林博物館	題跋145;中央館19;檢要187/修119;北圖目27;洛目36;時地a51/b42;北大目47;陝目提要50;碑索4-1818;北朝集存164	漢魏588	5-146	275 修352
607	元天穆墓誌	普泰元年(531)8月11日	河南洛陽	西安碑林博物館	題跋145;中央館19;檢要187/修119;史語所25;北圖目27;洛目36;時地a51/b42;北大目47;陝目提要50;碑索4-1819;北朝集存166;日本353	漢魏46	5-147	277 修354

E 全文・補遺	F 疏證・墨香閣	G 碑校	H 集成	I 叢考	J その他の圖書	K 論文等	No.
魏補306		6-308	404		洛選155;洛少243	張雲華2012	595
魏補41		6-310	404		百種9;英華102;鴛鴦藏石122;碑林全64-791;魏選粹506;洛選155;彭州93;全集北魏2-308	高峽1993;室山留美子2006;室山留美子2007;姚立偉2015	596
魏補307		6-312	405		洛選156;磚刻0971;洛少17;洛陽移民113	羅新1997;張福有等2005;趙海麗2011a	597
						劉森垚2022	598
魏補407		6-314	994	199;308;480;867	魯迅誌253;石學鑫探217;洛選179;洛少110;洛陽院32	王盛婷2004;園田俊介2005b;李發2008;梁春勝2011b;劉志生等2012b;何山2017;梁春勝2020	599
			405	305;308;328;479;796;902;933;934	近新;洛陽新見9;秦晉豫34;新獲七朝31;北朝百品79;北大新續135;全集北魏2-310;北精粹北魏6-61	趙君平2010d;劉軍2016a;梁春勝2016b;李海峰2017;楊學是2018;楊學是2020;連文娟2021;白艷章2021	600
魏補307			406		邙洛28;洛少180;全集北魏2-312		601
			407	471	二四品255;洛陽新見10;龍門文萃425;新獲七朝32;譜牒416;秦晉豫續76;絲路洛陽129;北朝百品80;北精粹北魏8-65	佐川英治2012;陳財經2012;劉軍2016a;趙耀輝2017a;王曉眞2019;梁春勝2020	602
			408	481	拾零36;近新;洛少244;龍門文萃426;聖殿76;新獲七朝33;鴛鴦輯錄5;佛教金石39;北大新續136;全集北魏2-314;北精粹北魏8-81	薛海洋2009;凌文超2010;佐川英治2012;呂偉濤2021	603
魏補308		6-318	409		魏二十160;鴛鴦藏石144;碑林全65-908;遼博22;洛選156;洛少111;全集北魏2-316	王盛婷2004;園田俊介2005b;王盛婷2006b;章紅梅2007a;鄧瑩2010;毛志剛2012;羅福頤等2019;侯紀潤2022	604
魏補309			405		磚刻0972;磚書19		605
魏補309		6-321	410	481	英華103;集萃8-77;碑林全64-795;洛選157;洛中2-649;洛少367;全集北魏2-318;絲路沿綫16	高峽1993;園田俊介2008;吳建華2008;李發2008;劉志生2011a;張雲華2012;牟發松2015;魏晴晴2020	606
魏補310		6-324	411	241;787;938	英華104;鴛鴦藏石124;碑林全64-801;洛選159;西民大拓50;彭州97;洛少112;北朝百品81;全集北魏2-322;洛誌研13	高峽1993;何德章2003;王盛婷2004;王盛婷2006b;趙蘭香2010;梁春勝2012a;梁春勝2016a;侯紀潤2022	607

No.	墓誌名稱	紀年	出土地	現藏場所	A 目錄	B 集釋	C 北圖拓·新中國	D 彙編
608	元弼(元思輔)墓誌	普泰元年(531) 8月11日	河南洛陽	西安碑林博物館	題跋145;中央館2;檢要188;/修120;史語所25;北圖目26;洛目36;時地a52/b43;北大目47;陝目提要50;碑索4-1820;北朝集存166	漢魏90	5-149	279 修356
609	張玄(張黑女)及妻陳氏墓誌	普泰元年(531) 10月1日	山西永濟?		題跋145;檢要189/修120;史語所25;晉目運城56;文庫19;北大目47;淑德77;碑索4-1821;北朝集存166;日本354	漢魏278	5-151	280 修358
610	賈瑾及子賈晶墓誌碑	普泰元年(531) 10月13日	山東長山(濰坊?)		題跋145;中央館20;檢要189/修120;史語所25;北圖目27;北大目47;淑德77;碑索4-1823;北朝集存166;日本354	漢魏279	5-152	281 修359
611	穆紹墓誌	普泰元年(531) 10月24日	河南洛陽	北京大學	題跋145;中央館11;檢要190/修121;史語所25;北圖目27;洛目37;文庫19;時地a52/b43;北大目48;碑索4-1825;北朝集存166;日本355	漢魏280	5-153	282 修361
612	呂仁墓誌	普泰2年(532) 正月19日	河南洛陽	洛陽文物工作隊	洛目37;碑索4-1827;北朝集存166			
613	楊機妻梁氏墓誌	普泰2年(532) 2月13日	河南宜陽	洛陽博物館	洛續10;碑索4-1827;北朝集存166			
614	□道仁墓誌	普泰2年(532) 閏2月18日	河南三門峽	三門峽市文物考古研究所	碑索4-1828;北朝集存168			
615	侯忻墓誌	普泰2年(532) 閏2月21日	河南洛陽	中國國家博物館	洛續10;碑索4-1828;北朝集存168			
616	韓震墓誌	普泰2年(532) 3月20日	河南洛陽	西安碑林博物館	題跋145;檢要191/修121;史語所25;北圖目21;洛目37;時地a52/b43;北大目48;陝目提要51;碑索4-1829;北朝集存168;日本356	漢魏281	5-157	284 修363
617	高伯禮妻元氏墓誌	太昌元年(532) 5月3日			北大目48;碑索4-1830;北朝集存168			
618	張洛墓誌	太昌元年(532) 6月21日	河南三門峽	三門峽市文物考古研究所	碑索4-1830;北朝集存168			
619	元延明墓誌	太昌元年(532) 7月28日	河南洛陽	河南博物院	題跋145;中央館19;檢要191/修121;史語所25;洛目37;時地a52/b43;北大目48;淑德77;碑索4-1830;北朝集存168;日本358	漢魏169	5-166	286 修365

E 全文・補遺	F 疏證・墨香閣	G 碑校	H 集成	I 叢考	J その他の圖書	K 論文等	No.
魏補312		6-328	413		集萃8-78;鴛鴦藏石123;碑林全65-817;洛選158;彭州96;洛少113;北朝百品82;全集北魏2-320	毛遠明2004;園田俊介2005b;劉志生2009b;鄧瑩2010	608
魏補313		6-333	414		增校隨340/修221;法全北誌154;釋要600;河東碑刻8;全集北魏2-326;大全永濟575	王盛婷2004;劉東平等2005;李發2008;唐榮2008;伊藤滋2008;楊明珠等2012;楊明珠2012;南澤2020;霍佳凱等2021;謝千欣等2022;王靜2023b	609
魏補313		6-336	414		增校隨339/修220;魯迅誌235;法全北誌166;北大拓204;魏選粹519;齊魯誌研365;釋要603;山東分類34;全集北魏2-328;山東書全90;涼州452	王盛婷2005;王盛婷2006a;劉志生2009a;劉秀海2015;梁春勝2020;吳慶等2022;張穎慧2023;薛蘇晨2023	610
魏補315		6-339	416	288	集萃8-79;洛選160;洛少397;全集北魏2-330	澤田雅弘1999;何德章2003;王盛婷2006b;李發2008;吳健華2011;劉志生2011b;李紅2012;梁春勝2012b;劉軍2016b	611
			418	1133	洛選208;紀年墓145;全集北魏2-334;洛陽院40	洛陽市文物工作隊2011;張蕾2012;魏軍剛2022a;魏軍剛2023b;梁春勝2023	612
		6-345	419		紀年墓156;河南散存191	洛陽博物館2007;李煜東2023c	613
			421			三門峽文物考古所2009	614
魏補317	132 修128		420		洛少279	周錚1997;王立巧2017	615
魏補316		6-347	420		英華105;鴛鴦藏石125;碑林全65-823;洛選160;彭州99;譜牒419;全集北魏2-338	陳長安1987b;高峽1993;何德章2000;王盛婷2004;王盛婷2005;李海葉2009;劉志生2009a;徐冲2011;陳爽2013;李皓2021;劉軍2022b	616
							617
			421			三門峽文物考古所2009	618
魏補318		6-372	422	204;483	集萃7-70;洛選162;翰墨1-38;皇家19;北拓精品88;西民大拓51;洛少114;北窗82;琬琰流芳61;全集北魏2-342;洛誌研42	陳長安1987b;何德章2003;何山2009;吳蘭蘭2012;鄭邵琳2012;李紅2012;澤田雅弘2013;劉軍2015b;劉秀海2015;董剛2016;段朋飛2017	619

No.	墓誌名稱	紀年	出土地	現藏場所	A 目錄	B 集釋	C 北圖拓・新中國	D 彙編
620	元顼及妻胡氏墓誌	太昌元年(532) 8月23日	河南洛陽	西安碑林博物館	題跋145;中央館19;檢要192/修122;史語所26;北圖目26;洛目37;時地a52/b43;北大目48;淑德77;陝目提要52;碑索4-1833;北朝集存168;日本359	漢魏184	5-167	290 修369
621	元顥墓誌	太昌元年(532) 8月23日	河南洛陽		題跋145;中央館19;檢要192/修122;史語所26;北圖目26;洛目37;時地a52/b43;北大目48;淑德77;碑索4-1832;北朝集存168;日本358	漢魏182	5-168	291 修371
622	李彰墓誌	太昌元年(532) 9月29日	河南洛陽		題跋145;中央館20;檢要193/修122;洛目38;時地a53/b44;碑索4-1835;北朝集存170	漢魏282		293 修373
623	于祚妻和醜仁墓誌	太昌元年(532) 10月24日	河南洛陽	西安碑林博物館	題跋146;檢要193/修123;史語所26;北圖目27;洛目38;時地a53/b44;北大目48;陝目提要53;碑索4-1836;北朝集存170;日本359	漢魏283	5-169	293 修374
624	金猥墓誌	太昌元年(532) 10月24日	寧夏彭陽		北朝集存170			
625	長孫季及妻嘉容氏墓誌	太昌元年(532) 11月18日	河南洛陽	個人藏	碑索4-1837;北朝集存170			
626	宋虎墓誌	太昌元年(532) 11月18日	河南洛陽?		檢要194/修123;洛目38;碑索4-1838;北朝集存170		5-170	294 修375
627	元躍(元耀)墓誌	太昌元年(532) 11月19日	河南洛陽		檢要194/修123;時地a53/b44;碑索4-1846;北朝集存170			
628	元襲墓誌	太昌元年(532) 11月19日	河南洛陽	西安碑林博物館	題跋146;中央館18;檢要196/修124;史語所26;北圖目25;洛目38;時地a54/b45;北大目49;陝目提要53;碑索4-1846;北朝集存174;日本359	漢魏112	5-175	295 修376
629	元文墓誌	太昌元年(532) 11月19日	河南洛陽	遼寧省博物館	題跋146;檢要194/修123;史語所26;北圖目28;洛目39;文庫19;時地a53/b44;北大目49;淑德77;碑索4-1848;北朝集存174;日本359	漢魏188	5-171	296 修377
630	元恭墓誌	太昌元年(532) 11月19日	河南洛陽	千唐誌齋博物館	千唐目1;題跋146;中央館20;檢要195/修124;史語所26;北圖目27;洛目38;時地a53/b44;北大目48;碑索4-1849;北朝集存174;日本360	漢魏147	5-172	297 修378

E 全文・補遺	F 疏證・墨香閣	G 碑校	H 集成	I 叢考	J その他の圖書	K 論文等	No.
魏補320		6-377	424	246	百種9;英華106;鴛鴦藏石126;碑林全65-829;洛選164;西民大拓52;彭州101;洛少116;北朝百品84;全集北魏2-346	高峽1993;莊輝2001;園田俊介2005b;王盛婷2006b;澤田雅弘2008;劉志生2009a;莊輝2009;徐志學2012;梁春勝2012a;澤田雅弘2013;李建廷2013;徐志學2014;段朋飛2017;常麗麗2023b	620
魏補322		6-380	425		增校隨341/修222;洛選165;釋要605;洛少117;北窗84;全集北魏2-348;洛誌研21	澤田雅弘2008;李紅2012;澤田雅弘2013;梁春勝2020	621
魏補323		6-384	426		增校隨342/修222;石學鼇探210;集萃7-71;洛選166;釋要607;譜牒422;菁英111;全集北魏2-350	陳長安1987b;范兆飛2021	622
魏補323		6-386	427	204	英華107;集萃8-80;鴛鴦藏石127;碑林全65-837;洛選166;彭州103;洛少258;北朝百品85;全集北魏2-352	高峽1993;毛遠明2002;王盛婷2006b;劉志生2009b;常麗麗2023a	623
						王懷宥等2018;梶山智史2019;魏軍剛2023b	624
魏補42		6-391	428	219;288	邙洛30;新獲續10;洛少181;洛陽新見12;譜牒422;北朝百品86;全集北魏2-356	喬棟等2005g;羅新2008a;張志亮2013;李煜東2019;程淑顔2019;魏軍剛2023b	625
魏補324		6-389	427	203;482	全集北魏2-354	劉志生2019b	626
						陳長安1987b	627
魏補325		6-394	435	482;845	英華109;鴛鴦藏石129;碑林全65-848;洛選170;彭州105;洛少118;北朝百品87;全集北魏2-364	高峽1993;何德章2003;王盛婷2004;毛遠明2004;劉志生2009a;劉志生2009b;李紅2012;劉軍2015b;劉志生2019b	628
魏補330		6-397	436	482	精華56;魯迅誌251;百種9;魏二十174;集萃8-81;遼博24;魏選粹532;洛選169;洛少119;全集北魏2-362	何德章2003;園田俊介2005b;李發2008;吳洪琳2019;羅福頤等2019	629
魏補330		6-399	437	312;793	民族姓氏199;洛選168;千唐藏誌4;皇家20;洛少120;北窗86;譜牒424;河南散存185;全集北魏2-360;雲雨蟄龍48;千唐全集12	陳長安1987b;毛遠明2004;鄧瑩2010;梁春勝2012b;梁春勝2016a;劉志生2019a;楊繼光等2021	630

No.	墓誌名稱	紀年	出土地	現藏場所	A 目錄	B 集釋	C 北圖拓・新中國	D 彙編
631	元徽墓誌	太昌元年(532) 11月19日	河南洛陽	遼寧省博物館	題跋146;中央館19;檢要195/修124;史語所26;北圖目27;洛目38;文庫19;時地a53/b44;淑德77;碑索4-1852;北朝集存172;日本360	漢魏145	5-174	299 修380
632	元馗(元孝道)墓誌	太昌元年(532) 11月19日	河南洛陽	西安碑林博物館	題跋146;檢要196/修124;史語所26;北圖目27;洛目39;時地a53/b44;北大目49;陝目提要52;碑索4-1850;北朝集存172;日本360	漢魏119	5-173	301 修382
633	元禹墓誌	太昌元年(532) 11月19日			碑索4-1849;北朝集存170			
634	張太和墓誌	太昌元年(532) 11月19日	河南孟津	個人藏	洛續10;碑索4-1853;北朝集存170			
635	楊侃墓誌	太昌元年(532) 11月19日	陝西華陰	華陰市西岳廟文物管理處	北大目49;秦嶺428;陝目提要52;碑索4-1840;北朝集存172			
636	楊昱墓誌	太昌元年(532) 11月19日	陝西華陰	陝西省考古研究院	秦嶺428;碑索4-1843;北朝集存172		陝西肆2	
637	楊順墓誌	太昌元年(532) 11月19日	陝西華陰	華陰市西岳廟文物管理處	北大目49;秦嶺428;陝目提要51;碑索4-1842;北朝集存172			
638	楊遁墓誌	太昌元年(532) 11月19日	陝西華陰	華陰市西岳廟文物管理處	北大目49;秦嶺428;陝目提要52;碑索4-1841;北朝集存172			
639	楊仲宣墓誌	太昌元年(532) 11月19日	陝西華陰	陝西省考古研究院	秦嶺428;碑索4-1842;北朝集存172		陝西肆3	
640	楊遵智墓誌	太昌元年(532) 11月19日	陝西華陰		碑索4-1844;北朝集存174			
641	楊叔貞墓誌	太昌元年(532) 11月19日	陝西華陰		碑索4-1844;北朝集存174			
642	楊幼才墓誌	太昌元年(532) 11月19日	陝西華陰		碑索4-1843;北朝集存174			
643	楊椿墓誌	太昌元年(532) 11月19日	陝西華陰	華陰灝文齋	北大目50;碑索4-1844;北朝集存172			
644	楊津墓誌	太昌元年(532) 11月19日	陝西華陰	華陰灝文齋	北大目49;碑索4-1841;北朝集存170			

E 全文・補遺	F 疏證・墨香閣	G 碑校	H 集成	I 叢考	J その他の圖書	K 論文等	No.
魏補332		7-1	438	224	魯迅誌245;集萃7-72;遼博23;洛選167;洛少121;譜牒425;全集北魏2-358	陳長安1987b;毛遠明2002;毛遠明2004;園田俊介2005b;章紅梅2007a;趙海麗2010;澤田雅弘2014a;梁春勝2014a;羅福頤等2019;劉連香2020;梁春勝2020;張穎慧2022	631
魏補333		7-5	440		英華108;集萃8-82;鴛鴦藏石128;碑林全65-844;洛選170;彭州104;洛少122;北朝百品88;全集北魏2-366	高峽1993;劉軍2015b;呂蒙等2017	632
			429		秦晉豫續79;誌法精選7		633
			444		拾零37;九朝17;新獲一五23;全集北魏2-368;西南滙釋28	常麗麗2023a;常麗麗2023b	634
魏補326	144 修139	7-16	442		華山碑石15;碑林全195-883;楊氏考錄23;西岳廟421;杞芳堂333;楊氏輯錄167;全集北魏2-372;渭華翠色104;陝西萃編62;洛誌研58;陝西集成58	陸明君2002;王慶衛等2005;室山留美子2006;龍仕平等2010;窪添慶文2013b;范兆飛2021;薛蘇晨2023;會田大輔2023a	635
魏補326	147 修142	7-7	440	911	華山碑石18;碑林全195-886;杞芳堂333;楊氏輯錄157;全集北魏2-374	王慶衛等2005;室山留美子2006;窪添慶文2013b;王立巧2017;薛蘇晨2022	636
魏補327	150 修144	7-10	441	309	華山碑石16;碑林全195-889;楊氏考錄21;西岳廟423;杞芳堂333;楊氏輯錄69;全集北魏2-376;渭華翠色106	王慶衛等2005;室山留美子2006;龍仕平等2010;窪添慶文2013b;劉軍2016b	637
魏補329	154 修148	7-19	443		華山碑石14;碑林全195-895;楊氏考錄24;西岳廟419;杞芳堂333;楊氏輯錄213;全集北魏2-378;渭華翠色118;陝西萃編60;陝西集成57	陸明君2002;王慶衛等2005;室山留美子2006;龍仕平等2010;梁春勝2012a;窪添慶文2013b;顧冰峰2023	638
魏補328	152 修146	7-12	442		華山碑石17;楊氏考錄22;杞芳堂333;楊氏輯錄205;全集北魏2-380	王慶衛等2005;室山留美子2006;龍仕平等2010;窪添慶文2013b	639
		7-22	435	482	杞芳堂333;楊氏輯錄231	王慶衛等2005;龍仕平等2010;窪添慶文2013b	640
		7-24	433		杞芳堂333;楊氏輯錄245	王慶衛等2005;龍仕平等2010;何山等2010;窪添慶文2013b	641
		7-26	430		杞芳堂333;楊氏輯錄249	王慶衛等2005;龍仕平等2010;窪添慶文2013b	642
			430		秦晉豫續81;楊氏輯錄47;渭華翠色100;北精粹北魏7-51	王慶衛2007;窪添慶文2013b;梶山智史2022;曹建國2023	643
			434	458;478;482	秦晉豫續80;楊氏輯錄81;渭華翠色108;北精粹北魏7-61	王慶衛等2009;窪添慶文2013b;梶山智史2022	644

No.	墓誌名稱	紀年	出土地	現藏場所	A 目錄	B 集釋	C 北圖拓·新中國	D 彙編
645	楊孝邕墓誌	太昌元年(532)11月19日	陝西華陰		北大目50;碑索4-1840;北朝集存174			
646	楊逸墓誌	太昌元年(532)11月19日	陝西華陰	華陰灝文齋	北大目50;碑索4-1845;北朝集存172			
647	楊仲禮墓誌	太昌元年(532)11月19日	陝西華陰		碑索4-1846;北朝集存172			
648	楊彥墓誌	太昌元年(532)11月19日			碑索4-1845;北朝集存172			
649	楊思善墓誌	太昌元年(532)11月19日	陝西華陰	西安交通大學				
650	楊廣墓誌	太昌元年(532)11月19日	陝西華陰	西安交通大學博物館	碑索4-1839;北朝集存174			
651	楊地伯墓誌	太昌元年(532)11月19日	陝西華陰	西安交通大學博物館	碑索4-1839;北朝集存176			
652	楊孝瑜墓誌	太昌元年(532)11月19日	陝西華陰	華陰晏堂				
653	楊孝楨墓誌	太昌元年(532)11月19日	陝西華陰	西安交通大學博物館	碑索4-1839;北朝集存176			
654	楊嚴墓誌	太昌元年(532)11月19日	陝西華陰	西安交通大學博物館	碑索4-1840;北朝集存176			
655	楊子謐墓誌	太昌元年(532)11月19日	陝西華陰	西安交通大學博物館	碑索4-1838;北朝集存174			
656	楊子諧墓誌	太昌元年(532)11月19日	陝西華陰	西安交通大學博物館	碑索4-1838;北朝集存176			
657	楊子誦墓誌	太昌元年(532)11月19日	陝西華陰	西安交通大學				
658	楊測墓誌	太昌元年(532)11月19日	陝西華陰?	個人藏	北朝集存174			
659	楊堵墓誌	太昌元年(532)11月19日			北大目50;碑索4-1846;北朝集存170			
660	楊穆墓誌	太昌元年(532)11月19日?	陝西華陰	西岳廟(第1石)·灝文齋(第2石)	北大目53;秦嶺428;陝目提要57;碑索4-1898;北朝集存172			
661	王溫墓誌	太昌元年(532)11月25日	河南孟津		洛目38;碑索4-1854;北朝集存176			
662	李林墓誌	太昌元年(532)12月14日	河北高邑	正定縣文物保管所	碑索4-1854;北朝集存176		河北壹6	
663	鄭胡墓誌	太昌元年(532)12月	河南開封		碑索4-1855;北朝集存176			

E 全文・補遺	F 疏證・墨香閣	G 碑校	H 集成	I 叢考	J その他の圖書	K 論文等	No.
			433	483;797	近新;秦晉豫36;北大新拓99;楊氏輯錄261;全集北魏2-370;渭華翠色102	王慶衞等2005;窪添慶文2013b;梶山智史2022	645
			431		秦晉豫續83;楊氏輯錄221;渭華翠色120;北精粹北魏7-75	窪添慶文2013b;梶山智史2015	646
			432		秦晉豫續84;楊氏輯錄239;渭華翠色122	窪添慶文2013b;梶山智史2015	647
			445		秦晉豫續82	薛蘇晨2023	648
					楊氏輯錄189;渭華翠色112	梶山智史2022	649
					楊氏輯錄193;渭華翠色114	陳旭鵬等2017;梶山智史2022	650
					楊氏輯錄197;渭華翠色116	陳旭鵬等2017;梶山智史2022	651
					楊氏輯錄269;渭華翠色124	梶山智史2022	652
					楊氏輯錄271	陳旭鵬等2017;梶山智史2022	653
					楊氏輯錄275;渭華翠色126	陳旭鵬等2017;梶山智史2022	654
					楊氏輯錄279;渭華翠色128	陳旭鵬等2017;梶山智史2022	655
					楊氏輯錄283;渭華翠色130	陳旭鵬等2017;梶山智史2022	656
					楊氏輯錄287;渭華翠色132	梶山智史2022	657
					渭華翠色134;北精粹北魏7-43	趙耀輝2020b;梶山智史2022	658
							659
魏補334	156 修150	7-14	970		華山碑石20;西岳廟428;杞芳堂333;楊氏輯錄121;全集北魏2-384;渭華翠色136	王慶衞等2005;室山留美子2006;龍仕平等2010;窪添慶文2013b;呂蒙等2017	660
魏補333	134 修130	7-28	445		輯繩54;洛選171;洛少17;紀年墓150;北大新續138;秦晉豫三70;河南散存187;全集北魏2-382;洛陽院42;洛陽移民115	張乃翥1994;洛陽市文物工作隊1995;羅新1997;園田俊介2007;江嵐2007;趙海麗2011a;薛蘇晨2022	661
魏補335		7-34	446		河北錄431;燕趙536;全集北魏2-386;李氏墓117	馬瑞2011;梁春勝2012b;梁春勝2020	662
魏補335	137 修133	7-31	447		磚刻0973;唐代鄭氏41	丘剛1992;丘剛1994;徐伯勇1994;郭世軍等1998;室山留美子2006;窪添慶文2008;吳江等2013	663

No.	墓誌名稱	紀年	出土地	現藏場所	A 目錄	B 集釋	C 北圖拓·新中國	D 彙編
664	元誨碑	太昌元年(532)12月			題跋34;碑索4-1855			
665	楊暐墓誌	太昌元年(532)	陝西華陰	西安碑林博物館	北大目50;秦嶺428;陝目提要46;碑索4-1856;北朝集存176			
666	長孫士亮妻宋靈妃墓誌	永興2年(533)正月20日	河南洛陽		題跋146;中央館1;檢要197/修125;北圖目28;洛目37;時地a54/b45;碑索4-1857;北朝集存176	漢魏589	5-177	301 修383
667	韋輝和墓誌	永熙2年(533)正月26日	陝西長安	西安市文物保護考古所?	碑索4-1858;北朝集存176			
668	元肅墓誌	永熙2年(533)2月26日	河南洛陽	西安碑林博物館	題跋146;檢要197/修125;史語所27;北圖目28;洛目39;時地a54/b45;北大目50;陝目提要54;碑索4-1859;北朝集存178;日本361	漢魏142	5-183	303 修385
669	□孫墓誌	永熙2年(533)2月26日						
670	乞伏寶墓誌	永熙2年(533)3月21日	河南洛陽	西安碑林博物館	題跋146;中央館20;檢要198/修126;史語所27;北圖目28;洛目39;時地a54/b45;北大目50;陝目提要53;碑索4-1860;北朝集存178;日本361	漢魏284	5-185	304 修386
671	高樹生墓誌	永熙2年(533)4月27日	河南	洛陽師範學院	北大目50;碑索4-1861;北朝集存178			
672	高樹生妻韓期姬墓誌	永熙2年(533)4月27日	河南	洛陽師範學院	北大目50;碑索4-1862;北朝集存178			
673	鄭平城妻李暉儀墓誌	永熙2年(533)5月22日	河南鄭州	鄭州市友石齋	北大目51;碑索4-1862;北朝集存178			
674	張寧墓誌	永熙2年(533)8月28日	河南洛陽	西安碑林博物館	題跋146;檢要198/修126;史語所27;北圖目28;洛目39;時地a54/b45;北大目51;陝目提要54;碑索4-1863;北朝集存178;日本363	漢魏285	5-186	305 修388
675	石育及妻戴氏墓誌	永熙2年(533)11月25日	河南偃師	偃師商城博物館	題跋146;檢要199/修126;洛目39;時地a55/b46;北大目51;碑索4-1867;北朝集存178	漢魏286		306 修390

E 全文・補遺	F 疏證・墨香閣	G 碑校	H 集成	I 叢考	J その他の圖書	K 論文等	No.
					金石錄366		664
魏補336	141 修137	7-39	447	483;797; 938	華山碑石13;碑林全195-892;陝西精華14;碑林新15;楊氏考錄92;楊氏輯錄111;全集北魏2-388;渭華翠色110;陝西萃編58;陝西集成53	王慶衛等2005;室山留美子2006;龍仕平等2010;梁春勝2011a;劉志生2012a;窪添慶文2013b	665
魏補43		7-42	450		洛選172;譜牒541;全集北魏2-390;魏碑聖地256	陳長安1987b;宮大中2002;王盛婷2004;王盛婷2005;王盛婷2006b;劉志生2010;張雲華2012	666
			448			西安市文物保護考古所2009;呂卓民2009;張小麗等2016	667
魏補337		7-45	451		百種9;英華110;石學蠡探213;鴛鴦藏石131;碑林全65-853;洛選173;彭州106;洛少122;北朝百品89;全集北魏2-392	高峽1993;園田俊介2005b;何山等2010	668
					洛陽院30		669
魏補338		7-50	451		百種9;英華111;石學蠡探214;民族姓氏180;鴛鴦藏石132;碑林全65-859;洛選173;碑帖收研344;西民大拓53;彭州107;釋要611;洛少13;氈椎開話115;全集北魏2-394;刻石珍拓140;涼州454	高峽1993;李發2008;劉志生2009a;劉志生等2012a;李皓2021	670
			452	317;475;483;484;799	鴛鴦輯錄7;北大新拓100;譜牒427;秦晉豫續85;洛陽精品;高姓31;全集北魏2-396	張金龍2011;佐川英治2012;王連龍2014a;張耐冬等2017;梶山智史2019;范兆飛2021;白艷章2021;鄒芳望2023;魏軍剛2023b	671
			454	386;484	鴛鴦輯錄9;北大新拓101;秦晉豫續86;高姓32;全集北魏2-398	張金龍2011;佐川英治2012;王連龍2014a;張耐冬等2017;梶山智史2019;鄒芳望2022	672
魏補339 齊補8		7-55	455	484;485	補遺8;北拓精品96;拾零39;稀見;北大新拓102;鄭氏誌3;道在瓦甓146;唐代鄭氏41;全集北魏2-400;鄭州北朝14	羅新2005c;徐沖2008;鄭邵琳2012	673
魏補340		7-58	456		英華112;集萃7-73;鴛鴦藏石133;碑林全65-865;洛選174;彭州108;北窗88;全集北魏2-402;洛誌研55	陳長安1987a;高峽1993;李發2008;仇鹿鳴2016;梁春勝2020	674
魏補341		7-65	457		民族姓氏118;新獲15;洛選177;偃師67;全集北魏2-408;魏碑聖地146;文字墨影17	陳長安1987b;李獻奇1994;魏軍剛2023b	675

— 285 —

No.	墓誌名稱	紀年	出土地	現藏場所	A 目錄	B 集釋	C 北圖拓・新中國	D 彙編
676	元爽墓誌	永熙2年(533)11月25日	河南洛陽	西安碑林博物館	題跋146;檢要199/修126;北圖目28;洛目39;時地a54/b45;淑德77;陝目提要54;碑索4-1866;北朝集存180;日本364	漢魏79	5-189	307 修391
677	元鑽遠墓誌	永熙2年(533)11月25日	河南洛陽	遼寧省博物館	題跋146;檢要199/修127;史語所27;北圖目28;洛目40;文庫19;時地a55/b46;北大目51;淑德77;碑索4-1864;北朝集存178;日本363	漢魏114	5-190	308 修392
678	尹平墓誌	永熙2年(533)12月7日	河南滎陽	鄭州市文物考古研究院				
679	王悅及妻郭氏墓誌	永熙2年(533)	河南洛陽	西安碑林博物館	題跋146;檢要200/修127;史語所27;北圖目18;洛目39;時地a55/b46;北大目51;陝目提要53;碑索4-1868;北朝集存180;日本364	漢魏287	5-191	310 修394
680	辛璞墓誌	永熙3年(534)正月12日			北大目51;碑索4-1870;北朝集存180			
681	辛虬墓誌	永熙3年(534)正月12日		陝西漢唐石刻博物館				
682	長孫遐妻王尼墓誌	永熙3年(534)正月14日	山西大同	西京文化博物館	碑索4-1870;北朝集存180			
683	尉陵墓誌	永熙3年(534)正月26日	河北曲陽	曲陽縣文物保管所	碑索4-1871;北朝集存180			
684	尉陵妻賀示廻墓誌	永熙3年(534)正月26日	河北曲陽	曲陽縣文物保管所	碑索4-1871;北朝集存180			
685	尉州墓誌	永熙3年(534)正月26日		北朝藝術研究院	碑索4-1870;北朝集存180			
686	韋乾墓誌	永熙3年(534)正月26日	陝西長安	西安博物院	碑索4-1871;北朝集存180			
687	賀拔岳碑	永熙3年(534)正月			題跋34;碑索4-1872			
688	僧令法師墓誌	永熙3年(534)2月3日	河南洛陽	西安碑林博物館	題跋146;檢要201/修127;北圖目28;洛目40;時地a55/b46;北大目51;淑德77;陝目提要55;碑索4-1872;北朝集存180;日本364	漢魏288		311 修396

E 全文・補遺	F 疏證・墨香閣	G 碑校	H 集成	I 叢考	J その他の圖書	K 論文等	No.
魏補342		7-68	458		英華113;鴛鴦藏石134;碑林全65-872;洛選176;彭州110;洛少123;譜牒426;北朝百品90;全集北魏2-406	陳長安1987b;高峽1993;王盛婷2005;園田俊介2005b;王盛婷2006a;徐志學2010;劉軍2015b;馬琳2015;吳洪琳2019;陳鵬2021	676
魏補44		7-71	459		魏二十181;集萃7-74;遼博25;洛選175;洛少124;全集北魏2-404	何德章2003;章紅梅2007a;李發2008;鄧瑩2010;趙海麗2011a;徐沖2011;曾曉梅等2012;王連龍2012a;澤田雅弘2013;劉軍2015b;劉秀海2015;羅福頤等2019	677
					鄭州北朝16	鄭州市文物考古院2022;劉良超2022;謝振華2023	678
魏補343		7-74	460	366	英華114;民族姓氏318;鴛鴦藏石135;碑林全65-887;洛選177;洛少18;羌族299;北朝百品91;全集北魏2-410	陳長安1987a;高峽1993;梶山智史2003;魏平2004;王盛婷2004;毛遠明2004;劉志生2009a;徐沖2011;魏軍剛2022a;魏軍剛2023b	679
			461		秦晉豫續87	李皓2018;白艷章2021	680
						李皓2018	681
			462		佛教金石40;秦晉豫續88;秦晉豫三71	殷憲2015a;劉琴麗2022	682
			464	485;800;916;927	保定誌4;燕趙542	吳磬軍等2005;梶山智史2013a;劉森垚2018;王紹宇2019;趙和平2020;南澤2020;胡湛2021;楊麗靜2021;霍佳凱等2021;董文強等2021b;南澤2022;李忠魁2022;劉軍2023e	683
			464	485;649	保定誌11;燕趙544	吳磬軍等2005;梶山智史2013a;王紹宇2019;趙和平2020;南澤2020;胡湛2021;楊麗靜2021;牛雪倩2021;南澤2022;李忠魁2022;劉軍2023e	684
			463		北朝院92	南澤2022;李忠魁2022;劉軍2023e	685
			462		陝西萃編64;陝西集成65	西安市文物保護考古所2009;呂卓民2009;張小麗等2016	686
					金石錄367		687
魏補344		7-77	465		英華115;鴛鴦藏石136;陝西石藝256;碑林全65-893;洛選178;佛石百品81;彭州111;杞芳堂335;佛教金石41;全集北魏2-412	塚本善隆1963;高峽1993;澤田雅弘1999;曾堯民2018	688

No.	墓誌名稱	紀年	出土地	現藏場所	A 目錄	B 集釋	C 北圖拓・新中國	D 彙編
689	傅竪眼墓誌	永熙3年(534)2月7日	山東淄博	淄博市博物館	四十年23;碑索4-1874;北朝集存180			
690	李弼墓誌	孝昌2年(526)12月8日葬 永熙3年(534)2月7日改葬	河北贊皇		北大目38;碑索4-1715;北朝集存136			
691	李翼及妻崔徽華墓誌	孝昌3年(527)12月7日葬 永熙3年(534)2月7日改葬	河北贊皇		碑索4-1874・1876;北朝集存182			
692	李仲胤妻邢僧蘭墓誌	永熙3年(534)2月19日	河北贊皇		碑索4-1873;北朝集存180			
693	長孫子澤墓誌	永熙3年(534)3月27日	河南洛陽		檢要201/修128;時地a55/b46;洛續11;碑索4-1875;北朝集存182		5-195	312 修397
694	李盛墓誌	永熙3年(534)10月22日	河北行唐	個人藏	碑索4-1876;北朝集存182		河北壹7	

東魏(534-550)・北齊(550-577)

No.	墓誌名稱	紀年	出土地	現藏場所	A 目錄	B 集釋	C 北圖拓・新中國	D 彙編
695	程哲墓碑	天平元年(534)11月3日	山西長治	山西博物院	題跋34;晉目長治16;文庫20;淑德32;碑索4-1913;日本367		6-25	
696	徐君妻李氏墓誌	天平2年(535)2月18日	河北臨漳		北大目53;碑索4-1914;北朝集存184			
697	楊機墓誌	天平2年(535)3月27日	河南宜陽	洛陽博物館	洛續11;碑索4-1916;北朝集存184			
698	洪永墓誌	天平2年(535)4月2日			北朝集存184			
699	元玕墓誌	天平2年(535)7月28日	河南洛陽	遼寧省博物館	題跋146;中央館21;檢要209/修132;史語所28;北圖目29;洛目40;文庫20;時地a57/b48;北大目53;淑德78;碑索4-1916;北朝集存184;日本369	漢魏75	6-30	315 修399
700	張琛墓誌	天平2年(535)11月6日	河南滎陽	滎陽市文物保管所	碑索4-1921;北朝集存184			
701	司馬昇墓誌	天平2年(535)11月7日	河南孟縣	書道博物館	題跋146;中央館21;檢要209/修132;史語所28;北圖目29;文庫20;北大目53;淑德78;碑索4-1918;北朝集存184;日本370	漢魏289	6-32	316 修400
702	趙君妻姜氏墓誌	天平2年(535)11月17日	河南沁陽	沁陽縣博物館	北大目53;碑索4-1921;北朝集存184		河南壹172	317 修401

— 288 —

E 全文・補遺	F 疏證・墨香閣	G 碑校	H 集成	I 叢考	J その他の圖書	K 論文等	No.
魏補344			466		淄博志61;齊魯碑刻96;齊魯誌研297;山東分類36;山東書全92;碑誌春秋75;淄博誌釋16	張光明1987;佐藤智水2012;趙珊珊2018	689
			311		北大新拓90;李氏墓35	梶山智史2015;梁春勝2020	690
					李氏墓119;崔氏585	社科院河北工作隊等2011;社科院河北工作隊2015b;梶山智史2022	691
					李氏墓118	社科院河北工作隊等2011;社科院河北工作隊2015a;白艷章2016;梶山智史2022	692
魏補345		7-80	468		洛選179;洛少182;全集北魏2-414	王盛婷2006a;趙海麗2011a	693
魏補346		7-89	469		燕趙546;全集北魏2-418		694

E 全文・補遺	F 疏證・墨香閣	G 碑校	H 集成	I 叢考	J その他の圖書	K 論文等	No.
魏補63		7-125			山西古蹟42;增校隨349/修227;魯迅碑805;長治萃編61;山西概覽19;西民大拓54;釋要615;大全長治7;山西档案4-182	周桂香等1997;梁春勝2016a;張永惠2021;張潔2022;魏軍剛2023b	695
		7-130	471		安豐149;燕趙550	許萬順2005a	696
		7-132	471	903;913	龍門文萃29;紀年墓156;譜牒430;河南散存189	周加申等2005;洛陽博物館2007;章紅梅2010;馮健2012;李煜東2023c	697
							698
魏補347		7-141	472	491	魯迅誌275;集萃8-84;遼博26;洛選181;洛少125	澤田雅弘1999;章紅梅2007a;李發2008;曾曉梅等2012;羅福頤等2019	699
			475		鄭州志320;滎陽志175;道在瓦甓170;鄭州北朝33	張賀君等2017;梶山智史2019;魏軍剛2022a	700
全3799		7-146	473	915	精華57;增校隨351/修228;魯迅誌279;孟州文物167;焦作志206;溫縣162;北窗90	王壯弘1984;魏平2004;王盛婷2004;王盛婷2006a;羅爾波等2015	701
魏補348		7-149	474	225	焦作志206;沁陽3	王盛婷2005;趙海麗2011a	702

No.	墓誌名稱	紀年	出土地	現藏場所	A 目錄	B 集釋	C 北圖拓・新中國	D 彙編
703	馮子思妻□氏墓誌	天平2年(535)	河南禹州					
704	王僧墓誌	天平3年(536)2月13日	河北滄縣		題跋147;檢要210/修133;史語所28;北圖目29;文庫20;北大目53;淑德78;碑索4-1922;北朝集存186;日本371	漢魏290	6-35	318修402
705	寇永墓誌	天平3年(536)2月14日	河南孟津		北大目54;碑索4-1925;北朝集存186	新北70		
706	高盛墓碑	天平3年(536)5月28日		磁縣文物保管所	題跋35;淑德33;碑索4-1925;北朝集存186;日本372		6-38	
707	蘇景妻何晴墓誌	天平3年(536)6月13日		個人藏				
708	元誕(元子發)墓誌	天平3年(536)8月4日	河北磁縣	磁縣文物保管所	碑索4-1926;北朝集存186	磁縣5	河北壹8	
709	孫僧蔭墓誌	天平3年(536)8月8日			碑索4-1927;北朝集存186			
710	祖淮碑	天平3年(536)10月			題跋34;碑索4-1927			
711	孟景邕妻元氏墓誌	天平3年(536)11月23日	河南安陽?		碑索4-1928;北朝集存186			
712	高珍墓誌	天平3年(536)□月23日			日本373			
713	辛匡墓誌	天平4年(537)正月25日	河北		碑索4-1929;北朝集存186	新北84		
714	王茂墓誌	天平4年(537)正月25日	河南洛陽	張海書法藝術館	碑索4-1929;北朝集存186	西南13		
715	崔鴻妻張玉憐墓誌	天平4年(537)2月1日	山東臨淄	山東省文物考古研究所	四十年26;碑索4-1930;北朝集存186			319修404
716	崔鶺墓誌	天平4年(537)2月19日	山東臨淄	山東省文物考古研究所	四十年24;碑索4-1929;北朝集存186			320修405
717	王休墓誌	天平4年(537)3月14日	河南安陽	北朝藝術研究院	碑索4-1931;北朝集存186			
718	王融墓誌	天平4年(537)3月14日	河南安陽	個人藏	碑索4-1931;北朝集存188			
719	趙氏墓誌	天平4年(537)3月24日						

E 全文・補遺	F 疏證・墨香閣	G 碑校	H 集成	I 叢考	J その他の圖書	K 論文等	No.
						婁鈺傑2022b	703
魏補348		7-155	475	491;801	精華58;增校隨352/修228;魯迅誌289;集萃7-75;河北錄217;碑帖收研364;滄州12;釋要622;北窗91;燕趙552;嘉樹堂92	王盛婷2004;劉志生2009a;劉志生2011b;梁春勝2012a;仲威2014c;梁春勝2015b	704
			476		秦晉豫37;新獲七朝36;北朝百品92	姚立偉2015;劉軍2016a;楊學是2018;趙耀輝2020a;范兆飛2021;連文娟2021	705
魏補65		7-160			增校隨354/修230;魯迅碑829;河北錄45;磁縣考略33;邯鄲碑刻4;碑帖收研366;釋要624;燕趙184;高姓124;啓功193;刻石珍拓142	馬忠理1991;張子英1993;張子英1999;鄧瑩2010;德泉さち2013;北石研究Ⅱ班2014;范兆飛2019;范兆飛2021;鄒芳望2023	706
					鄴華甄賞251	梶山智史2019	707
魏補349		7-163	477	288;350;493;494	河北錄217;磁縣考略30;邯鄲碑刻6;燕趙556;譜牒431;邯鄲石刻7-668	湯池1977;馬忠理1991;張子英1996;馬瑞2011;董林亭等2018	708
			478		秦晉豫續89		709
					金石錄367		710
			478		秦晉豫續90		711
							712
			480	495	秦晉豫三74	田熊信之2009;楊學是2018;李皓2018	713
			479	138	新精北朝上88;魏碑聖地168;張海館a17/b64	谷國偉2013c;灝鏞2014;胡湛2016;梶山智史2017;耿鑫2019;何山2020	714
魏補351		7-170	480	216;802	山東選粹11;山東碑造291;齊魯誌研227;山東分類38;海岱石華88;佛教金石42;山東書全94;淄博誌釋28	山東省文物考古研究所1984;王盛婷2005;劉志生2010;李紅等2011;王佳月2015;劉志生2019b;李寶軍2020;劉軍2023c	715
魏補351		7-173	481	204;238;309	山東選粹12;山東碑造294;齊魯誌研228;山東分類39;山東書全96;淄博誌釋23	山東省文物考古研究所1984;佐伯眞也1998;東賢司2003;王華山2006;王華山2008;王佳月2015;李寶軍2020;劉軍2023c	716
			482	199;495;496;781	秦晉豫39;北朝院93	殷憲2015a;梁春勝2017b;魏軍剛2023b	717
			483	867	秦晉豫41;魏碑聖地298		718
					磚書20		719

No.	墓誌名稱	紀年	出土地	現藏場所	A 目錄	B 集釋	C 北圖拓・新中國	D 彙編
720	張經世墓誌	天平4年(537)5月			碑索4-1931			
721	元鷙妻公孫甑生墓誌	天平4年(537)7月16日	河北磁縣	遼寧省博物館	題跋147;中央館21;檢要211/修133;史語所29;北圖目29;北大目54;碑索4-1932;北朝集存188;日本374	漢魏43 磁縣9	6-41	321 修406
722	元祐墓誌	天平4年(537)閏9月22日	河北磁縣		碑索4-1933;北朝集存188	磁縣17		
723	慕容鑒墓誌	天平4年(537)閏9月22日	河南安陽	墨香閣	北大目54;碑索4-1934;北朝集存188			
724	趙紹墓誌	天平4年(537)10月5日	河南榮陽	千唐誌齋博物館	北大目54;碑索4-1934;北朝集存188		千唐壹3	
725	高雅墓誌	天平4年(537)10月6日	河北景縣	河北省文物研究所	四十年20;碑索4-1934;北朝集存188			321 修407
726	趙明度墓誌	天平4年(537)10月15日	河南安陽	安陽市文物考古研究所?	碑索4-1935;北朝集存188			
727	張滿墓誌	天平4年(537)11月12日	河北磁縣	遼寧省博物館	題跋147;中央館21;檢要211/修133;史語所29;北圖目29;文庫20;北大目54;淑德78;碑索4-1936;北朝集存188;日本376	漢魏291 磁縣12	6-45	324 修410
728	朱顯墓誌	天平4年(537)11月23日		西京文化博物館	碑索4-1937;北朝集存188			
729	鄧恭伯妻崔令姿墓誌	天平5年(538)正月1日	山東濟南	濟南市博物館	檢要212/修134;四十年24;碑索4-1937;北朝集存188			325 修412
730	李玄墓誌	天平5年(538)正月1日	河北高邑	正定縣文物保管所	碑索4-1938;北朝集存190		河北壹9	
731	于夐墓誌	元象元年(538)正月12日		張海書法藝術館	北大目54;碑索4-1939;北朝集存190	西南16		
732	游松墓誌	天平5年(538)正月13日	河北永年	永年縣文物保管所	碑索4-1939;北朝集存190			
733	趙鑒墓誌	元象元年(538)2月7日	河南安陽	個人藏	碑索4-1940;北朝集存190			

E 全文・補遺	F 疏證・墨香閣	G 碑校	H 集成	I 叢考	J その他の圖書	K 論文等	No.
							720
魏補352		7-176	484		魯迅誌295;河北錄429;磁縣考略35;遼博27;燕趙559;譜牒435	馬忠理1991;王金科1996a;張子英1996;王盛婷2004;王盛婷2005;張雲華2012;陳爽2013;羅福頤等2019;蘆會影等2022	721
						朱岩石等2007;社科院河北工作隊2007	722
	墨30		485		安豐152;題跋集萃49;燕趙561;題跋菁華112	許萬順2012;趙耀輝2014i;趙生泉2016a;劉秀峰2022b;魏軍剛2023b	723
			486	230;496;497;796;803;917;930;939	唐補千唐442;滎陽志175	梶山智史2019	724
魏補353		7-187	486	75;293;399;497;939	河北錄219;景州19;衡水墓誌10;星空58;燕趙565;譜牒437;高姓139	河北省文管處1979;魏平2004;王盛婷2004;王盛婷2006a;仇鹿鳴2008;徐沖2011;李紅2012;梁春勝2012b;張學鋒2014;劉軍2016b;梁春勝2016a;范兆飛2021	725
			488		安豐154;安陽墓葬46;水調工程1;安陽選編2	河南省文物管理局等2010;梶山智史2019	726
魏補354		7-190	488		增校隨353/修229;魯迅誌299;魏二十193;集萃8-85;河北錄429;磁縣考略38;遼博28;釋要626;燕趙567;譜牒436	馬衡1977;馬忠理1991;張子英1996;何德章2000;魏宏利2006;章紅梅2007a;李發2008;鄧瑩2010;曾曉梅等2012;徐志學2013;徐志學2014;仇鹿鳴2016;何山2017;羅福頤等2019;錢久隆2023;王靜2023a	727
			490	497;803	北朝院96;秦晉豫三77	殷憲2015a	728
魏補355		7-196	490	193	濟南誌1;齊魯誌研236;山東分類40;杞芳堂338;山東書全98;歷城3	王建浩等1966;普武正等2005	729
魏補356		7-198	491	328;803	河北錄431;燕趙570;李氏墓121	馬瑞2011;梁春勝2015b	730
			493		安豐159;魏碑聖地166;張海館a31/b70	陳鵬2015;容軒2015;胡湛2016	731
			492	6;483;497;806	邯鄲石刻7-683;北大新續145;永年志18	喬登雲2012;梶山智史2019;任乃宏2023	732
			494	203;269;429;477;497;498;499;940	稀見;秦晉豫44;譜牒433		733

No.	墓誌名稱	紀年	出土地	現藏場所	A 目錄	B 集釋	C 北圖拓· 新中國	D 彙編
734	慧光法師墓誌	元象元年(538) 3月17日	河北臨漳	墨香閣	北大目54;碑索4-1940;北朝集存190			
735	張保妻墓誌	元象元年(538) 3月17日			北大目54;碑索4-1941;北朝集存190			
736	淨智師塔銘	元象元年(538) 4月11日		個人藏	碑索4-1941;北朝集存190		6-47	326 修413
737	高慈妻趙氏墓誌	元象元年(538) 4月21日	河南安陽?		碑索4-1942;北朝集存190			
738	安威墓誌	元象元年(538) 8月22日			碑索4-1942;北朝集存190			
739	高貴墓誌	元象元年(538) 9月28日		西京文化博物館	碑索4-1942;北朝集存190			
740	高寶墓誌	元象元年(538) 9月28日		西京文化博物館	碑索4-1943;北朝集存190			
741	任祥墓誌	元象元年(538) 10月23日	河北廣平	墨香閣	碑索4-1943;北朝集存192	新北86		
742	崔混(崔子元)墓誌	元象元年(538) 11月5日	山東臨淄	山東省文物考古研究所	四十年27;碑索4-1943;北朝集存192			326 修413
743	郭挺墓誌	元象元年(538) 11月17日			北大目55;碑索4-1944;北朝集存192	西南19		
744	元朗墓誌	元象元年(538) 11月29日	河北清河		北朝集存192	新北90		
745	姬靜墓誌	元象元年(538) 12月12日	河南安陽	一葦草堂	碑索4-1944;北朝集存192	西南22		
746	李憲墓誌	元象元年(538) 12月24日	河北趙州	趙縣文物保管所	題跋147;檢要212/修134;史語所29;北圖目29;文庫20;北大目55;淑德78;碑索4-1945;北朝集存192;日本378	漢魏292	6-52	328 修416
747	張烈碑	元象元年(538)?			題跋34			
748	韓顯度墓誌	元象2年(539) 4月17日	北京大興	北京市文物研究所				

E 全文・補遺	F 疏證・墨香閣	G 碑校	H 集成	I 叢考	J その他の圖書	K 論文等	No.
	墨32	7-201	495	498;499;793;867	安豐160;燕趙572;佛教金石43	趙生泉2005;趙立春2006;趙超2006;明海2006;張金耀2006;溫玉成2006;趙陽陽2006;章紅梅2007b;宋燕鵬2007;趙生泉2009;梁春勝2011b;梁春勝2012a;劉麗明2014;趙立春2016;曾堯民2018;劉凱2019b	734
			495		磚刻0993		735
魏補357		7-205	997		佛教金石44	馮國東2016	736
			495		近新;安豐150;民間藏誌32;秦晉豫45;新精北朝下22;高姓296;西南滙釋29	李紅霞等2016	737
			497		安豐162;鄴華甄賞276	李紅霞等2016;福島惠2017;梶山智史2017;劉森垚2019b;龍成松2021;魏軍剛2023b	738
			498		殷亦玄2016;北朝院98;高姓80;秦晉豫三76	殷憲2015a;殷亦玄等2016;王靜2023b	739
			499	350;374	殷亦玄2016;北朝院101;高姓40;秦晉豫三75	殷憲2015a;殷亦玄等2016;梁春勝2017b;梁春勝2020	740
	墨34		500	205;499;500;501;509;776;868	安豐164;題跋集萃50;燕趙577;譜牒434;北大新續146	趙耀輝2014a;周阿根2016b;楊學是2018;楊學是2020;席蘭2020	741
魏補357		7-213	501	193;194;501;794	山東選粹13;山東碑造296;齊魯誌研231;山東分類42;譜牒437;山東書全100;淄博誌釋33	山東省文物考古研究所1984;佐伯眞也1999;東賢司2003;王華山2006;王華山2008;梶山智史2013b;王佳月2015;李寶軍2020;范兆飛2021;張永惠2021;劉軍2023c	742
			502	493;501;940;983	稀見;安豐166;秦晉豫47;道在瓦甓144	何山2020	743
			503	313;501;940;940		周阿根2016b;楊學是2018	744
			504	203;502;771;804	新見銘刻74;安豐141;民間藏誌28;近新;新精北朝下36;秦晉豫續91;北大新續147;北精粹東西魏1	呂文明2012;趙耀輝2016g;王萌等2019;容軒2020;陳薈宇等2022	745
魏補359		7-217	505	293;343;356	越縵堂1078;增校隨356/修231;魯迅誌307;河北錄220;釋要628;北窗92;紀芳堂341;燕趙582;譜牒438;李氏墓122;碑誌春秋120	劉志生2009b;鄧瑩2010;葉其峰2012c;梁春勝2012b;陳爽2013;北石研究Ⅱ班2014;羅小如2015;呂蒙等2017;楊艷華2017;范兆飛2021	746
					金石錄368		747
						尚珩等2019;梶山智史2022	748

No.	墓誌名稱	紀年	出土地	現藏場所	A 目錄	B 集釋	C 北圖拓・新中國	D 彙編
749	高湛墓誌	元象2年(539) 10月17日	山東德州		題跋147;檢要213/修134;史語所29;北圖目29;北大目55;淑德78;碑索4-1948;北朝集存192;日本379	漢魏293	6-56	332 修420
750	公孫略墓誌	元象2年(539) 10月29日	河南洛陽	西安碑林博物館	題跋147;檢要214/修135;陝目提要64;碑索4-1951;北朝集存192	漢魏590		333 修421
751	高翻墓碑	元象2年(539)		磁縣文物保管所	題跋34;淑德33;碑索4-1951;北朝集存192;日本380		6-57	
752	斛律大那瓌墓碑	元象2年(539)	山西太原	太原市文物考古研究所				
753	輿難生妻鄭茹茹墓誌	興和元年(539) 12月5日	河南安陽	安陽博物館	碑索4-1954;北朝集存194			
754	田盛墓誌	興和2年(540) 正月12日		墨香閣	北大目55;碑索4-1953;北朝集存192			
755	劉懿墓誌	興和2年(540) 正月24日	山西忻縣	山西博物院	題跋147;檢要214/修135;史語所29;北圖目30;淑德131;文庫21;北大目55;淑德78;碑索4-1954;北朝集存194;日本380	漢魏294	6-59	335 修424
756	尉景妻高婁斤墓誌	興和2年(540) 正月24日	河北曲陽	墨香閣	碑索4-1956;北朝集存194		新北78	
757	殘墓誌(大將軍)	興和2年(540) 2月15日	河北定州	墨香閣	北大目55;碑索4-1957;北朝集存194			
758	段淵墓誌	興和2年(540) 2月28日	河南安陽		北大目55;碑索4-1957;北朝集存194			
759	赫連君妻□太妃墓誌	興和2年(540) 4月17日			碑索4-1958;北朝集存194			
760	辛琛墓誌	興和2年(540) 5月2日		墨香閣	北大目56;淑德78;碑索4-1958;北朝集存194;日本381		新北81	
761	賈思同碑	興和2年(540) 5月			題跋34;碑索4-1959			
762	王立周妻□敬妃墓誌	興和2年(540) 閏5月9日			北大目56;碑索4-1959;北朝集存194			
763	郗蓋族墓誌	興和2年(540) 閏5月21日	山東福山	故宮博物院?	題跋147;中央館21;檢要215/修136;北圖目30;北大目56;碑索4-1960;北朝集存194	漢魏295	6-60	337 修426

E 全文・補遺	F 疏證・墨香閣	G 碑校	H 集成	I 叢考	J その他の圖書	K 論文等	No.
全3800		7-233	508		越縵堂1081;精華59;增校隨358/修232;魯迅誌345;集萃7-76;齊魯碑刻99;齊魯誌研255;景州46;釋要633;北窗94;山東分類44;星空40;燕趙586;甗椎閒話86;高姓29;美術院38;德州誌研24;山東書全118	趙萬里1947a;仇鹿鳴2008;鄧瑩2010;北石研究Ⅱ班2014	749
魏補361		7-236	509	100;246;357;805;904	英華117;鴛鴦藏石147;碑林全66-920;彭州114	高峽1993;魏平2004;王盛婷2004;徐冲2011;梁春勝2014a;梁春勝2015b;梁春勝2016a;何山2017	750
魏補70					增校隨359/修233;魯迅碑841;河北錄45;磁縣考略40;金石錄368;釋要631;燕趙189;高姓79	馬忠理1991;張子英1993;張子英1999;北石研究Ⅱ班2015;范兆飛2019;鄒芳望2023	751
						張慶捷2019	752
			510		安陽選編121;秦晉豫續92	王玉清2018;梶山智史2019	753
	墨36		510	505	安豐167	趙生泉2008b;趙耀輝2013g;李紅霞等2016	754
魏補363		7-240	512	245	越縵堂1081;精華60;增校隨360/修233;魯迅誌355;集萃7-77;山西碑碣16;晉刻北朝31;釋要638;北窗95;譜牒441;山西藝博6;金石證史18;山西档案4-183;山西北朝114;刻石珍拓146;涼州456	高維德1984;何德章2000;董如亮等2001;魏平2004;何山等2010;佐川英治2012;陳爽2013;仲威2014c;北石研究Ⅱ班2014;張金龍2019a;張慶捷2020	755
	墨38		511	214;227;331;507;508;509;510;928	題跋集萃52;新精北朝下8;燕趙588;譜牒432;道在瓦甓150;高姓34	趙耀輝2013a;王連龍2016a;趙耀輝2016a;華建光等2017;李海峰2017;楊學是2018;退之2019b;楊學是2020;周永研等2020;李忠魁2022	756
	墨40				磚刻0994;燕趙590;磚書21	趙生泉2004b;趙生泉等2006;趙生泉2008b	757
			513		安豐169;民間藏誌36;題跋集萃53;燕趙592;道在瓦甓168;涼州458	李紅霞等2016;陳薈宇等2022	758
			514		安豐170		759
	墨41		514		安豐171;新精北朝上86;秦晉豫續93	李皓2018	760
					金石錄369	壽光市博物館2016	761
			515		磚刻0995		762
魏補364		7-244	515	247	增校隨362/修235;魯迅誌355;北大拓206;齊魯誌研301;釋要645;山東分類46;山東書全141		763

No.	墓誌名稱	紀年	出土地	現藏場所	A 目錄	B 集釋	C 北圖拓·新中國	D 彙編
764	李欽妻薛氏墓誌	興和2年(540)閏5月27日			北朝集存194			
765	蔡儁墓碑	興和2年(540)8月8日	河北磁縣		題跋35;文庫21;淑德33;碑索4-1961;日本383		6-63	
766	張法會墓誌	興和2年(540)9月11日		墨香閣	碑索4-1962;北朝集存194			
767	王顯慶墓誌	興和2年(540)9月13日	河北磁縣	遼寧省博物館	題跋147;中央館21;檢要216/修136;洛目40;文庫21;北大目56;淑德78;碑索4-1962;北朝集存194	漢魏296	6-65	337 修416
768	閭伯昇及妻元仲英墓誌	興和2年(540)10月28日	河南安陽	西安碑林博物館	題跋148;檢要216/修137;史語所29;北圖目30;北大目56;陝目提要64;碑索4-1963;北朝集存196;日本383	漢魏591	6-68	337 修426
769	張卑(張早)墓誌	興和2年(540)10月			題跋148;檢要216/修137;碑索4-1964;北朝集存196			
770	辛蕃墓誌	興和2年(540)12月18日	河北臨漳		北大目56;碑索4-1965;北朝集存196			
771	連小胡墓誌	興和2年(540)12月29日		墨香閣	北大目56;碑索4-1965;北朝集存196			
772	范思彥墓誌	興和3年(541)正月29日	河南安陽		題跋148;中央館21;檢要216/修137;史語所29;北圖目30;北大目56;碑索4-1968;北朝集存196;日本384	漢魏297	6-73	339 修428
773	祖子碩妻元阿耶墓誌	興和3年(541)2月18日	河北易縣		北圖目26;碑索4-1969;北朝集存196		6-74	339 修429
774	高永樂墓誌	興和3年(541)2月18日	河南安陽	墨香閣	碑索4-1970;北朝集存196	磁縣22		
775	元嶷墓誌	興和3年(541)2月18日	河北臨漳	張海書法藝術館	北朝集存200	西南25		
776	王椿妻魏仲姿墓誌	興和3年(541)2月30日	河南安陽					
777	元世儁墓誌	興和3年(541)3月12日		張海書法藝術館				
778	韓彥墓誌	興和3年(541)3月13日	河南安陽	張海書法藝術館	碑索4-1970;北朝集存196			
779	胡伯樂墓誌	興和3年(541)3月14日			題跋148;檢要217/修137;北大目56;碑索4-1970;北朝集存196	漢魏298		
780	張奢墓碑	興和3年(541)3月			題跋35;淑德33;碑索4-1971;日本385			
781	皇甫仁妻劉景暈墓誌	興和3年(541)5月27日		個人藏	北大目56;碑索4-1971;北朝集存196			

E 全文・補遺	F 疏證・墨香閣	G 碑校	H 集成	I 叢考	J その他の圖書	K 論文等	No.
					秦晉豫三78		764
魏補71					增校隨361/修234;魯迅碑865;民族姓氏201;河北錄325		765
	墨42		515				766
魏補364		7-246	515		北窗96;燕趙594	馬忠理1991;張子英1996;羅福頤等2019	767
魏補364		7-252	515	510	柔然錄54;百種10;英華118;民族姓氏197;鴛鴦藏石148;陝西石藝257;碑林全66-931;彭州115;安豐172	高峽1993;澤田雅弘1999;張乃翥2006;李紅2012;劉森垚2019a	768
							769
			517		秦晉豫續96	趙生泉2008b;許萬順2011;李皓2018	770
	墨262		518				771
魏補366		7-265	518		魯迅誌363;集萃8-86;河開72;磚刻0996;獻縣13;磚書22		772
魏補366		7-267	518	198;960	河北錄433;燕趙598	園田俊介2005b;王連龍2012a;吳洪琳2019;周雙林2023	773
	墨46		519	511	安豐178;題跋集萃54;燕趙595;高姓108	梶山智史2015;王靜2023b	774
				416;493;511;941;953	宇里賞讀28;魏碑聖地160;張海館a42/b76	退之2016a;胡湛2016	775
						程迎昌等2019	776
					魏碑聖地174;張海館174		777
			520	805	秦晉豫48;譜牒442;宇里賞讀26;魏碑聖地158;張海館a61	胡湛2016;退之2016b;梶山智史2019	778
魏補367		7-270					779
魏補75					魯迅碑897;河北錄326		780
			521		秦晉豫49		781

No.	墓誌名稱	紀年	出土地	現藏場所	A 目錄	B 集釋	C 北圖拓·新中國	D 彙編
782	郁久閭肱墓誌	興和3年(541)7月12日			北大目56;碑索4-1972;北朝集存196	新北16		
783	元景植(元寶建)墓碑	興和3年(541)8月21日	河北磁縣		碑索4-2050;北朝集存196			
784	元寶建(元景植)墓誌	興和3年(541)8月21日	河北磁縣	河北省博物館	題跋148;中央館21;檢要218/修137;史語所29;北圖目30;北大目57;淑德78;碑索4-1973;北朝集存198;日本385	漢魏192磁縣25	6-76	340修430
785	張略墓誌	興和3年(541)8月22日		一葦草堂	碑索4-1974;北朝集存198	西南30		
786	元鷙墓誌	興和3年(541)10月22日	河北磁縣	遼寧省博物館	題跋148;中央館21;檢要218/修138;史語所29;北圖目30;北大目57;碑索4-1975;北朝集存198;日本385	漢魏42磁縣29	6-77	342修432
787	封延之墓誌	興和3年(541)10月23日	河北景縣	中國國家博物館	檢要219/修138;北圖目30;四十年27;碑索4-1976;北朝集存198		6-78	344修435
788	封柔妻畢脩密墓誌	興和3年(541)10月23日	河北吳橋	河北省文物研究所	檢要219/修138;四十年28;碑索4-1977;北朝集存198			346修437
789	王法壽妻楊公主墓誌	興和3年(541)11月5日			碑索4-1978			
790	呂猛墓誌	興和3年(541)11月5日						
791	司馬僧光墓誌	興和3年(541)11月16日		墨香閣	碑索4-1978;北朝集存198	磁縣33		
792	元子邃妻李艷華墓誌	興和3年(541)11月17日	河南安陽	西安碑林博物館	題跋148;檢要219/修139;史語所29;北圖目30;北大目57;陝目提要65;碑索4-1979;北朝集存198;日本386	漢魏578磁縣37	6-80	347修439
793	房悅墓誌	興和3年(541)11月17日	山東高唐	山東省博物館	四十年28;碑索4-1981;北朝集存198			
794	邢晏墓誌	興和3年(541)11月17日	河北河間	河北省文物研究所	碑索4-1981;北朝集存198			
795	司馬興龍墓誌	興和3年(541)11月17日	河北磁縣	河北省文物研究所	四十年14;碑索4-1980;北朝集存198	磁縣40		348修440
796	明賫墓誌碑	興和3年(541)11月17日	山東陵縣	山東省博物館	碑索4-1978;北朝集存198			

E 全文·補遺	F 疏證·墨香閣	G 碑校	H 集成	I 叢考	J その他の圖書	K 論文等	No.
			521	511	北大新拓106;秦晉豫續97;新獲一五24;北朝百品93	周偉洲2016c;徐筱妍2016;王萌2017;楊學是2018	782
					磁縣考略42	馬忠理1991	783
魏補367		7-274	522	511	魯迅誌365;河北錄429;磁縣考略42;北窗97;燕趙601;譜牒445;菁英二84;魏碑聖地112	馬忠理1991;張子英1996;許建平2002;徐志學2010;劉志生2011b	784
			523	294;911;933	新見銘刻82;安豐175;民間藏誌34;新精北朝下50;秦晉豫續98;佛教金石46	梶山智史2017;退之2020	785
魏補23		7-277	524	787	魯迅誌369;集萃7-78;河北錄429;磁縣考略45;遼博29;北窗98;燕趙603;譜牒447	馬衡1977;馬忠理1991;張子英1996;王盛婷2004;毛遠明2004;王盛婷2006b;魏平2008;徐冲2011;段朋飛2017;羅福頤等2019;蘆會影等2022	786
魏補368		7-281	525	274;336	河北錄223;歷博大觀67;景州50;衡水墓誌12;星空72;杞芳堂346;燕趙606;國博誌20	張季1957;周錚1992;王盛婷2004;趙超2007;王義康2008;劉志生2009b;徐冲2011;周北南等2014	787
魏補370		7-285	527	221	河北錄225;燕趙610;譜牒443	張平一1956;魏平2004;王盛婷2005;王盛婷2006b;趙超2007	788
							789
					魏碑聖地296		790
	墨48		528	251;512;868	安豐179	梶山智史2015	791
魏補370		7-288	531		鴛鴦藏石149;磁縣考略48;;碑林全66-972;彭州116	張子英1996;王盛婷2005;趙海麗2010;何山等2010;趙海麗2011a;王敬2021;蘆會影等2022	792
魏補372		7-293	530	512	山東選粹14;齊魯碑刻103;山東志550;齊魯誌研265;山東分類49;山東書全144	山東省博物館文物組1978;羅小如2015;宋愛平等2019	793
			529		河北錄225;滄州14;河間194;任丘9;燕趙615	李哲2017;梶山智史2019	794
魏補371		7-290	532		河北錄227;磁縣考略48;邯鄲碑刻8;燕趙612	鄭紹宗1979;馬忠理1991;馬小青1993;張子英1996;徐冲2011;張穎慧2022;蘇珂2022	795
			533	512;513;514;807;834;939;941;949;953	齊魯誌研302;山東分類47;海岱石華90;北精粹東西魏11;德州誌研33;山東書全142	劉文海2008;蔡宗憲2010;梶山智史2013a;張顯成等2018;宋愛平等2019	796

No.	墓誌名稱	紀年	出土地	現藏場所	A 目錄	B 集釋	C 北圖拓·新中國	D 彙編
797	李挺墓誌	興和3年(541)12月23日	河南洛陽	西安碑林博物館	題跋148;檢要220/修139;史語所29;北圖目30;北大目57;淑德78;陝目提要66;碑索4-1982;北朝集存200;日本387	漢魏592	6-86	350 修442
798	李挺妻劉幼妃墓誌	興和3年(541)12月23日	河南洛陽	西安碑林博物館	淑德78;陝目提要65;碑索4-1983;北朝集存200;日本387			
799	李挺妻元季聰墓誌	興和3年(541)12月23日	河南洛陽	西安碑林博物館	淑德78;陝目提要66;碑索4-1983;北朝集存200;日本387			
800	朱洛墓誌	興和4年(542)7月20日		深圳市金石藝術博物館				
801	慕容纂墓誌	興和4年(542)11月11日			北大目57;碑索4-1984;北朝集存200			
802	魏蘭根碑	興和4年(542)			題跋35;碑索4-1984			
803	王君墓誌	武定元年(543)正月15日			北大目57;碑索4-1985;北朝集存200			
804	郭肇墓誌	武定元年(543)閏正月29日	河南安陽		北大目57;碑索4-1985;北朝集存200	新北93		
805	何琛墓誌	武定元年(543)2月24日		墨香閣	北大目57;碑索4-1986;北朝集存200			
806	元悰墓誌	武定元年(543)3月19日	河北磁縣		題跋148;中央館22;檢要220/修139;史語所29;北圖目31;北大目57;淑德78;碑索4-1986;北朝集存200;日本388	漢魏104 磁縣43	6-92	352 修444
807	崔景播墓誌	武定元年(543)10月3日	河北博野	博野縣文物保管所	碑索4-1987;北朝集存200		河北壹10	
808	堯奮墓誌	武定元年(543)10月16日	河北臨漳	張海書法藝術館	碑索4-1988;北朝集存202	西南33		
809	藺君妻史郎郎墓誌	武定元年(543)10月27日		墨香閣	北大目58;碑索4-1988;北朝集存202			
810	王偃墓誌	武定元年(543)10月28日	山東陵縣		題跋148;檢要221/修139;史語所30;北圖目31;北大目58;淑德78;碑索4-1989;北朝集存202;日本390	漢魏299	6-99	354 修447
811	房蘭和墓誌	武定元年(543)10月28日	河北石家莊	石家莊市文物保管所	碑索4-1989;北朝集存202		河北壹11	
812	曹道洪墓誌	武定元年(543)11月5日		墨香閣	北大目58;碑索4-1991;北朝集存202			

E 全文・補遺	F 疏證・墨香閣	G 碑校	H 集成	I 叢考	J その他の圖書	K 論文等	No.
魏補373		7-303	536	344;515	精華61;英華119;鴛鴦藏石150;碑林全66-937;彭州117;杞芳堂349;譜牒448;魏碑聖地280	趙萬里1947a;高峽1993;毛遠明2004;王盛婷2005;宋燕鵬2007;趙海麗2010;澤田雅弘2010;劉志生2012b;梁春勝2012a;澤田雅弘2013;劉凱2019b;王敬2021;范兆飛2021;張穎慧2023	797
		7-307	535		英華120;鴛鴦藏石151;碑林全66-955;彭州117;杞芳堂349;北朝百品94	高峽1993;澤田雅弘2010;澤田雅弘2013;俁紀潤2022	798
		7-309	534		英華121;鴛鴦藏石152;陝西石藝258;碑林全66-964;彭州118;安豐181;杞芳堂349;北朝百品95	高峽1993;澤田雅弘2010;澤田雅弘2013;俁紀潤2022	799
					永遠北朝128		800
			537		安豐176;秦晉豫續102;新獲一五25;北大新續148	園田俊介2008;孔德銘2015;李紅霞等2016;張彪2016b;謝振華2022	801
					金石錄369		802
							803
			538	516	新精北朝下62;譜牒449;秦晉豫續103;新獲一五26	楊慶興2010;楊學是2018;連文娟2021	804
	墨50		539	517	安豐182	孔德銘2015;李紅霞等2016	805
魏補375		7-324	539	315	魯迅誌375;集萃7-79;河北錄429;磁縣考略51;燕趙618	馬忠理1991;張子英1996;劉志生2012b;梁春勝2012c	806
魏補376		7-350	541		法全北誌178;保定誌17;杞芳堂353;燕趙622;譜牒450	甄家斌1993;陳懿人等2016;范兆飛2021	807
				518	北精粹東西魏35;魏碑聖地162;張海館a66/b84	胡湛2016;朱梁梓2016;馮鑫2021;梶山智史2022;楊繼光2023b	808
	墨52		542	944		趙生泉2008b	809
魏補377		7-355	543		越縵堂1084;增校隨367/修238;魯迅誌381;集萃7-80;齊魯誌研306;釋要648;北窗100;山東分類51;甀椎開話127;德州誌研41;山東書全146;刻石珍拓152	李玉鳳2000;毛遠明2004;仲威2014c;李航2020	810
魏補378		7-352	542	338	燕趙624	馬瑞2011	811
	墨54		544				812

No.	墓誌名稱	紀年	出土地	現藏場所	A 目錄	B 集釋	C 北圖拓・新中國	D 彙編
813	翟育(翟門生)墓誌	武定元年(543) 11月23日		深圳市金石藝術博物館				
814	趙慶賓墓誌	武定元年(543) 12月28日						
815	趙受妻李氏墓誌	武定2年(544) 正月11日						
816	賈尼墓誌	武定2年(544) 正月28日			題跋148;檢要222/修140;碑索4-1993;北朝集存202			355 修448
817	趙靈□墓誌	武定2年(544) 2月17日						
818	房纂妻元氏墓誌	武定2年(544) 2月25日	河南安陽?		碑索4-1994;北朝集存202			
819	爾朱君妻元殺鬼墓誌	武定2年(544) 2月29日						
820	呂盛墓誌	武定2年(544) 2月	河北臨漳	墨香閣	北大目58;碑索4-1994;北朝集存202			
821	長孫伯年妻陳平整墓誌	武定2年(544) 4月25日	河南安陽		題跋148;檢要223/修141;北圖目31;北大目58;碑索4-1995;北朝集存202	漢魏300	6-105	355 修448
822	元湛(元士深)墓誌	武定2年(544) 8月8日	河北磁縣	新鄉市博物館	題跋148;檢要223/修141;史語所30;北圖目31;北大目58;淑德79;碑索4-2001;北朝集存204;日本392	漢魏96 磁縣47	6-109	356 修449
823	元湛妻王令媛墓誌	武定2年(544) 8月8日	河北磁縣	安陽金石保存所	題跋148;檢要224/修141;史語所30;北圖目30;北大目58;淑德79;碑索4-1996;北朝集存204;日本392	漢魏97 磁縣52	6-107	358 修451
824	元顯墓誌	武定2年(544) 8月20日	河北磁縣	新鄉市博物館	題跋148;中央館2;檢要224/修141;史語所30;北圖目6;北大目59;淑德79;碑索4-1998;北朝集存204;日本393	漢魏67 磁縣55	6-112	359 修452
825	元均及妻杜氏墓誌	武定2年(544) 8月20日	河北磁縣	安陽金石保存所	題跋148;中央館18;檢要225/修142;史語所30;北圖目25;北大目58;淑德79;碑索4-1999;北朝集存204;日本393	漢魏68 磁縣59	6-111	360 修454
826	張君妻赫連阿妃墓誌	武定2年(544) 10月4日			碑索4-2003;北朝集存204;日本393		6-113	361 修456
827	司馬達墓誌	武定2年(544) 10月4日	河南孟州	孟州市博物館	碑索4-2003;北朝集存204			

E 全文・補遺	F 疏證・墨香閣	G 碑校	H 集成	I 叢考	J その他の圖書	K 論文等	No.
						趙超2016;黑田彰2017;梶山智史2019;吉篤學2021	813
					道在瓦甓172		814
					鄴城碑石8		815
魏補378		7-362	544		磚刻0997	阿英1965	816
						翁志飛2021	817
			545		秦晉豫續104		818
					魏碑聖地300		819
	墨56		545		安豐184;新精北朝下28;燕趙626;題跋菁華114;字里賞讀34;北精粹東西魏55	趙耀輝2013e;孔德銘2015;李紅霞等2016	820
魏補378		7-370	546				821
魏補379		7-372	546	7	魯迅誌387;集萃8-88;磁縣考略54;北窗102;燕趙628;譜牒451	馬忠理1991;張子英1996;杜彤華等1998;澤田雅弘1999;毛遠明2004;園田俊介2005b;李發2008;傅山泉2009;吳健華2011;劉軍2015b;謝國劍2018;周舟2021;金溪2021;蘆會影等2022	822
魏補380		7-376	548	776	增校隨370/修239;魯迅誌393;百種10;集萃8-87;磁縣考略57;燕趙632;譜牒452;秦晉豫續105	馬忠理1991;王金科1996a;張子英1996;王盛婷2006b;李發2008;趙海麗2011a;徐沖2011;徐志學2014;徐沖2017;金溪2021;蘆會影等2022	823
魏補381		7-379	548	200	魯迅誌397;河北錄429;磁縣考略59;胡姓考9;燕趙634;譜牒453;啓功212	馬忠理1991;張子英1996;杜彤華等1998;羅新2004;王盛婷2006a;傅山泉2009;陳爽2013;劉軍2015b;段朋飛2017;謝國劍2018;蘆會影等2022	824
魏補382		7-382	549	518;868	增校隨370/修240;魯迅誌401;河北錄429;磁縣考略61;釋要653;北窗104;燕趙637	馬忠理1991;張子英1996;毛遠明2004;王盛婷2005;王盛婷2006a;劉志生等2012a;李紅霞等2016;劉志生2019b;張永惠2021;蘆會影等2022	825
魏補383			550		磚刻0998		826
			551		孟州文物168;溫縣163	梶山智史2015	827

No.	墓誌名稱	紀年	出土地	現藏場所	A 目錄	B 集釋	C 北圖拓・新中國	D 彙編
828	侯海墓誌	武定2年(544)10月10日	河北磁縣	遼寧省博物館	題跋148;中央館22;檢要225/修142;史語所31;北圖目31;文庫21;北大目59;淑德79;碑索4-2003;北朝集存204;日本394	漢魏301 磁縣63	6-114	361 修456
829	闇詳墓誌	武定2年(544)10月22日	河南安陽		北大目59;淑德79;碑索4-2005;北朝集存204;日本394	新北99		
830	元敬墓誌	武定2年(544)10月28日			中央館22;檢要226/修142;碑索4-2005;北朝集存204			
831	羅家娣讐要墓誌	武定2年(544)11月3日			北大目59;碑索4-2006;北朝集存206			
832	呂冕墓誌	武定2年(544)11月5日	河南衛輝	衛輝市博物館	碑索4-2006;北朝集存206・276		河南壹62	362 修457
833	潁川民墓誌	武定2年(544)11月14日		墨香閣	碑索4-2006;北朝集存206			
834	可朱渾王息墓誌	武定2年(544)11月14日			北大目59;碑索4-2007;北朝集存206			
835	霍育墓誌	武定2年(544)11月16日		墨香閣	北大目59;碑索4-2007;北朝集存206			
836	賈思伯妻劉靜憐墓誌	武定2年(544)11月29日	山東壽光	壽光市博物館	碑索4-2010;北朝集存206			
837	羊深妻崔元容墓誌	武定2年(544)11月29日	山東新泰	新泰市博物館	碑索4-2009;北朝集存206			
838	李希宗墓誌	武定2年(544)11月29日	河北贊皇	正定縣文物保管所	四十年27;碑索4-2012;北朝集存206		河北壹12	363 修458
839	隗天念墓誌	武定2年(544)11月29日	河南輝縣	故宮博物院	題跋149;中央館22;檢要226/修143;史語所31;北大目59;淑德79;碑索4-2011;北朝集存206;日本394	漢魏302	6-118	365 修460
840	叔孫固墓誌	武定2年(544)11月29日	河北磁縣	新鄉市博物館	題跋149;中央館22;檢要226/修143;史語所31;北圖目31;北大目59;碑索4-2008;北朝集存206;日本394	漢魏303 磁縣65	6-117	365 修460
841	李彬墓誌	武定2年(544)11月29日			北大目59;碑索4-2008;北朝集存206			
842	可足渾洛妻叔孫氏墓誌	武定2年(544)11月29日			碑索4-2007;北朝集存206			
843	元嘉墓誌	武定2年(544)		新鄉市博物館	碑索4-2013;北朝集存208			

E 全文・補遺	F 疏證・墨香閣	G 碑校	H 集成	I 叢考	J その他の圖書	K 論文等	No.
魏補383		7-385	551		增校隨370/修240;魯迅誌405;集萃7-81;河北錄429;磁縣考略63;遼博30;燕趙640	馬忠理1991;張子英1996;曾曉梅等2012;徐志學2012;李紅2012;梁春勝2016a;劉志生2019b;羅福頤等2019;李航2020	828
			552	808	安豐186;題跋集萃55;北大新拓107;新精北朝下70;秦晉豫續106;新獲一五28	趙生泉等2010;李紅霞等2016;衣雪峰2016;周偉洲2016c;楊學是2018;劉森垚2019a	829
						馬忠理1991	830
			552		磚刻0999;磚書24		831
魏補384		7-390	553		衛輝碑刻111;牧野名碑38	鄧瑩2010	832
	墨263		553				833
							834
	墨58		553	417;458;519;944	安豐187	孔德銘2015	835
魏補385		7-395	559	193;227;519;520;521;522	壽光志444;山東選粹15;齊魯碑刻107;齊魯誌研295;山東分類54;海岱石華93;壽光集萃33;北精粹東西魏65;山東書全150;壽光歷代254;壽光金石164;碑誌春秋83	壽光縣博物館1992;梁春勝2012a;顧盼等2018	836
魏補386	158 修155	7-392	556	787	山東選粹16;新泰大觀127;齊魯誌研242;山東分類53;新泰集萃160;譜牒458;山東書全148	周郢1997;常明2003;東賢司2003;趙陽陽2009;鄧瑩2010;趙海麗2011a;張勇等2017;張顯成等2018;王強2021b	837
魏補388		7-398	556	294;298;363;961	河北錄228;燕趙643;李氏墓123;贊皇錄17	石家莊革委會文化局1977;王盛婷2004;楊艷華2017;張強2022	838
魏補386		7-401	558		故宮珍品74;故宮彙編74;譜牒461	趙海麗2011a	839
魏補387		8-1	558		增校隨371/修240;魯迅誌409;磁縣考略65;釋要655;北窗106	馬忠理1991;張子英1996;杜彤華等1998;傅山泉2009;劉志生2011a;周北南等2014;蘆會影等2022	840
			555		安豐189	梁春勝等2023	841
			554		安豐191;新獲七朝37;譜牒460;秦晉豫續107;絲路沿綫30	孔德銘2015;梁春勝2016a;梶山智史2017;章紅梅2018	842
						杜彤華等1998;傅山泉2009	843

No.	墓誌名稱	紀年	出土地	現藏場所	A 目錄	B 集釋	C 北圖拓·新中國	D 彙編
844	呂光墓誌	武定2年(544)			碑索4-2012;北朝集存208			
845	宇文紹義墓誌	武定3年(545)正月5日		墨香閣	碑索4-2013;北朝集存208			
846	王邕妻張定女阿蘭墓誌	武定3年(545)7月5日			碑索4-2014			
847	宗欣墓誌	武定3年(545)10月28日	河南安陽		檢要227/修143;北大目59;碑索4-2014;北朝集存208		6-127	367 修462
848	尉僧仁墓誌	武定3年(545)11月17日		張海書法藝術館				
849	元眸墓誌	武定3年(545)11月29日	河北磁縣	個人藏	題跋149;中央館22;檢要227/修143;北圖目31;北大目60;碑索4-2015;北朝集存208;日本397	漢魏105 磁縣70	6-131	368 修464
850	陸子玉墓誌	武定4年(546)正月29日		墨香閣	北大目60;碑索4-2016;北朝集存208			
851	封柔墓誌	武定4年(546)2月11日	河北吳橋	河北省文物研究所	檢要228/修144;四十年28;碑索4-2017;北朝集存208			369 修466
852	王忻墓誌	武定4年(546)3月19日			北大目60;碑索4-2018;北朝集存208	磁縣73		
853	董索墓誌	武定4年(546)4月13日			碑索4-2018;北朝集存208			
854	陰寶墓誌	武定4年(546)5月8日		墨香閣	北大目60;碑索4-2018;北朝集存208	新北96		
855	可足渾桃杖墓誌	武定4年(546)9月21日	河北臨漳		碑索4-2019;北朝集存208			
856	姚名(姚玉粲)墓誌	武定4年(546)10月22日			北朝集存210			
857	劉強及妻楊氏墓誌	武定4年(546)10月28日			北大目60;碑索4-2019;北朝集存210			371 修467
858	元融妻盧貴蘭墓誌	武定4年(546)11月22日	河北磁縣	遼寧省博物館	題跋149;中央館22;檢要228/修144;史語所31;北圖目;32;文庫21;時地a80/b72;北大目60;淑德79;碑索4-2020;北朝集存210;日本398	漢魏150 磁縣76	6-137	371 修468
859	田靜墓誌	武定4年(546)12月4日			北大目60;碑索4-2022;北朝集存210			
860	姬朗墓誌	武定4年(546)12月4日		墨香閣	碑索4-2021;北朝集存210			
861	孟桃湯墓誌	武定5年(547)正月22日			北大目60;碑索4-2022;北朝集存210	新北102		

E 全文・補遺	F 疏證・墨香閣	G 碑校	H 集成	I 叢考	J その他の圖書	K 論文等	No.
			561		磚刻1000		844
	墨60		561	868	安豐194	李紅霞等2016	845
							846
魏補389		8-20	562	523	譜牒462	毛遠明2004;王盛婷2006a;陳爽2013;蘆會影等2022	847
					張海館b184		848
魏補390		8-25	564	523	增校隨372/修240;魯迅誌413;河北錄429;磁縣考略67;北窗107;燕趙647	馬忠理1991;張子英1996;周北南等2014;劉軍2015b;蘆會影等2022	849
	墨62		565	280	安豐192	呂偉濤2021	850
魏補391		8-32	566	458;983	河北錄230;星空132;燕趙650	張平一1956;王盛婷2004;王盛婷2006a;趙超2007	851
			567		安豐196;秦晉豫續110	魏軍剛2023b	852
			567	86	新精北朝下20		853
	墨64		568	338;524;730	安豐199;涼州460	周阿根2016b;楊學是2018;楊學是2020	854
			568		磚刻1001;燕趙652	梶山智史2019	855
					誌法精選4;道在瓦甓176		856
魏補392		8-39	568			阿英1965;李紅2012	857
魏補392		8-41	569		增校隨377/修244;魯迅誌417;百種10;集萃7-82;河北錄429;磁縣考略69;遼博31;杞芳堂356;燕趙653;譜牒463;盧氏18;魏碑聖地74	王壯弘1984;馬忠理1991;王金科1996a;張子英1996;章紅梅2007a;鄧瑩2010;徐沖2011;陳爽2013;何山2017;羅福頤等2019;蘆會影等2022	858
			570		安豐197;民間藏誌38;誌法精選1	李紅霞等2016;陳薈宇等2022	859
	墨66		569				860
			571		安豐202		861

No.	墓誌名稱	紀年	出土地	現藏場所	A 目錄	B 集釋	C 北圖拓·新中國	D 彙編
862	高歡墓誌	武定5年(547)正月	河北磁縣		碑索4-2022;北朝集存210		6-139	
863	相里才墓誌	武定5年(547)2月5日			碑索4-2023;日本399			
864	和伏生墓誌	武定5年(547)2月5日		張海書法藝術館				
865	鄭君(西兗州刺史)墓碑	武定5年(547)2月7日	河南河陰	中國國家博物館	題跋35;檢要229/修145;史語所31;文庫22;淑德33;碑索4-2023;北朝集存210;日本399		6-140	
866	雷亥郎妻文羅氣墓誌	武定5年(547)2月17日		墨香閣	北大目60;碑索4-2024;北朝集存210			
867	王光墓誌	武定5年(547)2月17日	河南安陽					
868	喬貳仁墓誌	武定5年(547)2月20日			北大目61;碑索4-2025;北朝集存210			
869	堯榮妻趙胡仁墓誌	武定5年(547)2月29日	河北磁縣	磁縣文物保管所	四十年29;碑索4-2025;北朝集存210	磁縣79	河北壹13	372修469
870	田洛墓誌	武定5年(547)5月13日			碑索4-2027;北朝集存210			
871	穆瑜墓誌	武定5年(547)5月13日		北朝藝術研究院	碑索4-2027;212			
872	元澄妻馮令華墓誌	武定5年(547)11月16日	河北磁縣	新鄉市博物館	題跋149;中央館22;檢要230/修145;史語所31;北圖目31;時地a80/b72;北大目61;淑德79;碑索4-2027;北朝集存212;日本401	漢魏126磁縣83	6-145	374修471
873	元凝妻陸順華墓誌	武定5年(547)11月16日	河北磁縣	新鄉市博物館	題跋149;檢要230/修145;史語所32;北圖目32;北大目61;淑德79;碑索4-2029;北朝集存212;日本401	漢魏151磁縣88	6-146	375修473
874	□君墓誌	武定5年(547)12月9日	河南安陽	河南省文物考古研究所?	碑索4-2031;北朝集存212			
875	穆景相墓誌	武定5年(547)12月21日			碑索4-2031;北朝集存212			
876	宋寧道墓誌	武定6年(548)2月17日		墨香閣	北大目61;碑索4-2032;北朝集存212			
877	馮僧暉墓誌	武定6年(548)2月25日	河南安陽	河南省文物考古研究所?	碑索4-2032;北朝集存212			

E 全文·補遺	F 疏證·墨香閣	G 碑校	H 集成	I 叢考	J その他の圖書	K 論文等	No.
魏補396					燕趙656;高姓36		862
							863
					魏碑聖地170;張海館b186		864
魏補76		8-46			增校隨387/修251;魯迅碑921	羅小如2015	865
	墨68		571		安豐200	胡鴻2017	866
					新獲百品14	潘向東2022;梁春勝等2023	867
			572		磚刻1002		868
魏補393		8-51	572	244;526	河北錄231;磁縣考略71;杞芳堂359;燕趙658	磁縣文化館1977;馬忠理1991;張子英1996;王盛婷2004;王盛婷2006a;劉志生2009b	869
			573		稀見;民開藏誌40;秦晉豫51;新精北朝下60		870
			573	526	北朝院104;秦晉豫三83;廻望桑乾35	殷憲2015a;王銀田等2015	871
魏補394		8-67	574		魯迅誌425;集萃7-83;河北錄429;磁縣考略73;北窗108;燕趙665	馬忠理1991;王金科1996b;張子英1996;杜彤華等1998;魏平2004;毛遠明2004;王盛婷2005;王盛婷2006a;傅山泉2009;趙海麗2010;趙海麗2011b;蘆會影等2022;張穎慧2023	872
魏補396		8-71	575	526	魯迅誌421;百種10;集萃8-89;河北錄429;磁縣考略75;北窗110;燕趙662	馬忠理1991;何德章1996;張子英1996;杜彤華等1998;毛遠明2004;王盛婷2005;傅山泉2009;徐冲2011;張雲華2012;李紅2012;梁春勝2016a;呂偉濤2021;蘆會影等2022	873
			576			河南省文物考古研究所2009	874
			576	527	新獲七朝38;譜牒444;秦晉豫續111;北朝百品96	劉軍2016a;梁春勝2016a;李迪2017;梶山智史2022	875
	墨264		577				876
			577			河南省文物考古研究所2009	877

No.	墓誌名稱	紀年	出土地	現藏場所	A 目錄	B 集釋	C 北圖拓·新中國	D 彙編
878	高林仁母墓誌	武定6年(548)3月15日	河南安陽	河南省文物考古研究所?	碑索4-2032;北朝集存212			
879	許白墓誌	武定6年(548)3月20日	河南安陽	河南省文物考古研究所?	碑索4-2033;北朝集存212			
880	趙小慶墓誌	武定6年(548)3月30日	河南安陽?		北大目61;碑索4-2033;北朝集存212			
881	王顯明墓誌	武定6年(548)4月15日		中國國家博物館	碑索4-2033;北朝集存214			
882	高歡妻閻氏墓誌	武定6年(548)5月30日		墨香閣	碑索4-2034;北朝集存214	磁縣91		
883	魯□墓誌	武定6年(548)6月13日			日本403			
884	元延明妻馮氏墓誌	武定6年(548)10月22日	河北磁縣	遼寧省博物館	題跋149;中央館23;檢要231/修146;史語所32;北圖分32;時地a80/b72;北大目61;淑德79;碑索4-2035;北朝集存214;日本403	漢魏170 磁縣97	6-151	376 修474
885	張瓊墓誌	武定6年(548)10月22日	河南安陽?	墨香閣	碑索4-2034;北朝集存214	磁縣94		
886	張遵墓誌	武定6年(548)10月22日		墨香閣	北大目61;碑索4-2036;北朝集存214			
887	劉欽墓誌	武定6年(548)11月15日		墨香閣	北大目61;碑索4-2037;北朝集存214			
888	祖貴之(祖孝隱)墓誌	武定7年(549)3月30日	河南安陽?		北朝集存214			
889	潘達墓誌	武定7年(549)4月23日	河北		碑索4-2037;北朝集存214			
890	丁今遵墓誌	武定7年(549)7月26日		中國國家博物館	碑索4-2038;北朝集存214			
891	李系墓誌	武定7年(549)8月21日	河北贊皇					
892	房纂墓誌	武定7年(549)11月22日	河南安陽?		碑索4-2038;北朝集存214			
893	楊黑妻郭石妃墓誌	武定7年(549)12月21日			碑索4-2039			
894	石紹妻王阿妃墓誌	武定8年(550)正月20日			北大目61;碑索4-2039;北朝集存216			
895	郭欽墓誌	武定8年(550)正月23日		墨香閣	北大目61;碑索4-2040;北朝集存216			

E 全文・補遺	F 疏證・墨香閣	G 碑校	H 集成	I 叢考	J その他の圖書	K 論文等	No.
			578			河南省文物考古研究所2009	878
			578			河南省文物考古研究所2009	879
			578		秦晉豫續113		880
			578		歷博大觀28;磚刻1003;磚書25		881
	墨70		578	528	安豐203;高姓38	羅新2011;劉連香2016a;周偉洲2016c;梶山智史2017;李宗俊2021b	882
							883
魏補397		8-87	581	530	魯迅誌431;河北錄429;遼博32;燕趙668;佛教金石47	馬忠理1991;魏平2004;趙海麗2010;趙海麗2011b;梁春勝2012a;張金龍2019b;羅福頤等2019;蘆會影2022	884
	墨72		580	529;530;808	安豐158;題跋集萃57;燕趙671	梶山智史2015;趙耀輝2014g;劉東升2015;廖基添2016;仇鹿鳴2016;劉凱2019a;周永研等2020;席蘭2020;魏軍剛2022a	885
	墨74		579	526;530;939		趙耀輝2014f;廖基添2016;魏軍剛2022a	886
	墨76		582		安豐204		887
					新獲一五30;秦晉豫三84	梶山智史2022;王一鑫2023	888
			583			田熊信之2009;梶山智史2017	889
			583		歷博大觀29;磚刻1004		890
					贊皇錄39		891
			584		秦晉豫續114;新獲一五31		892
							893
			585		磚刻1005		894
	墨80		585	251	安豐206	李紅霞等2016;劉萃峰等2022;王靜2023b	895

No.	墓誌名稱	紀年	出土地	現藏場所	A 目錄	B 集釋	C 北圖拓·新中國	D 彙編
896	穆良墓誌	武定8年(550) 正月23日	河南安陽	張海書法藝術館	碑索4-2039;北朝集存216			
897	關勝墓碑	武定8年(550) 2月14日	山西平定		題跋35;晉目陽泉145;淑德34;碑索4-2040;日本407		6-161	
898	惠義墓誌	武定8年(550) 2月26日	河北		碑索4-2042;北朝集存216			
899	姫景神墓誌	武定8年(550) 2月28日			北大目61;碑索4-2043;北朝集存216			
900	李雲妻鄭氏墓誌	武定8年(550) 2月28日?	河南濮陽	濮陽縣文化館	檢要263/修165;四十年41;碑索4-2042;北朝集存216·288			377 修475
901	蕭正表墓誌	武定8年(550) 2月29日	河北磁縣	遼寧省博物館	題跋149;中央館23;檢要232/修146;史語所32;北圖目32;文庫22;北大目62;淑德79;碑索4-2043;北朝集存216;日本408	漢魏304 磁縣100	6-164	378 修476
902	源磨耶墓誌	武定8年(550) 3月6日	河南洛陽	西安碑林博物館	題跋149;檢要232/修146;北圖目32;北大目62;淑德79;陝石提要69;碑索4-2045;北朝集存216;日本408	漢魏593	6-165	381 修480
903	寧恒墓誌	武定8年(550) 4月18日		墨香閣	北大目62;碑索4-2046;北朝集存216			
904	穆子巖墓誌	武定8年(550) 5月13日	河南安陽	新鄉市博物館	題跋149;中央館23;檢要233/修147;史語所32;北圖目32;北大目62;淑德79;碑索4-2047;北朝集存216;日本410	漢魏305	6-176	381 修480
905	鄭踐妻元孟瑜墓誌	武定8年(550) 5月13日	河南洛陽		洛續11;碑索4-2049;北朝集存216			
906	高湛妻閭叱地連(茹茹公主)墓誌	武定8年(550) 5月13日	河北磁縣	磁縣文物保管所	四十年30;碑索4-2047;北朝集存216	磁縣104	河北壹14	382 修481
907	張海欽妻蘇絪墓誌	天保元年(550) 5月10日	河南安陽	個人藏	北大目64;碑索5-2085;北朝集存228			
908	羊文興息妻馬姜墓誌	天保元年(550) 5月13日			碑索5-2085;北朝集存228			
909	元悶(元士亮)墓誌	天保元年(550) 5月18日			北大目64;碑索5-2086;北朝集存228	磁縣107		

E 全文・補遺	F 疏證・墨香閣	G 碑校	H 集成	I 叢考	J その他の圖書	K 論文等	No.
			586	302;305;529;536;794;808;870;944	秦晉豫52;魏碑聖地172;張海館b190	章名未2017;梶山智史2019;窪添慶文2021	896
魏補77		8-121			魯迅碑929;氈椎閒話1・40		897
			587			田熊信之2009;梶山智史2019	898
			587		安豐208	梶山智史2022	899
魏補402 齊補151		8-106	587	786;904	濮陽43;唐代鄭氏46	周到1964;王盛婷2004;窪添慶文2008;劉志生2009b;陳鵬2021	900
魏補397		8-125	588	341	增校隨380/修246;魯迅誌435;集萃8-90;河北錄429;磁縣考略77;遼博33;釋要667;北窗112;燕趙674;刻石珍拓156	馬衡1977;馬忠理1991;王金科1996b;張子英1996;魏平2004;王盛婷2004;章紅梅2007a;劉志生2009b;邱光華2010;澤田雅弘2013;徐志學2014;周北南等2014;梁春勝2014a;羅福頤等2019;梁春勝2020;張穎慧2022;梁春勝等2023	901
魏補400		8-129	590		增校隨381/修246;魯迅誌445;英華122;集萃8-91;鴛鴦藏石153;陝西石藝259;碑林全66-984	高峽1996;高然2013;張葳2019	902
	墨82		590	539;975			903
魏補400		8-150	592	352;367;539	魯迅誌449;集萃8-92;北窗114;菁英113	杜彤華等1998;宋燕鵬2007;傅山泉2009;梁春勝2012b;徐志學2014;劉凱2019b	904
魏補401			591	539;540	二四品332;邙洛32;龍門文萃429;譜牒465		905
魏補401		8-153	593		河北錄232;磁縣考略81;景州56;邯鄲碑刻10;近新;星空167;燕趙678;邯鄲石刻7-702;高姓51	磁縣文化館1984a;周偉洲1985;馬忠理1991;張子英1993;王盛婷2005;劉志生2009a;劉志生2010;羅新2011;李紅2012;周偉洲2016c;李宗俊2021b;陳麗萍2020	906
					磚刻1009		907
			619		磚刻1010		908
			619		安豐211;秦晉豫續115;北朝院108	李紅霞等2016;梁春勝2017b	909

No.	墓誌名稱	紀年	出土地	現藏場所	A 目錄	B 集釋	C 北圖拓·新中國	D 彙編
910	魏黃三墓誌	天保元年(550)6月8日						
911	□君妻孟蕭姜墓誌	天保元年(550)8月29日	河北臨漳	墨香閣	北大目64;碑索5-2086;北朝集存228			
912	麹神墓誌	天保元年(550)11月3日	河北臨漳	張海書法藝術館	北朝集存228	西南57		
913	麹君妻張氏墓誌	天保元年(550)11月3日		北朝藝術研究院	碑索6-3207;北朝集存228			
914	孫寶墓誌	天保元年(550)11月15日		晉祠博物館				
915	陰繼安墓誌	天保元年(550)11月27日	河北磁縣	墨香閣	北大目64;碑索5-2086;北朝集存228			
916	元讖妻于氏墓誌	天保元年(550)12月9日		北朝藝術研究院	碑索5-2087;北朝集存228			
917	李騫墓誌	天保元年(550)12月10日		墨香閣	北大目65;碑索5-2087;北朝集存228			
918	□脩墓誌	天保元年(550)12月21日			碑索5-2088;北朝集存228			
919	法容墓誌	天保元年(550)?		北朝藝術研究院	碑索5-2088;北朝集存228			
920	嚴詮墓誌	天保2年(551)正月15日		墨香閣	北大目65;碑索5-2088;北朝集存228	磁縣110		
921	郭彥道墓誌	天保2年(551)正月23日		書道博物館	檢要235/修148;碑索5-2089;北朝集存228			
922	趙子問墓誌	天保2年(551)閏2月5日			題跋149;檢要235/修148;碑索5-2089;北朝集存228	漢魏317		386 修487
923	許道寵墓誌	天保2年(551)3月10日						
924	崔芬墓誌	天保2年(551)10月9日	山東臨朐	臨朐縣博物館	四十年32;碑索5-2090;北朝集存230			
925	元賢墓誌	天保2年(551)11月3日	河北磁縣		題跋149;中央館23;檢要236/修148;北圖目33;北大目65;淑德80;碑索5-2090;北朝集存230;日本423	漢魏47 磁縣113	7-14	386 修487
926	蕭醜女墓誌	天保2年(551)11月26日	河北	墨香閣	北大目65;碑索5-2092;北朝集存230			
927	段通墓誌	天保2年(551)11月27日		墨香閣	北大目65;碑索5-2092;北朝集存230			

E 全文・補遺	F 疏證・墨香閣	G 碑校	H 集成	I 叢考	J その他の圖書	K 論文等	No.
					磚書26		910
	墨265		620		磚刻1011;燕趙682;磚書27	趙生泉2004b;趙生泉等2006;趙生泉2008b	911
			620	14;542	魏碑聖地164;張海館a70/b196	胡湛2016;梶山智史2017;何山2020;魏軍剛2023a	912
			621	275;542;811;914	北朝院110;絲路沿綫32	梁春勝2017b;梁春勝2018b	913
						郭保平2023	914
	墨84		622	220;232;780	安豐213;燕趙684	梁春勝2017b;王艷琪等2023	915
			622	225;542	北朝院112	梁春勝2017b;梁春勝2018b	916
	墨86		623		西南滙釋32;李氏墓124;贊皇錄24	趙生泉2008a;梶山智史2013a;金傳道2014;楊艷華2017;范兆飛2021;常麗麗2023b	917
			624		安豐212		918
			625		北朝院114		919
	墨88		625	543;905;965	安豐215	李紅霞等2016;梁春勝2017b;梁春勝2018b	920
							921
齊補54		8-248	626				922
						宋燕鵬2007;劉凱2019b	923
齊補54	161 修157	8-261	626	317;946	山東選粹17;山東志550;山東碑造298;齊魯誌研238;山東分類56;海岱石華97;山東書全152	山東省文物考古研究所2002;東賢司2003;崔世平2005;鄧瑩2010;梁春勝2011a;梁春勝2015b	924
齊補55		8-264	627	544;977	增校隨388/修251;魯迅誌457;河北錄430;磁縣考略87;法全北誌187;釋要673;杞芳堂363;燕趙686;譜牒466;絲路沿綫34	馬忠理1991;張子英1996;王盛婷2004;劉志生2009a;趙海麗2011a;李紅2012;張永惠2021;蘆會影等2022	925
	墨266		628		磚刻1013;燕趙689	趙生泉2004b;趙生泉等2006;趙生泉2008b	926
	墨90		629	519;544	安豐216;涼州462	周永研等2020	927

No.	墓誌名稱	紀年	出土地	現藏場所	A 目錄	B 集釋	C 北圖拓・新中國	D 彙編
928	□道明墓誌	天保3年(552)正月15日	河南焦作	焦作市博物館	北大目65;碑索5-2092;北朝集存230		河南壹145	388修489
929	高歡妻韓智輝墓誌	天保3年(552)2月22日	河南安陽?	墨香閣	碑索5-2093;北朝集存230	新北122 磁縣117		
930	張攀墓誌	天保3年(552)3月5日	山東益都	青州市博物館	碑索5-2093;北朝集存230			
931	元孝輔墓誌	天保3年(552)3月26日	河南安陽		北大目65;碑索5-2094;北朝集存230	新北126		
932	楊氏女墓誌	天保3年(552)7月1日	河南安陽	河南省文物考古研究所?	碑索5-2094;北朝集存230			
933	孫槃龍妻明姬墓誌	天保3年(552)7月4日		西安碑林博物館	題跋149;檢要236/修149;北大目65;碑索5-2095;北朝集存230;日本424	漢魏595		389修490
934	元叡墓誌	天保3年(552)8月25日		墨香閣	北大目65;碑索5-2096;北朝集存230	磁縣120		
935	韓買妻李清仁墓誌	天保3年(552)10月30日	河南安陽		碑索5-2096;北朝集存230			
936	劉悦及妻王氏麴氏墓誌	天保3年(552)11月8日			碑索5-2096;北朝集存232			
937	王謨墓誌	天保3年(552)11月8日	河南安陽		碑索5-2097;北朝集存232			
938	夏侯祖墓誌	天保3年(552)11月20日	山西太原	太原市文物考古研究所	碑索5-2097;北朝集存232			
939	閻子燦墓誌	天保3年(552)11月21日		墨香閣	北大目65;碑索5-2098;北朝集存232			
940	赫連遷墓誌	天保3年(552)12月4日		北朝藝術研究院?	北大目66;碑索5-2098;北朝集存232			
941	高敬容墓誌	天保3年(552)12月27日	山西太原	太原市文物考古研究所	碑索5-2098;北朝集存232			
942	李秀之墓誌	天保3年(552)12月28日	河北贊皇		北大目66;碑索5-2099;北朝集存232			
943	長孫卅九娘墓券	天保3年(552)	江蘇揚州		檢要236/修149;碑索5-2099;北朝集存232			
944	司馬遵業(司馬子如)墓誌	天保4年(553)2月27日	河北磁縣		題跋150;中央館23;檢要237/修149;北圖目33;史語所32;北大目66;碑索5-2100;北朝集存232	漢魏318 磁縣125	7-25	389修491

E 全文・補遺	F 疏證・墨香閣	G 碑校	H 集成	I 叢考	J その他の圖書	K 論文等	No.
齊補56		8-268	629	544	山陽59;譜牒467;秦晉豫續116;佛教金石49;河南散存196	任軍偉2010;李淑琴2018;楊繼光等2021;宋艷陽2022	928
	墨92		630	249;544;545;896	安豐218;題跋集萃59;燕趙691;高姓39	胡耀飛2015;趙耀輝2015c;周阿根2016b;梁春勝2017b;楊學是2018;楊學是2020;連文娟2021	929
			631	91;545;753;781;806;945;947	山東選粹18;齊魯碑刻113;青州博203;齊魯誌研308;青社齋1;山東分類58;山東書全154;涼州464;碑誌春秋111	李森2004;梶山智史2015;張顯成等2018	930
			632	299;342;344;812;871;872	安豐221;民間藏誌48;秦晉豫53;譜牒467	梁春勝2014b;李紅霞等2016;周阿根2016b;李海峰2017;楊學是2018;連文娟2021;白艷章2021;常麗麗2023a	931
			633			河南省文物考古研究所2009	932
齊補57		8-279	633		鴛鴦藏石154;磚刻1014;彭州121		933
	墨94		633	289;547;635;800;947	安豐222	馬愛民2012;梁春勝2017b	934
			634		秦晉豫續117		935
				191	新獲七朝39;獻縣15;譜牒468	劉軍2016a	936
			635	548;837;970	安陽選編3		937
			635		晉刻北朝41;佛教金石50;山西北朝126;晉陽遺珍234;晉陽北齊111	山西省考古研究所等2006b;佐川英治2012;梶山智史2013a;武亨偉2020;武夏2022	938
	墨96		636	204;549;813;814;873	安豐226;絲路沿綫38	孔德銘2015;梁春勝2017b;郭曉燕等2018;劉森垚2019a	939
			637	339;420;809;817	安豐228;秦晉豫續118;北朝院116;新獲一五32;金石證史47;道在瓦甓186;絲路沿綫36	孔德銘2015;黃楨2016;梁春勝2017b;劉勇2020;魏晴晴2020	940
					晉刻北朝49;山西北朝130	武亨偉2020	941
					李氏墓26		942
					增校隨390/修252	池田溫1981	943
齊補57		8-291	638	524;549;550;551;800;873	魯迅誌462;河北錄430;磁縣考略90;西民大拓57;燕趙694	岑仲勉1939;馬忠理1991;馬小青1993;張子英1996;王盛婷2004;李紅2012;何山2017;蘇珂2022	944

No.	墓誌名稱	紀年	出土地	現藏場所	A 目錄	B 集釋	C 北圖拓・新中國	D 彙編
945	賀拔昌墓誌	天保4年(553)2月27日	山西太原	太原市文物考古研究所	碑索5-2101;北朝集存232			
946	楊祥妻□氏墓誌	天保4年(553)2月27日						
947	崔頠墓誌	天保4年(553)2月29日	山東益都	青州市博物館	題跋149;檢要237/修149;史語所32;北圖目32;文庫23;北大目66;淑德80;碑索5-2102;北朝集存232;日本425	漢魏319	7-26	392 修494
948	王熾墓誌	天保4年(553)4月10日		北朝藝術研究院	碑索5-2104;北朝集存232			
949	楊昇遊妻成磨子墓誌	天保4年(553)4月20日		墨香閣	北大目66;碑索5-2105;北朝集存232			
950	張法和息妻阿趙墓誌	天保4年(553)8月4日						
951	獨孤忻墓誌	天保4年(553)8月19日	河北磁縣		北大目66;碑索5-2105;北朝集存234	磁縣131		
952	楊元讓妻宋氏墓誌	天保4年(553)8月24日		墨香閣	北大目66;碑索5-2105;北朝集存234	磁縣134		
953	高淹妻馮娑羅墓誌	天保4年(553)9月1日	河北趙縣	民間藏	北大目66;碑索5-2106;北朝集存234	新北129 磁縣137		
954	何劉息清兒墓誌	天保4年(553)9月21日			北大目66;碑索5-2106;北朝集存234			
955	張車墓誌	天保4年(553)11月3日	北京通州	北京市文物研究所				
956	王道習墓誌	天保4年(553)11月26日	山東萊陽	山東省博物館	碑索5-2108;北朝集存234			
957	□弘墓誌	天保4年(553)11月26日	山東東平		題跋150;檢要238/修150;史語所32;北大目67;碑索4-2017;北朝集存234	漢魏320		393 修495
958	張冀周妻王氏墓誌	天保4年(553)11月26日	河南安陽	河南省文物考古研究所?	碑索5-2107;北朝集存234			
959	元良墓誌	天保4年(553)閏11月8日	河北磁縣	磁縣文物保管所	碑索5-2109;北朝集存234	磁縣140	河北壹15	
960	元賢眞墓誌	天保4年(553)閏11月8日		墨香閣	北大目67;碑索5-2108;北朝集存230・234			
961	竹解愁墓誌	天保4年(553)	山西太原	太原市文物考古研究所				
962	陸淨墓誌	天保5年(554)2月24日		北朝藝術研究院	碑索5-2109;北朝集存234			

E 全文・補遺	F 疏證・墨香閣	G 碑校	H 集成	I 叢考	J その他の圖書	K 論文等	No.
齊補59	164 修160	8-295	640	551	晉刻北朝63;山西北朝135;絲路沿綫40;晉陽北齊80	王立斌等2002;周錚2002b;太原市文物考古研究所2003a;趙陽陽2009;梁春勝2011a;武亨偉2020	945
					秦晉豫三86		946
齊補60		8-298	641	947	精華62;增校隨390/修252;集萃7-84;釋要675;山東分類60;山東書全156;刻石珍拓160;崔氏413;淄博誌釋40	李森等2001;王華山2008;劉志生2009a;趙海麗2011a;李不殊2011;北石研究Ⅱ班2015	947
			997		北朝院118;秦晉豫三88		948
	墨98		641				949
					磚書29		950
			641		安豐229;民間藏誌50;題跋集萃60;北大新拓112;燕趙698;道在瓦甓190;誌法精選16	胡海帆2016;李紅霞等2016;梶山智史2017;徐藝萌2023a	951
	墨100		643		安豐230	梶山智史2017	952
			643		安豐231;秦晉豫54;北大新拓113;新獲一五33;北朝百品97;高姓44;西南滙釋35	解峰2008;楊學是2018;邵秀梅等2019;連文娟2021;蘆會影等2022	953
			644		磚刻1015		954
						北京市文物研究所2019	955
			644	288;444;451;551;552;803;814;873	山東選粹19;齊魯誌研309;山東分類61;海岱石華94;山東書全158	梶山智史2013a;顧盼等2018;宋愛平等2019;王艷琪等2023	956
齊補60		8-308	646		東平碑文5		957
			646			河南省文物考古研究所2009	958
齊補61		8-310	646	295	河北錄430;磁縣考略94;燕趙700	馬忠理1991;張子英1996;磁縣文物保管所1997;馬瑞2011	959
	墨102		647	828	安豐224		960
					晉陽遺珍154		961
			648	225;553;766;814;905	北朝院120;秦晉豫三89	梁春勝2017b;梁春勝2018b;呂偉濤2021	962

No.	墓誌名稱	紀年	出土地	現藏場所	A 目錄	B 集釋	C 北圖拓·新中國	D 彙編
963	高顯國妻敬氏墓誌	天保5年(554)10月7日	河北磁縣		題跋150;檢要238/修150;北大目67;碑索5-2110;北朝集存234	漢魏596 磁縣144	河北壹35	393 修496
964	張黑奴妻王洛妃墓誌	天保5年(554)10月7日			碑索5-2110;北朝集存234;日本428		7-41	
965	孫君妻姜長妃墓誌	天保5年(554)11月20日		墨香閣	北大目67;碑索5-2111;北朝集存234			
966	薛脩義墓誌	天保5年(554)12月9日	河南安陽		碑索5-2111;北朝集存236			
967	爾朱世邕墓誌	天保6年(555)正月4日		個人藏	北大目67;碑索5-2112;北朝集存236	新北132 磁縣148		
968	元圓墓誌	天保6年(555)正月15日			碑索5-2112;北朝集存236			
969	竇泰墓誌	天保6年(555)2月9日	河南安陽	河南博物院	題跋150;中央館21;檢要239/修150;史語所32;北圖目29;北大目67;淑德80;碑索5-2114;北朝集存236;日本430	漢魏321 磁縣151	7-46	394 修497
970	竇泰妻婁黑女墓誌	天保6年(555)2月9日	河南安陽	河南博物院	題跋150;中央館24;檢要239/修150;史語所33;北圖目33;北大目67;碑索5-2113;北朝集存236;日本430	漢魏322 磁縣157	7-45	397 修501
971	張莘容墓誌	天保6年(555)2月10日	河南安陽					
972	侯莫陳阿仁拔及妻叱列氏墓誌碑	天保6年(555)2月27日	山西太原		碑索5-2116;北朝集存236			
973	王憐妻趙氏墓誌	天保6年(555)7月6日	山東掖縣		題跋150;檢要240/修151;史語所33;文庫23;北大目67;碑索5-2116;北朝集存236;日本431	漢魏323		398 修502
974	馬瑾妻元摩耶墓誌	天保6年(555)8月12日		墨香閣	碑索5-2117;北朝集存236			
975	高建墓誌	天保6年(555)10月14日	河北磁縣	遼寧省博物館	題跋150;中央館24;檢要240/修151;史語所33;文庫23;北大目67;淑德80;碑索5-2118;北朝集存236	漢魏309 磁縣160		399 修503
976	崔茂墓誌	天保6年(555)10月14日	河北磁縣		北朝集存236			
977	元子邃及妻李氏墓誌	天保6年(555)11月7日	河南安陽	西安碑林博物館	題跋150;檢要241/修151;史語所33;北圖目33;北大目68;淑德80;陝目提要71;碑索5-2119;北朝集存238;日本432	漢魏577	7-50	401 修505
978	郭哲墓誌	天保6年(555)12月15日		北朝藝術研究院	碑索5-2120;北朝集存238			

E 全文・補遺	F 疏證・墨香閣	G 碑校	H 集成	I 叢考	J その他の圖書	K 論文等	No.
齊補62・152		8-334	650	797	河北錄430;磁縣考略95;星空172;燕趙702;高姓126	馬忠理1991;張子英1996;王盛婷2005;趙海麗2011a;梁春勝2016a	963
齊補63			651		磚刻1016		964
	墨104		651	443;554	安豐233	梁春勝2018b	965
			651	494;554;984	安豐235;秦晉豫續122;安陽選編122	梶山智史2015;王玉清2018	966
			655	815;874	安豐238;題跋集萃61;燕趙705;譜牒454;誌法精選1;道在瓦甓184;絲路沿綫42	陳瑞青等2010;王連龍2014b;李紅霞等2016;楊學是2018	967
			655		安豐239;鄴華甄賞280;秦晉豫續123		968
齊補63		8-350	658	555	精華63;魯迅誌471;北拓精品108;北窗116;譜牒455;琬琰流芳66;盛世側影206;魏碑聖地120	新鄉市博物館1973;杜彤華等1998;王盛婷2006a;魏宏利2006;傅山泉2009;鄧瑩2010;吳蘭蘭2012;澤田雅弘2013;吳曼玉等2018;袁鵬博等2020	969
齊補65		8-354	660	556;948	魯迅誌481;民族姓氏77;胡姓考99;北拓精品114;西民大拓58;燕趙709;琬琰流芳71;盛世側影208;絲路沿綫44;魏碑聖地124	新鄉市博物館1973;杜彤華等1998;傅山泉2009;鄧瑩2010;張金龍2011;何山2017;梁春勝2020	970
					秦晉豫三90		971
齊補66		8-357	661		山西北朝139;晉陽北齊94	山西省考古研究所2004;宋馨2012;武亨偉2020;武夏2022	972
齊補66		8-366	661		增校隨394/修254;魯迅誌485;杞芳堂369;佛教金石51		973
	墨106		662	232;816	安豐242	梁春勝2017b	974
齊補66		8-370	662		魯迅誌489;河北錄430;磁縣考略97;遼博34;胡姓考148;星空139;燕趙711;高姓127	馬忠理1991;張子英1996;章紅梅2007a;鄧瑩2010;張金龍2011;劉志生等2012b;羅小如2015;梁春勝2016a;羅福頤等2019;鄒芳望2023	975
					燕趙714	梶山智史2019	976
齊補68		8-374	664	390;405;556;816;874;941	鴛鴦藏石155;陝西石藝259;碑林全66-986;彭州123	高峽1996;王盛婷2006a;劉天琪2009;趙海麗2010;劉軍2015b;趙家棟2017a;王敬2021	977
			665		北朝院124	梁春勝2017b	978

No.	墓誌名稱	紀年	出土地	現藏場所	A 目錄	B 集釋	C 北圖拓·新中國	D 彙編
979	高瓊墓誌	天保6年(555)12月27日			碑索5-2120;北朝集存238			
980	鄭道育及妻盧德首墓誌	天保7年(556)正月20日						
981	穆瑜妻陸脩容墓誌	天保7年(556)正月21日		北朝藝術研究院	碑索5-2120;北朝集存238			
982	羅士裕墓誌	天保7年(556)正月21日	河南安陽					
983	崔寬墓誌	天保7年(556)2月13日		北朝藝術研究院	碑索5-2121;北朝集存238			
984	蘭多妻喬花墓誌	天保7年(556)3月9日	山西太原	太原市文物考古研究所				
985	崔仲姿墓誌	天保7年(556)4月16日		墨香閣	北大目68;淑德80;碑索5-2121;北朝集存238;日本429			
986	高岳墓誌	天保7年(556)4月16日		個人藏	北朝集存238			
987	李識蕾墓誌	天保7年(556)4月20日	河南安陽		北大目68;碑索5-2121;北朝集存238			
988	王慶哲妻悅波墓誌	天保7年(556)4月26日		個人藏				
989	郁久閭業碑	天保7年(556)5月			題跋35;碑索5-2122			
990	張紹祖墓誌	天保7年(556)6月7日	河南安陽	個人藏	碑索5-2122;北朝集存238			
991	翟煞鬼墓誌	天保7年(556)8月8日			碑索5-2122;北朝集存238		7-52	
992	□買墓誌	天保7年(556)8月18日	山西榆次	榆次區文物保管所	碑索5-2123;北朝集存240			
993	□買妻□好墓誌	天保7年(556)8月18日	山西榆次	榆次區文物管理所	碑索5-2123;北朝集存238			
994	魏世儁妻車延暉墓誌	天保7年(556)8月25日			碑索5-2123;北朝集存240;日本433		7-53	402 修507
995	□君妻江妙養墓誌	天保7年(556)閏8月23日			碑索5-2124			
996	慕容儼妻任華仁墓誌	天保7年(556)11月8日		墨香閣	碑索5-2124;北朝集存240			
997	李德元墓誌	天保7年(556)11月9日	河北贊皇	贊皇縣文物保管所	碑索5-2124;北朝集存240		河北壹16	
998	李子叔墓誌	天保7年(556)11月9日		北朝藝術研究院	碑索5-2125;北朝集存240			

E 全文・補遺	F 疏證・墨香閣	G 碑校	H 集成	I 叢考	J その他の圖書	K 論文等	No.
				328;557;662;817	珍稀百品14;秦晉豫三91	余國江2019	979
					盧氏19		980
			665	281	北朝院126;秦晉豫三92;廻望桑乾35	王銀田等2015;梁春勝2018b;呂偉濤2021	981
						翁志飛2021	982
			666	557;558	北朝院138;秦晉豫三93;崔氏834	殷憲等2014;殷憲2015b;王艷琪等2023	983
					晉陽遺珍236		984
齊補69	墨108		667	817	安豐246;燕趙716	梁春勝2018b	985
					新獲一五35;北精粹齊周1	梶山智史2022	986
			667		磚刻1018		987
					鄴華甄賞250	梶山智史2019	988
					柔然錄72;金石錄376;胡姓考286		989
			668		秦晉豫56		990
齊補69			668		魯迅誌487;西北69		991
					晉刻北朝75;滄海遺珍97;大全楡次6;山西北朝142;晉陽北齊96	佐川英治2015;武亨偉2020;段彬等2020	992
					滄海遺珍97;大全楡次5;山西北朝151;晉陽北齊100	段彬等2020	993
齊補70			668		磚刻1019		994
							995
	墨110		668	558	安豐247	梁春勝2017b	996
齊補70		8-389	669		燕趙718;李氏墓126	梁春勝2020	997
			669		北朝院128;秦晉豫三94;李氏墓125		998

No.	墓誌名稱	紀年	出土地	現藏場所	A 目錄	B 集釋	C 北圖拓·新中國	D 彙編
999	李希禮墓誌	天保7年(556) 11月20日	河北贊皇	正定縣文物保管所	四十年28;碑索5-2125;北朝集存240		河北壹17	
1000	李希仁墓誌	天保7年(556) 11月	河北贊皇	李希仁墓中	碑索5-2126;北朝集存240			
1001	若干子雄妻張比婁墓誌	天保7年(556) 12月15日	河北	墨香閣	北大目68;碑索5-2126;北朝集存240			
1002	宇文景尚墓誌	天保7年(556) 12月21日		墨香閣	碑索5-2127;北朝集存240			
1003	馮昕及妻元智光墓誌	天保7年(556) 12月27日		墨香閣	北大目68;碑索5-2127;北朝集存240			
1004	靈辨墓誌	天保8年(557) 正月			淑德80;碑索5-2127;北朝集存240;日本434			
1005	高僧保墓誌	天保8年(557) 2月3日			碑索5-2128			
1006	惠寂墓誌	天保8年(557) 3月15日			碑索5-2129;北朝集存242			
1007	王遵遠妻杜敬妃墓誌	天保8年(557) 5月4日			碑索5-2129			
1008	李寧墓誌	天保8年(557) 5月11日			北大目68;碑索5-2130;北朝集存242			
1009	纂息奴子墓誌	天保8年(557) 5月24日			文庫24;碑索5-2130;北朝集存242;日本434·435		7-60	402 修507
1010	房倚妻畦仲墓誌	天保8年(557) 5月27日	河南安陽?		碑索5-2131;北朝集存242			
1011	李桃杖墓誌	天保8年(557) 6月6日			北大目68;碑索5-2131;北朝集存242			
1012	楊六墓誌	天保8年(557) 7月12日			碑索5-2131;北朝集存242;日本436		7-63	403 修507
1013	祕天興墓誌	天保8年(557) 8月2日		中國國家博物館	碑索5-2132;北朝集存242			
1014	元鑒(元長文)墓誌	天保8年(557) 8月18日			碑索5-2132;北朝集存242			
1015	李季嬪墓誌	天保8年(557) 8月18日	河南安陽		碑索5-2132;北朝集存242			
1016	趙文玉妻鄭豐姒墓誌	天保8年(557) 8月29日	天津武清	天津市文化遺產保護中心	碑索5-2133;北朝集存242		上海天津207	
1017	高買女墓誌	天保8年(557) 9月10日	河北		碑索5-2133;北朝集存242			
1018	元乂妻胡玄輝墓誌	天保8年(557) 11月26日		北朝藝術研究院	碑索5-2133;北朝集存242			

E 全文・補遺	F 疏證・墨香閣	G 碑校	H 集成	I 叢考	J その他の圖書	K 論文等	No.
齊補70		8-391	670	558	河北錄431;燕趙720;譜牒469;李氏墓127	楊艷華2017;范兆飛2021	999
					河北錄431		1000
	墨267		671		磚刻1020;磚書30	趙生泉2004b;趙生泉等2006;趙生泉2008b	1001
	墨112		671	559	安豐248	梁春勝2017b	1002
	墨114		672	559;950	安豐244	梶山智史2015;梁春勝2018b	1003
							1004
							1005
			673		題跋集萃62;燕趙724	梶山智史2017	1006
							1007
			673		安豐250;秦晉豫續124;新獲一五36	孔德銘2015;李紅霞等2016;張彪2016a	1008
齊補72		8-402	674		磚刻1021		1009
			674		秦晉豫續125		1010
			675		安豐252;秦晉豫續126	李紅霞等2016	1011
齊補72		8-411	675		磚刻1022	李紅2012	1012
			676		歷博大觀31;磚刻1023		1013
					稀見;民間藏誌20;新精北朝上72;字里賞讀22		1014
			676	563;805	安豐146;秦晉豫57;佛教金石52;李氏墓128	梶山智史2017;梁春勝2020	1015
			677		天津博47	梶山智史2022	1016
			677			田熊信之2009	1017
			677	441;486;563	北朝院130;絲路沿綫48	梁春勝2017b;梁春勝2018b;鮑智2023	1018

No.	墓誌名稱	紀年	出土地	現藏場所	A 目錄	B 集釋	C 北圖拓·新中國	D 彙編
1019	李松墓誌	天保9年(558) 正月3日	河北 隆堯		北大目68;碑索5-2134;北朝集存242			
1020	□子輝墓誌碑	天保9年(558) 2月18日	山西 太原	晉祠博物館(山西博物院?)	四十年32;晉目太原19;碑索5-2134;北朝集存240			403 修507
1021	郭和及妻趙氏墓誌	天保9年(558) 5月13日		晝錦堂				
1022	劉洪徽妻高徽(高阿難)墓誌	天保9年(558) 5月28日		拿雲美術博物館	碑索5-2135;北朝集存242			
1023	吳穆墓誌	天保9年(558) 5月28日	河南 安陽	張海書法藝術館	碑索5-2135;北朝集存244			
1024	高榮及妻牛貴英墓誌	天保9年(558) 8月23日		墨香閣	北大目68;碑索5-2136;北朝集存244			
1025	高朗墓誌	天保9年(558) 8月23日			北大目68;碑索5-2136;北朝集存244			
1026	謝歡同墓誌	天保9年(558) 10月16日	河南 洛陽	故宮博物院	北圖目34;北大目69;碑索5-2137;北朝集存244		7-76	404 修509
1027	皇甫琳墓誌	天保9年(558) 11月20日	河北 磁縣	天津博物館	題跋150;檢要241/修152;史語所33;北圖目34;文庫24;北大目69;淑德80;碑索5-2137;北朝集存244;日本439	漢魏324 磁縣165	7-77	404 修509
1028	□珍墓誌	天保9年(558) 11月26日	河北					
1029	李權墓誌	天保9年(558) 12月25日	河北 贊皇					
1030	徐徹墓誌	天保10年(559) 正月21日	河南 安陽	安陽金石保存所	題跋150;檢要242/修152;史語所33;北圖目34;北大目69;碑索5-2140;北朝集存244;日本440	漢魏325	7-80	405 修510
1031	田伯墓誌	天保10年(559) 2月2□日			碑索5-2140			
1032	杜達墓誌	天保10年(559) 4月3日			北大目69;碑索5-2141			
1033	張承墓誌	天保10年(559) 閏4月8日	河北 石家莊		檢要242/修152;碑索5-2141;北朝集存244			407 修513
1034	庫狄洛妻尉孃孃墓誌	天保10年(559) 5月17日	山西 壽陽	山西省博物館	四十年33;碑索5-2142;北朝集存244			407 修513
1035	元坦妻孫氏墓誌	天保10年(559) 6月12日		墨香閣	北大目69;碑索5-2143;北朝集存246			
1036	李倩之墓誌	天保10年(559) 7月22日	河南 安陽		碑索5-2143			

E 全文・補遺	F 疏證・墨香閣	G 碑校	H 集成	I 叢考	J その他の圖書	K 論文等	No.
					隆堯輯要7		1019
齊補72		9-16	678	148	晉祠碑碣454;晉刻北朝93;山西北朝158;晉陽北齊33	王玉山1963;劉志生2009a;宋馨2012;武亨偉2020;武夏2022	1020
					晝錦堂12		1021
		9-26	680	443;876	高姓42	佚名2006;殷憲2008c	1022
			679	540;566;788	秦晉豫58;魏碑聖地182;張海館a72/b204	胡湛2016;梶山智史2019	1023
	墨116		681	566;688;951	安豐253;牛氏154;高姓297	李紅霞等2016;梁春勝2017b;梁春勝2018b;周永硏等2020	1024
			681	567;937;941	安豐255;民間藏誌54;誌法精選19	李紅霞等2016;陳薈宇等2022	1025
齊補73			682		磚刻1024		1026
齊補73		9-31	682		增校隨396/修256;魯迅誌495;河北錄430;磁縣考略100;釋要686;北窗118;燕趙726	馬忠理1991;張子英1996;羅福頤等2019;張永惠2021;蘆會影等2022	1027
						張馳2019a	1028
					贊皇錄30		1029
齊補74		9-36	684	134;196;358;567		王盛婷2006b;劉志生等2012a;梁春勝2012b;孔德銘2015	1030
							1031
			685		安豐257	馬愛民2012	1032
齊補75			686		河北錄432;磚刻1025;燕趙730	河北省文物管理委員會1959b	1033
齊補76		9-42	686	568	山西碑碣28;山西概覽52;晉刻北朝167;大全壽陽8;大全迎澤5;山西藝博10;金石證史33;山西北朝163;絲路沿綫50;晉陽北齊57	王克林1979;王天痳1993;王盛婷2005;佐川英治2012;吳超2015;劉森垚2018;劉志生2019b;武亨偉2020;張永惠2021;董文强等2021b	1034
	墨246		998	876;877	安豐258	梁春勝2017b	1035
				可憑65		張利同2016	1036

No.	墓誌名稱	紀年	出土地	現藏場所	A 目錄	B 集釋	C 北圖拓·新中國	D 彙編
1037	竇興洛墓誌	天保10年(559)10月13日	山西太原	太原市文物考古研究所	碑索5-2144;北朝集存246			
1038	崔孝直墓誌	天保10年(559)10月13日		北朝藝術研究院	碑索5-2143;北朝集存246			
1039	崔孝直妻李幼芷墓誌	天保10年(559)10月13日		北朝藝術研究院	碑索5-2144;北朝集存246			
1040	張肅俗墓誌	天保10年(559)11月19日	山西太原	山西博物院	四十年33;碑索5-2145;北朝集存246			
1041	尉標及妻王金姬墓誌	天保10年(559)11月19日	河南安陽	墨香閣	北大目69;碑索5-2144;北朝集存246			
1042	厙狄敬墓誌	天保10年(559)	山西太原					
1043	劉景墓誌	乾明元年(560)2月25日		中國國家博物館	碑索5-2145;北朝集存246			
1044	黃小休墓誌	乾明元年(560)3月4日	河南安陽?		碑索5-2146;北朝集存246			
1045	董顯□墓誌	乾明元年(560)3月21日	陝西西安	故宮博物院	題跋150;檢要242/修152;北大目69;碑索5-2146;北朝集存246		7-89	408 修514
1046	程君妻趙樂子墓誌	乾明元年(560)4月3日		北朝藝術研究院	碑索5-2147;北朝集存246			
1047	高淯墓誌	乾明元年(560)4月16日	河北磁縣	遼寧省博物館	題跋150;檢要243/修153;史語所33;北圖目33;北大目69;碑索5-2149;北朝集存248;日本442	漢魏311 磁縣168	7-90	408 修514
1048	高湜墓誌	乾明元年(560)4月16日	河北磁縣		檢要243/修153;碑索5-2148;北朝集存248	磁縣172	7-91	409 修516
1049	高渙墓誌	乾明元年(560)4月16日	河北臨漳	個人藏	北大目70;淑德80;碑索5-2147;北朝集存246;日本442	新北148		
1050	元伏山墓誌	皇建元年(560)10月7日	河北		北大目70;碑索5-2150;北朝集存248			
1051	呂祥墓誌	皇建元年(560)11月14日		北朝藝術研究院	碑索5-2150;北朝集存248			
1052	賀婁悅墓誌	皇建元年(560)11月26日	山西太原	太原市文物考古研究所	晉目太原35;碑索5-2150;北朝集存248			
1053	劉整墓誌	皇建2年(561)正月29日		墨香閣	碑索5-2153;北朝集存248			
1054	侯文敬妃墓誌	皇建2年(561)2月6日	河南安陽	河南省文物考古研究所?	碑索5-2153;北朝集存248			

E 全文・補遺	F 疏證・墨香閣	G 碑校	H 集成	I 叢考	J その他の圖書	K 論文等	No.
			689	570	晉刻北朝103;山西北朝168;晉陽北齊108	山西省考古研究所等2006a;崔世平2008;吳曼玉等2018;梶山智史2019;吉亨偉2020;武夏2022	1037
			687	569;570	北朝院132;秦晉豫三96;崔氏830	殷憲等2014;殷憲2015b;王艷琪等2023;張春2023	1038
			688		北朝院135;秦晉豫三95;李氏墓129;崔氏831	梁春勝2017b	1039
齊補76	167 修162		691		張肅墓4;晉刻北朝113;山西档案4-196;山西北朝174;晉陽北齊30	鄧瑩2010;吉亨偉2020;武夏2022	1040
	墨118		690	186;390	北大新拓114	梶山智史2017;梁春勝2017b;劉森垚2018;董文強等2021b	1041
						武夏2022	1042
			692		歷博大觀32;磚刻1026		1043
			692		秦晉豫續129		1044
齊補77			692		磚刻1027;磚書31		1045
			692	306;357;393;917;952	北朝院141;秦晉豫三98	梁春勝2017b	1046
齊補77		9-48	693		集萃8-93;河北錄430;磁縣考略104;遼博35;星空136;杞芳堂378;燕趙732;高姓50	馬忠理1991;張子英1993;王盛婷2004;王盛婷2006a;羅福頤等2019;蘆會影等2022;張穎慧2023	1047
齊補78		9-51	694	570	增校隨416/修268;磁縣考略106;趙紹祖343;星空147;燕趙734;高姓53	馬忠理1991;張子英1996;周北南等2014;羅小如2015;宋凱2016;范兆飛2021;張永惠2021	1048
			695	14;571;877	星空144;北大新拓115;秦晉豫續130;高姓47	王連龍2010a;梁春勝2014b;劉秀海2015;李海峰2017;楊學是2018;梁春勝2020;白艷章2021	1049
							1050
			696	571	北朝院144;絲路沿綫56		1051
齊補79	170 修164		697	494	晉刻北朝121;山西北朝177;晉陽北齊76	渠川福1990;常一民1992;梁春勝2011a;吉亨偉2020;武夏2022	1052
	墨120		697	572;952	安豐259	梁春勝2017b	1053
			698		打開北朝112	河南省文物考古研究所2009;梶山智史2019	1054

No.	墓誌名稱	紀年	出土地	現藏場所	A 目錄	B 集釋	C 北圖拓·新中國	D 彙編
1055	索泰墓誌	皇建2年(561)2月8日	河南安陽?		碑索5-2154;北朝集存248			
1056	索勇妻李華墓誌	皇建2年(561)2月8日			碑索5-2154;北朝集存248		新北120 西南60	
1057	輔道念墓誌	皇建2年(561)4月10日	河北	墨香閣	北大目70;碑索5-2154;北朝集存248			
1058	張齊母褚寶慧墓誌	皇建2年(561)5月4日	河南安陽		碑索5-2155;北朝集存248			
1059	華孝墓誌	皇建2年(561)11月7日			北大目70;碑索5-2155;北朝集存248			
1060	王洪引墓誌	皇建2年(561)11月7日						
1061	是連君妻邢阿光墓誌	皇建2年(561)11月19日	河北磁縣	瀋陽博物館	題跋150;中央館24;檢要244/修153;史語所33;北圖目34;文庫24;北大目70;淑德80;碑索5-2155;北朝集存250;日本445	漢魏326 磁縣185	7-110	411 修518
1062	裴融墓誌	大寧元年(561)11月18日		墨香閣	北大目70;碑索5-2157;北朝集存250	磁縣183		
1063	石信墓誌	大寧元年(561)11月19日	河北磁縣	河南博物院	題跋150;中央館24;檢要244/修153;史語所34;北圖目34;北大目70;淑德80;碑索5-2157;北朝集存250;日本446	漢魏327 磁縣180	7-111	412 修519
1064	路衆及妻潘氏墓誌	大寧元年(561)11月19日	河北柏鄉	柏鄉縣文物保管所	碑索5-2157;北朝集存250		河北壹18	
1065	段榮墓誌	大寧元年(561)11月19日	河北曲周	曲周縣文化館	碑索5-2159;北朝集存250			
1066	段榮妻婁信相墓誌	大寧元年(561)11月19日	河北曲周	曲周縣文化館				
1067	段榮妻梁令春墓誌	大寧元年(561)11月19日	河北曲周	曲周縣文化館				
1068	問度墓誌	大寧元年(561)閏12月17日		墨香閣	北大目70;碑索5-2159;北朝集存250			
1069	梁漱墓誌	大寧元年(561)閏12月29日			北朝集存250			
1070	法懃禪師墓誌	大寧2年(562)正月5日	河南安陽	西安碑林博物館	題跋150;檢要245/修154;文庫24;淑德80;陝目提要81;碑索5-2160;北朝集存250;日本446	漢魏328	7-112	413 修521
1071	司馬纂妻垣南姿墓誌	大寧2年(562)2月20日	河北磁縣	河北省文物研究所	檢要245/修154;四十年34;碑索5-2163;北朝集存250	磁縣188		
1072	郭阿雙墓誌	大寧2年(562)2月20日			北大目70;碑索5-2162;北朝集存250			

E 全文・補遺	F 疏證・墨香閣	G 碑校	H 集成	I 叢考	J その他の圖書	K 論文等	No.
			698		新精北朝下72;秦晉豫續131;文字墨影19	趙耀輝2014b;梶山智史2017;魏軍剛2022a	1055
			699	572	安豐261	李海峰2017;楊學是2018	1056
	墨268		699		磚刻1028;燕趙741		1057
			699		稀見;安豐260;秦晉豫續132;佛教金石53	鄭志剛2011	1058
			700		安豐262;民間藏誌56;誌法精選20	魏軍剛2022a	1059
						翁志飛2021	1060
齊補80		9-83	701		增校隨398/修257;魯迅誌501;集萃7-85;民族姓氏102;河北錄430;磁縣考略108;胡姓考61;釋要694;北窗120;任丘11;燕趙742;絲路沿綫58	馬忠理1991;張子英1996;李發2008;劉志生2009a;劉志生2012b;羅福頤等2019	1061
齊補80	墨122		702		安豐264;燕趙744		1062
齊補81		9-88	702		魯迅誌505;磁縣考略110;北拓精品120;西民大拓59;北窗122;琬琰流芳74;盛世側影210	新鄉市博物館1973;張子英1996;杜同華等1998;王盛婷2004;傅山泉2009;蘆會影等2022	1063
齊補82		9-86	704		柏鄉84;燕趙746;佛教金石54;邢州萃編64		1064
			703	324;426;572;573;879	曲周志805;邯鄲碑刻16;燕趙748;邯鄲石刻7-712;武威志344;涼州466	李偉科1997;梶山智史2013a;張淮智2014;張淮智2016;艾蓉2018	1065
					曲周志805;邯鄲石刻7-745	柯亞莉2018;梶山智史2022	1066
					曲周志805;邯鄲石刻7-732	孫建剛2018;梶山智史2022	1067
	墨248		981			梁春勝2017b;杜鎮2018	1068
					誌法精選5;絲路沿綫64		1069
齊補82		9-91	998		越縵堂1086;魯迅碑1003;英華125;集萃8-94;鴛鴦藏石156;碑林全66-992;彭州124;北窗124;佛教金石54	高峽1996;鄧瑩2010	1070
			704		河北錄233	河北省文物管理委員會1959a;馬忠理1991;梶山智史2013a;王艷琪等2023	1071
					秦晉豫三99		1072

No.	墓誌名稱	紀年	出土地	現藏場所	A 目錄	B 集釋	C 北圖拓·新中國	D 彙編
1073	王震墓誌	大寧2年(562)2月21日			北大目70;碑索5-2162;北朝集存252			
1074	封胤墓誌	大寧2年(562)4月24日	河北	墨香閣	北大目71;碑索5-2162;北朝集存252			
1075	費康遠墓誌	大寧2年(562)5月3日			北大目71;碑索5-2162;北朝集存252			
1076	鞠基墓誌	大寧2年(562)5月3日	河南安陽	個人藏	碑索5-2163;北朝集存252			
1077	厙狄洛墓誌	河清元年(562)8月12日	山西壽陽	山西省博物館	四十年33;碑索5-2165;北朝集存252			414 修522
1078	厙狄洛妻斛律昭男墓誌	河清元年(562)8月12日	山西壽陽	山西省博物館	四十年29;碑索5-2164;北朝集存252			414 修521
1079	張胡仁墓誌	河清元年(562)8月18日			碑索5-2166;日本449;北朝集存252		7-122	416 修524
1080	胡公墓誌	河清元年(562)10月24日		晝錦堂				
1081	李文衡妻崔宣華墓誌	河清元年(562)11月18日	河南洛陽	西安碑林博物館	題跋150;中央館17;檢要246/修154;史語所34;北圖目25;北大目71;淑德80;陝目提要80;碑索5-2166;北朝集存252;日本449	漢魏329	7-123	416 修524
1082	公孫君妻王敬妃墓誌	河清元年(562)11月18日		墨香閣	北大目71;碑索5-2167;北朝集存252	磁縣192		
1083	陳始墓誌	河清元年(562)12月14日	山西長治					
1084	孟鴻墓誌	河清元年(562)	山西太原		北朝集存252			
1085	道憑法師塔銘	河清2年(563)3月17日	河南安陽	寶山靈泉寺	題跋36;檢要248/修156;碑索5-2168;北朝集存252;日本450			
1086	穆君妻元如閒墓誌	河清2年(563)4月9日			碑索5-2168;北朝集存252			
1087	何思榮墓誌	河清2年(563)4月19日	河南安陽?		碑索5-2169;北朝集存254	新北155		
1088	劉貴墓誌	河清2年(563)5月9日	山西太原	太原市文物考古研究所	碑索5-2169;北朝集存254			
1089	李叔儉墓誌	河清2年(563)5月27日		墨香閣	北大目71;碑索5-2169;北朝集存254			

E 全文・補遺	F 疏證・墨香閣	G 碑校	H 集成	I 叢考	J その他の圖書	K 論文等	No.
			706	290;318;494;573;878;984	安豐266;民間藏誌58;北朝院147;誌法精選16	梁春勝2017b	1073
	墨269		706		磚刻1029;磚書32	趙生泉2004b;趙生泉等2006;趙生泉2008b	1074
			707		安豐265;民間藏誌60;誌法精選4		1075
			707	576;975;983	安豐268;秦晉豫63		1076
齊補83		9-110	708	576;821	山西碑碣23;晉刻北朝129;大全壽陽3;大全迎澤6;山西藝博8;滄海遺珍93;金石證史27;山西北朝186;絲路沿綫60;晉陽北齊42	王克林1979;王天麻1993;王盛婷2006a;魏宏利2006;劉志生2009b;劉丹2011;佐川英治2012;吳超2015;武亨偉2020;張永惠2021	1077
齊補84		9-114	710		山西碑碣26;晉刻北朝153;大全壽陽6;大全迎澤9;山西藝博12;金石證史33;山西北朝182;絲路沿綫62;晉陽北齊53	王克林1979;王天麻1993;王盛婷2005;佐川英治2012;吳超2015	1078
齊補84			710		磚刻1030		1079
					晝錦堂14		1080
齊補84		9-118	711	443;577;809	魯迅誌509;英華126;集萃7-86;鴛鴦藏石157;碑林全66-996;彭州125;北窗126;李氏墓130;崔氏597	王盛婷2004;梁春勝2016a	1081
	墨124		710	353;577	安豐270	馬愛民2012;梁春勝2017b	1082
					上党中古67・98		1083
						新華網2018	1084
					靈泉寺6;佛教金石55	楊寶順等1984;河南古代建築保護所1992;鍾曉青2008	1085
					新獲七朝40		1086
			712		民間藏誌62;秦晉豫續134		1087
					晉刻北朝177;金石證史84;山西北朝335;晉陽遺珍238;晉陽北齊102	太原市文物考古研究所2019;武亨偉2020	1088
	墨126		712	578;797;952	安豐272	李紅霞等2016;周永研等2020	1089

No.	墓誌名稱	紀年	出土地	現藏場所	A 目錄	B 集釋	C 北圖拓·新中國	D 彙編
1090	袁淸墓誌	河淸2年(563)7月20日		北朝藝術研究院	碑索5-2170;北朝集存254			
1091	長孫彦墓誌	河淸2年(563)8月18日	河南安陽?	個人藏	碑索5-2170;北朝集存254			
1092	元秀甖(華陽公主)碑	河淸2年(563)8月			題跋36;碑索5-2170			
1093	高孝瑜墓誌	河淸2年(563)10月5日		北朝藝術研究院	碑索5-2171;北朝集存254			
1094	郭憨及妻王氏墓誌	河淸2年(563)10月18日			北大目71;碑索5-2171;北朝集存254			
1095	李彦墓誌	河淸2年(563)11月1日		個人藏	北朝集存254			
1096	叱列延慶妻爾朱元靜墓誌	河淸3年(564)正月2日	河南安陽	西安碑林博物館	題跋150;檢要246/修155;史語所34;北圖目35;北大目71;陝目提要82;碑索5-2172;北朝集存254;日本451	漢魏330	7-128	417 修526
1097	元羽妻鄭始容墓誌	河淸3年(564)正月20日	河北臨漳	個人藏	碑索5-2173;北朝集存254			
1098	慕容儼妻奚將男墓誌	河淸3年(564)正月26日	河南安陽	個人藏				
1099	元粹墓誌	河淸3年(564)2月13日						
1100	趙信及妻劉氏墓誌	河淸3年(564)2月20日	山西太原		碑索5-2174;北朝集存254			
1101	高㵦墓誌	河淸3年(564)3月1日		墨香閣	碑索5-2179;北朝集存254			
1102	高百年墓誌	河淸3年(564)3月2日	河北磁縣	遼寧省博物館	題跋151;中央館25;檢要247/修155;史語所34;北圖目35;文庫24;北大目71;淑德80;碑索5-2174;北朝集存256;日本451	漢魏312 磁縣194	7-132	420 修529
1103	高百年妻斛律氏墓誌	河淸3年(564)3月2日	河北磁縣	遼寧省博物館	題跋151;中央館25;檢要247/修155;史語所34;北圖目34;文庫24;北大目71;淑德80;碑索5-2176;北朝集存256;日本451	漢魏313 磁縣198	7-131	419 修528
1104	康僧慶墓誌	河淸3年(564)3月15日		墨香閣	北大目72;碑索5-2177;北朝集存256			
1105	赫連子悦妻閭炫墓誌	河淸3年(564)3月24日	河南安陽	西安碑林博物館	題跋151;檢要248/修156;史語所34;北圖目31;北大目72;陝目提要82;碑索5-2178;北朝集存256;日本452	漢魏345	7-134	421 修530
1106	孫龍貴墓誌	河淸3年(564)9月27日			碑索5-2179;北朝集存256			

E 全文・補遺	F 疏證・墨香閣	G 碑校	H 集成	I 叢考	J その他の圖書	K 論文等	No.
			713		北朝院154		1090
			713		新精北朝下74;秦晉豫續135;北大新續153;北精粹齊周29;文字墨影21	趙耀輝2013c	1091
					金石錄378		1092
			715		北朝院150;高姓56;秦晉豫三100	梁春勝2018b;段曉莉2023	1093
			716	579;768;819;822	安豐273;北朝院156	孔德銘2015;梁春勝2017b	1094
			717		鄴華甄賞274	梶山智史2017	1095
齊補85		9-130	718	532;579;798;880;953	魯迅誌513;英華127;鴛鴦藏石159;碑林全66-1008;彭州126;北窗128;絲路沿綫68	高峽1996;何德章2000;王盛婷2005;邱光華2010;孔德銘2015	1096
		9-136	719		題跋集萃64;燕趙752;譜牒474;鄭氏誌4	叢文俊2005	1097
					民間藏誌64		1098
					魏碑聖地302		1099
			720		考古故事119;山西北朝200;晉陽遺珍240;晉陽北齊105	山西省考古研究所等2015b;劉輝等2015;梶山智史2017;武夏2022	1100
	墨250		999	246;353;393;580;581	高姓45	趙耀輝2014e;梶山智史2017;梁春勝2017b;周永研等2020	1101
齊補86		9-140	720		魯迅誌521;集萃7-87;河北錄430;磁縣考略114;遼博38;星空155;杞芳堂382;燕趙755;高姓63	馬忠理1991;張子英1993;王盛婷2004;辛德勇2012;黃壽成2013;羅福頤等2019;蘆會影等2022	1102
齊補88		9-143	721		魯迅誌517;集萃7-88;河北錄430;磁縣考略112;北大拓209;遼博37;星空158;杞芳堂382;燕趙757;高姓64;絲路沿綫66	馬忠理1991;張子英1993;章紅梅2007a;劉志生2011a;辛德勇2012;羅福頤等2019;蘆會影等2022	1103
	墨128		722	581	山西北朝208		1104
齊補87		9-148	722		柔然錄56;英華128;集萃8-95;民族姓氏197;鴛鴦藏石158;碑林全66-1002;胡姓考284;彭州128;絲路沿綫72	岑仲勉1939;高峽1996;張金龍2006;宋燕鵬2007;牟發松2015;劉凱2019b;侯紀潤2022	1105
			723		磚刻1031		1106

No.	墓誌名稱	紀年	出土地	現藏場所	A 目錄	B 集釋	C 北圖拓·新中國	D 彙編
1107	□洛(薛洛)墓誌	河清3年(564)閏9月15日	河南許昌	墨香閣	北大目72;碑索5-2180;北朝集存256			
1108	陸盛榮墓誌	河清3年(564)11月12日		墨香閣	北大目72;碑索5-2180;北朝集存256			
1109	狄湛墓誌	河清3年(564)12月19日	山西太原	太原市文物考古研究所	碑索5-2181;北朝集存256			
1110	李靜墓誌	河清3年(564)12月19日		墨香閣	北大目72;碑索5-2181;北朝集存256			
1111	釋法洪銘贊	河清3年(564)	山東東平	洪頂山南崖	淑德35;碑索5-2182;日本454			
1112	張僧顯墓誌	河清4年(565)2月7日	河北鹽山	鹽山縣文物保管所	碑索5-2185;北朝集存258		河北壹19	
1113	梁伽耶墓誌	河清4年(565)2月7日	河北磁縣	遼寧省博物館	題跋151;中央館24;檢要248/修156;史語所34;北圖34;文庫24;北大目72;淑德80;碑索5-2184;北朝集存258;日本454	漢魏331 磁縣201	7-147	422 修531
1114	封子繪墓誌	河清4年(565)2月7日	河北景縣	中國國家博物館	檢要249/修156;北圖目35;四十年34;碑索5-2182;北朝集存256		7-145	423 修532
1115	薛廣墓誌	河清4年(565)2月7日		首都歷史博物館	北圖目35;北大目72;碑索5-2183;北朝集存256		7-148	425 修535
1116	宋迎男墓誌	河清4年(565)4月27日	河南安陽		北大目72;碑索5-2185;北朝集存258			
1117	袞衆敬(奚衆敬)墓誌	天統元年(565)5月3日		中國國家博物館	碑索5-2187;北朝集存258			
1118	元洪敬墓誌	天統元年(565)8月22日	河南安陽	墨香閣	北大目72;碑索5-2186;北朝集存258			
1119	王基妻崔曜華墓誌	天統元年(565)8月22日			碑索5-2187;北朝集存258	磁縣204 西南62		
1120	王英(王元略)墓誌	天統元年(565)8月22日	河北磁縣	磁縣博物館				
1121	元君妻趙氏墓誌	天統元年(565)8月23日	河南安陽					

E 全文・補遺	F 疏證・墨香閣	G 碑校	H 集成	I 叢考	J その他の圖書	K 論文等	No.
齊補89	墨254		723	294;584;822	安豐277	羅新2004b;周永研等2020	1107
	墨130		724	584;949	安豐276	李紅霞等2016;梁春勝2017b;呂偉濤2021;王靜2023a	1108
齊補90	172 修166	9-163	725	584	晉刻北朝187;羌族379;山西北朝211;晉陽北齊83	太原市文物考古研究所2003c;魏宏利2006;渠傳福2009;于正安2011;劉志生2012a;王立巧2017;劉志生2019a;劉志生2019b;武亨偉2020;武夏2022;顧冰峰2023	1109
	墨132		726		安豐275	周永研等2020	1110
		9-168		303;584	山東碑造12;山東摩崖33	山東石刻藝術博物館等2006	1111
齊補92		9-180	728	295	滄州16;燕趙764	李哲2017;梁春勝2020	1112
齊補92		9-170	726	585;586	增校隨401/修259;魯迅誌525;河北錄430;磁縣考略115;遼博36;釋要700;北窗125;燕趙760	馬忠理1991;張子英1996;章紅梅2007a;劉志生等2012a;羅福頤等2019;張永惠2021	1113
齊補24		9-173	728	198	河北錄235;歷博大觀72;景州63;衡水墓誌14;星空83;燕趙766;譜牒470;國博誌26	張季1957;周錚1992;周錚1994b;趙超2007;魏平2008;王義康2008;李薛妃2015;梁春勝2020;張穎慧2022;王艷琪等2023	1114
齊補91		9-177	730	464		邱光華2010;范兆飛2021	1115
			731		磚刻1032;磚書33		1116
			732		歷博大觀33;磚刻1033		1117
齊補29	176 修169 墨134	9-200	731	591;823	安豐279;題跋集萃63;燕趙770	河北正定縣定山房2003;魏宏利2006;江嵐2007;羅新2008a;趙海麗2011a;梁春勝2011a;佐川英治2012;孔德銘2015;李紅霞等2016;吳洪琳2019;王艷琪等2023	1118
			732	592	安豐281;秦晉豫三101	楊繼光2023b	1119
					磁縣考略122		1120
						翁志飛2021	1121

No.	墓誌名稱	紀年	出土地	現藏場所	A 目錄	B 集釋	C 北圖拓·新中國	D 彙編
1122	崔德墓誌	天統元年(565) 10月4日	山東臨淄	山東省文物考古研究所	四十年34;碑索5-2188;北朝集存258			427 修537
1123	沈興墓誌	天統元年(565) 10月7日			北大目73;碑索5-2188;北朝集存258			
1124	張海翼墓誌	天統元年(565) 10月11日	山西太原	晉源文廟	碑索5-2189;北朝集存258			
1125	獨孤輝墓誌	天統元年(565) 10月11日	山西太原	晉源文廟	碑索5-2189;北朝集存258			
1126	趙道德墓誌	天統元年(565) 10月12日	河北磁縣		題跋151;中央館25;檢要249/修157;北圖目35;北大目73;碑索5-2190;北朝集存260	漢魏332 磁縣208	7-165	428 修538
1127	刁翔墓誌	天統元年(565) 10月12日	山東樂陵	樂陵縣圖書館	四十年23;碑索5-2189;北朝集存260			429 修540
1128	宋洪敬妻游玉墓誌	天統元年(565) 10月23日			碑索5-2191;北朝集存260			
1129	趙征興墓誌	天統元年(565) 10月24日		南京市文物研究所(拓本)	碑索5-2192;北朝集存260			
1130	房周陀墓誌	天統元年(565) 10月24日	山東益都	故宮博物院	題跋151;檢要250/修157;史語所34;北圖目35;北大目73;碑索5-2192;北朝集存260;日本458	漢魏333	7-166	430 修651
1131	竇奉高墓誌	天統元年(565) 10月24日	河北磁縣	磁縣博物館	碑索5-2186	磁縣212		
1132	張起墓誌	天統元年(565) 11月6日	河北定縣		題跋151;中央館25;檢要250/修157;史語所34;北圖目35;北大目73;碑索5-2194;北朝集存260;日本458	漢魏334	7-168	431 修541
1133	張君妻董儀墓誌	天統元年(565) 11月6日		墨香閣	北大目73;碑索5-2195;北朝集存260	磁縣216		
1134	張彥墓誌	天統元年(565) 11月6日		墨香閣	北大目73;碑索5-2196;北朝集存260			
1135	張法墓誌	天統元年(565) 11月8日	河北滿城	滿城縣文管所	碑索5-2196;北朝集存260			
1136	屈護及妻王氏墓誌	天統元年(565) 11月18日			碑索5-2196;北朝集存260			
1137	盧譽墓誌	天統元年(565) 11月19日	河北涿州	涿州市文物保管所	碑索5-2197;北朝集存260			

E 全文・補遺	F 疏證・墨香閣	G 碑校	H 集成	I 叢考	J その他の圖書	K 論文等	No.
齊補94		9-219	733	266;345	山東選粹22;山東碑造300;齊魯誌研234;山東分類63;海岱石華98;山東書全162;淄博誌釋47	山東省文物考古研究所1984;佐伯眞也1999;王華山2006;王華山2008;趙海麗2011a;梶山智史2013b;周北南等2014;梁春勝2014a;王佳月2015;李寶軍2020;張穎慧2023;劉軍2023c	1122
			734		安豐283;民間藏誌66;佛教金石55		1123
齊補94	182 修175	9-222	734	12	晉刻北朝203;山西北朝219;晉陽遺珍242;晉陽北齊72	李愛國2003;劉志生等2012a;佐川英治2012;武亨偉2020;武夏2022	1124
					晉刻北朝217;金石證史86;山西北朝226;晉陽北齊121	佐川英治2012;武亨偉2020	1125
齊補95		9-227	735	290;295;592	增校隨404/修260;魯迅誌537;磁縣考略117;燕趙772	張子英1996;王麗華2003;張永惠2021;蘆會影2022	1126
齊補93		9-225	736		山東選粹21;齊魯誌研331;磚刻1034;山東分類66;譜牒471;德州誌研47;山東書全166	李開嶺等1987;梁洪生1993;王盛婷2006a;李紅2012;梁春勝2020	1127
			737		安豐284		1128
齊補96	179 修172	9-230	738	824;1009		賀雲翺1999;陳宇2001;陳麥青2003;趙陽陽2009;邱光華2010;梁春勝2011a;呂偉濤2021;顧冰峰2023	1129
齊補97		9-237	739	593	增校隨400/修258;魯迅誌529;齊魯誌研266;故宮珍品75;故宮彙編76;釋要706;山東分類65;山東書全164;淄博誌釋43	劉志生2012b;劉志生等2012b	1130
					磁縣考略119;邯鄲石刻7-758	馮小紅等2012	1131
齊補30		9-239	740		增校隨404/修261;集萃7-89;河北錄432;釋要708;燕趙776		1132
	墨140		741	881	安豐291	梁春勝2018b;王艷琪等2023	1133
	墨136		740	7		梁春勝2017b;席蘭2020	1134
			742		保定誌23;滿城118;燕趙778	梶山智史2015	1135
			742		安豐286;秦晉豫續137;安陽選編123;佛教金石56	王玉清2018	1136
			744		涿州錄112;涿州志148;燕趙780;譜牒475;盧氏19	楊衞東2007;宋燕鵬等2008;梶山智史2019;周雙林2023	1137

No.	墓誌名稱	紀年	出土地	現藏場所	A 目錄	B 集釋	C 北圖拓・新中國	D 彙編
1138	王君墓誌	天統元年(565) 11月23日			題跋151;檢要251/修158;史語所34;北圖目35;北大目73;淑德80;碑索5-2197;北朝集存262;日本458	漢魏335	7-169	
1139	房智墓誌	天統元年(565) 11月24日	山東濟南?	泉水人家民俗館				
1140	孫顯墓誌	天統元年(565) 12月24日		墨香閣	北大目73;碑索5-2198;北朝集存262			
1141	元德墓誌	天統元年(565) 12月24日	河南安陽	安陽市文物考古研究所	北朝集存262			
1142	賀悅鳳墓誌	天統元年(565) 12月26日						
1143	房子明墓誌	天統元年(565)	山東濟南	山東省文物考古研究所	碑索5-2199;北朝集存262			
1144	崔昂墓誌	天統2年(566) 2月14日	河北平山	河北省文物保護中心	檢要252/修158;四十年35;碑索5-2200;北朝集存262		河北壹20	433 修543
1145	崔昂妻盧脩娥墓誌	天統2年(566) 2月14日	河北平山	河北省文物保護中心	檢要235/修148;四十年32;碑索5-2200;北朝集存262		河北壹21	432 修542
1146	高肱墓誌	天統2年(566) 2月25日	河北磁縣	故宮博物院	題跋151;檢要251/修158;史語所35;北圖目34;文庫25;北大目73;淑德80;碑索5-2201;北朝集存262;日本459	漢魏314 磁縣219	7-171	435 修546
1147	□季和墓誌	天統2年(566) 2月27日		墨香閣	碑索5-2203;北朝集存262			
1148	矯貴榮墓誌	天統2年(566) 2月29日	山西太原		北朝集存262			
1149	柴朗墓誌	天統2年(566) 3月3日		墨香閣	北大目74;碑索5-2203;北朝集存262			
1150	宇文君妻呂氏墓誌	天統2年(566) 6月		中國國家博物館	碑索5-2204;北朝集存262			
1151	王秀墓誌	天統2年(566) 8月16日		墨香閣	北大目74;碑索5-2204;北朝集存264			
1152	韓裔墓誌	天統3年(567) 正月13日	山西祁縣	山西省考古研究所(山西博物院?)	檢要252/修158;四十年36;碑索5-2204;北朝集存264			435 修547
1153	堯峻墓誌	天統3年(567) 2月20日	河北磁縣	磁縣文物保管所	四十年36;碑索5-2205;北朝集存264	磁縣222	河北壹22	437 修549

E 全文・補遺	F 疏證・墨香閣	G 碑校	H 集成	I 叢考	J その他の圖書	K 論文等	No.
齊補98			745	593;594	增校隨405/修261;魯迅誌531		1138
				68;200;477;594;595;769;870;881	歷城6	高繼習2019;梶山智史2022	1139
	墨138		748	266;595	安豐293	李紅霞等2016;梁春勝2017b;周永研等2020	1140
			749	824;825	安陽墓葬6;安陽選編4;河南散存198	孔德銘2015;楊繼光等2021	1141
						杜鵑花等2022	1142
					齊魯誌研366		1143
齊補99		9-242	749		河北錄237;燕趙782;譜牒542;盧氏20;崔氏778	河北省博物館等1973;李建麗2001;王盛婷2006a;劉志生等2012a	1144
齊補99		9-245	750	596	河北錄432;燕趙786;盧氏21;崔氏780	河北省博物館等1973;李建麗2001;王盛婷2005;張永惠2021	1145
齊補101		9-248	751		增校隨405/修261;魯迅誌543;集萃8-96;河北錄430;磁縣考略123;故宮彙編78;釋要710;星空161;燕趙788;高姓298	馬忠理1991;張子英1996;王盛婷2004;羅福頤等2019;蘆會影等2022	1146
	墨142		752	253;281;390;825		梁春勝2017b;梁春勝2018b;周永研等2020	1147
						山西省考古研究所等2006a;武夏2022	1148
	墨144		752	596;917	安豐294		1149
			753		歷博大觀34;磚刻1035		1150
	墨146		753	596	安豐296	李紅霞等2016	1151
齊補101		9-255	1000	596;597;826	山西概覽52;晉刻北朝243;大全迎澤11;山西藝博4;金石證史5;山西档案4-189;山西北朝242;絲路沿綫76;涼州472;晉陽北齊35	陶正剛1975;橫山裕男1995;羅新2006;佐川英治2012;胡耀飛2015;梁春勝2015b	1152
齊補103		9-258	754	197;325;597	河北錄239;磁縣考略126;杞芳堂393;燕趙792	磁縣文化館1984b;周偉洲1985;馬忠理1991;張子英1996;田熊敬之2021;馮鑫2021	1153

No.	墓誌名稱	紀年	出土地	現藏場所	A 目錄	B 集釋	C 北圖拓・新中國	D 彙編
1154	堯峻妻吐谷渾靜媚墓誌	天統3年(567)2月20日	河北磁縣	磁縣文物保管所	四十年35;碑索5-2206;北朝集存264	磁縣227	河北壹23	439 修551
1155	祖瑩妻鄭賓祇墓誌	天統3年(567)2月20日		河北博物院				
1156	劉思□墓誌	天統3年(567)5月3日						
1157	折胡伏山妻墓誌	天統3年(567)5月17日			北大目74;碑索5-2207;北朝集存264			
1158	司馬季沖妻元客女墓誌	天統3年(567)7月22日		北朝藝術研究院	碑索5-2207;北朝集存264			
1159	郭子休妻墓誌	天統3年(567)8月18日			北大目74;碑索5-2207;北朝集存264			
1160	堯奮妻獨孤華墓誌	天統3年(567)10月16日	河北臨漳	張海書法藝術館	碑索5-2208;北朝集存264	西南65		
1161	趙熾墓誌	天統3年(567)10月17日	河北磁縣	磁縣文物保管所	碑索5-2208;北朝集存264	磁縣230		
1162	□馬頭墓誌	天統3年(567)10月17日			北大目74;碑索5-2208;北朝集存264			
1163	高允(高孝緒)墓誌	天統3年(567)10月18日	河南安陽	河南博物院	碑索5-2209・2305;北朝集存264・340	磁縣296		
1164	庫狄業墓誌	天統3年(567)11月12日	山西太原	太原市文物考古研究所	晉目太原11;碑索5-2210;北朝集存266			
1165	張永儁妻周令華墓誌	天統3年(567)11月12日		墨香閣	北大目74;碑索5-2209;北朝集存266	磁縣234		
1166	李淑容墓誌	天統3年(567)11月16日			碑索5-2210;北朝集存266	新北157 西南69		
1167	張忻墓誌	天統3年(567)11月	河南孟津	孟津縣文管會	洛目40;碑索5-2211;北朝集存266			
1168	李法洛墓誌	天統3年(567)12月18日		北朝藝術研究院	碑索5-2211;北朝集存266			
1169	□伏買墓誌	天統4年(568)5月15日		墨香閣	北大目74;碑索5-2211;北朝集存266			
1170	傅長興墓誌	天統4年(568)5月25日		北朝藝術研究院	碑索5-2212;北朝集存266			
1171	元策墓誌	天統4年(568)7月		墨香閣	北大目74;碑索5-2212;北朝集存266			

E 全文・補遺	F 疏證・墨香閣	G 碑校	H 集成	I 叢考	J その他の圖書	K 論文等	No.
齊補104		9-261	755		吐谷渾錄90/增59;河北錄242;磁縣考略129;杞芳堂393;燕趙796;絲路沿綫78	磁縣文化館1984b;周偉洲1985;馬忠理1991;張子英1996;王盛婷2004;王盛婷2005;王盛婷2006b;李鵬爲2017;周偉洲2019;陳麗萍2020	1154
						侯馨2018	1155
					道在瓦甓178		1156
					秦晉豫三103;磚書34		1157
			756	598	北朝院158	梁春勝2017b	1158
							1159
				380;405;954	絲路沿綫82;魏碑聖地176;張海館a74/b92	胡湛2016;朱梁梓2016;王書欽2016;梶山智史2022;王艷琪等2023	1160
		9-277	757	239;365;599;600	磁縣考略124;燕趙799	張子英2007;宋燕鵬等2009;梁春勝2012a;張永惠2021	1161
			757	270;955	安豐299;秦晉豫續139;北朝院160;新獲一五38;廻望桑乾45	王亮等2016;梁春勝2017b	1162
			759	494;600;843	秦晉豫66;琬琰流芳78;高姓112	張曉崢等2010;張曉崢2010;梶山智史2017	1163
齊補105	187 修180	9-280	760	600	晉刻北朝231;山西北朝252;絲路沿綫80;晉陽遺珍244;晉陽北齊68	太原市文物考古研究所2003b;劉志生2011b;王薛妃2015;張金龍2019a;武亨偉2020;武夏2022	1164
	墨148		760		安豐300		1165
			761	949	安豐298;民間藏誌68;秦晉豫續140;李氏墓131	孔德銘2015;周阿根2016b;楊學是2018;連文娟2021	1166
齊補106	184 修177	9-283	761	229;405;600	新獲16;譜牒543;洛陽院44	任昉2001;江嵐2007	1167
			762	797	北朝院162		1168
	墨150		763	600	安豐148		1169
			763	306;600;882;955	北朝院164;絲路沿綫86;誌法精選20	梁春勝2017b	1170
	墨256		1002	809	安豐301;秦晉豫三108		1171

No.	墓誌名稱	紀年	出土地	現藏場所	A 目錄	B 集釋	C 北圖拓·新中國	D 彙編
1172	賀閏貴碑	天統4年(568)8月7日						
1173	和子源墓誌	天統4年(568)8月21日			北大目74;碑索5-2213;北朝集存266			
1174	和紹隆墓誌	天統4年(568)10月23日	河南安陽	河南省文物研究所	四十年36;碑索5-2213;北朝集存266		河南壹429	
1175	杜孝績妻乙女休墓誌	天統4年(568)10月23日		墨香閣	北大目74;碑索5-2213;北朝集存266			
1176	馮虯墓誌	天統4年(568)11月5日			北大目74;碑索5-2214;北朝集存266			
1177	劉難陀墓誌	天統4年(568)11月16日	河南安陽		碑索5-2215;北朝集存268			
1178	王孝康墓誌	天統4年(568)11月18日			北大目75;碑索5-2215;北朝集存268			
1179	房廣淵墓誌	天統4年(568)11月18日		北朝藝術研究院	北大目75;碑索5-2215;北朝集存268			
1180	宋休墓誌	天統4年(568)11月18日	山東青州	個人藏	北朝集存268			
1181	韓祖念墓誌	天統4年(568)11月29日	山西太原	太原市文物考古研究所	碑索5-2216;北朝集存268			
1182	郭稚忠妻徐氏墓誌	天統4年(568)11月29日	河北	墨香閣	北大目75;碑索5-2216;北朝集存268			
1183	屈誕墓誌	天統4年(568)11月29日			北朝集存268			
1184	張瑋墓誌	天統4年(568)11月29日		個人藏				
1185	薛懷儁墓誌	天統4年(568)12月23日	河北臨漳	墨香閣	北大目75;碑索5-2217;北朝集存268			
1186	薛懷儁妻皇甫艷墓誌	天統4年(568)12月23日	河北臨漳	墨香閣	北大目75;碑索5-2216;北朝集存268			
1187	和安墓碑	天統4年(568)			碑索5-2217			
1188	戴仲和墓誌	天統5年(569)2月10日	河南洛陽		碑索5-2218;北朝集存268			
1189	趙靜墓誌	天統5年(569)3月20日		墨香閣	北大目75;碑索5-2218;北朝集存268	磁縣237		
1190	扈歲墓誌	天統5年(569)4月26日			碑索5-2219;北朝集存268		7-203	440修553

E 全文・補遺	F 疏證・墨香閣	G 碑校	H 集成	I 叢考	J その他の圖書	K 論文等	No.
齊補39					魯迅碑1039		1172
			764		安豐303;民閒藏誌70;新精北朝下90;誌法精選3	谷國偉2013b;李俌汝等2014;陳薈宇等2022	1173
齊補106		9-288	766	362	集萃7-90;安豐306;北大新繽154	河南省文物研究所1987;羅新2003;徐志學2012;梁春勝2012b;劉秀海2015;梁春勝2020;潘堯2021;吳洪琳等2023	1174
	墨152		765		安豐305;絲路沿綫88	劉連香2020	1175
			767	189;501;601;955	安豐311;民閒藏誌72;北朝院166;誌法精選19	李紅霞等2016;梁春勝2017b;陳薈宇等2022	1176
			768	601;826	稀見;安豐312;秦晉豫繽142;佛教金石58	鄭志剛2011	1177
			770		安豐313;誌法精選2		1178
			770	601;882;956	北朝院168	梁春勝2017b;梁春勝2018b	1179
					介休14;北精粹齊周61	張彪2017b;胡嚴培2022	1180
			771		晉刻北朝263;韓祖念墓57;山西北朝257;晉陽遺珍248;晉陽北齊117	梶山智史2015	1181
	墨270		771		磚刻1036;燕趙802;磚書35		1182
					新獲一五41;秦晉豫三105	王艷琪等2023	1183
					秦晉豫三107;魏碑聖地222		1184
齊補107	189 修182 墨158	9-291	772	635	薛氏211;燕趙804	劉恒2000;侯紀潤2008;梁春勝2011a;劉恒2016b;梁春勝2017b;范兆飛2021	1185
齊補108	192 修185 墨156	9-294	773		燕趙806	劉恒2000;趙陽陽2008;侯紀潤2008;何山等2010;李紅2012;劉恒2016b	1186
齊補17					文館詞林a144/b280	羅新2004a	1187
齊補109			774		磚刻1037;紀年墓168	河南省文化局1959	1188
	墨160		774	5;602;883	安豐315	梁春勝2017b	1189
齊補109			774		磚刻1038		1190

No.	墓誌名稱	紀年	出土地	現藏場所	A 目錄	B 集釋	C 北圖拓·新中國	D 彙編
1191	蔡彦深妻袁月璣墓誌	天統5年(569)7月21日	河北臨漳		北大目75;碑索5-2219;北朝集存268			
1192	張明月墓誌	天統5年(569)8月3日			北大目75;碑索5-2221;北朝集存270			
1193	宇文長墓碑	天統5年(569)8月3日	河南彰德	晝錦堂	題跋36;淑德37;碑索5-2220;日本465		7-204	
1194	于孝卿墓誌	天統5年(569)10月5日	河南安陽		碑索5-2221;北朝集存270			
1195	宋曷墓誌	天統5年(569)10月17日			北朝集存270			
1196	燕繼墓誌	天統6年(570)正月25日	山東青州	個人藏	碑索5-2221;北朝集存270			
1197	張雙墓誌	武平元年(570)正月18日	河南安陽	個人藏	北大目75;碑索5-2222;北朝集存270			
1198	宇文長墓誌	武平元年(570)正月25日		安陽博物館	碑索5-2225;北朝集存270			
1199	僧賢墓誌	武平元年(570)2月8日	河南安陽		碑索5-2226;北朝集存270	新北159		
1200	袁君妻宮迎男墓誌	武平元年(570)4月14日		墨香閣	北大目75;碑索5-2226;北朝集存270			
1201	婁叡墓誌	武平元年(570)5月8日	山西太原	山西博物院	四十年37;晉目太原3;碑索5-2227;北朝集存270			440 修553
1202	暴誕墓誌	武平元年(570)5月9日	河北磁縣	磁縣文物保管所	題跋151;檢要253/修159;史語所35;北圖目19;淑德81;碑索5-2228;北朝集存270;日本468	漢魏336磁縣239	8-4	442 修555
1203	高殷(廢帝)妻李難勝墓誌	武平元年(570)5月30日	河北磁縣	磁縣文物保管所	碑索5-2229;北朝集存270	磁縣242	河北壹24	
1204	李彦休墓誌	武平元年(570)8月13日		中國國家博物館	碑索5-2230;北朝集存272			
1205	劉集墓誌	武平元年(570)10月4日			碑索5-2231;北朝集存272			
1206	道洪墓誌	武平元年(570)10月17日			碑索5-2231;北朝集存272;日本468		8-6	
1207	魯景墓誌	武平元年(570)10月		墨香閣	北大目76;碑索5-2231;北朝集存272			

E 全文・補遺	F 疏證・墨香閣	G 碑校	H 集成	I 叢考	J その他の圖書	K 論文等	No.
		9-304	775	604	燕趙808	許萬順2005b;張永強2006;馬志強2006;邵磊2007;常彧2008;會田大輔2008;趙海麗2008;王其禕2015;王艷琪等2023	1191
			775		磚刻1039		1192
齊補39					增校隨406/修261;魯迅碑1043;釋要717;晝錦堂18	王玉清2018	1193
			776	416;883;956	稀見;安豐316;秦晉豫續143	鄭志剛2011;陳鵬2015	1194
					新獲百品22		1195
			777		青社齋12;海岱石華99;山東書全168	李森2010b;梶山智史2019	1196
			1002		秦晉豫67		1197
			778	607;767;957	安豐317;秦晉豫續144;安陽選編124	王玉清2018;馬曉寧2019	1198
			779	607;608;957	安豐318;秦晉豫續145;佛教金石58	田熊信之2010;田熊信之2011;孔德銘2015;周阿根2016b;聖凱2017;楊學是2018;曾堯民2018	1199
	墨271		779				1200
齊補109		9-326	779	911	山西碑碣30;晉祠碑碣430;婁叡墓172;山西概覽52;晉刻北朝287;山西北朝279;晉陽北齊61	山西省考古研究所等1983;高敏1991;王天麻1992b;鄧林秀1992;張金龍2011;佐川英治2012;武亨偉2020;楊建虎2023	1201
齊補111		9-329	781	329	河北錄430;磁縣考略131;燕趙810	馬忠理1991;張子英1996	1202
齊補112	194 修187	9-332	781		河北錄430;磁縣考略102;邯鄲碑刻30;星空150;燕趙813;佛教金石59;邯鄲石刻7-774;高姓61;李氏墓132	馬忠理1991;張子英1993;張利亞1996;殷憲1996;趙海麗2010;羅小如2015;楊艷華2017	1203
			783		歷博大觀35;磚刻1041		1204
			1003		安豐210;佛教金石61;道在瓦甓188;秦晉豫三109		1205
齊補113			783		磚刻1042		1206
	墨162		783	220;662	安豐322	梁春勝2017b;周永研等2020	1207

— 349 —

No.	墓誌名稱	紀年	出土地	現藏場所	A 目錄	B 集釋	C 北圖拓·新中國	D 彙編
1208	胡虔妻李勝鬘墓誌	武平元年(570) 11月11日	河北臨漳		碑索5-2233;北朝集存272			
1209	劉雙仁墓誌	武平元年(570) 11月11日	河南安陽	新鄉市博物館	題跋151;檢要254/修159;史語所35;北圖目36;北大目76;碑索5-2232;北朝集存272;日本468	漢魏337	8-7	444 修557
1210	劉悦墓誌	武平元年(570) 11月12日	河南安陽	新鄉市博物館	題跋151;檢要253/修159;史語所35;北圖目36;北大目76;碑索5-2233;北朝集存272	漢魏597	8-10	445 修558
1211	吳遷墓誌	武平元年(570) 11月12日	河南安陽	首都博物館	檢要254/修160;北圖目36;北大目76;碑索5-2234;北朝集存272		8-9	447 修560
1212	宇文紹義妻姚洪姿墓誌	武平元年(570) 11月12日	河南安陽	墨香閣	北大目76;碑索5-2234;北朝集存272			
1213	尉君妻元寶墓誌	武平元年(570) 11月13日	河南安陽		碑索5-2235;北朝集存272			
1214	薛君妻叔孫多奴墓誌	武平元年(570) 12月17日	河南安陽		碑索5-2235;北朝集存272			
1215	常文貴墓誌	武平2年(571) 2月4日	河北黃驊	黃驊縣文物保管所	四十年37;碑索5-2237;北朝集存272		河北壹25	448 修562
1216	裴良墓誌	天平2年(535) 11月6日葬 武平2年(571) 2月6日改葬	山西襄汾	汾城文廟碑林	晉目臨汾95;碑索5-2240;北朝集存274			
1217	裴子誕墓誌	武平2年(571) 2月6日	山西晉南	運城地區河東博物館	晉目運城1;碑索5-2241;北朝集存274			
1218	朱岱林墓誌	武平2年(571) 2月6日	山東壽光	壽光市博物館	題跋151;檢要254/修160;史語所35;北圖目36;北大目76;淑德81;碑索5-2238;北朝集存274;日本469	漢魏338	8-19	
1219	元愕墓誌	武平2年(571) 2月6日		墨香閣	北大目76;碑索5-2237;北朝集存274	磁縣245		
1220	明湛墓誌	武平2年(571) 2月18日	山東陵縣	陵縣圖書館	碑索5-2244;北朝集存274			
1221	□道貴墓誌	武平2年(571) 2月18日	山東濟南	濟南市博物館	四十年37;碑索5-2242;北朝集存274			449 修563
1222	乞伏保達墓誌	武平2年(571) 2月18日	河北磁縣		題跋151;檢要255/修160;史語所35;北圖目36;文庫25;北大目76;淑德81;碑索5-2243;北朝集存274;日本470	漢魏339 磁縣248	8-20	450 修564
1223	張宗憲墓誌	武平2年(571) 2月18日			碑索5-2242;北朝集存274	西南71		

E 全文・補遺	F 疏證・墨香閣	G 碑校	H 集成	I 叢考	J その他の圖書	K 論文等	No.
					集萃8-97	梶山智史2022	1208
齊補113		9-337	784	218		杜彤華等1998;傅山泉2009;邱光華2010;梁春勝2012b;張穎慧2022	1209
齊補115		9-340	785	311;608;922;958	絲路沿綫94	新鄉市博物館1973;杜彤華等1998;傅山泉2009	1210
齊補114		9-344	786		河北錄431;燕趙816		1211
	墨164		787	828;890	安豐324;北朝院170	梁春勝2017b;周阿根2018;王艷琪等2023	1212
			788		打開北朝176;安豐319;安陽墓葬39;水調工程9;安陽選編5	孔德銘2015	1213
			788	635;843	安豐321;安陽墓葬32;水調工程17;安陽選編6;西南滙釋48	黨相魁等2013b	1214
齊補116		9-357	789	340;405;958	河北錄243;滄州18;燕趙818	王敏之1984;王盛婷2006a;梁春勝2014a;張穎慧2022	1215
齊補117	197 修190	9-362	798		晉唐裴氏90;裴氏集8;臨汾220;山西概覽51;襄汾文史1;杞芳堂397;譜牒455;大全襄汾8;唐代鄭氏49;山西北朝303	李學文1990;周錚1994a;趙陽陽2008;衛文革2009;何山2009;何山等2010;楊明珠等2012;陳爽2013;李薛妃2015;梁春勝2016a;王靜2023a;顧冰峰2023	1216
齊補120	206 修198	9-359	801	959	晉唐裴氏93;裴氏集13;臨汾230;襄汾文史8;大全鹽湖5;譜牒476;大全襄汾13;唐代鄭氏49;山西北朝315	楊明珠等1993;運城地區河東博物館1994;衛文革2009;楊明珠等2012	1217
全3871			791	452;477;611;612;613;884;959;961	精華64;增校隨408/修263;魯迅誌551;壽光志443;齊魯碑刻127;選萃;釋要727;山東分類69;壽光集萃65;山東書全172;刻石珍拓166;壽光歷代260;壽光金石158;碑誌春秋95	崔永勝等2019a;梁春勝2020;夏炎2021;叢鋭奇2021;王艷琪等2023	1218
	墨166		790		安豐326		1219
			802	420;613;614;884;982	山東選粹24;齊魯誌研304;山東分類71;德州誌研51;山東書全174	澤田雅弘1999;李開嶺等2000;梶山智史2013a;呂宏偉2021	1220
齊補121		9-369	803		濟南誌3;山東選粹23;山東分類68;山東書全170	濟南市博物館1985;澤田雅弘1999;王盛婷2006a	1221
齊補121		9-371	803	498;613	增校隨407/修262;魯迅誌559;石學鑫探224;民族姓氏180;磁縣考略133;拾零43;胡姓考117;燕趙820;絲路沿綫92	馬忠理1991;張子英1996;徐志學2012;李紅2012;梁春勝2012b;李皓2021;蘆會影等2022	1222
			804	508;554;921	安豐328;秦晉豫續148	李紅霞等2016;仇鹿鳴2016;魏軍剛2022a;楊繼光2023b	1223

No.	墓誌名稱	紀年	出土地	現藏場所	A 目錄	B 集釋	C 北圖拓·新中國	D 彙編
1224	梁子彥墓誌	武平2年(571)4月20日	河南安陽	晝錦堂	題跋151;中央館26;檢要256/修161;史語所35;北圖目36;北大目77;碑索5-2245;北朝集存274;日本471	漢魏340	8-22	450 修565
1225	劉忻墓誌	武平2年(571)5月3日	河北磁縣		題跋152;中央館26;檢要256/修161;史語所35;北圖目36;北大目77;淑德81;碑索5-2246;北朝集存274;日本471	漢魏341 磁縣251	8-23	452 修567
1226	周肱妻王阿暈墓誌	武平2年(571)7月16日			碑索5-2248			
1227	逢哲墓誌碑	武平2年(571)10月10日	山東青州		題跋152;檢要257/修161;碑索5-2248;北朝集存276	漢魏342		453 修568
1228	索誕墓誌	武平2年(571)10月10日		墨香閣	碑索5-2248;北朝集存276	磁縣256		
1229	伊婓密墓誌	武平2年(571)10月10日						
1230	堯峻妻獨孤思男墓誌	武平2年(571)10月22日	河北磁縣	磁縣文物保管所	四十年38;碑索5-2249;北朝集存276	磁縣254	河北壹26	454 修569
1231	和士開墓誌	武平2年(571)10月22日	河南安陽		碑索5-2250;北朝集存276			
1232	陸子瑩墓誌	武平2年(571)10月22日						
1233	任遜墓誌	武平2年(571)11月5日	河南安陽		碑索5-2250;北朝集存276			
1234	王瑜墓誌	武平2年(571)11月5日			碑索5-2251;北朝集存276			
1235	傅隆顯墓誌(2種)	武平2年(571)11月16日	北京懷柔	北京市文物工作隊	檢要257/修162;北圖目36;四十年38;北圖目北京179;碑索5-2251;北朝集存276		8-29	455 修571
1236	徐穎(徐顯秀)墓誌	武平2年(571)11月17日	山西太原	太原市文物考古研究所	碑索5-2252;北朝集存276			
1237	元世雄墓誌	武平2年(571)11月17日		墨香閣	北大目77;碑索5-2253;北朝集存278			
1238	杜孝績墓誌	武平2年(571)11月17日		墨香閣	北大目77;碑索5-2252;北朝集存276			
1239	王盛墓誌	武平2年(571)11月17日		張海書法藝術館				
1240	楊元讓墓誌	武平2年(571)11月21日		墨香閣	北大目77;碑索5-2253;北朝集存278	磁縣259		

E 全文・補遺	F 疏證・墨香閣	G 碑校	H 集成	I 叢考	J その他の圖書	K 論文等	No.
齊補122		9-374	805	303	增校隨409/修263;翰墨1-65;釋要730;安豐330;畫錦堂22	王盛婷2006a;徐志學2014;孔德銘2015;張穎慧2022	1224
齊補123		9-378	806	614	增校隨409/修264;魯迅誌565;集萃7-92;河北錄430;磁縣考略134;釋要732;北窗131;燕趙822	馬忠理1991;張子英1996;劉志生2011b;周北南等2014	1225
							1226
齊補124		9-385	808		齊魯誌研312	李森2010a	1227
	墨168		807	577;828;829	安豐332	王其禕等2016;梁春勝2018b	1228
					金石證史71・87		1229
齊補124		9-387	809	615	河北錄430;磁縣考略135;杞芳堂393;燕趙824;絲路沿綫96	磁縣文化館1984b;馬忠理1991;張子英1996;徐藝萌2023a	1230
			810		安豐334	梶山智史2013a;孔德銘2015;安瑞軍等2018;田熊敬之2020;吳洪琳等2023	1231
					金石爲開156	梶山智史2019;韓婷2021	1232
			812	5;247	稀見;安豐339;秦晉豫續149	鄭志剛2011;孔德銘2015	1233
			811		安豐337;鄴華甄賞286;秦晉豫三113		1234
齊補125		9-392	812		北京所拓2;磚刻1043	郭存仁1964	1235
齊補126	209 修201	9-394	814	21;829;959	晉刻北朝311;大全迎澤13;徐顯秀墓21;山西北朝290;晉陽遺珍246;涼州477;晉陽北齊88	山西省考古研究所等2003;郎保利等2004;岩本篤志2005;常一民2006;趙陽陽2008;毛志剛2012;王江2018;余宣蓉2019;武亨偉2020;李建棟2020	1236
	墨172		813	473;615	安豐340;絲路沿綫98	梁春勝2017b	1237
齊補26	墨170		813		安豐342	王艷琪等2023;王靜2023a	1238
					魏碑聖地286	袁洋2022	1239
	墨174		815		安豐345	窪添慶文2013b;梶山智史2015	1240

No.	墓誌名稱	紀年	出土地	現藏場所	A 目錄	B 集釋	C 北圖拓・新中國	D 彙編
1241	郭嵩墓誌	武平2年(571)11月28日			北朝集存348			
1242	梅勝郎妻崔迎男墓誌	武平2年(571)12月11日		墨香閣	碑索5-2254;北朝集存278			
1243	潘尚墓誌	武平2年(571)12月11日	河北磁縣?	濟寧市任城石刻藝術館	北朝集存278			
1244	李好信墓誌	武平2年(571)			北大目77;碑索5-2254;北朝集存278			
1245	張佃保墓誌	武平3年(572)正月11日	河南洛陽		洛續11;北大目77;碑索5-2255;北朝集存278			
1246	賈進墓誌	武平3年(572)2月12日	河南安陽		碑索5-2255;北朝集存278			
1247	楊璨及妻戴氏郭氏墓誌	武平3年(572)2月12日		北朝藝術研究院	碑索5-2255;北朝集存278			
1248	張潔墓誌碑	武平3年(572)3月18日	山東青州		碑索5-2256;北朝集存278			
1249	周无墓誌	武平3年(572)3月19日		北朝藝術研究院	碑索5-2256;北朝集存278			
1250	太室孝邕墓誌	武平3年(572)5月8日						
1251	尉景碑	武平3年(572)7月			題跋36;碑索5-2256			
1252	□憘墓誌	武平3年(572)10月16日	山西太原	太原市文物考古研究所	碑索5-2257;北朝集存278			
1253	徐之才墓誌	武平3年(572)11月22日	河北磁縣	瀋陽博物館	題跋152;中央館26;檢要258/修162;史語所35;北圖目37;文庫25;北大目77;淑德81;碑索5-2257;北朝集存278;日本474	漢魏343 磁縣262	8-39	455 修571
1254	劉通(劉殺鬼)墓誌	武平3年(572)11月23日	河南安陽		碑索5-2259;北朝集存280			
1255	樊上墓誌	武平3年(572)12月23日			碑索5-2259;北朝集存280			
1256	曹禮及妻李氏墓誌	武平3年(572)			題跋152;中央館27;檢要258/修162;北大目77;碑索5-2260;北朝集存280;北朝集存334;日本475	漢魏346		506 修638
1257	岳守信墓誌	武平3年(572)	河南彰德		檢要259/修162;碑索5-2260;北朝集存280;日本475			

E 全文・補遺	F 疏證・墨香閣	G 碑校	H 集成	I 叢考	J その他の圖書	K 論文等	No.
					秦晉豫三114		1241
	墨176		817	909	安豐344		1242
			816		刻石精粹19	梶山智史2015;王艷琪等2023	1243
			818		磚刻1044		1244
			818		拾零44;磚刻1045;磚書36		1245
			819	354;615;797;872	安豐346;安陽墓葬62;水調工程25;安陽選編7;佛教金石62;河南散存199;文字墨影23	孔德銘2008;河南省文物管理局等2011;崔冠華2014;梶山智史2019	1246
			818	341;921	北朝院172;秦晉豫三115		1247
		9-397	819	644	青社齋26	李森2008;李恒光2008;仇鹿鳴2016	1248
			820	616	北朝院174;秦晉豫三116		1249
					道在瓦甓180		1250
					金石錄381		1251
			820		晉刻北朝333;金石證史61;山西北朝325;晉陽遺珍247;晉陽北齊126	梶山智史2017;武亨偉2020;羅韜哲2023	1252
齊補127		9-412	821	406;495;617;618;619	增校隨410/修264;魯迅誌569;河北錄430;磁縣考略137;釋要734;燕趙826;碑誌春秋24	岑仲勉1939;馬忠理1991;王金科1996b;張子英1996;王麗華2003;王盛婷2006b;陳昊2008;劉志生2010;邱光華2010;何山等2010;章紅梅2011a;黃登欣等2019;劉凱2019b;羅福頤等2019;蘆會影等2022;王永平2022;王靜2023b	1253
			824	619;829;940	安豐351;安陽墓葬20;水調工程31;安陽選編8;西南滙釋49;絲路沿綫102	黨相魁等2013a;孔德銘2015;徐錦順2015;董睿2016;梶山智史2017;邱亮等2017	1254
			825		安豐352		1255
魏補411 齊補129			1003	620		毛遠明2002	1256
			826		增校隨410/修264	王壯弘1984	1257

No.	墓誌名稱	紀年	出土地	現藏場所	A 目錄	B 集釋	C 北圖拓・新中國	D 彙編
1258	陸朗(陸景嵩)墓誌	武平4年(573) 2月12日	河北邯鄲	水浴寺石窟				
1259	周超墓誌	武平4年(573) 2月13日	河北磁縣					
1260	呼亮墓誌	武平4年(573) 2月24日		安陽鄉派出所	碑索5-2261;北朝集存280	磁縣270		
1261	薛琰墓誌	武平4年(573) 4月25日		北朝藝術研究院	碑索5-2261;北朝集存280			
1262	劉貴墓誌	武平4年(573) 5月13日	河南安陽	安陽縣文化局	碑索5-2262;北朝集存280			
1263	高僑妻王江妃隨葬衣物疏	武平4年(573) 7月6日	山東臨朐	中國國家博物館				
1264	賈寶墓誌	武平4年(573) 8月16日	河南安陽		碑索5-2262;北朝集存280			
1265	和紹隆妻元華墓誌	武平4年(573) 8月28日	河南安陽	河南省文物研究所	四十年39;碑索5-2262;北朝集存280		河南壹430	
1266	杜鴻墓誌	武平4年(573) 9月26日	河南安陽?		碑索5-2263;北朝集存280・348			
1267	崔博墓誌	武平4年(573) 10月10日	山東臨淄	山東省文物考古研究所	四十年39;碑索5-2263;北朝集存282			459 修575
1268	高建妻王氏墓誌	武平4年(573) 10月17日	河北磁縣	遼寧省博物館	題跋152;中央館26;檢要259/修163;史語所36;文庫25;北大目78;淑德79・81;碑索5-2264;北朝集存282;日本477	漢魏310 磁縣273		460 修577
1269	和君墓誌	武平4年(573) 11月10日	山西太原	山西省考古研究院?				
1270	赫連子悅墓誌	武平4年(573) 11月23日	河南安陽	西安碑林博物館	題跋152;檢要260/修163;史語所36;北圖目37;北大目78;淑德81;陝目提要88;碑索5-2265;北朝集存282;日本477	漢魏344	8-52	461 修578
1271	高僧護墓誌	武平4年(573) 11月	河南安陽	西安碑林博物館	題跋152;檢要260/修163;史語所36;北圖目37;北大目78;陝目提要88;碑索5-2266;北朝集存282;日本482	漢魏315 磁縣276	8-54	463 修581
1272	劉興安墓誌	武平4年(573) 12月11日			北大目78;碑索5-2267;北朝集存282			
1273	孫世雄妻馬氏墓誌	武平4年(573) 12月29日	河北		碑索5-2268;北朝集存282			

E 全文・補遺	F 疏證・墨香閣	G 碑校	H 集成	I 叢考	J その他の圖書	K 論文等	No.
						邯鄲市文物保管所1987;王振國2002;田熊信之2006;ケイト・リングレイ2017;曾堯民2018	1258
					磁縣雙廟113		1259
			826		安豐354		1260
			827	443	北朝院176		1261
			827	622;917;961	安豐356;安陽墓葬71;安陽選編10	孔德銘2015	1262
齊補309					隨葬文書409	池田溫1961;原田正己1967;小田義久1969;淺見直一郎1990;淺見直一郎2007;淺見直一郎2017;田河2020	1263
			829	198;621	安陽墓葬92;安陽選編9	梶山智史2019	1264
齊補130	212 修204	10-20	830		集萃7-93;釋要738;安豐309;北大新續155	河南省文物研究所1987;羅新2003;周北南等2014;梁春勝2016a	1265
			1003	254;830	秦晉豫續156		1266
齊補130		10-23	830	621;824	山東選粹25;山東碑造302;齊魯誌研235;山東分類73;海岱石華100;山東書全176;淄博誌釋52	山東省文物考古研究所1984;澤田雅弘1999;佐伯眞也1999;東賢司2003;王華山2006;王華山2008;梶山智史2013b;王佳月2015;李寶軍2020;劉軍2023c	1267
齊補131		10-25	831		魯迅誌581;河北錄430;磁縣考略141;遼博39;星空152;燕趙831;高姓129	馬忠理1991;張子英1996;王盛婷2006a;章紅梅2007a;曾曉梅等2012;羅福頤等2019;蘆會影等2022	1268
					晉陽北齊115	山西省考古研究院等2020;吳洪琳等2023	1269
齊補132		10-30	832		精華65;英華129;集萃7-94;民族姓氏42;鴛鴦藏石160;碑林全66-1031;胡姓考267;彭州130;安豐358	岑仲勉1939;高峽1996;王盛婷2004;園田俊介2008;牟發松2015;梁春勝2016a;魏晴晴2020;侯紀潤2022;魏軍剛2023b	1270
齊補133		10-34	1004	621	英華130;集萃7-95;鴛鴦藏石161;陝西石藝260;磁縣考略145;碑林全66-1040;彭州132;安豐360;星空165;燕趙834;高姓300	馬忠理1991;張子英1996;高峽1996;鄧瑩2010;劉志生2019a;蘆會影等2022	1271
							1272
			833			田熊信之2009	1273

No.	墓誌名稱	紀年	出土地	現藏場所	A 目錄	B 集釋	C 北圖拓·新中國	D 彙編
1274	白長命碑	武平4年(573)			題跋36;碑索5-2268			
1275	殘墓誌	武平4年(573)	山東青州	青州市博物館				
1276	雲榮墓誌	武平5年(574)正月10日			北大目78;碑索5-2269;北朝集存282			464修581
1277	李琮墓誌	武平5年(574)正月12日	河北元氏		題跋152;檢要261/修163;史語所36;北圖目36;北大目78;淑德81;碑索5-2270;北朝集存282;日本478	漢魏347	8-55	465修583
1278	陳三墓誌碑	武平5年(574)正月12日	山東濟南	濟南市博物館	碑索5-2271;北朝集存282			
1279	陳太伯墓誌	武平5年(574)正月12日	山東濟南	山東省文物考古研究所	北朝集存284			
1280	竹靜墓誌	武平5年(574)正月24日			北朝集存284			
1281	陸延壽墓誌	武平5年(574)5月13日		墨香閣	北大目78;碑索5-2272;北朝集存284			
1282	□昌墓誌	武平5年(574)9月10日			北圖目37;碑索5-2272;北朝集存284		8-60	467修585
1283	□忝墓誌	武平5年(574)10月22日	河北鹽山	鹽山縣文物保管所	碑索5-2273;北朝集存284		河北壹27	
1284	李稚廉墓誌	武平5年(574)11月16日	河北高邑	正定縣文物保管所	碑索5-2273;北朝集存284		河北壹28	
1285	元始宗墓誌	武平5年(574)11月28日	河北磁縣	邯鄲市文物保管所	碑索5-2274;北朝集存284	磁縣283	河北壹29	
1286	魏懿墓誌	武平5年(574)11月29日	河南安陽	故宮博物院	題跋152;檢要261;修164;史語所36;北圖目37;北大目78;碑索5-2275;北朝集存284	漢魏348	8-62	467修585
1287	李祖牧墓誌	武平5年(574)12月10日	河北臨城	臨城縣文物保管所	碑索5-2276;北朝集存284		河北壹30	
1288	李祖牧妻宋靈媛墓誌	武平5年(574)12月10日	河北臨城	臨城縣文物保管所	碑索5-2276;北朝集存284		河北壹31	
1289	李君穎墓誌	武平5年(574)12月10日	河北臨城	臨城縣文物保管所	碑索5-2277;北朝集存286		河北壹32	
1290	劉阿元墓誌	武平5年(574)12月11日	河南洛陽	個人藏	北大目79;碑索5-2278;北朝集存286			

E 全文・補遺	F 疏證・墨香閣	G 碑校	H 集成	I 叢考	J その他の圖書	K 論文等	No.
					金石錄382		1274
						夏名采1985	1275
齊補134		10-36	833	201;316;987		何德章2000;園田俊介2008;劉志生2009a;牟發松2015;魏晴晴2020	1276
齊補135		10-39	834	621	增校隨412/修266;魯迅誌585;集萃7-96;河北錄432;釋要743;元氏錄121;北窗132;燕趙836;譜牒473;李氏墓133	王盛婷2006a;梁春勝2012a;梁春勝2012b;范兆飛2021;張穎慧2022	1277
			835	205;622	山東選粹26;濟南誌5;齊魯誌研313;山東分類75;山東書全178	梶山智史2017;張顯成等2018	1278
			836		山東分類77;山東書全180	梶山智史2017	1279
					新獲一五44		1280
	墨180		836	623	安豐362		1281
齊補136		10-49	1004	334;623		毛志剛2012	1282
齊補136	214 修206	10-51	837	314	河北錄434;滄州20;燕趙838	王志斌等1997;梁春勝2011a	1283
齊補137		10-55	838	262;836	河北錄431;燕趙840;李氏墓134	何山等2010;梁春勝2012b	1284
齊補137		10-60	838		河北錄431;磁縣考略146;燕趙842	馬忠理1991;張子英1996	1285
齊補138		10-63	839	624;940	故宮彙編80	王盛婷2006b;宋燕鵬2007;劉凱2019b;張永惠2021	1286
齊補140	219 修211	10-65	840	312	河北錄244;燕趙845;譜牒477;臨城館藏3;李氏墓135;邢州萃編68	李建麗等1991;趙陽陽2008;趙海麗2010;梁春勝2011a;梁春勝2011b;章紅梅2011b;劉志生2012a;陳爽2013;劉志生2019b;梁春勝2020;范兆飛2021;常麗麗2023b	1287
齊補139	216 修208	10-68	841		河北錄246;燕趙848;譜牒479;臨城館藏8;李氏墓136;邢州萃編70	李建麗等1991;梁春勝2011a;陳爽2013	1288
齊補141	223 修214	10-71	842	624	河北錄245;燕趙851;譜牒480;臨城館藏12;李氏墓137;邢州萃編72	李建麗等1991;趙陽陽2009;趙海麗2010;劉志生2012a;梁春勝2012a;陳爽2013;范兆飛2021	1289
			843		秦晉豫70		1290

No.	墓誌名稱	紀年	出土地	現藏場所	A 目錄	B 集釋	C 北圖拓・新中國	D 彙編
1291	鄭子尚墓誌	武平5年(574)12月23日	河南安陽		題跋152;檢要262/修164;史語所36;北圖目37;文庫25;北大目79;淑德81;碑索5-2278;北朝集存286;日本479	漢魏349	8-63	468 修586
1292	叱列寔墓誌	武平5年(574)12月23日						
1293	邸珍墓碑	武平6年(575)2月		北岳廟	題跋34;淑德32;碑索5-2280;北朝集存286;日本366		6-24	
1294	高苗侯墓誌	武平6年(575)3月19日			碑索5-2281;北朝集存286;日本467			
1295	范粹墓誌	武平6年(575)5月1日	河南安陽	河南博物院	檢要263/修165;四十年39;碑索5-2281;北朝集存286		河南壹1	469 修589
1296	皮阿輸迦妻高氏墓誌	武平6年(575)5月19日	河南安陽	個人藏	碑索5-2282;北朝集存286			
1297	叔孫都墓誌	武平6年(575)8月27日		墨香閣	北大目79;碑索5-2283;北朝集存286	磁縣286		
1298	高肅墓碑	武平6年(575)8月□日	河北磁縣	蘭陵王墓園碑樓	題跋36;淑德37;碑索5-2283;北朝集存284;日本482		8-75	
1299	邢法墓誌	武平6年(575)9月28日	河北臨漳	個人藏				
1300	孫驥墓誌	武平6年(575)11月4日	河南安陽	墨香閣(張海書法藝術館?)	北大目79;淑德81;碑索5-2285;北朝集存286;日本482			
1301	王順墓誌	武平6年(575)11月5日	河北磁縣?	濟寧市任城石刻藝術館				
1302	獨孤譽墓誌	武平6年(575)11月16日		北朝藝術研究院	碑索5-2285;北朝集存286			
1303	尉岡墓誌	武平6年(575)12月23日	河南安陽		北大目79;碑索5-2285;北朝集存288	新北166		
1304	陳寶及妻郭氏墓誌	武平7年(576)正月6日			北大目79;碑索5-2286;北朝集存288			
1305	張善相墓誌	武平7年(576)正月7日	山西	墨香閣	碑索5-2286;北朝集存288			
1306	高潤墓誌	武平7年(576)2月11日	河北磁縣	磁縣文物保管所	四十年40;碑索5-2286;北朝集存288	磁縣288	河北壹33	471 修590
1307	韓寶暉墓誌	武平7年(576)2月24日	河南密縣	書道博物館	碑索5-2287;北朝集存288			

E 全文・補遺	F 疏證・墨香閣	G 碑校	H 集成	I 叢考	J その他の圖書	K 論文等	No.
齊補142		10-74	843	624;766;768	増校隨413/修266;魯迅誌591;釋要745;唐代鄭氏51;啓功219		1291
					秦晉豫三117		1292
齊補48					増校隨349/修227;河北錄46;曲陽北岳97;保定碑13;北岳廟注1;燕趙208	張永強2009;郭増民2021a;郭増民2021b	1293
			844				1294
齊補143		10-79	844		文革期90;;精華66;集萃7-97;琬琰流芳82;盛世側影53;涼州480	河南省博物館1972;安陽縣文教衞生管理站1972;宋燕鵬2007;鄭志剛2008;古花開2013;何山2017;劉凱2019b	1295
			845		秦晉豫71;高姓66	梶山智史2022	1296
	墨182		846	630	安豐366	周永研等2020	1297
齊補49		10-94			増校隨414/修267;魯迅碑1113;河北錄43;磁縣考略143;邯鄲碑刻34;景州84;碑帖收研389;釋要747;星空181;燕趙205;邯鄲石刻4-364;高姓59;啓功195;碑誌春秋150	王金科等1987;馬忠理1988;馬忠理1991;張子英1993;張子英1999;梁春勝2011b;梁春勝2012a;德泉さち2013;范兆飛2019;常麗麗2023a	1298
					北精粹齊周75		1299
	墨184		847	800	安豐365;秦晉豫三118;魏碑聖地180;張海館b230	周阿根2018	1300
			847		刻石精粹11	梶山智史2015	1301
			848	406;631;885	北朝院178;金石證史52;絲路沿綫108	梁春勝2017b;劉勇2020	1302
			850	483	北拓精品126;秦晉豫72;譜牒481	劉森垚2018	1303
			850		安豐368;民間藏誌86;題跋集萃65;燕趙854;道在瓦甓182		1304
	墨258		1005		秦晉豫74;新獲七朝41;北朝百品98		1305
齊補144		10-99	851	342	河北錄246;磁縣考略148;景州78;邯鄲碑刻36;星空175;燕趙856;邯鄲石刻7-787;高姓54	磁縣文化館1979;馬忠理1991;張子英1993;梁春勝2014a;楊浩燁2023	1306
			852		磁縣考略154;禹域87	梶山智史2015	1307

No.	墓誌名稱	紀年	出土地	現藏場所	A 目錄	B 集釋	C 北圖拓・新中國	D 彙編
1308	可朱渾孝裕墓誌	武平7年(576)5月7日	河南許昌	墨香閣	北大目79;碑索5-2288;北朝集存288			
1309	趙奉伯妻傅華墓誌	武平7年(576)5月7日	山東歷城	濟南市博物館	四十年41;碑索5-2288;北朝集存288			473 修592
1310	李智源墓誌	武平7年(576)5月20日		墨香閣	北大目79;碑索5-2289;北朝集存288			
1311	元君妻韓華墓誌	武平7年(576)8月24日		北朝藝術研究院	碑索5-2290;北朝集存288			
1312	高洋(文宣帝)妻顏玉光墓誌	武平7年(576)8月26日	河南安陽	安陽縣文物管理所	四十年42;碑索5-2290;北朝集存290		河南壹14	475 修594
1313	李希宗妻崔幼妃墓誌	武平7年(576)11月7日	河北贊皇	正定縣文物保管所	四十年40;碑索5-2291;北朝集存290		河北壹34	475 修595
1314	李祖勳墓誌	武平7年(576)11月7日		北朝藝術研究院	碑索5-2291;北朝集存290			
1315	穆子寧墓誌	武平7年(576)11月9日	河南安陽	墨香閣	北大目79;碑索5-2292;北朝集存290			
1316	穆建墓誌	武平7年(576)11月9日		墨香閣	北大目79;碑索5-2292;北朝集存290	新北163		
1317	陸君妻李華墓誌	武平7年(576)11月9日	河南安陽		碑索5-2292;北朝集存290			
1318	邱珍墓誌	武平7年(576)11月9日	河北曲陽		碑索4-1920;北朝集存184			
1319	李雲墓誌	武平7年(576)11月10日	河南濮陽	濮陽縣文化館	檢要263/修165;四十年40;碑索5-2293;北朝集存290			478 修598
1320	李亨墓誌	武平7年(576)12月17日	河南濮陽	濮陽市文物保護管理所	碑索5-2294;北朝集存290			
1321	□君墓誌	武平7年(576)12月24日			碑索5-2293			
1322	高珍墓誌	隆化元年(576)		新鄉市博物館	碑索5-2294;北朝集存290			

西魏(535-556)・北周(557-581)

No.	墓誌名稱	紀年	出土地	現藏場所	A 目錄	B 集釋	C 北圖拓・新中國	D 彙編
1323	張元墓誌	大統元年(535)9月			檢要207/修131;碑索4-2055;北朝集存218			

E 全文・補遺	F 疏證・墨香閣	G 碑校	H 集成	I 叢考	J その他の圖書	K 論文等	No.
齊補146	226 修216 墨186		854	495;620;634	安豐369;金石證史82;絲路沿綫112	羅新2001;趙耀輝2015a;孔德銘2015;梁春勝2017b;梁春勝2018b;錢久隆2023;劉秀峰2023b;顧冰峰2023	1308
齊補146		10-104	853	634	山東選粹27;濟南誌8;齊魯誌研315;山東分類78;山東書全182	韓明祥1985;王盛婷2006b;周北南等2014	1309
	墨188		855	577;962	安豐379	孔德銘2015;梁春勝2017b;王敬2021	1310
			856	635	北朝院182;秦晉豫三119	梁春勝2017b	1311
齊補148		10-107	1006		景州90;星空187;高姓43	安陽縣文教局1973a;宮萬琳2004;劉偉航等2011;趙海麗2011a	1312
齊補148		10-111	857	830;885;905;962	河北錄432;燕趙860;李氏墓139;崔氏598;贊皇錄20	石家莊革委會文化局1977;王盛婷2004;王盛婷2006a;鄧瑩2010;劉志生2011b;吳蘭蘭2012;周北南等2014;楊艷華2017;張強2022;張強2023	1313
			859	636;637;662;886;962;963	北朝院184;李氏墓138	梁春勝2017b;張強2022;張強2023;張偉藝2023	1314
	墨192		861	303;637;638;826;886;921	河閒196;安豐371	趙生泉2008b;李紅霞等2016;梁春勝2017b	1315
	墨190		862	637;766	安豐373	趙生泉2008b;周阿根2016b;楊學是2018	1316
			860		安豐374;安陽墓葬67;水調工程39;安陽選編11;西南滙釋53;文字墨影25		1317
			996	57	新獲七朝35;魏碑聖地288	過超2015;劉軍2016a;楊長振2019;郭增民2021b;梶山智史2022	1318
齊補150		10-115	863	887	濮陽44	周到1964;王新邦2007;劉志生2019a;陳鵬2021;張強2022;張強2023	1319
			864			張文彥等2005;濮陽文物保管所等2017;陳鵬2021;梶山智史2022	1320
							1321
						杜彤華等1998;傅山泉2009	1322

E 全文・補遺	F 疏證・墨香閣	G 碑校	H 集成	I 叢考	J その他の圖書	K 論文等	No.
					增校隨345/修224		1323

No.	墓誌名稱	紀年	出土地	現藏場所	A 目錄	B 集釋	C 北圖拓·新中國	D 彙編
1324	辛蒦墓誌	大統元年(535)12月12日	陝西西安?	西安碑林博物館	陝目提要62;碑索4-2056;北朝集存218	西南39		
1325	趙超宗妻王氏墓誌	大統2年(536)4月26日	陝西長安	西安碑林博物館	陝目提要62;碑索4-2057;北朝集存218			
1326	劉阿倪提墓誌	大統3年(537)11月11日	陝西涇陽	大唐西市博物館	碑索4-2058;北朝集存218			
1327	宇文測墓誌	大統3年(537)12月甲申	陝西	大唐西市博物館	北大目64;碑索4-2058;北朝集存218			
1328	王紹明墓誌碑	大統4年(538)正月12日	甘肅秦安	秦安縣博物館				
1329	陸醜墓誌	大統4年(538)4月28日	陝西西咸	陝西省考古研究院				
1330	姬買勗墓誌	大統5年(539)4月	陝西西安	西安碑林博物館	四十年30;陝目提要64;碑索4-2059;北朝集存218			
1331	張儀息墓券	大統6年(540)10月28日	河南三門峽	三門峽市文物考古研究所?	碑索4-2060;北朝集存218			
1332	元顯墓誌	大統6年(540)11月11日		墨香閣	碑索4-2060;北朝集存218			
1333	長孫儁妻婁貴華墓誌	大統6年(540)11月12日	陝西西安	西安市文物保護考古所	碑索4-2060;北朝集存218			
1334	乞伏孝達妻吐谷渾庫羅伏墓誌	大統7年(541)2月7日	陝西西安	陝西省考古研究院	北朝集存218			
1335	范歡墓誌	大統7年(541)3月25日			北朝集存348			
1336	蔣黑墓誌	大統7年(541)		故宮博物院	題跋149;檢要207;修131;北大目63;碑索4-2061;北朝集存220			
1337	楊儉墓誌	大統8年(542)3月6日		千唐誌齋博物館	北大目63;碑索4-2062;北朝集存220			
1338	和照墓誌	大統8年(542)7月20日	陝西華陰	華陰市個人藏	北大目63;碑索4-2063;北朝集存220			
1339	馮子懿妻元氏墓誌	大統8年(542)10月庚申(27日)		關中民俗藝術博物院				
1340	馮子良墓誌	大統8年(542)10月庚申(27日)		關中民俗藝術博物院				
1341	封獵生墓誌	大統9年(543)10月27日	甘肅天水	個人藏	碑索4-2063;北朝集存220	新北105		

E 全文・補遺	F 疏證・墨香閣	G 碑校	H 集成	I 叢考	J その他の圖書	K 論文等	No.
			594	531;638	碑林新21;陝西萃編66	梶山智史2015;李皓2018	1324
		8-165	595	30;362;639	碑林新24;譜牒483;佛教金石48;陝西萃編68	梁春勝2012b;陳爽2013;孫久龍2019;王玉來2021	1325
			596		西市2;譜牒485	周偉洲2013b;王素2014	1326
			597	451;639	秦晉豫42;西市4;譜牒486;絲路沿綫28	周偉洲2013b;王素2014;龔靜2021	1327
					天水文史3;天水輯校361;佛造天水190		1328
						陝西省考古研究院隋唐室2018;陝西省考古研究院2021;張楊力錚2021	1329
魏補409			597		碑林全66-927;五十年下62	武伯綸1963;高峽1996;趙強2015;鄧躍敏2022	1330
					石刻法律225	三門峽文物考古所2009	1331
	墨44		598	640	秦晉豫續94	席蘭2020;周阿根2021	1332
			599	80;641		陳財經等2011;陝西省考古研究院隋唐室2018;梶山智史2019	1333
					陝西院4	陝西省考古研究院隋唐室2018;陝西省考古研究院等2019;周偉洲2019;周偉洲2020;羅新2020;李宗俊2021b;李皓2021;呼嘯2022;梶山智史2022;陳麗萍2020;胡芳2023	1334
							1335
魏補403			600		磚刻1006		1336
			601	807	唐補千唐442;河南散存192;秦晉豫三79;雲雨蟄龍52;千唐全集14	王慶衞等2005;楊爲剛2009;龍仕平等2010;王化昆等2015;堀井裕之2017	1337
		8-179	602	352	陝西精華16;北大新拓110;秦晉豫續99;北精粹東西魏25;陝西萃編72;陝西集成80	梁春勝2011b	1338
					關中院2		1339
					關中院4		1340
			602	815	譜牒487;天水輯校192;北精粹東西魏49	王連龍2011b;楊學是2018	1341

No.	墓誌名稱	紀年	出土地	現藏場所	A 目錄	B 集釋	C 北圖拓·新中國	D 彙編
1342	楊恒墓誌	大統10年(544)4月18日	陝西華陰	個人藏	碑索4-2064;北朝集存220			
1343	馮景之墓誌	大統10年(544)4月18日	陝西長安	陝西歷史博物館	秦嶺198;陝目提要66;碑索4-2063;北朝集存220			
1344	侯義墓誌	大統10年(544)5月26日	陝西咸陽	咸陽博物館(西安碑林博物館)	四十年31;陝目提要67;碑索4-2064;北朝集存220		陝西壹19	
1345	慕容莨墓誌	大統10年(544)10月22日		洛陽九朝刻石文字博物館	北朝集存220			
1346	韋隆妻梁氏墓誌	大統10年(544)11月29日	陝西	西安市長安博物館	北大目63;陝目提要66;碑索4-2066;北朝集存220			
1347	婁叡墓誌	大統10年(544)11月29日	陝西西安					
1348	鄧子詢墓誌	大統12年(546)正月29日	陝西西安	西安碑林博物館	四十年31;陝目提要67;碑索4-2066;北朝集存220		陝西貳3	
1349	辛術墓誌	大統12年(546)正月30日	陝西西安	西安碑林博物館	北大目63;碑索4-2067;北朝集存220	新北108西南48		
1350	杜何拔墓誌	大統13年(547)8月22日	山西榆次?		檢要207/修131;晉目晉中26;碑索4-2067;北朝集存218			
1351	李賢妻吳輝墓誌	大統13年(547)12月21日	寧夏固原	固原博物館	四十年31;碑索4-2068;北朝集存220			384修483
1352	韓樂妃墓誌	大統14年(548)3月18日	陝西西安?		北大目63;碑索4-2069;北朝集存222			
1353	長孫儁墓誌	大統14年(548)10月22日	陝西西安	西安市文物保護考古所	碑索4-2069;北朝集存222			
1354	尉遲伐墓誌	大統14年(548)10月22日		陝西漢唐石刻博物館				
1355	侯興墓誌	大統15年(549)4月24日	陝西長安	西安碑林博物館	碑索4-2070;北朝集存222			
1356	袁紇頠墓誌	大統15年(549)	陝西咸陽	陝西省考古研究院				
1357	任小香墓誌	大統15年(549)8月28日			碑索4-2070;北朝集存222		6-21	384修484
1358	朱龍妻任氏墓誌	大統15年(549)10月27日	陝西西安	西安碑林博物館	陝目提要69;碑索4-2071;北朝集存222		陝西貳4	
1359	韋彧妻柳敬憐墓誌	大統16年(550)2月4日	陝西長安	西安市長安博物館	北大目63;秦嶺199;陝目提要69;碑索4-2071;北朝集存222			
1360	顯略法師墓誌	大統16年(550)4月9日	陝西榆林	榆陽區古代碑刻藝術博物館				

E 全文・補遺	F 疏證・墨香閣	G 碑校	H 集成	I 叢考	J その他の圖書	K 論文等	No.
			603		二四品307;龍門文萃428;秦晉豫50	梶山智史2022	1342
			603		尋覓瑰寶90;長安碑刻333;風引薤歌10;陝西萃編74;陝西集成82	91;323;641;642	梶山智史2013a;黨斌2019a;劉軍2020a	1343
魏補403	231 修223	8-183	605	642	咸陽碑石1;陝西精華17;渭城志214/修220;風引薤歌14;陝西萃編76;陝西集成83	咸陽市文管會等1987	1344
					九朝18;新獲一五27;秦晉豫三80;魏碑聖地228	梶山智史2019	1345
		8-185	606	364;642;784	譜牒492;陝西萃編78;陝西集成84	白艷章2021	1346
						周曉薇等2019	1347
魏補403		8-188	606	643	英華123;碑林全66-978;西北64;五十年上137;陝西萃編80	武伯綸1963;高峽1996;趙強2015;張永惠2021;鄧躍敏2022	1348
			607	252;421;643;945	北大新拓111;碑林新續1;譜牒488;秦晉豫續108;陝西萃編82	周阿根2016b;李海峰2017;楊學是2018;李皓2018;段銳超2019;范兆飛2021	1349
			608		大全楡次479	梶山智史2013a	1350
魏補404		8-202	608		原州54;寧夏集3;固原選編68;譜牒493	寧夏博物館等1985;羅豐1985;王盛婷2004;劉志生2009b;王琨2017;宋平2017;張存良2023	1351
			609		秦晉豫續112;新獲一五29		1352
			610		字里集粹5;北大新續149	陳財經等2011;張全民等2012;陝西省考古研究院隋唐室2018;梶山智史2019	1353
						王書欽2022	1354
			610	85	碑林新續5	梶山智史2019	1355
						陝西省考古研究院隋唐室2018	1356
魏補405			611		磚刻1007		1357
魏補405		8-211	611	645	英華124;碑林全66-982;杞芳堂361;陝西萃編84	高峽1996	1358
魏補405	234 修226	8-213	611		長安碑刻334;譜牒494;陝西萃編86;柳氏1-1;陝西集成89	周偉洲等2000;牟發松等2006;蓋金偉等2007;趙海麗2011a;顧冰峰2023	1359
						默冰2020	1360

No.	墓誌名稱	紀年	出土地	現藏場所	A 目錄	B 集釋	C 北圖拓·新中國	D 彙編
1361	謝婆仁墓誌	大統16年(550)7月9日	陝西咸陽		碑索4-2072;北朝集存222			
1362	甄忻墓誌	大統16年(550)7月25日	陝西西安	陝西省考古研究院			陝西肆4	
1363	楊泰妻元氏墓誌	大統17年(551)3月28日	陝西華陰	華陰市西岳廟文物管理處	四十年31;北大目63;秦嶺428;陝目提要69;碑索4-2072;北朝集存222		陝西壹20	385 修484
1364	楊景墓誌	大統17年(551)3月28日	陝西華陰					
1365	楊裦墓誌	大統17年(551)3月29日			碑索4-2073;北朝集存222			
1366	劉晦及妻韋氏墓誌	廢帝元年(552)正月	河南三門峽	三門峽市文物考古研究所	碑索4-2073;北朝集存222			
1367	舒洛平墓誌	廢帝元年(552)2月14日	陝西藍田	藍田縣文物管理所	秦嶺199;陝目提要70;碑索4-2074;北朝集存222	西南52		
1368	韋隆墓誌	廢帝元年(552)10月27日	陝西	長安博物館	碑索4-2074;北朝集存222			
1369	柳御天墓誌	廢帝2年(553)2月16日	陝西西安		碑索4-2075;北朝集存224	新北114		
1370	柳檜墓誌	廢帝2年(553)2月16日	陝西西安		碑索4-2075;北朝集存224	新北116		
1371	韋彪妻柳遺蘭墓誌	廢帝2年(553)2月20日	陝西長安		秦嶺200;碑索4-2075;北朝集存224			
1372	朱欣墓誌	廢帝2年(553)2月27日	陝西西安?		碑索4-2076;北朝集存224			
1373	韋孝寬妻鄭毗羅墓誌	廢帝2年(553)11月1日	陝西長安		碑索4-2077;北朝集存224			
1374	杜樻及妻元氏墓誌	廢帝2年(553)11月25日	陝西長安		北朝集存224			
1375	楊穆墓誌	廢帝2年(553)11月25日	陝西華陰		北大目63;碑索4-2076;北朝集存224			
1376	吳颺墓誌	廢帝2年(553)12月22日	陝西華陰?		碑索4-2076;北朝集存224			
1377	趙悅墓誌	廢帝3年(554)正月3日	陝西戶縣	戶邑區文物管理委員會	秦嶺199;陝目提要71;碑索4-2077;北朝集存224		陝西叁5	
1378	李權墓誌	廢帝3年(554)	河南		北朝集存348			
1379	宇文瑞墓誌	恭帝元年(554)11月2日			北朝集存224			

E 全文・補遺	F 疏證・墨香閣	G 碑校	H 集成	I 叢考	J その他の圖書	K 論文等	No.
魏補406	236 修228		612		渭城志214/修220;磚刻1008	劉衞鵬2003;劉衞鵬2004;馬永強等2004	1361
							1362
魏補406		8-218	613		華山碑石19;碑林全195-898;楊氏考錄27;西岳廟425;譜牒493;楊氏輯錄137;渭華翠色138;陝西萃編88;陝西集成90	杜葆仁等1984;陸明君2002;王慶衞等2005;李文才2007;龍仕平等2010;窪添慶文2013b;陳爽2013	1363
					渭華翠色140		1364
			613			王慶衞等2005;王慶衞等2006;龍仕平等2010;堀井裕之2017	1365
			614		河南散存194	史智民等1998;三門峽文物考古所2009;梶山智史2017;劉昕2018	1366
			614			阮新正2006;梶山智史2022	1367
		8-222	615	816;871	譜牒490	范兆飛2021	1368
			609			李紅2016;北村一仁2021	1369
			615	645	譜牒496	李紅2016;楊學是2018;北村一仁2021;王玉來2021	1370
	237 修229	8-224	616		長安碑刻338;譜牒497;柳氏1-6	周偉洲等2000;牟發松等2006;蓋金偉等2007	1371
			616		秦晉豫續119	魏軍剛2023b	1372
					韋氏44	會田大輔2023a	1373
					新獲一五34;西南滙釋37;北精粹東西魏83		1374
						堀井裕之2017	1375
			617		秦晉豫續121		1376
			617		戸縣碑刻6;陝西萃編90;陝西集成93	梶山智史2019	1377
					新獲百品16		1378
				252	字里集粹7;秦晉豫三85		1379

No.	墓誌名稱	紀年	出土地	現藏場所	A 目錄	B 集釋	C 北圖拓·新中國	D 彙編
1380	乙弗虬(柳虬)墓誌	恭帝2年(555) 正月27日	陝西西安	西安市文物保護考古研究院	北朝集存224			
1381	張悙墓誌	恭帝2年(555) 4月28日	陝西咸陽	陝西省考古研究院	碑索4-2057;北朝集存224			
1382	王琳墓誌	恭帝2年(555) 11月7日			碑索4-2077;北朝集存224			
1383	乞伏永壽妻姚護親墓誌	恭帝3年(556) 閏8月3日	陝西長安	陝西省考古研究院	北朝集存226			
1384	獨孤信墓誌	孝閔帝元年(557) 4月4日	陝西咸陽	中國國家博物館	北圖目37;碑索5-2307;北朝集存292		8-98	480 修601
1385	摯紹墓碑	孝閔帝元年(557) 5月11日	陝西西安					
1386	烏丸光(王光)妻叱羅招男墓誌	明帝元年(557) 10月6日	陝西華陰	大唐西市博物館	碑索5-2310;北朝集存292			
1387	拓拔愼墓誌	明帝元年(557) 10月18日		榆陽區古代碑刻藝術博物館				
1388	拓拔寧墓誌	明帝2年(558) 9月22日	陝西長安	西安碑林博物館	碑索5-2311;北朝集存292			
1389	拓拔儒墓誌	明帝2年(558) 9月30日	陝西西安		碑索5-2311;北朝集存292			
1390	拓拔初墓誌	明帝2年(558) 9月30日						
1391	拓拔育墓誌	明帝2年(558) 10月12日	陝西長安	西安碑林博物館	秦嶺199;陝目提要78;碑索5-2311;北朝集存292			
1392	宇文覺墓誌	明帝2年(558) 10月12日	陝西咸陽	陝西省考古研究院				
1393	宇文端(薛端)墓誌	武成元年(559) 10月25日	陝西韓城	韓城市博物館	陝目提要78;碑索5-2312;北朝集存292		陝西叁6	
1394	侯伏侯遠墓誌	武成元年(559) 11月7日	陝西西安	西安博物院	碑索5-2313;北朝集存292			
1395	去斤鍾馗妻莫多婁氏墓誌	武成元年(559) 11月8日	陝西咸陽	陝西省考古研究院	北朝集存292			
1396	拓王廻叔墓誌	武成2年(560) 正月21日	陝西西安		北大目80;碑索5-2313;北朝集存292		新北169	
1397	拓王道貴墓誌	武成2年(560) 正月22日			北朝集存348			
1398	獨孤渾貞墓誌	武成2年(560) 8月5日	陝西咸陽	西安碑林博物館	陝目提要79;碑索5-2313;北朝集存292			

E 全文・補遺	F 疏證・墨香閣	G 碑校	H 集成	I 叢考	J その他の圖書	K 論文等	No.
					柳氏1-12	西安文物保護考古院2020a;寧琰2020a;北村一仁2021;王玉來2021;王書欽2021	1380
			618		陝西院5	馮莉2014;仇鹿鳴2016;梶山智史2017	1381
				645	珍稀百品12	余國江2019	1382
					陝西院6	陝西省考古研究院隋唐室2018;李皓2021	1383
周補14		10-133	865		歷博大觀70;西北70;譜牒502;五十年下74;國博誌24;國博法帖	秋山進午1993;王興邦1995;羅新2008b;王義康2008;何山等2010;趙海麗2011a;張雲華2012;王書欽2013;吳洪琳2015;王書欽2019	1384
						張愛民等2019	1385
			865		秦晉豫59;西市6;譜牒498;絲路沿綫46	葉煒2012;周偉洲2013b;湯勤福2013;王素2014;倪潤安2014;李婷2017	1386
						王書欽2020	1387
			866		碑林新續7;陝西萃編92	梶山智史2019;王書欽2020;傅清音等2023	1388
					西安新獲16;西南滙釋40	梶山智史2019;王書欽2020;傅清音等2023	1389
					新獲百品18	王書欽2020;傅清音等2023;會田大輔2023b	1390
周補15	239 修231	10-141	866		長安碑刻335;陝西萃編93	祥生1996;李舉綱1999;王書欽2020;姜寧2022;傅清音等2023	1391
						CCTV2023b	1392
			866	269;645;801	韓城志293;薛氏210;陝西萃編94;陝西集成104	任喜來2008;梶山智史2015	1393
		10-150	1006	646	陝西精華18;陝西萃編98;陝西集成105		1394
					陝西院7;絲路沿綫52		1395
			867	646	譜牒499;秦晉豫續127		1396
					西南滙釋41;秦晉豫二97		1397
周補15	241 修233	10-152	867		碑林全補遺-5;西石續36;咸陽碑刻8;渭城志214/修221;碑林新29;譜牒501;絲路沿綫54;陝西萃編100	李朝陽1997;邱光華2010;顧冰峰2023	1398

— 371 —

No.	墓誌名稱	紀年	出土地	現藏場所	A 目錄	B 集釋	C 北圖拓・新中國	D 彙編
1399	王光(烏丸光)墓誌	武成2年(560)8月30日	陝西華陰	大唐西市博物館	碑索5-2314;北朝集存292			
1400	楊寬墓誌	保定元年(561)11月7日			北大目80;碑索5-2315;北朝集存294			
1401	拓拔吐度眞(太學生)墓誌	保定元年(561)11月			題跋152;檢要265/修166;碑索5-2316;北朝集存294			
1402	賀蘭祥墓誌	保定2年(562)3月20日	陝西咸陽	咸陽市博物館	陝目提要80;碑索5-2317;北朝集存294		陝西壹21	
1403	牛氏崔氏墓誌	保定2年(561)4月1日	寧夏原州	原州區文物管理所	北朝集存294			
1404	辛術妻裴氏墓誌	保定2年(562)12月26日	陝西西安	西安碑林博物館	北大目80;碑索5-2317;北朝集存294		新北108 西南77	
1405	紇豆陵曦墓誌	保定3年(563)2月14日	陝西長安	陝西省考古研究院	碑索5-2319;北朝集存294		陝西肆5	
1406	楊儉妻羅氏墓誌	保定3年(563)2月25日		千唐誌齋博物館	北大目80;碑索5-2318;北朝集存294			
1407	略陽王息□□□□和妻俟外蘆墓誌	保定3年(563)10月29日	陝西渭城	咸陽博物館	碑索5-2318;北朝集存294			
1408	陳毅墓誌	保定3年(563)12月19日			題跋152;檢要265/修166;碑索5-2318;北朝集存294			
1409	去斤誕墓誌	保定4年(564)正月14日	陝西咸陽	陝西省考古研究院	北朝集存294			
1410	成君墓碑	保定4年(564)3月15日	陝西咸陽	渭城區文物管理委員會	陝目提要83;碑索5-2319			
1411	拓跋虎墓誌	保定4年(564)3月26日	陝西咸陽	渭城區文物管理委員會	陝目提要83;碑索5-2320;北朝集存294			
1412	賀屯植(侯植)墓誌	保定4年(564)4月21日	陝西三水		題跋152;中央館24;檢要265/修166;史語所36;北圖目37;陝目集存16;北大目80;淑德81;碑索5-2320;北朝集存296;日本491	漢魏350	8-111	480 修601
1413	元季海妻李稚華墓誌	保定4年(564)8月23日	陝西西安?	大唐西市博物館	碑索5-2322;北朝集存296			
1414	李誕墓誌	保定4年(564)閏9月	陝西西安	西安市文物保護考古所	北大目80;碑索5-2323;北朝集存296			
1415	梁歡祖墓誌	保定4年(564)10月24日	陝西渭城	咸陽博物館	碑索5-2322;北朝集存296			

E 全文・補遺	F 疏證・墨香閣	G 碑校	H 集成	I 叢考	J その他の圖書	K 論文等	No.
			868	964	秦晉豫61;西市8;譜牒515	葉煒2012;周偉洲2013b;王素2014	1399
						堀井裕之2017;會田大輔2023a	1400
					民族姓氏93;金石錄377;胡姓考8		1401
周補16	245 修236	10-160	869	248	咸陽碑石5;西石續61;渭城志215/修222;譜牒503;陝西萃編102;涼州469;陝西集成111	劉曉華2001;劉志生2012b;張雲華2012;陳爽2013;翟秀峰等2015;劉連香2020	1402
							1403
			871	646	碑林新續9;譜牒490;秦晉豫續133;珍稀百品16	段銳超2017;李海峰2017;楊學是2018;李皓2018	1404
					韓家灣墓49	陝西省考古研究院2010a;梶山智史2022	1405
			871		唐補千唐444;千唐全集16	王慶衛等2005;龍仕平等2010;堀井裕之2017	1406
			872		渭城志217/修223		1407
							1408
					陝西院8;絲路沿綫70		1409
					渭城志168/修171;陝西萃編110;陝西集成118	王其禕等2014a	1410
周補18	251 修241	10-171	872	831;980	北周珍貴5;;碑林全195-901;西石續48;渭城志217/修223;譜牒505;陝西萃編112;陝西集成120	咸陽市渭城區文管會1993;王興邦1995;牟發松2001a;魏宏利2004;趙海麗2011;梁春勝2011a;張永惠2021;會田大輔2023a	1411
周補19		10-175	874	648	增校隨418/修270;魯迅誌597;集萃7-98;民族姓氏139;西北79;關中部族60;胡姓考92;釋要696;北窗130;譜牒541	陳寅恪1933;李舉綱1999;王盛婷2004;趙海麗2011a	1412
			875		西市10;譜牒516;西安新獲20	陳爽2013;王素2014;范兆飛2021;李煜東2023b;張夢儒2023	1413
			875		圖裝278	程林泉等2005b;程林泉等2005c;程林泉2006;程林泉等2006;福島惠2010;福島惠2014;梶山智史2017	1414
			876			羅紅俠2011	1415

No.	墓誌名稱	紀年	出土地	現藏場所	A 目錄	B 集釋	C 北圖拓・新中國	D 彙編
1416	徒何標墓誌	保定5年(565)4月21日	陝西三原?	大唐西市博物館	碑索5-2324;北朝集存296			
1417	慕容寧(豆盧寧)神道碑	保定5年(565)10月11日			碑索5-2326			
1418	宇文猛墓誌	保定5年(565)10月23日	寧夏固原	固原博物館	碑索5-2325;北朝集存296			
1419	馬榮茂墓誌	保定5年(565)10月28日	陝西西安?	西安交通大學博物館	陝目提要83;北朝集存296			
1420	王士良妻董榮暉墓誌	保定5年(565)11月5日	陝西咸陽	陝西省考古研究院	碑索5-2327;北朝集存296		陝西肆7	
1421	裴瓛墓誌	保定5年(565)11月5日	山西聞喜		碑索5-2327;北朝集存296			
1422	裴休義墓誌	保定5年(565)11月5日	山西聞喜		碑索5-2328;北朝集存296			
1423	長孫紹遠墓誌	保定5年(565)仲冬甲申	陝西西安	西安市文物保護考古研究院	碑索5-2328;北朝集存298			
1424	宇文陟(趙陟)墓誌	保定5年(565)12月24日	陝西咸陽	陝西省考古研究院			陝西肆8	
1425	宇文君妻烏石蘭氏墓誌	保定5年(565)某月			北朝集存298			
1426	豆盧恩墓碑	天和元年(566)2月6日	陝西咸陽	咸陽市博物館	題跋37;陝目集存16;淑德38;陝目提要85;碑索5-2329;北朝集存298;日本493		8-123	
1427	魯步寔(曹寔)墓誌	天和元年(566)2月25日			北朝集存348			
1428	拔拔兕墓誌	天和元年(566)10月29日			北大目80;碑索5-2331;北朝集存298	新北172		
1429	王君妻宋氏墓誌	天和元年(566)11月25日	陝西咸陽	咸陽市文物考古研究所	碑索5-2332			
1430	宇文斌(柳斌)墓誌	天和2年(567)2月18日			北朝集存298			
1431	宇文慶(柳慶)墓誌	天和2年(567)2月18日		榆陽區古代碑刻藝術博物館				
1432	拓拔昇墓誌	天和2年(567)3月1日			北朝集存298			
1433	馬羌奴□□□言墓誌	天和2年(567)8月7日	河南三門峽	三門峽市文物考古研究所?	碑索5-2332;北朝集存298			

E 全文・補遺	F 疏證・墨香閣	G 碑校	H 集成	I 叢考	J その他の圖書	K 論文等	No.
			876		西市12	周偉洲2013b;王素2014;前島佳孝2014	1416
全3956					庾集注894;民族姓氏62;胡姓考107;盧氏332	李舉綱1999;姜波2002;李海葉2008;高然2010;高然2013;魏軍剛2023b;陳錦清2023	1417
			877	337;633;649	寧夏集5;固原選編70;宇文猛墓98	寧夏文物考古所固原站1996;羅豐1999;耿志強等2013;王琨2017;宋平2017;徐超等2020;梶山智史2022;張存良2023	1418
			878		西交大博21;陝西萃編114;陝西集成126	梶山智史2015	1419
周補20	255 修244	10-193	879	326;649;831;965	北周珍貴123;渭城志218/修224	王興邦1995;趙陽陽2008;梁春勝2011a;束莉2013;顧冰峰2023	1420
			880		裴氏集4;山西北朝232	鄒冬珍等2006;衞文革2009;王銘2009	1421
			880		裴氏集5;山西北朝238	鄒冬珍等2006;衞文革2009	1422
			881	245;606;649;650;860	字里集粹130;北大新續157	陳財經等2011;張全民等2012;梶山智史2019	1423
							1424
全3969			882		庾集注1051;民族姓氏118;胡姓考155	顧農2016	1425
全3958		10-196			庾集注923;咸陽碑石9;碑林全189-128;西北89;西民大拓60;渭城志170/修173;胡姓考107;釋要712;盧氏333;陝西萃編116;豆盧恩墓13;陝西集成130	李舉綱1999;姜波2002;李海葉2008;高然2010;高然2013	1426
					新獲百品20		1427
			882		譜牒543;秦晉豫續138;絲路沿綫74	王連龍2011d	1428
						李朝陽2012	1429
				404;769	珍稀百品18	余國江2019	1430
						李浩2023	1431
			882		字里集粹13;新獲一五37;字里賞讀42;西南滙釋47;秦晉豫三102;魏碑聖地238	劉燦輝2018;梶山智史2019;李宗俊2021c	1432
			883			三門峽文物考古所2009	1433

No.	墓誌名稱	紀年	出土地	現藏場所	A 目錄	B 集釋	C 北圖拓・新中國	D 彙編
1434	是云侃墓誌	天和2年(567)10月11日	陝西	大唐西市博物館	北大目80;碑索5-2333;北朝集存298			
1435	乙弗紹(華紹)墓誌	天和2年(567)10月17日	陝西渭南	個人藏	碑索5-2333;北朝集存298			
1436	張猥墓誌	天和2年(567)10月17日	陝西長安	西安市文物保護考古所	碑索5-2334;北朝集存298			
1437	王通墓誌	天和2年(567)10月	河北河間		北朝集存298			481 修603
1438	拓拔迪妻宇文宣華(周宣華)墓誌	天和3年(568)2月19日	陝西咸陽	陝西省考古研究院			陝西肆9	
1439	達奚武妻鄭氏墓誌	天和3年(568)3月20日			碑索5-2334;北朝集存300			
1440	普六如忠(楊忠)墓誌	天和3年(568)7月			題跋152;檢要266/修167;陝目集存18;碑索5-2335;北朝集存300			
1441	裴鴻墓碑	天和3年(568)8月8日			題跋37;晉目運城281;碑索5-2335			
1442	宇文廣墓誌	天和3年(568)8月21日			北大目81;碑索5-2336;北朝集存300			
1443	石蘭靖墓誌	天和3年(568)10月22日	甘肅		碑索5-2337;北朝集存300			
1444	柳鷟妻王令嫣墓誌	天和3年(568)10月22日	陝西西安	個人藏	北大目81;碑索5-2337;北朝集存300	新北175 西南82		
1445	樂暢墓誌	天和3年(568)10月28日	陝西西安		北朝集存300	西南79		
1446	韓木蘭墓誌	天和3年(568)11月18日	河南洛陽	西安碑林博物館	題跋152;檢要267/修167;史語所36;北圖目38;洛目41;北大目81;淑德81;陝目提要85;碑索5-2337;北朝集存300	漢魏351	8-139	482 修603
1447	杜君妻元壽墓誌	天和3年(568)11月18日		墨香閣	碑索5-2338;北朝集存300			
1448	宇文瑞妻拓拔富娄羅墓誌	天和3年(568)11月18日			北朝集存300			
1449	賀拔文昞妻李氏墓誌	天和4年(569)正月29日	陝西興平	興平市博物館	陝目提要86			
1450	長孫瑕妻羅氏墓誌	天和4年(569)2月8日			碑索5-2339;北朝集存302			
1451	賀拔勝妻元氏墓誌	天和4年(569)3月20日			碑索5-2339;北朝集存300			

E 全文·補遺	F 疏證·墨香閣	G 碑校	H 集成	I 叢考	J その他の圖書	K 論文等	No.
			883		秦晉豫64;西市14	周偉洲2013b;李鴻賓2013;王素2014	1434
		10-213	885	82;296;652;831;965	龍門文萃431;秦晉豫65;絲路紀影145;北大新續158;絲路沿綫84	梁春勝2011b;劉連香2020;王其禕等2021a	1435
			886			西安市文物保護考古所2011;楊永林等2013;楊軍凱等2013;陝西省考古研究院隋唐室2018;梶山智史2019	1436
全3993 周補20		10-217	887		魯迅誌603;燕趙864		1437
						陝西省考古研究院隋唐室2018;陝西省考古研究院2019;廖新冬等2021	1438
全3970			1007		庚集注1055;唐代鄭氏52	顧農2016	1439
					金石錄379;胡姓考72		1440
全3991					山西碑碣37;晉唐裴氏95;裴氏集6;山西概覽17	藏中進1999	1441
				652;774;949	珍稀百品20;新獲一五39	邵郁2014;余國江2019;李忠魁2019	1442
周補22			887		隴右錄1-41;積石錄250;河州109	他維宏2017;趙世金2022	1443
			888	69;652;653	北大新拓121;譜牒506;秦晉豫續141;北精粹齊周45;柳氏1-20	李紅2016;周阿根2016a;周阿根2016b;李海峰2017;楊學是2018;王玉來2021	1444
				653;832			1445
周補23		10-222	889		魯迅誌607;英華131;鴛鴦藏石162;陝西石藝259;碑林全66-1012;洛選182;彭州129	高峽1996	1446
	墨154		889	709	珍稀百品22		1447
					字里集粹9;新獲一五40		1448
					陝西萃編122;陝西集成136		1449
全3970			891		庚集注1062;民族姓氏181;胡姓考70	顧農2016	1450
全3970					庚集注1059	顧農2016	1451

No.	墓誌名稱	紀年	出土地	現藏場所	A 目錄	B 集釋	C 北圖拓·新中國	D 彙編
1452	李賢墓誌	天和4年(569)5月21日	寧夏固原	固原博物館	四十年42;碑索5-2340;北朝集存300			482 修604
1453	張端姑墓誌	天和4年(569)10月28日			碑索5-2341;北朝集存302			
1454	拓拔虎妻尉遲將男墓誌	天和4年(569)11月25日	陝西咸陽		碑索5-2341;北朝集存302			
1455	鄭術及妻裴叔暉墓誌	天和4年(569)12月17日	陝西長安	西安碑林博物館	秦嶺199;碑索5-2342;北朝集存302			
1456	尉遲綱墓碑	天和4年(569)			碑索5-2342			
1457	步六孤亮及妻大野氏墓誌	天和5年(570)正月24日	陝西咸陽	陝西省考古研究院				
1458	司馬裔妻僧華(拓拔華光)墓誌	天和5年(570)4月1日	陝西西安		北朝集存302			
1459	烏六渾樂(辛樂)墓誌	天和5年(570)8月14日	陝西長安	西安市長安博物館	秦嶺200;碑索5-2343;北朝集存302			
1460	劉延及妻叱羅氏墓誌	天和5年(570)10月29日	陝西	個人藏	碑索5-2343;北朝集存302			
1461	莫多婁洽墓誌	天和5年(570)10月29日	陝西西安		北朝集存302	西南86		
1462	□約墓誌	天和5年(570)10月29日						
1463	侯莫陳道生及妻拓跋氏墓誌	天和5年(570)10月			碑索5-2344;北朝集存302			
1464	曹恪墓碑	天和5年(570)10月		山西省藝術博物館	題跋37;晉目運城112;淑德38;碑索5-2344;日本499		8-146	
1465	蕭太墓誌	天和5年(570)11月			碑索5-2346;北朝集存304			
1466	侯呂陵褒(韓褒)墓誌	天和6年(571)正月23日	陝西西安		北大目81;碑索5-2347;北朝集存304	西南89		
1467	宇文貞墓誌	天和6年(571)2月6日	河北大名		北朝集存304	西南93		

E 全文・補遺	F 疏證・墨香閣	G 碑校	H 集成	I 叢考	J その他の圖書	K 論文等	No.
周補21		10-224	890	654	原州52;寧夏集7;固原選編73;譜牒508	杜玉冰等1984;寧夏博物館等1985;羅豐1985;韓兆民1989;陳仲安1989;蕭璠1991;羅豐1999;何德章2000;王盛婷2005;王盛婷2006a;魏宏利2006;李紅2012;梁春勝2012b;王琨2017;宋平2017;張金龍2019b;范兆飛2021;張存良2023	1452
					越縵堂1087		1453
周補23	258 修247	10-232	892	654	西石續51;咸陽碑刻9;渭城志219/修225;譜牒507;絲路沿綫90	咸陽市渭城區文管會1993;王興邦1995;趙陽陽2008;梁春勝2011a;何山2017;劉森垚2018	1454
周補24	261 修249	10-235	892	296;319;652;788;816	長安碑刻335;譜牒510;唐代鄭氏50	任平等2003;窪添慶文2008;梁春勝2011a;梁春勝2012b;呂蒙等2017;劉志生2019a;張永惠2021	1455
全3916							1456
						CCTV2023a	1457
			可憑7			傅清音2019;梶山智史2022	1458
			894		長安新誌10;長安碑刻5;陝西集成139	佐川英治2012;梶山智史2017	1459
			894	245;255;281	秦晉豫68	梶山智史2019;龔靜2021	1460
				656		何山2020	1461
				255	秦晉豫三110		1462
全3960			895		庚集注946;胡姓考197	顧農2016	1463
全3992					山西古蹟42;增校隨419/修271;魯迅碑1149;山西概覽18;西民大拓62;大全鹽湖4;釋要724;河東碑刻12;山西藝博14;佛教金石65;山西档案4-204		1464
全3965			896		庚集注1002	顧農2016	1465
			897	420;468;657;789;966	珍稀百品24;秦晉豫續146;涼州475	宋婷2015	1466
				91;657	新獲百品24	章紅梅2020	1467

No.	墓誌名稱	紀年	出土地	現藏場所	A 目錄	B 集釋	C 北圖拓・新中國	D 彙編
1468	宇文謙(崔謙)墓誌	天和6年(571)2月6日		西安交通大學博物館				
1469	元世緒墓誌	天和6年(571)3月22日	陝西長安?	大唐西市博物館	碑索5-2347;北朝集存304			
1470	王預墓誌	天和6年(571)3月12日			北朝集存304			
1471	宇文廣(趙廣)墓誌	天和6年(571)6月	甘肅天水		碑索5-2348;北朝集存304			
1472	尉遲佺(趙佺)墓誌	天和6年(571)10月28日	甘肅天水	天水市博物館	秦嶺1;碑索5-2349;北朝集存304			
1473	侯莫陳君妻竇氏墓誌	天和6年(571)10月			碑索5-2349;北朝集存304			
1474	鄭偉及妻李氏墓誌	天和6年(571)11月6日			碑索5-2350;北朝集存304			
1475	元則(安昌公)妻鄭氏墓誌	天和6年(571)11月16日?			碑索5-2356;北朝集存324			
1476	韋舒墓誌	天和6年(571)11月28日	陝西長安	陝西省考古研究院	陝目提要87;碑索5-2351;北朝集存304		陝西肆10	
1477	宇文君妻拓拔氏墓誌	天和6年(571)11月28日	陝西咸陽	陝西省考古研究院	北朝集存304			
1478	康業墓誌	天和6年(571)11月29日	陝西西安		碑索5-2351;北朝集存306			
1479	潘玄墓誌	天和6年(571)11月29日	陝西西安		北朝集存304	西南96		
1480	長孫儉(拓拔儉)神道碑	天和6年(571)			碑索5-2352			
1481	張盛墓誌	天和6年(571)	陝西西安	陝西省考古研究院				
1482	宇文通墓誌	天和7年(572)2月12日	陝西咸陽	陝西省考古研究院	碑索5-2354;北朝集存306		陝西肆11	
1483	宇文泰妻烏六渾顯玉(崔顯玉)墓誌	天和7年(572)2月12日	陝西咸陽	陝西省考古研究院	碑索5-2355;北朝集存306		陝西肆12	
1484	宇文泰妻權白女墓誌	天和7年(572)2月12日	陝西咸陽	陝西省考古研究院	碑索5-2355;北朝集存306		陝西肆13	

E 全文・補遺	F 疏證・墨香閣	G 碑校	H 集成	I 叢考	J その他の圖書	K 論文等	No.
						堀井裕之2011	1468
			898	657	西市16;譜牒517	周偉洲2013b;王素2014	1469
					新獲一五42;秦晉豫三111		1470
全3966			899		隴右錄1-45;庾集注1012;關中部族53;天水輯校192	邵郁2014;顧農2016;趙世金2022;陳錦清2023	1471
周補25			900		隴右錄1-47;敦煌編年261;清水19;麥積區16;天水輯校195;秦州202	高世華2002	1472
全3969			902		庾集注1047	顧農2016;吳曼玉等2018	1473
全3960			903		庾集注936;鄭氏誌283;唐代鄭氏44	窪添慶文2008;顧農2016	1474
全3969			906	59	庾集注1043;增校隨660/修419;鄭氏誌175;唐代鄭氏39	顧農2016	1475
			904		陝西萃編124;陝西集成142	陝西省考古研究院2015;段毅2015;梶山智史2017	1476
					渭城志修226;陝西院9	陝西省考古研究院2017;陝西省考古研究院隋唐室2018;梶山智史2019	1477
周補26		10-246	904	406;658	譜牒545;圖裝296	程林泉等2005a;程林泉等2005b;榮新江2007;西安市文物保護考古所2008;程林泉等2008;呂蒙等2009;曹旅寧2011;山下將司2011;王丁2012;梁春勝2012c;福島惠2014;福島惠2017;司曉潔2018;翟戰勝2018;楊曉春2019;山下將司2020;榮新江2020	1478
							1479
全3948					庾集注812	李舉綱1999;王靜2023b	1480
						楊永林等2013;楊軍凱等2013;陝西省考古研究院隋唐室2018	1481
						邢福來等2001	1482
						邢福來等2001	1483
						邢福來等2001	1484

No.	墓誌名稱	紀年	出土地	現藏場所	A 目錄	B 集釋	C 北圖拓·新中國	D 彙編
1485	宇文招妻紇豆陵含生墓誌	天和7年(572)2月			碑索5-2354;北朝集存306			
1486	烏丸僧脩墓誌	天和7年(572)3月			題跋152;檢要268/修167;碑索5-2353;北朝集存306			
1487	柳遐墓誌	天和中(566-572)			晉目運城127;碑索5-2355;北朝集存340			
1488	任虎墓誌	建德元年(572)5月13日			北大目81;碑索5-2357;北朝集存306			
1489	司馬裔墓誌	建德元年(572)7月13日			碑索5-2358;北朝集存306			
1490	獨孤賓(高賓)墓誌	建德元年(572)8月2日	陝西咸陽	陝西省考古研究院	碑索5-2358;北朝集存306		陝西肆14	
1491	司馬裔神道碑	建德元年(572)8月12日			碑索5-2359			
1492	宇文鴻漸(柳鴻漸)墓誌	建德元年(572)10月15日	陝西西安		北朝集存308			
1493	宇文逢恩(柳逢恩)墓誌	建德元年(572)10月15日	陝西西安	西安碑林博物館	北大目81;碑索5-2362;北朝集存306	新北179 西南99		
1494	宇文業(岐業)及妻張氏墓誌	建德元年(572)10月15日	陝西咸陽	西安碑林博物館	碑索5-2362;北朝集存306			
1495	楊紹墓誌	建德元年(572)10月15日	陝西?		碑索5-2362;北朝集存306			
1496	宇文儉妻步六孤須蜜多墓誌	建德元年(572)11月11日	陝西咸陽	西安碑林博物館	北圖目38;四十年43;淑德81;陝目提要88;碑索5-2360;北朝集存308;日本502		8-158 陝西貳5	484 修606
1497	宇文子遷(韋子遷)墓誌	建德元年(572)11月11日	陝西長安		碑索5-2360;北朝集存308		陝西肆15	
1498	匹婁歡及妻尉遲氏墓誌	建德元年(572)11月22日	陝西咸陽	西安碑林博物館	北圖目38;淑德82;陝目提要87;碑索5-2363;北朝集存308;日本503		8-160 陝西貳6	485 修607
1499	達符忠墓誌	建德元年(572)11月22日	陝西咸陽	墨香閣	北大目81;碑索5-2363;北朝集存308	西南102		
1500	大利稽冒頓墓誌	建德元年(572)12月23日	寧夏固原	固原博物館	碑索5-2364;北朝集存308			
1501	何□宗墓誌	建德元年(572)□月20日			陝目集存19;北大目81;碑索5-2364;北朝集存308		8-157	484 修609
1502	張政墓誌	建德元年(572)	陝西長安	陝西省考古研究院				

E 全文・補遺	F 疏證・墨香閣	G 碑校	H 集成	I 叢考	J その他の圖書	K 論文等	No.
全3968			905		庚集注1035	顧農2016;吳曼玉等2018	1485
					金石錄380		1486
全3964			907		庚集注989;柳氏1-9	顧農2016;陳錦清2023	1487
			908		磚刻1047		1488
全3962			908		庚集注962;溫縣163	岑仲勉1981;顧農2016	1489
			909	658;966	渭城志修226;高姓158	陝西省考古研究院2011;劉呆運等2011;張海艷2015;陝西省考古研究院隋唐室2018;梶山智史2019	1490
全3947					庚集注787	岑仲勉1981;李舉綱1999	1491
					北大新續159;柳氏1-26	趙世金2020;北村一仁2021;西安文物保護考古院等2023;羅豐等2023	1492
			911	319;344;767	碑林新續15;秦晉豫續151;柳氏1-28	李紅2016;周阿根2016b;李海峰2017;楊學是2018;楊學是2020;北村一仁2021;楊繼光2023a	1493
			912		碑林新續11	梶山智史2019	1494
			910		秦晉豫續150	會田大輔2023a	1495
全3968		10-258	913		庚集注1027;英華132;碑林全66-1014;西北95;五十年下70;絲路沿綫100;陝西萃編126	高峽1996;王盛婷2004;王盛婷2006a;毛遠明2008;顧農2016;郭明卿等2018;肖容艷2019	1496
			913		韋氏58	戴應新1994;呂卓民2009;梶山智史2013a;會田大輔2023a	1497
周補27		10-262	915	86;887	精華68;英華133;碑林全66-1023;西北96;五十年下65;絲路沿綫104;陝西萃編128	高峽1996;李舉綱1999;毛遠明2002;于正安2011;邱光華2010;何山等2010;梁春勝2014a;李薛妃2015;劉森垚2018	1498
	墨178		914	659;788;967	秦晉豫續153;絲路沿綫106	陳財經2009;王哲2016;梁春勝2017b;周永研等2020	1499
周補28	264 修252	10-265	917		磚刻1049;固原選編76	羅豐2003;趙海麗2011a;王琨2017;宋平2017;張存良2023	1500
周補28			917		磚刻1048		1501
						楊永林等2013;楊軍凱等2013;陝西省考古研究院隋唐室2018	1502

No.	墓誌名稱	紀年	出土地	現藏場所	A 目錄	B 集釋	C 北圖拓·新中國	D 彙編
1503	叱羅外妃墓誌	建德2年(573)正月24日	陝西三原		碑索5-2366;北朝集存308			
1504	爾綿永(段永)神道碑	建德2年(573)正月			碑索5-2365			
1505	拓拔番墓誌	建德2年(573)2月2日			北朝集存308			
1506	宇文顯及妻高氏墓誌	建德2年(573)2月25日	陝西咸陽		碑索5-2366;北朝集存308			
1507	拓拔榮興妻裴智英墓誌	建德2年(573)2月25日	陝西西安		北大目81;碑索5-2367;北朝集存308		新北182 西南107	
1508	高伙圖仁墓誌	建德2年(573)9月6日	山西太原		北朝集存310			
1509	梁才墓誌	建德2年(573)10月16日		個人藏	淑德82;碑索5-2368;北朝集存310;日本503			
1510	魏榮宗墓誌	建德2年(573)10月20日			陝目集存19;碑索5-2368			
1511	步陸逞神道碑	建德3年(574)正月10日			碑索5-2369			
1512	乞伏龍瓊墓誌	建德3年(574)正月12日	陝西彬縣	彬縣文化館	陝目提要89;碑索5-2368;北朝集存306·310			
1513	越勤操(楊操)墓誌	建德3年(574)11月3日		千唐誌齋博物館	北大目81;碑索5-2369;北朝集存310			
1514	拓跋競妻尉遲氏墓誌	建德3年(574)11月15日			碑索5-2370;北朝集存310			
1515	張僧妙法師墓碑	建德3年(574)	陝西耀縣	藥王山博物館	陝目集存19;淑德38;陝目提要89;碑索5-2371;日本498		8-142	
1516	徒何綸(李綸)墓誌	建德4年(575)正月28日	陝西	西安市公安局?	碑索5-2371;北朝集存310			
1517	崔說(崔訨)神道碑	建德4年(575)2月24日			碑索5-2372			
1518	叱羅協墓誌	建德4年(575)3月5日	陝西咸陽	陝西省考古研究院	碑索5-2373;北朝集存310		陝西肆16	
1519	賀婁慈神道碑	建德4年(575)3月			碑索5-2373			

E 全文・補遺	F 疏證・墨香閣	G 碑校	H 集成	I 叢考	J その他の圖書	K 論文等	No.
					西石續31	李春風1996;李舉綱1999	1503
全3952					庚集注853;胡姓考163	牟發松2015;魏晴晴2020	1504
					新獲一五43	梶山智史2019	1505
全3961		10-267	917		庚集注953;大全武鄕589;杞芳堂407;譜牒512	王其禕等2007;佐川英治2012;陳爽2013;顧農2016;會田大輔2023a	1506
			920	158	譜牒511;秦晉豫續154	李海峰2017;段鋭超2018a;楊學是2018	1507
			920			山西省考古研究所等2006a	1508
			921	467		魏宏利2008;梶山智史2019	1509
							1510
全3945					柔然錄58;庚集注753;民族姓氏196	陳寅恪1933;陳錦清2023	1511
			921			陳躍進2003;梶山智史2019;李皓2021	1512
			922		唐補千唐445;千唐全集18	王慶衞等2005;王慶衞等2006;楊爲剛2009;龍仕平等2010;堀井裕之2017;會田大輔2023a	1513
全3970			922		庚集注1065	顧農2016;劉森垚2018	1514
周補10		10-274			魯迅碑1143;陝西石藝151;碑林全189-138;陝西精華20;碑帖收研397;西民大拓61;釋要722;藥王碑36;藥王總3;杞芳堂409;佛教金石63;陝西萃編130;陝西集成147	韓偉1988;會田大輔2007;梁春勝2012b	1515
周補28	265 修253	10-278	923	661;832;888	譜牒544	劉合心等2002;前島佳孝2005;章紅梅2007b;趙陽陽2008;趙陽陽2009;梁春勝2011a	1516
全3946					庚集注771;崔氏673	武伯綸1963	1517
周補29	269 修256	10-282	924	248;661;912	北周珍貴31;碑林全195-904;渭城志219/修228;譜牒545	王興邦1995;瞿安全2002;魏宏利2004;會田大輔2005;劉志生2012b;周北南等2014;梁春勝2016a	1518
全3953					隴右錄1-51;庚集注865;民族姓氏100		1519

No.	墓誌名稱	紀年	出土地	現藏場所	A 目錄	B 集釋	C 北圖拓·新中國	D 彙編
1520	紇干弘(田弘)神道碑	建德4年(575)4月25日			碑索5-2375			
1521	紇干弘(田弘)墓誌	建德4年(575)4月25日	寧夏固原	固原博物館	碑索5-2374;北朝集存310			
1522	柴烈妻李氏墓誌	建德4年(575)8月			碑索5-2376;北朝集存310			
1523	任老墓誌	建德5年(576)正月5日		陝西歷史博物館	陝目提要89;碑索5-2377;北朝集存310			
1524	單英儒墓誌	建德5年(576)9月1日	陝西西安	西安碑林博物館	陝目提要89;碑索5-2377;北朝集存310		陝西貳434	
1525	王鈞(王德衡)墓誌	建德5年(576)10月27日	陝西咸陽	陝西省考古研究院	碑索5-2377;北朝集存312		陝西肆17	
1526	郭生墓誌	建德5年(576)10月27日	陝西渭城	陝西省考古研究院?	碑索5-2378;北朝集存310		陝西肆18	
1527	韋彪墓誌	建德5年(576)11月9日	陝西長安		北大目82;秦嶺200;碑索5-2378;北朝集存312			
1528	張滿澤妻郝氏墓誌	建德6年(577)3月11日	河北磁縣		題跋152;中央館27;檢要268/修168;史語所37;北圖目38;北大目82;碑索5-2379;北朝集存312	漢魏352磁縣292	8-166	487修609
1529	莫仁誕(馬誕)墓誌	建德6年(577)3月23日	陝西長安	陝西省考古研究院	碑索5-2380;北朝集存312		陝西肆19	
1530	楊濟墓誌	建德6年(577)4月7日	陝西華陰	個人藏	北大目82;碑索5-2381;北朝集存312			
1531	梁安寧墓誌碑	建德6年(577)4月30日	河北磁縣		題跋152;檢要268/修168;碑索5-2381;北朝集存312	漢魏353		
1532	燕大胡墓誌	建德6年(577)6月10日		墨香閣	北大目82;碑索5-2382;北朝集存312			
1533	若干榮墓誌	建德6年(577)7月13日	陝西	大唐西市博物館	碑索5-2383;北朝集存312			
1534	拓拔迪墓誌	建德6年(577)7月13日	陝西咸陽	陝西省考古研究院			陝西肆20	
1535	斛律豐洛(斛律羨)墓誌	建德6年(577)8月19日		北朝藝術研究院	碑索5-2383;北朝集存312			
1536	斛律武都墓誌	建德6年(577)8月19日		張海書法藝術館				

E 全文・補遺	F 疏證・墨香閣	G 碑校	H 集成	I 叢考	J その他の圖書	K 論文等	No.
全3951					隴右錄1-42;庾集注834;胡姓考144;固原選編81		1520
周補31	274 修260	10-287	926		田弘墓a56/b113;寧夏集11;固原選編78;譜牒513	羅豐2000;趙陽陽2008;梁春勝2011a;周佩妮2011;王琨2017;宋平2017;張存良2023	1521
全3971			928		庾集注1070	顧農2016	1522
					風引薤歌16;陝西集成148		1523
					碑林全66-1044	高峽1996;梶山智史2022	1524
周補33	278 修264	10-291	930	183;233;662	北周珍貴57;碑林全195-906;咸陽碑刻10;渭城志221/修230	王興邦1995;魏宏利2004;梁春勝2011a;徐志學2014	1525
			931	430;662;663	渭城志修231	陝西省考古研究院2009b;鵬宇2012;陝西省考古研究院隋唐室2018;梶山智史2019	1526
周補33	281 修266	10-294	931	256	北大新拓124;長安碑刻337;譜牒514	周偉洲等2000;牟發松等2006;蓋金偉等2007;梁春勝2012b;羅小如2015;呂蒙2017	1527
周補35		10-298	933	104;186;296	增校隨421/修272;魯迅誌609;河北錄431;燕趙866;佛教金石67	馬忠理1991;張子英1996;魏平2008;蘆會影等2022	1528
			929	255;346;406;663;832	絲路沿綫114	陝西省考古研究院2012;周偉洲2013a;周慧敏2013;梁春勝2014b;程剛2015;張海艷2015;陝西省考古研究院隋唐室2018;雷秀紅2019b;龔靜2021;梶山智史2022;會田大輔2023a	1529
周補35	284 修269	10-300	933	967	二四品350;唐補千唐446;秦晉豫75;千唐全集20	李獻奇等2001;王慶衛等2005;楊爲剛2009;趙海麗2011a;堀井裕之2017	1530
					增校隨421/修272;河北錄431	劉琴麗2020b	1531
	墨272		934				1532
			934	663	西市18;絲路沿綫116	周偉洲2013b;王素2014	1533
						陝西省考古研究院隋唐室2018;陝西省考古研究院2019;郭曉濤2021;蓼新冬等2021	1534
			936	243;635;869	北朝院188;絲路沿綫118	張慶捷2016a;梁春勝2017b;張慶捷2019	1535
					魏碑聖地178;張海館b102	梶山智史2022	1536

No.	墓誌名稱	紀年	出土地	現藏場所	A 目錄	B 集釋	C 北圖拓・新中國	D 彙編
1537	高永樂妻元沙彌墓誌	建德6年(577)8月19日		墨香閣	碑索5-2383;北朝集存312			
1538	陳鄭墓誌	建德6年(577)9月7日						
1539	王迴悅及妻岐氏墓誌	建德6年(577)10月9日	河南安陽	個人藏	碑索5-2384;北朝集存312			
1540	柳鷟墓誌	建德6年(577)10月20日	陝西西安?		碑索5-2384;北朝集存314			
1541	宇文帶韋(柳帶韋)墓誌	建德6年(577)10月20日	陝西長安	西安市文物保護考古研究院	北朝集存314			
1542	宇文吉甫(柳吉甫)墓誌	建德6年(577)10月20日?						
1543	宇文秀(杜秀)墓誌	建德6年(577)10月20日						
1544	越勤戾(楊戾)墓誌	建德6年(577)11月3日		千唐誌齋博物館	北大目82;碑索5-2384;北朝集存314			
1545	袁和妻姜氏墓誌	建德6年(577)11月4日	河北武安	武安市文保所				
1546	劉行墓誌	建德6年(577)11月13日	河南安陽		碑索5-2386;北朝集存314			
1547	張闔墓誌	建德6年(577)11月15日		墨香閣	北大目82;碑索5-2385;北朝集存314			
1548	宇文寬妻賀蘭毗羅(鄭毗羅)墓誌	建德6年(577)11月15日	陝西長安	陝西省考古研究院	碑索5-2414		陝西肆21	
1549	宇文摠(韋摠)墓誌	建德6年(577)11月15日	陝西長安	陝西省考古研究院			陝西肆22	
1550	元瑛墓誌	建德6年(577)11月15日		北朝藝術研究院	碑索5-2385;北朝集存314	西南110		
1551	□顗墓誌	建德6年(577)11月15日	陝西西咸	順陵文物管理所				
1552	常善墓誌	建德6年(577)11月15日	河北永年?					
1553	豆盧昊墓誌	建德6年(577)11月15日	陝西咸陽	陝西省考古研究院				
1554	豆盧整妻乙弗靜志墓誌	建德6年(577)11月15日	陝西咸陽	陝西省考古研究院				
1555	豆盧儁墓誌	建德6年(577)11月15日	陝西咸陽	陝西省考古研究院				
1556	鄭生墓誌	建德6年(577)11月25日			北大目82;碑索5-2386;北朝集存314			

E 全文・補遺	F 疏證・墨香閣	G 碑校	H 集成	I 叢考	J その他の圖書	K 論文等	No.
	墨194		935	720	高姓110		1537
					磚書37		1538
			937	663	秦晉豫76		1539
			937		秦晉豫續157;柳氏1-17	李紅2016;北村一仁2021;王玉來2021	1540
					北大新續161;柳氏1-23	西安文物保護考古院2020b;寧琰2020;北村一仁2021;王玉來2021;董憲臣等2023	1541
					柳氏1-30	王江2021;北村一仁2021;西安文物保護考古院等2023;羅豐等2023	1542
						王書欽2023	1543
			938	319;847	唐補千唐446;千唐全集22	王慶衛等2006;楊爲剛2009;龍仕平等2010;堀井裕之2017	1544
					邯鄲石刻7-808		1545
			939		安豐383		1546
周補36	墨196		940	350		梁春勝2017b;席蘭2020	1547
					韋氏47	戴應新1991;戴應新1998;會田大輔2023a	1548
					韋氏62	會田大輔2023a	1549
			940	664	北朝院192	梁春勝2017b	1550
						陝西省考古研究院隋唐室2018;陝西省考古研究院等2021;會田大輔2023a	1551
					永年志21		1552
					豆盧恩墓59	段毅2023	1553
					豆盧恩墓110	段毅2023	1554
					豆盧恩墓144	段毅2023	1555
			941	967	安豐381;民間藏誌76;題跋集萃66;燕趙868;道在瓦甓192	梶山智史2019	1556

No.	墓誌名稱	紀年	出土地	現藏場所	A 目錄	B 集釋	C 北圖拓·新中國	D 彙編
1557	李元儉墓誌	建德6年(577)12月21日			碑索5-2386;北朝集存314	新北193西南112		
1558	紇干莫何弗墓誌	建德6年(577)12月21日	寧夏固原	寧夏文物考古研究所				
1559	賈岳墓誌	建德6年(577)12月28日	河北臨漳	鄴城博物館				
1560	宇文儉墓誌	建德7年(578)3月17日	陝西咸陽	陝西省考古研究院	碑索5-2387;北朝集存314		陝西肆23	
1561	若干雲墓誌	宣政元年(578)4月12日	陝西咸陽	陝西省考古研究院	碑索5-2387;北朝集存314		陝西肆24	
1562	高妙儀(扶風郡公主)墓誌	宣政元年(578)4月23日	河北磁縣		題跋152;檢要269/修168;史語所37;北大目;碑索5-2388;北朝集存316	漢魏316磁縣294	8-168	488修610
1563	莫仁相(馬相)墓誌	宣政元年(578)4月23日	陝西長安	陝西省考古研究院	碑索5-2389;北朝集存316		陝西肆25	
1564	宇文瓘(草瓘)墓誌	宣政元年(578)4月24日	陝西長安	西安市長安博物館	北大目82;秦嶺200;陝目提要90;碑索5-2389;北朝集存316		陝西叁7	
1565	宇文邕(武帝)陵誌	宣政元年(578)6月23日?	陝西咸陽	陝西省考古研究院	陝目提要90;碑索5-2398;北朝集存316;日本518			
1566	宇文憲神道碑	宣政元年(578)6月28日			碑索5-2390			
1567	獨孤藏墓誌	宣政元年(578)10月20日	陝西咸陽	陝西省考古研究院	碑索5-2391;北朝集存316		陝西肆26	
1568	朱緒墓誌碑	宣政元年(578)11月3日	山東青州		碑索5-2392;北朝集存316			
1569	時珍墓誌	宣政元年(578)12月9日	山東諸城	西安碑林博物館	題跋152;中央館26;檢要269/修168;史語所37;北圖目37;文庫23;北大目83;淑德82;陝目提要90;碑索5-2392;北朝集存316;日本504	漢魏354	8-170	488修611

E 全文・補遺	F 疏證・墨香閣	G 碑校	H 集成	I 叢考	J その他の圖書	K 論文等	No.
			942		安豐385;民間藏誌78;譜牒519;秦晉豫續158	范兆飛2021	1557
					固原新區154	寧夏文物考古研究所2021	1558
					鄴城碑石18;邯鄲石刻7-802		1559
周補36	285 修270	10-302	942		咸陽碑刻11;渭城志222/修233;譜牒546	陝西省考古研究所2001b;何山等2010	1560
周補37	288 修272	10-304	942	833;938	北周珍貴72;渭城志223/修234	王興邦1995;魏宏利2004;鄧瑩2010;何山等2010;梁春勝2011a;劉志生2012b;王書欽2019	1561
周補38		10-307	944		集萃8-99;磁縣考略155;星空185;高姓68	馬忠理1991;張子英1996;魏平2004;蘆會影等2022	1562
			944	664	絲路沿綫120	陝西省考古研究院2012;周偉洲2013a;周慧敏2013;程剛2015;張海艷2015;牟發松2015;陝西省考古研究院隋唐室2018;雷秀紅2019b;龔靜2021;梶山智史2022;會田大輔2023a	1563
周補38	291 修275	10-309	945	635;968	陝西精華22;長安新誌12;北大新拓125;長安碑刻6;譜牒547;盧氏21;韋氏82;陝西萃編132;陝西集成149	宋英等2002;梁春勝2011a;會田大輔2023a	1564
			949		碑林全195-909;西石續33;三秦瑰寶132;咸陽碑刻12;渭城志224/修236;陝西院10	曹發展1996;陝西省考古研究所等1997;侯養民等2000	1565
全3942					庾集注731	岑仲勉1945	1566
周補39	295 修279	10-312	947	552;664;888;970	北周珍貴89;渭城志224/修236	王興邦1995;魏宏利2004;魏宏利2006;董淑燕2006;趙陽陽2008;趙海麗2010;邱光華2010;梁春勝2011a;王書欽2013;吳洪琳2015;李婷2017;劉志生2019b;王書欽2019;徐藝萌2023a	1567
			948		北大新續162;碑誌春秋95	李森2016;梶山智史2017;張彪2017a;崔永勝等2019a;崔永勝等2019b;夏炎2021	1568
周補40		10-316	949	13;296;664	增校隨421/修272;魯迅誌613;英華134;民族姓氏85;法全北邊189;鴛鴦藏石163;陝西石藝260;碑林全66-1046;齊魯誌研318;彭州133;釋要754;山東分類80;山東書全184	馬向欣1993;高峽1996;王盛婷2006a;趙海麗2011a;邱亮等2016;呂蒙2017;馬瑞2021	1569

No.	墓誌名稱	紀年	出土地	現藏場所	A 目錄	B 集釋	C 北圖拓・新中國	D 彙編
1570	寇胤哲墓誌	宣政2年(579)正月4日	河南洛陽	遼寧省博物館	題跋152;中央館27;檢要270/修169;史語所37;洛目41;文庫23;時地a59/b48;北大目83;碑索5-2394;北朝集存316;日本504	漢魏355	8-171	489修612
1571	寇熾墓誌	宣政2年(579)正月4日	河南洛陽	西安碑林博物館	題跋153;檢要270/修169;史語所37;北圖目39;洛目41;時地a59/b48;北大目83;淑德82;陝目提要91;碑索5-2395;北朝集存318;日本505	漢魏356	8-175	489修612
1572	寇嶠妻薛氏墓誌	宣政2年(579)正月4日	河南洛陽		題跋153;中央館22;檢要271/修169;史語所37;北圖目32;洛目41;時地a59/b49;北大目83;碑索5-2396;北朝集存318;日本505	漢魏359	8-173	490修613
1573	翟曹明墓誌	大成元年(579)3月4日	陝西靖邊	靖邊縣文管所	碑索5-2399;北朝集存318			
1574	劉洪墓誌	大象元年(579)5月30日		個人藏				
1575	張興妻孫氏墓誌	大象元年(579)8月7日	河南三門峽	三門峽市文物考古研究所?	碑索5-2399;北朝集存318			
1576	安伽墓誌	大象元年(579)10月1日	陝西西安	陝西省考古研究院	陝目提要91;碑索5-2402;北朝集存318		陝西肆28	
1577	尉遲運墓誌	大象元年(579)10月14日	陝西咸陽	陝西省考古研究院	碑索5-2399;北朝集存318		陝西肆27	
1578	普六如徽之(戚徽之)墓誌	大象元年(579)10月15日						
1579	□榮墓誌	大成元年(579)10月17日			北朝集存318			
1580	崔宣靖墓誌	大象元年(579)10月26日	河北平山	墨香閣	北大目83;碑索5-2401;北朝集存318			
1581	崔宣默墓誌	大象元年(579)10月26日	河北平山	墨香閣	北大目83;碑索5-2400;北朝集存318			

E 全文・補遺	F 疏證・墨香閣	G 碑校	H 集成	I 叢考	J その他の圖書	K 論文等	No.
周補41		10-318	950	968	精華67;集萃7-99;遼博40;洛選183;魏碑聖地268	室山留美子2007;姚立偉2015;羅福頤等2019	1570
周補41		10-320	950		英華135;鴛鴦藏石164;陝西石藝261;碑林全66-1050;洛選183;彭州134;譜牒520;北朝百品99	陳長安1987b;高峽1996;倪潤安2000;王盛婷2006b;室山留美子2007;姚立偉2015	1571
周補42		10-322	951		洛選184;北窗136;薛氏214;譜牒548	倪潤安2000;王盛婷2006a;王盛婷2006b;室山留美子2007;劉志生2009b;鄭儕等2015;姚立偉2015	1572
			951			榮新江2007;榮新江2009;榮新江2011;山下將司2014;羅豐等2016;梶山智史2017;司曉潔2018;楊曉春2019;山下將司2020	1573
					鄴華甄賞284		1574
			952			三門峽文物考古所2009	1575
周補43	308 修291	10-324	952		安伽墓59;撒馬爾干66;武威志889;絲路沿綫122;陝西萃編134;涼州482;陝西集成150	陝西省考古研究所2000;陝西省考古研究所2001a;劉文鎖2003;榮新江2007;趙陽陽2009;邱光華2010;ソグドゼミ2012;福島惠2014;張楨等2015;石見清裕2016a;梁春勝2016a;福島惠2017;司曉潔2018;楊曉春2019;山下將司2020;榮新江2020;馮培紅2023	1576
周補46	304 修287	10-327	953	665;847;949	北周珍貴101;渭城志226/修237	王興邦1995;魏宏利2004;魏宏利2006;趙陽陽2008;趙陽陽2009;何山等2010;梁春勝2011a;趙和平2014;劉森垚2018;董文強等2021b	1577
					新獲百品26	王書欽等2018a;常麗麗2023a;梁春勝等2023;呂偉濤2023	1578
						高峽1996	1579
周補44	299 修283 墨198	10-331	955		題跋集萃67;北大新拓126;燕趙872;北精粹齊周81;崔氏772	叢文俊2001b;劉恒2002;趙海麗2011a;趙耀輝2014c;劉恒2016c;席蘭2020	1580
周補45	302 修285 墨200	10-334	956	666	題跋集萃68;燕趙870;北精粹齊周91;崔氏773	叢文俊2001b;劉恒2002;趙海麗2011a;梁春勝2011a;趙耀輝2014c;劉恒2016c;張永惠2021	1581

No.	墓誌名稱	紀年	出土地	現藏場所	A 目錄	B 集釋	C 北圖拓・新中國	D 彙編
1582	尉遲廓(趙廓)墓誌	大象元年(579)10月26日	陝西西安		北大目83;碑索5-2399;北朝集存318		新北190	
1583	裴暎穆墓誌	大象元年(579)10月26日	甘肅敦煌?	個人藏				
1584	封孝琰墓誌	大象元年(579)10月27日	河北景縣	河北省文物研究所	碑索5-2401;北朝集存320			
1585	獨孤渾建(郭建)墓誌	大象元年(579)11月22日	陝西西安		北朝集存320			
1586	越勤寬(楊寬)妻山氏墓誌	大象元年(579)11月22日		千唐誌齋博物館				
1587	張君及妻馬氏墓誌	大象元年(579)12月14日						
1588	鄭常墓誌	大象元年(579)			碑索5-2403;北朝集存320			
1589	史君墓誌(雙語)	大象2年(580)正月23日	陝西西安	西安博物院	碑索5-2404;北朝集存320			
1590	段舍奴及妻陳氏墓誌	大象2年(580)2月5日	山西沁源		碑索5-2405;北朝集存320			
1591	宇文斌墓誌	大象2年(580)4月6日			北大目84;碑索5-2405;北朝集存320			
1592	李延及妻賈氏墓誌	大象2年(580)5月11日			北大目84;碑索5-2406;北朝集存320			
1593	吳明徹墓誌	大象2年(580)8月19日			碑索5-2407;北朝集存320			
1594	宇文盛墓誌	大象2年(580)10月20日		個人藏	北朝集存320			
1595	宇文賢墓誌	大象2年(580)10月20日		陝西漢唐石刻博物館	北朝集存320			
1596	遊渥渥槃陀及妻康紀姜墓誌(雙語)	大象2年(580)10月20日		深圳望野博物館				
1597	焦虎墓誌	大象2年(580)10月21日	陝西長安	陝西省考古研究院	北朝集存322			
1598	尉茂墓誌	大象2年(580)11月3日		北朝藝術研究院	碑索5-2409;北朝集存322			

E 全文・補遺	F 疏證・墨香閣	G 碑校	H 集成	I 叢考	J その他の圖書	K 論文等	No.
			955	248;666	民間藏誌80;譜牒518;秦晉豫續159	王連龍2011a;樊波2012a;周阿根2016b;楊學是2018;劉森垚2018	1582
						馬振穎等2023b	1583
周補43	310 修293	10-336	956	667	河北錄248;星空101;燕趙875	河北省文物研究所1990;趙超2007;李發2008;梁春勝2011a;顧冰峰2023	1584
					永年志22	趙世金2023	1585
					千唐全集24		1586
					磚書38		1587
全3964			1007		庚集注982;唐代鄭氏47	岑仲勉1945;窪添慶文2008;顧農2016	1588
周補47			958		撒馬爾干62;龍門西域39;史君墓45;萊山館藏103;涼州484	孫福喜2004;西安市文物保護考古所2005;吉田豐2005;榮新江2007;王丁2011;吉田豐2011;楊軍凱2013;福島惠2014;張楨等2015;石見清裕2016a;石見清裕2016b;福島惠2017;山下將司2020;榮新江2020;龍成松2021;達吾力江・叶爾哈力克2022	1589
					晉刻北朝361;大全沁源385	佐川英治2012	1590
			959		安豐386;民間藏誌84;秦晉豫續161;誌法精選2		1591
			959		安豐389;民間藏誌82;誌法精選18	陳薈宇等2022	1592
全3962			960		庚集注969	顧農2016	1593
						王書欽等2018b;梶山智史2022	1594
						王書欽等2018b;梶山智史2019	1595
						BiBo等2017;閻焰2018;梶山智史2019;龍成松2021;達吾力江・叶爾哈力克2022	1596
					陝西院11		1597
			962	300;667;833;906;968	北朝院194;秦晉豫三120	梁春勝2017b;董文強等2021b;南澤2022;李忠魁2022;劉軍2023e	1598

No.	墓誌名稱	紀年	出土地	現藏場所	A 目錄	B 集釋	C 北圖拓·新中國	D 彙編
1599	尉茂妻高氏(永昌郡長公主)墓誌	大象2年(580)11月3日		北朝藝術研究院	碑索5-2409;北朝集存322			
1600	宇文常(鄭常)神道碑	大象2年(580)11月10日			碑索5-2409			
1601	元壽安妻盧蘭墓誌	大象2年(580)11月20日	河南洛陽	西安碑林博物館	題跋153;中央館23;檢要272/修170;史語所37;北圖目39;洛目41;時地a59/b49;北大目84;淑德82;陝目提要91;碑索5-2410;北朝集存322;日本506	漢魏118	8-200	491 修615
1602	魏演墓誌	大象2年(580)11月27日		晉祠博物館	碑索5-2412;北朝集存322			
1603	鄭邕墓誌	大象2年(580)11月27日	河南開封	開封縣文物管理所	碑索5-2412;北朝集存322			
1604	李同墓誌	大象2年(580)11月27日	河北安平		碑索5-2411;北朝集存322	新北198		
1605	李雄墓誌	大象2年(580)12月9日			題跋153;檢要272/修170;北圖目39;碑索5-2413;北朝集存322	漢魏361	8-201	493 修617
1606	宇文寬(韋孝寬)墓誌	大象2年(580)12月9日	陝西長安	陝西省考古研究院	秦嶺200;碑索5-2412;北朝集存322		陝西肆29	
1607	宇文逌墓誌	大象2年(580)12月27日	陝西西安	陝西師範大學博物館	北大目84;碑索5-2414;北朝集存324	新北195		
1608	朱林檣墓誌	大象2年(580)	山東博興	博興縣博物館	碑索5-2415;北朝集存324			
1609	石難陀墓誌	大象2年(580)		書道博物館	碑索5-2415;北朝集存324			
1610	李君妻祖氏墓誌	大象3年(581)正月4日	河北隆堯	隆堯縣文物保管所	碑索5-2416;北朝集存324		河北壹36	

北朝(386-581)年月不明

No.	墓誌名稱	紀年	出土地	現藏場所	A 目錄	B 集釋	C 北圖拓·新中國	D 彙編
1611	元瑗墓誌	北魏	河南洛陽	西安碑林博物館	題跋146;檢要203/修129;史語所27;北圖目28;時地a55/b46;洛續11;北大目52;陝目提要58;碑索4-1878;北朝集存328;日本518	漢魏113	5-204	506 修636
1612	京兆康王妃墓誌	北魏	河南洛陽		檢要204/修129;史語所27;時地a56/b47;碑索4-1884;北朝集存328			

E 全文・補遺	F 疏證・墨香閣	G 碑校	H 集成	I 叢考	J その他の圖書	K 論文等	No.
			963	760;834;932	北朝院197;秦晉豫三121		1599
全3957					庚集注909;唐代鄭氏47	岑仲勉1945;陳錦淸2023	1600
周補49		10-354	964	354;662	英華137;集萃7-100;鴛鴦藏石166;碑林全66-1066;洛選185;彭州136;盧氏22;北朝百品100	高峽1996;王盛婷2006a;侯紀潤2022	1601
					晉刻北朝351		1602
			965			張武軍2010;梶山智史2019	1603
			965			范兆飛2021	1604
周補52		10-357	966		李氏墓140		1605
周補50	313 修296		966	667	西石續40;長安碑刻341;譜牒521;韋氏26	戴應新1991;戴應新1998;邱光華2010;陳爽2013;范兆飛2021;會田大輔2023a;顧冰峰2023	1606
			968		秦晉豫續162	牛敬飛2014;牛敬飛2015	1607
					齊魯誌研367		1608
							1609
周補52		10-359	968	233	河北錄431;燕趙878;隆堯輯要8;李氏墓141;邢州萃編74		1610

E 全文・補遺	F 疏證・墨香閣	G 碑校	H 集成	I 叢考	J その他の圖書	K 論文等	No.
魏補409		7-97	970		鴛鴦藏石138;陝西石藝257;碑林全65-902;洛選181;彭州112;洛少125;全集北魏2-420	澤田雅弘2000	1611
魏補414							1612

No.	墓誌名稱	紀年	出土地	現藏場所	A 目錄	B 集釋	C 北圖拓·新中國	D 彙編
1613	元簡妻常氏墓誌蓋	北魏	河南洛陽	西安碑林博物館	檢要203/修129;史語所28;北圖目5;洛目10;時地a20·56/b10·47;淑德70;陝目提要58;碑索3-1365·4-1907;日本517	漢魏163	3-38	37 修56
1614	元獻(濟南王)墓誌蓋	北魏(東魏?)	河南洛陽		題跋146;檢要202/修128;時地a55/b47;北大目52;碑索4-1879;北朝集存326	漢魏123	6-182	506 修638
1615	殘墓誌	北魏	河南洛陽		碑索4-1881;北朝集存328			
1616	殘碑(才冠冕北士高等字)	北魏	河南洛陽		時地a56/b47;碑索4-1886;北朝集存326			
1617	殘碑(獻文之孫等字)	北魏	河南洛陽		時地a56/b47;碑索4-1886;北朝集存328			
1618	殘墓誌(安語等字)	北魏	河南洛陽		題跋146;中央館20;檢要205/修130;史語所27;時地a56/b47;北大目52;碑索4-1880;北朝集存326·332	漢魏594		509 修642
1619	韓君(太尉)墓誌	北魏			碑索4-1906·2303;北朝集存330			
1620	元樹墓誌	北魏			碑索4-1877;北朝集存328			
1621	祖塋墓誌	北魏			碑索4-1878;北朝集存328			
1622	馮輔宗墓誌	北魏		西安交通大學博物館	北朝集存348			
1623	崔令珍妻韓法容墓誌	北魏	山西大同	大同市考古研究所	碑索4-1909			
1624	苟黑墓誌	北魏	山西大同	大同市考古研究所	北朝集存38			
1625	尉孃墓誌	北魏	山西大同	大同市考古研究所	北朝集存326			
1626	趙胡墓誌	北魏	山西大同	大同市考古研究所				
1627	楊黍(楊文弘)墓誌	北魏	陝西略陽	略陽縣江神廟	碑索4-1907			
1628	王斑墓誌	北魏	山西大同		北朝集存30			
1629	王禮斑妻輿氏墓誌	北魏	山西大同		碑索4-1903;北朝集存30			
1630	丹揚王墓誌	北魏	山西朔州	懷仁縣文物管理所	晉目朔州123;碑索4-1904;北朝集存326	新北206		

E 全文・補遺	F 疏證・墨香閣	G 碑校	H 集成	I 叢考	J その他の圖書	K 論文等	No.
魏補415			981		鴛鴦藏石143;碑林全65-916		1613
魏補411・414			971				1614
		7-114	971		鴛鴦藏石139		1615
							1616
							1617
魏補413						周陽等2016	1618
全3730			982				1619
全3768			983				1620
全3768			983				1621
					西交大博19		1622
						大同市考古研究所2015	1623
					平城書迹249	大同市考古研究所2014	1624
					平城書迹249;持志齋拓55	大同市考古研究所2014	1625
					平城書迹249;持志齋拓56	大同市考古研究所2014	1626
					隴南萃編66	蔡副全2014;張卉2016	1627
				982	平城書迹237;持志齋拓56	殷憲2006a	1628
				982	平城書迹237	殷憲2006a	1629
					大全懷仁5;廻望桑乾25	懷仁縣文物管理所2010;王銀田2010;李梅田2011;倪潤安2012;劉中偉2022	1630

No.	墓誌名稱	紀年	出土地	現藏場所	A 目錄	B 集釋	C 北圖拓·新中國	D 彙編
1631	建安王妻樂鄉君墓誌	北魏	山西大同		碑索4-1904;北朝集存326			
1632	王駒及妻□氏墓誌	北魏	陝西西安					
1633	賈興墓誌	北魏	山西大同		北朝集存326			
1634	平遠將軍墓誌	北魏	山西大同		北朝集存326			
1635	拓跋猗盧碑	北魏	山西	北京大學圖書館(拓本)	碑索4-1910			
1636	郎元鑒妻張氏墓誌	北魏	河北		北大目52;碑索4-1906			
1637	劉振墓誌	北魏	河南		北大目52;碑索4-1906			
1638	元公墓誌蓋	北魏	河南洛陽	西安碑林博物館	陝目提要58;碑索4-1907;北朝集存334			
1639	祁君(寧泰太守)墓誌蓋	北魏?						
1640	胡君墓誌蓋	北魏(隋?)	河南洛陽	西安碑林博物館	陝目提要142;碑索4-1908;北朝集存328			
1641	殘墓誌蓋	北魏	河南洛陽	西安碑林博物館	碑索4-1908;北朝集存328			
1642	狄君(荊州刺史)墓誌蓋	北魏	河南洛陽	西安碑林博物館	陝目提要59;碑索4-1909;北朝集存334			
1643	穆君墓誌蓋	北魏	河南洛陽	西安碑林博物館	陝目提要58;北朝集存334			
1644	元君墓誌蓋	北魏	河南洛陽	西安碑林博物館	陝目提要58;碑索4-1910;北朝集存334			
1645	李氏墓誌蓋	北魏	河南洛陽	西安碑林博物館	陝目提要58;北朝集存334			
1646	張君墓誌蓋	北魏	河南洛陽	西安碑林博物館	陝目提要59;北朝集存334			
1647	元君墓誌蓋	北魏		河南博物院	史語所28;文庫19;碑索4-1667;北朝集存328	漢魏574		506 修637
1648	陸君(涇州刺史□陽男)墓誌蓋	北魏			北朝集存330			506 修637
1649	杜景達墓誌	北魏?(□□9年11月3日)			北朝集存338		6-190	
1650	□遐(長孫遐)碑	北魏	甘肅天水	麥積山藝術研究所(拓本)	淑德32;碑索5-2078;日本510			

E 全文・補遺	F 疏證・墨香閣	G 碑校	H 集成	I 叢考	J その他の圖書	K 論文等	No.
					平城書迹242	殷憲2016a	1631
						西安文物保護考古院等2019	1632
					平城書迹97;持志齋拓50		1633
					平城書迹97	張志忠等2006	1634
					平城書迹3	田餘慶2008;曹旅寧2008;殷憲2014b;李榮輝2021	1635
							1636
							1637
			984		鴛鴦藏石142;碑林全65-906		1638
					民間藏誌44		1639
					鴛鴦藏石145;碑林全72-1856		1640
					鴛鴦藏石146		1641
					碑林全65-900		1642
					碑林全65-910		1643
					碑林全65-912		1644
					碑林全65-914		1645
					碑林全65-918		1646
		5-339	972				1647
魏補410			972				1648
魏補410			1058				1649
魏補81					隴右錄1-37;敦煌編年203;天水輯校189;秦州202	劉琴麗2022	1650

No.	墓誌名稱	紀年	出土地	現藏場所	A 目錄	B 集釋	C 北圖拓・新中國	D 彙編
1651	魏僧朂墓誌	東魏			題跋149;檢要203/修129;北大目53;碑索4-1883;北朝集存338	漢魏308		506 修637
1652	王君墓誌	東魏	河南洛陽		題跋149;檢要233/修147;北圖目32;文庫22;北大目62;碑索4-2049;北朝集存338	漢魏306	6-179	508 修641
1653	陰誨孫墓誌	東魏			碑索4-2052			
1654	程難兒妻桓氏墓誌	東魏			碑索4-2053			
1655	孫模墓誌	東魏			碑索4-2053			
1656	劉安和墓誌	東魏			碑索4-2053			
1657	曾檀墓誌	東魏			碑索4-2054			
1658	檀女阿雌墓誌	東魏			碑索4-2054			
1659	淨脩塔銘	東魏?			晉目運城214			
1660	劉乾碑	東魏?			題跋35;碑索4-1888			
1661	元悅(汝南王)碑	東魏?			題跋35;碑索4-2052			
1662	胡延墓碑	北齊			碑索5-2306			
1663	趙起碑	北齊			題跋36;碑索5-2299			
1664	趙奉(趙奉伯)碑	北齊			題跋36;碑索5-2299			
1665	趙奉伯妻傅華碑	北齊			題跋36;碑索5-2296			
1666	趙奉伯墓誌蓋	北齊	山東歷城	濟南市博物館	四十年41;碑索5-2288;北朝集存288・340			475 修594
1667	劉洪徽墓誌蓋	北齊		拿雲美術博物館	碑索5-2135;北朝集存244			
1668	崔盧夫墓誌蓋	北齊	河北平山	隆興寺	碑索5-2306			
1669	崔楷墓誌蓋	北齊	河北曲陽	曲陽縣文物保管所	碑索5-2306;北朝集存326			

E 全文・補遺	F 疏證・墨香閣	G 碑校	H 集成	I 叢考	J その他の圖書	K 論文等	No.
魏補409			972		魯迅誌269		1651
魏補412			988		魯迅誌453;北山集古147		1652
							1653
							1654
							1655
							1656
							1657
							1658
					大全新絳443		1659
					金石錄375		1660
					金石錄375		1661
齊補20					文館詞林a188/b384		1662
					金石錄383		1663
					金石錄383		1664
					金石錄383		1665
齊補151		10-104	1006		濟南誌8;山東分類78;海岱石華96;山東書全182	韓明祥1985	1666
		9-26	999			佚名2006	1667
					河北錄432		1668
			983		燕趙540;崔氏593	田韶品2009;倪潤安2013;劉軍2023f	1669

No.	墓誌名稱	紀年	出土地	現藏場所	A 目錄	B 集釋	C 北圖拓・新中國	D 彙編
1670	元君墓誌蓋	北齊		安陽博物館				
1671	□□王□墓誌蓋	北齊	山西壺關?					
1672	胡長仁神道闕	北齊	河南安陽		題跋36;碑索5-2268;北朝集存340			
1673	陸逞墓碑	北周			碑索5-2421			
1674	于謹墓碑	北周			碑索5-2421			
1675	馮章墓碑	北周			碑索5-2421			
1676	封隆之墓碑	北朝			碑索5-2294			
1677	寇嶠妻梁氏墓誌	北朝	河南洛陽		題跋153;檢要273/修171;北圖目33;時地b48;北大目84;碑索5-2417;北朝集存328・340	漢魏358		509 修641
1678	劉賢墓誌碑	北朝	遼寧朝陽	遼寧省博物館	四十年12;碑索4-1877;北朝集存326			502 修633
1679	田子槳妻高氏墓誌	北朝			北大目64;碑索4-1884・2425;北朝集存338		6-187	506 修637
1680	呂猛妻馬氏墓誌	北朝			北大目64;北朝集存336			506 修638
1681	曹永康墓誌	北朝			碑索4-2079;北朝集存336		6-197	506 修638
1682	殘墓誌(平西將軍兗州刺史)	北朝			題跋137;北圖目13;北大目25;碑索3-1548;北朝集存92		4-75	510 修643
1683	韋咸妻苟氏墓誌	北朝?	陝西長安		碑索5-2425;北朝集存342			
1684	輔保達墓誌	北朝			北大目52;碑索4-1900;北朝集存330			
1685	定州中山郡□□妻墓誌	北朝			北大目52;碑索4-1901;北朝集存330			
1686	韓無忌墓誌	北朝	河南洛陽		碑索4-1900;北朝集存330			
1687	矯軍妻王氏墓誌	北朝			碑索4-1901;北朝集存330			

E 全文・補遺	F 疏證・墨香閣	G 碑校	H 集成	I 叢考	J その他の圖書	K 論文等	No.
						王玉清2018	1670
					大全壺關5		1671
					魯迅碑1123;安豐377		1672
全3917							1673
全3917							1674
全3918							1675
全3843							1676
魏補413 周補53		7-107	971		鴛鴦藏石141;北山集古150;彭州138;全集北魏2-422	姚立偉2015	1677
魏補408		7-91	972	486	魏二十207;朝陽文物83;遼博5;遼寧碑誌96;遼寧志300;譜牒428	彥鳴1979;董彥明1983;曹汛1984;王金爐1995;鄭君雷1998;園田俊介2003;王力春2011;曾曉梅等2012;王力春2012;李薛妃2015;王連龍2016c;倪潤安2017;王連龍等2018;劉嘯2023	1678
魏補410			972		磚刻1060		1679
魏補410			973		磚刻1055		1680
魏補411			973		磚刻1050		1681
魏補414			973 992		全集北魏1-288		1682
			973			陝西省考古研究所1990;宋馨2012	1683
			974		磚刻0969		1684
			974		磚刻0977		1685
			974		邙洛33;磚刻0978	王木鐸2001	1686
			974		磚刻0979		1687

No.	墓誌名稱	紀年	出土地	現藏場所	A 目錄	B 集釋	C 北圖拓·新中國	D 彙編
1688	來僧護墓誌	北朝			碑索4-1901;北朝集存330			
1689	李榮妻郎密暉墓誌	北朝		中國國家博物館	碑索4-1901;北朝集存330			
1690	劉夫生女墓誌	北朝			碑索4-1902;北朝集存330			
1691	劉平頭妻傅雙之墓誌	北朝		中國國家博物館	碑索4-1902;北朝集存330			
1692	劉譚剛墓誌	北朝		中國國家博物館	碑索4-1902;北朝集存330			
1693	孟珍妻焦氏墓誌	北朝		故宮博物院	北大目52;碑索4-1887;北朝集存330			
1694	裴僧仁墓誌	北朝	河南安陽		北大目53;碑索4-1896;北朝集存330			
1695	宿光明墓誌	北朝			碑索4-1903;北朝集存332			
1696	王羌仁墓誌	北朝	山西大同		碑索4-1903;北朝集存332			
1697	晏崇妻墓誌	北朝			碑索4-1904;北朝集存332			
1698	趙國墓誌	北朝			碑索4-1905;北朝集存332			
1699	董保和墓誌	北朝(隋?)	河南滎陽		碑索4-2080;北朝集存336			
1700	董康生妻(城皋縣人)墓誌	北朝(隋?)	河南滎陽		碑索4-2079·6-2971;北朝集存336			
1701	劉登墓誌	北朝		中國國家博物館	碑索4-2080;北朝集存336			
1702	明副恭墓誌	北朝	山東桓臺		碑索4-2080;北朝集存336			
1703	宋義墓誌	北朝	河北磁縣	墨香閣	北大目64;碑索4-2081;北朝集存336			
1704	孫烏路墓誌	北朝		中國國家博物館	碑索4-2081;北朝集存336			
1705	孫□墓誌	北朝			北大目64;碑索4-2081;北朝集存336			
1706	信始將墓誌	北朝			碑索4-2082;北朝集存336			
1707	楊興墓誌	北朝		中國國家博物館	碑索4-2082;北朝集存336			

E 全文・補遺	F 疏證・墨香閣	G 碑校	H 集成	I 叢考	J その他の圖書	K 論文等	No.
			975		磚刻0980		1688
			975		歷博大觀39;磚刻0981		1689
			975		磚刻0982		1690
			975		歷博大觀26;磚刻0983		1691
			975		歷博大觀38;磚刻0984		1692
魏補415			976		磚刻0985		1693
			976		磚刻0986		1694
			976		磚刻0987;平城書迹241;持志齋拓53	殷憲1999	1695
			976		磚刻0988;平城書迹241	殷憲1999	1696
			976		磚刻0989		1697
			977		磚刻0992		1698
			977		磚刻1052	鄭州市文物考古所等1997	1699
			977		磚刻1051・1053	鄭州市文物考古所等1997;劉琴麗2020b	1700
			977		歷博大觀24;磚刻1054		1701
			978		磚刻1056		1702
			978		磚刻1057		1703
			978		歷博大觀37;磚刻1058		1704
			978		磚刻1059		1705
			978		磚刻1061		1706
			978		歷博大觀45;磚刻1062		1707

No.	墓誌名稱	紀年	出土地	現藏場所	A 目錄	B 集釋	C 北圖拓·新中國	D 彙編
1708	張景和墓誌	北朝			碑索4-2082;北朝集存336			
1709	張虎妻趙氏墓誌	北朝		中國國家博物館	碑索4-2083;日本516;北朝集存336			
1710	趙豪妻公乘墓誌	北朝			碑索4-2083;北朝集存338			
1711	趙年墓誌	北朝			碑索4-2083;北朝集存338			
1712	趙嚮妻郭氏墓誌	北朝			北大目64;碑索4-2083;北朝集存338			
1713	杜羅侯墓誌	北朝			北大目84;碑索5-2424;北朝集存342			
1714	苟大亮墓誌	北朝			碑索5-2426;北朝集存342			
1715	李巨妻墓誌	北朝		中國國家博物館	北大目84;北朝集存342			
1716	朱阿買墓誌	北朝		中國國家博物館	碑索5-2426;北朝集存342			
1717	孫休延墓誌	北朝	河北	墨香閣	北大目85;碑索5-2424;北朝集存342			
1718	董元負墓誌	北朝	河南三門峽		碑索5-2426;北朝集存338			
1719	呂相姬墓誌	北朝	河南三門峽		碑索5-2426;北朝集存338			
1720	張元妮墓誌	北朝	河南三門峽		碑索5-2427;北朝集存338			
1721	楊君墓誌蓋	北朝		潼關縣東門博物館	陝目提要56			
1722	吳君墓誌蓋	北朝		潼關縣東門博物館	陝目提要56			
1723	封隆之妻祖氏墓誌蓋	北朝	河北景縣	中國國家博物館	北圖目33;四十年26;碑索4-1899;北朝集存338		6-193	
1724	吳慈恩墓誌	北朝						
1725	向法度墓誌	北朝	河南靈寶					
1726	向忠賢墓誌	北朝	河南靈寶					
1727	向魯王及妻張醜女墓誌	北朝	河南靈寶					

E 全文・補遺	F 疏證・墨香閣	G 碑校	H 集成	I 叢考	J その他の圖書	K 論文等	No.
			979		磚刻1063		1708
			979		歷博大觀27;磚刻1064		1709
			979		磚刻1065		1710
			979		磚刻1066		1711
			979		歷博大觀43;磚刻1067		1712
			980		磚刻1069		1713
			980		磚刻1070		1714
			980		歷博大觀42;磚刻1071		1715
			980		歷博大觀44;邙洛31;磚刻1073		1716
			980		磚刻1072	趙生泉2004b;趙生泉等2006;趙生泉2008b	1717
			981			三門峽文物考古所2009	1718
			982			三門峽文物考古所2009	1719
			982			三門峽文物考古所2009	1720
							1721
							1722
魏補410			984		河北錄433;歷博大觀69;燕趙548;國博誌18	張季1957;周錚1992	1723
			984 990				1724
						河南省文物考古院等2022	1725
						河南省文物考古院等2022	1726
						河南省文物考古院等2022	1727

No.	墓誌名稱	紀年	出土地	現藏場所	A 目録	B 集釋	C 北圖拓・新中國	D 彙編
1728	向平墓誌	北朝	河南靈寶					
1729	向女墓誌	北朝	河南靈寶					
1730	李神龜妻韋氏墓誌	北朝	河南禹州					
1731	李定世妻□氏墓誌	北朝	河南禹州					

E 全文・補遺	F 疏證・墨香閣	G 碑校	H 集成	I 叢考	J その他の圖書	K 論文等	No.
						河南省文物考古院等2022	1728
						河南省文物考古院等2022	1729
						婁鈺傑2022a	1730
						婁鈺傑2022b	1731

隋代 (581-618)

No.	墓誌名稱	紀年	出土地	現藏場所	A 目錄	B 集釋	C 北圖拓·新中國	D 隋唐五代
1732	劉光墓誌	開皇元年(581)6月18日	河南洛陽		洛續12;碑索5-2428			
1733	普屯威(辛威)神道碑	開皇元年(581)7月			碑索5-2428			
1734	華端墓誌	開皇元年(581)	陝西長安	西安碑林博物館	碑索5-2430			
1735	于智墓誌	開皇2年(582)正月27日		關中民俗藝術博物院				
1736	梁暄墓誌	開皇2年(582)正月28日	陝西長安	西安交通大學博物館	秦嶺200;碑索5-2430			
1737	高潭墓誌	開皇2年(582)2月22日	河北景縣	河北省文物研究所	四十年43;碑索5-2430			河北1
1738	李令穆墓誌	開皇2年(582)3月16日	寧夏固原	寧夏文物考古研究所	碑索5-2431			
1739	阿史那氏(武德皇后)墓誌	開皇2年(582)4月29日	陝西咸陽	咸陽市文物保護研究中心	陝目提要98;碑索5-2431			
1740	茹洪墓誌	開皇2年(582)7月18日	陝西咸陽	西安碑林博物館	陝目提要96;碑索5-2432			
1741	元華光墓誌	開皇2年(582)10月13日	陝西西安					
1742	元媛柔墓誌	開皇2年(582)10月13日	陝西西安					
1743	楊元伯妻邸胦胦墓誌	開皇2年(582)12月6日		故宮博物院	北大目86;碑索5-2433			北大1-2
1744	辛韶及妻趙氏墓誌	開皇2年(582)12月14日	陝西西安	墨香閣	北大目86;碑索5-2434	新北185 西南117		
1745	尹昇墓誌	開皇2年(582)12月25日						
1746	李和墓誌	開皇2年(582)12月26日	陝西三原	西安碑林博物館	檢要274/修172;四十年44;陝目提要97;碑索5-2435		陝西貳7	陝西1-1
1747	李希仁妻崔芷蘩墓誌	開皇2年(582)12月26日	河北正定	墨香閣	北大目86;碑索5-2434			

E 全文・補遺	F 疏證・墨香閣	G 彙考	H 可憑	I 叢考	J その他の圖書	K 論文等	No.
			1		拾零45	王其禕等2008b	1732
全3955					隴右錄1-55;庾集注879;民族姓氏139;河州255		1733
			3	670	碑林新續18;陝西新隋64;誌法精選12;西南滙釋55	王其禕等2013b	1734
					關中院6		1735
		1-1			長安碑刻342;陝西萃編138	周曉薇2005;宮子農等2017;孫琪2022	1736
隋補81	318 修303	1-6			河北錄250;景州92;衡水墓誌18;星空58;高姓133	河北省文管處1979;趙海麗2011a;鄒虎2020	1737
			5		固原漢唐36;固原選編83		1738
隋補485	323 修307	1-14			碑林全195-911;西石續35;咸陽碑刻13;渭城志228/修240;陝西萃編140;隋精粹1-1;陝西集成162	馬先登1994;馬先登1995;曹發展1996;陝西省考古研究所等1997;侯養民等2000;朱振宏2015;趙世金2022	1739
隋補83		1-18		365;803;969	碑林新33;絲路沿綫124;陝西萃編142	劉蓮芳等2002;李志傑2004;梁春勝2016b;鄒虎2018;江如昊2021;寥新冬等2021	1740
			7			傅清音2019	1741
			10		僧尼1	傅清音2019	1742
隋補84		1-23		667	磚刻1104;磚書58		1743
	墨202		13	160;161;335;346;619;668;820;970	譜牒525;陝西新隋8	周阿根2016b;梁春勝2017b;楊學是2018;李皓2018;周阿根等2019;何山2019;楊學是2020;梁春勝2020;范兆飛2021;常麗麗2023a	1744
			16		隋唐集萃1;陝西新隋10	黨斌2019c;何山2019	1745
隋補85	325 修309	1-25		221;668;714	民族姓氏224;陝西石藝261;碑林全67-1073;西石續139;西北99;法全隋誌31;陝西萃編144	陝西省文物管理委員會1966;賀華1998;王原茵2000;王去非等2002;陳財經2002;羅新2004;裴蘭婷2011;劉志生2011b;徐志學2012;劉志生2019b;江如昊2021	1746
	墨204	1-31		257;485;662;668	西南滙釋56;崔氏774	周曉薇等2008;羅曼2011;周曉薇等2012c;堀井裕之2014;李婷2017;周阿根2019;席蘭2020;周阿根2021;寥新冬等2021	1747

No.	墓誌名稱	紀年	出土地	現藏場所	A 目錄	B 集釋	C 北圖拓·新中國	D 隋唐五代
1748	張崇妻王氏墓誌	開皇2年(582)?	甘肅清水		碑索5-2436			
1749	唐恭墓誌	開皇2年(582)	山東歷城		碑索5-2437			
1750	鄧玄秀妻辛輝蘭墓誌	開皇3年(583)正月20日	陝西西安		碑索5-2438	新隋1		
1751	封子繪妻王楚英墓誌	開皇3年(583)2月15日	河北景縣	中國國家博物館	檢要274/修172;北圖目40;四十年42;碑索5-2439		9-6	北京遼寧1-1
1752	賀蘭祥妻劉氏墓誌	開皇3年(583)2月15日	陝西咸陽	咸陽市博物館	陝目提要99;碑索5-2438		陝西壹22	陝西3-1
1753	張叔墓誌	開皇3年(583)2月15日	河北臨漳		北大目86;碑索5-2439			
1754	王族墓誌	開皇3年(583)2月15日	山西昔陽	昔陽縣文物管理所	晉目晉中178;碑索5-2440			
1755	長孫璥及妻叱羅氏墓誌	開皇3年(583)2月15日	陝西長安					
1756	折婁羆墓誌	開皇3年(583)3月20日	陝西銅川	銅川博物館				
1757	孫高墓誌	開皇3年(583)6月9日	河南濬縣	濬縣博物館	北大目86;碑索5-2440		河南壹107	河南1
1758	高那那墓誌	開皇3年(583)8月3日	陝西西安					
1759	申貴墓誌	開皇3年(583)9月23日			檢要275/修172;碑索5-2441			
1760	劉歸墓誌	開皇3年(583)10月7日	河南安陽		碑索5-2441			
1761	張顏墓誌	開皇3年(583)10月8日	河南洛陽	洛陽市考古所	洛續12;碑索5-2441			
1762	橋靜墓誌	開皇3年(583)10月19日	山西襄垣		題跋153;北大目87;碑索5-2442	漢魏364	9-12	北大1-3
1763	寇熾妻姜敬親墓誌	開皇3年(583)10月19日	河南洛陽	西安碑林博物館	題跋153;中央館27;檢要275/修172;史語所38;北圖目40;洛目41;時地a60/b49;北大目87;陝目提要98;碑索5-2443;日本582	漢魏357	9-11	洛陽1-3

— 414 —

E 全文・補遺	F 疏證・墨香閣	G 彙考	H 可憑	I 叢考	J その他の圖書	K 論文等	No.
		6-65			隴右錄1-57;清水25;天水輯校197		1748
		6-85			齊魯誌研367		1749
			19	414;669;971;982	秦晉豫續163	李皓2018;殷小波等2019	1750
隋補86	335 修317	1-38			河北錄251;隋人傳1;歷博大觀75;衡水墓誌21;星空95;譜牒524;盧氏23;國博誌30	張季1957;周錚1992;周錚1994b;趙超2007;周曉薇等2008;王義康2008;劉志生2011b;周曉薇等2011c;劉志生等2012a;周曉薇2012c;梁春勝2016a;梁春勝2020;顧冰峰2023	1751
隋補88	331 修314	1-34			咸陽碑石15;西石續156;西北100;渭城志228/修240;陝西萃編146;陝西集成166	周曉薇等2008;周曉薇等2012b;周曉薇等2012c;蘇小華2014	1752
		1-44		834	安豐241;題跋集萃69;誌法精選3		1753
					滄海遺珍103	翟盛榮等2006	1754
			21	669	隋唐集萃4;陝西新隋12	劉亞龍2019	1755
						銅川市考古研究所2020;李皓等2021	1756
隋補89	340 修321	1-47		669	天書地字501	周阿根等2021	1757
						周曉薇2023c	1758
隋補485		6-87			北窗137		1759
				606	安陽選編12;西南滙釋58		1760
		1-50		670	新獲續11;洛誌研99	邱光華2010	1761
隋補89		1-69		108;804	增校隨424/修274;魯迅誌623;石學蠡探226	朱關田2002;江如昊2021	1762
隋補22		1-52		315;670;796	輯繩55;隋人傳8;鴛鴦藏石167;陝西石藝262;碑林全67-1100;隋誌百品3;彭州139;北窗144;洛誌研68	周曉薇等2008;周曉薇等2012b;周曉薇等2012c;姚立偉2015	1763

No.	墓誌名稱	紀年	出土地	現藏場所	A 目錄	B 集釋	C 北圖拓・新中國	D 隋唐五代
1764	寇奉叔墓誌	開皇3年(583) 10月19日?	河南洛陽	河南博物院	題跋153;中央館27;檢要277/修173;史語所38;北圖目40;洛目42;文庫30;時地a60/b49;北大目86;淑德82;碑索5-2444;日本581	漢魏362	9-9	洛陽1-1
1765	寇遵考墓誌	開皇3年(583) 10月19日	河南洛陽	河南博物院	題跋153;中央館28;檢要275/修173;史語所38;北圖目40;洛目42;文庫30;時地a60/b50;北大目86;淑德82;碑索5-2446;日本581	漢魏363	9-10	洛陽1-2
1766	劉鑒墓誌	開皇3年(583) 10月19日	江蘇徐州	徐州市博物館	碑索5-2447			
1767	王景和墓誌	開皇3年(583) 10月19日						
1768	崔宣度墓誌	開皇3年(583) 10月19日	河北	個人藏				
1769	崔宣度妻盧思容墓誌	開皇3年(583) 10月19日	河北	個人藏				
1770	梁坦及妻杜氏墓誌	開皇3年(583) 10月20日	河南洛陽	西安碑林博物館	題跋153;中央館6;檢要276/修173;史語所38;洛目42;時地a60/b50;北大目87;陝目提要98;碑索5-2447;日本582	漢魏365	9-13	洛陽1-4
1771	梁邕墓誌	開皇3年(583) 10月20日	河南洛陽	西安碑林博物館	題跋153;檢要276/修173;洛目42;時地a60/b50;陝目提要98;碑索5-2448	漢魏366		洛陽1-5
1772	王軌及妻馮氏墓誌	開皇3年(583) 11月14日	河北河間	河間縣文物保管所	碑索5-2449		河北壹37	河北2
1773	王士良墓誌	開皇3年(583) 11月14日	陝西咸陽	陝西省考古研究院	碑索5-2451		陝西肆30	
1774	羅暎及妻昝氏墓誌碑	開皇3年(583) 11月14日	山東淄博		碑索5-2452			
1775	源剛墓誌	開皇3年(583) 11月14日	河南洛陽	張海書法藝術館	洛續12;北大目87;碑索5-2450			
1776	張崇訓及妻高氏墓誌	開皇3年(583) 11月14日	山東青州	青州市博物館	碑索5-2451			
1777	皇甫光及妻辛氏墓誌	開皇3年(583) 11月14日	陝西長安	陝西省考古研究院	碑索5-2450			
1778	邵咸墓誌	開皇3年(583) 11月17日			題跋153;檢要277/修174;史語所38;碑索5-2452	漢魏367		
1779	張靜墓誌	開皇3年(583) 11月22日	安徽合肥	安徽博物院	四十年44;碑索5-2453			
1780	陰雲墓誌	開皇3年(583) 11月25日	陝西長安	西安博物院	碑索5-2453・2973			

E 全文・補遺	F 疏證・墨香閣	G 彙考	H 可憑	I 叢考	J その他の圖書	K 論文等	No.
隋補90		1-58		257;338;670;761;888	增校隨424/修274;魯迅誌631;民族姓氏214;隋人傳3;翰墨2-2;胡姓考68;北窗140	岑仲勉1939;呂一飛1986;倪潤安2000;方高峰2006;室山留美子2007;周曉薇等2008;邱光華2010;姚立偉2015;胡勝源2022	1764
隋補92		1-73		194;227;233;304;316;346;444;670;888;946	魯迅誌625;隋人傳6;翰墨2-1;西民大拓64;北窗142;譜牒554	岑仲勉1939;澤田雅弘1999;倪潤安2000;室山留美子2007;姚立偉2015;梁春勝2016a;梁春勝2020;江如昊2021	1765
隋補96	341 修322	1-66			譜牒522	梁勇1998	1766
					陝西新隋15		1767
					隋精粹4-1		1768
					隋精粹4-19		1769
隋補93		1-85		671;797;972	隋人傳9;鴛鴦藏石168;碑林全67-1082;彭州141	周曉薇等2012c;江如昊2021;侯紀潤2022	1770
隋補94		1-80		670;671;835;836	鴛鴦藏石169;碑林全67-1091;彭州143;北窗146;洛誌研99	江如昊2021;侯紀潤2022	1771
隋補97	343 修324	1-90		671;978	滄州22;河間198	周曉薇等2008	1772
隋補99	345 修326	1-93		671;672;889	北周珍貴126;渭城志229/修241;陝西萃編148;陝西集成167	王興邦1995;裴蘭婷2011;蘇小華2014;劉志生2019a;顧冰峰2023	1773
		1-99		448;972	齊魯誌研320;山東分類82;山東書全186;淄博誌釋58		1774
		1-101			洛少355;新獲七朝42;張海館a78/b234;洛誌研90;隋精粹4-35	張葳2019	1775
			27			劉華國等2015;周陽2016	1776
			25	181;672;785	高陽原誌2;絲路沿綫126;高陽原墓12		1777
隋補98		1-104			磚刻1105;邵氏11		1778
隋補98	350 修330	1-107				安徽省博物館1988	1779
		1-110		527;972	陝西萃編152;涼州487;陝西集成168	楊宏毅2008;周曉薇2008;韓昇2009	1780

No.	墓誌名稱	紀年	出土地	現藏場所	A 目錄	B 集釋	C 北圖拓・新中國	D 隋唐五代
1781	高寶德(長樂郡長公主)墓誌	開皇3年(583)11月26日		河北博物院				
1782	劉偉及妻李氏墓誌	開皇3年(583)閏12月	河南陝縣		碑索5-2454			
1783	李貴及妻王氏墓誌	開皇3年(583)閏12月15日	河南洛陽		洛續12;碑索5-2454			
1784	薛舒墓誌	開皇3年(583)閏12月15日	陝西長安		碑索5-2454	西南121		
1785	崔大苟墓誌	開皇3年(583)	山西		碑索5-2455			
1786	楊居墓誌	開皇4年(584)3月10日	河南洛陽	遼寧省博物館	題政153;檢要277/修174;史語所38;北圖目40;洛目42;文庫30;北大目87;碑索5-2455;日本582	漢魏368	9-14	洛陽1-6
1787	韓貴和墓誌	開皇4年(584)4月14日	山西沁源	山西省考古研究所	碑索5-2456			
1788	元寶炬(文帝)妻席暉華墓誌	開皇4年(584)7月13日	陝西長安	個人藏				
1789	王君妻張氏墓誌	開皇4年(584)10月3日			題政153;檢要278/修174;碑索5-2457			
1790	徐敏行及妻陽氏墓誌	開皇4年(584)10月14日	山東嘉祥	山東省博物館	檢要278/修174;四十年45;碑索5-2457			
1791	田簡眉墓誌	開皇4年(584)11月3日	寧夏固原?	固原博物館	碑索5-2458			
1792	徐之範墓誌	開皇4年(584)12月2日	山東嘉祥	山東省石刻藝術博物館	四十年44;北大目87;淑德82;碑索5-2458;日本584			江蘇山東2
1793	王成墓誌	開皇4年(584)?	河南洛陽	西安碑林博物館	題政163;中央館41;檢要395/修247;北圖目60;洛目42・66;時地a60/b50;碑索6-2975	漢魏524	10-167	洛陽1-178
1794	柳昚墓誌	開皇5年(585)正月27日	陝西商洛	商洛市商州區博物館	北大目87;秦嶺428;陝目提要101;碑索5-2459			
1795	崔仲方妻李麗儀墓誌	開皇5年(585)2月19日	河北平山	平山縣博物館	碑索5-2460			
1796	元儉及妻念氏崔氏墓誌	開皇5年(585)2年22日	河南洛陽		洛續12;北大目87;碑索5-2460			

E 全文・補遺	F 疏證・墨香閣	G 彙考	H 可憑	I 叢考	J その他の圖書	K 論文等	No.
						侯馨2018;李忠魁2022	1781
		6-88				黃河水庫考古工作隊1957	1782
		1-116		219;672;836	三八種47;拾零46;九朝19;新獲一五45;佛教金石69;洛誌研99	梁春勝2018c;鄒虎2020;張崇依2021;周阿根等2021	1783
			31	193;662		王其禕等2013d;楊繼光2023b	1784
		6-89					1785
隋補102		1-120		837	隋人傳9;遼博41;三八種51;萊山館藏106;誌法精選15;佛教金石70	羅福頤等2019	1786
	352 修332	1-125				郎保利等2003;顧冰峰2023	1787
					隋精粹2-1	王治等2023	1788
隋補103		1-129			趙紹祖346	周曉薇等2011c	1789
隋補103	363 修342	1-131		447;675;676;677	齊魯誌研273;山東分類85;海岱石華101;山東書全190;碑誌春秋24	山東省博物館1981;氣賀澤保規1987;陳昊2008;裴蘭婷2011;章紅梅2011a;倪潤安2018;宋愛平等2019;王永平2022	1790
		1-135					1791
隋補104	355 修335	1-136		677;840	山東選粹28;齊魯誌研268;濟寧誌23;山東分類83;濟寧考4;譜牒527;山東書全188;碑誌春秋24	嘉祥縣文物管理所1987;周曉薇等2008;陳昊2008;劉天琪2009;章紅梅2011a;蘇小華2014;倪潤安2018;劉凱2019b;王永平2022;王靜2023a	1792
隋補106 隋補485		6-6		853;996	輯繩56;隋人傳154;陝西石藝270;鴛鴦藏石170;彭州261	梁春勝2016b	1793
		6-90			商洛文史189;陝西萃編156;陝西集成171		1794
	366 修345	1-142		248;347;677	譜牒528;崔氏739	河北省文物研究所2001;周曉薇等2008;周曉薇等2011c;周曉薇等2012b;蘇小華2014;梁春勝2016b;鄒虎2020;范兆飛2021	1795
			34	344;678	拾零48;洛少126;新獲七朝43;隋精粹4-45	王其禕等2008b;梁春勝2020	1796

No.	墓誌名稱	紀年	出土地	現藏場所	A 目錄	B 集釋	C 北圖拓·新中國	D 隋唐五代
1797	元英(元洪儁)及妻崔麝香墓誌	開皇5年(585)7月1日		故宮博物院(墓誌蓋)	題跋153;檢要279/修175;史語所39;北圖目41;文庫30;北大目88;淑德82;碑索5-2461;日本581·584	漢魏65	9-22	北大1-4
1798	王通(王紹仙)墓誌	開皇5年(585)7月15日	河南孟津	河南博物院	題跋153;中央館28;檢要279/修175;北圖目41;洛目42;時地a60/b50;北大目88;碑索5-2462	漢魏598	9-24	洛陽1-7
1799	宋胡(宋虎)墓誌	開皇5年(585)8月12日	陝西西安	陝西省考古研究院	秦嶺200;陝目提要101;碑索5-2463			
1800	裴子休墓誌	開皇5年(585)9月19日	山西運城	運城地區河東博物館	晉目運城1;碑索5-2464			
1801	郭貴賓妻吳小妃墓誌	開皇5年(585)10月1日		墨香閣	北大目88;碑索5-2464			
1802	橋紹墓誌	開皇5年(585)10月23日	河南洛陽	西安碑林博物館	題跋153;中央館27;檢要279/修175;史語所39;北圖目40;洛目43;時地a60/b50;北大目88;陝目提要100;碑索5-2464	漢魏369	9-27	洛陽1-8
1803	王珍墓誌	開皇5年(585)10月26日	陝西咸陽	西安碑林博物館	碑索5-2465			
1804	皇甫謙墓誌	開皇5年(585)11月20日	陝西西安	陝西省考古研究院	碑索5-2466			
1805	王振墓誌	開皇5年(585)11月28日	甘肅武都		北大目88;碑索5-2467			北大1-5
1806	皇甫道愛墓誌	開皇5年(585)□月20日	陝西西安	陝西省考古研究院	碑索5-2467			
1807	李惠及妻華氏墓誌	開皇6年(586)正月9日	山東濟南	濟南市博物館	碑索5-2467			
1808	韋壽妻史世貴墓誌	開皇6年(586)正月25日	陝西長安	陝西省考古研究院	碑索5-2480		陝西肆31	
1809	李敬族墓誌	開皇6年(586)正月30日	河北饒陽	饒陽縣文化館	檢要280/修175;四十年29;碑索5-2468		河北壹38	河北3
1810	李敬族妻趙蘭姿墓誌	開皇6年(586)正月30日	河北饒陽	饒陽縣文化館	檢要280/修175;四十年38;碑索5-2469		河北壹39	河北5
1811	李產之妻盧勝鬘墓誌	開皇6年(586)正月30日			碑索6-3214			
1812	李伯憲墓誌	開皇6年(586)正月30日			碑索5-2470			
1813	侯明及妻郭氏鄧氏墓誌	開皇6年(586)4月29日	陝西長安	陝西省考古研究院	碑索5-2470		陝西肆32	

E 全文・補遺	F 疏證・墨香閣	G 彙考	H 可憑	I 叢考	J その他の圖書	K 論文等	No.
隋補107 隋補485		1-147		340;679	增校隨426/修275;魯迅誌619;故宮彙編82	周曉薇等2011c	1797
隋補107		1-152			隋人傳10;琬琰流芳87		1798
		1-156		92;329;679	長安碑刻343;高陽原誌6;陝西萃編158;陝西集成173;高陽原墓31	劉呆運等2005;周曉薇2008;何山2021	1799
	371 修349	1-187		267	晉唐裴氏93;裴氏集14;臨汾238;襄汾文史10;大全鹽湖9;大全襄汾17	楊明珠等1993;運城地區河東博物館1994;衛文革2009;裴蘭婷2011;楊明珠等2012;劉琴麗2020b	1800
	墨273		36				1801
隋補108		1-161			隋人傳10;鴛鴦藏石171;碑林全67-1108;隋誌百品17;彭州144;洛誌研100		1802
				922;973	碑林新續21;西南滙釋60	王其禕等2013b	1803
				443;879	高陽原誌10;絲路沿綫128;高陽原墓41		1804
		1-164			西北102;磚刻1106	周曉薇等2008	1805
			40	506;681;774	高陽原誌14;絲路沿綫130;高陽原墓48		1806
		1-166			山東選粹29;濟南誌12;齊魯誌研323;山東分類87;海岱石華102;山東書全192	韓明祥等2000	1807
		6-198	42		韋氏110	戴應新2000;劉琴麗2020b	1808
隋補16・51	374 修352	1-169		683	河北錄253;衡水墓誌22;譜牒532	劉玉昊1964;馬瑞2011;梁春勝2016a;李浩2016;范兆飛2021;顧冰峰2023	1809
隋補52	379 修356	1-177		619	河北錄255;衡水墓誌26;衡水金石263;佛教金石71	劉玉昊1964;周曉薇等2008;周曉薇等2011c;周曉薇等2012b;李浩2016;李婷2017	1810
			45	683;684	安豐287	孔德銘2015;周曉薇2018c	1811
			51	945	安豐289	孔德銘2015;周曉薇2018c;韓達2020;王敬2021	1812
隋補110	382 修358	1-180			北周珍貴153;陝西萃編160;陝西集成175	魏宏利2004;李磊2005;周曉薇等2008;劉天琪2011;李紅2012;張崇依2017;關雲翔2018;周阿根2019;周阿根等2021	1813

No.	墓誌名稱	紀年	出土地	現藏場所	A 目錄	B 集釋	C 北圖拓·新中國	D 隋唐五代
1814	田達墓誌	開皇6年(586) 5月10日	河南洛陽		洛續12;碑索5-2471·2991			
1815	任恭墓誌	開皇6年(586) 5月20日	河南安陽	張海書法藝術館	碑索5-2471			
1816	□君(伏波將軍)墓誌碑	開皇6年(586) 10月2日	安徽合肥		四十年45;碑索5-2471			
1817	□子監墓誌	開皇6年(586) 10月13日			史語所39;碑索5-2472			
1818	周威墓誌	開皇6年(586) 10月13日			北大目88;淑德82;碑索5-2472;日本586			
1819	郁久閭伏仁墓誌	開皇6年(586) 10月22日	陝西長安		題跋153;檢要280/修176;陝目提要101;碑索5-2472;日本586	漢魏599	9-31	北京遼寧1-3
1820	□遵墓誌	開皇6年(586) 10月25日	河南洛陽	洛陽古代藝術館	洛目43;碑索5-2473			洛陽1-9
1821	朱神達墓誌碑	開皇6年(586) 10月25日	山東雲峽河	青州市博物館	碑索5-2474			
1822	王乾緒墓誌	開皇6年(586) 10月25日	河北臨漳	正定隆興寺	北大目88;碑索5-2474			
1823	韓祜墓誌	開皇6年(586) 11月7日	山西長子	故宮博物院	題跋153;檢要281/修176;北圖目41;晉目長治129;北大目88;碑索5-2475	漢魏370		北大1-6
1824	許孝衍墓誌	開皇6年(586) 11月7日	河北臨漳	個人藏	碑索5-2305·2477;北朝集存340			
1825	馬會之墓誌	開皇6年(586) 11月7日	河南洛陽	個人藏	碑索5-2475			
1826	于寬墓誌	開皇6年(586) 11月7日	陝西長安?	大唐西市博物館	碑索5-2476			
1827	陸孝昇墓誌	開皇6年(586) 11月7日	山西長治	洛陽九朝刻石文字博物館				
1828	乙弗虬(柳虬)妻席氏墓誌	開皇6年(586) 11月7日	陝西西安	西安市文物保護考古研究院				
1829	宋士素墓誌	開皇6年(586) 11月7日	河南安陽					
1830	韋甚及妻皇甫氏墓誌	開皇6年(586) 11月7日	陝西長安	西安市文物保護考古研究院				
1831	袁協及妻李氏墓誌	開皇6年(586) 11月7日		個人藏				
1832	劉俠墓誌	開皇6年(586) 11月19日	陝西西安	陝西省考古研究院	秦嶺200;陝目提要103;碑索5-2477			

E 全文・補遺	F 疏證・墨香閣	G 彙考	H 可憑	I 叢考	J その他の圖書	K 論文等	No.
		1-184 6-182?		92;342;684;889	邙洛34	羅曼2011	1814
				498	秦晉豫77;新獲一五46;佛教金石72;張海館b240;隋精粹10-1		1815
隋補112		1-190				安徽省展覽等1976	1816
		6-91					1817
							1818
隋補110		1-191		684;890	柔然錄59;民族姓氏199;磚刻1107;陝西集成178	羅新2005a;王萌等2017	1819
隋補111	384 修360	1-195			輯繩57;洛誌研100	張崇依2017	1820
		1-202		685	山東選粹31;青州博210;山東碑造304;齊魯誌研326;青社齋31;山東分類88;山東書全194;碑誌春秋95	李森2009;陳英傑2014;崔永勝等2019a;夏炎2021	1821
		1-199		684;845	安豐390	趙生泉2008b	1822
隋補112		1-205		257;685	增校隨427/修275;故宮彙編84;大全長子361	張崇依2017	1823
			57		衡水墓誌17・28		1824
				428;444;485;559;684;685;686;890	秦晉豫79		1825
			54		西市20;譜牒533	陳鵬2015;平田陽一郎2017	1826
			59	443	九朝20;新獲一五47;秦晉豫三122	景凱東2017;王其禕等2018b;呂偉濤2021	1827
					柳氏1-14	西安文物保護考古院2020a;寧琛2020a	1828
			62				1829
						周沫如等2021a;周沫如2022	1830
					隋精粹9-1		1831
		1-210		686;687;871	長安碑刻343;高陽原誌18;陝西萃編162;陝西集成179;高陽原墓62	劉呆運等2005;梁春勝等2023	1832

No.	墓誌名稱	紀年	出土地	現藏場所	A 目錄	B 集釋	C 北圖拓·新中國	D 隋唐五代
1833	伊穆及妻沮渠氏墓誌	開皇6年(586)11月20日	河南洛陽	洛陽市考古研究所	洛續12;碑索5-2477			
1834	劉穆及妻王氏墓誌	開皇6年(586)11月	河南陝縣		碑索5-2478			
1835	李禮之墓誌	開皇6年(586)12月3日	河南安陽	安陽市博物館	碑索5-2478;北朝集存340			
1836	李倩之墓誌	開皇6年(586)12月3日	河南安陽	安陽市博物館	碑索5-2479			
1837	田悅及妻趙氏墓誌	開皇6年(586)12月14日	陝西西安	陝西省考古研究院	秦嶺200;陝目提要103;碑索5-2479			
1838	田子貴墓誌	開皇6年(586)12月14日	寧夏固原	寧夏文物考古研究所				
1839	鈆珍墓誌	開皇6年(586)	山東歷城		碑索5-2480			
1840	吳素及妻樊氏墓誌	開皇7年(587)正月9日	河南洛陽		洛續12;北大目88;碑索5-2481			
1841	李君妻馬希孃墓誌	開皇7年(587)4月3日	河南安陽		碑索5-2481			
1842	韋圓成妻獨孤具足墓誌	開皇7年(587)6月21日	陝西長安	陝西省考古研究院	碑索6-2974		陝西肆33	
1843	韓邕墓誌	開皇7年(587)8月11日	河南安陽	安陽市博物館	四十年45;碑索5-2482		河南壹2	河南2
1844	楊寬妻韋始華墓誌	開皇7年(587)10月8日	陝西華陰	千唐誌齋博物館	北大目88;碑索5-2483			
1845	楊文志墓誌	開皇7年(587)10月8日	河南洛陽	千唐誌齋博物館	北大目89;碑索5-2482			
1846	董琳及妻魏氏墓誌	開皇7年(587)10月20日	陝西西安?	大唐西市博物館	碑索5-2483			
1847	劉圓墓誌	開皇7年(587)11月2日		張海書法藝術館				
1848	王懋及妻賀拔二孃墓誌	開皇7年(587)11月11日	陝西閻良	西安博物院	碑索5-2484			
1849	柳慶妻裴麗華墓誌	開皇8年(588)正月14日		榆陽區古代碑刻藝術博物館				
1850	陳遵墓誌碑	開皇8年(588)正月15日	山東濟南	濟南市博物館	碑索5-2484			
1851	是云侃妻賀拔定妃墓誌	開皇8年(588)3月15日	陝西西安	大唐西市博物館	北大目89;碑索5-2485			

— 424 —

E 全文・補遺	F 疏證・墨香閣	G 彙考	H 可憑	I 叢考	J その他の圖書	K 論文等	No.
		1-214			邙洛35;新獲續12;洛少210	周曉薇等2008;朱艷桐2019	1833
		6-92				黃河水庫考古工作隊1957	1834
全3843			68			張利同2016;劉琴麗2020b	1835
			64		秦晉豫三123	張利同2016	1836
		1-217			長安碑刻344;高陽原誌22;佛教金石73;陝西萃編164;陝西集成180;高陽原墓67	劉呆運等2005	1837
					固原新區190	周曉薇等2023	1838
		6-93			齊魯誌研368		1839
		1-221			三八種55;邙洛36	周曉薇等2012b;張崇依2017	1840
		1-224			磚刻1108;磚書59	社科院安陽工作隊1981	1841
		6-199			韋氏127		1842
隋補114	386 修362	1-226		827	秦晉豫續165;安陽選編125	安陽市博物館1986;徐志學2014;蘇小華2014	1843
		1-229		974	唐補千唐447;雲雨蟄龍60;千唐全集28	周曉薇等2008;周曉薇等2011c;堀井裕之2017;胡勝源2022;會田大輔2023a	1844
		6-94			雲雨蟄龍56;千唐全集26	佐川英治2012;堀井裕之2017;會田大輔2023a;周曉薇2023b	1845
			70	536;616;687;959	新獲一五48;字里集粹32;秦晉豫三124	王其禕2016a	1846
					張海館b244		1847
		1-232		687	陝西萃編166;陝西集成181	楊宏毅等2005;周曉薇等2008;周曉薇2008;羅曼2011;周曉薇等2012b;周曉薇等2012c	1848
						李浩2023	1849
		1-236		688	濟南誌14;齊魯誌研368;山東分類90;山東書全196		1850
					秦晉豫80;西市22;隋精粹8-1	周偉洲2013b;李鴻賓2013	1851

No.	墓誌名稱	紀年	出土地	現藏場所	A 目錄	B 集釋	C 北圖拓·新中國	D 隋唐五代
1852	侯紹墓誌	開皇8年(588)5月14日	河南洛陽?	個人藏	碑索5-2485			
1853	呂杏洛息妻路蘭墓誌	開皇8年(588)5月20日	河北正定	墨香閣	北大目89;碑索5-2486			
1854	韋爽墓誌	開皇8年(588)5月27日						
1855	楊暢墓誌	開皇8年(588)7月17日	河南洛陽	西安碑林博物館	題跋153;中央館28;檢要281/修176;北圖目42;洛目43;時地a61/b50;北大目89;淑德82;陝目提要103;碑索5-2486;日本588	漢魏371	9-42	洛陽1-10
1856	呂瑞墓誌	開皇8年(588)11月7日	甘肅天水		碑索5-2488			
1857	□子建墓誌	開皇8年(588)11月7日			北大目89;碑索5-2487			
1858	崔昂妻鄭仲華墓誌	開皇8年(588)11月8日	河北平山	河北省文物保護中心	檢要283/修177;四十年46;碑索5-2488		河北壹40	河北6
1859	□光墓誌	開皇8年(588)11月8日	河南洛陽	洛陽文物考古工作隊	洛目43;碑索5-2489			
1860	陸融墓誌	開皇8年(588)11月8日	陝西長安					
1861	邢芳墓誌	開皇8年(588)11月17日		榆陽區古代碑刻藝術博物館				
1862	李士謙墓誌	開皇8年(588)11月19日	河北	個人藏				
1863	任顯及妻張氏墓誌	開皇8年(588)11月20日	河南安陽	新鄉市博物館	題跋153·160;中央館24;檢要282/修177·219;史語所39;北圖目33;北大目89;淑德82;碑索5-2489;北朝集存238;日本588	漢魏373	9-46	河南3
1864	淳于儉及妻孟氏墓誌碑	開皇8年(588)11月20日	山東淄博		題跋153;中央館28;檢要282/修177;史語所39;文庫30;北大目89;碑索5-2490;日本588	漢魏372	9-47	北京遼寧1-4
1865	朱幹墓誌	開皇8年(588)11月20日	陝西	個人藏	碑索5-2492			
1866	孫化及妻徐氏墓誌	開皇8年(588)11月20日	河南安陽		碑索5-2489			
1867	劉悅墓誌	開皇8年(588)11月30日	陝西西安	長安區博物館				
1868	韋略墓誌	開皇8年(588)12月14日	江蘇銅山		題跋154;檢要283/修177;史語所39;北圖目36;北大目89;碑索5-2492	漢魏374	9-48	北大1-7

E 全文・補遺	F 疏證・墨香閣	G 彙考	H 可憑	I 叢考	J その他の圖書	K 論文等	No.
			74		秦晉豫續166		1852
	墨274	1-240			磚刻1109	周曉薇等2008	1853
						周沫如等2021b	1854
隋補116		1-242			隋人傳11;鴛鴦藏石172;碑林全67-1114;隋誌百品36;楊氏考錄29;洛誌研100		1855
		1-246			隴右錄1-58;麥積區23;天水輯校329		1856
			76	689	安豐391;民間藏誌88;題跋集萃70;道在瓦甓194;誌法精選17	王其禕等2011a;羅輼哲2023	1857
隋補118	389 修365	1-248			河北錄437;譜牒548;盧氏24;鄭氏誌375;唐代鄭氏37;崔氏780	河北省博物館等1973;李建麗2001;周曉薇等2008;羅曼2011;馬瑞2011;周曉薇等2012b	1858
隋補486		6-95					1859
			78	690;933	陝西新隋17;隋精粹8-9	黨斌2019b;呂偉濤2021;會田大輔2023a	1860
					陝西新隋20		1861
					贊皇錄47	薛飛2019b;周曉薇2023a	1862
隋補117		1-252 6-160			魯迅誌649;集萃9-1;隋人傳12;翰墨2-5;安豐243;北窗147	杜彤華等1998;傅山泉2009;周曉薇等2012c	1863
隋補117		1-256		690;974	魯迅誌645;隋人傳12;齊魯碑刻142;隋選粹1;釋要766;山東分類92;山東書全198;淄博誌釋62	梁春勝2016b	1864
			81	89;552;625	秦晉豫82	周曉薇2014c;周曉薇等2016	1865
					安陽選編13		1866
			95	838	新獲一五49	傅清音2018;王靜2023a	1867
隋補42		1-262		690	隋人傳13;譜牒531	鄒虎2020;范兆飛2021	1868

No.	墓誌名稱	紀年	出土地	現藏場所	A 目錄	B 集釋	C 北圖拓·新中國	D 隋唐五代
1869	宋忻及妻韋胡磨墓誌	開皇9年(589)正月20日	陝西長安	陝西省考古研究院	碑索5-2494			
1870	寶登塔銘	開皇9年(589)正月	河南安陽	寶山靈泉寺	日本589			
1871	封延之妻崔長暉墓誌	開皇9年(589)2月26日	河北景縣	中國國家博物館	檢要284/修178;北圖目41;四十年46;碑索5-2495		9-50	北京遼寧1-5
1872	楊乂墓誌	開皇9年(589)3月21日	陝西華陰	千唐誌齋博物館	北大目89;碑索5-2496		千唐壹4	
1873	楊君妻吳女英墓誌	開皇9年(589)3月21日	陝西華陰	河南洛陽民間	碑索5-2496			
1874	庾君墓誌	開皇9年(589)5月19日		成都市郫縣文物保護管理所	碑索5-2497			
1875	羊烈墓誌	開皇9年(589)8月11日	山東新泰	新泰市博物館	碑索5-2497			
1876	李道慶妻魏氏墓誌	開皇9年(589)9月30日	陝西鳳翔		碑索5-2498			
1877	□和墓誌	開皇9年(589)10月1日	河南孟津	西安碑林博物館	題跋154;檢要284/修178;北圖目33;洛目43;時地a61/b50;北大目90;陝目提要105;碑索5-2499;日本589	漢魏376	9-54	洛陽1-11
1878	趙羅墓誌	開皇9年(589)10月1日	河南洛陽	個人藏	北大目90;碑索5-2499			
1879	德□□(清禪寺主人)墓誌	開皇9年(589)10月11日	陝西西安		四十年47;碑索5-2500			
1880	宋循墓誌	開皇9年(589)10月13日	河南安陽		四十年46;碑索5-2502			
1881	王昌墓誌	開皇9年(589)10月13日	陝西西安	陝西省考古研究院	碑索5-2501		陝西肆34	
1882	王塡墓誌	開皇9年(589)10月13日	陝西西安	陝西省考古研究院	碑索5-2502		陝西肆35	
1883	王仕恭墓誌	開皇9年(589)10月13日	陝西涇陽	西安碑林博物館	陝目提要106;碑索5-2500			
1884	王顯墓誌	開皇9年(589)10月13日	陝西咸陽	陝西省考古研究院				
1885	王仕通墓誌	開皇9年(589)10月13日	陝西咸陽	陝西省考古研究院				

E 全文・補遺	F 疏證・墨香閣	G 彙考	H 可憑	I 叢考	J その他の圖書	K 論文等	No.
隋補119	391 修367	1-267			西石續89;陝西萃編172;陝西集成187	陝西省考古研究所1994;董淑燕2006;周曉薇2008;裴蘭婷2011;蘇小華2014;顧冰峰2023	1869
					靈泉寺23	樊波等2008	1870
隋補121	396 修371	1-273			河北錄256;隋人傳14;歷博大觀78;隋誌百品39;衡水墓誌30;星空76;譜牒549;國博誌34	張季1957;周錚1992;趙超2007;周曉薇等2008;王義康2008;周曉薇等2012c	1871
		1-277		691	唐補千唐448;千唐全集30	王慶衛等2006;王玉來2009;梁春勝2016a	1872
		1-281		692	龍門文萃432;秦晉豫83	王慶衛2008;張京華2011;周曉薇2011c;周曉薇等2012c;張崇依2017;周阿根等2021	1873
					成都墓文11		1874
隋補122	399 修373	1-284		92;692	新泰大觀127;齊魯誌研244;山東分類94;新泰集萃155;佛教金石73;山東書全200;碑誌春秋36	周郢1997;孫英林2006;張勇等2017;王強等2021;王強2021b;顧冰峰2023	1875
					鳳翔墓245		1876
隋補125		1-294		313;891	鴛鴦藏石173;陝西石藝262;碑林全67-1131;彭州147	邱光華2010;周阿根等2021	1877
			97	838	秦晉豫84;新獲七朝44;西南滙釋61	王其褘等2011a	1878
隋補130						鄭洪春1988	1879
隋補129	402 修376	1-298		693	安陽集萃36;安豐392	安陽縣文教局1973b;社科院安陽工作隊1981;宋燕鵬2007;邱光華2009;劉凱2019b	1880
		1-301			陝西萃編174;陝西集成189	陝西省考古研究所2005;崔世平2009	1881
		1-304			陝西萃編176;陝西集成190	陝西省考古研究所2005;崔世平2009;梁春勝2016b	1882
		1-307			碑林新37;陝西萃編178		1883
						趙占銳等2023	1884
						趙占銳等2023	1885

No.	墓誌名稱	紀年	出土地	現藏場所	A 目錄	B 集釋	C 北圖拓·新中國	D 隋唐五代
1886	乞扶惠妻郁久閭募滿墓誌	開皇9年(589)10月13日	河南衛輝	河南省文物考古研究所	碑索5-2501			
1887	趙文鏡墓誌	開皇9年(589)10月13日	陝西西安					
1888	張僧殷及子張潘慶墓誌	開皇9年(589)10月24日	河北武安	遼寧省博物館	題跋154;檢要284;修178;史語所39;北圖目42;北大目90;淑德82;碑索5-2508;日本590	漢魏379	9-56	北京遼寧3-177
1889	暴永墓誌	開皇9年(589)10月24日	山西壺關	山西大學圖書館(拓本)	題跋154;中央館28;檢要285;修178;史語所39;北圖目42;北大目90;碑索5-2510;日本590	漢魏378	9-58	山西1
1890	元範妻鄭令妃墓誌	開皇9年(589)10月24日	河南洛陽	西安碑林博物館	題跋154;中央館28;檢要286;修179;史語所39;北圖目42;洛目56;時地a61/b51;北大目90;陝目提要106;碑索5-2511;日本590	漢魏122	9-55	洛陽1-12
1891	張禮及妻羅氏墓誌	開皇9年(589)10月24日	河南洛陽	西安碑林博物館	題跋154;檢要285;修179;時地a61/b51;史語所39;北圖目42;洛目43;北大目90;陝目提要105;碑索5-2507;日本590	漢魏377	9-57	洛陽1-13
1892	趙洪墓誌	開皇9年(589)10月24日			碑索5-2504			
1893	□盆墓誌碑	開皇9年(589)10月24日	山東青州	青州市博物館	碑索5-2506			
1894	張茂墓誌	開皇9年(589)10月24日	河南孟津		洛續13;碑索5-2512			
1895	裴鴻墓誌	開皇9年(589)10月24日	山西新絳		碑索5-2505			
1896	爾朱彥伯墓誌	開皇9年(589)10月24日	河南洛陽	千唐誌齋博物館	洛續13;北大目90;碑索5-2503		千唐壹5	
1897	安備墓誌	開皇9年(589)10月24日	河南洛陽?	大唐西市博物館	洛續13;碑索5-2503			
1898	楊景及妻梁氏墓誌	開皇9年(589)10月24日	陝西華陰	河南洛陽個人藏	碑索5-2507			
1899	成備墓誌	開皇9年(589)10月24日	陝西長安?	大唐西市博物館	碑索5-2504			
1900	張綝墓誌	開皇9年(589)10月24日	陝西長安	西安市文物保護考古研究院榆陽區古代碑刻藝術博物館				
1901	成辯墓誌	開皇9年(589)10月24日						

E 全文・補遺	F 疏證・墨香閣	G 彙考	H 可憑	I 叢考	J その他の圖書	K 論文等	No.
		6-96	100		衛輝碑刻116;水調工程47;大司馬墓155	四川大學考古學系等2015;周偉洲2016a;周偉洲2016c	1886
			105		秦晉豫三127;隋精粹8-23		1887
隋補124		1-332			增校隨431/修278;魯迅誌653;河北錄436;隋人傳16;遼博42;邯鄲校釋33		1888
隋補124		1-324		693	魯迅誌651;隋人傳17;隋誌百品52;北窗148;啓功232		1889
隋補126		1-328			隋人傳15;鴛鴦藏石174;碑林全67-1122;隋誌百品42;彭州149	周曉薇等2008;周曉薇等2012b;周曉薇等2012c;侯紀潤2022	1890
隋補127		1-311			隋人傳16;鴛鴦藏石175;碑林全67-1148;彭州148;北窗149	周曉薇等2008;侯紀潤2022	1891
隋補129		1-335				劉天琪2009	1892
		1-346		301;522;544;694;775	山東選粹30;青社齋31;山東分類96;山東書全202	李森2009;陳英傑2014	1893
		1-315		693;839	邙洛37	劉天琪2009;佐川英治2012	1894
		1-341		268;694;962		藏中進1999;王靜2023a;梁春勝等2023	1895
		1-337		464;693;694	唐補千唐449;洛少197;絲路沿綫140;千唐全集32	王素2018	1896
			109		洛陽民間126;洛少215;西市24;河南散存201;絲路沿綫132;洛陽移民199	葛承雍2009;榮新江2011;毛陽光2011;佐川英治2012;高美林2013;張海艷2015;石見清裕2016a;章紅梅2017;司曉潔2018;楊曉春2019;楊方昊2020	1897
		1-320			洛陽新見13;秦晉豫85;新獲七朝45;陝西萃編180;隋精粹7-1	王慶衛等2006;周曉薇等2008	1898
			113		西市26	蒙海亮2016;徐藝萌2023b	1899
						西安文物保護考古院2018	1900
			118	486;694;695;980	陝西新隋22	何山2019	1901

No.	墓誌名稱	紀年	出土地	現藏場所	A 目錄	B 集釋	C 北圖拓·新中國	D 隋唐五代
1902	史罕(成罕)墓誌	開皇9年(589)10月24日	陝西西安		碑索5-2506			
1903	宇文則墓誌	開皇9年(589)10月24日						
1904	豆盧整墓誌	開皇9年(589)10月24日	陝西咸陽	陝西省考古研究院				
1905	闞明墓誌	開皇9年(589)10月25日	河南洛陽	西安碑林博物館	題跋154;檢要286/修179;時地a61/b51;史語所39;北圖目41;洛目43;北大目91;陝目提要105;碑索5-2512;日本590	漢魏375	9-59	洛陽1-14
1906	元叡墓誌	開皇9年(589)10月25日	河南孟津	個人藏	北大目91;碑索5-2513			
1907	楊渙墓誌	開皇9年(589)10月25日	陝西長安		北大目91;碑索5-2514			
1908	趙慎墓誌	開皇9年(589)11月7日			碑索5-2514			
1909	皇甫忍墓誌	開皇9年(589)11月19日	陝西長安	西安市長安博物館	北大目91;秦嶺200;陝目提要104;碑索5-2515			
1910	索盼墓誌	開皇9年(589)11月19日		墨香閣	碑索5-2516			
1911	索欣墓誌	開皇9年(589)11月19日		墨香閣	碑索5-2516			
1912	索雄墓誌	開皇9年(589)11月19日		墨香閣	碑索5-2516			
1913	索叡墓誌	開皇9年(589)11月19日	河南安陽		碑索5-2515			
1914	韓智墓誌	開皇9年(589)11月20日	北京房山	房山區文物管理所	碑索5-2517		北京壹1	
1915	王孝深墓誌	開皇9年(589)11月20日	河南安陽	個人藏	北大目91;碑索5-2518			
1916	楊陀羅墓誌	開皇9年(589)11月20日	陝西華陰	墨香閣	北大目91;碑索5-2518	新隋4		
1917	楊脩陀墓誌	開皇9年(589)11月20日		西安交通大學博物館				
1918	王慈墓誌	開皇9年(589)11月20日		北朝藝術研究院	碑索5-2517			
1919	□猛墓誌	開皇9年(589)11月20日	河南洛陽	河南博物院				
1920	韋秋母斐氏墓誌	開皇9年(589)11月20日	陝西西安					

E 全文・補遺	F 疏證・墨香閣	G 彙考	H 可憑	I 叢考	J その他の圖書	K 論文等	No.
			111	258;480;695;838;929	陝西新隋24	王其禕等2013b;何山2019;徐藝萌2023b	1902
					隋精粹8-37	王其禕等2020a	1903
					豆盧恩墓110	段毅2023	1904
隋補127		1-349			隋人傳18;鴛鴦藏石176;碑林全67-1139;北窗150;洛誌研100	朱關田2002;陳鵬2021;侯紀潤2022	1905
			122	696	秦晉豫87;鴛鴦輯錄11;隋精粹4-59	何山2021	1906
			120	696	秦晉豫續167	王其禕等2013b	1907
隋補130		1-353				周曉薇等2011c	1908
		1-357			長安新誌14;長安碑刻7;陝西萃編182;陝西集成192	魏立安2017;周阿根等2021	1909
	墨208		135	697	安豐387	王其禕等2016;羅錕哲2023	1910
	墨206		134	280	安豐397	王其禕等2016	1911
	墨210		133		安豐398	王其禕等2016	1912
			124	515;799;967	秦晉豫續169	王其禕等2016	1913
		1-361		697	北京精粹165;房山墓誌1;佛教金石75;幽州誌研32;房山志六158		1914
			137	242;486;607;697;892	秦晉豫89;新獲七朝46		1915
	墨212		142	697;698	秦晉豫90	殷小波等2019	1916
						徐培華2022;周曉薇2023c	1917
					北朝院200;平城書迹128;持志齋拓46	殷憲2013	1918
				698	琬琰流芳89		1919
			145				1920

No.	墓誌名稱	紀年	出土地	現藏場所	A 目錄	B 集釋	C 北圖拓·新中國	D 隋唐五代
1921	華政墓誌	開皇9年(589)11月?	陝西西安	榆陽區古代碑刻藝術博物館				
1922	田彪及妻張氏墓誌	開皇9年(589)12月1日		墨香閣	碑索5-2518			
1923	田閏墓誌	開皇9年(589)12月13日	陝西西安		碑索5-2519			
1924	魯廣達墓誌	開皇9年(589)			碑索5-2520			
1925	道政法師塔銘	開皇10年(590)正月15日	河南安陽	寶山靈泉寺	碑索5-2521			
1926	王氏墓誌	開皇10年(590)2月27日			史語所39;碑索5-2521			
1927	高熲母楊季姜(齊國太夫人)墓誌	開皇10年(590)2月			題跋154;檢要287/修180;碑索5-2521			
1928	于儀及妻元氏墓誌	開皇10年(590)4月27日	陝西三原		碑索5-2522			
1929	□君墓誌	開皇10年(590)4月	河南安陽		碑索5-2522			
1930	王曜墓誌	開皇10年(590)8月17日	河南安陽	新鄉市博物館	題跋154;中央館29;檢要287/修180;史語所39;北圖目42;北大目91;淑德82;碑索5-2523;日本592	漢魏381	9-65	河南4
1931	耿雄墓誌	開皇10年(590)10月30日	陝西長安?	大唐西市博物館	碑索5-2524			
1932	夏侯君妻劉令華墓誌	開皇10年(590)10月30日	陝西	個人藏				
1933	麴慶墓誌	開皇10年(590)11月25日	河南安陽	安陽市文物考古研究所				
1934	元仁宗墓誌	開皇10年(590)12月2日	陝西西安		題跋154;檢要288/修181;陝目集存24;碑索5-2525	漢魏63		
1935	裴文基墓誌	開皇10年(590)	陝西長安		題跋154;檢要288/修180;陝目集存24;碑索5-2526			
1936	梁菟墓誌	開皇10年(590)	陝西西安	西安市文物保護考古所	碑索5-2526			
1937	張景略墓誌	開皇11年(591)正月26日	河南安陽	新鄉市博物館	題跋154;中央館29;檢要289/修181;史語所40;北圖目42;北大目91;淑德82;碑索5-2527;日本592	漢魏382	9-66	河南5
1938	成君妻士孫氏墓誌	開皇11年(591)2月20日	河南安陽					
1939	韓景墓誌	開皇11年(591)3月2日	陝西咸陽		碑索5-2530			

— 434 —

E 全文・補遺	F 疏證・墨香閣	G 彙考	H 可憑	I 叢考	J その他の圖書	K 論文等	No.
			148	444;458;779;929	陝西新隋61;新獲百品30	何山2019	1921
	墨214				新精隋唐12		1922
				698	;陝西新隋26	王其禕等2013b	1923
全4076		1-368					1924
					增校隨374/修241;靈泉寺24;佛教金石76	河南古代建築保護所1992;樊波等2008;高歌2022	1925
		6-97					1926
隋補486		6-98			金石錄385		1927
			150	234;409;699;700;701;836;979	珍稀百品26	余國江2019;周永研2021	1928
		1-369					1929
隋補132		1-370		259;600;701;874	魯迅誌655;隋人傳19;翰墨2-8;安豐399	杜彤華等1998;傅山泉2009	1930
			155		西市28;陝西新隋28;絲路沿綫136	王其禕等2018c;何山2019	1931
					隋精粹7-13	王其禕等2021b	1932
						孔德銘等2021;張富春2023;安陽文物考古所等2023	1933
隋補133		1-375			釋要768		1934
隋補486		6-99					1935
		1-379				西安市文物管理處1991	1936
全4194		1-380			增校隨432/修279;魯迅誌659;隋人傳20;翰墨2-9;釋要770;北窗152	杜彤華等1998;傅山泉2009;張金龍2019a	1937
			162	772;851		周曉薇等2020	1938
隋補133	405 修379	2-1			咸陽碑石17;西石續159;渭城志231/修243		1939

No.	墓誌名稱	紀年	出土地	現藏場所	A 目錄	B 集釋	C 北圖拓·新中國	D 隋唐五代
1940	□君墓誌	開皇11年(591)7月14日	河南安陽		碑索5-2531			
1941	寇奉叔妻辛憐墓誌	開皇11年(591)8月12日	河南洛陽	個人藏	洛續13;碑索5-2531			
1942	郝丘妻趙氏墓誌	開皇11年(591)9月20日		墨香閣	碑索5-2531			
1943	梁衍及妻韓氏墓誌幷枕銘	開皇11年(591)10月25日	陝西長安?	個人藏	碑索5-2532			
1944	寇郁墓誌	開皇11年(591)11月6日	河南洛陽		洛續13;北大目92;碑索5-2532			
1945	裴子通及妻元氏墓誌	開皇11年(591)11月7日	山西運城	運城地區河東博物館	晉目運城1;碑索5-2534			
1946	元威墓誌	開皇11年(591)11月7日	陝西咸陽		碑索5-2533		陝西肆36	
1947	裴遺業墓誌	開皇11年(591)11月7日	山西襄汾	西安碑林博物館	北大目92;碑索5-2533	西南124		
1948	王昇墓誌	開皇11年(591)11月11日	河南洛陽	個人藏				
1949	爾朱敞墓誌	開皇11年(591)11月24日	河南洛陽	西安碑林博物館	題跋154;檢要289/修181;洛目44;時地a61/b51;北圖目42;北大目92;淑德82;陝目提要107;碑索5-2536;日本593	漢魏383	9-72	洛陽1-16
1950	爾朱端墓誌	開皇11年(591)11月24日	河南洛陽	千唐誌齋博物館	千唐目1;題跋154;中央館29;檢要290/修182;史語所40;北圖目42;洛目44;時地a61/b51;北大目92;碑索5-2537	漢魏384	9-73	洛陽1-17
1951	楊胐墓誌	開皇11年(591)11月24日	陝西華陰	千唐誌齋博物館	北大目92;碑索5-2535			
1952	趙惠(趙世㨂)墓誌	開皇11年(591)11月24日	陝西長安	西安市長安博物館	北大目92;秦嶺201;陝目提要107;碑索5-2534			
1953	楊鯸墓誌	開皇11年(591)11月24日	陝西華陰	千唐誌齋博物館	北大目92;碑索5-2536			
1954	元璡墓誌	開皇11年(591)11月24日	陝西	大唐西市博物館				
1955	王猛墓誌	開皇11年(591)11月28日	陝西長安	西安市長安博物館	北大目92;秦嶺200;陝目提要107;碑索5-2538			
1956	劉玄(劉世清)墓誌	開皇11年(591)閏12月7日	陝西西安	陝西省考古研究院	碑索5-2539			

E 全文・補遺	F 疏證・墨香閣	G 彙考	H 可憑	I 叢考	J その他の圖書	K 論文等	No.
		2-3					1940
		2-4			三八種57;邙洛39;洛陽新見14;龍門文萃433;新獲七朝47	周曉薇等2008;佐川英治2012;周曉薇等2012b;姚立偉2015	1941
	墨275						1942
			167	291;703;840;956;961	九朝101;新獲一五50;字里集粹19;陝西新隋31;誌法精選11;北大新續164;秦晉豫三129;隋精粹5-1	周曉薇等2015;周曉薇等2016;周阿根等2019;何山2019	1943
		2-8			邙洛41	姚立偉2015	1944
隋補135	408 修381	2-10		703	晉唐裴氏93;裴氏集16;臨汾233;襄汾文史12;大全鹽湖10;譜牒529;大全襄汾19	楊明珠等1993;運城地區河東博物館1994;周曉薇等2008;衞文革2009;裴蘭婷2011;楊明珠等2012;梁春勝等2023;顧冰峰2023	1945
					渭城志修246	陝西省考古研究院等2012;王靜2013;陝西省考古研究院隋唐室2018;雷秀紅2019b	1946
			175	840	碑林新續23;秦晉豫續170;字里集粹16;字里賞讀46	王其褘等2012b;井上直樹2013;退之2018;楊繼光2023a	1947
					隋精粹1-11		1948
隋補137		2-15			隋人傳20;鴛鴦藏石178;碑林全67-1159;彭州151;洛少198;絲路沿綫134;洛誌研71	趙萬里1946a;徐志學2014;梁春勝2016a	1949
隋補138		2-38		929	千唐藏誌5;隋人傳22;洛少199;譜牒534;絲路沿綫142;千唐全集34	趙萬里1946a;劉天琪2009;徐志學2014	1950
	412 修384	2-22			三八種61;唐補千唐450;秦晉豫91;隋精粹8-61	李獻奇等2001;王慶衞等2005;楊爲剛2009;龍仕平等2010;堀井裕之2017	1951
		2-25			長安新誌16;長安碑刻8;陝西萃編186;陝西集成197	王其褘等2005a;平田陽一郎2013;張崇依2017;郭洪義2018;梁春勝2020	1952
		2-43			唐補千唐450;雲雨墊龍64;千唐全集36;隋精粹8-69	王慶衞等2005;王慶衞等2006;楊爲剛2009;龍仕平等2010;羅曼2011;王化昆等2015;堀井裕之2017	1953
					隋精粹8-49	周曉薇2023c	1954
		2-46		304;703	長安新誌18;長安碑刻9;陝西萃編188;陝西集成198	王其褘等2005b	1955
			180	703	高陽原誌24;高陽原墓72	王其褘等2017	1956

— 437 —

No.	墓誌名稱	紀年	出土地	現藏場所	A 目錄	B 集釋	C 北圖拓·新中國	D 隋唐五代
1957	鄭大仕及妻劉氏墓誌	開皇11年(591)閏12月26日	河南河陰		題跋154;檢要290/修182;史語所40;北圖目43;北大目93;碑索5-2539	漢魏387	9-74	河南6
1958	呂思禮及妻辛氏墓誌	開皇12年(592)正月15日	陝西西安	陝西省考古研究院	秦嶺201;陝目提要108;碑索5-2542			
1959	楊濟墓誌	開皇12年(592)正月15日	河南洛陽	個人藏	洛續13;碑索5-2541			
1960	邊長墓誌	開皇12年(592)正月15日	陝西西安					
1961	郁久閭可婆頭墓誌	開皇12年(592)正月26日	陝西長安	陝西省考古研究院	碑索5-2542			
1962	侯惠阪妻李始妃墓誌	開皇12年(592)2月6日	北京懷柔	懷柔縣文物管理所	碑索5-2543			
1963	田景申墓誌	開皇12年(592)2月6日			碑索5-2543			
1964	呂道貴及妻張氏墓誌	開皇12年(592)2月8日	山東濟南	濟南市考古研究所	碑索5-2543			
1965	呂倉及妻高氏墓誌	開皇12年(592)2月8日	山東濟南	濟南市考古研究所	碑索5-2544			
1966	荀舜才及妻劉氏墓誌	開皇12年(592)4月5日	山東臨沂	臨沂縣文物保管所	碑索5-2545			江蘇山東3
1967	劉義墓碑	開皇12年(592)5月15日	甘肅榆中	榆中縣博物館				
1968	劉義墓誌	開皇12年(592)5月15日	甘肅榆中	榆中縣博物館				
1969	劉義妻李氏墓誌	開皇12年(592)5月15日	甘肅榆中	榆中縣博物館				
1970	薛貴珍及妻紇骨氏墓誌	開皇12年(592)7月17日	陝西長安	西安博物院	碑索5-2545			
1971	僧璨大士塔銘	開皇12年(592)7月	浙江杭州	浙江省博物館	碑索5-2546;日本594		9-78	
1972	張盛墓誌	開皇12年(592)9月12日	河南孟津	張海書法藝術館	洛續13;碑索5-2547	西南128		
1973	趙齡及妻郭氏墓誌	開皇12年(592)9月21日	河南洛陽		北圖目34;洛目44;碑索5-2547		9-80	洛陽1-18

E 全文・補遺	F 疏證・墨香閣	G 彙考	H 可憑	I 叢考	J その他の圖書	K 論文等	No.
隋補148		2-51		890	翰墨2-10;鄭氏誌6	岑仲勉1939	1957
		2-56		704;841;980;981	長安碑刻346;高陽原誌28;陝西萃編190;陝西集成199;高陽原墓85	陝西省考古研究所2004;樊英民2006	1958
		2-60			拾零50;佛教金石76;洛誌研100		1959
			183		新獲百品32		1960
		2-63		242;531;643	高陽原誌32;金石證史68;絲路沿綫144;陝西萃編192;陝西集成200;高陽原墓108	周曉薇2008;平田陽一郎2015;周偉洲2016c;李宗俊2018;陝西省考古研究院2018;趙海燕2019;羅韞哲2023	1961
					北京精粹167;磚刻1110		1962
		6-100			磚刻1111	劉琴麗2020b;周曉薇等2023	1963
隋補486		2-69			濟南誌16;山東分類98;濟南圖記41;山東書全204	郭俊峰等2002;濟南市考古研究所2005	1964
隋補486		2-72			濟南誌19;山東分類100;濟南圖記42;山東書全206	郭俊峰等2002;濟南市考古研究所2005	1965
隋補141	426 修397	2-75		310	山東選粹32;法全隋誌34;齊魯誌研328;山東分類104;海岱石華103;德州誌研68;山東書全210	蘇小華2014	1966
						丁宏武等2022;陳根遠2022;王文婷等2022;岳鋒等2022;董文強2023;蘭大敦煌學研究所2023	1967
						丁宏武等2022;陳根遠2022;王文婷等2022;岳鋒等2022;董文強2023;蘭大敦煌學研究所等2023	1968
						丁宏武等2022;陳根遠2022;王文婷等2022;錢斌等2022;董文強2023;蘭大敦煌學研究所等2023	1969
			185	204;518;686;705;830;841	西安新獲23	李浩2020	1970
隋補53					隋誌百品58;佛教金石77;磚書60	陳浩1985;朱關田2002;樊波2008a;趙生泉2008b;樊波2012b	1971
					拾零51;洛陽新見15;新獲七朝48;佛教金石77;北大新續165;西南滙釋62;張海館a80/b252	王其禕等2008b;周曉薇等2012c;薛明輝2021	1972
隋補142	414 修386	2-78		195;705;706	隋人傳24	劉琴麗2020b;顧冰峰2023	1973

— 439 —

No.	墓誌名稱	紀年	出土地	現藏場所	A 目錄	B 集釋	C 北圖拓・新中國	D 隋唐五代
1974	達奚慶墓碑	開皇12年(592)10月11日	河南安陽	社科院考古所安陽工作站				
1975	長孫懿墓誌	開皇12年(592)10月12日	陝西西安		碑索5-2548			
1976	裴彥墓誌	開皇12年(592)10月12日		個人藏	碑索5-2548			
1977	羊烈妻長孫敬顏墓誌	開皇12年(592)10月30日	山東新泰	新泰市博物館	碑索5-2548			
1978	宇文永洛墓誌	開皇12年(592)10月30日	河南衛輝					
1979	李則墓誌	開皇12年(592)11月7日	河北安平	河北省博物館(拓本)	題跋154;檢要290/修182;史語所40;北圖目43;北大目92;淑德82;碑索5-2549;日本594	漢魏385	9-81	河北7
1980	李嗣墓誌	開皇12年(592)11月7日		個人藏	碑索5-2550			
1981	虞弘墓誌	開皇12年(592)11月18日	山西太原	山西省博物館(太原市晉源區文物旅遊局?)	碑索5-2551			
1982	劉衆墓誌	開皇12年(592)11月18日	河北清苑	清苑縣档案館	碑索5-2551			
1983	裴繹墓誌	開皇12年(592)11月18日		個人藏				
1984	呂武及妻宇文氏墓誌	開皇12年(592)11月19日	陝西西安	社科院考古所西安研究室	四十年47;碑索5-2553			陝西3-2
1985	裴長茂墓誌	開皇12年(592)11月		個人藏				
1986	林乾陀及妻石氏墓誌	開皇12年(592)12月1日	河南安陽					
1987	李欽及妻張氏墓誌	開皇12年(592)12月13日	河南洛陽	西安碑林博物館	題跋154;檢要291/修183;史語所40;洛目44;時地a62/b51;北大目93;淑德82;陝目提要108;碑索5-2553;日本595	漢魏386	9-82	洛陽1-19

E 全文・補遺	F 疏證・墨香閣	G 彙考	H 可憑	I 叢考	J その他の圖書	K 論文等	No.
						何毓靈等2018;申文喜2018;劉森垚2022	1974
			189	706;722;841	近新;秦晉豫續173;新獲一五51;陝西新隋36;誌法精選15;北大新續167;絲路沿綫146;隋精粹5-17	傅清音等2018;劉亞龍2019;段鋭超2021b;會田大輔2023a	1975
					珍稀百品30;新獲一五52;北大新續166;西南滙釋63;隋精粹10-11	江敏2020	1976
隋補144	417 修389	2-82		474;706	新泰大觀128;齊魯誌研247;山東分類102;新泰集萃158;譜牒552;山東書全208;碑誌春秋36	周郢1997;孫英林2006;周曉薇等2008;蘇小華2014;張勇等2017;王強2021b	1977
					衛輝碑刻113		1978
隋補145		2-86		707;982	增校隨433/修279;魯迅誌667;河北錄440;隋人傳25;釋要772	周北南等2014	1979
					衡水墓誌32		1980
隋補147	419 修391	2-95		707;708;984	晉祠碑碣435;撒馬爾干78;虞弘墓86;龍門西域40;晉刻隋唐1;山西档案11-112;絲路沿綫148;涼州494;魚國之謎17;隋精粹9-19	袁尚操1999;山西省考古研究所等2001a;張慶捷2001a;張慶捷2001b;林梅村2002;羅豐2002;余太山2002;周偉洲2004;楊曉春2004;郭平梁2006;羅新2007a;楊曉春2007;榮新江2007;麥超美2008;卓鴻澤2009;王丁2011;ソグドゼミ2011;山下將司2014;張楨等2015;石見清裕2016a;張金龍2016;司曉潔2018;王素2018;山下將司2020;武亨偉2020;馮培紅2022;馮培紅2023	1981
		2-92				吳磬軍2004	1982
						馬振穎等2023b	1983
隋補145	422 修394	2-99			西安郊墓93;西北109;西石續103;陝西精華24;譜牒553;羌族584;陝西萃編194;陝西集成201	會田大輔2023a	1984
						馬振穎等2023b	1985
			194				1986
隋補149		2-105		708	河北錄436;隋人傳25;鴛鴦藏石179;碑林全67-1173;隋誌百品59;彭州153;北窗153	邱光華2010	1987

No.	墓誌名稱	紀年	出土地	現藏場所	A 目錄	B 集釋	C 北圖拓·新中國	D 隋唐五代
1988	□遷墓誌	開皇12年(592)12月14日	河北靈壽		北大目93;碑索5-2554			
1989	蘇嶷墓誌	開皇13年(593)2月14日	河南安陽	故宮博物院	檢要291/修183;史語所40;北大目93;碑索5-2555			北大1-8
1990	劉弘墓誌	開皇13年(593)5月16日	江蘇徐州	徐州師範大學漢文化研究院	碑索5-2556			
1991	曹瑾墓誌	開皇13年(593)10月17日	陝西西安					
1992	盧詮墓誌	開皇13年(593)10月17日	陝西咸陽	陝西省考古研究院				
1993	叱奴延輝及妻賀遂氏墓誌	開皇13年(593)11月13日	陝西榆林	榆林市文物保護研究所	陝目提要108;碑索5-2557		陝西叄8	
1994	梁脩芝墓誌	開皇13年(593)11月24日	陝西西安	榆陽區古代碑刻藝術博物館	碑索5-2557			
1995	李椿墓誌	開皇13年(593)12月6日	陝西西安	陝西省考古研究院	四十年48;碑索5-2557		陝西肆37	陝西3-3
1996	輔顯族息妻賈氏墓誌	開皇13年(593)12月6日	河北正定	墨香閣	北大目93;碑索5-2558			
1997	大融法師塔銘	開皇13年(593)	河南安陽	寶山靈泉寺	碑索5-2561;日本596		9-88	北京遼寧1-6
1998	信行禪師(王信行)銘塔碑	開皇14年(594)正月7日			題跋38;陝目集存24;淑德39;碑索5-2563;日本596			
1999	薛寶墓誌	開皇14年(594)正月14日	陝西西安		碑索5-2561			
2000	陶蠻朗墓誌	開皇14年(594)正月25日	安徽淮南		碑索5-2561			
2001	辛瑾墓誌	開皇14年(594)正月26日	陝西西安	墨香閣	北大目93;碑索5-2562			
2002	劉長遷墓誌	開皇14年(594)2月7日	河南安陽		碑索2264			
2003	吳寶墓誌	開皇14年(594)2月7日	陝西長安					
2004	惠雲法師墓誌	開皇14年(594)3月12日	陝西西安	揚州博物館(拓本)	題跋154;中央館29;檢要292/修183;北圖目43;陝目集存24;北大目93;碑索5-2565	漢魏388		江蘇山東4
2005	庫狄士文墓誌	開皇14年(594)3月12日	陝西長安?	大唐西市博物館	碑索5-2564			
2006	王臺墓誌	開皇14年(594)3月15日	陝西長安	陝西歷史博物館	秦嶺201;碑索5-2566			

E 全文・補遺	F 疏證・墨香閣	G 彙考	H 可憑	I 叢考	J その他の圖書	K 論文等	No.
		2-108					1988
隋補486	428 修399	2-110			故宮彙編86	蘇小華2014	1989
					隋精粹4-71	朱滸2012;崔樹強2021	1990
			196			周曉薇等2016	1991
						王其禕等2022;陝西省考古研究院2023;趙汗青等2023	1992
	430 修401	2-113			榆林碑石20;絲路沿綫150;陝西萃編196;統萬城3;陝西集成204	盛秦陵等2004;周曉薇等2012c	1993
			199	244;665;842	珍稀百品32;陝西新隋38	周曉薇2018a;何山2019	1994
隋補150	432 修403	2-117		242;529;711	西北110;陝西精華25;陝西萃編198;陝西集成206	桑紹華1986;前島佳孝2005;劉志生等2012a;周曉薇等2012c	1995
	墨276	2-123			磚刻1112	周曉薇等2008	1996
隋補413					靈泉寺24;佛教金石78	河南古代建築保護所1992;樊波等2008;高歌2022	1997
隋補487					矢吹三階7;魯迅碑1213;西本三階34;翰墨2-12;三階史82;僧尼3	神田喜一郎1922;塚本善隆1937;高歌2022	1998
			204	390;440;651;711;788	珍稀百品36		1999
	438 修408	2-125		981;982		江德珠1998	2000
	墨216		206	302	北大新拓127;秦晉豫續175;陝西新隋41;西南滙釋64	李宗俊2014;李皓2018;何山2019;段鋭超2022	2001
				711;954	安陽選編14;西南滙釋66;文字墨影27		2002
			208		新獲一五53		2003
隋補27		2-128		326	增校隋436/修281;釋要781;佛教金石78;僧尼5		2004
			211		西市32;絲路沿綫152	杜鎮2015	2005
		2-136			長安碑刻347;陝西萃編202;陝西集成208	王京陽等2005;鄧虎2020	2006

No.	墓誌名稱	紀年	出土地	現藏場所	A 目錄	B 集釋	C 北圖拓·新中國	D 隋唐五代
2007	梁龕墓誌	開皇14年(594)4月15日	陝西西安	西安碑林博物館	陝目提要109;碑索5-2567		9-90	
2008	董季祿妻郝令墓誌	開皇14年(594)5月20日	河北隆堯	隆堯縣文物保管所	碑索5-2567		河北壹41	河北8
2009	劉曠墓誌	開皇14年(594)6月己巳	河北武強					
2010	邢德明墓誌	開皇14年(594)7月						
2011	侯肇及妻古氏墓誌	開皇14年(594)10月23日	河南洛陽	西安碑林博物館	題跋154;中央館29;檢要292/修183;北圖目43;洛目44;時地a62/b52;陝目提要109;碑索5-2568	漢魏389	9-92	洛陽1-20
2012	明克讓墓誌	開皇14年(594)10月23日						
2013	□敬及妻董氏墓誌	開皇14年(594)11月12日	河南洛陽		洛續13;北大目93;碑索5-2569			
2014	尉粲妻叱列毗沙墓誌	開皇14年(594)11月12日		北朝藝術研究院	碑索5-2570			
2015	扈志墓碑	開皇14年(594)11月12日	陝西咸寧		題跋38;陝目集存24;碑索5-2569		9-93	
2016	扈志墓誌	開皇14年(594)11月13日	陝西長安?	大唐西市博物館	碑索5-2570			
2017	元世壽墓誌	開皇14年(594)11月28日			碑索5-2571			
2018	趙君墓誌	開皇14年(594)12月19日	山西長子		題跋154;檢要293/修184;北大目93;碑索5-2571	漢魏390		北大1-9
2019	劉仁恩墓誌	開皇14年(594)12月19日	陝西長安?	大唐西市博物館	碑索5-2572			
2020	李平墓誌	開皇14年(594)12月19日	河南安陽	洛陽九朝刻石文字博物館				
2021	靜證法師塔銘	開皇14年(594)	河南安陽	寶山靈泉寺	題跋38·154;檢要293/修184;碑索5-2575;日本597	漢魏600	9-95	北京遼寧1-7
2022	韋摠妻達奚氏墓誌	開皇15年(595)正月13日	陝西長安	陝西省考古研究院			陝西肆38	
2023	郭均墓誌	開皇15年(595)正月14日	陝西西安?	大唐西市博物館	碑索5-2576			
2024	崔大善墓誌	開皇15年(595)2月7日	河北平山	河北省文物研究所	碑索5-2576			
2025	王弘及妻段孃孃墓誌	開皇15年(595)2月7日	陝西咸陽	陝西省考古研究院				

E 全文・補遺	F 疏證・墨香閣	G 彙考	H 可憑	I 叢考	J その他の圖書	K 論文等	No.
隋補152		2-140			磚刻1113;碑林全67-1175;陝西萃編204	王原茵2000	2007
隋補152	441 修411	2-142			磚刻1114;隆堯輯要10		2008
						李海菊等2014	2009
					衡水金石283		2010
隋補152		2-144			鴛鴦藏石180;隋人傳26;碑林全67-1177;彭州154	周曉薇等2008;周曉薇等2012b	2011
				711;712;958	隋唐集萃6;陝西新隋43	何山2019;周曉薇等2021;谷圓園等2021	2012
		2-148		688;842	邙洛42;龍門文萃434	周曉薇等2008;周曉薇等2012c	2013
				217;713;933;984	北朝院202;絲路沿綫154	梁春勝2017b;南澤2022;李忠魁2022;劉軍2023e	2014
隋補69					增校隨436/修281;釋要779	岑仲勉1936;武伯綸1963	2015
			213	843;893;982	西市34;陝西新隋46	梁春勝2018c;傅清音等2019;寥新冬等2021	2016
				220	洛陽新見16;新獲七朝49;秦晉豫續176		2017
隋補153		2-151			增校隨437/修281		2018
			223		西市36	周曉薇2017	2019
			227	713	九朝21;新獲一五54;誌法精選12;秦晉豫三132	王其禕等2018b	2020
隋補415					增校隨374/修241;靈泉寺24;隋選粹11;隋誌百品87;佛教金石80	河南古代建築保護所1992;嚴耀中2003;樊波等2008;高歌2022	2021
					韋氏74	會田大輔2023a	2022
			230		西市38	周曉薇2017	2023
	442 修412	2-154		271;884;983	崔氏750	河北省文物研究所2001;羅曼2011;劉志生2019a	2024
						趙占鋭等2023	2025

No.	墓誌名稱	紀年	出土地	現藏場所	A 目錄	B 集釋	C 北圖拓·新中國	D 隋唐五代
2026	王韶墓誌	開皇15年(595)2月7日?	陝西咸陽	陝西省考古研究院				
2027	王節墓誌	開皇15年(595)2月20日	河南洛陽		碑索5-2577			
2028	韻智孫(顏智孫)墓誌	開皇15年(595)8月20日	河南洛陽		洛續14;碑索5-2578			
2029	梅淵及妻李氏墓誌	開皇15年(595)8月23日	山西汾陽	汾陽市博物館	碑索5-2578			山西2
2030	安壽墓誌	開皇15年(595)9月29日						
2031	尉永墓誌	開皇15年(595)10月21日	陝西涇陽		北大目94;碑索5-2579	西南130		
2032	鹿善及妻劉氏墓誌	開皇15年(595)10月21日	陝西咸陽	陝西省考古研究院	碑索5-2579		陝西肆39	
2033	段威及妻劉妙容墓誌	開皇15年(595)10月24日	陝西咸陽	中國國家博物館(西安碑林博物館?)	北圖目38;四十年48;淑德82;陝目提要109;碑索5-2583;日本598		9-101 陝西貳8	陝西1-2
2034	燕孝禮墓誌	開皇15年(595)10月24日	山東益都		題跋155/檢要295/修185;史語所40;北圖目43;北大目94;碑索5-2587	漢魏391	9-104	
2035	謝岳及妻關氏墓誌	開皇15年(595)10月24日	河南洛陽	西安碑林博物館	題跋155;中央館28;檢要294/修184;史語所40;北圖目40;洛目44;時地a62/b52;陝目提要110;碑索5-2580;日本597	漢魏601	9-105	洛陽1-21
2036	鞏賓及妻陳氏墓誌	開皇15年(595)10月24日	陝西武功	故宮博物院	題跋154;中央館25;檢要294/修185;史語所40;北圖目38;陝目集存24;文庫30;北大目94;淑德83;碑索5-2584;日本598	漢魏392	9-103	北大1-10
2037	釋脩梵墓誌	開皇15年(595)10月24日	山東益都	濰坊市博物館	題跋155;檢要293/修184;北圖目43;北大目94;碑索5-2581	漢魏393	9-102	江蘇山東5
2038	張君墓誌	開皇15年(595)10月24日	河北無極		碑索5-2580			
2039	元綸及妻高氏墓誌	開皇15年(595)10月24日	陝西長安?		碑索5-2588			
2040	婁叡妻乞伏氏墓誌	開皇15年(595)10月24日	陝西西安					

E 全文・補遺	F 疏證・墨香閣	G 彙考	H 可憑	I 叢考	J その他の圖書	K 論文等	No.
						趙占鋭等2023	2026
		6-101	235	337		趙振華等2004;劉天琪2009;王其禕等2011a;何俊芳2016	2027
		2-158		906	邙洛43;洛陽新見17;龍門文萃435;新獲七朝50;絲路紀影146;洛誌研100	張崇依2017	2028
隋補154	445 修415	2-162		982	山西概覽53;汾陽書法17;晉刻隋唐25;大全汾陽8;佛教金石80	山西省博物館等1992;李婷2017	2029
						楊柳2019	2030
			238	92;969	北大新拓128;秦晉豫續177	周曉薇等2014a;劉森垚2018;董文強等2021b	2031
			243	713	渭城志修244	陝西省考古研究院2010a;陝西省考古研究院等2013;劉呆運2013;張海艷2015;王其禕等2017;陝西省考古研究院隋唐室2018;雷秀紅2019a;魏軍剛2020;周曉薇等2020b;梁春勝等2023	2032
隋補155	449 修419	2-196			精華70;隋人傳27;碑林全67-1185;西北112;法全隋誌35;五十年下95;陝西萃編206;涼州496	王原茵2000;周曉薇2008	2033
隋補156		2-192		383;714	增校隨438/修282;魯迅誌681;齊魯誌研369;邵氏9		2034
隋補156	447 修417	2-179			隋人傳31;陝西石藝262;碑林全68-1200;洛誌研102	徐志學2014;侯紀潤2022	2035
隋補157		2-166			精華72;增校隨437/修281;魯迅誌675;民族姓氏266;隋人傳29;西石續115;西北113;隋選粹13;故宮珍品79;故宮彙編88;釋要783;羌族598;武威志349・890;絲路沿綫156	李舉綱1999;周曉薇等2008;周曉薇等2012b;周曉薇等2012c;魏軍剛2022	2036
隋補159		2-183			增校隨438/修282;隋人傳28;山東選粹51;北大拓97;山東分類106;佛教金石81;山東書全212;僧尼3		2037
		2-201					2038
						魏秋萍2012;雷秀紅2019b	2039
			249			周曉薇等2019	2040

No.	墓誌名稱	紀年	出土地	現藏場所	A 目錄	B 集釋	C 北圖拓·新中國	D 隋唐五代
2041	楊盛墓誌	開皇15年(595)10月24日	陝西咸陽					
2042	盧冑墓誌	開皇15年(595)11月10日			檢要296/修185;北大目94;碑索5-2589			北大1-11
2043	張盛及妻王氏墓誌	開皇15年(595)11月18日	河南安陽	河南博物院	檢要296/修186;四十年48;碑索5-2590		河南壹3	
2044	趙芬墓碑	開皇15年(595)		西安碑林博物館	題跋37;陝目集存23;淑德39;陝目提要143;碑索5-2573;日本597			9-94
2045	崔弘安墓誌	開皇15年(595)	陝西咸陽?		題跋155;檢要296/修186;陝目集存24;碑索5-2590			
2046	楊端墓誌	開皇15年(595)			碑索5-2577			
2047	何雄墓誌	開皇16年(596)2月7日	陝西長安	西安市長安博物館	北大目94;秦嶺201;陝目提要111;碑索5-2591			
2048	張協墓誌	開皇16年(596)2月19日	河南洛陽	香港中文大學文物館	北大目94;碑索5-2592			
2049	韓□叔墓誌	開皇16年(596)6月16日		墨香閣	北大目94;碑索5-2592			
2050	賀若誼墓碑	開皇16年(596)8月22日	陝西興平	興平文廟	題跋38;陝目集存25;淑德39;陝目提要111;碑索5-2592			9-113
2051	羅達墓誌	開皇16年(596)8月29日	陝西長安	西安碑林博物館	四十年49;碑索5-2594			
2052	元伏和及妻穆氏墓誌	開皇16年(596)11月11日	河南洛陽	個人藏	洛續14;碑索5-2595		河南貳268	
2053	盧瞻墓誌	開皇16年(596)11月	陝西咸陽?		題跋155;檢要297/修186;陝目集存25;碑索5-2595			
2054	任屯郎妻張氏墓誌	開皇16年(596)12月25日		陝西省考古研究院				
2055	鄭平墓誌	開皇16年(596)	河南安陽		四十年35;碑索5-2596			
2056	張神保墓誌	開皇17年(597)正月21日			碑索5-2596			
2057	劉大臻墓誌	開皇17年(597)2月19日						
2058	李君(安喜公)墓碑	開皇17年(597)2月25日	陝西乾縣	乾縣乾陵觀光園	題跋38;陝目集存26;陝目提要144;碑索5-2597			9-115

E 全文・補遺	F 疏證・墨香閣	G 彙考	H 可憑	I 叢考	J その他の圖書	K 論文等	No.
						王其禕等2022	2041
隋補487		2-203			盧氏25		2042
隋補159	452 修422	2-206			精華69;琬琰流芳92;盛世側影70	考古研究所安陽發掘隊1959;社科院安陽工作隊1981;周曉薇等2008;周曉薇等2012c	2043
全4197					增校隋425/修275;魯迅碑1209;碑林全3-288;文館詞林a150/b297;釋要758;趙紹祖347;北窗151	朱關田2002;樊波2008b;樊波2012a	2044
隋補487		6-103					2045
隋補487		6-102					2046
		2-209			長安新誌20;長安碑刻10;陝西萃編208;陝西集成210	王其禕等2005b;劉瑞等2006;湯勤福2014	2047
		2-213			洛誌研102	周阿根等2021	2048
	墨277						2049
全4198					增校隋439/修283;魯迅碑1227;陝西石藝152;碑林全190-143;西北114;咸陽碑刻15;釋要785;甀椎閒話18	章紅梅2020	2050
隋補161	454 修424	2-215			碑林新40;陝西萃編210	李域錚等1984;黃利平1986	2051
	457 修427	2-222		23;714	洛少127;洛誌研101	翟秀峰等2015;吳洪琳2019	2052
隋補487		6-104			盧氏25		2053
					陝西院12	周曉薇等2023	2054
		2-225			唐代鄭氏50	周到1956;社科院安陽工作隊1981	2055
		6-105					2056
				329;449;461;984	隋唐集萃8;陝西新隋48	何山2019	2057
					魯迅碑1239;西北115;釋要791		2058

No.	墓誌名稱	紀年	出土地	現藏場所	A 目錄	B 集釋	C 北圖拓・新中國	D 隋唐五代
2059	張通妻陶貴墓誌	開皇17年(597) 3月26日	陝西西安	西安碑林博物館	題跋155;中央館30;檢要299/修188;史語所40;陝目集存25;北大目94;淑德83;陝目提要112;碑索5-2599;日本600	漢魏394	9-116	北京遼寧1-8
2060	趙長述墓誌	開皇17年(597) 4月19日	陝西西安	西安碑林博物館	四十年49;陝目提要112;碑索5-2601		陝西貳434	
2061	賀若嵩墓誌	開皇17年(597) 4月24日	陝西西安	西安博物院	碑索5-2601;日本599			陝西3-5
2062	牛譙州墓誌	開皇17年(597) 閏5月10日	陝西西安	陝西省考古研究院	碑索5-2602			
2063	劉昶妻宇文氏墓誌	開皇17年(597) 6月28日	陝西長安					
2064	孫觀及妻王氏墓誌	開皇17年(597) 8月16日	陝西長安	西安市長安博物館	北大目95;秦嶺201;陝目提要111;碑索5-2602			
2065	斛律徹墓誌	開皇17年(597) 8月17日	山西太原	山西省文物考古研究所(山西博物院?)	晉目太原11;碑索5-2603			山西3
2066	劉紹及妻郭氏墓誌	開皇17年(597) 8月25日	陝西長安	西安碑林博物館	秦嶺201;陝目提要111;碑索5-2603			
2067	董美人墓誌	開皇17年(597) 10月12日	陝西西安		題跋155;檢要297/修186;史語所40;北圖目43;陝目集存25;文庫30;北大目95;淑德83;碑索5-2604;日本600	漢魏528	9-119	北大1-12
2068	蘭勝蠻墓誌	開皇17年(597) 11月11日	陝西西安?		碑索5-2606			
2069	梁寂墓誌	開皇17年(597) 11月17日	河南孟津	千唐誌齋博物館	洛續14;北大目95;碑索5-2606		千唐壹6	
2070	平梁公妻王氏墓誌	開皇17年(597) 11月29日	陝西長安		北大目95;碑索5-2607			
2071	張延敬墓誌	開皇18年(598) 正月12日	河北正定	墨香閣	北大目95;碑索5-2608			
2072	段韶妻元渠姨墓誌	開皇18年(598) 正月18日	河南洛陽	墨香閣	北大目95;碑索5-2609			
2073	劉安墓誌	開皇18年(598) 正月24日	陝西長安	陝西省考古研究院	碑索5-2609			
2074	成肆虎墓誌	開皇18年(598) 2月19日	河南洛陽	個人藏	洛續14;碑索5-2609			

E 全文・補遺	F 疏證・墨香閣	G 彙考	H 可憑	I 叢考	J その他の圖書	K 論文等	No.
隋補162		2-226			增校隨443/修285;魯迅誌683;北山集古69;集萃9-2;隋人傳32;陝西石藝263;碑林全68-1208;西石續136;西北116;隋選粹23;隋誌百品89;法全隋誌36;碑帖收研400;釋要794;佛教金石82;美術院52	王原茵2000;李舉綱等2005;仲威2014d	2059
隋補163	461 修431	2-237			碑林全68-1214	武伯綸1963;王原茵2000	2060
	462 修432	2-239			西北117;陝西精華26;陝西萃編212;陝西集成211	章紅梅2020;安育2020	2061
					高陽原誌36;牛氏177;高陽原墓113		2062
			256			傅清音等2018	2063
		2-243		715	長安新誌22;長安碑刻11;陝西萃編214;陝西集成212	王其禕等2005b;周曉薇等2011c;湯勤福2014	2064
隋補164	465 修434	2-247			山西碑碣34;山西概覽53;晉刻隋唐13;斛律徹墓107;絲路沿綫158	山西省考古研究所等1992;張慶捷2019;劉志生2019a;武亨偉2020	2065
隋補165		2-251			碑林新44;長安碑刻349;陝西萃編216	周曉薇2003;周曉薇等2008;周曉薇等2011c;王靜2023a	2066
隋補47		2-257			精華71;增校隨441/修283;隋人傳32;北大拓98;西石續125;西北119;隋選粹30;隋誌百品96;法全隋誌42;釋要787;甀椎開話55	寬予1974;鈴木洋保1993;沈浩2000;朱關田2002;伊藤滋2005;王其禕等2011b;周曉薇等2012d;仲威2014d;魯穎2016	2067
			260		秦晉豫續178		2068
		2-269		715	唐補千唐451;絲路沿綫160;千唐全集38;洛誌研101		2069
			263	688;843;985	民間藏誌96;秦晉豫續179;隋精粹7-25	王其禕2017	2070
	墨278	2-275			磚刻1115;磚書61	趙生泉2004b;趙生泉等2006;趙生泉2008b	2071
	墨218	2-277		203;441	誌法精選17	王其禕2004b;周曉薇等2008;周曉薇等2011c;趙耀輝2015b	2072
		2-280		305;716	金石證史69;陝西萃編218;陝西集成213		2073
					拾零52	王其禕等2008b	2074

No.	墓誌名稱	紀年	出土地	現藏場所	A 目錄	B 集釋	C 北圖拓・新中國	D 隋唐五代
2075	劉明及妻梁氏墓誌	開皇18年(598) 5月2日	河南洛陽	西安碑林博物館	題跋156;檢要298/修187;史語所41;北圖目44;洛目44;時地a62/b52;北大目95;淑德83;陝目提要112;碑索5-2610;日本601	漢魏395	9-121	洛陽1-22
2076	萬寶及妻王氏墓誌	開皇18年(598) 5月12日	河南安陽		碑索5-2611			
2077	王社惠妻張氏墓誌	開皇18年(598) 5月14日	陝西西安		碑索5-2612			
2078	田集及妻吳氏墓誌	開皇18年(598) 5月14日	甘肅天水	張海書法藝術館				
2079	顧桃墓誌	開皇18年(598) 6月3日	北京房山	北京市文物研究所				
2080	宋叔彥墓誌	開皇18年(598) 7月21日	陝西西安?	大唐西市博物館	碑索5-2612			
2081	宋睦墓誌	開皇18年(598) 10月12日	山西平遙		題跋156;中央館30;檢要299/修187;史語所40;北圖目44;時地a62/b52;北大目96;碑索5-2612	漢魏397	9-125	北京遼寧1-9
2082	李盛及妻劉氏墓誌	開皇18年(598) 10月18日	河北滄縣		題跋156;中央館30;檢要299/修187;史語所41;北圖目43;北大目96;淑德83;碑索5-2613;日本601	漢魏396	9-122	北大1-13
2083	王賢墓誌	開皇18年(598) 10月20日	甘肅武威	武威市文物考古研究所	碑索5-2614			
2084	李和及妻趙氏墓誌	開皇18年(598) 10月24日	河南安陽					
2085	韓恒貴墓誌	開皇18年(598) 11月3日	陝西長安	西安碑林博物館	碑索5-2615	西南133		
2086	馬君妻王善墓誌	開皇18年(598) 11月5日	河南洛陽	洛陽師範學院	北大目96;碑索5-2615			
2087	麴慶妻韓氏墓誌	開皇18年(598) 11月5日	河南安陽	安陽市文物考古研究所				
2088	韋壽墓誌	開皇18年(598) 11月17日	陝西長安		碑索5-2615		陝西肆41	
2089	韋諶墓誌	開皇18年(598) 11月17日	陝西長安		碑索5-2616		陝西肆40	
2090	韋協墓誌	開皇18年(598) 11月17日	陝西長安	西安市文物保護考古研究院?	碑索5-2616			
2091	韋摠妻達奚氏墓誌	開皇18年(598) 11月17日	陝西長安	陝西省考古研究院			陝西肆42	
2092	韋圓成墓誌	開皇18年(598) 11月17日	陝西長安	陝西省考古研究院			陝西肆43	

E 全文・補遺	F 疏證・墨香閣	G 彙考	H 可憑	I 叢考	J その他の圖書	K 論文等	No.
隋補166		2-283			增校隨440/修283;魯迅誌685;隋人傳33;鴛鴦藏石181;碑林全68-1216;彭州155;北窗154	周曉薇等2008	2075
			267		民間藏誌98;秦晉豫續180	王其禕2016b;趙耀輝2017b	2076
					磚刻1116	周曉薇等2023	2077
			271		新獲百品34;秦晉豫三134;張海館b256		2078
						北京市文物研究所2020	2079
			274		西市42		2080
隋補167		2-292			魯迅誌691;河北錄439;北窗155		2081
隋補167		2-287		970	河北錄440;隋人傳33		2082
			276		武威志351;涼州6	黎樹科2012;朱安2017	2083
			278		新獲百品36;隋精粹9-35		2084
			280	716;717;965	碑林新續27	王其禕等2013a;楊繼光2023a	2085
			283			佐川英治2012	2086
						孔德銘等2021;張富春2023;安陽文物考古所等2023	2087
		2-295	287		韋氏100	戴應新2000;會田大輔2023a	2088
		6-208			韋氏91	戴應新2000;劉琴麗2020b;董文強等2021a;會田大輔2023a	2089
					北大新續168;秦晉豫三135	西安文物保護考古院2015;趙晶2015;陝西省考古研究院隋唐室2018;柏進波等2021	2090
			289		韋氏74	會田大輔2023a	2091
					韋氏117	會田大輔2023a	2092

No.	墓誌名稱	紀年	出土地	現藏場所	A 目錄	B 集釋	C 北圖拓·新中國	D 隋唐五代
2093	□徽墓誌	開皇18年(598)11月18日	山西黎城	黎城縣文博館	晉目長治33;碑索5-2617		9-123	山西4
2094	虞弘妻魏氏墓誌	開皇18年(598)11月□7日	山西太原	山西省博物館	碑索5-2617			
2095	陳茂墓碑	開皇18年(598)11月	山西臨晉	山西臨猗縣陳茂墓	題跋38;晉目運城75;淑德39;碑索5-2618;日本601		9-124	
2096	李君妻王沙彌墓誌	開皇18年(598)12月13日	河北贊皇	墨香閣	北大目96;碑索5-2619			
2097	□君墓誌	開皇18年(598)			碑索5-2620			
2098	封孝琰妻崔妻訶墓誌	開皇19年(599)11月12日	河北景縣	河北省文物研究所	碑索5-2620			河北9
2099	劉睦墓誌	開皇19年(599)11月23日	河北滄州	滄州市文物研究所	碑索5-2621		河北壹42	河北10
2100	乙弗明(趙明)墓誌	開皇19年(599)11月23日	陝西長安					
2101	菀德贊妻杜法生墓誌	開皇19年(599)12月29日	河北臨漳	故宮博物院	北大目96;碑索5-2621			
2102	李崇妻王氏墓誌	開皇20年(600)正月22日		關中民俗藝術博物院				
2103	宇文穆及妻乙弗善貞墓誌	開皇20年(600)2月1日	陝西咸陽		碑索5-2623	西南136		
2104	獨孤羅墓誌	開皇20年(600)2月14日	陝西咸陽	中國國家博物館	北圖目44;四十年49;碑索5-2623		9-126	北京遼寧1-10
2105	楊欽墓誌	開皇20年(600)2月14日	陝西華陰	西安碑林博物館	北大目96;秦嶺429;碑索5-2624			
2106	楊文愿墓誌	開皇20年(600)2月25日	陝西長安	個人藏	碑索5-2625			
2107	鄭氏(五原國太夫人)墓誌	開皇20年(600)2月			題跋156;檢要300/修188;碑索5-2625			
2108	王幹墓誌	開皇20年(600)3月13日	安徽亳縣	亳州博物館	四十年49;北大目96;碑索5-2626			
2109	楊善擒墓誌	開皇20年(600)4月14日	陝西西安					
2110	司馬興墓誌	開皇20年(600)5月1日			檢要394/修246;碑索5-2627			

E 全文・補遺	F 疏證・墨香閣	G 彙考	H 可憑	I 叢考	J その他の圖書	K 論文等	No.
隋補168	469 修437	2-297			長治萃編82;黎城229;大全黎城9		2093
		2-272			虞弘墓93	山西省考古研究所2001a;ソグドゼミ2011;武亨偉2020;馮培紅2022	2094
全4197					山西概覽20;河東碑刻17;大全臨猗9	張建華2011	2095
	墨220	2-299		296		許萬順2004a;周曉薇等2008;周曉薇等2012b;周曉薇等2012c;李婷2017	2096
		6-106					2097
隋補169	471 修438	2-303			河北錄257;衡水墓誌34;星空111;譜牒535;崔氏569	河北省文物研究所1990;趙超2007;周曉薇等2008;周曉薇等2012b;周曉薇等2012c;李婷2017;顧冰峰2023	2098
隋補170	473 修440	2-307			滄州24;河間200;獻縣20	周曉薇等2008	2099
			296	770;893	陝西新隋53;北大新續169;隋精粹1-23	黨斌2019b;黨斌2019c;何山2019	2100
隋補170		2-310 6-107			磚刻1117	劉琴麗2020b	2101
					關中院10		2102
			299	646;717;957	秦晉豫續181;隋精粹5-35	王其禕等2013b;會田大輔2023a	2103
隋補171	474 修441	2-312			隋人傳34;陝西石藝263;西石續108;西北120;渭城志232/修246;五十年下78;涼州500	岡崎敬1960;秋山進午1993;山下將司2003;董淑燕2006;趙海麗2010;吳洪琳2015;趙強等2017;王書欽2019;段銳超2021a;寥新冬等2021	2104
隋補173	478 修444	2-317			華山碑石23;碑林全195-916;陝西精華27;碑林新46;譜牒536;渭華翠色142;陝西萃編220;陝西集成216	楊爲剛2009;龍仕平等2010;周曉薇等2011c;劉志生2011a;劉志生2011b;李紅2012;翟秀峰等2015;范兆飛2021;楊瑋燕2023	2105
		2-322				王其禕等2011b;會田大輔2023a	2106
隋補487		6-109					2107
隋補174	481 修447	2-325		534;894		亳縣博物館1977;裴蘭婷2011;馬艷茹2012;翟秀峰等2015	2108
			301		陝西新隋55		2109
隋補487		6-110					2110

No.	墓誌名稱	紀年	出土地	現藏場所	A 目錄	B 集釋	C 北圖拓·新中國	D 隋唐五代
2111	閻顯及妻劉氏墓誌	開皇20年(600) 5月21日		固原博物館	碑索5-2627			
2112	席淵墓誌	開皇20年(600) 8月27日	陝西長安	長安區個人藏	碑索5-2627			
2113	劉多墓誌	開皇20年(600) 10月17日	河南洛陽	西安碑林博物館	題跋156;中央館30;檢要300/修188;北圖目44;洛目45;時地a62/b52;陝目提要114;碑索5-2628	漢魏398	9-129	洛陽1-23
2114	孟顯達墓碑	開皇20年(600) 10月28日	陝西西安	西安碑林博物館	陝目集存26;秦嶺201;淑德39;陝目提要114;碑索5-2629;日本602		9-130	
2115	張蔭及妻羊氏墓誌	開皇20年(600) 10月29日	甘肅張掖	個人藏	碑索5-2630	新隋20		
2116	吳通及妻謝氏墓誌	開皇20年(600) 10月29日	河南洛陽	個人藏	北大目96;碑索5-2630	新隋12		
2117	馬稈及妻張氏墓誌	開皇20年(600) 11月10日	河南洛陽	西安碑林博物館	題跋156;檢要302/修189;北圖目44;洛目45;陝目提要113;碑索5-2631	漢魏400	9-131	洛陽1-24
2118	賈善及妻董氏墓誌	開皇20年(600) 11月11日	遼寧朝陽	朝陽市雙塔區文物管理所	碑索5-2630			
2119	范宏及妻李氏墓誌	開皇20年(600) 11月11日	陝西長安					
2120	□質(龍山公)墓誌碑	開皇20年(600) 12月4日	重慶奉節	奉節縣白帝城博物館	題跋156;中央館30;檢要301/修189;史語所41;北圖目44;北大目96;淑德83;碑索5-2632;日本602	漢魏399	9-132 重慶1	北大1-14
2121	陳詡墓誌	開皇20年(600) 12月18日			題跋156;檢要301/修189;碑索5-2634			
2122	張君墓誌	開皇□年 8月14日	陝西鳳翔		碑索5-2636			
2123	楊紹墓碑	開皇中(581-600)			碑索5-2498			
2124	道寂塔銘	仁壽元年(601) 正月20日	河南安陽	寶山靈泉寺	題跋156;檢要302/修190;碑索5-2637;日本603	漢魏602	9-136	北京遼寧1-11
2125	楊士貴墓誌	仁壽元年(601) 正月26日	陝西西安	西安碑林博物館	四十年50;陝目提要115;碑索5-2638		陝西貳434	
2126	高虬墓誌	仁壽元年(601) 2月18日	河南洛陽	西安碑林博物館	題跋156;中央館30;檢要303/修190;北圖目44;洛目45;時地a62/b52;陝目提要116;碑索5-2640	漢魏603	9-137	洛陽1-25
2127	趙韶墓誌	仁壽元年(601) 2月18日	河南安陽?	故宮博物院	題跋156;中央館24;檢要304·307/修191·193;史語所41;北圖目33;時地a62/b52;北大目97;淑德83;碑索5-2645;日本604	漢魏402	9-141	河南9

E 全文・補遺	F 疏證・墨香閣	G 彙考	H 可憑	I 叢考	J その他の圖書	K 論文等	No.
			303		寧夏集15;固原選編84	張存良2023	2111
		2-332		464	隋唐集萃11;陝西新隋56;陝西萃編222;陝西集成217	何山2019;魏軍剛2022	2112
隋補175		2-336			隋人傳36;鴛鴦藏石182;碑林全68-1224;隋誌百品105;佛教金石82;洛誌研102		2113
隋補71					增校隨446/修286;魯迅碑1245;陝西石藝152;碑林全3-261;陝西精華28;釋要799;長安碑刻12;陝西萃編224;涼州502	武伯綸1963;張岩等1993;李舉綱1999;馬振穎等2023a	2114
			308	982;985	隋精粹10-21	張婷等2008;管金粮2022	2115
			305		秦晉豫92;新獲一五56;河南散存203;隋精粹9-47	王連龍2011d	2116
隋補176		2-341		719	隋人傳37;鴛鴦藏石183;碑林全68-1233;隋選粹40;釋要800;佛教金石84	陳忠凱1989;田中華1995;徐志學2014;仇鹿鳴2016;侯紀潤2022	2117
		2-346			遼寧碑誌323;遼寧志續345;涼州506		2118
			310	529;719;829;895	陝西新隋58	何山2019	2119
隋補177		2-348		981	精華73;增校隨447/修287;魯迅誌693;四川95;隋人傳38;北大拓215;隋選粹55;隋誌百品138;法全隋誌48;碑帖收研402;釋要796;北窗156	何汝泉2002;朱關田2002;仲威2014e;雷庭軍等2021	2120
全4185		2-355				周曉薇等2008;李婷2017	2121
					鳳翔墓244	周曉薇等2023	2122
隋補24					文館詞林a148/b290		2123
隋補424					增校隨374/修241;靈泉寺25;佛教金石85	河南古代建築保護所1992;樊波等2008;高歌2022	2124
隋補178	484 修450	2-359			碑林全68-1251	武伯綸1963;王原茵2000	2125
隋補181		2-363		347;720	隋人傳38;鴛鴦藏石184;碑林全68-1242;星空192;高姓131;洛誌研75	趙萬里1947a	2126
隋補182・487		2-389 6-119			魯迅誌701;河北錄438;隋選粹65;故宮彙編90	趙萬里2011	2127

No.	墓誌名稱	紀年	出土地	現藏場所	A 目錄	B 集釋	C 北圖拓·新中國	D 隋唐五代
2128	張法及妻馬氏墓誌	仁壽元年(601)2月18日	河南安陽	墨香閣	北大目97;碑索5-2639			
2129	郝偉及妻王氏墓誌	仁壽元年(601)2月18日	山西上黨		碑索5-2641			
2130	賈義墓誌	仁壽元年(601)2月18日	陝西		題跋156;檢要304/修191;陝目集存26;碑索5-2638			
2131	紇干廣墓誌	仁壽元年(601)2月18日		墨香閣	北大目97;碑索5-2640			
2132	盧文構墓誌	仁壽元年(601)2月19日	河北涿州	中國國家博物館	題跋156;檢要303/修190;史語所41;北圖目44;北大目97;碑索5-2643	漢魏403	9-138	北京遼寧1-13
2133	盧文機墓誌	仁壽元年(601)2月19日	河北涿州	西安碑林博物館	題跋156;檢要304/修191;史語所41;北圖目39;北大目97;陝目提要116;碑索5-2641;日本603	漢魏404	9-139	北京遼寧1-14
2134	伊璣墓誌	仁壽元年(601)2月28日	河北安州		碑索5-2639			
2135	賈君墓誌	仁壽元年(601)2月			碑索5-2638			
2136	□君(□州刺史)墓誌	仁壽元年(601)3月19日	北京房山	房山區文物管理所	碑索5-2643			
2137	成公蒙及妻李世暉墓誌	仁壽元年(601)3月26日	甘肅武威	武威市博物館	碑索5-2644			
2138	陳暉及妻劉氏墓誌	仁壽元年(601)3月26日	河南洛陽	大唐西市博物館	洛續14;碑索5-2644			
2139	毛護墓誌	仁壽元年(601)3月29日	陝西長安		碑索5-2645			
2140	楊忠祥墓誌	仁壽元年(601)6月24日			史語所41;碑索5-2645			
2141	禽昌伯(獨孤君)妻宇文氏墓誌	仁壽元年(601)7月28日	陝西西安	西安碑林博物館	四十年50;陝目提要116;碑索5-2647			
2142	柳機墓誌	仁壽元年(601)7月28日	陝西長安		碑索5-2647			
2143	張光墓誌	仁壽元年(601)8月11日	陝西		題跋156;檢要305/修191;陝目集存26;碑索5-2648			
2144	張憲卿墓誌	仁壽元年(601)8月21日	陝西長安		碑索5-2648	新隋26		
2145	張振妻葦氏墓誌	仁壽元年(601)8月21日	陝西長安		碑索5-2648	新隋26		
2146	裴相墓誌	仁壽元年(601)8月22日	河南洛陽	千唐誌齋博物館	洛續14;北大目97;碑索5-2649		千唐壹7	

E 全文・補遺	F 疏證・墨香閣	G 彙考	H 可憑	I 叢考	J その他の圖書	K 論文等	No.
	墨222	2-361			安豐376		2128
		2-368			新獲七朝51;秦晉豫續182	周曉薇等2012b	2129
隋補487		6-111					2130
	墨224			635;846	絲路沿綫162	薛飛2019a;王其禕2020;周阿根2021;王其禕等2021b	2131
隋補179		2-376			河北錄439;隋人傳39;盧氏25	趙萬里1946b;朱關田2002	2132
隋補180		2-371			魯迅誌699;河北錄439;隋人傳41;鴛鴦藏石185;碑林全68-1253;隋誌百品148;彭州156;北窗157;盧氏26		2133
		6-112					2134
		6-113					2135
					房山墓誌4		2136
隋補182	485 修451	2-381			西石續4-40;武威錄18;佛教金石85;武威志352;涼州8	黎大祥1993;黎李2008;周曉薇等2012b;濮仲遠2019	2137
		2-385	313	720	邙洛45;西市44;洛誌研100	周曉薇等2008	2138
			315		陝西新隋66	王其禕等2015;何山2019	2139
		6-114					2140
隋補183		2-395			碑林全68-1260;五十年上158;陝西萃編226	王原茵2000	2141
			320		柳氏1-41	王其禕等2014b;李紅2016;王玉來2021;會田大輔2023a	2142
隋補487		6-115					2143
					秦晉豫三136;隋精粹1-61	王其禕等2013b	2144
					秦晉豫三137;隋精粹1-65	王其禕等2013b	2145
		2-397		721	洛新釋錄327;唐補千唐447;龍門文萃436;聖殿78;新獲七朝52;洛誌研129	佐川英治2012	2146

No.	墓誌名稱	紀年	出土地	現藏場所	A 目錄	B 集釋	C 北圖拓·新中國	D 隋唐五代
2147	赫連山妃墓誌	仁壽元年(601) 8月	陝西西安	陝西省考古研究院	碑索5-2661		陝西肆44	
2148	雍長及妻栗氏墓誌	仁壽元年(601) 10月10日	山西襄垣		題跋156;檢要305/修192; 史語所41;北大目97;碑索5-2650	漢魏405		
2149	王基及妻劉氏墓誌	仁壽元年(601) 10月10日	河北獻縣	獻縣文物保管所	碑索5-2649		河北壹43	河北12
2150	王季墓誌	仁壽元年(601) 10月10日	河北冀縣	景縣文化館	碑索5-2650		河北壹44	河北11
2151	元威妻于宜容墓誌	仁壽元年(601) 10月22日	陝西咸陽	陝西省考古研究院	碑索5-2651		陝西肆45	
2152	尉遲運妻賀拔毗沙墓誌	仁壽元年(601) 10月23日	陝西咸陽	陝西省考古研究院	碑索5-2652		陝西肆46	
2153	楊宏墓誌	仁壽元年(601) 10月23日	陝西華陰	千唐誌齋博物館	北大目98;碑索5-2652			
2154	楊异及妻穆氏墓誌	仁壽元年(601) 10月23日	陝西華陰	河南博物院	碑索5-2651			
2155	元叡妻張摩子墓誌	仁壽元年(601) 10月23日	河南孟津	個人藏	北大目98;碑索5-2653			
2156	張寂墓誌	仁壽元年(601) 10月23日	陝西長安		碑索5-2653			
2157	楊素妻鄭祁耶墓誌	仁壽元年(601) 10月2□日	陝西潼關	潼關縣文物管理委員會	北大目98;秦嶺429;陝目提要115;碑索5-2654		陝西壹23	陝西3-6
2158	梁恭墓誌	仁壽元年(601) 10月	陝西咸陽?		題跋156;檢要305/修191;陝目集存26;碑索5-2654			
2159	楊君墓誌	仁壽元年(601) 10月	河南洛陽		碑索5-2655			
2160	魯阿鼻墓誌	仁壽元年(601) 11月2日	陝西長安	陝西省考古研究院	碑索5-2655			
2161	魯鍾馗墓誌	仁壽元年(601) 11月2日	陝西長安	陝西省考古研究院	碑索5-2655			
2162	申穆及妻李氏墓誌	仁壽元年(601) 11月4日	山西壺關	山西大學圖書館(拓本のみ)	題跋156;檢要306/修192;晉目長治121;北大目98;碑索5-2656	漢魏406	9-145	山西5
2163	房吉及妻朱商墓誌	仁壽元年(601) 11月4日	山東淄博		碑索5-2657		9-146	江蘇山東6
2164	韓輔墓誌	仁壽元年(601) 11月4日	北京房山	房山區文物管理所	碑索5-2658		北京壹2	

E 全文・補遺	F 疏證・墨香閣	G 彙考	H 可憑	I 叢考	J その他の圖書	K 論文等	No.
		6-118				牟發松2015;魏晴晴2020;王其禕等2021b	2147
隋補185		2-409		721	石學蠡探228		2148
隋補186	488 修454	2-401			滄州26;河閒202;獻縣22		2149
隋補186	490 修456	2-405			衡水墓誌36		2150
					渭城志修247	陝西省考古研究院等2012;王靜2013;陝西省考古研究院隋唐室2018;雷秀紅2019a	2151
隋補184	491 修457	3-5		721;839	北周珍貴106;碑林全195-914;渭城志232/修248;絲路沿綫164;陝西萃編230	魏宏利2004;周曉薇等2008;周曉薇等2011c;周曉薇等2012b;周曉薇等2012c;李婷2017;顧冰峰2023	2152
	494 修460	3-1		968	唐補千唐453;千唐全集40	李獻奇等2001;王慶衛等2005;邱光華2008;楊爲剛2009;龍仕平2010;劉志生2011a;劉志生等2012a;王化昆等2015;翟秀峰等2015;堀井裕之2017;顧冰峰2023	2153
		3-8			近新;秦晉豫97;琬琰流芳95;陝西萃編232	王慶衛2005;王慶衛等2006;趙君平2009;堀井裕之2017;鄒虎2020	2154
				606;692;721	秦晉豫95;鴛鴦輯錄13;隋精粹4-89		2155
			336	840		周曉薇等2017b	2156
隋補187	496 修462	3-12			潼關碑石6;秦晉豫三138;陝西新隋69;唐代鄭氏51;碑誌春秋269;隋精粹1-35;陝西集成221	王京陽2004;王其禕等2011b;周曉薇等2012d;李婷2017;堀井裕之2017;顧冰峰2023	2157
隋補487		6-116					2158
		6-117					2159
		3-15					2160
		3-17			陝西院13;陝西萃編234	周曉薇等2008;周曉薇等2011c;周曉薇等2012a;邢鵬2015;李婷2017	2161
隋補188		3-21		259	增校隨447/修287	張威2021	2162
隋補189・375	498 修464	3-26 6-196		961	隋人傳41;譜牒550;山東書全214;淄博誌釋67	裴蘭婷2011;謝國劍等2011;鄒虎2020;夏炎2021	2163
		3-29		722	北京精粹166;房山墓誌5;佛教金石86;幽州誌研34;房山志六161		2164

No.	墓誌名稱	紀年	出土地	現藏場所	A 目録	B 集釋	C 北圖拓・新中國	D 隋唐五代
2165	梁道弘墓誌	仁壽元年(601)11月4日	陝西咸陽?		碑索5-2658			
2166	張通墓誌	仁壽元年(601)11月10日	河南洛陽		碑索5-2658			
2167	陽瑾墓誌	仁壽元年(601)11月29日	河北涿州		題跋156;檢要306/修192;碑索5-2659	漢魏407		
2168	司馬融墓誌	仁壽元年(601)11月29日	河南孟州		碑索5-2660			
2169	卞茂及妻張氏墓誌	仁壽元年(601)11月29日	河南孟津	個人藏	北大目98;碑索5-2659	新隋23		
2170	元君妻呂瓊華墓誌	仁壽元年(601)11月29日	陝西	西安市文物保護考古研究院				
2171	田保洛及妻王氏墓誌	仁壽元年(601)12月11日	陝西長安	西安市長安博物館	北大目98;秦嶺201;陝目提要117;碑索5-2661			
2172	徐釋山墓誌	仁壽元年(601)	浙江衢州		碑索5-2661			
2173	□琮昇墓誌	仁壽2年(602)2月12日	河南鄭州					
2174	徐建墓誌	仁壽2年(602)3月22日	河南安陽		碑索5-2662			
2175	郭休墓誌	仁壽2年(602)8月4日	河南洛陽	故宮博物院	題跋156;檢要307/修193;史語所41;北圖目45;洛目45;文庫31;時地a63/b53;北大目98;碑索5-2662;日本606	漢魏408	9-157	洛陽1-26
2176	陳虔墓誌	仁壽2年(602)10月29日	河南安陽		碑索5-2663			
2177	裴覬墓誌	仁壽2年(602)11月11日	河南洛陽	個人藏	洛續14;碑索5-2663			
2178	蕭紹墓誌	仁壽3年(603)2月12日	陝西咸陽	咸陽市文物考古研究所	陝目提要117;碑索5-2665			
2179	朱寶墓誌	仁壽3年(603)2月12日	河南洛陽	個人藏	碑索5-2665			
2180	長孫君妻薛氏墓誌	仁壽3年(603)2月12日	陝西長安	西安市文物保護考古所	碑索5-2664			
2181	趙章墓誌	仁壽3年(603)2月12日		香港中文大學文物館				
2182	□相墓誌	仁壽3年(603)3月1日						

E 全文・補遺	F 疏證・墨香閣	G 彙考	H 可憑	I 叢考	J その他の圖書	K 論文等	No.
					秦晉豫續183		2165
		3-33		911;985	洛誌研100		2166
隋補188		3-36			河北錄439	羅曼2011	2167
			347		河南散存205	羅火金等2009	2168
			344	242;722;906	秦晉豫94;誌法精選11	殷小波等2019	2169
					隋精粹2-11		2170
		3-40			長安新誌24;長安碑刻13;陝西萃編236;隋精粹5-45;陝西集成222	王其禕等2005b;周曉薇等2012b	2171
		3-45				衢州市文物館1985	2172
					近新;民間藏誌100;秦晉豫三139		2173
					安陽選編15;西南滙釋67;文字墨影29		2174
隋補190		3-47			隋人傳42;隋選粹74;隋誌百品161;故宮彙編92;佛教金石88;洛誌研102		2175
				722	安陽選編16;西南滙釋68	何山2021	2176
		3-51			拾零53;龍門文萃437;絲路紀影148;涼州507	羅曼2011	2177
		3-55			渭城志233/修249;佛教金石89;陝西萃編238;陝西集成223	謝高文等2005;咸陽市文物考古研究所2006	2178
		3-59			秦晉豫99;洛誌研101;隋精粹9-59	梁春勝2020;周阿根等2021	2179
			349			張全民等2010	2180
					北山汲古386		2181
					陝西新隋70		2182

No.	墓誌名稱	紀年	出土地	現藏場所	A 目錄	B 集釋	C 北圖拓・新中國	D 隋唐五代
2183	蘇慈墓誌	仁壽3年(603)3月7日	陝西蒲城	蒲城縣博物館	題跋156;中央館31;檢要308/修193;史語所42;北圖目45;陝目集存27;文庫31;北大目98;淑德83;陝目提要118;碑索5-2666;日本607	漢魏409	9-159 陝西壹24	陝西3-7
2184	姜君墓誌	仁壽3年(603)3月7日	河南安陽		碑索5-2668			
2185	卜仁墓誌	仁壽3年(603)3月24日	河南安陽	中央研究院	題跋157;檢要309/修194;碑索5-2668	漢魏410		
2186	慈明塔銘	仁壽3年(603)4月5日	河南安陽	寶山靈泉寺	題跋38;檢要307/修192;碑索5-2669;日本597		9-151	北京遼寧1-15
2187	劉君墓誌	仁壽3年(603)4月	河南安陽		碑索5-2670			
2188	張儉及妻胡氏墓誌	仁壽3年(603)8月15日	河南洛陽	西安碑林博物館	題跋157;中央館31;檢要309/修194;史語所50;北圖目41;洛目45;時地a63/b53;淑德83;陝目提要117;碑索5-2670;日本608	漢魏411	9-160	洛陽1-27
2189	尉瓊仁墓誌	仁壽3年(603)10月16日	陝西長安?	大唐西市博物館	碑索5-2672			
2190	請世珍墓誌	仁壽3年(603)10月23日	陝西咸陽					
2191	皇甫紘墓誌	仁壽3年(603)11月18日	陝西長安					
2192	楊君妻高氏墓誌	仁壽3年(603)11月22日	河南洛陽	洛陽古代藝術館	洛目45;碑索5-2672			洛陽1-29
2193	李達墓誌	仁壽3年(603)11月23日?						
2194	史崇基墓誌	仁壽3年(603)12月28日	陝西西安	洛陽九朝刻石文字博物館	北大目99;碑索5-2672			
2195	□君墓誌	仁壽3年(603)			碑索5-2673			
2196	馬少敏墓誌	仁壽4年(604)正月24日	河南安陽?	西安碑林博物館	題跋157;檢要309/修194;時地a63/b53;史語所42;北圖目45;北大目99;陝目提要118;碑索5-2674	漢魏412	9-163	河南10
2197	解盛墓誌	仁壽4年(604)正月24日	河北廊坊	大城縣文物保管所	碑索5-2673			

E 全文・補遺	F 疏證・墨香閣	G 彙考	H 可憑	I 叢考	J その他の圖書	K 論文等	No.
隋補193		3-63			精華75;增校隨453/修290;魯迅誌703;集萃9-3;隋人傳43;碑林全195-921;西石續128;西北125;隋選粹82;隋誌百品183;法全隋誌50;陝西精華31;碑帖收研403;西民大拓65;釋要809;北窗158;啓功227;渭華翠色144;陝西萃編240;關中院14;陝西集成224	陳長安1989;澤田雅弘2006;澤田雅弘2009b;毛健2014;梁春勝2020;朱文浩2021;何鑫2023	2183
		3-75					2184
隋補192		3-76			倫敦中國153;民族姓氏10	宋伯胤1958;社科院安陽工作隊1981	2185
隋補431					增校隨374/修241;靈泉寺25;佛教金石87	河南古代建築保護所1992;樊波等2008	2186
		3-79					2187
隋補195		3-80		441	精華74;隋人傳45;鴛鴦藏石186;碑林全68-1262;彭州157;佛教金石89;洛誌研101	周曉薇等2008;羅曼2011;周曉薇等2012c;徐志學2014;周阿根等2021;侯紀潤2022	2188
			350		西市46	劉森垚2018	2189
			352		陝西新隋71		2190
			354		陝西新隋73;;新獲百品38;秦晉豫三140	何山2019	2191
隋補197	501 修466	3-85			輯繩58;星空190;高姓301	周曉薇等2008;劉志生等2012a;周曉薇等2012b;鄒虎2020;顧冰峰2023	2192
					邢州萃編82		2193
			356	415	秦晉豫續185;九朝23;新獲一五57;陝西新隋75;隋精粹2-23	周曉薇2019b;羅緼哲2023	2194
		6-120					2195
隋補198		3-92			隋人傳48;鴛鴦藏石187;碑林全68-1271;隋誌百品214;彭州158;佛教金石91	何山2017	2196
隋補101	503 修468	3-89			廊坊文物44	劉化成2000;呂冬梅等2002;宋慧傑2010;裴蘭婷2011;顧冰峰2023	2197

No.	墓誌名稱	紀年	出土地	現藏場所	A 目錄	B 集釋	C 北圖拓·新中國	D 隋唐五代
2198	羅靖墓誌	仁壽4年(604)正月						
2199	王德墓誌	仁壽4年(604)2月18日	陝西西安	墨香閣	北大目99;碑索5-2675			
2200	楊文孫墓誌	仁壽4年(604)3月24日	陝西華陰	千唐誌齋博物館	北大目99;碑索5-2676			
2201	楊孝俳墓誌	仁壽4年(604)3月24日	陝西華陰	千唐誌齋博物館	北大目99;碑索5-2676			
2202	楊紀墓誌	仁壽4年(604)3月24日	陝西華陰	千唐誌齋博物館	北大目99;碑索5-2675			
2203	□元及妻崔氏鮑氏墓誌	仁壽4年(604)3月24日	山西壺關					
2204	石暎及妻孫呂墓誌	仁壽4年(604)4月5日?	陝西長安		題跋157;檢要312/修196;碑索5-2677			北京遼寧3-175
2205	蔣愼妻張氏墓誌	仁壽4年(604)4月□9日	陝西西安					
2206	李靜墓誌	仁壽4年(604)5月1日	河北石家莊	正定縣文物保管所	碑索5-2677		河北壹45	河北13
2207	王榮及妻劉氏墓誌	仁壽4年(604)10月17日?	河南洛陽	西安碑林博物館	題跋157;檢要313/修196;史語所50;北圖目39;洛目45;時地a59/b53;北大目99;淑德83;陝目提要118;碑索5-2678;日本608	漢魏418	9-162	洛陽1-28
2208	劉寶及妻王氏墓誌	仁壽4年(604)10月21日	河南安陽?	西安碑林博物館	題跋157;檢要310/修194;史語所41;洛目45;時地a63/b53;北大目99;陝目提要119;碑索5-2679;日本608	漢魏413	9-168	河南11 洛陽1-31
2209	符盛及妻胡氏墓誌	仁壽4年(604)10月21日	河南洛陽	西安碑林博物館	題跋157;中央館26;檢要310/修195;史語所42;北圖目38;洛目46;時地a63/b53;陝目提要119;碑索5-2680	漢魏414	9-167	洛陽1-30
2210	馮君妻盧旋芷墓誌	仁壽4年(604)11月	河南輝縣		題跋157;中央館28;檢要311/修195;史語所42;北圖目41;北大目100;碑索5-2682	漢魏415	9-170	河南13
2211	馮君妻李玉娟墓誌	仁壽4年(604)11月4日	河南輝縣		題跋157;中央館26;檢要311/修195;北圖目37;北大目100;碑索5-2681	漢魏416	9-169	河南12
2212	眭尚墓誌	仁壽4年(604)11月10日	河北內丘	內丘縣文物保管所	碑索5-2683			

E 全文・補遺	F 疏證・墨香閣	G 彙考	H 可憑	I 叢考	J その他の圖書	K 論文等	No.
		6-122					2198
	墨226				西安新獲26		2199
		3-96			唐補千唐456;北大新拓131;千唐全集44;隋精粹6-13	王慶衛等2005;王慶衛等2006;楊爲剛2009;龍仕平等2010;會田大輔2012;王化昆等2015;堀井裕之2017;胡勝源2022;會田大輔2023a	2200
		3-101			唐補千唐455;北大新拓130;雲雨蟄龍68;千唐全集46;隋精粹6-25	王慶衛等2005;王慶衛等2006;楊爲剛2009;龍仕平等2010;羅曼2011;佐川英治2012;堀井裕之2017	2201
		3-106		722;1011	唐補千唐453;北大新拓129;河南散存206;千唐全集42;隋精粹6-1	王慶衛等2005;王慶衛等2006;楊爲剛2009;龍仕平等2010;堀井裕之2017;胡勝源2022;會田大輔2023a	2202
			361				2203
隋補488		6-67				岑仲勉1936;徐炯2023	2204
						周曉薇等2023	2205
隋補199	505 修470	3-110			河北錄436		2206
隋補196		3-114			隋人傳47;鴛鴦藏石188;陝西石藝263;碑林全66-1056;隋誌百品213;彭州159;北窗138;洛誌研102	周曉薇等2008;周曉薇等2012b;周曉薇等2012c	2207
隋補199		3-119			隋人傳49;鴛鴦藏石189;碑林全68-1278;彭州161;北窗160;秦晉豫續184;洛誌研102	周曉薇等2012c	2208
隋補200		3-122		722	石學蠡探229;民族姓氏308;隋人傳48;鴛鴦藏石190;碑林全68-1286;隋誌百品216;洛少321;絲路沿綫166	朱關田2002;兼平充明2007;劉琴麗2020b	2209
隋補202		3-130		529;839;1015	魯迅誌711;隋人傳50;翰墨2-23;北窗161;盧氏26	周曉薇等2008	2210
隋補203		3-126		723	魯迅誌715;隋人傳50;翰墨2-22	周曉薇等2008;周曉薇等2011c;周曉薇等2012b;周曉薇等2012c	2211
			363			賈城會等2014	2212

No.	墓誌名稱	紀年	出土地	現藏場所	A 目錄	B 集釋	C 北圖拓·新中國	D 隋唐五代
2213	劉相及妻鄒氏墓誌	仁壽4年(604) 11月17日	河北新樂		題跋157;檢要312/修195;北圖目45;北大目100;碑索5-2684;日本608	漢魏417	9-171	
2214	王夏墓誌	仁壽4年(604) 11月17日	河南洛陽	個人藏	洛續14;北大目100;碑索5-2684			
2215	馬犨妻張姜墓誌	仁壽4年(604) 11月28日	河南洛陽	西安碑林博物館	題跋157;檢要312/修196;北圖目45;洛目46;時地a63/b53;北大目100;陝目提要119;碑索5-2685;日本608	漢魏401	9-172	洛陽1-32
2216	孟慶及妻張氏墓誌	仁壽4年(604) 11月28日		墨香閣	碑索5-2686			
2217	解昭及妻常氏墓誌	仁壽4年(604) 11月28日						
2218	丁國公墓誌	仁壽4年(604)	浙江新昌					
2219	丁世子墓誌	仁壽4年(604)	浙江新昌					
2220	崔超倫墓誌	仁壽4年(604)						
2221	李裕墓誌	大業元年(605) 正月11日	陝西長安	陝西省考古研究院	碑索6-2687			
2222	李文都墓誌	大業元年(605) 2月6日	陝西西安	西安碑林博物館	四十年50;陝目提要120;碑索6-2687		陝西貳434	
2223	長孫行布墓誌	大業元年(605) 2月23日	陝西長安	榆陽區古代碑刻藝術博物館				
2224	郭定洛墓誌	大業元年(605) 3月25日			北大目100;碑索6-2688			
2225	張智明等墓誌	大業元年(605) 4月10日			檢要313/修196;碑索6-2688			
2226	周羅睺墓誌	大業元年(605) 4月			題跋157;檢要313/修197;碑索6-2689			
2227	張伏奴墓誌	大業元年(605) 6月14日			北大目100;碑索6-2689			北大1-15
2228	楊和墓誌	大業元年(605) 10月13日						
2229	王善來墓誌	大業元年(605) 10月22日	河北定州	故宮博物院	題跋157;中央館31;檢要314/修197;史語所42;北圖46;北大目100;碑索6-2690	漢魏419	10-2	河北14
2230	李景亮墓誌	大業元年(605) 11月4日	陝西長安		碑索6-2692			

E 全文・補遺	F 疏證・墨香閣	G 彙考	H 可憑	I 叢考	J その他の圖書	K 論文等	No.
隋補204		3-134		723	河北錄437;隋人傳51;佛教金石92		2213
		3-138		516;723	拾零55;新獲七朝53	羅曼2011;王其禕等2021a	2214
隋補201		3-142			鴛鴦藏石191;碑林全68-1294;隋誌百品217;法全隋誌74;彭州162;北窗162	周曉薇等2008;周曉薇等2012b;仇鹿鳴2016;侯紀潤2022	2215
	墨228			192	安豐144;涼州509		2216
			365		隋精粹3-1		2217
					新昌志43		2218
					新昌志43		2219
					衡水金石284		2220
			367	291;358;619;723	高陽原誌38;高陽原墓127	陝西省考古研究院2009a;李鴻賓2010;周能俊2015;王其禕等2017	2221
隋補206	507 修472	3-146			陝西石藝264;碑林全68-1303;五十年上149	考古研究所陝西隊1955;武伯綸1963;王原茵2000	2222
			370		陝西新隋77	何山2019;羅輥哲2023	2223
隋補206		3-149			磚刻1118		2224
隋補206		3-150				阿英1965	2225
隋補488		6-125			金石錄386	陳長安1989	2226
		3-152			磚刻1120;磚書64		2227
						周曉薇2023c	2228
隋補207		3-154			增校隨455/修292;魯迅誌719;河北錄438;隋人傳51;故宮彙編94;釋要812	劉天琪2011	2229
		3-159				周曉薇2008	2230

No.	墓誌名稱	紀年	出土地	現藏場所	A 目錄	B 集釋	C 北圖拓・新中國	D 隋唐五代
2231	智者禪師(智顗)碑	大業元年(605)11月24日?			碑索6-2690			
2232	李殺鬼妻杜羽資墓誌	大業元年(605)12月17日			碑索6-2692			
2233	魏昇及妻牛玉墓誌	大業元年(605)12月23日	河南洛陽	西安碑林博物館	洛目46;碑索6-2692			洛陽1-33
2234	□榮期墓誌	大業元年(605)		千唐誌齋博物館				
2235	鞠遵及妻董氏墓誌	大業2年(606)正月6日	河北定縣		題跋157;檢要314/修197;北圖目38;北大目101;碑索6-2693;日本610	漢魏420	10-3	北京遼寧1-17
2236	陳文岳墓誌	大業2年(606)正月6日	山東滕州	滕州市博物館	碑索6-2694			
2237	黎淳及妻楊氏墓誌	大業2年(606)正月6日			碑索6-2695	新北145		
2238	李虎墓誌	大業2年(606)正月18日	甘肅清水	清水縣博物館	中央館27;檢要315/修197;碑索6-2695		10-5	北京遼寧1-18
2239	李仲膺墓誌	大業2年(606)正月27日						
2240	□善墓誌	大業2年(606)3月19日	山西長治					
2241	曹君墓誌	大業2年(606)3月			淑德83;碑索6-2696;日本610			
2242	董敬墓誌	大業2年(606)4月1日	河南洛陽	洛陽古代藝術館	中央館31;檢要315/修198;北圖目46;洛目46;時地a63/b54;碑索6-2696		10-6	洛陽1-34
2243	王行淹墓誌	大業2年(606)4月4日?			史語所42;碑索6-2697;日本611			
2244	楊元墓誌	大業2年(606)4月18日	河北隆堯	松竹草堂	碑索6-2697			
2245	李士通墓誌	大業2年(606)4月25日		墨香閣	碑索6-2697			
2246	朱氏(宮人)墓誌	大業2年(606)5月19日	河南洛陽	西安碑林博物館	題跋157;中央館31;檢要316/修198;北圖目46;洛目46;時地a76/b67;陝目提要120;碑索6-2698	漢魏529	10-7	洛陽1-35
2247	劉氏(宮人)墓誌	大業2年(606)10月21日	河南洛陽	西安碑林博物館	題跋157;檢要316/修198;北圖目46;北大目101;洛目46;時地a63・76/b67;陝目提要120;碑索6-2699	漢魏530	10-8	洛陽1-36
2248	劉珍墓誌	大業2年(606)10月28日	河北獻縣	河北省博物館(拓本のみ)	題跋157;檢要317/修198;北圖目46;北大目101;碑索6-2700	漢魏421	10-9	河北15

E 全文・補遺	F 疏證・墨香閣	G 彙考	H 可憑	I 叢考	J その他の圖書	K 論文等	No.
全4085					佛教金石93;僧尼7		2231
		6-127					2232
隋補207	508 修473	3-163		947;995	牛氏157	張崇依2017;顧冰峰2023	2233
					千唐全集48		2234
隋補209		3-166		895	增校隋456/修292;河北錄438;隋人傳52;絲路沿綫168		2235
		3-169			山東選粹33;齊魯誌研329;山東分類107;山東書全218		2236
			372		安豐249;民間藏誌102;秦晉豫續186	楊海波2017;楊學是2018;王靜2023a	2237
隋補208	510 修475	3-171		724	隴右錄1-59;隋人傳53;西北127;天水文史14;清水28;天水輯校452	岳維宗1999;汪受寬2001;楊希義等2005;前島佳孝2007;周曉薇等2011c;李阿能等2016;顧冰峰2023	2238
						韓達2020	2239
			375	222;260	秦晉豫三141		2240
		6-129					2241
隋補210	512 修477	3-175			隋人傳53	侯林虎2011;顧冰峰2023	2242
		6-130					2243
隋補488		3-178		280;724	法全隋誌75		2244
	墨279						2245
隋補10		3-182		205	精華77;鴛鴦藏石241;碑林全68-1306;彭州164	周曉薇等2012a;楊寧2013;邢鵬2015	2246
隋補212		3-185		724;844	隋人傳54;鴛鴦藏石242;陝西石藝264;碑林全68-1309;隋誌百品221;彭州165;北窗165	澤田雅弘1999;周曉薇等2011a;周曉薇等2012a;楊寧2013;邢鵬2015	2247
隋補211		3-189		531	增校隋457/修293;魯迅誌725;河北錄441;隋人傳54;北窗164;獻縣24		2248

No.	墓誌名稱	紀年	出土地	現藏場所	A 目錄	B 集釋	C 北圖拓・新中國	D 隋唐五代
2249	祕丹墓誌	大業2年(606)11月10日	河北行唐	墨香閣	北大目101;淑德83;碑索6-2702;日本610			
2250	呂胡則墓誌	大業2年(606)11月10日	甘肅甘谷	個人藏				
2251	楊謨墓誌	大業2年(606)11月22日	陝西華陰	千唐誌齋博物館	北大目101;碑索6-2702			
2252	魏乾墓誌	大業2年(606)11月22日	河南洛陽		碑索6-2703			
2253	于斌及妻李氏墓誌	大業2年(606)11月22日	陝西長安					
2254	長孫懿妻劉氏墓誌	大業2年(606)11月22日	陝西西安					
2255	王清及妻蘇氏墓誌	大業2年(606)11月23日	陝西華陰	個人藏	北大目101;碑索6-2703			
2256	李弘秤及妻蔡阿妃墓誌	大業2年(606)12月2日	山西高平		題跋157;檢要317/修199;北圖目46;北大目101;碑索6-2704	漢魏423	10-11	北京遼寧1-19
2257	蔡君妻張貴男墓誌	大業2年(606)12月29日	河北邯鄲		題跋157;檢要318/修199;史語所42;北圖目46;文庫31;北大目101;淑德83;碑索6-2705;日本610	漢魏422	10-12	北京遼寧1-20
2258	柴惲墓誌	大業2年(606)12月29日	陝西長安	西安市文物保護考古所	碑索6-2706			
2259	時和墓誌	大業2年(606)12月29日	河北鉅鹿					
2260	李沖及妻郭氏墓誌	大業2年(606)12月	山西潞城		題跋157;檢要318/修199;北圖目60;北大目102;碑索6-2707	漢魏424		北大1-17
2261	賀蘭才墓誌	大業2年(606)			碑索6-2709			
2262	陸君妻高善德墓誌	大業3年(607)2月5日	河南孟州	張海書法藝術館	碑索6-2708			
2263	張絑妻薛世蘭墓誌	大業3年(607)2月5日	陝西長安	西安市文物保護考古研究院				
2264	裴子休妻魏薩墓誌	大業3年(607)2月5日	山西襄汾					
2265	李奴奴墓誌	大業3年(607)2月23日	河北	墨香閣	北大目102;碑索6-2709			
2266	劉茂妻許氏墓誌	大業3年(607)3月		書道博物館	碑索6-2710			

E 全文・補遺	F 疏證・墨香閣	G 彙考	H 可憑	I 叢考	J その他の圖書	K 論文等	No.
隋補212	514 修479 墨230	3-195			題跋集萃71;佛教金石97	鑒克1993;趙耀輝2014d;石野智大2014;劉秀峰2023a;周宗旭等2023;顧冰峰2023	2249
						陳建貢2022;周曉薇等2023	2250
		3-198		219	唐補千唐457;千唐全集50	王慶衛等2006;楊爲剛2009;王化昆等2015	2251
			378		秦晉豫續187		2252
			380		陝西新隋79;北大新續170;;新獲百品40;隋精粹3-9	何山2019;鄧盼2020	2253
			377			傅清音等2018	2254
			384		秦晉豫100;新獲七朝54	周曉薇2018b	2255
隋補209		3-201			魯迅誌733;隋人傳55;高平志406	羅曼2011	2256
隋補214		3-204			精華76;增校隨458/修293;魯迅誌729;集萃9-4;河北錄435;隋人傳55;隋選粹107;隋誌百品228;釋要814;北窗166;甗椎閒話4;邯鄲校釋43;佛教金石98	周曉薇等2008;周曉薇等2011c;周曉薇等2012b;周曉薇等2012c;仇鹿鳴2016;梁春勝2016a;任乃宏2018	2257
						張全民等2010;王其禕等2020b	2258
					邢州萃編80		2259
隋補213		3-211		249	增校隨458/修294		2260
隋補488		6-131					2261
		3-216		725	洛新釋錄327;洛陽新見18;秦晉豫102;新獲七朝55;高姓69;張海館a87/b110;隋精粹7-33	侯紀潤2004;周曉薇等2008;佐川英治2012;李欽善2012a;周曉薇等2012b;王其禕2015	2262
						西安文物保護考古院2018	2263
			394		秦晉豫三142		2264
	墨280	3-220			磚刻1121	趙生泉2004b;趙生泉等2006;趙生泉2008b	2265
隋補215		3-222					2266

No.	墓誌名稱	紀年	出土地	現藏場所	A 目錄	B 集釋	C 北圖拓・新中國	D 隋唐五代
2267	曹待淹墓誌	大業3年(607)3月			碑索6-2710			
2268	浩喆墓誌	大業3年(607)4月7日	山西襄垣	襄垣縣文物博物館	碑索6-2711			
2269	楊弘墓誌	大業3年(607)4月24日	陝西長安		碑索6-2711			
2270	成惡仁墓誌	大業3年(607)5月24日	山東安丘	安丘市博物館	碑索6-2711			
2271	陳叔興墓誌	大業3年(607)6月7日	陝西長安	西安市長安博物館	北大目102;秦嶺201;陝目提要121;碑索6-2713		陝西叁10	
2272	楊素墓誌	大業3年(607)8月8日	陝西潼關	潼關縣文物局(潼關縣文化館?)	北大目102;秦嶺429;陝目提要121;碑索6-2713		陝西壹25	陝西3-8
2273	康寶足及妻翟氏墓誌	大業3年(607)8月8日	河南安陽?		碑索6-2714			
2274	常醜奴及妻宗氏墓誌	大業3年(607)8月26日	陝西興平		題跋157;檢要319/修200;陝西集存27;北大目102;碑索6-2715	漢魏425		
2275	楊敷妻蕭妙瑜墓誌	大業3年(607)8月26日	陝西潼關	潼關縣文物局	北大目102;秦嶺429;陝目提要121;碑索6-2714			
2276	楊實墓誌	大業3年(607)8月26日	陝西華陰	千唐誌齋博物館	北大目102;碑索6-2718			
2277	張怦及妻東門氏墓誌	大業3年(607)10月9日	河南安陽		題跋158;中央館28;檢要321/修201;史語所42;北圖目41;北大目103;淑德83;碑索6-2719;日本611	漢魏426	10-14	河南14
2278	王釗墓誌	大業3年(607)10月9日	河南洛陽	西安碑林博物館	檢要325/修204;時地a65/b55;碑索6-2718			
2279	姚勳墓誌	大業3年(607)10月9日	陝西禮泉	昭陵博物館	碑索6-2720			
2280	杜琳墓誌	大業3年(607)10月9日	陝西	個人藏				
2281	高六奇墓誌	大業3年(607)10月10日	河北景縣	河北省文物研究所	四十年50;碑索6-2720			河北16
2282	皇甫誕墓誌	大業3年(607)10月10日			題跋157;檢要320/修201;碑索6-2721			
2283	皇甫顯墓誌	大業3年(607)10月10日						
2284	周皆墓誌	大業3年(607)10月22日	山東章丘	章丘市博物館	碑索6-2721			

E 全文・補遺	F 疏證・墨香閣	G 彙考	H 可憑	I 叢考	J その他の圖書	K 論文等	No.
		6-132					2267
		3-223		725;907;986	長治萃編84;大全襄垣5;山西档案14-214;隋精粹10-33	襄垣縣文物博物館等2004;王雪迪2013	2268
		3-229		242;787;986	西南滙釋69	宗鳴安2008	2269
隋補216	516 修481	3-233			山東分類108;海岱石華104;山東書全220	安丘縣博物館1992;王倩倩2016	2270
		3-238			陝西精華33;長安新誌26;長安碑刻14;韋氏161;陝西萃編244;隋精粹5-51;陝西集成230	董理2001a;湯勤福2014;陳俊宇2023	2271
隋補218	519 修483	3-241			潼關碑石5;西石續79;西北128;楊氏考錄80;珍稀百品246;渭華翠色152;陝西萃編246;碑誌春秋269;隋精粹6-33;陝西集成231	梁建邦1990;姚雙年1991;周錚1993;劉健明1999;楊甚2004;楊爲剛2009;吳繼剛2013;堀井裕之2017;張德鋒2020;會田大輔2023a	2272
			396		秦晉豫續189	福島惠2017	2273
隋補217		3-251			增校隨459/修294;北大拓99;隋選粹120;譜牒537	沈浩2002;周南南等2014;仲威2014e;王靜2023b	2274
隋補221	526 修489	3-247		986	潼關碑石4;珍稀百品250;佛教金石99;北大新續171;西南滙釋71;渭華翠色150;陝西萃編250;隋精粹1-47;陝西集成232	呼琳貴2003;周曉薇等2008;堯遠生2016;堀井裕之2017	2275
		3-266			唐補千唐458;千唐全集52	王慶衞等2005;王慶衞等2006;楊爲剛2009;龍仕平等2010;堀井裕之2017	2276
隋補223		3-272		725	增校隨460/修295;魯迅誌721;釋要816	朱關田2002;周曉薇等2008;邱光華2010;周曉薇等2011c;梁春勝2016a;鄒虎2020	2277
隋補224・488	530 修493	3-269 6-144			鴛鴦藏石192;彭州166;磚刻1122		2278
			398			胡元超2011;王其禕等2018a;朱艷桐2019	2279
					隋精粹5-59		2280
隋補222	532 修495	3-277		178	河北錄258;衡水墓誌38;星空69;高姓134	河北省文管處1979;仇鹿鳴2008;劉琴麗2020b	2281
隋補488		6-133					2282
					隋精粹7-47	傅清音等2021	2283
隋補222	535 修497	3-280			濟南誌20;齊魯誌研369;山東分類109;山東書全222	寧蔭棠1996;李紅2012	2284

— 475 —

No.	墓誌名稱	紀年	出土地	現藏場所	A 目錄	B 集釋	C 北圖拓・新中國	D 隋唐五代
2285	姜濟(崔濟)墓誌	大業3年(607)10月	陝西		題跋157;檢要320/修201;陝目集存27;碑索6-2722			
2286	王昞及妻桑氏墓誌	大業3年(607)11月4日	河南濬縣	濬縣博物館(墨香閣?)	北大目103;碑索6-2723		河南壹108	河南15
2287	楊休墓誌	大業3年(607)11月4日	陝西華陰		碑索6-2723			
2288	楊君妻李叔蘭墓誌	大業3年(607)11月4日	陝西		北大目103;碑索6-2723			
2289	楊君墓誌	大業3年(607)11月4日	陝西華陰		碑索6-2722			
2290	楊文偉妻元氏墓誌	大業3年(607)11月4日	陝西華陰	大唐西市博物館	碑索6-2724			
2291	楊文偉妻李氏墓誌	大業3年(607)11月4日	陝西華陰	大唐西市博物館	碑索6-2725			
2292	楊文端墓誌	大業3年(607)11月4日	陝西潼關	華山廟	北大目103;碑索6-2725			
2293	□稱及妻劉氏墓誌	大業3年(607)11月4日	山西襄垣					
2294	呂曇墓誌	大業3年(607)11月10日	陝西西安	西安碑林博物館	四十年51;陝目提要121;碑索6-2727		陝西貳434	
2295	元氏(宮人)墓誌	大業3年(607)11月19日	河南洛陽	洛陽博物館	洛目46;碑索6-2726			洛陽1-37
2296	劉淵墓誌	大業3年(607)11月27日	河南洛陽	故宮博物院	題跋158;檢要321/修201;洛目47;時地a64/b54;北大目103;碑索6-2727;日本611	漢魏428	10-16	洛陽1-38
2297	元君妻崔暹墓誌	大業3年(607)11月27日	河南安陽	西安碑林博物館(新鄉市博物館?)	題跋158;中央館31;檢要322/修201;史語所42;北圖目45;陝目提要122;碑索6-2728;日本612	漢魏427	10-15	河南16
2298	司馬季沖及妻元氏墓誌	大業3年(607)11月27日		北朝藝術研究院	碑索6-2729			
2299	杜粲及妻元氏墓誌	大業3年(607)11月27日	陝西長安	陝西漢唐石刻博物館				
2300	成顯及妻曹氏墓誌	大業3年(607)12月4日	河北邯鄲	個人藏	碑索6-2724			
2301	□爽墓誌	大業3年(607)12月10日	安徽亳縣	亳州博物館	四十年25;北大目103;碑索6-2730			
2302	□弘越及妻龐氏墓誌	大業3年(607)12月10日	河南		碑索6-2730			
2303	李寶墓誌	大業3年(607)12月28日	四川廣元	昭化漢城博物館				

E 全文・補遺	F 疏證・墨香閣	G 彙考	H 可憑	I 叢考	J その他の圖書	K 論文等	No.
隋補488		6-134					2285
隋補226	539 修500 墨232	3-294		809;844;987	新精北朝下2	徐志學2013	2286
隋補227		3-289		326;844	西南滙釋72	王慶衞等2005;王慶衞等2006;周曉薇2008;龍仕平等2010;堀井裕之2017	2287
	537 修498	3-286		974	唐補千唐458;秦晉豫107;千唐全集54	李獻奇2001;周曉薇等2011c;周曉薇等2012b;堀井裕之2017;會田大輔2023a	2288
		3-282		271;929;969		王慶衞等2005;王慶衞等2006;龍仕平等2010;堀井裕之2017	2289
			401		秦晉豫103;西市48	堀井裕之2017;呂冠軍2018	2290
			403		秦晉豫105;西市50	堀井裕之2017;呂冠軍2018	2291
					秦晉豫續191;楊氏輯錄291;渭華翠色148;隋精粹6-59	劉森垚2016;堀井裕之2017;趙耀輝2017e	2292
					大全襄垣8		2293
隋補227	544 修505	3-300			碑林全68-1321	武伯綸1963;王原茵2000	2294
隋補224	542 修503	3-302			輯繩59;新獲17;洛少128	任昉2001;周曉薇等2012a;楊寧2013;邢鵬2015	2295
隋補225		3-310			隋人傳57;隋誌百品243;故宮彙編96;北窗167	朱關田2002	2296
隋補225		3-305		693	魯迅誌735;隋人傳56;碑林全68-1316;翰墨2-24;西南滙釋74	杜彤華等1998;周曉薇等2008;傅山泉2009;周曉薇等2011c	2297
			405	291;527	北朝院205	梁春勝2017b;王其禕等2021a	2298
					隋精粹5-67	杜鎭等2019	2299
		3-297			邯鄲校釋54	孫繼民等2006;毛永娟2012	2300
隋補229	545 修506	3-313				亳縣博物館1977;馬艷茹2012	2301
		3-315				周曉薇等2012c	2302
						※著錄無し。同館を實地調査した髙村武幸氏(明治大學教授)より御教示いただく。	2303

No.	墓誌名稱	紀年	出土地	現藏場所	A 目錄	B 集釋	C 北圖拓·新中國	D 隋唐五代
2304	翟仲侃及妻高氏墓誌	大業3年(607)12月	河南洛陽		洛續15;碑索6-2731			
2305	郭雲墓誌	大業3年(607)	山東濟寧		檢要322/修202;碑索6-2731			
2306	劉達墓誌	大業3年(607)	河南洛陽		碑索6-2731			
2307	任軌及妻薛氏墓誌	大業4年(608)2月9日	河南洛陽	開封博物館	題跋158;中央館32;檢要322/修202;史語所42;洛目47;文庫31;時地a64/b54;北大目103;碑索6-2733;日本612	漢魏429	10-17	洛陽1-39
2308	蘇順及妻蘧氏墓誌	大業4年(608)2月11日	山西長子		題跋158;檢要323/修202;晉目長治129;碑索6-2734	漢魏430		
2309	王濟及妻董氏墓誌	大業4年(608)2月11日	陝西長安					
2310	崔氏墓誌	大業4年(608)2月			碑索6-2735			
2311	王筠墓誌	大業4年(608)3月17日	河南洛陽	個人藏	北大目104;碑索6-2736			
2312	戴弘墓誌	大業4年(608)3月	甘肅天水	個人藏				
2313	蘇統師墓誌	大業4年(608)閏3月28日	陝西長安	陝西省考古研究院	碑索6-2736		陝西肆47	
2314	陳叔興妻沈氏墓誌	大業4年(608)6月8日	陝西長安		北大目104;碑索6-2736	新北203		
2315	張開及妻趙氏墓誌	大業4年(608)8月2日	河南孟津	個人藏	北大目104;碑索6-2737			
2316	張穆及妻李氏墓誌	大業4年(608)8月9日	河南安陽	安陽市文物考古研究所	碑索6-2743			
2317	梁羅墓誌	大業4年(608)8月	陝西西安		題跋158;檢要323/修203;碑索6-2737			
2318	高齊墓誌	大業4年(608)10月10日	陝西長安	西安碑林博物館	北大目104;碑索6-2738	新北188		
2319	楊德墓誌	大業4年(608)10月21日	河南洛陽	西安碑林博物館	題跋158;檢要324/修203;史語所43;北圖目47;洛目47;時地a64/b54;北大目104;陝目提要122;碑索6-2739;日本613	漢魏431	10-21	洛陽1-40
2320	吳嚴及妻眭氏墓誌	大業4年(608)10月	河北趙縣		題跋158;檢要324/修203;史語所43;北圖目46;北大目104;淑德84;碑索6-2740;日本613	漢魏432	10-22	北京遼寧1-22
2321	郭王墓誌	大業4年(608)11月4日	河南洛陽		題跋158;中央館31;檢要325/修203;北圖目47;洛目47;時地a64/b54;碑索6-2741	漢魏433	10-23	洛陽1-41

E 全文・補遺	F 疏證・墨香閣	G 彙考	H 可憑	I 叢考	J その他の圖書	K 論文等	No.
		3-319		197;355;688;725	三八種71;邙洛47;洛少388;絲路沿綫170	周曉薇等2008;周阿根等2021	2304
隋補229		3-322 6-176			增校隋460/修295;隋誌百品244;齊魯誌研369;磚刻1123	劉琴麗2020b	2305
		6-136					2306
隋補229		3-325 6-124			增校隋454/修291;魯迅誌737;集萃9-5;隋人傳57;隋誌百品245;翰墨2-25;釋要818;北窗168;薛氏215	周曉薇等2012c;劉琴麗2020b;唐冬冬2021	2307
隋補230		3-330		277	增校隋460/修295		2308
			407				2309
		6-137					2310
				728	洛陽新見19;秦晉豫108;新獲七朝56;譜牒554		2311
					北大新續172	陳意2020	2312
					韓家灣墓55	陝西省考古研究院2010b;李舉綱等2011;陝西省考古研究院隋唐室2018	2313
			410		秦晉豫續193;隋精粹8-79	周曉薇等2012d;周曉薇等2013a;王其禕2021;陳俊宇2023	2314
			411	306;416;421;728	洛陽新見20;秦晉豫110;新獲七朝57;隋精粹10-53		2315
			416	728	安陽選編17;西南滙釋75		2316
隋補488		6-138				武伯綸1963	2317
			414		民閒藏誌92;碑林新續30;秦晉豫續194;北大新續173;高姓302	王其禕等2013b	2318
隋補233		3-335		315	隋人傳58;鴛鴦藏石193;碑林全69-1323;隋誌百品247;彭州167;北窗169;佛教金石100		2319
隋補233		3-339		799	增校隋456/修292;魯迅誌741;河北錄436;隋人傳59;釋要820	朱關田2002	2320
隋補234		3-345			隋人傳59;扶溝353		2321

No.	墓誌名稱	紀年	出土地	現藏場所	A 目錄	B 集釋	C 北圖拓·新中國	D 隋唐五代
2322	董子達妻□氏墓誌	大業4年(608)11月13日		中國國家博物館	碑索6-2742			
2323	李靜訓墓誌	大業4年(608)12月22日	陝西西安	中國國家博物館	四十年51;碑索6-2742			
2324	侯莫陳穎墓誌	大業4年(608)			碑索6-2743			
2325	李公勣墓誌	大業5年(609)正月28日	陝西長安	陝西省考古研究院	碑索5-2686			
2326	苗太墓誌	大業5年(609)正月28日	山西屯留					
2327	陳叔齊墓誌	大業5年(609)正月						
2328	薛萬壽及妻張氏墓誌	大業5年(609)2月						
2329	寧贙墓碑	大業5年(609)4月	廣西欽州	廣東省博物館	題跋39;淑德40;碑索6-2743;日本613		10-25	
2330	田世眕墓誌	大業5年(609)5月6日	陝西西安					
2331	蘇金封墓誌	大業5年(609)5月11日	河北正定	墨香閣	北大目104;碑索6-2745			
2332	劉君霜墓誌	大業5年(609)5月11日			碑索6-2745			
2333	元世斌墓誌	大業5年(609)5月24日	陝西西安	陝西師範大學博物館	北大目104;碑索6-2746			
2334	元禪墓誌	大業5年(609)8月8日	河南洛陽	千唐誌齋博物館	題跋158;中央館32;檢要325;修204;洛47;時地a64/b54;碑索6-2746	漢魏573		洛陽1-42
2335	陳頊(陳宣帝)妻施太妃墓誌	大業5年(609)8月14日	陝西長安	西安市長安博物館	秦嶺201;陝目提要122;碑索6-2747			
2336	□君及妻賈氏墓誌	大業5年(609)8月15日	河南洛陽	洛陽文物考古工作隊	洛目47;碑索6-2747			
2337	郭世昌墓誌	大業5年(609)10月26日	河南洛陽	洛陽古代藝術館	題跋158;檢要326/修204;史語所43;北圖目48;洛47;時地a64/b54;碑索6-2748	漢魏434	10-26	江蘇山東7 洛陽1-43
2338	元氏(宮人)墓誌	大業5年(609)10月27日	河南洛陽	西安碑林博物館	題跋158;中央館32;檢要326/修204;史語所43;北圖目47;洛目47;時地a76/b67;陝目提要123;碑索6-2749	漢魏531	10-27	洛陽1-44

E 全文・補遺	F 疏證・墨香閣	G 彙考	H 可憑	I 叢考	J その他の圖書	K 論文等	No.
		3-348			歷博大觀46;磚刻1124		2322
隋補232	547 修508	3-350			長安城墓25;歷博大觀80;西石續152;隋誌百品249;國博誌36;佛教金石101	唐金裕1959;王義康2008;周曉薇等2011c;王其禕2011b;周繁文2012;李紅2012;周曉薇等2012b;周曉薇等2012d;魏秋萍2014	2323
		6-142					2324
			418	797	高陽原誌42;高陽原墓137		2325
					上黨中古215		2326
						陳俊宇2023	2327
					隋精粹8-83	王慶昱2020;王其禕等2020b;劉燦輝等2022	2328
隋補73					增校隨460/修295;魯迅碑1279;隋人傳60;廣東博222;釋要822;廣西石刻6;廣東圖志31;廣東集4;廣府錄824	馬國權1962;蔡語邨1962;琴心1979;朱萬章2001;朱萬章2004;李達通2007;王亞芳2013;澤田雅弘2014b;仲威2014h	2329
			420		陝西新隋81;秦晉豫三143		2330
	墨281	3-354			磚刻1127	趙生泉2004b;趙生泉等2006;趙生泉2008b	2331
					磚刻1126		2332
隋補235	550 修511	3-356				王雪玲2001;王其禕2001;毛陽光2002	2333
隋補236		3-358			千唐藏誌6;洛少129;千唐全集58;洛誌研104	趙萬里1943;陳長安1989	2334
隋補237	552 修513	3-363		730	長安新誌28;長安碑刻15;佛教金石102;韋氏161;陝西萃編252;陝西集成233	董理2001b;周曉薇等2008;周曉薇等2011c;周曉薇等2012d;周曉薇等2013;湯勤福2014;何山2021;陳俊宇2023	2335
隋補488		6-143					2336
隋補238		3-366			隋人傳62;隋誌百品254;法全隋誌76;佛教金石102	張崇依2017	2337
隋補238		3-370			鴛鴦藏石243;陝西石藝265;碑林全69-1345;彭州169;洛少128	朱關田2002;周曉薇等2011a;周曉薇等2012a;楊寧2013;邢鵬2015	2338

No.	墓誌名稱	紀年	出土地	現藏場所	A 目錄	B 集釋	C 北圖拓·新中國	D 隋唐五代
2339	李氏(宮人)墓誌	大業5年(609) 10月27日	河南洛陽	西安碑林博物館	題跋158;檢要327/修205;史語所43;北圖目48;洛目47;時地a76/b67;北大目104;淑德84;陝目提要123;碑索6-2750;日本614	漢魏532	10-28	洛陽1-45
2340	劉猛進墓誌碑	大業5年(609) 11月3日	廣東廣州	廣東省博物館	題跋156;檢要327/修205;史語所43;北圖目48;北大目105;碑索6-2751	漢魏435	10-29	北京遼寧1-23
2341	呂胡及妻李氏墓誌	大業5年(609) 11月10日	河南洛陽	西安碑林博物館	題跋158;中央館32;檢要328/修205;史語所43;北圖目47;洛目48;時地a65/b55;北大目105;陝目提要123;碑索6-2753;日本614	漢魏436	10-31	洛陽1-46
2342	衡閎墓誌	大業5年(609) 11月21日	河南洛陽		碑索6-2754			
2343	元君妻崔氏墓誌	大業5年(609) 11月21日	陝西咸陽	陝西省考古研究院				
2344	邢君妻崔淨相墓誌	大業5年(609) 11月21日			淑德84;日本614			
2345	王伯墓誌	大業5年(609) 11月22日	河南孟津	個人藏	洛續15;北大目105;碑索6-2754			
2346	李世洛墓誌	大業5年(609) 12月16日	陝西西安	洛陽九朝刻石文字博物館	北大目105;碑索6-2755	西南139		
2347	劉氏(宮人)墓誌	大業6年(610) 正月8日	河南洛陽	西安碑林博物館	題跋158;中央館33;檢要328/修206·214;史語所43;北圖目48;洛目48;時地a76/b67;北大目105;淑德84;陝目提要123;碑索6-2756	漢魏533	10-32	洛陽1-47
2348	解盛妻張宇墓誌	大業6年(610) 正月11日	河北廊坊	大城縣文物保管所	碑索6-2757			
2349	胡岳墓誌	大業6年(610) 正月11日						
2350	李椿妻劉琬華墓誌	大業6年(610) 正月20日	陝西西安	陝西省考古研究院	四十年51;碑索6-2758		陝西肆48	陝西3-9
2351	李世舉及妻盧氏邢氏崔氏墓誌	大業6年(610) 正月20日	河北臨漳	墨香閣	北大目105;碑索6-2758			
2352	陳緒墓誌	大業6年(610) 正月20日						
2353	劉士安及妻齊氏墓誌	大業6年(610) 正月22日	河北河間	河間縣文物保管所	碑索6-2759		河北壹46	河北17

E 全文・補遺	F 疏證・墨香閣	G 彙考	H 可憑	I 叢考	J その他の圖書	K 論文等	No.
隋補239		3-373		730	鴛鴦藏石244;碑林全69-1339;隋誌百品255;彭州168	劉韞1995;澤田雅弘1999;周曉薇等2011a;周曉薇等2012a;楊寧2013;邢鵬2015	2339
隋補240		4-1		319;335;657;730;731;732;733	增校隨461/修295;廣東晉唐184;魯迅誌639;廣東博220;釋要824;廣東圖志25;越秀碑刻290;廣東集5;啟功230;廣府錄829	汪兆鏞1942a;簡又文1958a;馬國權1962;琴心1979;朱萬章2001;饒宗頤2006;邱光華2010;謝國劍等2011;王亞芳2013;仲威2014f	2340
隋補239		4-12		987	集萃9-6;隋人傳62;鴛鴦藏石194;碑林全69-1330;隋選粹135;彭州170;北窗170;佛教金石103	周曉薇等2012c	2341
		4-17		219	三八種63;洛陽新見21;新獲七朝58;隋精粹3-23		2342
					陝西院14	周曉薇等2023	2343
						王其禕等2022	2344
			422	658;734	拾零57	王其禕等2008b	2345
			425	735	秦晉豫續195;九朝24;新獲一五58;字里集粹25;陝西新隋82;隋精粹7-61	王其禕等2013b	2346
隋補242		4-21 6-157		735;1092	鴛鴦藏石245;陝西石藝265;碑林全69-1351;隋誌百品262;彭州171	周曉薇等2011a;楊寧2013;邢鵬2015	2347
隋補243	556 修516	4-24		327	廊坊文物44	劉化成2000;呂冬梅等2002;宋慧傑2010;仇鹿鳴2016	2348
			427				2349
隋補245	558 修518	4-27		961	西北131;陝西精華34;陝西萃編254;陝西集成234	桑紹華1986;周曉薇等2008;周曉薇2008;羅曼2011;周曉薇等2012b	2350
	560 修520 墨234	4-32			河間206;盧氏26	劉恒2001;周曉薇等2008;劉志生2012b;王敬2021;顧冰峰2023	2351
					陝西新隋84		2352
隋補243	562 修522	4-35		443	滄州28;河間204		2353

No.	墓誌名稱	紀年	出土地	現藏場所	A 目錄	B 集釋	C 北圖拓·新中國	D 隋唐五代
2354	史射勿墓誌	大業6年(610)正月22日	寧夏固原	固原博物館	四十年54;北大目105;碑索6-2760			
2355	王伏生墓誌碑	大業6年(610)正月25日	甘肅天水		北大目105;秦嶺1;碑索6-2761			
2356	□禮及妻司馬氏墓誌	大業6年(610)正月		千唐誌齋博物館	洛續15;北大目106;碑索6-2761			
2357	陶智洪墓券	大業6年(610)2月21日	湖南湘陰	湖南省博物館?				
2358	上官政墓誌	大業6年(610)3月	陝西醴泉		題跋158;檢要328/修206;陝目集存28;碑索6-2761			
2359	范高及妻蘇氏墓誌	大業6年(610)4月17日	河南洛陽	河南博物院	題跋158;中央館31;檢要329/修206;史語所43;北圖目45;洛目48;文庫31;時地a65/b55;北大目106;碑索6-2762;日本614	漢魏437	10-33	洛陽1-48
2360	張喬墓誌	大業6年(610)4月18日	河南洛陽	西安碑林博物館	題跋158;檢要329/修206;北圖目48;洛目48;時地a65/b55;北大目106;陝目提要124;碑索6-2763	漢魏438	10-34	洛陽1-49
2361	王愻墓誌	大業6年(610)5月13日	河南洛陽	洛陽古代藝術館	洛目48;碑索6-2764			洛陽1-50
2362	張芳墓誌	大業6年(610)7月14日		千唐誌齋博物館	洛續15;北大目106;碑索6-2764		千唐壹8	
2363	姬威墓誌	大業6年(610)7月23日	陝西西安	中國國家博物館	檢要330/修207;北圖目48;四十年52;碑索6-2765		10-35	北京遼寧1-25
2364	韋圓照妻楊靜徽墓誌	大業6年(610)7月23日	陝西長安	陝西省考古研究院	碑索6-2766		陝西肆51	
2365	韋津妻元咳女墓誌	大業6年(610)7月23日	陝西長安	陝西省考古研究院	碑索6-2766		陝西肆50	
2366	韋孝寬妻元幼娥墓誌	大業6年(610)7月23日	陝西長安	陝西省考古研究院	碑索6-2785		陝西肆49	
2367	韋世□墓誌	大業6年(610)7月25日	陝西長安					
2368	羊瑋墓誌	大業6年(610)9月15日	河南洛陽	中國國家博物館	題跋158;中央館33;檢要330/修207;史語所43;北圖目49;洛目48;文庫31;時地a65/b55;北大目106;碑索6-2767;日本615	漢魏439	10-36	洛陽1-51

E 全文・補遺	F 疏證・墨香閣	G 彙考	H 可憑	I 叢考	J その他の圖書	K 論文等	No.
	565 修524	4-38		464	固原隋唐16;原州91;西石續4-147;撒馬爾干90;胡漢424;固原文物210;寧夏集16;固原選編86	寧夏文物考古研究所等1992;羅豐1997;榮新江1999;山下將司2004;ソグドゼミ2004;董淑燕2006;周曉薇2008;山下將司2014;張楨等2015;福島惠2017;王琨2017;司曉潔2018;楊曉春2019;王丁2019;榮新江2020;徐超2021;張存良2023	2354
		4-42			隴右錄1-60;麥積區25		2355
		4-45		261;310;330;348;735;736	唐補千唐459;千唐全集56	王化昆等2015;鄒虎2020	2356
隋補471		6-79		217;391;736;737	銘刻文物60;券研179;隨葬文書411;券輯128;黃泉186	熊傳新1981;池田溫1981	2357
隋補488		6-145					2358
隋補246		4-48		343	隋人傳63;翰墨2-26	周曉薇2008;羅曼2011	2359
隋補246		4-53		737	隋人傳64;鴛鴦藏石195;碑林全69-1377;隋誌百品269;彭州172;北窗171		2360
隋補247	568 修527	4-56		982	輯繩60		2361
		4-59			唐補千唐460;千唐全集60		2362
隋補248	570 修529	4-66			隋人傳64;歷博大觀85;西北132;五十年上636;國博誌38	茹士安等1955;陝西省文物管理委員會1959;朱關田2002;董淑燕2006;伊藤誠浩2007;王義康2008;李紅2012	2363
隋補489	575 修533	4-62		845	韋氏170;陝西萃編256	戴應新1996;周曉薇等2008;周曉薇2008;周曉薇等2011c	2364
隋補489		4-72	429		韋氏156		2365
隋補489		6-152			韋氏54	會田大輔2023a	2366
			432		陝西新隋86		2367
隋補250		4-74		737	魯迅誌745;隋人傳66;翰墨2-27;北窗172	趙萬里1947a;陳長安1989	2368

No.	墓誌名稱	紀年	出土地	現藏場所	A 目錄	B 集釋	C 北圖拓·新中國	D 隋唐五代
2369	程氏(宮人)墓誌	大業6年(610)9月24日	河南洛陽	西安碑林博物館	題跋158;檢要330/修207;史語所44;北圖目49;洛目49;時地a76/b67;北大目106;淑德84;陝目提要124;碑索6-2768;日本615	漢魏534	10-37	洛陽1-52
2370	劉氏墓誌	大業6年(610)9月24日			日本615			
2371	馮氏(宮人)墓誌	大業6年(610)9月26日	河南洛陽	西安碑林博物館	題跋158;檢要331/修207;洛目49;時地a76/b67;陝目提要124;碑索6-2769	漢魏535		洛陽1-53
2372	楊秀墓誌	大業6年(610)10月8日	河南洛陽	西安碑林博物館	題跋158;中央館32;檢要331/修208;史語所44;北圖目49;洛目49;時地a65/b55;北大目106;陝目提要124;碑索6-2770;日本615	漢魏440	10-38	洛陽1-54
2373	普六如徽之(戚徽之)及妻裴氏墓誌	大業6年(610)10月21日	陝西西安	個人藏				
2374	董穆墓誌	大業6年(610)11月3日	河南洛陽	故宮博物院	題跋158;中央館27;檢要332/修208;史語所44;北圖目40;洛目49;文庫31;時地a65/b56;寧波128;北大目106;碑索6-2771;日本615	漢魏441	10-39	洛陽1-55
2375	馮原墓誌	大業6年(610)11月21日	河北高陽		碑索6-2772			
2376	鄭仲明墓誌	大業6年(610)11月23日	河南鄭州	鄭州市文物考古研究院	碑索6-2773			
2377	解方保墓誌	大業6年(610)11月27日	陝西長安	西安碑林博物館	北大目107;秦嶺201;陝目提要124;碑索6-2773			
2378	劉神妻張令墓誌	大業6年(610)11月27日	河南洛陽	洛陽市第二文物工作隊	洛續15;碑索6-2773			
2379	梁瓊墓誌	大業6年(610)11月29日	河南洛陽	故宮博物院	題跋158;中央館33;檢要333/修208;北圖目48;洛目49;時地a65/b56;北大目107;碑索6-2774	漢魏442	10-40	河南17 洛陽1-56
2380	柳旦墓誌	大業6年(610)11月	陝西長安		題跋158;檢要332/修208;陝目集存28;碑索6-2775			
2381	劉遙墓誌	大業6年(610)11月			題跋158;檢要332/修208;碑索6-2776			
2382	薛保興墓誌	大業6年(610)閏11月1日	河南洛陽	西安碑林博物館	題跋159;檢要334/修209;北圖目49;洛目49;時地a65/b55;北大目107;陝目提要125;碑索6-2776	漢魏443	10-41	洛陽1-57
2383	司馬宜墓誌	大業6年(610)閏11月9日	山西長治		北大目107;碑索6-2777			
2384	馮範墓誌	大業6年(610)閏11月9日	河北臨城	臨城縣文物保管所				

E 全文・補遺	F 疏證・墨香閣	G 彙考	H 可憑	I 叢考	J その他の圖書	K 論文等	No.
隋補251		4-80			鴛鴦藏石246;陝西石藝265;碑林全69-1356;隋誌百品270;彭州179	劉韞1995;周曉薇等2011a;周曉薇等2012a;楊寧2013;邢鵬2015	2369
							2370
隋補251		4-83			鴛鴦藏石247;碑林全69-1361;彭州173	澤田雅弘1999;周曉薇等2012a;楊寧2013;邢鵬2015	2371
隋補252		4-86		737;738;846;903	隋人傳68;鴛鴦藏石196;碑林全69-1385;彭州174;北窗174	趙萬里1947a;謝國劍等2011;梁春勝2018c;侯紀潤2022	2372
					新獲百品42;隋精粹5-83	王書欽等2018a;呂偉濤2023	2373
隋補253		4-91 6-155		738	增校隋462/修296;魯迅誌749;民族姓氏24;隋人傳69;隋選粹143;隋誌百品280;選萃;故宮彙編98;釋要827;北窗176	趙振華等2004;劉天琪2009	2374
		6-147					2375
			434		鄭州隋唐2	鄭州市文物考古院等2015	2376
隋補256		4-101		965	碑林新52;北大新拓132;長安碑刻16;佛教金石104;陝西萃編258;隋精粹1-69	周曉薇2003;張安興2007;周曉薇2008;周曉薇等2014b;王其禕等2021a;羅紅勝2023	2377
		4-99			新獲續13	周曉薇等2008;周曉薇等2012c	2378
隋補255		4-106		314;738	石學鑫探230;隋人傳69;隋選粹152;隋誌百品289;故宮彙編100;北窗178;絲路沿綫172	陳長安1989;周曉薇等2008	2379
隋補489		6-148			金石錄387		2380
隋補489		6-150					2381
隋補254		4-111		268;447	隋人傳71;鴛鴦藏石197;碑林全69-1392;彭州176;北窗177;薛氏216	侯紀潤2008	2382
							2383
					臨城館藏15		2384

No.	墓誌名稱	紀年	出土地	現藏場所	A 目錄	B 集釋	C 北圖拓·新中國	D 隋唐五代
2385	閻靜墓誌	大業6年(610)閏11月10日	河北獲鹿	正定縣文物保管所	四十年25;碑索6-2777		河北壹47	河北18
2386	辛侃墓誌	大業6年(610)閏11月15日	陝西長安	墨香閣	碑索6-2778	新隋29 西南141		
2387	賈氏(宮人)墓誌	大業6年(610)閏11月19日	河南洛陽	西安碑林博物館	題跋159;檢要333/修209;史語所44;史語所44;北圖目49;洛目49;時地a76/b68;北大目107;淑德84;陝目提要123;碑索6-2778;日本616	漢魏536	10-42	洛陽1-58
2388	段模墓誌	大業6年(610)12月5日	河南洛陽	遼寧省博物館	題跋159;中央館33;檢要334/修209;史語所44;洛目49;文庫31;時地a66/b56;北大目107;淑德84;碑索6-2779;日本616	漢魏444	10-43	洛陽1-59
2389	賈珉墓誌	大業6年(610)12月14日	河南洛陽		題跋159;檢要334/修210;洛目50;時地a66/b56;碑索6-2781;日本617	漢魏445		洛陽1-60
2390	譚巍墓誌	大業6年(610)12月17日	河南禹州	禹州市博物館	碑索6-2781			
2391	朱氏(宮人)墓誌	大業6年(610)12月20日	河南洛陽	西安碑林博物館	題跋159;檢要335/修210;史語所44;北圖目49;洛目50;時地a76/b68;北大目107;淑德84;陝目提要125;碑索6-2782	漢魏537	10-46	洛陽1-61
2392	鄭渙墓誌	大業6年(610)12月			碑索6-2783			
2393	甄元希墓誌	大業6年(610)			檢要335/修210;文庫31;北大目107;淑德40;碑索6-2784;日本617		10-46	北大1-18
2394	樂微墓誌	大業6年(610)	山西長城		碑索6-2786			
2395	郭氏(宮人)墓誌	大業7年(611)正月23日	河南洛陽	西安碑林博物館	題跋159;中央館33;檢要336/修210;史語所44;北圖目49;洛目50;時地a76/b68;北大目108;陝目提要125;碑索6-2786;日本617	漢魏538	10-47	洛陽1-62
2396	杜君妻錢大忍墓誌	大業7年(611)2月16日	陝西西安					
2397	趙榮墓誌	大業7年(611)2月28日	陝西武功		北大目108;碑索6-2787	西南144		
2398	劉則及妻高氏墓誌	大業7年(611)4月6日	河南洛陽		題跋159;中央館33;檢要336/修210;史語所44;北圖目49;洛目50;時地a66/b56;北大目108;碑索6-2788	漢魏446	10-48	洛陽1-63
2399	宋禮及妻竇氏墓誌	大業7年(611)4月18日	陝西	個人藏	碑索6-2789			

E 全文・補遺	F 疏證・墨香閣	G 彙考	H 可憑	I 叢考	J その他の圖書	K 論文等	No.
隋補257	579 修536	4-115			河北錄432;鹿泉1	河北正定文物保管所1986	2385
	墨236		437	739	秦晉豫續196;隋精粹2-33	李皓2018	2386
隋補254		4-118			鴛鴦藏石248;陝西石藝266;碑林全69-1367;隋誌百品281;彭州177	周曉薇等2012a;楊寧2013;邢鵬2015	2387
隋補257		4-121			隋人傳72;遼博43;絲路沿綫174;武威志354;涼州511	羅福頤等2019;馬振穎2022	2388
隋補258		4-125		739;806	魯迅誌755		2389
		6-154					2390
隋補259		4-128		739	鴛鴦藏石249;陝西石藝265;碑林全69-1371;隋誌百品299;彭州178	劉韞1995;朱關田2002;周曉薇等2011a;楊寧2013;邢鵬2015	2391
隋補489		6-151					2392
隋補489	581 修538	4-131			增校隋462/修296;魯迅誌759;磚刻1130		2393
		6-153				山西省文物管理委員會1965	2394
隋補260		4-133			鴛鴦藏石250;碑林全69-1400;隋誌百品305;彭州180	周曉薇等2011a;楊寧2013;邢鵬2015	2395
			440		隋精粹3-33		2396
			442		珍稀百品38;秦晉豫續198	王其禕等2018	2397
隋補260		4-136		223;414;787;803	隋人傳72;盧氏27;洛誌研86	陳長安1989;王其禕等2011b;鄒虎2018;周阿根等2021	2398
				620;740	秦晉豫111	劉琴麗2020b	2399

No.	墓誌名稱	紀年	出土地	現藏場所	A 目錄	B 集釋	C 北圖拓·新中國	D 隋唐五代
2400	斛斯樞墓誌	大業7年(611) 4月21日	河南洛陽	西安碑林博物館	題跋159;檢要336/修211;史語所44;北圖目49;洛目50;時地a66/b56;碑索6-2789;日本618	漢魏604		洛陽1-64
2401	陳氏(宮人)墓誌	大業7年(611) 4月29日	河南洛陽	西安碑林博物館	題跋159;檢要337/修211;史語所44;北圖目50;洛目50;時地a76/b68;北大目108;陝目提要125;碑索6-2790;日本617	漢魏539	10-49	洛陽1-65
2402	李氏(宮人)墓誌	大業7年(611) 5月22日	河南洛陽	西安碑林博物館	題跋159;檢要337/修211;史語所44;北圖目50;洛目50;時地a76/b68;北大目108;淑德84;陝目提要126;碑索6-2791;日本618	漢魏540	10-50	洛陽1-66
2403	陳叔忠墓誌	大業7年(611) 9月27日						
2404	元鍾墓誌	大業7年(611) 10月21日	河南洛陽	故宮博物院	題跋159;檢要338/修212;史語所44;北圖目50;洛目50;時地a66/b56;北大目108;碑索6-2795	漢魏66	10-52	洛陽1-67
2405	姚辯墓誌	大業7年(611) 10月21日	甘肅武威?		題跋159;檢要338/修212;史語所44;陝目集存28;北大目108;淑德84;碑索6-2793;日本619			
2406	張濤妻禮氏墓誌	大業7年(611) 11月3日	河南洛陽		題跋159;檢要339/修212;洛目51;時地a66/b56;北大目109;碑索6-2797	漢魏605	10-53	洛陽1-68
2407	鄭謇墓誌	大業7年(611) 11月21日	河南洛陽	洛陽古代藝術館	洛目51;碑索6-2797			洛陽1-69
2408	□睦墓誌	大業7年(611) 12月9日	河南洛陽	故宮博物院	題跋159;檢要339/修213;洛目51;碑索6-2799	漢魏606	10-54	洛陽1-70
2409	魏氏(宮人)墓誌	大業7年(611) 12月22日	河南洛陽	西安碑林博物館	題跋159;中央館34;檢要340/修213;史語所44;北圖目50;洛目51;時地a76/b68;北大目109;陝目提要125;碑索6-2799;日本619	漢魏541	10-56	洛陽1-71
2410	田德元墓誌	大業7年(611) 12月22日	陝西西安	西安碑林博物館	檢要340/修213;四十年52;陝目提要126;碑索6-2800		10-55 陝西貳9	陝西1-3
2411	熊諫墓誌	大業7年(611)	江西清江	清江博物館				
2412	李法珍墓誌	大業7年(611)	江西清江	清江博物館				
2413	郭達及妻侯氏墓誌	大業8年(612) 正月5日	河南洛陽		題跋159;中央館31;檢要341/修213;史語所44;洛目51;時地a66/b57;北大目109;碑索6-2801	漢魏447	10-57	洛陽1-72

E 全文・補遺	F 疏證・墨香閣	G 彙考	H 可憑	I 叢考	J その他の圖書	K 論文等	No.
隋補262		4-143			鴛鴦藏石198;隋選粹162;隋誌百品310;彭州181;磚刻1131;洛少322	趙萬里1947a;吳建華2008	2400
隋補262		4-146			鴛鴦藏石251;彭州182	周曉薇等2011a;楊寧2013;邢鵬2015	2401
隋補263		4-149		740	鴛鴦藏石252;碑林全69-1406;彭州183	劉韞1995;周曉薇等2011a;謝國劍等2011;周曉薇等2012a;楊寧2013;邢鵬2015	2402
						李春林2015	2403
隋補264		4-167		895	輯繩62;隋人傳74;故宮珍品80;故宮彙編102;洛少130;佛教金石105		2404
全4096		4-152		741	武威錄19;趙紹祖347;羌族609;武威志354;絲路沿綫176;涼州513	顧鐵符1991;宮大中2002;宮大中2004d	2405
隋補265		4-172			隋人傳75;佛教金石106	謝國劍等2011;周曉薇等2012c	2406
隋補266	582 修539	4-176		789	輯繩63;唐代鄭氏52	劉志生2012b	2407
隋補267		4-185		421;530	磚刻1132;故宮彙編104		2408
隋補268		4-193			鴛鴦藏石253;陝西石藝266;碑林全69-1412;隋誌百品312;彭州185	周曉薇等2011a;周曉薇等2012a;楊寧2013;邢鵬2015	2409
隋補268	587 修544	4-188		162;988	隋人傳76;碑林全69-1424;西北133;五十年上164;陝西萃編260;涼州516	陝西省文物管理委員會1957;劉志生2011a;劉志生等2012b;梁春勝2016a;梁春勝2016b;梁春勝2020	2410
						清江博物館1977	2411
						黃頤壽1976;清江博物館1977	2412
隋補269		4-196		249;846	隋人傳77;魯迅誌761;翰墨2-29		2413

No.	墓誌名稱	紀年	出土地	現藏場所	A 目錄	B 集釋	C 北圖拓・新中國	D 隋唐五代
2414	劉德墓誌	大業8年(612)正月9日	河南洛陽	西安碑林博物館	題跋159;中央館34;檢要341/修214;北圖目50;洛目51;時地a66/b57;淑德84;陝目提要126;碑索6-2802;日本619	漢魏448	10-58	洛陽1-73
2415	高叡墓誌	大業8年(612)正月19日	陝西耀縣	銅川市耀州區博物館	陝目提要128;碑索6-2803			
2416	元壽(元長壽)碑	大業8年(612)正月			題跋39;陝目集存28;碑索6-2804			
2417	尉仁弘墓誌	大業8年(612)2月22日	河北曲陽	曲陽縣文物保管所	四十年52;碑索6-2807		河北壹48	河北19
2418	何氏(宮人)墓誌	大業8年(612)2月22日	河南洛陽	西安碑林博物館	題跋159;中央館34;檢要343/修214;史語所45;北圖目50;洛目52;時地a76/b68;北大目109;淑德84;陝目提要126;碑索6-2804;日本620	漢魏542	10-60	洛陽1-74
2419	孟孝敏妻劉氏墓誌	大業8年(612)2月22日	河南洛陽	西安碑林博物館	題跋159;中央館32;檢要342/修214;史語所45;洛目51;時地a67/b57;北大目109;陝目提要127;碑索6-2805;日本620	漢魏449	10-61	洛陽1-75
2420	盧昌寓墓誌	大業8年(612)2月22日	河北涿州	涿州市文物保管所	碑索6-2807			
2421	劉豪墓誌	大業8年(612)2月28日	陝西西安	個人藏				
2422	陳氏(宮人)墓誌	大業8年(612)3月3日	河南洛陽	西安碑林博物館	題跋159;檢要343/修215;史語所45;北圖目51;洛目52;時地a76/b68;北大目109;陝目提要127;碑索6-2808;日本620	漢魏543		洛陽1-76
2423	楊善及妻王氏墓誌	大業8年(612)3月5日		民間藏				
2424	徐智竦墓誌碑	大業8年(612)3月21日	廣東廣州	廣東省博物館	題跋159;檢要344/修215;北大目109;碑索6-2809	漢魏607		
2425	馬懷玉墓誌	大業8年(612)3月	河南洛陽		檢要344/修215;碑索6-2810			
2426	劉賓及妻王氏墓誌	大業8年(612)5月30日	河南洛陽	洛陽市博物館	中央館31;檢要344/修215;北圖目46;洛目52;時地a67/b57;碑索6-2810			洛陽1-78
2427	屈土潗妻焦氏墓誌	大業8年(612)6月4日	河南鄭州		碑索6-2811			
2428	韋氏(宮人)墓誌	大業8年(612)6月16日	河南洛陽	西安碑林博物館	題跋159;中央館34;檢要345/修216;史語所45;北圖目51;洛目52;時地a77/b68;北大目110;陝目提要127;碑索6-2811;日本620	漢魏544	10-63	洛陽1-79

E 全文・補遺	F 疏證・墨香閣	G 彙考	H 可憑	I 叢考	J その他の圖書	K 論文等	No.
隋補270		4-201			隋人傳78;鴛鴦藏石200;碑林全70-1455;彭州186	陳長安1989;徐志學2014;姜維公2014;拜根興2019	2414
			445		高姓304;銅川碑刻15;陝西萃編262;陝西集成235	王建域2009	2415
隋補489					金石錄387		2416
隋補271	591 修547	4-210		741	河北錄259;保定誌29	薛增福1984;劉森垚2018;拜根興2019;趙和平2020;南澤2022;李忠魁2022;劉軍2023e	2417
隋補272		4-212		314	輯繩65;集萃9-7;鴛鴦藏石254;碑林全69-1432;隋誌百品319;法全隋誌77;彭州188	楊寧2013;邢鵬2015;梁春勝2016a	2418
隋補272		4-207			隋人傳80;鴛鴦藏石201;碑林全70-1464;隋誌百品326;彭州187;北窗179	趙力光1999	2419
		4-215			涿州錄114;涿州志149;盧氏28	邱光華2010	2420
					隋精粹1-77		2421
隋補273		4-218		349	鴛鴦藏石255;碑林全69-1435;隋誌百品329;彭州189	周曉薇等2011a;楊寧2013;邢鵬2015	2422
					陝西集成236	周曉薇2023b	2423
隋補274		4-221			增校隨464/修297;廣東晉唐186;廣東博223;廣東圖志35;佛教金石107;廣東集7;廣府錄834	汪兆鏞1942b;趙萬里1947a;馬國權1962;琴心1979;王壯弘1984;朱萬章2001;王亞芳2013	2424
隋補489		6-158					2425
隋補277 隋補489	597 修553	4-229 6-159			新獲18;洛中3-840;新獲七朝59;秦晉豫續200;佛教金石109;河南散存208	沈淑玲1997;任昉2001;周曉薇等2008;邱光華2010;謝國劍等2011;李婷2017	2426
		4-232				曹天信1960	2427
隋補278		4-233		742	鴛鴦藏石256;碑林全69-1439;彭州190	周曉薇等2011a;楊寧2013;邢鵬2015	2428

No.	墓誌名稱	紀年	出土地	現藏場所	A 目錄	B 集釋	C 北圖拓・新中國	D 隋唐五代
2429	沈氏(宮人)墓誌	大業8年(612)7月1日	河南洛陽	西安碑林博物館	題跋159;檢要345/修216;北圖目51;洛目52;時地a77/b68;北大目110;陝目提要127;碑索6-2813;日本620	漢魏545	10-64	洛陽1-80
2430	僧志脩塔述	大業8年(612)7月6日	江蘇江都		碑索6-2813		10-62	北京遼寧1-26
2431	蕭氏(宮人)墓誌	大業8年(612)7月25日	河南洛陽	西安碑林博物館	題跋159;檢要346/修216;史語所45;北圖目51;洛目52;時地a77/b69;北大目110;陝目提要127;碑索6-2814;日本620	漢魏546	10-65	洛陽1-81
2432	蕭瑒墓誌	大業8年(612)8月13日	河南洛陽	洛陽古代藝術館	題跋159;中央館34;檢要346/修216;史語所45;北圖目50;洛目52;文庫31;時地a67/b57;北大目110;淑德84;碑索6-2815;日本621	漢魏450	10-66	洛陽1-82
2433	裴逸墓誌	大業8年(612)8月25日	河南洛陽	中國國家博物館	題跋160;檢要347/修217;史語所45;洛目53;時地a67/b57;北大目110;碑索6-2818	漢魏452		洛陽1-84
2434	高緊墓誌	大業8年(612)8月25日	河南洛陽	西安碑林博物館	題跋160;檢要347/修217;北圖目51;洛目53;時地a67/b57;陝目提要127;碑索6-2817;日本621	漢魏451	10-67	洛陽1-83
2435	豆盧世琮墓誌	大業8年(612)8月25日		關中民俗藝術博物院				
2436	田光山妻李氏墓誌	大業8年(612)10月14日	河南洛陽	西安碑林博物館	題跋160;中央館35;檢要347/修217;史語所45;北圖目51;洛目53;時地a67/b58;北大目110;陝目提要128;碑索6-2818;日本621	漢魏453	10-68	洛陽1-85
2437	張紀及妻趙氏墓誌	大業8年(612)10月14日						
2438	韓暨及妻王氏墓誌	大業8年(612)10月15日	遼寧朝陽	遼寧省博物館	四十年47;碑索6-2819			北京遼寧3-178
2439	張娥英(張妙芬)墓誌	大業8年(612)10月21日	河南洛陽	洛陽古代藝術館	洛目52・53;碑索6-2820			洛陽1-77
2440	劉氏(宮人)墓誌	大業8年(612)10月	河南洛陽		時地a77/b69;碑索6-2821			
2441	任清墓誌	大業8年(612)11月1日	河南安陽		碑索6-2821			
2442	孔神通墓誌	大業8年(612)11月8日	河南洛陽	故宮博物院	題跋160;中央館34;檢要348/修218;北圖目50;洛目53;碑索6-2821	漢魏455	10-69	洛陽1-86
2443	張毅墓誌	大業8年(612)11月8日	甘肅敦煌	甘肅省文物考古研究所?				

E 全文・補遺	F 疏證・墨香閣	G 彙考	H 可憑	I 叢考	J その他の圖書	K 論文等	No.
隋補278		4-236			鴛鴦藏石257;碑林全69-1445;彭州191	周曉薇等2011a;楊寧2013;邢鵬2015;梁春勝2016a	2429
隋補279	600 修556				佛教金石110;僧尼21	樊波等2008	2430
隋補279		4-239		375	集萃9-8;鴛鴦藏石258;碑林全69-1451;隋誌百品335;彭州192	周曉薇等2011a;楊寧2013;邢鵬2015	2431
隋補281		4-242		742	增校隨462/修296;魯迅誌765;集萃9-9;隋人傳80;法全隋誌79;洛中3-844;釋要831;菁英123;河南散存210;啓功233	陳長安1989;李春敏1996;姜維公2014;拜根興2019	2432
隋補280		4-248			歷博大觀88;隋誌百品343;裴氏集18;國博誌42	王義康2008;梁春勝2020	2433
隋補282		4-251			隋人傳81;鴛鴦藏石202;碑林全70-1466;彭州193;北窗180;高姓302	陳長安1989;羅曼2011;劉天琪2011	2434
					關中院18		2435
隋補282		4-254			隋人傳82;鴛鴦藏石203;碑林全70-1474;隋誌百品345;彭州194;北窗181	劉天琪2011;周曉薇等2012b	2436
					鄭州隋唐4		2437
隋補284	601 修557	4-258		421;740;742;743;891	東北古史3-653;朝陽文物89;遼博44;遼寧碑誌97;遼寧志301	孫國平1980;朱子方等1986;井上直樹2001;蔡子鶴等2007;羅曼2011;劉志生2011a;王其禕等2011b;李紅2012;姜維公2014;鄒虎2020	2438
隋補276・489	593 修549	4-264		743		周曉薇等2008;邱光華2010;周曉薇等2011c;周曉薇等2012b;仇鹿鳴2016;張崇依2017	2439
						劉琴麗2020b	2440
				743;799;988	安陽選編19;西南滙釋76	何山2021	2441
隋補286		4-268			隋人傳83;故宮彙編106;洛誌研95		2442
						甘肅省文物考古研究所2019;馬振穎等2023c	2443

— 495 —

No.	墓誌名稱	紀年	出土地	現藏場所	A 目錄	B 集釋	C 北圖拓・新中國	D 隋唐五代
2444	麻君妻龐畏孃墓誌	大業8年(612) 11月9日	河南洛陽		題跋160;中央館35;檢要348;修218;北圖目50;洛目53;時地a67/b58;碑索6-2821	漢魏456	10-70	洛陽1-87
2445	□墮(陸墮)及妻趙氏墓誌	大業8年(612) 11月14日	河南洛陽	ロイヤルオンタリオ博物館	題跋160;中央館29;檢要349;修218;史語所45;北圖目43;洛目48;時地a67/b58;北大目110;碑索6-2823;日本616	漢魏457	10-71	陝西3-4 洛陽1-88
2446	王君妻成公氏墓誌	大業8年(612) 11月26日	河南洛陽	西安碑林博物館	題跋160;中央館33;檢要349;修218;史語所45;北圖目50;洛目53;時地a67/b58;北大目110;陝目提要128;碑索6-2824;日本621	漢魏458	10-72	洛陽1-89
2447	張伏敬墓誌	大業8年(612) 12月27日	河南洛陽	西安碑林博物館	題跋160;檢要350/修219;北圖目51;洛目54;時地a67/b58;北大目111;陝目提要126;碑索6-2826	漢魏454	10-73	洛陽1-90
2448	霍還墓誌	大業9年(613) 正月9日	河南孟津	個人藏	北大目111;碑索6-2827			
2449	陳氏(宮人)墓誌	大業9年(613) 正月16日	河南洛陽	西安碑林博物館	題跋160;檢要350/修219;史語所45;北圖目52;洛目54;時地a77/b69;北大目111;淑德84;陝目提要129;碑索6-2828;日本621	漢魏547	10-74	洛陽1-91
2450	陳叔榮墓誌	大業9年(613) 正月21日	河南洛陽		題跋160;檢要351/修219;史語所45;洛目54;時地a68/b58;碑索6-2829	漢魏459	10-75	洛陽1-92
2451	李協墓誌	大業9年(613) 正月22日	山西長治					
2452	蕭球墓誌	大業9年(613) 2月16日	河南洛陽	個人藏	檢要351/修220;史語所45;北圖目51;洛目54;時地a68/b58;北大目111;碑索6-2830;日本622		10-76	洛陽1-93
2453	□大墓誌	大業9年(613) 2月16日	山東濟南	濟南市博物館	碑索6-2830・2863			
2454	周瑞及妻顏氏墓誌	大業9年(613) 2月16日	河南安陽		碑索6-2831			
2455	張悶妻蘇恒墓誌	大業9年(613) 2月17日	河南洛陽	西安碑林博物館	題跋160;檢要352/修220;史語所45;北圖目52;洛目54;時地a68/b59;陝目提要129;碑索6-2831	漢魏460	10-77	洛陽1-94
2456	姜明墓誌	大業9年(613) 2月28日	河南洛陽	河南博物院	題跋160;中央館27;檢要353/修221;史語所45;北圖目39;洛目54;文庫31;時地a68/b59;北大目111;淑德84;碑索6-2832;日本622	漢魏463	10-78	洛陽1-95
2457	皇甫深墓誌	大業9年(613) 2月28日	河南洛陽	開封博物館	題跋160;中央館34;檢要352/修220;北圖目51;史語所46;洛目54;時地a68/b59;北大目111;碑索6-2835;日本622	漢魏461	10-79	洛陽1-96

E 全文・補遺	F 疏證・墨香閣	G 彙考	H 可憑	I 叢考	J その他の圖書	K 論文等	No.
隋補287		4-274			隋人傳84;洛陽院46		2444
隋補287		4-95		738	增校隨462/修296;魯迅誌753;輯繩61;洛少400	周曉薇等2008;呂偉濤2021	2445
隋補288		4-278		356	魯迅誌769;隋人傳84;鴛鴦藏石204;碑林全70-1480;隋誌百品346;彭州195;佛教金石110	周曉薇等2012b;周曉薇等2012c;俟紀潤2022	2446
隋補283		4-282			隋人傳85;鴛鴦藏石205;碑林全70-1489;隋誌百品347;彭州196	陳長安1989;謝國劍2013	2447
			448	242;743	秦晉豫113		2448
隋補289		4-285			鴛鴦藏石259;碑林全70-1495;隋誌百品348;彭州197	周曉薇等2011a;楊寧2013;邢鵬2015;梁春勝2020	2449
隋補290		4-288			隋人傳86;洛誌研103	陳俊宇2023	2450
			450		誌法精選13;秦晉豫三144		2451
隋補290	604 修560	4-292			輯繩66;隋人傳86;洛誌研65		2452
		4-296			山東選粹34;濟南誌21;山東分類111;山東書全226		2453
				741	安陽選編18		2454
隋補291		4-298		744	隋人傳87;鴛鴦藏石206;碑林全70-1507;彭州198;洛少229	周曉薇等2008;羅曼2011;周曉薇等2011c;周曉薇等2012b;趙曜曜2016a;王靜2023a	2455
隋補292		4-303		744;837	魯迅誌771;集萃8-100;隋人傳88;翰墨2-31;西民大拓67	梁春勝2016a	2456
隋補293		4-312			隋人傳89;翰墨2-30	徐志學2014	2457

No.	墓誌名稱	紀年	出土地	現藏場所	A 目錄	B 集釋	C 北圖拓・新中國	D 隋唐五代
2458	張業及妻路氏墓誌	大業9年(613)2月28日	河南洛陽	西安碑林博物館	題跋160;檢要353/修220;史語所46;北圖目48;洛目55;時地a68/b59;北大目111;陝目提要129;碑索6-2833;日本622	漢魏462	10-80	洛陽1-97
2459	藺義及妻姬氏墓誌	大業9年(613)2月28日	河南安陽		碑索6-2832			
2460	郝宜墓誌	大業9年(613)3月5日	陝西延長	延長縣文物管理委員會	陝目提要128;碑索6-2836			
2461	張盈墓誌	大業9年(613)3月10日	河南安陽	開封博物館	題跋160;中央館30;檢要354/修221;史語所46;北圖目45・60;洛目55;文庫31;時地a68/b59;北大目112;淑德84;碑索6-2836;日本622	漢魏464	10-82	河南8 洛陽1-99
2462	張盈妻蕭餝性墓誌	大業9年(613)3月10日	河南洛陽	開封博物館	題跋160;中央館33;檢要354/修221;史語所46;北圖目49;洛目55;文庫32;時地a68/b59;北大目111;碑索6-2837;日本623	漢魏465	10-81	洛陽1-98
2463	楊矩墓誌	大業9年(613)3月10日	陝西華陰	千唐誌齋博物館	碑索6-2839			
2464	豆盧賢(慕容賢)墓誌	大業9年(613)3月10日	陝西西咸	西安市文物保護考古研究院				
2465	郝歡妻張氏墓誌	大業9年(613)3月11日		墨香閣	碑索6-2839			
2466	楊文思墓誌	大業9年(613)3月28日	陝西華陰	千唐誌齋博物館	北大目112;碑索6-2840			
2467	楊約墓誌	大業9年(613)4月29日	陝西華陰	千唐誌齋博物館	北大目112;碑索6-2840			
2468	豆盧氏(宮人)墓誌	大業9年(613)8月26日	河南洛陽	西安碑林博物館	題跋160;檢要355/修222;史語所46;北圖目52;洛目55;時地a77/b69;北大目112;陝目提要130;碑索6-2841	漢魏548	10-83	洛陽1-100
2469	楊雄墓誌	大業9年(613)9月13日	陝西華陰?	墨香閣	碑索6-2842			
2470	楊雄妻王媛華墓誌	大業9年(613)9月13日	陝西華陰?		碑索6-2843			
2471	楊雄妻長孫淑信墓誌	大業9年(613)9月13日	陝西華陰?		碑索6-2842			
2472	張道淵及妻衛氏墓誌	大業9年(613)10月2日	河南洛陽		北大目112;碑索6-2843			

E 全文・補遺	F 疏證・墨香閣	G 彙考	H 可憑	I 叢考	J その他の圖書	K 論文等	No.
隋補294		4-307		291;744;847	隋人傳90;鴛鴦藏石207;碑林全70-1515;隋誌百品355;彭州200		2458
				666;744;769	安陽選編20;西南滙釋78;文字墨影31		2459
			452		陝西集成237	段雙印等2009	2460
隋補296		4-317		744	增校隨465/修298;魯迅誌775;集萃9-11;隋人傳92;隋選粹181;隋誌百品362;翰墨2-32;釋要833	澤田雅弘1999;澤田雅弘2009a;仇鹿鳴2016	2461
隋補295		4-323 6-163		745	魯迅誌779;集萃9-10;隋人傳90;隋選粹167;翰墨2-33;秦晉豫116	陳長安1989;周曉薇等2008;澤田雅弘2009a;周曉薇等2012c;劉琴麗2020b	2462
	607 修563	4-328		745	洛陽新見22;秦晉豫115;新獲七朝60;陝西新隋90;字里賞讀66;渭華翠色154;張海館a90/b118;隋精粹6-69	李獻奇等2001;楊爲剛2009;龍仕平等2010;堀井裕之2017;何山2019;馮臻2020;會田大輔2023a	2463
					隋精粹3-39	西安文物保護考古院2022;李宗俊等2022	2464
	墨282						2465
		4-331		745	唐補千唐461;北大新拓134;雲雨蟄龍72;千唐全集62;洛誌研125;隋精粹6-83	王慶衞等2005;王慶衞等2006;楊爲剛2009;龍仕平等2010;王化昆等2015;周偉洲2016b;堀井裕之2017;會田大輔2023a	2466
		4-336		746;989	唐補千唐463;近新;北大新拓133;秦晉豫續201;雲雨蟄龍78;千唐全集64;隋精粹9-71	王慶衞等2006;楊爲剛2009;堀井裕之2017;梁春勝2018c;會田大輔2023a	2467
隋補298		4-341		530	鴛鴦藏石260;碑林全70-1501;隋誌百品363;彭州201;洛少231;盧氏335	周曉薇等2011a;楊寧2013;邢鵬2015	2468
	墨238			746;747;970	秦晉豫續202;字里賞讀60	張應橋2016;楊奇霖2018;拜根興2019;會田大輔2023a	2469
				263	秦晉豫續204;字里賞讀56	張應橋2016	2470
				661;747;815;956	秦晉豫續206;字里賞讀52	張應橋2016	2471
		4-344	454				2472

No.	墓誌名稱	紀年	出土地	現藏場所	A 目錄	B 集釋	C 北圖拓·新中國	D 隋唐五代
2473	豆盧寔墓誌	大業9年(613)10月3日	河南洛陽	開封博物館	題跋160;中央館32;檢要355/修222;史語所46;北圖目48;洛目55;文庫32;時地a68/b59;北大目112;淑德84;碑索6-2843;日本623	漢魏466	10-84	洛陽1-101
2474	潘嗣墓誌	大業9年(613)10月3日	河南安陽	個人藏	碑索6-2845			
2475	□鍾葵墓誌	大業9年(613)10月12日	河南洛陽	西安碑林博物館	題跋160;檢要355/修222;北圖目52;洛目55;時地a68/b59;北大目112;碑索6-2845	漢魏467	10-85	洛陽1-102
2476	董重及妻梁氏墓誌	大業9年(613)10月14日		個人藏	北大目113;碑索6-2847			
2477	王均及妻申氏墓誌	大業9年(613)10月14日	山西長治		北大目113;碑索6-2847			
2478	元誠墓誌	大業9年(613)10月14日	陝西西安	西安博物院	碑索6-2846			
2479	王華及妻李氏墓誌	大業9年(613)10月14日	山西長治					
2480	席德將墓誌	大業9年(613)10月15日	河南洛陽	西安碑林博物館	中央館35;檢要356/修223;北圖目52;洛目55;時地a69/b60;陝目提要129;碑索6-2849		10-87	洛陽1-103
2481	趙朗及妻孫氏墓誌	大業9年(613)10月15日	河南洛陽	開封博物館	題跋160;檢要356/修222;史語所47;北圖目45;洛目55;文庫32;時地a69/b59;北大目113;淑德84;碑索6-2847;日本623	漢魏468	10-88	洛陽1-104
2482	那提法師墓誌	大業9年(613)10月15日	陝西長安	西安碑林博物館	北大目113;秦嶺202;陝目提要129;碑索6-2848		陝西貳10	北大1-19
2483	趙覬及妻樊氏墓誌	大業9年(613)10月15日	河北臨漳	鄴城博物館	碑索6-2850		河北壹49	
2484	杜祐墓誌	大業9年(613)10月15日	陝西長安	西安碑林博物館	北大目113;秦嶺201;碑索6-2849	西南146		
2485	杜懿及妻韋氏墓誌	大業9年(613)10月15日	陝西長安	榆陽區古代碑刻藝術博物館				
2486	賀叔達妻張客孃墓誌	大業9年(613)10月21日			北大目113;碑索6-2850			北大1-20
2487	杜秀(宇文秀)妻辛氏墓誌	大業9年(613)10月25日						
2488	張受(張虔)及妻李氏墓誌	大業9年(613)10月26日	河南洛陽	中國國家博物館	題跋160;中央館35;檢要357/修223;史語所48;北圖目52;洛目56;時地a69/b60;北大目113;碑索6-2851	漢魏469	10-89	洛陽1-105

E 全文・補遺	F 疏證・墨香閣	G 彙考	H 可憑	I 叢考	J その他の圖書	K 論文等	No.
隋補298		4-346		327;747; 748;896; 948	增校隨465/修298;魯迅誌783;集萃9-12;民族姓氏63;隋人傳93;翰墨2-34;胡姓考108;釋要836;洛少232;盧氏334;絲路沿綫180;洛誌研82	陳長安1989;姜維公2014;高鐵泰等2015;拜根興2019	2473
			459	748	秦晉豫117		2474
隋補300		4-353		748	隋人傳96;鴛鴦藏石208;彭州202		2475
			462	242;913	秦晉豫119;新獲一五60		2476
			466		民間藏誌104;誌法精選5		2477
			464	590;722; 749;750; 896	西安新獲28;陝西新隋93;西南滙釋79		2478
						王菁等2022	2479
隋補301	614 修570	4-365		149;750	隋人傳97;鴛鴦藏石209;陝西石藝266;碑林全70-1530;彭州203		2480
隋補302		4-356		223;750; 779;847	隋人傳98;翰墨2-35	周曉薇等2008;周曉薇等2012b;何山2017	2481
隋補304	612 修568	4-361			碑林全70-1523;西北137;隋誌百品365;法全隋誌82;長安碑刻17;佛教金石111;陝西萃編264;僧尼14	王原茵2000	2482
		4-369			鄴城碑石26;安豐143;邯鄲校釋61;邯鄲石刻8-811		2483
			472		碑林新續32;秦晉豫續208;陝西新隋95;隋精粹1-87	王其禕等2012a;何山2019	2484
			468				2485
		4-373			磚刻1133		2486
						王書欽2023	2487
隋補303		4-375		848;878	隋人傳99;歷博大觀91;北大拓217;隋誌百品367;法全隋誌84;釋要838;國博誌44	陳長安1989;王義康2008;周曉薇等2012b;周曉薇等2012c;梁春勝2018c	2488

No.	墓誌名稱	紀年	出土地	現藏場所	A 目錄	B 集釋	C 北圖拓·新中國	D 隋唐五代
2489	郭寵墓誌	大業9年(613)11月2日	河南洛陽		題跋160;中央館35;檢要357/修223;北圖目53;洛目56;時地a69/b60;北大目113;碑索6-2853	漢魏470	10-90	洛陽1-106
2490	衛侗墓誌	大業9年(613)11月2日	河南洛陽	洛陽師範學院圖書館	洛續15;北大目113;碑索6-2852			
2491	張子明墓誌	大業9年(613)11月2日	陝西咸陽	陝西省考古研究院	碑索6-2852			
2492	牛諒及妻喬氏墓誌	大業9年(613)11月9日	河南洛陽	洛陽市第二文物工作隊	洛目56;洛續15;碑索6-2854		10-91	洛陽1-107
2493	元惠及妻吳氏墓誌	大業9年(613)11月9日		亳州博物館	北大目113;碑索6-2854			
2494	張順墓誌	大業9年(613)11月9日	河南安陽		北大目114;碑索6-2854			
2495	徐純及妻王氏墓誌	大業9年(613)11月16日?	河南洛陽	故宮博物院	檢要308/修193;碑索6-2855;日本607			江蘇山東9
2496	劉度墓誌	大業9年(613)11月19日	河南洛陽	張海書法藝術館	洛續16;碑索6-2855			
2497	衛君妻王氏墓誌	大業9年(613)11月20日	河南洛陽		洛目56;碑索6-2856			
2498	陳常墓誌	大業9年(613)12月13日	河南洛陽	西安碑林博物館	題跋160;中央館36;檢要357/修223;北圖目53;洛目56;時地a69/b60;陝目提要130;碑索6-2856;日本624	漢魏471	10-92	洛陽1-108
2499	宋仲及妻劉氏墓誌	大業9年(613)12月16日	河南洛陽	開封博物館	題跋160;中央館36;檢要358/修224;史語所47;北圖目53;洛目56;文庫32;時地a69/b60;北大目114;碑索6-2857;日本624	漢魏472	10-93	洛陽1-109
2500	蕭瑾墓誌	大業9年(613)12月28日	河南洛陽	開封博物館	題跋160;中央館36;檢要358/修224;史語所47;北圖目53;洛目57;文庫32;時地a72/b60;北大目114;淑德85;碑索6-2858;日本624	漢魏473	10-94	洛陽1-110
2501	張鳳舉墓誌	大業9年(613)	河南洛陽?		題跋160;檢要359/修224;時地a69/b60;碑索6-2860	漢魏474		
2502	元整墓誌	大業9年(613)	陝西長安		題跋160;檢要359/修224;陝目集存29;碑索6-2861			
2503	徐寔墓誌	大業9年(613)	陝西長安		題跋160;檢要359/修225;陝目集存29;碑索6-2861			
2504	姚察妻蕭氏墓誌	大業9年(613)	陝西西安		檢要360/修225;陝目集存30;碑索6-2970			
2505	游元墓誌	大業9年(613)			檢要360/修225;碑索6-2862			

E 全文·補遺	F 疏證·墨香閣	G 彙考	H 可憑	I 叢考	J その他の圖書	K 論文等	No.
隋補304		4-385			隋人傳100;隋選粹192	陳長安1989;謝國劍等2011	2489
		4-382		750;897;907	洛新釋錄328;河南散存212;秦晉豫三145	洛陽市文物工作隊2009;佐川英治2012;周能俊2014	2490
		4-379			陝西院15;陝西萃編266		2491
隋補306	617 修573	4-390			隋人傳102;新獲續14;牛氏127	喬棟等2005h;周曉薇等2008;裴蘭婷2011;周曉薇等2011c;劉志生等2012b;周曉薇等2012b	2492
		4-394				馬艷茹2012	2493
				829	民間藏誌90;誌法精選14;西南滙釋81	何山2021	2494
隋補488	628 修583	4-397			故宮彙編108	李紅2012;周曉薇等2012c;劉本才2019	2495
		5-1			邙洛49;新獲七朝61;獻縣26;佛教金石112;張海館a92/b272;隋精粹3-59	刁淑琴等2011;王其禕等2011b;舒韶雄2013;周北南等2014;舒韶雄等2019	2496
隋補489	610 修566	5-5		751	輯繩67;洛陽院48	羅曼2011	2497
隋補306		5-9			隋人傳103;鴛鴦藏石210;碑林全70-1539;彭州204	謝國劍等2011;趙曙曙2016a	2498
隋補307		5-14		751;848	隋人傳104;翰墨2-36	周曉薇等2008;周曉薇等2011c;周曉薇等2012b;梁春勝2018c	2499
隋補308		5-19		907	隋人傳105;隋誌百品368;翰墨2-37;河南散存214;洛誌研103	周錚1987	2500
隋補310		5-25			增校隨466/修298		2501
隋補489		6-161					2502
隋補489		6-162					2503
		6-163 6-189					2504
隋補489		6-164					2505

No.	墓誌名稱	紀年	出土地	現藏場所	A 目錄	B 集釋	C 北圖拓・新中國	D 隋唐五代
2506	袁氏(袁遲檍)墓誌	大業9年(613)			碑索6-2860			
2507	元氏(宮人)墓誌	大業10年(614)2月23日	河南洛陽	西安碑林博物館	題跋160;中央館36;檢要360/修225;史語所47;北圖目53;洛57;時地a77・78/b69・71;北大目114;陝目提要130;碑索6-2863;日本624	漢魏549	10-95	洛陽1-111
2508	宋文成墓誌	大業10年(614)3月9日	河南洛陽		碑索6-2865			
2509	王光墓誌	大業10年(614)3月11日	河南洛陽	西安碑林博物館	題跋161;檢要361/修226;史語所47;北圖目53;洛目57;時地a69/b61;北大目114;陝目提要132;碑索6-2865;日本625	漢魏475	10-96	洛陽1-112
2510	釋童眞墓誌	大業10年(614)3月13日	陝西長安					
2511	牛暉墓誌	大業10年(614)3月26日	河南洛陽	西安碑林博物館	題跋161;中央館36;檢要361/修226;史語所47;北圖目53;洛57;時地a70/b61;北大目114;陝目提要130;碑索6-2866;日本625	漢魏476	10-97	洛陽1-113
2512	崔上師妻封依德墓誌	大業10年(614)4月6日	河南洛陽	西安碑林博物館	題跋161;檢要362/修226;北圖目54;洛57;時地a70/b61;陝目提要130;碑索6-2867;日本625	漢魏477	10-98	洛陽1-114
2513	楊岳墓誌	大業10年(614)4月17日	陝西長安?	大唐西市博物館	碑索6-2868			
2514	王慶墓誌	大業10年(614)4月29日		陝西省考古研究院	碑索6-2884			
2515	韓叔鸞墓誌	大業10年(614)5月12日	河南洛陽	西安碑林博物館	題跋161;中央館36;檢要362/修226;北圖目54;洛57;時地a70/b61;北大目114;碑索6-2869	漢魏608	10-99	洛陽1-115
2516	唐長岳孫妻程氏墓誌	大業10年(614)5月18日	山西臨汾					
2517	席氏(宮人)墓誌	大業10年(614)6月4日	河南洛陽	西安碑林博物館	題跋161;檢要363/修227;北圖目54;洛目57;時地a77/b69;淑德85;陝目提要130;碑索6-2869;日本625	漢魏550	10-101	洛陽1-116
2518	田氏(宮人)墓誌	大業10年(614)6月24日	河南洛陽	西安碑林博物館	題跋161;中央館36;檢要363/修227;史語所48;北圖目54;洛目58;時地a77/b69;北大目114;碑索6-2870;日本625	漢魏551	10-103	洛陽1-118
2519	張達墓誌	大業10年(614)7月25日	河南洛陽	開封博物館	題跋161;檢要364/修227;史語所48;北圖目55;洛目58;時地b61;北大目115;碑索6-2872;日本625	漢魏478	10-104	洛陽1-119

E 全文・補遺	F 疏證・墨香閣	G 彙考	H 可憑	I 叢考	J その他の圖書	K 論文等	No.
						劉琴麗2020b	2506
隋補310		5-27			鴛鴦藏石261;碑林全70-1548;隋誌百品369;彭州206;洛少130	邱光華2009;楊寧2013;邢鵬2015	2507
		5-30		751;849		邱光華2010;關雲翔2018;鄒虎2018;梁春勝2018c;周阿根等2021	2508
隋補310		5-34			隋人傳107;鴛鴦藏石211;碑林全70-1581;隋誌百品375;彭州207	周曉薇等2008;周曉薇等2011c;周曉薇等2012c;羅曼2014;周阿根等2021	2509
			477		陝西新隋97;僧尼22	李宗俊2019;周曉薇2019a	2510
隋補311		5-37			隋人傳107;鴛鴦藏石212;碑林全71-1589;隋誌百品376;彭州208;北窗182;牛氏11		2511
隋補311		5-40			隋人傳107;鴛鴦藏石213;碑林全71-1591;彭州209;星空188		2512
					西市52	湯勤福2013;胡明曌2013;黃正建2013;堀井裕之2017	2513
隋補490		6-165			陝西院16		2514
隋補312		5-43			隋人傳108;磚刻1134		2515
					臨汾西趙25	山西省考古研究所等2014;周曉薇等2023	2516
隋補313		5-45		897	鴛鴦藏石262;碑林全70-1552;彭州210	周曉薇等2011a;楊寧2013;邢鵬2015	2517
隋補313		5-48			鴛鴦藏石263;陝西石藝267;碑林全71-1637;隋選粹200;隋誌百品379;彭州211	周曉薇等2011a;周曉薇等2012a;楊寧2013;邢鵬2015	2518
隋補314		5-51			隋人傳108;翰墨2-38		2519

No.	墓誌名稱	紀年	出土地	現藏場所	A 目錄	B 集釋	C 北圖拓·新中國	D 隋唐五代
2520	陳花樹(宮人)墓誌	大業10年(614)7月29日	河南洛陽	西安碑林博物館	題跋161;檢要364/修227;史語所48;北圖目55;洛目58;時地a77/b69;北大目115;淑德85;陝目提要131;碑索6-2872;日本626	漢魏552	10-105	洛陽1-120
2521	馬稱心墓誌	大業10年(614)8月15日	河南洛陽	西安碑林博物館	題跋161;檢要365/修228;北圖目55;洛目58;時地a70/b61;陝目提要131;碑索6-2874	漢魏479	10-106	洛陽1-121
2522	高嗣及妻孟氏綦母氏墓誌	大業10年(614)8月19日	河南洛陽	開封市博物館	題跋161;檢要365/修228;洛目58;時地a70/b61;北大目115;碑索6-2874	漢魏480		洛陽1-122
2523	姚太及妻袁氏墓誌	大業10年(614)8月19日	河南洛陽	西安碑林博物館	題跋161;檢要365/修228;史語所48;北圖目43;洛目58;時地a70/b61;北大目115;陝目提要131;碑索6-2875;日本626	漢魏481	10-107	洛陽1-123
2524	唐氏(宮人)墓誌	大業10年(614)10月21日	河南洛陽	西安碑林博物館	題跋161;中央館37;檢要366/修228;史語所48;北圖目55;洛目58;時地a77/b69;北大目115;陝目提要131;碑索6-2876;日本626	漢魏553	10-108	洛陽1-124
2525	張衡墓誌	大業10年(614)10月21日	河南洛陽	洛陽師範學院圖書館	洛續16;北大目115;碑索6-2877			
2526	侯氏(宮人)墓誌	大業10年(614)10月27日	河南洛陽	西安碑林博物館	題跋161;檢要366/修229;北圖目55;洛目59;時地a77/b69;陝目提要132;碑索6-2878	漢魏554	10-109	洛陽1-125
2527	趙氏(宮人)墓誌	大業10年(614)10月27日	河南洛陽	洛陽博物館				
2528	張軻墓誌	大業10年(614)11月15日	河南洛陽	西安碑林博物館	題跋161;檢要367/修229;史語所48;北圖目54;洛目59;時地a70/b62;北大目115;淑德85;陝目提要132;碑索6-2881;日本626	漢魏483	10-110	洛陽1-126
2529	樊氏(宮人)墓誌	大業10年(614)11月15日	河南洛陽	西安碑林博物館	題跋161;檢要367/修229;史語所48;北圖目52;洛目56;時地a77/b69;北大目115;陝目提要131;碑索6-2879	漢魏555	10-111	洛陽1-127
2530	鄧昞墓誌	大業10年(614)11月15日	河南洛陽	西安碑林博物館	題跋161;中央館36;檢要367/修229;北圖目54;史語所48;洛目59;時地a70/b62;陝目提要132;碑索6-2880;日本626	漢魏482	10-112	洛陽1-128
2531	陸平墓誌	大業10年(614)11月15日	河南洛陽		洛續16;碑索6-2882			
2532	袁亮墓誌	大業10年(614)11月27日	河南偃師	個人藏	碑索6-2882			

E 全文・補遺	F 疏證・墨香閣	G 彙考	H 可憑	I 叢考	J その他の圖書	K 論文等	No.
隋補314		5-54			精華78;隋人傳108;鴛鴦藏石264;陝西石藝267;碑林全70-1557;隋選粹207;隋誌百品385;彭州212	周曉薇等2011a;周曉薇等2012a;楊寧2013;邢鵬2015	2520
隋補315		5-57		807	隋人傳109;鴛鴦藏石214;碑林全71-1593;彭州213	周曉薇等2008;周曉薇等2012a;邢鵬2015;趙曜曜2016a	2521
隋補315		5-65			景州98;星空195;高姓305	周曉薇等2008	2522
隋補316		5-61		619	民族姓氏271;隋人傳110;鴛鴦藏石215;碑林全71-1601;彭州214;洛少297;羌族621		2523
隋補317		5-69			鴛鴦藏石265;碑林全70-1562;隋誌百品401;彭州215	周曉薇等2011a;楊寧2013;邢鵬2015	2524
		5-72			洛新釋錄328;洛誌研134		2525
隋補317		5-74			鴛鴦藏石266;碑林全70-1565;隋誌百品407	周曉薇等2011a;周曉薇等2012a;楊寧2013;邢鵬2015	2526
			481		秦晉豫三147;隋精粹7-71		2527
隋補318		5-85			集萃9-13;隋人傳110;鴛鴦藏石217;碑林全71-1615;隋誌百品391;法全隋誌86;彭州217;北窗183	澤田雅弘1999;徐志學2012;梁春勝等2023	2528
隋補319		5-77		990	鴛鴦藏石267;陝西石藝267;碑林全70-1570;彭州219	周曉薇等2011a;楊寧2013;邢鵬2015;梁春勝2016b	2529
隋補320		5-80		751	隋人傳112;鴛鴦藏石216;碑林全71-1607;彭州216	陳長安1989;張崇依2017;何山2017	2530
			483	752;908	龍門文萃438;絲路紀影150	周曉薇等2018;呂偉濤2021	2531
		5-90		752	三八種67;邙洛51;新獲七朝62;隋精粹7-81	佐川英治2012	2532

No.	墓誌名稱	紀年	出土地	現藏場所	A 目錄	B 集釋	C 北圖拓・新中國	D 隋唐五代
2533	鮑氏(宮人)墓誌	大業10年(614)12月27日	河南洛陽	西安碑林博物館	題跋161;中央館37;檢要368/修230;史語所48;北圖目56;洛目59;時地a77/b70;北大目115;陝索提要132;碑索6-2883;日本627	漢魏556	10-113	洛陽1-129
2534	姜氏(宮人)墓誌	大業11年(615)正月16日	河南洛陽	西安碑林博物館	題跋161;檢要368/修230;史語所48;北圖目56;洛目59;時地a77/b70;北大目116;淑德85;陝目提要137;碑索6-2884;日本627	漢魏557	10-114	洛陽1-130
2535	秦僧伽及妻徐氏墓誌	大業11年(615)正月16日	陝西長安?	西安碑林博物館	北大目116;碑索6-2885			
2536	翟突娑墓誌	大業11年(615)正月18日	河南洛陽	西安碑林博物館	題跋161;中央館37;檢要369/修230;北圖目56;洛目59;時地a70/b62;陝目提要136;碑索6-2886	漢魏484	10-115	洛陽1-131
2537	尹君妻王氏墓誌	大業11年(615)正月20日	陝西西安	西安碑林博物館	陝目提要140;碑索6-2927		陝西貳434	
2538	崔玉墓誌	大業11年(615)正月27日	山西長治?		題跋161;檢要369/修230;史語所48;北圖目56;北大目116;碑索6-2887	漢魏485		北大1-21
2539	陳叔明墓誌	大業11年(615)正月28日	河南洛陽	西安碑林博物館	題跋161;中央館34;檢要370/修231;北圖目56;洛目59;時地a70/b62;陝目提要136;碑索6-2888	漢魏609	10-116	洛陽1-132
2540	白仵貴墓誌	大業11年(615)2月7日	河南洛陽	中國國家博物館	題跋161;中央館37;檢要370/修231;史語所47;北圖目55;洛目60;時地a71/b62;北大目116;碑索6-2889	漢魏486	10-117	洛陽1-133
2541	明雲騰墓誌	大業11年(615)2月9日	河南洛陽	西安碑林博物館	題跋161;中央館37;檢要370/修231;史語所48;北圖目56;洛目60;時地a71/b62;北大目116;淑德85;陝目提要136;碑索6-2891;日本627	漢魏487	10-118	洛陽1-134
2542	楊定及妻丁氏墓誌	大業11年(615)2月9日	河南洛陽	洛陽師範學院	碑索6-2890			
2543	荀君妻宋玉艷墓誌	大業11年(615)2月21日	河南洛陽	西安碑林博物館	題跋161;中央館38;檢要371/修232;北圖目56;洛目60;時地a71/b63;北大目116;陝目提要135;碑索6-2893;日本627	漢魏489	10-120	洛陽1-136
2544	荀君妻周大孃墓誌	大業11年(615)2月21日	河南洛陽		碑索6-2895			
2545	唐該及妻蘇洪姿墓誌	大業11年(615)2月21日	河南洛陽	遼寧省博物館	題跋161;中央館37;檢要372/修232;史語所48;北圖目55;洛目60;文庫32;時地a71/b63;北大目116;淑德85;碑索6-2893;日本627	漢魏488	10-121	洛陽1-137

E 全文・補遺	F 疏證・墨香閣	G 彙考	H 可憑	I 叢考	J その他の圖書	K 論文等	No.
隋補321		5-94			鴛鴦藏石268;碑林全70-1576;彭州220	周曉薇等2011a;楊寧2013;邢鵬2015	2533
隋補324		5-97			輯繩68;鴛鴦藏石269;碑林全71-1625;隋選粹214;隋誌百品408;彭州221	劉韞1995;周曉薇等2011a;周曉薇等2012a;楊寧2013;邢鵬2015	2534
			489		碑林新續35	王其禕等2013c	2535
隋補324		5-100			民族姓氏174;隋人傳113;鴛鴦藏石218;陝西石藝269;碑林全71-1651;撒馬爾干108;龍門西域302;彭州223;洛少388;絲路洛陽131;絲路沿綫184	榮新江1999;福島惠2017;司曉潔2018;楊曉春2019	2536
	619 修575	5-281			五十年上153	武伯綸1963	2537
隋補322		5-104		356;849;897	增校隨466/修298;釋要845;佛教金石113	仲威2014g;鄒虎2018	2538
隋補322		5-108		752;897	隋人傳114;鴛鴦藏石219;碑林全71-1657;洛誌研103	趙萬里1947b;陳長安1989;周曉薇等2008;趙曜曜2016a;趙曜曜2016b;拜根興2019;陳俊宇2023	2539
隋補325		5-113			隋人傳115;歷博大觀92;隋誌百品416;國博誌46	王義康2008;馮培紅2023	2540
隋補326		5-123		990	隋人傳116;鴛鴦藏石220;陝西石藝268;碑林全71-1663;隋誌百品419;彭州225;洛少253	謝國劍等2011;梁春勝2020;侯紀潤2022	2541
		5-119			邱洛52	周阿根等2021	2542
隋補327		5-133		201;752;769	隋人傳118;鴛鴦藏石222;碑林全71-1682;彭州227	周曉薇等2008;周曉薇等2012b	2543
		5-143		990		周曉薇等2008;周曉薇等2011c;周曉薇等2012b;常麗麗2023a	2544
隋補328		5-128		850	魯迅誌791;隋人傳119;遼博45	陳長安1989;羅福頤等2019	2545

No.	墓誌名稱	紀年	出土地	現藏場所	A 目錄	B 集釋	C 北圖拓・新中國	D 隋唐五代
2546	王袞及妻蕭氏墓誌	大業11年(615) 2月21日	河南洛陽	西安碑林博物館	題跋161;中央館35;檢要371/修232;北圖目52;洛目60;時地a71/b62;北大目116;陝目提要136;碑索6-2894	漢魏490	10-119	洛陽1-135
2547	張壽墓誌	大業11年(615) 2月22日	河南洛陽	西安碑林博物館	題跋161;中央館36;檢要372/修232;史語所48;北圖目54;洛60;時地a71/b63;北大目117;淑德85;陝目提要133;碑索6-2896;日本628	漢魏491	10-122	洛陽1-138
2548	陳頊(陳宣帝)妻柳敬言墓誌	大業11年(615) 2月27日	河南洛陽	洛陽古代藝術館				
2549	張玄及妻司徒氏墓誌	大業11年(615) 2月27日	山西長治	深圳望野博物館				
2550	嚴元貴墓誌	大業11年(615) 3月5日	河南洛陽	西安碑林博物館	題跋161;中央館38;檢要373/修233;史語所48;北圖目56;洛目60;時地a71/b63;北大目117;陝目提要135;碑索6-2897;日本628	漢魏492	10-123	洛陽1-139
2551	伍道進墓誌	大業11年(615) 3月14日	河南洛陽		題跋161;中央館37;檢要373/修233;史語所48;北圖目56;洛目61;時地a72/b63;北大目117;碑索6-2898	漢魏493・610	10-124	洛陽1-140
2552	張波墓誌	大業11年(615) 3月22日	河南洛陽	開封博物館	題跋161;中央館38;檢要374/修233;史語所48;北圖目56・61;洛目61;文庫32;時地a72/b63;北大目117;碑索6-2899;日本628	漢魏494	10-125	洛陽1-141
2553	蕭濱墓誌	大業11年(615) 4月23日	河南洛陽	西安碑林博物館	題跋161;檢要374/修234;史語所49;北圖目57;洛目61;時地a72/b63;北大目117;陝目提要137;碑索6-2901;日本628	漢魏495	10-126	洛陽1-142
2554	謝善富墓誌	大業11年(615) 4月16日	陝西西安		碑索6-2901			
2555	張志相妻潘善利墓誌	大業11年(615) 5月9日	河南洛陽	西安碑林博物館	題跋161;中央館38;檢要375/修234;北圖目57;洛目61;時地a72/b63;陝目提要137;碑索6-2902	漢魏496	10-127	洛陽1-143
2556	王弘墓誌	大業11年(615) 5月11日	河南洛陽	西安碑林博物館	題跋161;檢要375/修234;北圖目57;洛目61;北大目117;陝目提要135;碑索6-2903	漢魏497	10-128	洛陽1-144
2557	尉富娘墓誌	大業11年(615) 5月17日	陝西西安	上海博物館	題跋161;中央館38;檢要375/修234;史語所49;北圖目57;陝目集存29;文庫32;北大目117;秦嶺202;淑德85;碑索6-2904;日本629	漢魏498	10-129	北大1-22

E 全文·補遺	F 疏證·墨香閣	G 彙考	H 可憑	I 叢考	J その他の圖書	K 論文等	No.
隋補48		5-137		205;327	隋人傳117;鴛鴦藏石221;陝西石藝269;碑林全71-1674;彭州229	趙萬里1947a;周曉薇等2008;徐志學2014	2546
隋補329		5-147		969;991	集萃9-14;隋人傳120;鴛鴦藏石223;碑林全71-1691;彭州231;北窗184;涼州521	陳長安1989;周曉薇2008;謝國劍等2011;趙曜曜2016a	2547
			493		柳氏2-5;隋精粹2-43	吳建華2001;陳俊宇2023	2548
						王菁等2022	2549
隋補330		5-153			隋人傳123;鴛鴦藏石224;碑林全71-1701;隋誌百品432;彭州232;北窗185	侯紀潤2022	2550
隋補331		5-157			隋人傳123;西民大拓68	陳長安1989;梁春勝2020	2551
隋補333		5-162			魯迅誌795;集萃9-15;隋人傳125;隋誌百品440;翰墨2-39		2552
隋補333		5-167			隋人傳126;鴛鴦藏石225;碑林全71-1710;隋誌百品441;彭州233;洛誌研103		2553
			495		西安新獲30;陝西新隋99;西南滙釋82		2554
隋補334		5-171		991	隋人傳126;鴛鴦藏石226;碑林全71-1712;彭州234	周曉薇等2008;周曉薇等2011c;周曉薇等2012b;周曉薇等2012c;李婷2017;趙曜曜2017	2555
隋補335		5-176		822	隋人傳127;鴛鴦藏石227;碑林全72-1721;彭州235	陳長安1989	2556
隋補334		5-179		320;850	精華81;增校隨467/修299;集萃9-16;隋人傳128;碑林全195-927;西石續122;西北138;隋選粹221;隋誌百品442;選萃;釋要846;佛教金石114	朱關田2002;周曉薇等2008;仲威2012;周曉薇等2012b;趙曜曜2016a;趙曜曜2017;劉森垚2018;梁春勝2020	2557

No.	墓誌名稱	紀年	出土地	現藏場所	A 目錄	B 集釋	C 北圖拓·新中國	D 隋唐五代
2558	田氏(宮人)墓誌	大業11年(615)6月5日	河南洛陽	西安碑林博物館	題跋162;檢要376/修235;史語所49;北圖目57;洛目61;時地a77/b70;北大目118;淑德85;陝西提要137;碑索6-2906;日本628	漢魏558	10-130	洛陽1-145
2559	曹海凝墓誌	大業11年(615)6月15日	河南洛陽	西安碑林博物館	題跋162;中央館36;檢要377/修235;史語所49;北圖目54;洛目61;時地a73/b64;北大目118;陝西提要133;碑索6-2907;日本629	漢魏499	10-131	洛陽1-146
2560	樊覽墓誌	大業11年(615)7月19日	甘肅寧縣					
2561	元智墓誌	大業11年(615)8月24日	陝西咸寧	故宮博物院	題跋162;中央館39;檢要377/修236;北圖目53;陝目集存29;文庫32;北大目118;淑德85;碑索6-2908;日本593·629	漢魏51	10-133	北大1-23
2562	元智妻姬氏墓誌	大業11年(615)8月24日	陝西咸寧	故宮博物院	題跋162;中央館27;檢要378/修236;史語所49;北圖目38;陝目集存29;文庫32;北大目118;淑德85;碑索6-2911;日本630	漢魏52	10-132	
2563	常景及妻傅氏墓誌	大業11年(615)8月24日	河南洛陽	洛陽市都城博物館	檢要379/修237;時地a73/b64;碑索6-2913			
2564	龐立墓誌	大業11年(615)8月24日						
2565	王子良母劉盆墓誌	大業11年(615)8月24日						
2566	丁氏(宮人)墓誌	大業11年(615)8月25日	河南洛陽	西安碑林博物館	題跋162;中央館38;檢要379/修237;史語所49;北圖目57;洛目62;時地a77/b70;北大目118;淑德85;陝西提要134;碑索6-2914;日本630	漢魏559	10-134	洛陽1-147
2567	吳弘及妻高氏墓誌	大業11年(615)10月1日	陝西西安	西安博物院	碑索6-2915			陝西3-10
2568	周法尚墓誌	大業11年(615)10月23日	河南孟津	孟津縣文物局	碑索6-2915			
2569	程諧及妻石氏墓誌	大業11年(615)10月26日	河南洛陽	西安碑林博物館	題跋162;檢要379/修237;北圖目58;洛目62;時地a73/b64;陝西提要133;碑索6-2916	漢魏500	10-135	洛陽1-148
2570	□德墓誌	大業11年(615)11月9日	河南洛陽	書道博物館	題跋162;檢要380/修237;洛目62;時地a74/b64;北大目119;碑索6-2917;日本630	漢魏501		洛陽1-149
2571	劉氏(宮人)墓誌	大業11年(615)11月12日	河南洛陽	西安碑林博物館	題跋162;檢要380/修238;史語所49;北圖目58;洛目62;時地a77/b70;北大目119;陝西提要135;碑索6-2918;日本630	漢魏560	10-136	洛陽1-150

E 全文・補遺	F 疏證・墨香閣	G 彙考	H 可憑	I 叢考	J その他の圖書	K 論文等	No.
隋補336		5-192			鴛鴦藏石270;陝西石藝268;碑林全71-1631;隋誌百品448;彭州236	周曉薇等2012a;楊寧2013;邢鵬2015	2558
隋補337		5-195		331;839	隋人傳129;鴛鴦藏石228;碑林全72-1729;彭州238;北窗186	侯紀潤2022	2559
			497		誌法精選14		2560
隋補340		5-201		752	精華79;增校隋468/修300;魯迅誌797;北山集古150;集萃9-17;隋人傳130;北大拓100;西北140;隋選粹235;隋誌百品464;釋要840	岑仲勉1936;葉其峰1994;朱關田2002;葉其峰2004;徐志學2014;姜維公2014;仲威2014g;仲威2014h;李文婷2020	2561
隋補338		5-220			精華80;增校隋470/修301;魯迅誌805;北山集古150;集萃9-18;北大拓101;西北141;隋選粹228;隋誌百品454;釋要843	岑仲勉1936;周曉薇等2011c;周曉薇等2012b;仲威2014g;仲威2014h	2562
隋補490		5-231		752;753	新獲續15	周曉薇等2008;周曉薇等2011c	2563
				991	陝西新隋100	何山2019	2564
			501	522	陝西新隋102;隋精粹10-66		2565
隋補338		5-234			鴛鴦藏石271;陝西石藝268;碑林全71-1641;隋誌百品480;彭州239	劉韞1995;周曉薇等2011a;楊寧2013;邢鵬2015;梁春勝等2023	2566
	620 修576	5-237		851	西北139;陝西萃編268;陝西集成238		2567
				243;754	秦晉豫121;洛陽院50;隋精粹3-67	趙振華2011;梁春勝2020	2568
隋補341		5-242		233;985	隋人傳134;鴛鴦藏石229;碑林全72-1742;隋選粹248;彭州241	周曉薇等2008;周曉薇等2012b;周曉薇等2012c;梁春勝2016a;趙曜曜2017	2569
隋補342		5-247			增校隋472/修302;魯迅誌809	王壯弘1984;邱光華2010	2570
隋補343		5-250			鴛鴦藏石272;碑林全71-1647;隋誌百品486;彭州242	楊寧2013;邢鵬2015	2571

No.	墓誌名稱	紀年	出土地	現藏場所	A 目錄	B 集釋	C 北圖拓·新中國	D 隋唐五代
2572	范安貴墓誌	大業11年(615) 11月14日	河南洛陽	西安碑林博物館	題跋162;中央館38;檢要381/修238·248;北圖目57;洛目62;時地a73/b64;北大目119;淑德85;陝目提要133;碑索6-2919;日本630	漢魏502	10-137	洛陽1-151
2573	蕭沈墓誌	大業11年(615) 11月14日	河南洛陽	西安碑林博物館	題跋162;中央館38;檢要381/修238;史語所49;北圖57;洛目62;時地a73/b64;北大目119;陝目提要134;碑索6-2920;日本631	漢魏503	10-138	洛陽1-152
2574	劉世恭墓誌	大業11年(615) 11月14日	陝西西安	社科院考古所西安研究室	四十年53;碑索6-2921			陝西3-11
2575	董君妻衞美墓誌	大業11年(615) 11月18日	河南洛陽	西安碑林博物館	題跋162;中央館39;檢要381/修239;北圖目58;洛目62;時地a73/b64;陝目提要134;碑索6-2922	漢魏504	10-139	洛陽1-153
2576	蔣慶墓誌	大業11年(615) 11月18日	河南洛陽	河南博物院	中央館39;檢要382/修239;洛目62;時地a73/b64;碑索6-2923			
2577	李善墓誌	大業11年(615) 11月21日	河南洛陽	個人藏	洛續16;北大目119;碑索6-2923			
2578	蕭翹墓誌	大業11年(615) 11月26日	河南洛陽	西安碑林博物館	題跋162;中央館37;檢要382/修239;北圖目55;洛目63;時地a73/b65;北大目119;陝目提要134;碑索6-2924	漢魏505	10-140	洛陽1-154
2579	馮淹墓誌	大業11年(615) 12月2日	陝西西安	西安碑林博物館	四十年53;陝目提要134;碑索6-2925		陝西貳11	
2580	裴延齡墓誌	大業11年(615)		書道博物館	碑索6-2925			
2581	于緯及妻唐氏墓誌	大業12年(616) 正月19日	陝西長安	大唐西市博物館	碑索6-2926			
2582	宋俊墓誌	大業12年(616) 正月19日	河南洛陽	千唐誌齋博物館	洛續16;碑索6-2925			
2583	于懿墓誌	大業12年(616) 正月19日	陝西長安	個人藏	北大目119;碑索6-2926			
2584	段濟墓誌	大業12年(616) 正月22日	河南洛陽	洛陽市博物館	題跋162;中央館38;檢要383/修239;北圖目58;洛目63;時地a74/b65;北大目119;碑索6-2927	漢魏506	10-141	洛陽1-155
2585	韓舒及妻裴氏墓誌	大業12年(616) 正月22日	陝西鳳翔	鳳翔縣博物館	碑索6-2928			
2586	李元及妻鄧氏墓誌	大業12年(616) 2月3日	河南洛陽		題跋162;檢要383/修240;北圖目51;洛目63;碑索6-2929	漢魏507	10-142	洛陽1-156
2587	□伖昂墓誌	大業12年(616) 2月25日	河南洛陽	西安碑林博物館	題跋162;中央館35;檢要383/修240;北圖目52;洛目63;時地a74/b65;陝目提要140;碑索6-2929	漢魏508	10-143	洛陽1-157

E 全文・補遺	F 疏證・墨香閣	G 彙考	H 可憑	I 叢考	J その他の圖書	K 論文等	No.
隋補345		5-253		261;755;992	隋人傳135;鴛鴦藏石230;碑林全72-1751	陳長安1989;侯紀潤2022	2572
隋補343		5-259		755	隋人傳137;鴛鴦藏石231;碑林全72-1738;彭州243;北窗187;洛誌研103	張崇依2017	2573
隋補346	623 修578	5-262			碑林全195-933;西石續147;陝西萃編270;陝西集成239	俞偉超1956	2574
隋補344		5-264		755	隋人傳137;鴛鴦藏石232;碑林全72-1760;彭州244	周曉薇等2008	2575
隋補490		6-166		851	琬琰流芳99	黃林納2014;拜根興2019	2576
			506		拾零60	王其禕等2008b;佐川英治2012	2577
隋補50		5-267			隋人傳138;鴛鴦藏石233;碑林全72-1762;隋選粹256;彭州222;洛誌研103	徐志學2014;梁春勝2016b	2578
隋補346		5-273			碑林全72-1771;五十年上155;陝西萃編272	王原茵2000	2579
		6-167					2580
		5-277		957	西市51;陝西新隋104	陳鵬2015	2581
		6-168			拾零61;千唐全集66	王其禕等2008b	2582
			508	242;390;688;756	秦晉豫125;新獲七朝63;隋精粹2-53	周永研2021	2583
隋補347		5-282		234;290;756	石學鑫探233;隋人傳139;武威志359;涼州524;洛誌研113	陳長安1989;謝國劍等2011;徐志學2012	2584
			511			常美琦2017;魏宏利2019	2585
隋補349		5-288			集萃9-19;隋人傳142;北窗188	周曉薇2008	2586
隋補350		5-293		829;852	鴛鴦藏石234;碑林全72-1811;隋選粹263;彭州246	謝國劍等2011;梁春勝2018c	2587

No.	墓誌名稱	紀年	出土地	現藏場所	A 目錄	B 集釋	C 北圖拓·新中國	D 隋唐五代
2588	□徹(突厥人)墓誌	大業12年(616) 3月10日	河南洛陽		題跋162;中央館39;檢要384/修240;北圖目58;洛目63;時地a74/b65;北大目120;碑索6-2931	漢魏509	10-144	洛陽1-158
2589	卜氏(宮人)墓誌	大業12年(616) 3月26日	河南洛陽	西安碑林博物館	題跋162;檢要385/修241;北圖目58;洛目63;時地a77/b70;北大目120;陝目提要140;碑索6-2932	漢魏561	10-145	洛陽1-159
2590	徐氏(宮人)墓誌	大業12年(616) 3月26日	河南洛陽	西安碑林博物館	題跋163;檢要384/修240;史語所49;北圖目58;洛目64;時地a77/b70;北大目120;陝目提要139;碑索6-2933;日本631	漢魏562	10-146	洛陽1-160
2591	張善敬墓誌	大業12年(616) 3月26日	河北永清		碑索6-2934			
2592	裴通墓誌	大業12年(616) 3月29日	陝西長安	西安碑林博物館	碑索6-2934	西南149		
2593	獨孤儉墓誌	大業12年(616) 4月17日	陝西咸陽	西安碑林博物館	北大目120;碑索6-2935	新隋32 西南151		
2594	陸賾墓誌	大業12年(616) 5月17日		榆陽區古代碑刻藝術博物館				
2595	田行達墓誌	大業12年(616) 閏5月5日	陝西西安	西安碑林博物館	四十年53;陝目提要140;碑索6-2936		陝西貳12	陝西1-4
2596	李吁(李吁典)墓誌	大業12年(616) 閏5月5日	河南洛陽	洛陽市第二文物工作隊	洛續17;碑索6-2936			
2597	李陀及妻安氏墓誌	大業12年(616) 閏5月5日	河南洛陽	個人藏	洛續17;碑索6-2935			
2598	劉玄暢墓誌	大業12年(616) 閏5月7日			碑索6-2937			
2599	段世琳墓誌	大業12年(616) 7月6日	河南洛陽	洛陽市第二文物工作隊	洛續17;碑索6-2937			
2600	楊厲墓誌	大業12年(616) 7月18日	河南洛陽	遼寧省博物館	題跋163;中央館39;檢要385/修241;史語所50;北圖目59;洛目64;文庫32;時地a74/b65;北大目120;淑德85;碑索6-2938;日本631	漢魏510	10-148	洛陽1-161
2601	竇儼墓誌	大業12年(616) 7月18日	陝西長安	西安市長安博物館	秦嶺202;陝目提要139;碑索6-2939			
2602	王世琛墓誌	大業12年(616) 7月30日	河南洛陽	西安碑林博物館	題跋163;中央館39;檢要386/修241;史語所50;北圖目58;洛目64;時地a71/b65;北大目120;陝目提要139;碑索6-2939;日本632	漢魏511	10-149	洛陽1-162
2603	竇彥墓誌	大業12年(616) 7月30日						

E 全文・補遺	F 疏證・墨香閣	G 彙考	H 可憑	I 叢考	J その他の圖書	K 論文等	No.
隋補351		5-296			突厥集史777;魯迅誌817;集萃9-20;龍門西域41;洛絲111;洛少401;龍門文萃439;絲路沿綫186;洛陽移民314	岑仲勉1939;張乃翥等2009;朱振宏2012;張乃翥2014	2588
隋補352		5-299			鴛鴦藏石273;碑林全72-1774;彭州248	周曉薇等2011a;楊寧2013;邢鵬2015	2589
隋補352		5-302			鴛鴦藏石274;碑林全72-1779;隋誌百品492;彭州247	朱關田2002;周曉薇等2011a;楊寧2013;邢鵬2015	2590
隋補353	624 修579	5-305			廊坊文物45	呂冬梅等2002	2591
					碑林新續37	王其禕等2013b;陳晶晶等2023	2592
			513	993	碑林新續39;隋精粹7-91	王其禕2012;吳洪琳2015;殷小波等2019;管金粮2022	2593
				757	陝西新隋106	黨斌2019b;何山2019	2594
隋補353	625 修580	5-313		692;757	碑林全72-1785;西北142;五十年上160;陝西萃編274	岳紹輝2000;王原茵2000;劉志生2011b;拜根興2019	2595
		5-310			邙洛48;新獲續18;洛誌研116	劉天琪2009;福島惠2010;楊曉春2019	2596
		5-307		280	邙洛54;新獲續17	趙君平1998;福島惠2010;楊曉春2019	2597
		6-169					2598
		5-318			新獲續19		2599
隋補354		5-320		327;757	魯迅誌819;隋人傳143;遼博46;隋選粹270;洛誌研79	羅福頤等2019	2600
		5-324		852	隋唐集萃14;長安新誌30;長安碑刻353;陝西新隋108;北大新續174;西南滙釋83;陝西萃編276;陝西集成240	梁春勝2018c;吳曼玉等2018;何山2019	2601
隋補355		5-329		822	隋人傳144;鴛鴦藏石235;碑林全72-1819;隋誌百品493;彭州249;洛少19;北窗190	陳長安1989;拜根興2019	2602
				651	陝西新隋110;隋精粹2-63	何山2019;梁春勝等2023	2603

No.	墓誌名稱	紀年	出土地	現藏場所	A 目錄	B 集釋	C 北圖拓·新中國	D 隋唐五代
2604	韋裔墓誌	大業12年(616) 7月30日	陝西西安					
2605	羊本及妻周氏墓誌	大業12年(616) 7月30日	河南洛陽	西泠印社	題跋163;檢要386/修241;史語所50;北圖目54;洛目63;時地a74/b65;北大目120;碑索6-2941;日本632	漢魏512	10-150	洛陽1-163
2606	楊氏(宮人)墓誌	大業12年(616) 8月4日	河南洛陽	西安碑林博物館	題跋163;檢要387/修242;史語所50;北圖目59;洛目64;時地a77/b70;北大目120;陝目提要139;碑索6-2942;日本632	漢魏563	10-151	洛陽1-164
2607	康君妻王氏墓誌	大業12年(616) 9月17日						
2608	張濬墓誌	大業12年(616) 10月2日	河南洛陽	西安碑林博物館	題跋163;中央館39;檢要387/修242·248;史語所50;北圖目59;洛目64;時地a74/b66;北大目121;淑德85;陝目提要137;碑索6-2943;日本632	漢魏513	10-153	洛陽1-166
2609	卞鑒及妻劉氏墓誌	大業12年(616) 10月2日	河南洛陽		題跋163;中央館39;檢要387/修242;史語所50;北圖目59;洛目64;時地a75/b66;北大目121;碑索6-2944	漢魏514	10-152	洛陽1-165
2610	長孫汪墓誌	大業12年(616) 10月2日	陝西長安	大唐西市博物館	碑索6-2945			
2611	楊尚希妻元保宜墓誌	大業12年(616) 10月2日	河南洛陽	個人藏				
2612	蘇威妻宇文氏墓誌	大業12年(616) 10月13日	河南洛陽	西安碑林博物館	題跋163;中央館39;檢要388/修242;史語所50;北圖目59;洛目64;時地a75/b66;北大目121;陝目提要139;碑索6-2946;日本633	漢魏515	10-154	洛陽1-167
2613	劉世則墓誌	大業12年(616) 10月13日	甘肅慶陽	慶城縣博物館				
2614	夏侯遷墓誌	大業12年(616) 10月13日			淑德85;日本632			
2615	明質墓誌	大業12年(616) 10月19日	河南洛陽		題跋163;檢要388/修243;北圖目59;洛目65;北大目121;碑索6-2947	漢魏516	10-155	洛陽1-168
2616	唐直墓誌	大業12年(616) 10月26日	河南洛陽	故宮博物院	題跋163;中央館40;檢要389/修243;北圖目59;洛目64;時地a75/b66;北大目121;碑索6-2948	漢魏517	10-156	洛陽1-169
2617	齊士幹墓誌	大業12年(616) 10月26日	河南洛陽	墨香閣	洛續17;碑索6-2948			

E 全文・補遺	F 疏證・墨香閣	G 彙考	H 可憑	I 叢考	J その他の圖書	K 論文等	No.
						董文強等2021a	2604
隋補356		5-334		250;758;984	魯迅誌823;隋人傳145;翰墨2-42	周郢2001;周曉薇等2008;邱光華2010	2605
隋補357		5-339		662;758;993	鴛鴦藏石275;陝西石藝270;碑林全72-1787;彭州250	劉馳1995;周曉薇等2011a;周曉薇等2012a;楊寧2013;邢鵬2015;趙曉曜2016a;梁春勝2016b	2606
				678	陝西新隋112		2607
隋補360		5-342		759;898;984;994	隋人傳147;鴛鴦藏石236;陝西石藝269;碑林全72-1827;彭州251;洛誌研79	梁春勝2016b;鄒虎2018;侯紀潤2022	2608
隋補358		5-348			隋人傳146;洛誌研105	陳長安1989;羅曼2011;張崇依2017	2609
		5-353		470;759;760;908	秦晉豫127;西市57;絲路沿綫188;隋精粹5-97	周曉薇等2011c;鄒虎2018;拜根興2019;平田陽一郎2019;馬志祥等2022	2610
					隋精粹7-99	江敏2020	2611
隋補359		5-358		239	鴛鴦藏石237;碑林全72-1836;隋誌百品502;彭州254;洛少212;北窗191;洛誌研109	吳建華2008	2612
					慶陽菁華9		2613
			516	967	秦晉豫三148		2614
隋補359		5-361			增校隨472/修302	仇鹿鳴2016	2615
隋補360		5-371		249	隋人傳148;隋誌百品491;故宮彙編110	陳長安1989;拜根興2019	2616
	墨242	5-365		306;709;761	邙洛55;洛陽新見23;民間藏誌94;新獲七朝64;題跋集萃72;新精唐2;譜牒551;佛教金石115;字里賞讀70;北大新續175;洛誌研120;隋精粹10-81	楊勇2014;席蘭2020	2617

No.	墓誌名稱	紀年	出土地	現藏場所	A 目錄	B 集釋	C 北圖拓·新中國	D 隋唐五代
2618	荔非明及妻雷氏墓誌	大業12年(616)10月26日	陝西白水	白水縣文物管理委員會				
2619	房氏(宮人)墓誌	大業12年(616)11月3日	河南洛陽	西安碑林博物館	題跋163;中央館40;檢要389/修243;史語所50;北圖目59;洛目65;時地a77/b70;陝目提要140;碑索6-2949;日本633	漢魏564	10-157	洛陽1-170
2620	唐世榮墓誌	大業12年(616)11月9日	河南洛陽	西安碑林博物館	題跋163;中央館40;檢要390/修244;北圖目59;洛目65;時地a75/b66;北大目121;陝目提要138;碑索6-2951	漢魏518	10-158	洛陽1-171
2621	牛方大墓誌	大業12年(616)11月20日	河南洛陽	西安碑林博物館	題跋163;檢要390/修244;史語所50;北圖目57;洛目65;時地a75/b66;陝目提要138;碑索6-2952	漢魏519	10-159	洛陽1-172
2622	宋永貴墓誌	大業12年(616)11月21日	陝西西安	西安碑林博物館	題跋163;檢要390/修244·248;史語所50;北圖目56;陝目集存29;北大目122;陝目提要138;碑索6-2953;日本633	漢魏520	10-160	陝西1-5
2623	馮忱妻叱李綱子墓誌	大業12年(616)12月2日	河南洛陽	西安碑林博物館	題跋163;中央館40;檢要391/修244;史語所50;北圖目59;洛目65;時地a76/b66;北大目122;陝目提要138;碑索6-2955;日本633	漢魏521	10-161	洛陽1-173
2624	尹彥卿墓誌	大業12年(616)12月14日	陝西長安		北大目122;碑索6-2956	新隋36		
2625	李寶墓誌	大業12年(616)12月	山西屯留		檢要391/修245;晉目長治144;碑索6-2957			
2626	包愷墓誌	大業13年(617)正月10日	陝西西安	個人藏	碑索6-2957			
2627	元統師墓誌	大業13年(617)2月3日	陝西長安?	大唐西市博物館	碑索6-2958			
2628	唐氏(宮人)墓誌	大業13年(617)2月13日	河南洛陽	西安碑林博物館	題跋163;檢要392/修245;史語所50;洛目65;時地a78/b70;北圖目60;北大目122;陝目提要141;碑索6-2958;日本633	漢魏565	10-162	洛陽1-174
2629	□氏(宮人)墓誌	大業13年(617)2月25日	河南洛陽	西安碑林博物館	題跋163;檢要392/修245;史語所50;北圖目60;洛目65;時地a78/b71;北大目122;陝目提要141;碑索6-2959;日本634	漢魏566	10-163	洛陽1-175
2630	劉氏(宮人)墓誌	大業13年(617)7月4日	河南洛陽	西安碑林博物館	題跋163;檢要392/修245;史語所50;北圖目60;洛目65;時地a78/b71;北大目122;陝目提要141;碑索6-2960;日本634	漢魏567	10-164	洛陽1-176
2631	劉政墓誌	大業13年(617)7月			檢要393/修246;碑索6-2961			

E 全文・補遺	F 疏證・墨香閣	G 彙考	H 可憑	I 叢考	J その他の圖書	K 論文等	No.
					白水碑刻10;陝西萃編278;陝西集成241	黨斌2019d	2618
隋補362		5-374			鴛鴦藏石276;碑林全72-1791;隋誌百品506;彭州253	邱光華2010;周曉薇等2011a;楊寧2013;邢鵬2015;張崇依2017;梁春勝等2023	2619
隋補362		5-377			隋人傳150;鴛鴦藏石238;碑林全72-1838;隋誌百品510;彭州255		2620
隋補363		5-381			隋人傳150;鴛鴦藏石239;碑林全72-1841;隋選粹277;彭州256;北窗192;牛氏13		2621
隋補363		5-384		717;761	魯迅誌811;隋人傳150;碑林全72-1794;西北143;隋選粹282;隋誌百品511;陝西萃編280;涼州528	陳長安1989;王原茵2000;趙曜曜2016a;拜根興2019	2622
隋補365		5-396			隋人傳152;鴛鴦藏石240;碑林全72-1804;彭州257;洛少194;北窗193	周曉薇等2008;周曉薇等2011c;周曉薇等2012c	2623
			518		秦晉豫續210	周曉薇等2011b	2624
隋補490		6-171					2625
			523		陝西新隋114;誌法精選13;秦晉豫三150;隋精粹2-81	周曉薇等2017a	2626
					西市58	何慧芳等2022	2627
隋補367		5-401			鴛鴦藏石277;碑林全72-1845;隋誌百品523;彭州258	周曉薇等2012a;楊寧2013;邢鵬2015	2628
隋補366		5-404			鴛鴦藏石278;碑林全72-1851;隋選粹296;隋誌百品528;彭州260	周曉薇等2011a;楊寧2013;邢鵬2015;梁春勝2020	2629
隋補367		5-407		995	鴛鴦藏石279;碑林全72-1847;隋誌百品532;彭州259	劉輼1995;周曉薇等2012a;楊寧2013;邢鵬2015;梁春勝2020;鄒虎2020	2630
隋補490		6-172					2631

No.	墓誌名稱	紀年	出土地	現藏場所	A 目錄	B 集釋	C 北圖拓·新中國	D 隋唐五代
2632	王通(文中子)墓碑	大業13年(617)8月			碑索6-2962			
2633	劉和墓誌	安樂元年(617)9月25日	甘肅武威	武威市博物館	北圖目61;碑索6-2998		10-166	北京遼寧1-27
2634	杜君妻鄭善妃墓誌	大業13年(617)10月7日	河南洛陽		題跋163;檢要393/修246;北圖目60;北大目122;碑索6-2962;日本634	漢魏522	10-165	洛陽1-177
2635	陳雄及妻馮氏墓誌	大業13年(617)12月19日	山西長治	長治縣文博館	晉目長治16;碑索6-2964			山西6
2636	張琰妻王法愛墓誌	大業中(605-618)	河南洛陽		題跋163;檢要394/修246;史語所50;碑索6-2964·2984	漢魏611		
2637	王威猛墓誌	大業中(605-618)	陝西禮泉		題跋163;檢要396/修247;陝目集存30;碑索6-2965			
2638	□君墓誌	大業中(605-618)			碑索6-2965			
2639	□君(臨安令)墓誌	大業中(605-618)			碑索6-2966·2986			
2640	□君墓誌	大業中(605-618)						
2641	李行之墓誌	隋			碑索6-2976			
2642	蕭球妻袁客仁墓誌	隋			檢要398/修248;碑索6-2980;日本636			
2643	趙樂墓誌	隋	河南洛陽		檢要395/修247;時地a76/b67;碑索6-2966			
2644	□敏(□懷文)墓誌	隋	河南洛陽		檢要395/修247;時地a76/b67;碑索6-2967			
2645	紇豆陵毅(竇毅)墓誌	隋	陝西禮泉		題跋163;檢要396/修248;陝目集存30;碑索5-2437			
2646	楊緇墓誌	隋	陝西咸陽		題跋163;檢要396/修247;陝目集存30;碑索6-2967			
2647	竇宗墓誌	隋			碑索6-2968			
2648	陳君(居士)墓誌	隋			碑索6-2969			
2649	戴希廉墓誌	隋			碑索6-2969			
2650	許君妻宋氏墓誌	隋			碑索6-2969			

E 全文・補遺	F 疏證・墨香閣	G 彙考	H 可憑	I 叢考	J その他の圖書	K 論文等	No.
						鄧小軍2016	2632
		5-411		234;898	隋人傳153;西北145;武威錄22;河西墓文190;武威志360;涼州11	關尾史郎2006;邱光華2010;李鳳艷2018	2633
隋補368		5-414		860	隋人傳153;北大拓218;法全隋誌88;佛教金石117	周曉薇等2008;周曉薇等2011c;周曉薇等2012b	2634
隋補369		5-422		530	長治萃編91;大全長治9	常麗麗2023a	2635
隋補370		6-1			磚刻1135	周曉薇等2012c;李婷2017	2636
隋補490		6-173					2637
		6-174					2638
		6-175				劉琴麗2020b	2639
		6-176					2640
全4134		6-9					2641
隋補490		6-74					2642
隋補490		6-177					2643
隋補490		6-178					2644
隋補490		6-86				岑仲勉1939	2645
隋補490		6-179					2646
		6-181					2647
		6-183					2648
		6-184					2649
		6-185					2650

No.	墓誌名稱	紀年	出土地	現藏場所	A 目錄	B 集釋	C 北圖拓·新中國	D 隋唐五代
2651	□□法師墓誌	隋			碑索6-2969			
2652	寇君墓誌	隋			碑索6-2970			
2653	蕭瑤南墓誌	隋			碑索6-2971			
2654	韓擒虎母□氏墓誌	隋			碑索6-2971			
2655	崔志及妻趙氏刁氏墓誌	隋			碑索6-2972			
2656	嚴君墓誌	隋						
2657	崔氏墓誌	隋			碑索6-2972			
2658	□君(淮陽王)墓誌	隋			碑索6-2973			
2659	韋操墓誌	隋			碑索6-2980			
2660	韋操妻楊氏墓誌	隋			碑索6-2981			
2661	韋辟邪墓誌	隋			碑索6-2981			
2662	達奚氏(柱國河南懷公夫人)妻墓誌	隋			碑索6-2981			
2663	李晃墓誌	隋			碑索6-2982			
2664	陸杳墓碑	隋			碑索6-2982			
2665	陳暄墓誌	隋			碑索6-2981			
2666	杜思雅墓誌	隋	陝西西安					
2667	鄭君(右光祿大夫貝州使君)墓誌蓋	隋	江蘇銅山		四十年53;碑索6-2992			
2668	成公君墓誌蓋	隋	陝西同州		題跋163;檢要397/修248;陝目集存30;碑索6-2993		漢魏612	
2669	宋君(通議大夫)墓誌蓋	隋						

E 全文・補遺	F 疏證・墨香閣	G 彙考	H 可憑	I 叢考	J その他の圖書	K 論文等	No.
		6-186					2651
		6-187					2652
		6-190					2653
		6-191					2654
		6-192					2655
		6-193					2656
		6-194					2657
		6-197					2658
		6-200					2659
		6-201					2660
		6-202					2661
		6-203					2662
		6-204					2663
隋補13					文館詞林a194/b390		2664
全4075							2665
					五十年下101		2666
隋補376		6-45				徐州博物館1983	2667
隋補376		6-47			涼州535		2668
隋補375							2669

No.	墓誌名稱	紀年	出土地	現藏場所	A 目錄	B 集釋	C 北圖拓·新中國	D 隋唐五代
2670	于君(使持節上儀同華陽公)墓誌蓋	隋	陝西高陵	高陵縣文化館	碑索6-2994		陝西壹26	陝西3-12
2671	于寔墓誌蓋	隋	陝西三原	三原縣博物館	碑索6-2994		陝西壹26	陝西3-14
2672	趙芬墓誌蓋	隋	陝西長安		碑索6-2995			陝西3-13
2673	靳君墓誌蓋	隋			碑索6-2995			
2674	王君(隅陽縣令)墓誌蓋	隋			檢要398/修249;史語所50;北大目122;碑索6-2995			
2675	王君(殄寇將軍)墓誌蓋	隋			碑索6-2996			
2676	萬君墓誌蓋	隋	山西上黨	西安碑林博物館	碑索6-2997			
2677	賀蘭寬墓誌蓋	隋	陝西涇陽		檢要397/修248;陝目集存31;碑索6-2992			
2678	張君(大將軍)墓誌蓋	隋			史語所50;碑索6-2997			
2679	虞君墓誌蓋	隋			碑索6-2997			
2680	孫暉禔墓誌	隋		山東省博物館				
2681	張君(齊開府參軍事)墓誌蓋	隋			北大目122;碑索6-2976			
2682	索君墓誌蓋	隋	陝西西安		碑索6-2992			
2683	岐氏墓誌蓋	隋	陝西西安	陝西省考古研究院	碑索6-2996			
2684	淮安定公墓誌蓋	隋		蔡文姬紀念館	陝目提要142			
2685	趙君(高陽令)墓誌蓋	隋		故宮博物院	碑索6-2997			
2686	李君墓誌蓋	隋		故宮博物院				

E 全文・補遺	F 疏證・墨香閣	G 彙考	H 可憑	I 叢考	J その他の圖書	K 論文等	No.
		6-50					2670
		6-52			咸陽碑刻17		2671
		6-54				樊波2012a	2672
		6-57					2673
隋補490		6-58					2674
		6-59					2675
		6-61					2676
隋補490		6-205					2677
		6-206					2678
		6-207					2679
						宋愛平等2019	2680
							2681
					西安新獲31		2682
					高陽原誌44;高陽原墓153		2683
							2684
					故宮彙編112		2685
					故宮彙編114		2686

北朝隋代僞刻墓誌目錄

番號	墓誌名稱	紀年	辨僞文獻	その他の文獻
僞1	閭麟墓誌	天興7年(404)5月14日	A 北朝集存30;H 集成45;I 叢考1120;K 劉森垚2019a	K 孔德銘2015
僞2	房誕墓誌	泰常元年(416)10月	I 叢考54・1113;K 宮萬松2016	A 北朝集存30
僞3	靳英墓誌	始光2年(425)8月22日	A 檢要44/修29;碑索6-3143;北朝集存30;D 彙編57/修647;H 集成45;I 叢考37・1105・1107;J 洛選185;K 宮大中2004a;王藝然2023	
僞4	垣猷墓誌	神䴥元年(428)2月19日	A 檢要44/修29;彙編57/修647;碑索6-3144;北朝集存30;I 叢考37・1108・1114;J 增校隨669/修424;洛選186;K 宮大中2004a;趙振華2009a	
僞5	陶淵明(陶潛)墓誌	庚午(神䴥3年(430)?)庚辰朔16日	A 碑索6-3143;北朝集存30;叢考37;K 宮大中1996;王素2002;宮大中2002;王昕2003;宮大中2004b;趙振華2009a;宮萬松2016;王連龍2016b;劉燦輝2017	C 新中國河南貳359
僞6	盧子眞妻李氏墓誌	神䴥5年(432)9月6日	A 檢要44/修29;碑索6-3144;北朝集存30;D 彙編57/修647;H 集成45;I 叢考37;J 增校隨669/修424;洛選16;K 劉琴麗2018a;王藝然2023	
僞7	溫文清墓誌	太延6年(440)5月13日	※誌文に「桂管採訪使」など北魏にない官名がみえる。おそらく唐「苗弘本墓誌」などに據る僞刻。	J 全集北魏1-4
僞8	嵇謹墓誌	太安2年(456)5月21日	I 叢考1121	J 秦晉豫三45
僞9	源嘉墓誌	天安元年(466)8月1日	A 檢要45/修29;彙編58/修647;碑索6-3145;H 集成985;I 叢考38;J 增校隨658/修418;洛選16	
僞10	周君墓誌	天安2年(467)3月2日	A 碑索6-3145;叢考38・1116;J 增校隨658/修417	
僞11	游明根墓誌	延興元年(471)正月	A 檢要45/修30;碑索6-3145;D 彙編58/修647;I 叢考38;洛選16	
僞12	杜宏墓誌	延興元年(471)正月	A 碑索6-3146;I 叢考38	
僞13	王君墓誌	延興3年(473)正月8日	A 碑索6-3146;北朝集存32;I 叢考38	A 檢要46/修30
僞14	元理墓誌	延興5年(475)12月27日	A 碑索6-3146;H 集成50;I 叢考38・1105・1107・1110;K 馬立軍2010	A 陝目提要13;G 碑校3-252;J 鴛鴦藏石11;碑林全59-18;全集北魏1-8;K 高峽1993
僞15	魯普墓誌	太和2年(478)9月	A 碑索6-3147;D 彙編58/修647;H 集成51;I 叢考39;J 增校隨669/修424;洛選17	
僞16	將奴墓誌	太和9年(485)	A 碑索6-3147;I 叢考1117	H 集成53;J 拾零16;全集北魏1-12

番號	墓誌名稱	紀年	辨僞文獻	その他の文獻
僞17	王雍墓誌	太和11年(487)10月	A檢要49/修32;碑索6-3147;D彙編58/修647;I叢考39;J增校隨658/修418;洛選17	
僞18	陶超墓誌	太和14年(490)8月	A檢要49/修31;碑索6-3148;D彙編58/修647;I叢考39;J洛選186	
僞19	王節墓誌	太和15年(491)2月20日	I叢考39;K王其禕等2011;何俊芳2016	
僞20	杜戀墓誌	太和17年(493)7月	A檢要50/修32;D彙編58/修647;I叢考39;J洛選17	
僞21	陶濬墓誌	太和18年(494)10月6日	A碑索6-3149;H集成55;I叢考40・1107・1112・1114・1116;K宮大中1996;宮大中2002;宮大中2004b;李檔2012;宮萬松2016;劉燦輝2017;劉琴麗2018b	E魏補25;G碑校3-276;J洛選3;全集北魏1-14
僞22	周哲墓誌	太和19年(495)10月	A檢要50/修32;碑索6-3149;D彙編58/修647;I叢考40;J增校隨658・669/修418・424;洛選17	
僞23	南安王(元楨)君墓誌	太和20年(496)10月26日	A碑索6-3150;I叢考40・1115;J洛選187	
僞24	祁暉墓誌	太和21年(497)3月	A碑索6-3150;I叢考40	
僞25	曹永墓誌	景明元年(500)2月	A碑索6-3150;H集成61;I叢考1111・1115	E魏補88;G碑校3-328;J輯繩15;洛選6;全集北魏1-34
僞26	王馨墓誌	景明元年(500)10月	A碑索6-3151;J洛選187;I叢考40・1115	A檢要55/修35
僞27	長孫瀞墓誌	景明元年(500)9月24日卒 正元20年(?)8月14日葬	A碑索6-3151;I叢考54;K何俊芳2016	K二四品1
僞28	王謐墓誌	景明2年(501)10月24日	K孫淑芳2022	
僞29	陳璨墓誌	景明3年(502)9月	A碑索6-3152;I叢考40	
僞30	拓跋弘(獻文帝)妻侯氏墓誌	景明4年(503)3月21日	K蔡先金等2007;殷憲2008b	J二四品18;K王河松2002
僞31	于暉墓誌	景明4年(503)9月10日	H集成67;I叢考1122	
僞32	崔孝芬族弟墓誌	正始元年(504)正月21日	A碑索6-3153;H集成69;I叢考41・1116	A檢要59/修38;C北圖拓3-75;E魏補93;G碑校4-18;J魯迅誌43;全集北魏1-56;K趙海麗2011a
僞33	崔塗墓誌	正始元年(504)12月	A碑索6-3154;I叢考41	
僞34	崔隆墓誌	正始2年(505)3月	H集成71;I叢考1123;K澤田雅弘2005	E魏補95;G碑校4-41;J輯繩17;洛選12;全集北魏1-62
僞35	李端及妻任氏墓誌	正始2年(505)5月25日	A檢要47/修31;碑索6-3154;D彙編58/修647;I叢考39;K劉琴麗2018b	C北圖拓3-84;J全集北魏1-64

番號	墓誌名稱	紀年	辨偽文獻	その他の文獻
偽36	劉君妻墓誌	正始3年(506)5月2日	A檢要63/修40;D彙編58/修647;I叢考41;J增校隨669/修424;洛選17	
偽37	鄭君妻墓誌	正始3年(506)5月2日	A碑索6-3155;H集成76;I叢考41・1115	G碑校4-66;J全集北魏1-80
偽38	宗慤墓誌	正始3年(506)5月	H集成76;I叢考41;K陶淵旻2010	A淑德70
偽39	元暎墓誌	正始4年(507)10月3日	A碑索6-3156;D彙編58/修647;H集成75;I叢考41・1115;J增校隨670/修424;洛選17	
偽40	侯君妻張列華墓誌	正始4年(507)季秋	A碑索6-3155;D彙編58/修647;H集成81;I叢考41・1105・1110・1111;J增校隨670/修424	A檢要67/修42;陝目提要18;C北圖拓3-107;E魏補100;G碑校4-91;J鴛鴦藏石26;洛選18;全集北魏1-94;K高峽1993
偽41	陳峻巖墓誌	正始5年(508)8月	A檢要68/修43;碑索6-3156;D彙編58/修647;I叢考41;J增校隨658/修418;洛選17	
偽42	郭達墓誌	正始8年(?)正月5日	A檢要75/修48;碑索6-3157;D彙編58/修648;I叢考42・1106;J增校隨670/修424;洛選17	
偽43	元德墓誌	永平2年(509)11月11日	I叢考42;J增校隨670/修425	A題跋133;檢要70/修45;洛目8;時地a25/b15;北大目15;碑索3-1420;北朝集存58;B漢魏53;D彙編56/修81;E魏補106;G碑校4-133;H集成89;J鴛鴦藏石27;洛選21;磚刻0946;洛少29;佛教金石24;全集北魏1-112
偽44	元顯儁墓誌	永平3年(510)5月29日	I叢考42	
偽45	陸章墓誌	永平3年(510)10月6日	A檢要72/修45;碑索6-3157;D彙編58/修648;I叢考42;J洛選17	
偽46	元英墓誌	永平3年(510)12月庚辰	A碑索6-3157;I叢考42・1105・1110・1115;J洛選188	
偽47	靳杜生妻馬阿媚墓誌	永平4年(511)2月18日	I叢考1124	J磚刻0948;H集成93;K梶山智史2019
偽48	元統墓誌	永平4年(511)11月17日	A碑索6-3212;H集成136;I叢考42・1115	
偽49	吳子璨妻秦氏墓誌	延昌元年(512)2月15日	A檢要77/修49;碑索6-3159;D彙編59/修648;H集成100;I叢考43・1106・1111;J增校隨670/修425;洛選189;K澤田雅弘2005	G碑校4-201
偽50	馮子璨妻孟氏墓誌	延昌元年(512)2月15日	A檢要76/修48;碑索6-3158;D彙編58/修648;I叢考43;J增校隨修425;洛選189;K澤田雅弘2005	
偽51	劉氏墓誌	延昌元年(512)4月3日	I叢考43	E魏補114;G碑校4-203;H集成101;J輯繩21;全集北魏1-150

番號	墓誌名稱	紀年	辨偽文獻	その他の文獻
偽52	何卓墓誌	延昌元年(512)5月3日	A檢要77/修49;碑索6-3161;D彙編59/修648;I叢考43;J洛選17	
偽53	王蕃墓誌	永平5年(512)10月27日	A檢要76/修48;碑索6-3158;D彙編58/修648;H集成103;I叢考42・1115	C北圖拓3-158;G碑校4-221;J全集北魏1-144
偽54	馮公碑	延昌元年(512)	A碑索6-3159;I叢考43;J增校隨670/修425	
偽55	曹珩墓誌	延昌2年(513)正月6日	I叢考1126	K東賢司2006
偽56	高雍墓誌	延昌2年(513)3月8日	A碑索6-3160;I叢考43・1114;J增校隨修425;洛選189	
偽57	嚴震墓誌	延昌2年(513)4月10日	A檢要81/修51;碑索6-3160;D彙編59/修648;H集成106;I叢考43・1110;J增校隨670/修425;洛選190	C北圖拓4-11;G碑校4-235;J全集北魏1-162
偽58	孫標墓誌	延昌2年(513)9月5日	A碑索6-3161;H集成108;I叢考43;J增校隨670/修425	A檢要81/修52;E魏補120;G碑校4-242;J釋錄327;K趙海麗2011a;佐川英治2012
偽59	陳歘墓誌	延昌2年(513)10月9日	A檢要82/修52;碑索6-3162;D彙編59/修648;H集成108;I叢考44;J洛選191;K澤田雅弘2006	
偽60	元顯德墓誌	延昌2年(513)11月3日	H集成110;I叢考44・1115	
偽61	王颺墓誌	延昌2年(513)11月22日	A碑索6-3163;H集成111;I叢考44・1113;K劉琴麗2019	J秦晉豫三53
偽62	元君妻韓氏墓誌	延昌2年(513)11月23日	A檢要82/修52;碑索6-3164;D彙編修648;H集成111;I叢考44・1113;K羅新1996;趙振華2009a;馬立軍2010;王培峰等2011;王連龍2016b;劉琴麗2018b	E魏補121;G碑校4-246;J秦晉豫續41;全集北魏1-184
偽63	□伯超墓誌	延昌2年(513)□月3日	I叢考1125;K澤田雅弘2005	E魏補122;G碑校4-244;H集成112;J輯繩24;洛選30;全集北魏1-168;K劉軍2022b
偽64	趙氏墓誌	延昌3年(514)正月3日	A碑索6-3163;I叢考44;J增校隨670/修425;	A檢要83/修53;北朝集存68
偽65	元芳墓誌	延昌3年(514)4月3日	A碑索6-3163	
偽66	王遷墓誌	延昌3年(514)5月	A檢要84/修54;碑索6-3163	
偽67	元質墓誌	延昌3年(514)6月5日	A檢要85/修54;碑索6-3164;H集成113;I叢考44;J增校隨670/修425;洛選191;K澤田雅弘2005	
偽68	趙淑墓誌	延昌3年(514)7月15日	I叢考44・1114	
偽69	晉德墓誌	熙平元年(516)3月17日	K馬振穎2022	
偽70	元通墓誌	熙平元年(516)7月28日	A檢要91/修58;碑索6-3165;D彙編59/修648;H集成130;I叢考44・1114;J洛選17	K東賢司2006

番號	墓誌名稱	紀年	辨僞文獻	その他の文獻
僞71	鄭道昭墓誌	熙平元年(516)10月	A 碑索 6-3165;I 叢考 45	
僞72	元容墓誌	熙平2年(517)8月20日	A 檢要 96/修 61;碑索 6-3166;D 彙編 59/修 648;I 叢考 45;J 增校隨 670/修 425;洛選 192;K 宮大中 2002;宮大中 2004b	
僞73	惠氏墓誌	熙平2年(517)11月28日	A 碑索 6-3166;I 叢考 45	
僞74	楊旭墓誌	神龜元年(518)7月癸酉	A 檢要 100/修 63;碑索 6-3167;D 彙編 59/修 648;I 叢考 45;J 增校隨 670/修 425;洛選 192;K 趙振華 2009a	
僞75	張澈墓誌	神龜元年(518)8月5日	增校隨 670/修425;檢要 101/修64;彙編 59/修 648;洛選 193;碑索 6-3167;集成 156;叢考 45;澤田雅弘 2005	
僞76	劉苻亮墓誌	熙平3年(518)12月20日	※熙平3年の時点で存命中のはずの胡太后が「灵太后」と諡號で記される(しかも「靈」の字は現代中國語簡体字の「灵」を用いる)など、疑わしい点が多數あり、僞刻とみられる。	J 大全朔城 8
僞77	王遷墓誌	神龜2年(519)2月5日	A 檢要 103/修 65;碑索 6-3168;D 彙編 59/修 648;H 集成 119;I 叢考 45;增校隨 670/修 425;洛選 194;K 澤田雅弘 2005;趙振華 2009a	
僞78	楊璉墓誌	神龜2年(519)3月6日	I 叢考 1131	A 碑索 3-1538;北朝集存 88;H 集成 164;J 二四品 97;秦晉豫 19;新精北朝上 32;全集北魏 1-270;北精粹北魏 7-1;魏碑聖地 294;K 趙海麗 2011a;楊勇 2011;劉軍 2020b;白艷章 2021
僞79	慧靜(乞伏高月)墓誌	神龜2年(519)4月10日	A 碑索 6-3168;H 集成 166;I 叢考 45;J 增校隨 671/修 425	E 魏補 153;G 碑校 5-15;J 輯繩 29;洛選 47;洛少 13;全集北魏 1-272
僞80	楊惠墓誌	神龜2年(519)10月19日	A 檢要 100・104/修 63・66;碑索 6-3170;H 集成 169;I 叢考 46;J 洛選 194;K 趙振華 2009a	
僞81	路寧墓誌	神龜2年(519)11月10日	I 叢考 1127	J 秦晉豫三 58
僞82	孔閏生墓誌	神龜3年(520)4月18日	A 檢要 104/修 65;碑索 6-3169;D 彙編 59/修 648;H 集成 175;I 叢考 46	C 北圖拓 4-81;G 碑校 5-61;J 鴛鴦藏石 46;全集北魏 1-292
僞83	顏遷墓誌	神龜4年(?)10月	A 檢要 112/修 72;碑索 6-3170;D 彙編 59/修 649;I 叢考 46・1106;J 洛選 17	
僞84	高舉墓誌	正光元年(520)6月	A 檢要 109/修 69;碑索 6-3171;D 彙編 59/修 649;H 集成 179;I 叢考 46;J 洛選 195;K 趙振華 2009a	

番號	墓誌名稱	紀年	辨僞文獻	その他の文獻
僞85	曹元標墓誌	正光元年(520)6月3日	A 碑索 6-3171;I 叢考 46;J 洛選 195;K 趙振華 2009a	
僞86	唐雲墓誌	正光元年(520)9月10日	A 檢要 109/修 69;碑索 6-3172;D 彙編 59/修 649;H 集成 179;I 叢考 46・1115;J 洛選 196;K 趙振華 2009a	C 北圖拓 4-89;J 全集北魏 1-306
僞87	劉滋墓誌	正光元年(520)11月3日	I 叢考 1132	E 魏補 162;G 碑校 5-83;H 集成 182;J 輯繩 33;洛選 53;全集北魏 1-314;魏碑聖地 270
僞88	元嘉墓誌	正光2年(521)2月	A 碑索 6-3174;I 叢考 46	
僞89	何彦詠墓誌	正光2年(521)4月15日	A 檢要 109/修 69;碑索 6-3170;D 彙編 59/修 649;I 叢考 46;J 洛選 196;K 趙振華 2009a	
僞90	鮮于高頭墓誌	正光2年(521)4月30日	A 碑索 6-3174;D 彙編 59/修 649;H 集成 191;I 叢考 47;J 洛選 17	A 檢要 116/修 73;C 北圖拓 4-107;E 魏補 169・706;G 碑校 5-117;J 磚刻 0959
僞91	陶君妻劉氏墓誌	正光2年(521)5月	A 碑索 6-3175;I 叢考 47	
僞92	張君妻李淑眞墓誌	正光2年(521)7月3日	H 集成 192;I 叢考 1132;K 澤田雅弘 2009b	A 檢要 116/修 74;E 魏補 169;J 洛選 58;
僞93	鄭孝穆墓誌	正光2年(521)7月20日	A 檢要 116/修 74;碑索 6-3175;I 叢考 47	J 啓功 215
僞94	馬郝標墓誌	正光2年(521)8月1日	A 碑索 6-3175;J 增校隨 671/修 425	
僞95	高植墓誌	正光2年(521)11月16日	A 碑索 6-3175;I 叢考 47;J 增校隨 658/修 418	A 檢要 118/修 75
僞96	秦龍標墓誌	正光2年(521)12月6日	增校隨 671/修 425;檢要 119/修 75;彙編 59/修 649;洛選 197;碑索 6-3176;叢考 47	
僞97	郭穎墓誌	正光2年(522)2月3日	A 碑索 6-3177;H 集成 198;I 叢考 47・1130;K 何俊芳 2016	E 魏補 172;J 邙洛 14;誌法精選 9
僞98	陶翰妻劉惠芳墓誌	正光3年(522)4月5日	A 檢要 119/修 76;碑索 6-3178;D 彙編 60/修 649;H 集成 199;I 叢考 47;J 洛選 197;K 趙振華 2009a	
僞99	雷彰墓誌	正光3年(522)4月5日	A 碑索 6-3177;I 叢考 48;J 增校隨 671/修 425;洛選 198;K 趙振華 2009a	
僞100	慈雲墓誌	正光3年(522)8月10日	A 檢要 120/修 76;碑索 6-3179;D 彙編 60/修 649;I 叢考 48;J 增校隨 671/修 425;洛選 198;K 宮大中 1996;宮大中 2002;宮大中 2004b;趙振華 2009a;宮萬松 2016;劉燦輝 2017	
僞101	元衡刻石	正光4年(523)7月13日	I 叢考 1130	C 北圖拓 4-146; G 碑校 5-208
僞102	趙碑墓誌	正光4年(523)8月3日	I 叢考 1133	H 集成 215;J 秦晉豫續 54
僞103	綦儁墓誌	正光4年(523)10月9日	A 檢要 126/修 80;碑索 6-3179;D 彙編 60/修 649;I 叢考 48;J 洛選	

番號	墓誌名稱	紀年	辨僞文獻	その他の文獻
			199;K 趙振華 2009a	
僞 104	王曉墓誌	正光 4 年(523) 10 月 20 日	A 碑索 6-3180;H 集成 216;I 叢考 48;J 洛選 199	J 魏碑聖地 248
僞 105	段峻德墓誌	正光 4 年(523) 11 月 2 日	A 檢要 122/修 77;碑索 6-3180;D 彙編 60/修 649;H 集成 219;I 叢考 48・1113;J 洛選 200;K 羅國威 1994;莊學香 2001;澤田雅弘 2006;王雙慶 2020	C 北圖拓 4-152
僞 106	王遵墓誌	正光 4 年(523) 11 月 27 日	I 叢考 1133	H 集成 220;J 秦晉豫續 55;道在瓦甓 140
僞 107	魏徹墓誌	正光 5 年(523) 2 月	I 叢考 1128;K 張芳 2020	J 秦晉豫三 61
僞 108	元暉墓誌	正光 5 年(524) 3 月 25 日	A 碑索 6-3181;I 叢考 48・1113;J 洛選 17;K 趙振華 2009a;劉燦輝 2017	
僞 109	王節墓誌	正光 5 年(524) 5 月 12 日	A 碑索 6-3181;I 叢考 48	J 秦晉豫續 57
僞 110	清蓮墓誌	正光 5 年(524) 5 月 18 日	A 碑索 6-3183;H 集成 232;I 叢考 48;K 何俊芳 2016;宮萬松 2016	J 二四品 124;秦晉豫 21
僞 111	吳方墓誌	正光 5 年(524) 6 月 3 日	A 檢要 132/修 84;碑索 6-3183;D 彙編 60/修 649;I 叢考 49;K 澤田雅弘 2005;趙振華 2009a	
僞 112	康建墓誌	正光 5 年(524) 6 月 3 日	A 碑索 6-3182;H 集成 233;I 叢考 49;J 洛選 200;K 澤田雅弘 2005;趙振華 2009a	C 北圖拓 4-165; G 碑校 5-272;J 全集北魏 2-6
僞 113	譚榮墓誌	正光 5 年(524) 6 月 5 日	A 檢要 132/修 84;碑索 6-3184;D 彙編 60/修 649;H 集成 233;I 叢考 49;J 增校隨 671/修 425;洛選 201;K 澤田雅弘 2005;趙振華 2009a;劉琴麗 2018a	C 新中國千唐壹 1;J 全集北魏 2-8
僞 114	孫遼墓誌	正光 5 年(524) 7 月	A 碑索 6-3184;I 叢考 49・1113;J 增校隨 658/修 418	J 集萃 8-51
僞 115	元璨墓誌	正光 5 年(524) 11 月 3 日	A 碑索 6-3185;H 集成 240;I 叢考 49;K 何俊芳 2016	C 新中國千唐壹 2;J 唐補千唐 438;洛少 57
僞 116	元寧墓誌	正光 5 年(524) 11 月 14 日	I 叢考 1129	A 檢要 136/修 86;陝目提要 35;B 漢魏 197;C 北圖拓 4-175;E 魏補 205;G 碑校 5-300;H 集成 248;J 百種 5;英華 56;集萃 8-52;鴛鴦藏石 71;碑林全 61-409;洛選 82;彭州 41;洛少 58;全集北魏 2-30;K 高峽 1993;何德章 2000;魏宏利 2006;吳洪琳 2019;張穎慧 2023
僞 117	韓虎墓誌	正光 5 年(524) 11 月 14 日	H 集成 249;K 趙艷華 2011	B 新北 46;J 秦晉豫續 59
僞 118	許淵墓誌	正光 6 年(525) 正月 27 日	A 碑索 6-3185;I 叢考 49	
僞 119	吳瑱墓誌	孝昌元年(525) 2 月 3 日	A 檢要 140/修 89;碑索 6-3187;D 彙編 60/修 650;H 集成 261;I 叢考 50・1106;J 洛選 202; K 澤田雅弘	

番號	墓誌名稱	紀年	辨僞文獻	その他の文獻
			2005;趙振華 2009a	
僞120	薛孝通墓誌	孝昌元年(525)2月	A 碑索 6-3186;D 彙編 60/修 649;J 洛選 17	A 檢要 140/修 89;J 碑林全 65-851
僞121	李延齡墓誌	孝昌元年(525)10月5日	I 叢考 50;K 澤田雅弘 2005;窪添慶文 2011	K 窪添慶文 2010;孟凡港 2020
僞122	張猛龍墓誌	孝昌元年(525)11月8日	A 碑索 6-3186;I 叢考 49・1113;K 周錚 2002a;宮大中 2004c;王連龍 2016b;劉燦輝 2017;張睿濤 2019	J 啓功 205;馬寶山 2002
僞123	吳安國墓誌	孝昌元年(525)	I 叢考 50;增校隨修 425	A 檢要 140/修 88;E 魏補 224;H 集成 283;
僞124	吳高黎及妻許氏墓誌	孝昌2年(526)正月13日	A 碑索 6-3187;I 叢考 50;K 趙振華 2009a	A 檢要 145/修 92;B 漢魏 245;C 北圖拓 5-15;E 魏補 224;G 碑校 5-379;H 集成 283;J 洛選 94;氈椎閒話 110
僞125	卜文墓誌	孝昌2年(526)2月24日	A 檢要 147/修 93;碑索 6-3189;D 彙編 60/修 650;I 叢考 50;增校隨 658/修 418;洛選 17	
僞126	李頤墓誌	孝昌2年(526)3月8日	I 叢考 1137;K 澤田雅弘 2006	C 北圖拓 5-20;E 魏補 226;G 碑校 6-4;H 集成 286;J 全集北魏 2-88;K 趙海麗 2011a
僞127	劉昭墓誌	孝昌2年(526)8月17日	A 碑索 6-3190;H 集成 292;I 叢考 50;J 洛選 203;K 澤田雅弘 2005;趙振華 2009a	
僞128	元飍墓誌	孝昌2年(526)10月2日	A 檢要 150/修 95;碑索 6-3190;D 彙編 60/修 650;I 叢考 51;J 洛選 203;K 趙振華 2009a	
僞129	王坤墓誌	孝昌2年(526)10月19日	B 新北 52;H 集成 296;I 叢考 51・1113;K 王連龍 2016b	J 秦晉豫續 62
僞130	元憙(元伯陽)墓誌	孝昌2年(526)10月26日	A 碑索 6-3191;D 彙編修 650;H 集成 299;I 叢考 1114;K 魯才全 1997;王昕 1998;王連龍 2016b	A 檢要 153/修 97;E 魏補 236;G 碑校 6-49;J 故宮彙編 66
僞131	朱奇墓誌	孝昌2年(526)10月	A 檢要 154/修 98;碑索 6-3191;D 彙編 60/修 650;I 叢考 51;J 洛選 204;K 澤田雅弘 2006	
僞132	周恒墓誌	孝昌2年(526)11月14日	A 檢要 155/修98;碑索 6-3192;I 叢考 51;J 增校隨修 425;洛選 204;K 宮大中 2002;宮大中 2004b;澤田雅弘 2005;趙振華 2009a;劉燦輝 2017	
僞133	陽作忠墓誌	孝昌2年(526)12月18日	A 碑索 6-3193;I 叢考 51;J 洛選 17;K 趙振華 2009a	
僞134	董紹妻段濟墓誌	孝昌3年(527)2月16日	A 碑索 6-3193;I 叢考 48・51;J 洛選 205	
僞135	元恂墓誌	孝昌3年(527)3月7日	A 檢要 160/修 102;碑索 6-3193;D 彙編60/修 650;I 叢考 51	
僞136	王仁墓誌	孝昌3年(527)5月24日	A 碑索 6-3193;H 集成 324;I 叢考 51・1105・1110・1112・1115・1116;J 洛選 205;K 趙振華 2009a;劉琴麗 2018b	E 魏補 253;J 邙洛 20;新獲七朝 21;全集北魏 2-154
僞137	陶宏景墓	孝昌3年(527)	A 碑索 6-3194;K 趙振華 2009a	

番號	墓誌名稱	紀年	辨僞文獻	その他の文獻
	誌	7月12日		
僞138	張敬墓誌	孝昌3年(527)9月13日	A 檢要158/修101;碑索6-3194;D 彙編60/修650;H 集成326;I 叢考52;J 洛選206;K 趙振華2009a	E 魏補253;
僞139	侯悟墓誌	孝昌3年(527)10月13日	H 集成326;I 叢考1107·1112·1114	C 北圖拓5-69;E 魏補254;G 碑校6-123;J 全集北魏2-156
僞140	元悅墓誌	孝昌3年(527)11月4日	A 碑索6-3195;H 集成330;I 叢考52·1113;J 洛選206;K 宮大中1996;宮大中2002;宮大中2004b;趙振華2009a;劉燦輝2017	
僞141	張墉墓誌	孝昌3年(527)11月10日	A 檢要163/修103;碑索6-3196;H 集成330;I 叢考52;J 洛選207;K 趙振華2009a	
僞142	路寧墓誌	武泰元年(528)3月16日	H 集成340	J 秦晉豫續70
僞143	寇慰墓誌	孝昌4年(528)9月3日	A 碑索6-3197;H 集成335;I 叢考52·1106·1108·1109·1111;J 洛選207;K 澤田雅弘2005	C 北圖拓5-75;E 魏補285;G 碑校6-231;J 全集北魏2-176;K 趙海麗2011a
僞144	于謹墓誌	武泰元年(528)	A 碑索6-3196;I 叢考52;K 楊娟2011;王連龍2016b	
僞145	吐谷渾氏墓誌	建義元年(528)8月11日	I 叢考52	A 題跋144;中央館17;檢要175/修111;史語所23;北圖目24;洛目33;時地a47/b38;北大42;淑德76;陝目提要43;碑索4-1771;北朝集存152;日本345;B 漢魏71;C 北圖拓5-107;D 彙編245/修314;E 魏補283;G 碑校6-222;H 集成365;J 百種8;英華87;吐谷渾錄89/增58;集萃7-64;民族姓氏82;鴛鴦藏石107;陝西石藝254;碑林全63-681;洛選138;洛中2-640;胡姓考86;西民大拓40;彭州77;洛少207;全集北魏2-244;絲路沿綫14;K 高峽1993;王盛婷2004;景亞鸝2007;趙振華2009a;徐冲2011;周偉洲2019;陳麗萍2020
僞146	元顯墓誌	建義元年(528)8月24日	I 叢考1138	J 秦晉豫續71;新獲一五19
僞147	彭忠墓誌	建義元年(528)9月26日	A 檢要176/修112;碑索6-3197;D 彙編60/修650;I 叢考53;J 洛選17	
僞148	元廣墓誌	建義元年(528)10月4日	A 檢要176/修112;碑索6-3197;D 彙編60/修650;I 叢考53;J 洛選208	

番號	墓誌名稱	紀年	辨僞文獻	その他の文獻
僞149	劉蘭訓墓券	永安元年(528)4月20日	I叢考52・1113	E魏補708;
僞150	楊逸墓誌	永安元年(528)5月23日	A檢要177/修113;碑索6-3198;D彙編61/修650;I叢考53・1106;J洛選17;K趙振華2009a	
僞151	程延貴墓誌	普太元年(531)9月21日	A檢要188/修120;碑索6-3198;I叢考53/增校隨658/修418;洛選17	
僞152	趙廣者墓誌	普泰元年(531)10月13日	I叢考1139	A碑索4-1825;北朝集存166・330;H集成416;J二四品281;洛陽新見11;聖殿70;民間藏誌26;新獲七朝34;秦晉豫續78;北朝百品83;道在瓦甓156;北精粹北魏6-75;K佐川英治2012;洛陽市文物考古研究院2012;劉軍2016;魏軍剛2023b
僞153	鄭黑墓誌	普泰2年(532)3月17日	A檢要190/修121;碑索6-3199;D彙編61/修650;I叢考54;J洛選209;K趙振華2009a	C北圖拓5-156;J全集北魏2-336
僞154	薛孝通墓券	太昌元年(532)□月10日	I叢考53・1111;K楊強2002	A陝目提要53;C北圖拓5-176;E魏補710;G碑校7-37;J鴛鴦藏石130;西北58;K高峽1993
僞155	元虔墓誌	太昌2年(533)10月	A檢要197/修125;碑索6-3199;D彙編61/修650;I叢考54・1106;J洛選209;K趙振華2009a	
僞156	元顯敬墓誌	太昌2年(533)10月	A碑索6-3200;I叢考54	
僞157	高珪墓誌	永熙3年(534)10月9日	A檢要201/修128;碑索6-3200;D彙編61/修650;H集成469;I叢考54;K澤田雅弘2006;趙振華2009a	C北圖拓5-202;G碑校7-86;J全集北魏2-416
僞158	楊定及妻丁氏墓誌	永興21年(?)2月9日	K宮萬松2016	J民間藏誌46
僞159	元偃墓誌	年月未詳	I叢考54;K宮大中1996;宮大中2002	
僞160	元策宗墓誌	年月未詳	I叢考54・1113	
僞161	高永墓誌	無年月	A碑索6-3212;I叢考54	
僞162	高氏墓誌	無年月	A碑索6-3212;I叢考54	
僞163	韓楷墓誌	無年月	A碑索6-3201;I叢考55	
僞164	崔楷墓誌	無年月	I叢考1139	A檢要84/修53;陝目提要22;E魏補412;G碑校7-105;H集成970;J鴛鴦藏石137;碑林全60-179;彭州113;全集北魏2-424;K高峽1993
僞165	張瓘墓誌	天平元年(534)10月7日	彙編修650;碑索6-3201;集成470;叢考55・1114;任乃宏等2013	C北圖拓6-23;E魏補346;G碑校7-123;J集萃8-83

番號	墓誌名稱	紀年	辨僞文獻	その他の文獻
僞166	李光顯墓誌	天平元年(534)	※誌文に「左勳衞都上士」など東魏にない官名がみえる。	H集成470;J稀見;民間藏誌30
僞167	孫彦同墓誌	天平3年(536)正月	A檢要210/修133;碑索6-3202;D彙編61/修650;I叢考55;K趙振華2009a	
僞168	長孫囧墓碑	天平4年(537)7月16日	A碑索6-3202;H集成485;I叢考55;J增校隨修425;K崔冠華2018	C北圖拓6-42;G碑校7-178
僞169	南宗和尚塔銘	元象元年(538)5月	A碑索6-3202;D彙編61/修651;H集成497;I叢考55	C北圖拓6-49;G碑校7-209
僞170	韓智惠(韓迴生)墓誌	興和2年(540)11月12日	I叢考1141	H集成516;J安豐174
僞171	普惠塔銘	興和2年(540)	A碑索6-3203;I叢考55;J增校隨658/修418;	
僞172	趙九弼墓誌	興和3年(541)□月26日	A碑索6-3203;I叢考55	J磚書23
僞173	王尉墓誌	興和6年(?)5月	A檢要220/修139;碑索6-3203;D彙編61/修651;I叢考55・1106;J增校隨671/修426	
僞174	王安墓誌	武定元年(543)8月20日	A碑索6-3204;I叢考56;J洛選210;K趙振華2009a	
僞175	李祈年墓誌	武定元年(543)11月8日	A碑索6-3204;D彙編61/修651;H集成544;I叢考56・1107・1109;K李航2020	C北圖拓6-100;G碑校7-358;K張穎慧2022
僞176	王子貴墓誌	武定2年(544)正月	A碑索6-3204;檢要222/修140;D彙編61/修651;I叢考56	
僞177	周利華墓誌	武定2年(544)8月8日	A碑索6-3205;H集成550;I叢考56・1113;K劉琴麗2019	J唐補千唐444;K佐川英治2012
僞178	范穎墓誌	武定2年(544)8月20日	A碑索6-3205;I叢考56;J洛選211;K趙振華2009a	
僞179	元光基墓誌	武定3年(544)6月28日	H集成562;I叢考56・1105・1114	C北圖拓6-123;E魏補389;G碑校8-12;J洛選182;洛少126;紀芳堂354;K趙海麗2011a;蘆會影等2022
僞180	赫連明墓誌	武定4年(546)11月10日	I叢考1142	J秦晉豫三81;K沈國光2022
僞181	楊鳳翔墓誌	武定5年(547)5月24日	A檢要229/修144;碑索6-3205;D彙編61/修651;I叢考56;K趙振華2009a	
僞182	元韶及妻侯氏墓誌	武定8年(548)正月5日	A檢要231/修146;碑索6-3206;D彙編61/修651;H集成584;I叢考57・1112・1115;J增校隨671/修426;洛選211;K趙振華2009a	C北圖拓6-160;G碑校8-114;K東賢司2006
僞183	杜昌墓誌	天保9年(558)11月23日	I叢考1140	H集成683;J安豐209
僞184	法顯墓誌	天統元年(565)10月	A碑索6-3207;I叢考58	
僞185	徐穆墓誌	天統3年(567)10月22日	I叢考1145	J秦晉豫三104
僞186	宇文誠墓誌	武平元年(570)6月19日	H集成782;I叢考58・1108・1112	A檢要253/修159;C北圖拓8-5;E齊補112;G碑

番號	墓誌名稱	紀年	辨僞文獻	その他の文獻
				校 9-335;J 魯迅誌 549;集萃 7-91;磚刻 1040;K 趙海麗 2011a
僞 187	趙通墓誌	武平 2 年(571) 6 月 4 日	A 檢要 257/修 161;碑索 6-3207;D 彙編 61/修 651;I 叢考 58;J 增校隨 659/修 418;K 洛選 17;K 李航 2020	
僞 188	王早墓誌	武平 4 年(573) 2 月 6 日	A 檢要 259/修 163;碑索 6-3208;D 彙編 61/修 651;I 叢考 58;J 增校隨 672/修 426	
僞 189	□韶墓誌	武平 6 年(575) 8 月 18 日	A 碑索 6-3208;H 集成 846;I 叢考 58・1113;J 增校隨修 426;K 劉琴麗 2019	A 檢要 262/修 164;E 齊補 143;J 集萃 8-98;K 趙海麗 2011a
僞 190	張謨墓誌	武平 7 年(576) 3 月 12 日	K 張金龍 2023	A 碑索 5-2287;北朝集存 288;H 集成 853;J 大全朔城 1354;K 殷憲 2012a;殷憲 2012c
僞 191	文襄公魯郡太守墓誌	北齊	A 碑索 6-3209;I 叢考 59;J 增校隨修 426	
僞 192	楊瑩墓誌	大統 7 年(541) 11 月 28 日	I 叢考 1143	B 西南 43;H 集成 600;J 拾零 40
僞 193	楊蘭墓誌	大統 7 年(541) 11 月 28 日	I 叢考 1143	B 西南 46;H 集成 599;J 拾零 41
僞 194	王訛墓誌	大魏 7 年(549) 11 月 9 日	I 叢考 1143	F 墨 78;H 集成 583;
僞 195	拓拔濟墓誌	保定 2 年(562) 閏正月	I 叢考 1148	A 碑索 5-2316;北朝集存 294;J 西安新獲 18;西南滙釋 45;K 梶山智史 2019
僞 196	石輔益墓誌	保定 5 年(565) 3 月	H 集成 876;I 叢考 1151	G 彙考 6-180;J 魯迅誌 601;北山集古 64
僞 197	王通墓誌	天和 2 年(567) 10 月	A 檢要 266/修 166;碑索 6-3209;D 彙編 61/修 651;H 集成 887;I 叢考 59・1112;J 增校隨 659/修 419	
僞 198	劉桂墓誌	天和 3 年(568) 7 月	A 檢要 267/修 167;碑索 6-3210;D 彙編 61/修 651;I 叢考 59	K 東賢司 2006
僞 199	長孫君妻羅氏墓誌	天和 4 年(569) 8 月 6 日	A 檢要 267/修 167;碑索 6-3210;D 彙編 61/修 651;I 叢考 59;J 增校隨 660/修 419・426	
僞 200	諸祿元墓誌	建德元年(572)	A 碑索 6-3211;I 叢考 60;J 增校隨 660/修 419	
僞 201	殘墓誌	建德 6 年(577)	A 碑索 6-3211;I 叢考 60	
僞 202	梁鼎淵墓誌	大象 2 年(580) 6 月 23 日	I 叢考 60	A 檢要 271/修 170;陝目提要 91;B 漢魏 360;C 北圖拓 8-180;E 周補 48;G 碑校 10-340;H 集成 960;J 英華 136;鴛鴦藏石 165;碑林全 66-1064;洛選 184;西民大拓 63;彭州 135
僞 203	馬龜墓誌	大象 2 年(580) 10 月 21 日	H 集成 961;I 叢考 1149	A 檢要 271/修 170;C 北圖拓 8-199;E 周補 48;G 碑校 10-352;J 魯迅誌 617;

番號	墓誌名稱	紀年	辨僞文獻	その他の文獻
				翰墨 1-80;K 高峽 1996
僞 204	王君(建威將軍北平太守)墓誌	北朝	A 碑索 6-3212;I 叢考 60	
僞 205	恒幽州八世孫墓誌	北朝	J 增校隨修 426	
僞 206	楊松年(楊松)墓誌	開皇 2 年(582) 3 月 6 日	A 碑索 6-3213;G 彙考 6-211;I 叢考 60;J 增校隨 660/修 419;K 李航 2020	
僞 207	楊通墓誌	開皇 2 年(582) 4 月 6 日	A 碑索 6-3213;I 叢考 60・1152;K 梁春勝 2015a;劉本才 2019;李航 2020	C 北圖拓 9-3;D 隋唐五代江蘇山東 1;E 隋補 83;G 彙考 1-11;J 隋誌百品 1;齊魯 319
僞 208	□君墓誌	開皇 2 年(582)	I 叢考 60	
僞 209	李亮墓誌	開皇 3 年(583) 12 月	A 碑索 6-3214;G 彙考 6-212;I 叢考 61;J 增校隨 672/修 426	
僞 210	王克寬墓誌	開皇 4 年(584) 5 月丙午	A 碑索 6-3214;G 彙考 6-214;I 叢考 61	
僞 211	孫節塔銘	開皇 7 年(587) 正月 29 日	I 叢考 61	A 碑索 5-2481;K 樊波等 2008;王其禕等 2022
僞 212	賈崧墓誌	開皇 9 年(589) 8 月 23 日	I 叢考 1159	G 彙考 1-289;J 誌法精選 18;K 許萬順 2006
僞 213	楊眞及妻王氏墓誌	開皇 9 年(589) 12 月 25 日	I 叢考 1159	A 檢要 287/修 180;陝目提要 105;B 漢魏 380;C 北圖拓 9-60;D 隋唐五代洛陽 1-15;E 隋補 128;G 彙考 1-365;J 鴛鴦藏石 177;碑林全 67-1153
僞 214	黃丹墓誌	開皇 10 年(590) 10 月 16 日	K 王其禕等 2021a	
僞 215	張通妻李氏墓誌	開皇 17 年(597) 3 月 26 日	A 檢要 297/修 186;碑索 6-3215;G 彙考 6-216;I 叢考 61	
僞 216	王通妻孫貴墓誌	開皇 17 年(597) 3 月 26 日	I 叢考 61・1114;K 牛紅廣 2014	
僞 217	崔顯墓誌	開皇 19 年(599) 10 月 14 日	I 叢考 1160	H 可憑 293;J 九朝 22;新獲一五 55;K 王其禕等 2018b
僞 218	申成(謝成)及妻李氏墓誌	開皇 20 年(600) 4 月 3 日	I 叢考 1161	G 彙考 2-329;J 碑林新 50;K 張葳 2021
僞 219	蕭直墓誌	開皇□□年 2 月	A 檢要 302/修 190;碑索 6-3215;G 彙考 6-217;I 叢考 61	E 隋補 487
僞 220	盧禹仁墓誌	仁壽 4 年(604) 11 月 17 日	K 王其禕等 2021a	
僞 221	陳思道墓誌	大業 2 年(606) 9 月 5 日	A 碑索 6-3215;I 叢考 61;K 王其禕等 2008a	A 題跋 157;檢要 316/修 198;北大目 101;D 隋唐五代北大 1-16;E 隋補 488;G 彙考 6-71
僞 222	李遠墓誌	大業 2 年(606) 11 月 16 日	K 王其禕等 2021a	
僞 223	陳君妻王	大業 3 年(607)	K 簡又文 1958b;琴心 1979;朱萬章	A 檢要 319/修 200;北大

番號	墓誌名稱	紀年	辨僞文獻	その他の文獻
	氏墓誌	5月28日	2001	102;碑索 6-2712;日本 611;C 北圖拓 10-13;D 隋唐五代北京遼寧 1-21;E 隋補 216;F 疏證 517/修 482;G 彙考 3-235;J 廣東圖志 29;廣東集 3;廣府錄 821;K 汪兆鏞 1942c;馬國權 1962;朱關田 2002;周曉薇等 2008;周曉薇等 2011c;王亞芳 2013
僞224	楊和墓誌	大業3年(607) 11月15日	I 叢考 1162	G 彙考 6-135;J 洛新釋錄 328;拾零 56;K 王其禕等 2008b;佐川英治 2012
僞225	趙沖及妻元氏墓誌	大業3年(607) 11月27日	I 叢考 1149;K 王其禕等 2021a	K 張新順等 2021
僞226	楊君妻陳氏墓誌	大業5年(609) 7月21日	A 碑索 6-3216;G 彙考 6-218;I 叢考 62・1114;K 王其禕 2004a;王其禕等 2008a;牛紅廣 2014;王連龍 2016b	
僞227	羊凝墓誌	大業6年(610) 10月15日	A 碑索 6-3216;I 叢考 62;K 趙振華 2009a	
僞228	周良及妻衞氏墓誌	大業7年(611) 4月18日	I 叢考 1163;K 劉琴麗 2020a	J 秦晉豫續 199;新獲一五 59;陝西新隋 88
僞229	姚辨(姚恭公)墓誌	大業7年(611) 10月20日	I 叢考 62	
僞230	高舒寧墓誌	大業7年(611) 10月27日	K 王其禕等 2021a	
僞231	王德(王香仁)墓誌	大業7年(611) 11月28日	I 叢考 1163	A 檢要 339/修 212;陝目提要 125;E 隋補 265;G 彙考 4-181・6-156;J 輯繩 64;鴛鴦藏石 199;碑林全 69-1416;隋誌百品 311;彭州 184;K 張崇依 2017;侯紀潤 2022
僞232	李肅墓誌	大業8年(612) 2月10日	A 碑索 6-3217;I 叢考 62・1108・1114;K 趙振華 2009a;劉本才 2013;劉本才 2019	A 檢要 342/修 214;C 北圖拓 10-59;D 隋唐五代江蘇山東 8;E 隋補 489;G 彙考 4-205
僞233	謝青蓮墓誌	大業9年(613) 4月	G 彙考 6-223;I 叢考 62;J 增校隨 660/修 419	
僞234	賈玄贊墓誌	大業10年(614) 6月22日	A 碑索 6-3218;G 彙考 6-224;I 叢考 62;J 增校隨 672/修 426;K 王其禕等 2008a;趙振華 2009a;劉本才 2019	A 檢要 363/修 227;C 北圖拓 10-102;D 隋唐五代洛陽 1-117;E 隋補 312;
僞235	王光墓誌	大業11年(615) 正月21日	I 叢考 1168	A 碑索 6-2887;J 拾零 59;K 王其禕等 2008b
僞236	趙通及妻禮氏墓誌	大業11年(615) 10月26日	I 叢考 1165	A 碑索 6-2916;H 可憑 503;J 秦晉豫 123
僞237	李同仁墓誌	大業12年(616) 11月16日	I 叢考 62・1114;K 牛紅廣 2014	A 碑索 6-2951;G 彙考 6-170;J 邙洛 65;洛新釋錄 328

番號	墓誌名稱	紀年	辨僞文獻	その他の文獻
僞238	顔通墓誌	大業12年(616)11月21日	I 叢考1166	G 彙考5-393;J 邙洛57;新獲續16
僞239	孟常及妻呂氏趙氏墓誌	大業13年(617)10月8日	K 趙振華2009a	A 題跋163;中央館29;檢要393/修246;時地a62/b52;碑索6-2963;B 漢魏523;E 隋補143;G 彙考5-418;I 叢考235・762;J 羌族624;涼州531

墓誌名稱索引

1畫

乙

乙女休(杜孝績妻)墓誌	1175
乙弗虬(柳虬)墓誌	1380
乙弗虬(柳虬)妻席氏墓誌	1828
乙弗明(趙明)墓誌	2100
乙弗莫瓌墓誌	13
乙弗紹(華紹)墓誌	1435
乙弗貳虎妻阿若益腰墓誌	43
乙弗善貞(宇文穆及妻)墓誌	2103
乙弗靜志(豆盧整妻)墓誌	1554

2畫

丁 刁 卜

丁今遵墓誌	890
丁氏(宮人)墓誌	2566
丁氏(楊定及妻)墓誌	2542
丁氏(楊定及妻)墓誌	僞158
丁世子墓誌	2219
丁國公墓誌	2218
刁氏(崔志及妻)墓誌	2655
刁翔墓誌	1127
刁遵墓誌	255
卜仁墓誌	2185
卜文墓誌	僞125
卜氏(宮人)墓誌	2589

3畫

上 乞 于 士 大 山

上官何陰妻劉妙娥墓誌	33
上官政墓誌	2358
乞伏氏(婁叡妻)墓誌	2040
乞伏永壽妻姚護親墓誌	1383
乞伏孝達妻吐谷渾庫羅伏墓誌	1334
乞伏英娗(婁矜妻)墓誌	299
乞伏保達墓誌	1222
乞伏龍瓌墓誌	1512
乞伏暉墓誌	258
乞伏寶墓誌	670
乞扶惠妻郁久閭募滿墓誌	1886
于氏(元讞妻)墓誌	916
于仙姬(拓跋濬妻)墓誌	458
于君(使持節上儀同華陽公)墓誌蓋	2670
于孝卿墓誌	1194
于宜容(元威妻)墓誌	2151
于昌容(元瓚妻)墓誌	226
于彧墓誌	731
于烈碑	94
于神恩墓誌	509
于祚妻和醜仁墓誌	623
于寔墓誌蓋	2671
于斌及妻李氏墓誌	2253
于景墓誌	472
于智墓誌	1735
于暉墓誌	僞31
于寬墓誌	1826
于儀及妻元氏墓誌	1928

于緯及妻唐氏墓誌	2581
于謹墓碑	1674
于謹墓誌	僞144
于纂(于萬年)墓誌	502
于纂(于榮業)墓誌	480
于懿墓誌	2583
士孫氏(成君妻)墓誌	1938
大利稽冒頓墓誌	1500
大沮渠樹烏(謝過會念妻)墓誌	27
大野氏(步六孤亮及妻)墓誌	1457
大融法師塔銘	1997
山氏(越勤寬妻)墓誌	1586
山暉墓誌	208
山徽墓誌	581

4畫

丹 元 公 匹 卞 太 孔 尹 文 毛 牛 王

丹揚王墓誌	1630
元乂墓誌	461
元乂妻胡玄輝墓誌	1018
元子正墓誌	549
元子永墓誌	567
元子直墓誌	404
元子豫墓誌	500
元子邃及妻李氏墓誌	977
元子邃妻李艷華墓誌	792
元仁宗墓誌	1934
元公墓誌蓋	1638
元天穆墓誌	607
元引墓誌	362

— 543 —

元文墓誌	629	元伏和及妻穆氏墓誌	2052	元秀豔(華陽公主)碑	1092
元氏(于儀及妻)墓誌	1928	元光基墓誌	僞179	元良墓誌	959
元氏(王誦妻)墓誌	152	元匡墓誌	451	元芳墓誌	僞65
元氏(司馬季沖及妻)墓誌	2298	元如聞(穆君妻)墓誌	1086	元俸墓誌碑	165
元氏(杜粲及妻)墓誌	2299	元氾略墓誌	504	元周安墓誌	551
元氏(杜檟及妻)墓誌	1374	元羽墓誌	82	元固墓誌	507
元氏(孟景邕妻)墓誌	711	元羽妻鄭始容墓誌	1097	元坦妻孫氏墓誌	1035
元氏(房纂妻)墓誌	818	元悶(元士亮)墓誌	909	元始和墓誌	110
元氏(宮人)墓誌	2295	元悶(元曇朗)墓誌	160	元始宗墓誌	1285
元氏(宮人)墓誌	2338	元君墓誌蓋	1644	元季海妻李稚華墓誌	1413
元氏(宮人)墓誌	2507	元君墓誌蓋	1647	元季聰(李挺妻)墓誌	799
元氏(高伯禮妻)墓誌	617	元君墓誌蓋	1670	元孟瑜(鄭踐妻)墓誌	905
元氏(賀拔勝妻)墓誌	1451	元君妻呂瓊華墓誌	2170	元孟輝墓誌	316
元氏(馮子懿妻)墓誌	1339	元君妻崔氏墓誌	2343	元定墓誌	80
元氏(馮邕妻)墓誌	349	元君妻崔遲墓誌	2297	元尚之墓誌碑	382
元氏(楊文偉妻)墓誌	2290	元君妻陸孟暉墓誌	595	元延生墓誌	233
元氏(楊泰妻)墓誌	1363	元君妻馮氏墓誌	578	元延明墓誌	619
元氏(裴子通及妻)墓誌	1945	元君妻趙氏墓誌	1121	元延明妻馮氏墓誌	884
元氏(趙沖及妻)墓誌	僞225	元君妻趙光墓誌	310	元昂墓誌	563
元世斌墓誌	2333	元君妻韓氏墓誌	僞62	元昉墓誌	546
元世雄墓誌	1237	元君妻韓華墓誌	1311	元祉墓誌	593
元世壽墓誌	2017	元均之墓誌碑	528	元英墓誌	158
元世緒墓誌	1469	元均及妻杜氏墓誌	825	元英墓誌	僞46
元世儁墓誌	777	元妙(堯君妻)墓誌	287	元英(元洪儁)及妻崔麝香墓誌	1797
元仙墓誌	360	元孝輔墓誌	931	元茂墓誌	427
元平墓誌	392	元宏(孝文帝)妻高照容陵誌	294	元邵墓誌	525
元幼娥(韋孝寬妻)墓誌	2366	元宏(孝文帝)妻趙充華墓誌	197	元阿耶(祖子碩妻)墓誌	773
元仲英(闔伯昇及妻)墓誌	768	元沙彌(高永樂妻)墓誌	1537	元信墓誌	532
元伏山墓誌	1050	元玕墓誌	699	元保宜(楊尚希妻)墓誌	2611
元伏生妻輿龍姬墓誌	487	元秀墓誌	358	元保洛墓誌	161

元則墓誌	479	元悛墓誌	533	元弼(元思輔)墓誌	608
元則(安昌公)妻鄭氏墓誌	1475	元悌墓誌	524	元弼(元扶皇)及妻張氏墓誌	72
元咳女(韋津妻)墓誌	2365	元朗墓誌	482	元惠及妻吳氏墓誌	2493
元威墓誌	1946	元朗墓誌	744	元憎墓誌	534
元威妻于宜容墓誌	2151	元殺鬼(爾朱君妻)墓誌	819	元愕墓誌	1219
元客女(司馬季沖妻)墓誌	1158	元泰墓誌	594	元愉妻楊奧妃墓誌	371
元宥墓誌	539	元祜墓誌	722	元敬墓誌	830
元彥墓誌	230	元純陀(邢巒妻)墓誌	580	元斌墓誌	381
元彥妻蘭將墓誌	565	元華(和紹隆妻)墓誌	1265	元暎墓誌	僞39
元思墓誌	125	元華光墓誌	1741	元景植(元寶建)墓碑	783
元恪(宣武帝)妻王普賢墓誌	190	元華光(王君妻)墓誌	432	元晫墓誌	444
元恪(宣武帝)妻司馬顯姿墓誌	324	元虔墓誌	僞155	元智墓誌	2561
元恪(宣武帝)妻李氏墓誌	462	元通墓誌	僞70	元智妻姬氏墓誌	2562
元昫墓誌	僞135	元偃墓誌	66	元智光(馮昕及妻)墓誌	1003
元昭墓誌	394	元偃墓誌	僞159	元欽墓誌	560
元洪敬墓誌	1118	元崇業墓誌	412	元淵墓誌	511
元洛神(穆彥妻)墓誌	521	元彬墓誌	74	元渠姨(段韶妻)墓誌	2072
元珍墓誌	202	元悰墓誌	806	元湛(元士深)墓誌	822
元祐墓誌	279	元液墓誌	592	元湛(元珍興)墓誌	541
元祐妻常季繁墓誌	359	元淑及妻呂賀渾墓誌碑	142	元湛妻王令媛墓誌	823
元禹墓誌	633	元爽墓誌	676	元湛妻薛慧命墓誌	515
元倪墓誌	361	元斑墓誌	467	元瑛(高猛妻)墓誌	455
元容墓誌	僞72	元斑妻穆玉容墓誌	288	元琛墓誌	281
元彧墓誌	599	元理墓誌	僞14	元策墓誌	1171
元恩墓誌	587	元略墓誌	540	元策宗墓誌	僞160
元恭墓誌	630	元萇墓誌	244	元統墓誌	僞48
元悅墓誌	166	元進墓誌	239	元統師墓誌	2627
元悅墓誌	僞140	元馗(元孝道)墓誌	632	元診(元詮)墓誌	178
元悅(汝南王)碑	1661	元馗(元道明)墓誌	575	元貴妃(王誦妻)墓誌	252
元悅妻馮季華墓誌	413	元媛柔墓誌	1742	元過仁墓誌	457

元達豆官妻楊貴姜墓誌	123	元愨墓誌	449	元澄妻李氏墓誌	85
元道隆墓誌	564	元暐墓誌	495	元澄妻馮令華墓誌	872
元順墓誌	526	元榮宗墓誌	81	元熙墓誌	439
元圓墓誌	968	元演墓誌	189	元璋墓誌	494
元嵩墓誌	128	元禕墓誌	2334	元範妻鄭令妃墓誌	1890
元新成妻李氏墓誌	257	元端墓誌	537	元甄墓誌	568
元瞱墓誌	520	元粹墓誌	1099	元誕(元子發)墓誌	708
元暉墓誌	298	元維墓誌	576	元誕(元那延)墓誌	536
元暉墓誌	僞 108	元緒墓誌	131	元誕業墓誌	559
元暉碑	348	元綸及妻高氏墓誌	2039	元質墓誌	僞 67
元楨墓誌	62	元毓墓誌	547	元賥墓誌	849
元煥墓誌	435	元𡎟墓誌	604	元遵墓誌	445
元瑗墓誌	1611	元𡎟碑	664	元凝妻陸順華墓誌	873
元瑛墓誌	1550	元誘墓誌	440	元叡墓誌	934
元義華墓誌	438	元誘妻馮氏墓誌	95	元叡墓誌	1906
元肅墓誌	668	元誘妻薛伯徽墓誌	441	元叡妻張摩子墓誌	2155
元詡(孝明帝)妻盧令媛墓誌	346	元遙墓誌	253	元憙(元伯陽)墓誌	僞 130
元詳墓誌	138	元遙妻梁氏墓誌	286	元憚墓誌	442
元誠墓誌	2478	元韶及妻侯氏墓誌	僞 182	元整墓誌	2502
元賄墓誌	313	元儉及妻念氏崔氏墓誌	1796	元樹墓誌	1620
元頊及妻胡氏墓誌	620	元毾墓誌	139	元璡墓誌	1954
元睿墓誌	220	元毾妻李媛華墓誌	403	元穆妻墓誌	306
元嘉墓誌	843	元厥墓誌	542	元擧(元長融)墓誌	519
元嘉墓誌	僞 88	元廣墓誌	237	元擧(元景昇)墓誌	516
元壽(元長壽)碑	2416	元廣墓誌	僞 148	元融墓誌	496
元壽(杜君妻)墓誌	1447	元德墓誌	1141	元融妻盧貴蘭墓誌	858
元壽妻麴氏墓誌	129	元德墓誌	僞 43	元融妻穆氏墓誌	144
元壽安墓誌	468	元摩耶(馬瑾妻)墓誌	974	元衡刻石	僞 101
元壽安妻盧蘭墓誌	1601	元敷墓誌	363	元賢墓誌	925
元寧墓誌	僞 116	元澄墓誌	303	元賢眞墓誌	960

元龍墓誌	100	元騰及妻程法珠墓誌	291	公孫略墓誌	750
元嶷墓誌	775	元躍墓誌	627	公孫甑生(元鷙妻)墓誌	721
元徽墓誌	631	元顥墓誌	621	匹婁歡及妻尉遲氏墓誌	1498
元燦墓誌	410	元顥墓誌	1332	卞茂及妻張氏墓誌	2169
元燦墓誌	僞115	元顥妻李元姜墓誌	179	卞鑒及妻劉氏墓誌	2609
元禧妻申屠氏墓誌	79	元襲墓誌	628	太室孝邕墓誌	1250
元謐墓誌	391	元譿墓誌	314	孔神通墓誌	2442
元謐妻馮會墓誌	223	元鷙墓誌	786	孔閏生墓誌	僞82
元鍾墓誌	2404	元鷙妻公孫甑生墓誌	721	尹平墓誌	678
元隱墓誌	393	元瓚墓誌	292	尹弐和墓誌	345
元彝墓誌	529	元瓚妻于昌容墓誌	226	尹君妻王氏墓誌	2537
元瞻墓誌	530	元鑒墓誌	126	尹昇墓誌	1745
元禮之墓誌	566	元鑒(元長文)墓誌	1014	尹彥卿墓誌	2624
元簡墓誌	69	元鑒之墓誌	389	尹祥墓誌	460
元簡妻常氏墓誌蓋	1613	元顯墓誌	824	文襄公魯郡太守墓誌	僞191
元颺墓誌	201	元顯墓誌	僞146	文羅氣(雷亥郎妻)墓誌	866
元颺妻王氏墓誌	194	元顯敬墓誌	僞156	毛德祖妻張智朗墓誌	15
元懷墓誌	251	元顯儁墓誌	188	毛護墓誌	2139
元譚墓誌	531	元顯儁墓誌	僞44	牛天護妻邢□香墓誌	59
元譚妻司馬氏墓誌	368	元顯德墓誌	僞60	牛方大墓誌	2621
元願平妻王氏墓誌	151	元顯魏墓誌	434	牛氏崔氏墓誌	1403
元寶(尉君妻)墓誌	1213	元靈曜墓誌	369	牛玉(魏昇及妻)墓誌	2233
元寶月墓誌	450	元蕣及妻慕容氏墓誌	224	牛貴英(高榮及妻)墓誌	1024
元寶建(元景植)墓誌	784	元讞墓誌	535	牛暉墓誌	2511
元寶炬(文帝)妻席暉華墓誌	1788	元讞妻于氏墓誌	916	牛諒及妻喬氏墓誌	2492
元獻(濟南王)墓誌蓋	1614	元鑽遠墓誌	677	牛譙州墓誌	2062
元繼墓誌	579	元鸞墓誌	109	王士良墓誌	1773
元繼妻石婉墓誌	141	公乘(趙豪妻)墓誌	1710	王士良妻董榮暉墓誌	1420
元纂墓誌	443	公孫君妻王敬妃墓誌	1082	王子良母劉盆墓誌	2565
元䫖墓誌	僞128	公孫猗墓誌	473	王子貴墓誌	僞176

王仁墓誌	僞 136	王氏(劉寶及妻)墓誌	2208	王君(建威將軍北平太守)墓誌	僞 204
王文愛及妻劉江女墓誌	219	王氏(矯軍妻)墓誌	1687	王君(殄寇將軍)墓誌蓋	2674
王氏墓誌	1926	王氏(韓暨及妻)墓誌	2438	王君(隅陽縣令)墓誌蓋	2675
王氏(元颺妻)墓誌	194	王世琛墓誌	2602	王君妻元華光墓誌	432
王氏(元願平妻)墓誌	151	王世義墓誌	373	王君妻成公氏墓誌	2446
王氏(尹君妻)墓誌	2537	王仕恭墓誌	1883	王君妻宋氏墓誌	1429
王氏(平梁公妻)墓誌	2070	王仕通墓誌	1885	王君妻張氏墓誌	1789
王氏(田保洛及妻)墓誌	2171	王令媛(元湛妻)墓誌	823	王均及妻申氏墓誌	2477
王氏(李崇妻)墓誌	2102	王令嫣(柳鷟妻)墓誌	1444	王孝康墓誌	1178
王氏(李貴及妻)墓誌	1783	王尼(長孫遐妻)墓誌	682	王孝深墓誌	1915
王氏(屈護及妻)墓誌	1136	王弘墓誌	2556	王彤墓誌	93
王氏(孫觀及妻)墓誌	2064	王弘及妻段孃孃墓誌	2025	王彤妻封園姬墓誌	384
王氏(徐純及妻)墓誌	2495	王立周妻□敬妃墓誌	762	王忻墓誌	852
王氏(郝偉及妻)墓誌	2129	王休墓誌	717	王沙彌(李君妻)墓誌	2096
王氏(高建妻)墓誌	1268	王伏生墓誌碑	2355	王社惠妻張氏墓誌	2077
王氏(康君妻)墓誌	2607	王光墓誌	867	王秀墓誌	1151
王氏(張問及妻)墓誌	436	王光墓誌	2509	王虬墓誌	365
王氏(張崇妻)墓誌	1748	王光墓誌	僞 235	王坤墓誌	僞 129
王氏(張盛及妻)墓誌	2043	王光(烏丸光)墓誌	1399	王季墓誌	2150
王氏(張冀周妻)墓誌	958	王安墓誌	僞 174	王昇墓誌	1948
王氏(郭慭及妻)墓誌	1094	王成墓誌	1793	王昌墓誌	221
王氏(陳君妻)墓誌	僞 223	王早墓誌	僞 188	王昌墓誌	1881
王氏(萬寶及妻)墓誌	2076	王江妃(高僑妻)隨葬衣物疏	1263	王法愛(張琰妻)墓誌	2636
王氏(楊眞及妻)墓誌	僞 213	王行淹墓誌	2243	王法壽妻楊公主墓誌	789
王氏(楊善及妻)墓誌	2423	王伯墓誌	2345	王羌仁墓誌	1696
王氏(衙君妻)墓誌	2497	王克寬墓誌	僞 210	王英(王元略)墓誌	1120
王氏(趙超宗妻)墓誌	1325	王君墓誌	803	王茂墓誌	714
王氏(劉悅及妻)墓誌	936	王君墓誌	1138	王金姬(尉標及妻)墓誌	1041
王氏(劉賓及妻)墓誌	2426	王君墓誌	1652	王阿妃(石紹妻)墓誌	894
王氏(劉穆及妻)墓誌	1834	王君墓誌	僞 13	王阿暈(周肱妻)墓誌	1226

王阿噴墓誌	46	王猛墓誌	1955	王溫墓誌	661
王威猛墓誌	2637	王盛墓誌	1239	王源妻曹氏墓誌	26
王晌及妻桑氏墓誌	2286	王紹墓誌	211	王瑅奴墓誌碑	140
王洪引墓誌	1060	王紹明墓誌碑	1328	王瑜墓誌	1234
王洛妃(張黑奴妻)墓誌	964	王翊墓誌	574	王禎墓誌	209
王珍墓誌	1803	王袞及妻蕭氏墓誌	2546	王筠墓誌	2311
王軌及妻馮氏墓誌	1772	王訛墓誌	僞194	王節墓誌	2027
王迥悅及妻岐氏墓誌	1539	王都墓誌	162	王節墓誌	僞19
王夏墓誌	2214	王善(馬君妻)墓誌	2086	王節墓誌	僞109
王悅及妻郭氏墓誌	679	王善來墓誌	2229	王雍墓誌	518
王振墓誌	1805	王媛華(楊雄妻)墓誌	2470	王雍墓誌	僞17
王晏墓誌	334	王敬妃(公孫君妻)墓誌	1082	王預墓誌	1470
王眞保墓誌	585	王斑墓誌	1628	王僧墓誌	704
王華及妻李氏墓誌	2479	王景和墓誌	1767	王僧玉妻杜延登墓誌	420
王通墓誌	133	王普賢(元恪妻)墓誌	190	王僧男墓誌	333
王通墓誌	1437	王朝陽墓誌	35	王臺墓誌	2006
王通墓誌	僞197	王欽墓誌	290	王壽德墓誌	339
王通(文中子)墓碑	2632	王琚妻郭氏墓誌碑	167	王愻墓誌	2361
王通(王紹仙)墓誌	1798	王琳墓誌	1382	王榮及妻劉氏墓誌	2207
王通妻孫貴墓誌	僞216	王皓墓誌幷墓券	193	王誦墓誌	544
王邑妻張定女阿蘭墓誌	846	王舒墓誌	597	王誦妻元氏(寧陵公主)墓誌	152
王釗墓誌	2278	王遇墓誌	101	王誦妻元貴妃墓誌	252
王乾緒墓誌	1822	王道習墓誌	956	王韶墓誌	2026
王偃墓誌	810	王鈞(王德衡)墓誌	1525	王億變(韓弩眞妻)墓誌碑	8
王基墓誌	375	王順墓誌	1301	王導墓誌	556
王基及妻劉氏墓誌	2149	王塡墓誌	1882	王德墓誌	2199
王基妻崔曜華墓誌	1119	王幹墓誌	2108	王德(王香仁)墓誌	僞231
王尉墓誌	僞173	王慈墓誌	1918	王慶墓誌	2514
王族墓誌	1754	王楚英(封子繪妻)墓誌	1751	王慶哲妻悅波墓誌	988
王清及妻蘇氏墓誌	2255	王椿妻魏仲姿墓誌	776	王憐妻趙氏墓誌	973

王蕃墓誌	僞53	**5畫**	司馬眪(司馬景和)妻孟敬訓墓誌	195
王遺女墓誌	332	丘 包 去 可 古 史 司 叱 左 平 氾 玄 田 申 白 皮 石	司馬悅墓誌	159
王遵墓誌	僞106	丘哲墓誌 588	司馬紹墓誌	163
王遵敬及妻薛氏墓誌	228	丘哲妻鮮于仲兒墓誌 463	司馬達墓誌	827
王遵遠妻杜敬妃墓誌	1007	包愷墓誌 2626	司馬裔墓誌	1489
王遷墓誌	僞66	去斥誕墓誌 1409	司馬裔神道碑	1491
王遷墓誌	僞77	去斥鍾馗妻莫多婁氏墓誌 1395	司馬裔妻僧華(拓拔華光)墓誌	1458
王震墓誌	1073	可朱渾王息墓誌 834	司馬僧光墓誌	791
王駒及妻□氏墓誌	1632	可朱渾孝裕墓誌 1308	司馬遵業(司馬子如)墓誌	944
王曉墓誌	僞104	可足渾洛妻叔孫氏墓誌 842	司馬興墓誌	2110
王曇慈墓誌	108	可足渾桃杖墓誌 855	司馬興龍墓誌	795
王熾墓誌	948	古氏(侯肇及妻)墓誌 2011	司馬融墓誌	2168
王融墓誌	718	史小磁妻□氏墓誌 39	司馬纂妻垣南姿墓誌	1071
王賢墓誌	2083	史世貴(韋壽妻)墓誌 1808	司馬顯姿(元恪妻)墓誌	324
王靜墓誌	367	史君墓誌(雙語) 1589	叱干渴侯墓誌	19
王懋及妻賀拔二孃墓誌	1848	史罕(成罕)墓誌 1902	叱奴延輝及妻賀遂氏墓誌	1993
王濟及妻董氏墓誌	2309	史郎郎(蘭君妻)墓誌 809	叱列氏(侯莫陳阿仁拔及妻)墓誌碑	972
王謐墓誌	僞28	史射勿墓誌 2354	叱列延慶妻爾朱元靜墓誌	1096
王謨墓誌	937	史崇基墓誌 2194	叱列毗沙(尉粲妻)墓誌	2014
王曜墓誌	1930	司徒氏(張玄及妻)墓誌 2549	叱列寔墓誌	1292
王禮斑妻輿氏墓誌	1629	司馬氏(元譚妻)墓誌 368	叱李綱子·(馮忱妻)墓誌	2623
王騮墓誌	僞61	司馬氏(□禮及妻)墓誌 2356	叱羅氏(長孫璬及妻)墓誌	1755
王馥墓誌	545	司馬妙玉(拓跋忠及妻)墓誌碑 103	叱羅氏(劉延及妻)墓誌	1460
王曦墓誌碑	315	司馬季沖及妻元氏墓誌 2298	叱羅外妃墓誌	1503
王馨墓誌	僞26	司馬季沖妻元客女墓誌 1158	叱羅協墓誌	1518
王顯墓誌	1884	司馬宜墓誌 2383	叱羅招男(烏丸光妻)墓誌	1386
王顯明墓誌	881	司馬昇墓誌 701	左文暢墓誌碑	370
王顯慶墓誌	767	司馬金龍墓表幵墓誌碑 41	平奉親及妻程氏墓誌	96
		司馬金龍妻欽文姬辰墓誌 28	平珍顯妻李貞姬墓誌	376
		司馬眪(司馬景和)墓誌 319	平梁公妻王氏墓誌	2070

平遠將軍墓誌	1634	白仵貴墓誌	2540	任祥墓誌	741
氾純光墓誌	265	白長命碑	1274	任華仁(慕容儼妻)墓誌	996
玄□姬墓誌	77	皮阿輸迦妻高氏墓誌	1296	任清墓誌	2441
田子桀妻高氏墓誌	1679	皮演墓誌	235	任榮墓誌	336
田子貴墓誌	1838	石氏(林乾陀及妻)墓誌	1986	任遜墓誌	1233
田氏(宮人)墓誌	2518	石氏(程諧及妻)墓誌	2569	任顯及妻張氏墓誌	1863
田氏(宮人)墓誌	2558	石定姬(趙阿猛妻)墓誌	56	伏君妻昝雙仁墓誌	459
田世眕墓誌	2330	石育及妻戴氏墓誌	675	匡僧安墓誌	414
田光山妻李氏墓誌	2436	石信墓誌	1063	向女墓誌	1729
田行達墓誌	2595	石婉(元繼妻)墓誌	141	向平墓誌	1728
田伯墓誌	1031	石紹妻王阿妃墓誌	894	向忠賢墓誌	1726
田保洛及妻王氏墓誌	2171	石暎及妻孫呂墓誌	2204	向法度墓誌	1725
田洛墓誌	870	石輔益墓誌	僞196	向魯王及妻張醜女墓誌	1727
田悅及妻趙氏墓誌	1837	石難陀墓誌	1609	吐谷渾氏墓誌	僞145
田彪及妻張氏墓誌	1922	石蘭靖墓誌	1443	吐谷渾庫羅伏(乞伏孝達妻)墓誌	1334
田盛墓誌	754			吐谷渾璣墓誌	234
田景申墓誌	1963	**6畫**		吐谷渾靜媚(堯峻妻)墓誌	1154
田達墓誌	1814	伊 伍 任 伏 匡 向 吐 安 宇 成 朱 江 竹 羊		安氏(李陀及妻)墓誌	2597
田閏墓誌	1923	伊婁密墓誌	1229	安伽墓誌	1576
田集及妻吳氏墓誌	2078	伊璣墓誌	2134	安威墓誌	738
田寧陵墓誌	342	伊穆及妻沮渠氏墓誌	1833	安備墓誌	1897
田德元墓誌	2410	伍道進墓誌	2551	安壽墓誌	2030
田靜墓誌	859	任小香墓誌	1357	宇文子遷(韋子遷)墓誌	1497
田簡眉墓誌	1791	任屯郎妻張氏墓誌	2054	宇文氏(呂武及妻)墓誌	1984
申氏(王均及妻)墓誌	2477	任氏(朱龍妻)墓誌	1358	宇文氏(禽昌伯妻)墓誌	2141
申成(謝成)及妻李氏墓誌	僞218	任氏(李端及妻)墓誌	僞35	宇文氏(劉昶妻)墓誌	2063
申洪之墓券(墓誌)	25	任老墓誌	1523	宇文氏(蘇威妻)墓誌	2612
申屠氏(元禧妻)墓誌	79	任虎墓誌	1488	宇文永墓誌	419
申貴墓誌	1759	任軌及妻薛氏墓誌	2307	宇文永妻韓氏墓誌	262
申穆及妻李氏墓誌	2162	任恭墓誌	1815	宇文永洛墓誌	1978

宇文吉甫(柳吉甫)墓誌	1542	宇文景尚墓誌	1002	成惡仁墓誌	2270
宇文旭及妻房氏墓誌	491	宇文測墓誌	1327	成肆虎墓誌	2074
宇文君妻呂氏墓誌	1150	宇文業(岐業)及妻張氏墓誌	1494	成磨子(楊昇遊妻)墓誌	949
宇文君妻拓拔氏墓誌	1477	宇文瑞墓誌	1379	成辯墓誌	1901
宇文君妻烏石蘭氏墓誌	1425	宇文瑞妻拓拔富妻羅墓誌	1448	成顯及妻曹氏墓誌	2300
宇文秀(杜秀)墓誌	1543	宇文誠墓誌	僞186	朱元柏墓誌	38
宇文延墓誌	477	宇文寬(韋孝寬)墓誌	1606	朱氏(宮人)墓誌	2246
宇文招妻紇豆陵舍生墓誌	1485	宇文寬妻賀蘭毗羅(鄭毗羅)墓誌	1548	朱氏(宮人)墓誌	2391
宇文長墓碑	1193	宇文廣墓誌	1442	朱孝親墓誌	114
宇文長墓誌	1198	宇文摠(韋摠)墓誌	1549	朱奇墓誌	僞131
宇文則墓誌	1903	宇文端(薛端)墓誌	1393	朱岱林墓誌	1218
宇文宣華(拓拔迪妻)墓誌	1438	宇文儉墓誌	1560	朱林檮墓誌	1608
宇文貞墓誌	1467	宇文儉妻步六孤須蜜多墓誌	1496	朱欣墓誌	1372
宇文悦墓誌	478	宇文廣(趙廣)墓誌	1471	朱阿買墓誌	1716
宇文泰妻烏六渾顯玉(崔顯玉)墓誌	1483	宇文慶(柳慶)墓誌	1431	朱洛墓誌	800
宇文泰妻權白女墓誌	1484	宇文憲神道碑	1566	朱神達墓誌碑	1821
宇文通墓誌	1482	宇文穆及妻乙弗善貞墓誌	2103	朱商(房吉及妻)墓誌	2163
宇文邕(武帝)陵誌	1565	宇文賢墓誌	1595	朱幹墓誌	1865
宇文陟(趙陟)墓誌	1424	宇文謙(崔謙)墓誌	1468	朱緒墓誌碑	1568
宇文常(鄭常)神道碑	1600	宇文鴻漸(柳鴻漸)墓誌	1492	朱龍妻任氏墓誌	1358
宇文帶韋(柳帶韋)墓誌	1541	宇文覺墓誌	1392	朱寶墓誌	2179
宇文猛墓誌	1418	宇文瓘(韋瓘)墓誌	1564	朱顯墓誌	728
宇文盛墓誌	1594	宇文顯及妻高氏墓誌	1506	江文遙母吳氏墓誌	119
宇文紹羲墓誌	845	成公氏(王君妻)墓誌	2446	江妙養(□君妻)墓誌	995
宇文紹羲妻姚洪姿墓誌	1212	成公君墓誌蓋	2668	竹解愁墓誌	961
宇文逢恩(柳逢恩)墓誌	1493	成公蒙及妻李世暉墓誌	2137	竹靜墓誌	1280
宇文逈墓誌	1607	成氏(拓跋弘妻)墓誌	205	羊文興息妻馬姜墓誌	908
宇文善墓誌	476	成君墓碑	1410	羊氏(張蔭及妻)墓誌	2115
宇文斌墓誌	1591	成君妻士孫氏墓誌	1938	羊本及妻周氏墓誌	2605
宇文斌(柳斌)墓誌	1430	成備墓誌	1899	羊祉墓誌	230

羊祉妻崔神妃墓誌	431	吳明徹墓誌	1593	呂盛墓誌	820
羊烈墓誌	1875	吳素及妻樊氏墓誌	1840	呂賀渾(元淑及妻)墓誌碑	142
羊烈妻長孫敬顏墓誌	1977	吳通及妻謝氏墓誌	2116	呂達墓誌	407
羊深妻崔元容墓誌	837	吳高黎及妻許氏墓誌	僞124	呂道貴及妻張氏墓誌	1964
羊瑋墓誌	2368	吳慈恩墓誌	1724	呂瑞墓誌	1856
羊凝墓誌	僞227	吳瑱墓誌	僞119	呂鳳墓誌	49
		吳輝(李賢妻)墓誌	1351	呂曇墓誌	2294
7畫		吳遷墓誌	1211	呂瓊華(元君妻)墓誌	2170
何 吳 呂 宋 岐 折 杜 李 步 沈 狄 豆 車 辛 邢 那		吳穆墓誌	1023	呂續墓誌	9
何氏(宮人)墓誌	2418	吳翼墓誌	259	宋士素墓誌	1829
何卓墓誌	僞52	吳颺墓誌	1376	宋文成墓誌	2508
何彥詠墓誌	僞89	吳寶墓誌	2003	宋氏(王君妻)墓誌	1429
何思榮墓誌	1087	吳嚴及妻睦氏墓誌	2320	宋氏(奚智及妻)墓誌碑	121
何晴(蘇景妻)墓誌	707	呂仁墓誌	612	宋氏(許君妻)墓誌	2650
何琛墓誌	805	呂氏(宇文君妻)墓誌	1150	宋氏(楊元讓妻)墓誌	952
何雄墓誌	2047	呂氏(孟常及妻)墓誌	僞239	宋永貴墓誌	2622
何劉息清兒墓誌	954	呂光墓誌	844	宋玄慶墓誌	68
何□宗墓誌	1501	呂杏洛息妻路蘭墓誌	1853	宋玉艷(苟君妻)墓誌	2543
吳女英(楊君妻)墓誌	1873	呂武及妻宇文氏墓誌	1984	宋休墓誌	1180
吳子璨妻秦氏墓誌	僞49	呂法勝(楊順妻)墓誌	374	宋仲及妻劉氏墓誌	2499
吳小妃(郭貴賓妻)墓誌	1801	呂思禮及妻辛氏墓誌	1958	宋君(通議大夫)墓誌蓋	2669
吳方墓誌	僞111	呂相姬墓誌	1719	宋忻及妻韋胡磨墓誌	1869
吳氏(元惠及妻)墓誌	2493	呂胡及妻李氏墓誌	2341	宋迎男墓誌	1116
吳氏(田集及妻)墓誌	2078	呂胡則墓誌	2250	宋京墓誌	474
吳氏(江文遙母)墓誌	119	呂倉及妻高氏墓誌	1965	宋叔彥墓誌	2080
吳弘及妻高氏墓誌	2567	呂祥墓誌	1051	宋虎墓誌	626
吳光墓誌	225	呂覔墓誌	832	宋俊墓誌	2582
吳名桃妻郎氏墓誌	154	呂通墓誌	408	宋洪敬妻游玉墓誌	1128
吳安國墓誌	僞123	呂猛墓誌	790	宋胡(宋虎)墓誌	1799
吳君墓誌蓋	1722	呂猛妻馬氏墓誌	1680	宋紹祖墓誌	34

宋循墓誌	1880	杜敬妃(王遵遠妻)墓誌	1007	李氏(申穆及妻)墓誌	2162
宋睦墓誌	2081	杜景達墓誌	1649	李氏(呂胡及妻)墓誌	2341
宋義墓誌	1703	杜琳墓誌	2280	李氏(范宏及妻)墓誌	2119
宋寧道墓誌	876	杜達墓誌	1032	李氏(柴烈妻)墓誌	1522
宋暠墓誌	1195	杜粲及妻元氏墓誌	2299	李氏(宮人)墓誌	2339
宋禮及妻衛氏墓誌	2399	杜龍首墓誌碑	385	李氏(宮人)墓誌	2402
宋靈妃(長孫士亮妻)墓誌	666	杜懋墓誌	偽20	李氏(徐君妻)墓誌	696
宋靈媛(李祖牧妻)墓誌	1288	杜鴻墓誌	1266	李氏(袁協及妻)墓誌	1831
岐氏墓誌蓋	2683	杜櫝及妻元氏墓誌	1374	李氏(高道悅妻)墓誌	276
岐氏(王迴悅及妻)墓誌	1539	杜羅侯墓誌	1713	李氏(張受及妻)墓誌	2488
折胡伏山妻墓誌	1157	杜懿及妻韋氏墓誌	2485	李氏(張通妻)墓誌	偽215
折妻羆墓誌	1756	李士通墓誌	2245	李氏(張穆及妻)墓誌	2316
杜氏(元均及妻)墓誌	825	李士謙墓誌	1862	李氏(曹禮及妻)墓誌	1256
杜氏(梁坦及妻)墓誌	1770	李子叔墓誌	998	李氏(梅淵及妻)墓誌	2029
杜羽資(李殺鬼妻)墓誌	2232	李元及妻鄧氏墓誌	2586	李氏(賀拔文昞妻)墓誌	1449
杜何拔墓誌	1350	李元茂墓誌	64	李氏(楊文偉妻)墓誌	2291
杜君妻元壽墓誌	1447	李元姜(元顯妻)墓誌	179	李氏(趙受妻)墓誌	815
杜君妻鄭善妃墓誌	2634	李元儉墓誌	1557	李氏(劉偉及妻)墓誌	1782
杜君妻錢大忍墓誌	2396	李公勘墓誌	2325	李氏(劉義妻)墓誌	1969
杜孝績墓誌	1238	李文都墓誌	2222	李氏(鄭偉及妻)墓誌	1474
杜孝績妻乙女休墓誌	1175	李文衡妻崔宣華墓誌	1081	李氏(盧子眞妻)墓誌	偽6
杜宏墓誌	偽12	李氏墓誌蓋	1645	李世洛墓誌	2346
杜秀(宇文秀)妻辛氏墓誌	2487	李氏(于斌及妻)墓誌	2253	李世暉(成公蒙及妻)墓誌	2137
杜延登(王僧玉妻)墓誌	420	李氏(元子遂及妻)墓誌	977	李世舉及妻盧氏邢氏崔氏墓誌	2351
杜昌墓誌	偽183	李氏(元恪妻)墓誌	462	李巨妻墓誌	1715
杜法生(菀德贊妻)墓誌	2101	李氏(元新成妻)墓誌	257	李令穆墓誌	1738
杜法眞墓誌	405	李氏(元澄妻)墓誌	85	李奴奴墓誌	2265
杜思雅墓誌	2666	李氏(王華及妻)墓誌	2479	李平墓誌	2020
杜祖悅墓誌	418	李氏(田光山妻)墓誌	2436	李幼芷(崔孝直妻)墓誌	1039
杜祐墓誌	2484	李氏(申成及妻)墓誌	偽218	李弘秤及妻蔡阿妃墓誌	2256

李玄墓誌	730	李叔胤墓誌蓋	282	李挺妻元季聰墓誌	799
李玉婍(馮君妻)墓誌	2211	李叔胤妻崔賓媛墓誌	283	李挺妻劉幼妃墓誌	798
李仲胤墓誌	120	李叔儉墓誌	1089	李晃墓誌	2663
李仲胤妻邢僧蘭墓誌	692	李叔蘭(楊君妻)墓誌	2288	李桃杖墓誌	1011
李仲腃墓誌	2239	李和墓誌	1746	李殺鬼妻杜羽資墓誌	2232
李光顯墓誌	僞166	李和及妻趙氏墓誌	2084	李神龜妻韋氏墓誌	1730
李吁(李吁典)墓誌	2596	李始妃(侯惠阪妻)墓誌	1962	李華(索勇妻)墓誌	1056
李同墓誌	1604	李季嬪墓誌	1015	李華(陸君妻)墓誌	1317
李同仁墓誌	僞237	李定世妻□氏墓誌	1731	李崇妻王氏墓誌	2102
李好信墓誌	1244	李延及妻賈氏墓誌	1592	李帶墓誌	350
李行之墓誌	2641	李延齡墓誌	僞121	李彬墓誌	841
李亨墓誌	1320	李松墓誌	1019	李淑容墓誌	1166
李伯欽墓誌	89	李林墓誌	662	李淑眞(張君妻)墓誌	僞92
李伯憲墓誌	1812	李法洛墓誌	1168	李清仁(韓買妻)墓誌	935
李君墓誌蓋	2686	李法珍墓誌	2412	李產之妻盧勝鸞墓誌	1811
李君(安喜公)墓碑	2058	李祈年墓誌	僞175	李略墓誌	571
李君妻王沙彌墓誌	2096	李虎墓誌	2238	李盛墓誌	694
李君妻祖氏墓誌	1610	李陀及妻安氏墓誌	2597	李盛及妻劉氏墓誌	2082
李君妻馬希孃墓誌	1841	李亮墓誌	僞209	李勝鸞(胡虔妻)墓誌	1208
李君穎墓誌	1289	李則墓誌	1979	李善墓誌	2577
李希仁墓誌	1000	李彥墓誌	1095	李媛華(元颺妻)墓誌	403
李希仁妻崔芷蘩墓誌	1747	李彥休墓誌	1204	李弼墓誌	690
李希宗墓誌	838	李祖牧墓誌	1287	李弼妻鄭氏墓誌	203
李希宗妻崔幼妃墓誌	1313	李祖牧妻宋靈媛墓誌	1288	李惠及妻華氏墓誌	1807
李希禮墓誌	999	李祖勳墓誌	1314	李敬族墓誌	1809
李沖及妻郭氏墓誌	2260	李貞姬(平珍顯妻)墓誌	376	李敬族妻趙蘭姿墓誌	1810
李秀之墓誌	942	李倩之墓誌	1036	李景亮墓誌	2230
李系墓誌	891	李倩之墓誌	1836	李智源墓誌	1310
李協墓誌	2451	李徐墓誌	65	李欽及妻張氏墓誌	1987
李叔胤墓誌	91	李挺墓誌	797	李欽妻薛氏墓誌	764

李琮墓誌	1277	李蕤墓誌	113	沈起墓誌	605
李裕墓誌	2221	李誕墓誌	1414	沈興墓誌	1123
李貴及妻王氏墓誌	1783	李遵墓誌	428	狄君(荊州刺史)墓誌蓋	1642
李超墓誌	421	李頤墓誌	偽126	狄湛墓誌	1109
李達墓誌	2193	李憲墓誌	746	豆盧氏(宮人)墓誌	2468
李達及妻張氏墓誌	501	李謀墓誌碑	453	豆盧世琮墓誌	2435
李道勝墓誌	153	李賢墓誌	1452	豆盧昊墓誌	1553
李道德墓誌	456	李賢妻吳輝墓誌	1351	豆盧恩墓碑	1426
李道慶妻魏氏墓誌	1876	李靜墓誌	1110	豆盧寔墓誌	2473
李雄墓誌	1605	李靜墓誌	2206	豆盧儔墓誌	1555
李雲墓誌	1319	李靜訓墓誌	2323	豆盧整墓誌	1904
李雲妻鄭氏墓誌	900	李翼及妻崔徽華墓誌	691	豆盧整妻乙弗靜志墓誌	1554
李嗣墓誌	1980	李璧墓誌	320	豆盧賢(慕容賢)墓誌	2464
李暉儀(鄭平城妻)墓誌	673	李瞻墓誌	132	車伯生息妻鄗月光墓誌	112
李椿墓誌	1995	李禮之墓誌	1835	車延暉(魏世儉妻)墓誌	994
李椿妻劉琬華墓誌	2350	李難勝(高殷妻)墓誌	1203	辛氏(呂思禮及妻)墓誌	1958
李稚華(元季海妻)墓誌	1413	李識蕾墓誌	987	辛氏(杜秀妻)墓誌	2487
李稚廉墓誌	1284	李麗儀(崔仲方妻)墓誌	1795	辛氏(皇甫光及妻)墓誌	1777
李肅墓誌	偽232	李寶墓誌	2303	辛匡墓誌	713
李誅墓誌	75	李寶墓誌	2625	辛虬墓誌	681
李遠墓誌	偽222	李懽墓誌	1029	辛侃墓誌	2386
李寧墓誌	1008	李騫墓誌	917	辛祥墓誌	300
李彰墓誌	622	李權墓誌	1378	辛祥妻李慶容墓誌	157
李榮妻郎密暉墓誌	1689	李艷華(元子邃妻)墓誌	792	辛裒墓誌	1324
李榘蘭(鄧羨妻)墓誌	273	步六孤亮及妻大野氏墓誌	1457	辛術墓誌	1349
李端及妻任氏墓誌	偽35	步六孤須蜜多(宇文儉妻)墓誌	1496	辛術妻裴氏墓誌	1404
李蔚墓誌	486	步陸逞神道碑	1511	辛琛墓誌	760
李德元墓誌	997	步壽墓誌	379	辛韶及妻趙氏墓誌	1744
李慶容(辛祥妻)墓誌	157	沈氏(宮人)墓誌	2429	辛鳳麟妻胡顯明墓誌	352
李緬妻常敬蘭墓誌	274	沈氏(陳叔興妻)墓誌	2314	辛憐(寇奉叔妻)墓誌	1941

辛瑾墓誌	2001	叔孫協墓誌	317	和邃墓誌	497
辛蕃墓誌	770	叔孫固墓誌	840	孟元華墓誌	353
辛輝蘭(鄧玄秀妻)墓誌	1750	叔孫都墓誌	1297	孟氏(高嗣及妻)墓誌	2522
辛璞墓誌	680	呼亮墓誌	1260	孟氏(淳于儉及妻)墓誌碑	1864
辛穆墓誌	514	周千墓誌	156	孟氏(馮子璨妻)墓誌	僞50
邢氏(李世舉及妻)墓誌	2351	周大孃(荀君妻)墓誌	2544	孟孝敏妻劉氏墓誌	2419
邢合姜(韓受洛拔妻)墓誌碑	24	周无墓誌	1249	孟珍妻焦氏墓誌	1693
邢君妻崔淨相墓誌	2344	周氏(羊本及妻)墓誌	2605	孟桃湯墓誌	861
邢芳墓誌	1861	周令華(張永僑妻)墓誌	1165	孟常及妻呂氏趙氏墓誌	僞239
邢法墓誌	1299	周利華墓誌	僞177	孟敬訓(司馬昞妻)墓誌	195
邢阿光(是連君妻)墓誌	1061	周君墓誌	僞10	孟景邕妻元氏墓誌	711
邢晏墓誌	794	周良及妻衛氏墓誌	僞228	孟慶及妻張氏墓誌	2216
邢偉墓誌	207	周法尚墓誌	2568	孟熾墓誌	67
邢僧蘭(李仲胤妻)墓誌	692	周肱妻王阿暈墓誌	1226	孟蕭姜(□君妻)墓誌	911
邢德明墓誌	2010	周威墓誌	1818	孟鴻墓誌	1084
邢巒碑	200	周恒墓誌	僞132	孟顯達墓碑	2114
邢巒墓誌	206	周皆墓誌	2284	宗氏(奚智及妻)墓誌碑	121
邢巒妻元純陀墓誌	580	周哲墓誌	僞22	宗氏(常醜奴及妻)墓誌	2274
邢□香(牛天護妻)墓誌	59	周超墓誌	1259	宗欣墓誌	847
那提法師墓誌	2482	周瑞及妻顏氏墓誌	2454	宗愨墓誌	僞38
		周羅睺墓誌	2226	定州中山郡□□妻墓誌	1685
8 畫		和士開墓誌	1231	屈突隆業墓誌	47
京來卓叔呼周和孟宗		和子源墓誌	1173	屈誕墓誌	1183
定屈岳念房拔拓明東		和伏生墓誌	864	屈護及妻王氏墓誌	1136
林沮法直祁苟若范苗		和安墓碑	1187	岳守信墓誌	1257
虎邵邸邴金長阿		和君墓誌	1269	念氏(元儉及妻)墓誌	1796
京兆康王妃墓誌	1612	和紹隆墓誌	1174	房子明墓誌	1143
來僧護墓誌	1688	和紹隆妻元華墓誌	1265	房文姬(趙安妻)墓誌	452
卓吳仁妻蘇阿女墓誌	267	和照墓誌	1338	房氏(宇文旭及妻)墓誌	491
叔孫氏(可足渾洛妻)墓誌	842	和醜仁(于祚妻)墓誌	623	房氏(宮人)墓誌	2619
叔孫可知陵妻靳彥姬墓誌	181				
叔孫多奴(薛君妻)墓誌	1214				

房吉及妻朱商墓誌	2163	拓跋弘(獻文帝)妻侯氏(侯骨氏)墓誌	92	荀黑墓誌	1624
房周陀墓誌	1130	拓跋弘(獻文帝)妻侯氏墓誌	僞30	荀舜才及妻劉氏墓誌	1966
房倚妻睢仲墓誌	1010	拓跋忠及妻司馬妙玉墓誌碑	103	荀頭赤魯墓券	5
房悅墓誌	793	拓跋虎墓誌	1411	若干子雄妻張比夔墓誌	1001
房智墓誌	1139	拓跋猗盧碑	1635	若干雲墓誌	1561
房廣淵墓誌	1179	拓跋濬(文成帝)妻于仙姬墓誌	458	若干榮墓誌	1533
房誕墓誌	僞2	拓跋濬(文成帝)妻耿氏墓誌	196	范氏(段華息妻)墓誌	331
房蘭和墓誌	811	拓跋濬(文成帝)妻耿壽姬墓誌	266	范安貴墓誌	2572
房纂墓誌	892	拓跋競妻尉遲氏墓誌	1514	范宏及妻李氏墓誌	2119
房纂妻元氏墓誌	818	明克讓墓誌	2012	范思彥墓誌	772
拔拔兕墓誌	1428	明副恭墓誌	1702	范高及妻蘇氏墓誌	2359
拓王廻叔墓誌	1396	明姬(孫槃龍妻)墓誌	933	范粹墓誌	1295
拓王道貴墓誌	1397	明湛墓誌	1220	范穎墓誌	僞178
拓拔氏(宇文君妻)墓誌	1477	明雲騰墓誌	2541	范歡墓誌	1335
拓拔吐度眞(太學生)墓誌	1401	明賓墓誌	2615	苗太墓誌	2326
拓拔初墓誌	1390	明賓墓誌碑	796	虎洛仁妻孫氏墓誌	115
拓拔昇墓誌	1432	東門氏(張怦及妻)墓誌	2277	邵咸墓誌	1778
拓拔育墓誌	1391	林乾陀及妻石氏墓誌	1986	邵眞墓誌	312
拓拔虎妻尉遲將男墓誌	1454	沮渠氏(伊穆及妻)墓誌	1833	邵遠墓誌	14
拓拔迪墓誌	1534	沮渠愍墓誌	341	邱元明(邱遷)墓碑	17
拓拔迪妻宇文宣華(周宣華)墓誌	1438	法容墓誌	919	邱肬肬(楊元伯妻)墓誌	1743
拓拔富妻羅(宇文瑞妻)墓誌	1448	法勤禪師墓誌	1070	邱珍墓碑	1293
拓拔番墓誌	1505	法顯墓誌	僞184	邱珍墓誌	1318
拓拔愼墓誌	1387	直顯墓誌	543	邱香妻張氏墓誌(2種)	18
拓拔寧墓誌	1388	祁君(寧泰太守)墓誌蓋	1639	邲勗墓誌	321
拓拔榮興妻裴智英墓誌	1507	祁暉墓誌	僞24	金猥墓誌	624
拓拔儒墓誌	1389	苟大亮墓誌	1714	長孫士亮妻宋靈妃墓誌	666
拓拔濟墓誌	僞195	苟氏(韋咸妻)墓誌	1683	長孫子梵墓誌	601
拓跋氏(侯莫陳道生及妻)墓誌	1463	苟君妻宋玉艷墓誌	2543	長孫子澤墓誌	693
拓跋弘(獻文帝)妻成氏墓誌	205	苟君妻周大孃墓誌	2544	長孫卅九娘墓券	943

長孫氏(封君妻)墓誌	437			信行禪師(王信行)銘塔碑	1998
長孫行布墓誌	2223	**9畫**		信始將墓誌	1706
長孫伯年妻陳平整墓誌	821	侯侯信南庫垣姜封 建恒施畓是柴染段 洪皇相祖紇胡茹郁 郎 韋 荔		南安王(元楨)君墓誌	偽23
長孫囧墓碑	偽168	侯文敬妃墓誌	1054	南宗和尚塔銘	偽169
長孫君妻薛氏墓誌	2180	侯氏(元韶及妻)墓誌	偽182	庫狄士文墓誌	2005
長孫君妻羅氏墓誌	偽199	侯氏(拓跋弘妻)墓誌	92	庫狄洛墓誌	1077
長孫忻墓誌	338	侯氏(拓跋弘妻)墓誌	偽30	庫狄洛妻尉孃孃墓誌	1034
長孫汪墓誌	2610	侯氏(宮人)墓誌	2526	庫狄洛妻斛律昭男墓誌	1078
長孫季及妻慕容氏墓誌	625	侯氏(郭達及妻)墓誌	2413	庫狄敬墓誌	1042
長孫彥墓誌	1091	侯氏(賀收及妻)墓誌	489	庫狄業墓誌	1164
長孫淑信(楊雄妻)墓誌	2471	侯伏侯遠墓誌	1394	垣南姿(司馬纂妻)墓誌	1071
長孫盛墓誌	602	侯君妻張列華墓誌	偽40	垣獻墓誌	偽4
長孫紹遠墓誌	1423	侯忻墓誌	615	姜太妃(楊文弘妻)墓誌	104
長孫敬顏(羊烈妻)墓誌	1977	侯明及妻郭氏鄧氏墓誌	1813	姜氏(宮人)墓誌	2534
長孫嵩墓誌	409	侯剛墓誌	466	姜氏(袁和妻)墓誌	1545
長孫暉墓誌	415	侯海墓誌	828	姜氏(趙君妻)墓誌	702
長孫瑕妻羅氏墓誌	1450	侯莫陳君妻竇氏墓誌	1473	姜君墓誌	2184
長孫遘妻王尼墓誌	682	侯莫陳阿仁拔及妻叱列氏墓誌碑	972	姜明墓誌	2456
長孫瑱墓誌	198	侯莫陳道生及妻拓跋氏墓誌	1463	姜長妃(孫君妻)墓誌	965
長孫儉(拓拔儉)神道碑	1480	侯莫陳穎墓誌	2324	姜敬親(寇熾妻)墓誌	1763
長孫儁墓誌	1353	侯紹墓誌	1852	姜濟(崔濟)墓誌	2285
長孫儁妻婁貴華墓誌	1333	侯憘墓誌	偽139	姚太及妻袁氏墓誌	2523
長孫澥墓誌	偽27	侯惠阪妻李始妃墓誌	1962	姚名(姚玉槃)墓誌	856
長孫璛及妻叱羅氏墓誌	1755	侯掌墓誌	395	姚洪姿(宇文紹義妻)墓誌	1212
長孫懿墓誌	1975	侯敬宗妻張龍姬墓誌	260	姚察妻蕭氏墓誌	2504
長孫懿妻劉氏墓誌	2254	侯義墓誌	1344	姚齊姬(廉涼州妻)墓誌	71
阿史那氏(武德皇后)墓誌	1739	侯肇及妻古氏墓誌	2011	姚勳墓誌	2279
阿若益腰(乙弗貳虎妻)墓誌	43	侯興墓誌	1355	姚辨(姚恭公)墓誌	偽229
阿趙(張法和息妻)墓誌	950	侯外蘆(略陽王息□□□□和妻)墓誌	1407	姚纂墓誌	204
		侯呂陵褒(韓褒)墓誌	1466	姚護親(乞伏永壽妻)墓誌	1383

姚辯墓誌	2405	柴朗墓誌	1149	段孃孃(王弘及妻)墓誌	2025
封之秉墓誌	483	柴烈妻李氏墓誌	1522	洪永墓誌	698
封子繪墓誌	1114	柴惲墓誌	2258	皇甫仁妻劉景暈墓誌	781
封子繪妻王楚英墓誌	1751	染華墓誌	471	皇甫氏(韋恭及妻)墓誌	1830
封君妻長孫氏墓誌	437	柳旦墓誌	2380	皇甫光及妻辛氏墓誌	1777
封孝琰墓誌	1584	柳御天墓誌	1369	皇甫忍墓誌	1909
封孝琰妻崔婓訶墓誌	2098	柳敬言(陳頊妻)墓誌	2548	皇甫紘墓誌	2191
封依德(崔上師妻)墓誌	2512	柳敬憐(韋彧妻)墓誌	1359	皇甫深墓誌	2457
封和突墓誌碑	99	柳譻墓誌	1794	皇甫琳墓誌	1027
封延之墓誌	787	柳遐墓誌	1487	皇甫道愛墓誌	1806
封延之妻崔長暉墓誌	1871	柳慶妻裴麗華墓誌	1849	皇甫誕墓誌	2282
封昕墓誌	177	柳遺蘭(韋彪妻)墓誌	1371	皇甫謙墓誌	1804
封柔墓誌	851	柳機墓誌	2142	皇甫顯墓誌	2283
封柔妻畢脩密墓誌	788	柳檜墓誌	1370	皇甫驎墓誌	210
封胤墓誌	1074	柳鷟墓誌	1540	皇甫艷(薛懷儁妻)墓誌	1186
封道珍墓誌	30	柳鷟妻王令媛墓誌	1444	相里才墓誌	863
封隆之墓碑	1676	段世琳墓誌	2599	祖子碩妻元阿耶墓誌	773
封隆之妻祖氏墓誌蓋	1723	段舍奴及妻陳氏墓誌	1590	祖氏(李君妻)墓誌	1610
封園姬(王彤妻)墓誌	384	段威及妻劉妙容墓誌	2033	祖氏(封隆之妻)墓誌蓋	1723
封龍墓誌	426	段峻德墓誌	僞 105	祖淮碑	710
封獵生墓誌	1341	段華息妻范氏墓誌	331	祖賁之(祖孝隱)墓誌	888
封魔奴墓誌	335	段通墓誌	927	祖瑩墓誌	1621
建安王妻樂鄉君墓誌	1631	段淵墓誌	758	祖瑩妻鄭賓祇墓誌	1155
恒幽州八世孫墓誌	僞 205	段榮墓誌	1065	紇干弘(田弘)神道碑	1520
施太妃(陳頊妻)墓誌	2335	段榮妻婁信相墓誌	1066	紇干弘(田弘)墓誌	1521
昝氏(羅暎及妻)墓誌碑	1774	段榮妻梁令春墓誌	1067	紇干莫何弗墓誌	1558
昝雙仁(伏君妻)墓誌	459	段模墓誌	2388	紇干廣墓誌	2131
是云侃墓誌	1434	段韶妻元渠姨墓誌	2072	紇豆陵舍生(宇文招妻)墓誌	1485
是云侃妻賀拔定妃墓誌	1851	段濟墓誌	2584	紇豆陵毅(竇毅)墓誌	2645
是連君妻邢阿光墓誌	1061	段濟(董紹妻)墓誌	僞 134	紇豆陵曦墓誌	1405

紇骨氏(薛貴珍及妻)墓誌	1970	韋氏(宮人)墓誌	2428	韋摠妻達奚氏墓誌	2022
胡公墓誌	1080	韋氏(張振妻)墓誌	2145	韋摠妻達奚氏墓誌	2091
胡屯進墓誌	508	韋氏(劉晦及妻)墓誌	1366	韋輝和墓誌	667
胡氏(元頊及妻)墓誌	620	韋世□墓誌	2367	韋操墓誌	2659
胡氏(張儉及妻)墓誌	2188	韋孝寬妻元幼娥墓誌	2366	韋操妻楊氏墓誌	2660
胡氏(符盛及妻)墓誌	2209	韋孝寬妻鄭毗羅墓誌	1373	韋諶墓誌	2089
胡玄輝(元乂妻)墓誌	1018	韋協墓誌	2090	韋鮮玉墓誌	589
胡伯樂墓誌	779	韋始華(楊寬妻)墓誌	1844		
胡君墓誌蓋	1640	韋咸妻苟氏墓誌	1683	**10 畫**	
胡岳墓誌	2349	韋津妻元咳女墓誌	2365	員 唐 夏 奚 孫 宮 席 徐 徒	
胡延墓碑	1662	韋秋母婁氏墓誌	1920	悅 晏 時 晉 桓 根 桑 栗 殷 浩 烏 破 祕 秦 索 耿 華 莫 袁 連 郗 郝 馬 高	
胡明相墓誌	503	韋胡磨(宋忻及妻)墓誌	1869	員標墓誌	90
胡長仁神道闕	1672	韋彧墓誌	485	唐氏(于緯及妻)墓誌	2581
胡虔妻李勝鬘墓誌	1208	韋彧妻柳敬憐墓誌	1359	唐氏(宮人)墓誌	2524
胡國寶墓誌	272	韋乾墓誌	686	唐氏(宮人)墓誌	2628
胡康墓誌	270	韋彪墓誌	1527	唐世榮墓誌	2620
胡徹貴墓誌	146	韋彪妻柳遺蘭墓誌	1371	唐直墓誌	2616
胡顯明(辛鳳麟妻)墓誌	352	韋爽墓誌	1854	唐長岳孫妻程氏墓誌	2516
茹洪墓誌	1740	韋略墓誌	1868	唐恭墓誌	1749
荔非明及妻雷氏墓誌	2618	韋甚及妻皇甫氏墓誌	1830	唐雲墓誌	僞86
郁久閭可婆頭墓誌	1961	韋舒墓誌	1476	唐該及妻蘇洪姿墓誌	2545
郁久閭伏仁墓誌	1819	韋隆墓誌	1368	唐耀墓誌	558
郁久閭胘墓誌	782	韋隆妻梁氏墓誌	1346	夏侯君妻劉令華墓誌	1932
郁久閭募滿(乞扶惠妻)墓誌	1886	韋圓成墓誌	2092	夏侯祖墓誌	938
郁久閭業碑	989	韋圓成妻獨孤具足墓誌	1842	夏侯遷墓誌	2614
郎元鑒妻張氏墓誌	1636	韋圓照妻楊靜徽墓誌	2364	奚阿成墓誌	124
郎氏(吳名桃妻)墓誌	154	韋裔墓誌	2604	奚眞及妻孫氏墓誌	383
郎密暉(李榮妻)墓誌	1689	韋辟邪墓誌	2661	奚將男(慕容儼妻)墓誌	1098
韋氏(杜懿及妻)墓誌	2485	韋壽墓誌	2088	奚智及妻宋氏宗氏墓誌碑	121
韋氏(李神龜妻)墓誌	1730	韋壽妻史世貴墓誌	1808	奚毅墓誌	598

奚融墓誌	569	孫遼浮圖銘	398	徐智竦墓誌碑	2424
孫化及妻徐氏墓誌	1866	孫龍墓誌	307	徐淵墓誌	423
孫氏(元坦妻)墓誌	1035	孫龍貴墓誌	1106	徐徹墓誌	1030
孫氏(虎洛仁妻)墓誌	115	孫羅毅(薛眞度妻)墓誌	548	徐穎(徐顯秀)墓誌	1236
孫氏(奚眞及妻)墓誌	383	孫寶墓誌	914	徐穆墓誌	僞185
孫氏(張興妻)墓誌	1575	孫顯墓誌	1140	徐釋山墓誌	2172
孫氏(趙朗及妻)墓誌	2481	孫觀及妻王氏墓誌	2064	徒何綸(李綸)墓誌	1516
孫世雄妻馬氏墓誌	1273	孫驥墓誌	1300	徒何標墓誌	1416
孫休延墓誌	1717	孫□墓誌	1705	悦波(王慶哲妻)墓誌	988
孫君妻姜長妃墓誌	965	宮迎男(袁君妻)墓誌	1200	晏崇妻墓誌	1697
孫君妻趙光墓誌	148	席氏(乙弗虬妻)墓誌	1828	時和墓誌	2259
孫呂(石暎及妻)墓誌	2204	席氏(宮人)墓誌	2517	時珍墓誌	1569
孫彥同墓誌	僞167	席盛墓誌	357	晉德墓誌	僞69
孫恪墓誌	7	席斐墓誌	402	桓氏(程難兒妻)墓誌	1654
孫桃史墓誌	145	席淵墓誌	2112	根法師墓碑	354
孫烏路墓誌	1704	席暉華(元寶炬妻)墓誌	1788	桑氏(王昞及妻)墓誌	2286
孫高墓誌	1757	席詢墓誌	401	栗氏(雍長及妻)墓誌	2148
孫紹兒妻栗妙朱墓誌	73	席德將墓誌	2480	栗妙朱(孫紹兒妻)墓誌	73
孫尊墓誌	322	徐之才墓誌	1253	殷伯姜(張君妻)墓誌	430
孫惲墓誌	37	徐之範墓誌	1792	浩喆墓誌	2268
孫惠蔚墓誌	268	徐氏(孫化及妻)墓誌	1866	烏丸光(王光)妻叱羅招男墓誌	1386
孫貴(王通妻)墓誌	僞216	徐氏(宮人)墓誌	2590	烏丸僧脩墓誌	1486
孫暉禔墓誌	2680	徐氏(秦僧伽及妻)墓誌	2535	烏六渾樂(辛樂)墓誌	1459
孫節塔銘	僞211	徐氏(郭稚忠妻)墓誌	1182	烏六渾顯玉(宇文泰妻)墓誌	1483
孫僧蔭墓誌	709	徐君妻李氏墓誌	696	烏石蘭氏(宇文君妻)墓誌	1425
孫槃龍妻明姬墓誌	933	徐建墓誌	2174	破多羅(賀多羅)母□氏墓誌	3
孫模墓誌	1655	徐敏行及妻陽氏墓誌	1790	祕丹墓誌	2249
孫撫及妻趙醜女墓券	186	徐純及妻王氏墓誌	2495	祕天興墓誌	1013
孫標墓誌	僞58	徐起墓誌	513	秦氏(吳子璨妻)墓誌	僞49
孫遼墓誌	僞114	徐寔墓誌	2503	秦洪墓誌	465

秦僧伽及妻徐氏墓誌	2535	袁紇頠墓誌	1356	馬懷玉墓誌	2425
秦龍標墓誌	僞96	袁清墓誌	1090	馬羅英(劉榮先妻)墓誌	284
索君墓誌蓋	2682	連小胡墓誌	771	高允(高孝緒)墓誌	1163
索始姜(趙盛及妻)墓誌	243	郗蓋族墓誌	763	高六奇墓誌	2281
索欣墓誌	1911	郝氏(張滿澤妻)墓誌	1528	高氏墓誌	僞162
索勇妻李華墓誌	1056	郝丘妻趙氏墓誌	1942	高氏(元綸及妻)墓誌	2039
索盼墓誌	1910	郝令(董季祿妻)墓誌	2008	高氏(田子桀妻)墓誌	1679
索泰墓誌	1055	郝宜墓誌	2460	高氏(皮阿輪迦妻)墓誌	1296
索雄墓誌	1912	郝偉及妻王氏墓誌	2129	高氏(宇文顯及妻)墓誌	1506
索誕墓誌	1228	郝歡妻張氏墓誌	2465	高氏(吳弘及妻)墓誌	2567
索叡墓誌	1913	馬少敏墓誌	2196	高氏(呂倉及妻)墓誌	1965
耿氏(拓跋濬妻)墓誌	196	馬氏(呂猛妻)墓誌	1680	高氏(尉茂妻)墓誌	1599
耿雄墓誌	1931	馬氏(孫世雄妻)墓誌	1273	高氏(張崇訓及妻)墓誌	1776
耿壽姬(拓跋濬妻)墓誌	266	馬氏(張君及妻)墓誌	1587	高氏(楊君妻)墓誌	2192
華氏(李惠及妻)墓誌	1807	馬氏(張法及妻)墓誌	2128	高氏(翟仲侃及妻)墓誌	2304
華孝墓誌	1059	馬氏(韓猛妻)墓誌	23	高氏(劉則及妻)墓誌	2398
華政墓誌	1921	馬君妻王善墓誌	2086	高氏(韓賄妻)墓誌	411
華端墓誌	1734	馬希孃(李君妻)墓誌	1841	高永墓誌	僞161
莫仁相(馬相)墓誌	1563	馬羌奴□□□言墓誌	1433	高永樂墓誌	774
莫仁誕(馬誕)墓誌	1529	馬阿媚(靳杜生妻)墓誌	僞47	高永樂妻元沙彌墓誌	1537
莫多婁氏(去斤鍾馗妻)墓誌	1395	馬阿臺墓誌	269	高伙圖仁墓誌	1508
莫多婁洽墓誌	1461	馬姜(羊文興息妻)墓誌	908	高百年墓誌	1102
袁月璣(蔡彥深妻)墓誌	1191	馬郝標墓誌	僞94	高百年妻斛律氏墓誌	1103
袁氏(姚太及妻)墓誌	2523	馬會之墓誌	1825	高伯禮妻元氏墓誌	617
袁氏(袁遲椿)墓誌	2506	馬榮茂墓誌	1419	高妙儀(扶風郡公主)墓誌	1562
袁君妻宮迎男墓誌	1200	馬稱心墓誌	2521	高孝瑜墓誌	1093
袁協及妻李氏墓誌	1831	馬瑾妻元摩耶墓誌	974	高虬墓誌	2126
袁和妻姜氏墓誌	1545	馬龜墓誌	僞203	高那那墓誌	1758
袁亮墓誌	2532	馬稞及妻張氏墓誌	2117	高岳墓誌	986
袁客仁(蕭球妻)墓誌	2642	馬稞妻張姜墓誌	2215	高林仁母墓誌	878

高肱墓誌	1146	高琨墓誌	199	高寶德(長樂郡長公主)墓誌	1781
高苗侯墓誌	1294	高舒寧墓誌	僞230	高歡墓誌	862
高阿㝹墓誌	242	高貴墓誌	739	高歡妻閭氏墓誌	882
高建墓誌	975	高買女墓誌	1017	高歡妻韓智輝墓誌	929
高建妻王氏墓誌	1268	高道悅墓誌	275	高顯國妻敬氏墓誌	963
高洋(文宣帝)妻顏玉光墓誌	1312	高道悅妻李氏墓誌	276		
高珍墓誌	712	高嗣及妻孟氏墓母氏墓誌	2522	**11 畫**	
高珍墓誌	1322	高慈妻趙氏墓誌	737	問 姬 婁 寇 宿 將 尉 崔 常 康 庚 張 扈 斛 曹 梅 梁 淨 淳 淸 淮 畦 畢 略 眭 笱 符 菀 袞 許 逢 郭 陰 陳 陶 陸 魚 鹿 麻	
高貞墓碑	380	高照容(元宏妻)陵誌	294		
高珪墓誌	僞157	高肅墓碑	1298		
高朗墓誌	1025	高雅墓誌	725	問度墓誌	1068
高殷(廢帝)妻李難勝墓誌	1203	高雍墓誌	僞56	姬氏(元智妻)墓誌	2562
高湫墓誌	1101	高僑妻王江妃隨葬衣物疏	1263	姬氏(蘭義及妻)墓誌	2459
高華英墓誌	83	高僧保墓誌	1005	姬伯度墓誌	372
高偃墓誌	295	高僧護墓誌	1271	姬威墓誌	2363
高婁斤(尉景妻)墓誌	756	高榮及妻牛貴英墓誌	1024	姬朗墓誌	860
高淯墓誌	1047	高廣墓誌	470	姬景神墓誌	899
高淹妻馮娑羅墓誌	953	高徽(劉洪徽妻)墓誌	1022	姬買劦墓誌	1330
高猛墓誌	377	高慶墓碑	135	姬靜墓誌	745
高猛妻元瑛(長樂長公主)墓誌	455	高潤墓誌	1306	婁氏(韋秋母)墓誌	1920
高盛墓碑	706	高潭墓誌	1737	婁氏(韓舒及妻)墓誌	2585
高善德(陸君妻)墓誌	2262	高潁母楊季姜(齊國太夫人)墓誌	1927	婁信相(段榮妻)墓誌	1066
高奓墓誌	2318	高緊墓誌	2434	婁衿妻乞伏英娩墓誌	299
高敬容墓誌	941	高叡墓誌	2415	婁貴華(長孫儁妻)墓誌	1333
高植墓誌	305	高樹生墓誌	671	婁黑女(寶泰妻)墓誌	970
高植墓誌	僞95	高樹生妻韓期姬墓誌	672	婁叡墓誌	1201
高渙墓誌	1049	高舉墓誌	僞84	婁叡墓誌	1347
高湜墓誌	1048	高瓊墓誌	979	婁叡妻乞伏氏墓誌	2040
高湛墓誌	749	高翻墓碑	751	寇永墓誌	705
高湛妻閭叱地連(茹茹公主)墓誌	906	高寶墓誌	740	寇君墓誌	2652

寇侃墓誌	488	尉景碑	1251	崔氏牛氏墓誌	1403
寇奉叔墓誌	1764	尉景妻高妻斤墓誌	756	崔令姿(鄧恭伯妻)墓誌	729
寇奉叔妻辛憐墓誌	1941	尉粲妻叱列毗沙墓誌	2014	崔令珍妻韓法容墓誌	1623
寇治墓誌	475	尉僧仁墓誌	848	崔幼妃(李希宗妻)墓誌	1313
寇胤哲墓誌	1570	尉標及妻王金姬墓誌	1041	崔弘安墓誌	2045
寇郁墓誌	1944	尉遲氏(匹婁歡及妻)墓誌	1498	崔玉墓誌	2538
寇猛墓誌	117	尉遲氏(拓跋競妻)墓誌	1514	崔仲方妻李麗儀墓誌	1795
寇演墓誌	278	尉遲伐墓誌	1354	崔仲姿墓誌	985
寇嶠妻梁氏墓誌	1677	尉遲佺(趙佺)墓誌	1472	崔孝芬族弟墓誌	僞32
寇嶠妻薛氏墓誌	1572	尉遲定州墓券	10	崔孝直墓誌	1038
寇慰墓誌	僞143	尉遲將男(拓拔虎妻)墓誌	1454	崔孝直妻李幼芷墓誌	1039
寇遵考墓誌	1765	尉遲運墓誌	1577	崔志及妻趙氏刁氏墓誌	2655
寇霄墓誌	596	尉遲運妻賀拔毗沙墓誌	2152	崔芷蘩(李希仁妻)墓誌	1747
寇憑墓誌	277	尉遲廓(趙廓)墓誌	1582	崔芬墓誌	924
寇熾墓誌	1571	尉遲綱墓碑	1456	崔迎男(梅勝郎妻)墓誌	1242
寇熾妻姜敬親墓誌	1763	尉瓊仁墓誌	2189	崔昂墓誌	1144
寇臻墓誌	116	尉孃墓誌	1625	崔昂妻鄭仲華墓誌	1858
宿光明墓誌	1695	尉孃孃(厙狄洛妻)墓誌	1034	崔昂妻盧脩娥墓誌	1145
將奴墓誌	僞16	崔上師妻封依德墓誌	2512	崔茂墓誌	976
尉仁弘墓誌	2417	崔大荀墓誌	1785	崔長暉(封延之妻)墓誌	1871
尉太妃(穆亮妻)墓誌	301	崔大善墓誌	2024	崔宣度墓誌	1768
尉永墓誌	2031	崔元容(羊深妻)墓誌	837	崔宣度妻盧思容墓誌	1769
尉州墓誌	685	崔氏墓誌	2310	崔宣華(李文衡妻)墓誌	1081
尉悶墓誌	1303	崔氏墓誌	2657	崔宣靖墓誌	1580
尉君妻元寶墓誌	1213	崔氏(元君妻)墓誌	2343	崔宣默墓誌	1581
尉茂墓誌	1598	崔氏(元儉及妻)墓誌	1796	崔神妃(羊祉妻)墓誌	431
尉茂妻高氏(永昌郡長公主)墓誌	1599	崔氏(李世舉及妻)墓誌	2351	崔妻訶(封孝琰妻)墓誌	2098
尉陵墓誌	683	崔氏(常襲妻)墓誌	297	崔混(崔子元)墓誌	742
尉陵妻賀示廻墓誌	684	崔氏(楊君妻)墓誌	171	崔淨相(邢君妻)墓誌	2344
尉富娘墓誌	2557	崔氏(□元及妻)墓誌	2203	崔博墓誌	1267

崔敬邕墓誌	256	常襲妻崔氏墓誌	297	張氏(蔣愼妻)墓誌	2205
崔景播墓誌	807	康君妻王氏墓誌	2607	張氏(薛萬壽及妻)墓誌	2328
崔超倫墓誌	2220	康建墓誌	僞112	張氏(麴君妻)墓誌	913
崔隆墓誌	僞34	康紀姜(遊涇涅槃陀及妻)墓誌	1596	張令(劉神妻)墓誌	2378
崔塗墓誌	僞33	康業墓誌	1478	張弁墓誌	318
崔楷墓誌	僞164	康僧慶墓誌	1104	張正子父母鎭墓石	2
崔楷墓誌蓋	1669	康寶足及妻翟氏墓誌	2273	張永墓誌	191
崔猷墓誌	184	庚君墓誌	1874	張永儁妻周令華墓誌	1165
崔寬墓誌	983	張子明墓誌	2491	張玄及妻司徒氏墓誌	2549
崔說(崔訦)神道碑	1517	張元墓誌	1323	張玄(張黑女)及妻陳氏墓誌	609
崔德墓誌	1122	張元妮墓誌	1720	張玉憐(崔鴻妻)墓誌	715
崔賓媛(李叔胤妻)墓誌	283	張太和墓誌	634	張休祖墓誌	517
崔頠墓誌	947	張比婁(若干子雄妻)墓誌	1001	張伏奴墓誌	2227
崔渥(元君妻)墓誌	2297	張氏墓誌	182	張伏敬墓誌	2447
崔盧夫墓誌蓋	1668	張氏(元弼及妻)墓誌	72	張光墓誌	2143
崔徽華(李翼及妻)墓誌	691	張氏(卜茂及妻)墓誌	2169	張列華(侯君妻)墓誌	僞40
崔鴻墓誌	464	張氏(王君妻)墓誌	1789	張安姬墓誌	329
崔鴻妻張玉憐墓誌	715	張氏(王社惠妻)墓誌	2077	張宇(解盛妻)墓誌	2348
崔曜華(王基妻)墓誌	1119	張氏(田彪及妻)墓誌	1922	張佃保墓誌	1245
崔麝香(元英及妻)墓誌	1797	張氏(任屯郎妻)墓誌	2054	張問妻蘇恒墓誌	2455
崔顯墓誌	僞217	張氏(任顯及妻)墓誌	1863	張君墓誌	323
崔鷫墓誌	716	張氏(宇文業及妻)墓誌	1494	張君墓誌	2038
常文貴墓誌	1215	張氏(呂道貴及妻)墓誌	1964	張君墓誌	2122
常氏(元簡妻)墓誌蓋	1613	張氏(李欽及妻)墓誌	1987	張君墓誌蓋	1646
常氏(解昭及妻)墓誌	2217	張氏(李達及妻)墓誌	501	張君(大將軍)墓誌蓋	2678
常季繁(元祐妻)墓誌	359	張氏(孟慶及妻)墓誌	2216	張君(齊開府參軍事)墓誌蓋	2681
常善墓誌	1552	張氏(邸香妻)墓誌(2種)	18	張君及妻馬氏墓誌	1587
常敬蘭(李緬妻)墓誌	274	張氏(郎元鑒妻)墓誌	1636	張君妻李淑眞墓誌	僞92
常景及妻傅氏墓誌	2563	張氏(郝歡妻)墓誌	2465	張君妻殷伯姜墓誌	430
常醜奴及妻宗氏墓誌	2274	張氏(馬穉及妻)墓誌	2117	張君妻董儀墓誌	1133

張君妻赫連阿妃墓誌	826	張彥墓誌	1134	張盛墓誌	1972
張志相妻潘善利墓誌	2555	張政墓誌	1502	張盛及妻王氏墓誌	2043
張忻墓誌	1167	張洛墓誌	618	張紹祖墓誌	990
張芳墓誌	2362	張洛都墓誌	134	張喬墓誌	2360
張車墓誌	955	張盈墓誌	2461	張善相墓誌	1305
張協墓誌	2048	張盈妻蕭餦性墓誌	2462	張善敬墓誌	2591
張受(張虔)及妻李氏墓誌	2488	張紀及妻趙氏墓誌	2437	張奢墓碑	780
張叔墓誌	1753	張胡仁墓誌	1079	張敬墓誌	偽138
張宜墓誌	247	張娥英(張妙芬)墓誌	2439	張斌墓誌	506
張宜世子墓誌	248	張振妻韋氏墓誌	2145	張景和墓誌	1708
張宜世子妻閻氏墓誌	249	張海欽妻蘇綢墓誌	907	張景略墓誌	1937
張宗憲墓誌	1223	張海翼墓誌	1124	張智明等墓誌	2225
張定女阿蘭(王邕妻)墓誌	846	張烈碑	747	張智朗(毛德祖妻)墓誌	15
張延敬墓誌	2071	張神保墓誌	2056	張猥墓誌	1436
張怦及妻東門氏墓誌	2277	張神洛墓券	130	張琰妻王法愛墓誌	2636
張承墓誌	1033	張神龍息□□墓誌	505	張琛墓誌	700
張明月墓誌	1192	張莘容墓誌	971	張貴男(蔡君妻)墓誌	2257
張林長墓誌	86	張起墓誌	1132	張軻墓誌	2528
張波墓誌	2552	張通墓誌	2166	張達墓誌	2519
張法墓誌	1135	張通妻李氏墓誌	偽215	張道淵及妻衛氏墓誌	2472
張法及妻馬氏墓誌	2128	張通妻陶貴墓誌	2059	張道順墓誌	399
張法和息妻阿趙墓誌	950	張問及妻王氏墓誌	436	張開及妻趙氏墓誌	2315
張法會墓誌	766	張寂墓誌	2156	張順墓誌	2494
張茂墓誌	1894	張崇妻王氏墓誌	1748	張黑奴妻王洛妃墓誌	964
張虎妻趙氏墓誌	1709	張崇訓及妻高氏墓誌	1776	張愈墓券	6
張保妻墓誌	735	張惇墓誌	1381	張業及妻路氏墓誌	2458
張卑(張早)墓誌	769	張猛龍墓誌	偽122	張瑋墓誌	1184
張姜(馬稚妻)墓誌	2215	張略墓誌	785	張稚墓誌	289
張客孃(賀叔達妻)墓誌	2486	張略墓誌碑	20	張經世墓誌	720
張彥墓誌	527	張盛墓誌	1481	張肅俗墓誌	1040

張雷墓誌	250	張衡墓誌	2525	曹元標墓誌	僞85
張僧妙法師墓碑	1515	張靜墓誌	1779	曹氏(王源妻)墓誌	26
張僧殷及子·張潘慶墓誌	1888	張龍姬(侯敬宗妻)墓誌	260	曹氏(成顯及妻)墓誌	2300
張僧顯墓誌	1112	張懋墓誌	584	曹永墓誌	僞25
張壽墓誌	2547	張潽墓誌	2608	曹永康墓誌	1681
張寧墓誌	674	張濤妻禮氏墓誌	2406	曹君墓誌	2241
張滿墓誌	727	張謨墓誌	僞190	曹待淹墓誌	2267
張滿澤妻郝氏墓誌	1528	張醜女(向魯王及妻)墓誌	1727	曹恪墓碑	1464
張端姑墓誌	1453	張瓊墓誌	885	曹海凝墓誌	2559
張綝墓誌	1900	張禮及妻羅氏墓誌	1891	曹珩墓誌	僞55
張綝妻薛世蘭墓誌	2263	張豐姬(張孃)墓誌	364	曹連墓誌	555
張蔭及妻羊氏墓誌	2115	張雙墓誌	1197	曹道洪墓誌	812
張齊母褚寶慧墓誌	1058	張顏墓誌	1761	曹瑾墓誌	1991
張鳳舉墓誌	2501	張攀墓誌	930	曹禮及妻李氏墓誌	1256
張儉及妻胡氏墓誌	2188	張瓚墓誌	586	梅勝郎妻崔迎男墓誌	1242
張儀息墓券	1331	張歡張象墓誌	304	梅淵及妻李氏墓誌	2029
張墀墓誌	僞141	張瓘墓誌	僞165	梁子彥墓誌	1224
張徹墓誌	424	張闥墓誌	1547	梁才墓誌	1509
張摩子·(元叡妻)墓誌	2155	扈士瀋妻焦氏墓誌	2427	梁氏(元遙妻)墓誌	286
張毅墓誌	2443	扈志墓碑	2015	梁氏(韋隆妻)墓誌	1346
張潔墓誌碑	1248	扈志墓誌	2016	梁氏(寇嶠妻)墓誌	1677
張澈墓誌	僞75	扈歲墓誌	1190	梁氏(董重及妻)墓誌	2476
張潘慶(張僧殷及子)墓誌	1888	斛律大那瓌墓碑	752	梁氏(楊景及妻)墓誌	1898
張遵墓誌	886	斛律氏(高百年妻)墓誌	1103	梁氏(楊機妻)墓誌	613
張冀周妻王氏墓誌	958	斛律武都墓誌	1536	梁氏(劉明及妻)墓誌	2075
張憲卿墓誌	2144	斛律昭男(厙狄洛妻)墓誌	1078	梁令春(段榮妻)墓誌	1067
張整墓誌	97	斛律徹墓誌	2065	梁安寧墓誌碑	1531
張盧及妻劉法珠墓誌	344	斛律豐洛(斛律羨)墓誌	1535	梁伽耶墓誌	1113
張穆及妻李氏墓誌	2316	斛斯樞墓誌	2400	梁坦及妻杜氏墓誌	1770
張興妻孫氏墓誌	1575	斛斯謙墓誌	164	梁拔胡墓誌	16

梁衍及妻韓氏墓誌并枕銘	1943	許氏(劉茂妻)墓誌	2266	郭孟紹墓券	31
梁恭墓誌	2158	許白墓誌	879	郭定洛墓誌	2224
梁漱墓誌	1069	許君妻宋氏墓誌	2650	郭定興墓誌	347
梁苑墓誌	1936	許孝衍墓誌	1824	郭阿雙墓誌	1072
梁邕墓誌	1771	許和世墓誌	105	郭彥道墓誌	921
梁寂墓誌	2069	許胤墓誌	11	郭哲墓誌	978
梁脩芝墓誌	1994	許淵墓誌	僞118	郭挺墓誌	743
梁道弘墓誌	2165	許萬□墓券	61	郭崇墓誌	490
梁暄墓誌	1736	許道寵墓誌	923	郭敬寡墓誌	217
梁鼎淵墓誌	僞202	逢哲墓誌碑	1227	郭欽墓誌	895
梁羅墓誌	2317	郭子休妻墓誌	1159	郭貴賓妻吳小妃墓誌	1801
梁瓔墓誌	2379	郭氏(王悅及妻)墓誌	679	郭達墓誌	僞42
梁歡祖墓誌	1415	郭氏(王琚妻)墓誌碑	167	郭達及妻侯氏墓誌	2413
梁龕墓誌	2007	郭氏(李沖及妻)墓誌	2260	郭雲墓誌	2305
淨脩塔銘	1659	郭氏(侯明及妻)墓誌	1813	郭嵩墓誌	1241
淨智師塔銘	736	郭氏(宮人)墓誌	2395	郭稚忠妻徐氏墓誌	1182
淳于儉及妻孟氏墓誌碑	1864	郭氏(陳寶及妻)墓誌	1304	郭肇墓誌	804
清蓮墓誌	僞110	郭氏(董富妻)墓誌	45	郭愨及妻王氏墓誌	1094
淮安定公墓誌蓋	2684	郭氏(楊璨及妻)墓誌	1247	郭穎墓誌	僞97
畦仲(房倚妻)墓誌	1010	郭氏(趙嚮妻)墓誌	1712	郭翼墓誌	296
畢小妻蘇貫針墓誌	70	郭氏(趙齡及妻)墓誌	1973	郭翻墓誌	326
畢脩密(封柔妻)墓誌	788	郭氏(劉紹及妻)墓誌	2066	郭寵墓誌	2489
略陽王息□□□□和妻矦外蘆墓誌	1407	郭王墓誌	2321	郭顯墓誌	416
畦氏(吳嚴及妻)墓誌	2320	郭世昌墓誌	2337	陰雲墓誌	1780
畦尚墓誌	2212	郭奴墓誌	58	陰誨孫墓誌	1653
笱景墓誌	577	郭生墓誌	1526	陰寶墓誌	854
符盛及妻胡氏墓誌	2209	郭石妃(楊黑妻)墓誌	893	陰繼安墓誌	915
菀德贊妻杜法生墓誌	2101	郭休墓誌	2175	陳三墓誌碑	1278
袞衆敬(奚衆敬)墓誌	1117	郭均墓誌	2023	陳太伯墓誌	1279
許氏(吳高黎及妻)墓誌	僞124	郭和及妻趙氏墓誌	1021	陳文岳墓誌	2236

陳氏(段舍奴及妻)墓誌	1590	
陳氏(宮人)墓誌	2401	
陳氏(宮人)墓誌	2422	
陳氏(宮人)墓誌	2449	
陳氏(張玄及妻)墓誌	609	
陳氏(楊君妻)墓誌	僞226	
陳氏(鞏賓及妻)墓誌	2036	
陳平整(長孫伯年妻)墓誌	821	
陳永及妻劉氏墓誌	29	
陳君(居士)墓誌	2648	
陳君妻王氏墓誌	僞223	
陳花樹(宮人)墓誌	2520	
陳叔忠墓誌	2403	
陳叔明墓誌	2539	
陳叔榮墓誌	2450	
陳叔齊墓誌	2327	
陳叔興墓誌	2271	
陳叔興妻沈氏墓誌	2314	
陳始墓誌	1083	
陳茂墓碑	2095	
陳思道墓誌	僞221	
陳峻巖墓誌	僞41	
陳虔墓誌	2176	
陳常墓誌	2498	
陳隆墓誌	557	
陳雄及妻馮氏墓誌	2635	
陳暉及妻劉氏墓誌	2138	
陳暄墓誌	2665	
陳詡墓誌	2121	
陳項(陳宣帝)妻施太妃墓誌	2335	
陳項(陳宣帝)妻柳敬言墓誌	2548	
陳緒墓誌	2352	
陳廞墓誌	僞59	
陳毅墓誌	1408	
陳遵墓誌碑	1850	
陳鄭墓誌	1538	
陳寶及妻郭氏墓誌	1304	
陳璨墓誌	僞29	
陶市貴墓誌	127	
陶君妻劉氏墓誌	僞91	
陶宏景墓誌	僞137	
陶浚墓誌	僞21	
陶智洪墓券	2357	
陶淵明(陶潛)墓誌	僞5	
陶貴(張通妻)墓誌	2059	
陶超墓誌	僞18	
陶翰妻劉惠芳墓誌	僞98	
陶蠻朗墓誌	2000	
陸子玉墓誌	850	
陸子瑩墓誌	1232	
陸平墓誌	2531	
陸君(涇州刺史□陽男)墓誌蓋	1648	
陸君妻李華墓誌	1317	
陸君妻高善德墓誌	2262	
陸孝昇墓誌	1827	
陸希道墓誌	388	
陸孟暉(元君妻)墓誌	595	
陸延壽墓誌	1281	
陸杳墓碑	2664	
陸朗(陸景嵩)墓誌	1258	
陸淨墓誌	962
陸盛榮墓誌	1108
陸章墓誌	僞45
陸紹墓誌	538
陸脩容(穆瑜妻)墓誌	981
陸逞墓碑	1673
陸順華(元凝妻)墓誌	873
陸葰蔡(羅宗妻)墓誌	603
陸融墓誌	1860
陸頤墓誌	2594
陸醜墓誌	1329
魚玄明墓誌	21
鹿善及妻劉氏墓誌	2032
麻君妻龐畏孃墓誌	2444

12畫

傅 單 喬 堯 稽 彭 惠 敬 智
普 曾 欽 渴 游 焦 程 舒 董
萬 賀 費 越 達 道 遊 鈜 閔
陽 雲 馮 黃

傅氏(常景及妻)墓誌	2563
傅長興墓誌	1170
傅華(趙奉伯妻)墓誌	1309
傅華(趙奉伯妻)碑	1665
傅隆顯墓誌(2種)	1235
傅堅眼墓誌	689
傅雙之(劉平頭妻)墓誌	1691
單明罍妻賈氏墓誌	366
單英儒墓誌	1524
喬氏(牛諒及妻)墓誌	2492
喬花(蘭多妻)墓誌	984
喬貳仁墓誌	868

堯君妻元妙墓誌	287	游松墓誌	732	董富妻郭氏墓誌	45
堯峻墓誌	1153	焦氏(孟珍妻)墓誌	1693	董敬墓誌	2242
堯峻妻吐谷渾靜媚墓誌	1154	焦氏(扈士濬妻)墓誌	2427	董琳及妻魏氏墓誌	1846
堯峻妻獨孤思男墓誌	1230	焦虎墓誌	1597	董榮暉(王士良妻)墓誌	1420
堯榮妻趙胡仁墓誌	869	程氏(平奉親及妻)墓誌	96	董儀(張君妻)墓誌	1133
堯遵墓誌	263	程氏(唐長岳孫妻)墓誌	2516	董穆墓誌	2374
堯奮墓誌	808	程氏(宮人)墓誌	2369	董顯□墓誌	1045
堯奮妻獨孤華墓誌	1160	程君妻趙樂子墓誌	1046	萬君墓誌蓋	2676
稽謹墓誌	僞8	程延貴墓誌	僞151	萬縱□及妻樊合會墓誌	4
彭成興墓誌	143	程法珠(元騰及妻)墓誌	291	萬寶及妻王氏墓誌	2076
彭忠墓誌	僞147	程哲墓碑	695	賀屯植(侯植)墓誌	1412
惠氏墓誌	僞73	程暐墓誌	340	賀氏(蘭幼標及妻)墓誌	240
惠寂墓誌	1006	程諧及妻石氏墓誌	2569	賀示廻(尉陵妻)墓誌	684
惠猛法師墓誌	136	程難兒妻桓氏墓誌	1654	賀收及妻侯氏墓誌	489
惠雲法師墓誌	2004	舒洛平墓誌	1367	賀叔達妻張客孃墓誌	2486
惠義墓誌	898	董子達妻□氏墓誌	2322	賀拔墓誌	355
惠□□墓誌	60	董元負墓誌	1718	賀拔二孃(王懋及妻)墓誌	1848
敬氏(高顯國妻)墓誌	963	董氏(王濟及妻)墓誌	2309	賀拔文昞妻李氏墓誌	1449
智者禪師(智顗)碑	2231	董氏(賈善及妻)墓誌	2118	賀拔定妃(是云侃妻)墓誌	1851
普六如忠(楊忠)墓誌	1440	董氏(鞠遵及妻)墓誌	2235	賀拔岳碑	687
普六如徽之(戚徽之)墓誌	1578	董氏(□敬及妻)墓誌	2013	賀拔昌墓誌	945
普六如徽之(戚徽之)及妻裴氏墓誌	2373	董君妻衛美墓誌	2575	賀拔毗沙(尉遲運妻)墓誌	2152
普屯威(辛威)神道碑	1733	董季祿妻郝令墓誌	2008	賀拔勝妻元氏墓誌	1451
普惠塔銘	僞171	董保和墓誌	1699	賀若嵩墓誌	2061
曾檀墓誌	1657	董美人墓誌	2067	賀若誼墓碑	2050
欽文姬辰(司馬金龍妻)墓誌	28	董重及妻梁氏墓誌	2476	賀悅鳳墓誌	1142
渴丸瓊墓誌	386	董索墓誌	853	賀婁悅墓誌	1052
游元墓誌	2505	董偉墓誌	492	賀婁慈神道碑	1519
游玉(宋洪敬妻)墓誌	1128	董康生妻(城阜縣人)墓誌	1700	賀遂氏(叱奴延輝及妻)墓誌	1993
游明根墓誌	僞11	董紹妻段濟墓誌	僞134	賀聞貴碑	1172

賀蘭才墓誌	2261	馮子璨妻孟氏墓誌	僞 50	黃小休墓誌	1044
賀蘭毗羅(宇文寬妻)墓誌	1548	馮子懿妻元氏墓誌	1339	黃丹墓誌	僞 214
賀蘭祥墓誌	1402	馮公碑	僞 54	黃零□墓誌	63
賀蘭祥妻劉氏墓誌	1752	馮氏(元君妻)墓誌	578	黃聰墓誌	44
賀蘭寬墓誌蓋	2677	馮氏(元延明妻)墓誌	884	黃豐直等墓券	50
費康遠墓誌	1075	馮氏(元誘妻)墓誌	95	黃鑒墓誌	22
越勤戾(楊戾)墓誌	1544	馮氏(王軌及妻)墓誌	1772		
越勤寬(楊寬)妻山氏墓誌	1586	馮氏(宮人)墓誌	2371	**13 畫**	
越勤操(楊操)墓誌	1513	馮氏(陳雄及妻)墓誌	2635	廉 慈 楊 溫 滑 源 禽 蓋 虞 衙 解 賈 路 鄒 隗 雍 雷 靳	
達法度墓誌	308	馮令華(元澄妻)墓誌	872	廉涼州妻姚齊姬墓誌	71
達奚氏(柱國河南懷公夫人)墓誌	2662	馮聿墓誌	118	慈明塔銘	2186
達奚氏(韋摠妻)墓誌	2022	馮君妻李玉婍墓誌	2211	慈雲墓誌	僞 100
達奚氏(韋摠妻)墓誌	2091	馮君妻盧旋芷墓誌	2210	慈義(高英)墓誌	271
達奚武妻鄭氏墓誌	1439	馮忱妻叱李綱子墓誌	2623	慈慶(王鍾兒)墓誌	396
達奚慶墓碑	1974	馮虬墓誌	1176	楊叉墓誌	1872
達符忠墓誌	1499	馮迎男墓誌	328	楊士貴墓誌	2125
道政法師塔銘	1925	馮季華(元悅妻)墓誌	413	楊子誦墓誌	657
道洪墓誌	1206	馮昕及妻元智光墓誌	1003	楊子諧墓誌	656
道寂塔銘	2124	馮原墓誌	2375	楊子謐墓誌	655
道憑法師塔銘	1085	馮娑羅(高淹妻)墓誌	953	楊元墓誌	2244
遊埿埿槃陀及妻康紀姜墓誌(雙語)	1596	馮邕妻元氏墓誌	349	楊元伯妻邸肱肱墓誌	1743
鈗珍墓誌	1839	馮淹墓誌	2579	楊元讓墓誌	1240
閔道生墓誌	241	馮章墓碑	1675	楊元讓妻宋氏墓誌	952
陽氏(徐敏行及妻)墓誌	1790	馮景之墓誌	1343	楊公主(王法壽妻)墓誌	789
陽成惠也拔墓誌	48	馮會(元謐妻)墓誌	223	楊六墓誌	1012
陽作忠墓誌	僞 133	馮僧暉墓誌	877	楊文弘妻姜太妃墓誌	104
陽瑾墓誌	2167	馮輔宗墓誌	1622	楊文志墓誌	1845
雲榮墓誌	1276	馮熙墓誌	57	楊文思墓誌	2466
馮子良墓誌	1340	馮範墓誌	2384	楊文偉妻元氏墓誌	2290
馮子思妻□氏墓誌	703	馮誕墓誌	55	楊文偉妻李氏墓誌	2291

楊文慜墓誌	2200	楊孝邕墓誌	645	楊津妻源顯明墓誌	232
楊文愿墓誌	2106	楊孝偘墓誌	2201	楊珍墓誌	280
楊文端墓誌	2292	楊孝楨墓誌	653	楊祖興墓誌	185
楊氏(韋操妻)墓誌	2660	楊孝瑜墓誌	652	楊紀墓誌	2202
楊氏(宮人)墓誌	2606	楊宏墓誌	2153	楊約墓誌	2467
楊氏(宮内司)墓誌	337	楊秀墓誌	2372	楊胤墓誌	236
楊氏(劉強及妻)墓誌	857	楊侃墓誌	635	楊胤季女墓誌	285
楊氏(黎淳及妻)墓誌	2237	楊兒墓誌	572	楊恩墓誌	150
楊氏女墓誌	932	楊叔貞墓誌	641	楊泰墓誌	264
楊幼才墓誌	642	楊和墓誌	2228	楊泰妻元氏墓誌	1363
楊弘墓誌	2269	楊和墓誌	僞224	楊眞及妻王氏墓誌	僞213
楊休墓誌	2287	楊季姜(高頴母)墓誌	1927	楊矩墓誌	2463
楊仲宣墓誌	639	楊宜成墓誌	499	楊祥妻□氏墓誌	946
楊仲彥墓誌	498	楊定及妻丁氏墓誌	2542	楊素墓誌	2272
楊仲禮墓誌	647	楊定及妻丁氏墓誌	僞158	楊素妻鄭祁耶墓誌	2157
楊地伯墓誌	651	楊尚希妻元保宜墓誌	2611	楊通墓誌	僞207
楊安德墓誌	174	楊居墓誌	1786	楊乾墓誌	469
楊昪及妻穆氏墓誌	2154	楊岳墓誌	2513	楊堵墓誌	659
楊旭墓誌	僞74	楊忠祥墓誌	2140	楊玼(劉英妻)墓誌	36
楊老壽墓誌	172	楊昇遊妻成磨子墓誌	949	楊盛墓誌	2041
楊君墓誌	106	楊松年(楊松)墓誌	僞206	楊紹墓誌	1495
楊君墓誌	2159	楊阿難墓誌	170	楊紹墓碑	2123
楊君墓誌	2289	楊陀羅墓誌	1916	楊脩陀墓誌	1917
楊君墓誌蓋	1721	楊宣(楊聲)墓碑	183	楊逸墓誌	646
楊君妻吳女英墓誌	1873	楊彥墓誌	648	楊逸墓誌	僞150
楊君妻李叔蘭墓誌	2288	楊思善墓誌	649	楊善及妻王氏墓誌	2423
楊君妻高氏墓誌	2192	楊恒墓誌	1342	楊善簪墓誌	2109
楊君妻崔氏墓誌	171	楊昱墓誌	636	楊惠墓誌	僞80
楊君妻陳氏墓誌	僞226	楊胐墓誌	1951	楊景墓誌	1364
楊君妻鄭興蘭墓誌	192	楊津墓誌	644	楊景及妻梁氏墓誌	1898

楊欽墓誌	2105	楊廣墓誌	650	源嘉墓誌	僞9
楊渙墓誌	1907	楊德墓誌	2319	源模墓誌	561
楊測墓誌	658	楊播墓誌	227	源叡墓誌	216
楊無醜墓誌	261	楊敷妻蕭妙瑜墓誌	2275	源磨耶墓誌	902
楊舒墓誌	254	楊熙儇墓誌	215	源顯明(楊津妻)墓誌	232
楊衆度墓誌	40	楊瑩墓誌	僞192	禽昌伯(獨孤君)妻宇文氏墓誌	2141
楊貴姜(元達豆官妻)墓誌	123	楊璉墓誌	僞78	蓋天保墓誌	51
楊鈞墓誌	553	楊範墓誌	168	虞弘墓誌	1981
楊鈞墓誌	173	楊褒墓誌	1365	虞弘妻魏氏墓誌	2094
楊雄墓誌	2469	楊遵智墓誌	640	虞君墓誌蓋	2679
楊雄妻王媛華墓誌	2470	楊機墓誌	697	衛君妻王氏墓誌	2497
楊雄妻長孫淑信墓誌	2471	楊機妻梁氏墓誌	613	衛開墓誌	2342
楊順墓誌	637	楊穎墓誌	169	解方保墓誌	2377
楊順妻呂法勝墓誌	374	楊穆墓誌	660	解昭及妻常氏墓誌	2217
楊黍(楊文弘)墓誌	1627	楊穆墓誌	1375	解盛墓誌	2197
楊黑妻郭石妃墓誌	893	楊縉墓誌	2646	解盛妻張宇墓誌	2348
楊奧妃(元愉妻)墓誌	371	楊興墓誌	1707	解興墓誌	12
楊暐墓誌	665	楊靜徽(韋圓照妻)墓誌	2364	賈氏(李延及妻)墓誌	1592
楊椿墓誌	643	楊濟墓誌	550	賈氏(宮人)墓誌	2387
楊遁墓誌	638	楊濟墓誌	1530	賈氏(單明量妻)墓誌	366
楊厲墓誌	2600	楊濟墓誌	1959	賈氏(輔顯族息妻)墓誌	1996
楊實墓誌	2276	楊璨及妻戴氏郭氏墓誌	1247	賈氏(□君及妻)墓誌	2336
楊寬墓誌	1400	楊譏墓誌	2251	賈尼墓誌	816
楊寬妻韋始華墓誌	1844	楊蘭墓誌	僞193	賈玄贊墓誌	僞234
楊暢墓誌	1855	楊嚴墓誌	654	賈君墓誌	2135
楊端墓誌	2046	溫文清墓誌	僞7	賈岳墓誌	1559
楊鳳翔墓誌	僞181	滑景墓誌	1	賈思同碑	761
楊儉墓誌	1337	源侯(源延伯)墓誌	562	賈思伯墓誌	448
楊儉妻羅氏墓誌	1406	源剛墓誌	1775	賈思伯妻劉靜憐墓誌	836
楊颺墓誌	1953	源規墓誌	122	賈珉墓誌	2389

賈祥墓誌	454	**14 畫**		甄元希墓誌	2393
賈崧墓誌	僞212	僧 寧 慕 熊 爾 甄 綦 翟 蔡 蔣 裴 褚 赫 趙 輔 齊		甄忻墓誌	1362
賈進墓誌	1246	僧令法師墓誌	688	甄凱墓誌	422
賈善及妻董氏墓誌	2118	僧志脩塔述	2430	綦母氏(高嗣及妻)墓誌	2522
賈晶(賈瑾及子)墓誌碑	610	僧華(司馬裔妻)墓誌	1458	綦儁墓誌	僞103
賈裕墓誌	302	僧賢墓誌	1199	翟氏(康寶足及妻)墓誌	2273
賈義墓誌	2130	僧璨大士塔銘	1971	翟仲侃及妻高氏墓誌	2304
賈瑾及子賈晶墓誌碑	610	寧恒墓誌	903	翟突娑墓誌	2536
賈興墓誌	1633	寧懋(寧想)墓誌	512	翟育(翟門生)墓誌	813
賈難生墓誌	54	寧贊墓碑	2329	翟曹明墓誌	1573
賈寶墓誌	1264	慕容氏(元爵及妻)墓誌	224	翟煞鬼墓誌	991
賈寶墓誌碑	32	慕容氏(長孫季及妻)墓誌	625	蔡君妻張貴男墓誌	2257
路氏(張業及妻)墓誌	2458	慕容紹墓誌	570	蔡阿妃(李弘秤及妻)墓誌	2256
路衆及妻潘氏墓誌	1064	慕容葰墓誌	1345	蔡彥深妻袁月璣墓誌	1191
路寧墓誌	僞81	慕容寧(豆盧寧)神道碑	1417	蔡儁墓碑	765
路寧墓誌	僞142	慕容纂墓誌	573	蔣黑墓誌	1336
路蘭(呂杏洛息妻)墓誌	1853	慕容纂墓誌	801	蔣愼妻張氏墓誌	2205
鄒氏(劉相及妻)墓誌	2213	慕容儼妻任華仁墓誌	996	蔣慶墓誌	2576
隗天念墓誌	839	慕容儼妻奚將男墓誌	1098	裴子休墓誌	1800
雍長及妻栗氏墓誌	2148	慕容鑒墓誌	723	裴子休妻魏薩墓誌	2264
雷氏(荔非明及妻)墓誌	2618	熊諫墓誌	2411	裴子通及妻元氏墓誌	1945
雷亥郎妻文羅氣墓誌	866	爾朱元靜(叱列延慶妻)墓誌	1096	裴子誕墓誌	1217
雷彰墓誌	僞99	爾朱世邕墓誌	967	裴文基墓誌	1935
靳君墓誌蓋	2673	爾朱君妻元殺鬼墓誌	819	裴氏(辛術妻)墓誌	1404
靳杜生妻馬阿媚墓誌	僞47	爾朱彥伯墓誌	1896	裴氏(普六如徽之及妻)墓誌	2373
靳英墓誌	僞3	爾朱紹墓誌	582	裴休義墓誌	1422
靳彥姬(叔孫可知陵妻)墓誌	181	爾朱敞墓誌	1949	裴良墓誌	1216
		爾朱端墓誌	1950	裴叔暉(鄭術及妻)墓誌	1455
		爾朱襲墓誌	583	裴延齡墓誌	2580
		爾綿永(段永)神道碑	1504	裴長茂墓誌	1985

裴彦墓誌	1976	趙文玉妻鄭豐姒墓誌	1016	趙受妻李氏墓誌	815
裴相墓誌	2146	趙文鏡墓誌	1887	趙奉(趙奉伯)碑	1664
裴通墓誌	2592	趙氏墓誌	719	趙奉伯墓誌蓋	1666
裴逸墓誌	2433	趙氏墓誌	僞64	趙奉伯妻傅華墓誌	1309
裴敬墓誌	246	趙氏(元君妻)墓誌	1121	趙奉伯妻傅華碑	1665
裴暎穆墓誌	1583	趙氏(王憐妻)墓誌	973	趙征興墓誌	1129
裴智英(拓拔榮興妻)墓誌	1507	趙氏(田悅及妻)墓誌	1837	趙明度墓誌	726
裴經墓誌	213	趙氏(李和及妻)墓誌	2084	趙長述墓誌	2060
裴僧仁墓誌	1694	趙氏(辛韶及妻)墓誌	1744	趙阿猛妻石定姬墓誌	56
裴遺業墓誌	1947	趙氏(孟常及妻)墓誌	僞239	趙信及妻劉氏墓誌	1100
裴璣墓誌	1421	趙氏(宮人)墓誌	2527	趙昞墓誌	400
裴融墓誌	1062	趙氏(郝丘妻)墓誌	1942	趙洪墓誌	1892
裴覬墓誌	2177	趙氏(高慈妻)墓誌	737	趙洪源墓誌	98
裴鴻墓碑	1441	趙氏(崔志及妻)墓誌	2655	趙胡墓誌	1626
裴鴻墓誌	1895	趙氏(張虎妻)墓誌	1709	趙胡仁(堯榮妻)墓誌	869
裴繹墓誌	1983	趙氏(張紀及妻)墓誌	2437	趙悅墓誌	1377
裴譚墓誌	433	趙氏(張開及妻)墓誌	2315	趙朗及妻孫氏墓誌	2481
裴麗華(柳慶妻)墓誌	1849	趙氏(郭和及妻)墓誌	1021	趙起碑	1663
褚寶慧(張齊母)墓誌	1058	趙氏(□墮及妻)墓誌	2445	趙通墓誌	僞187
赫連子悅墓誌	1270	趙光(元君妻)墓誌	310	趙通及妻禮氏墓誌	僞236
赫連子悅妻閭炫墓誌	1105	趙光(孫君妻)墓誌	148	趙邕墓誌	522
赫連山妃墓誌	2147	趙充華(元宏妻)墓誌	197	趙國墓誌	1698
赫連君妻□太妃墓誌	759	趙安妻房文姬墓誌	452	趙淑墓誌	僞68
赫連明墓誌	僞180	趙年墓誌	1711	趙猛墓誌	406
赫連阿妃(張君妻)墓誌	826	趙君墓誌	2018	趙盛及妻索始姜墓誌	243
赫連悅墓誌	606	趙君(高陽令)墓誌蓋	2685	趙章墓誌	2181
赫連遷墓誌	940	趙君妻姜氏墓誌	702	趙紹墓誌	724
趙九弼墓誌	僞172	趙沖及妻元氏墓誌	僞225	趙惠(趙世㧟)墓誌	1952
趙子問墓誌	922	趙芬墓碑	2044	趙超宗墓誌	137
趙小慶墓誌	880	趙芬墓誌蓋	2672	趙超宗妻王氏墓誌	1325

趙道德墓誌	1126	**15畫**		劉氏(鄭大仕及妻)墓誌	1957
趙慎墓誌	1908	劇 劉 德 慧 摯 暴 樂 樊 潁		劉氏(閻顯及妻)墓誌	2111
趙暄墓誌	590	潘 緱 諸 請 鄯 鄭 鄧 閻 鞏 魯 黎		劉氏(□稱及妻)墓誌	2293
趙榮墓誌	2397	劇市墓誌碑	446	劉世則墓誌	2613
趙碑墓誌	僞 102	劇逸墓誌	447	劉世恭墓誌	2574
趙豪妻公乘墓誌	1710	劉士安及妻齊氏墓誌	2353	劉令華(夏侯君妻)墓誌	1932
趙韶墓誌	2127	劉大臻墓誌	2057	劉平頭妻傅雙之墓誌	1691
趙億墓誌	481	劉仁恩墓誌	2019	劉幼妃(李挺妻)墓誌	798
趙廣者墓誌	僞 152	劉夫生女墓誌	1690	劉弘墓誌	1990
趙慶賓墓誌	814	劉氏墓誌	2370	劉玄(劉世清)墓誌	1956
趙樂墓誌	2643	劉氏墓誌	僞 51	劉玄暢墓誌	2598
趙樂子(程君妻)墓誌	1046	劉氏(卜鑒及妻)墓誌	2609	劉玉墓誌	510
趙熾墓誌	1161	劉氏(王基及妻)墓誌	2149	劉光墓誌	1732
趙靜墓誌	1189	劉氏(王榮及妻)墓誌	2207	劉多墓誌	2113
趙覬及妻樊氏墓誌	2483	劉氏(宋仲及妻)墓誌	2499	劉安墓誌	2073
趙謐墓誌	84	劉氏(李盛及妻)墓誌	2082	劉安和墓誌	1656
趙醜女(孫撫及妻)墓券	186	劉氏(孟孝敏妻)墓誌	2419	劉安固墓誌	552
趙嚮妻郭氏墓誌	1712	劉氏(苟舜才及妻)墓誌	1966	劉江女(王文愛及妻)墓誌	219
趙羅墓誌	1878	劉氏(長孫懿妻)墓誌	2254	劉行墓誌	1546
趙蘭姿(李敬族妻)墓誌	1810	劉氏(宮人)墓誌	2247	劉君墓誌	2187
趙齡及妻郭氏墓誌	1973	劉氏(宮人)墓誌	2347	劉君妻墓誌	僞 36
趙續生墓誌	88	劉氏(宮人)墓誌	2440	劉君霜墓誌	2332
趙鑒墓誌	733	劉氏(宮人)墓誌	2571	劉妙娥(上官何陰妻)墓誌	33
趙靈□墓誌	817	劉氏(宮人)墓誌	2630	劉妙容(段威及妻)墓誌	2033
輔保達墓誌	1684	劉氏(陳永及妻)墓誌	29	劉忻墓誌	1225
輔道念墓誌	1057	劉氏(陳暉及妻)墓誌	2138	劉和墓誌	2633
輔顯族息妻賈氏墓誌	1996	劉氏(陶君妻)墓誌	僞 91	劉延及妻叱羅氏墓誌	1460
齊士幹墓誌	2617	劉氏(鹿善)墓誌	2032	劉明及妻梁氏墓誌	2075
齊氏(劉士安及妻)墓誌	2353	劉氏(賀蘭祥妻)墓誌	1752	劉法珠(張盧及妻)墓誌	344
		劉氏(趙信及妻)墓誌	1100	劉英妻楊斑墓誌	36

劉苻亮墓誌	僞 76	劉晦及妻韋氏墓誌	1366	劉興安墓誌	1272
劉茂妻許氏墓誌	2266	劉猛進墓誌碑	2340	劉賢墓誌碑	1678
劉長遷墓誌	2002	劉紹及妻郭氏墓誌	2066	劉靜憐(賈思伯妻)墓誌	836
劉阿元墓誌	1290	劉惠芳(陶翰妻)墓誌	僞 98	劉歸墓誌	1760
劉阿倪提墓誌	1326	劉景墓誌	1043	劉難陀墓誌	1177
劉阿素墓誌	311	劉景暈(皇甫仁妻)墓誌	781	劉雙仁墓誌	1209
劉俠墓誌	1832	劉欽墓誌	887	劉顏墓誌	229
劉則及妻高氏墓誌	2398	劉淵墓誌	2296	劉曠墓誌	2009
劉度墓誌	2496	劉滋墓誌	僞 87	劉蘭訓墓券	僞 149
劉思□墓誌	1156	劉琬華(李椿妻)墓誌	2350	劉譚剛墓誌	1692
劉政墓誌	2631	劉登墓誌	1701	劉寶及妻王氏墓誌	2208
劉昭墓誌	僞 127	劉衆墓誌	1982	劉纂墓誌	387
劉昶妻宇文氏墓誌	2063	劉貴墓誌	1088	劉懿墓誌	755
劉洪墓誌	1574	劉貴墓誌	1262	劉鑒墓誌	1766
劉洪徽墓誌蓋	1667	劉達墓誌	2306	德□□(清禪寺主人)墓誌	1879
劉洪徽妻高徽(高阿難)墓誌	1022	劉道斌墓誌	390	慧光法師墓誌	734
劉珍墓誌	2248	劉集墓誌	1205	慧靜(乞伏高月)墓誌	僞 79
劉盆(王子良母)墓誌	2565	劉圓墓誌	1847	摯紹墓碑	1385
劉相及妻鄒氏墓誌	2213	劉睦墓誌	2099	暴永墓誌	1889
劉悦及妻王氏麴氏墓誌	936	劉義墓碑	1967	暴誕墓誌	1202
劉悦墓誌	1210	劉義墓誌	1968	樂鄉君(建安王妻)墓誌	1631
劉悦墓誌	1867	劉義妻李氏墓誌	1969	樂微墓誌	2394
劉振墓誌	1637	劉遐墓誌	212	樂暢墓誌	1445
劉桂墓誌	僞 198	劉榮先妻馬羅英墓誌	284	樊上墓誌	1255
劉神妻張令墓誌	2378	劉豪墓誌	2421	樊氏(吳素及妻)墓誌	1840
劉華仁墓誌	327	劉遙墓誌	2381	樊氏(宮人)墓誌	2529
劉通(劉殺鬼)墓誌	1254	劉德墓誌	2414	樊氏(趙覬及妻)墓誌	2483
劉乾碑	1660	劉賓及妻王氏墓誌	2426	樊合會(萬縱□及妻)墓誌	4
劉偉及妻李氏墓誌	1782	劉整墓誌	1053	樊覽墓誌	2560
劉強及妻楊氏墓誌	857	劉穆及妻王氏墓誌	1834	潁川民墓誌	833

潘氏(路衆及妻)墓誌	1064	鄭始容(元羽妻)墓誌	1097	周子燦墓誌	939
潘玄墓誌	1479	鄭祁耶(楊素妻)墓誌	2157	周氏(高歡妻)墓誌	882
潘尚墓誌	1243	鄭毗羅(韋孝寬妻)墓誌	1373	周叱地連(高湛妻)墓誌	906
潘善利(張志相妻)墓誌	2555	鄭胤伯碑	78	閻伯昇及妻元仲英墓誌	768
潘達墓誌	889	鄭胡墓誌	663	閻炫(赫連子悅)妻墓誌	1105
潘嗣墓誌	2474	鄭茹茹(輿難生妻)墓誌	753	閻詳墓誌	829
緱光姬墓誌	425	鄭邕墓誌	1603	閻麟墓誌	偽1
緱靜墓誌	600	鄭偉及妻李氏墓誌	1474	鞏賓及妻陳氏墓誌	2036
緱顯墓誌	356	鄭常墓誌	1588	魯步寔(曹寔)墓誌	1427
諸禄元墓誌	偽200	鄭術及妻裴叔暉墓誌	1455	魯阿鼻墓誌	2160
請世珍墓誌	2190	鄭善妃(杜君妻)墓誌	2634	魯景墓誌	1207
鄧月光(車伯生息妻)墓誌	112	鄭渙墓誌	2392	魯普墓誌	偽15
鄧乾墓誌	180	鄭道忠墓誌	351	魯廣達墓誌	1924
鄭大仕及妻劉氏墓誌	1957	鄭道育及妻盧德首墓誌	980	魯鍾馗墓誌	2161
鄭子尚墓誌	1291	鄭道昭墓誌	偽71	魯□墓誌	883
鄭氏(五原國太夫人)墓誌	2107	鄭黑墓誌	偽153	黎淳及妻楊氏墓誌	2237
鄭氏(元則妻)墓誌	1475	鄭賓祇(祖瑩妻)墓誌	1155		
鄭氏(李弼妻)墓誌	203	鄭踐妻元孟瑜墓誌	905	**16 畫**	
鄭氏(李雲妻)墓誌	900	鄭羲上碑	175	橋 燕 獨 盧 穆 蕭 薛 衞 錢 閻 霍 靜 鮑	
鄭氏(達奚武妻)墓誌	1439	鄭羲下碑	176	橋紹墓誌	1802
鄭令妃(元範妻)墓誌	1890	鄭興蘭(楊君妻)墓誌	192	橋靜墓誌	1762
鄭平墓誌	2055	鄭謇墓誌	2407	燕大胡墓誌	1532
鄭平城妻李暉儀墓誌	673	鄭豐姒(趙文玉妻)墓誌	1016	燕孝禮墓誌	2034
鄭生墓誌	1556	鄧子詢墓誌	1348	燕繼墓誌	1196
鄭仲明墓誌	2376	鄧氏(李元及妻)墓誌	2586	獨孤忻墓誌	951
鄭仲華(崔昂妻)墓誌	1858	鄧氏(侯明及妻)墓誌	1813	獨孤具足(韋圓成妻)墓誌	1842
鄭君(右光禄大夫貝州使君)墓誌蓋	2667	鄧玄秀妻辛輝蘭墓誌	1750	獨孤信墓誌	1384
鄭君(西兗州刺史)墓碑	865	鄧晒墓誌	2530	獨孤思男(堯峻妻)墓誌	1230
鄭君妻墓誌	偽37	鄧恭伯妻崔令姿墓誌	729	獨孤華(堯奮妻)墓誌	1160
鄭孝穆墓誌	偽93	鄧羨妻李榘蘭墓誌	273	獨孤渾建(郭建)墓誌	1585

獨孤渾貞墓誌	1398	穆氏(元融妻)墓誌	144	蕭瑤南墓誌	2653
盧貴蘭(元融妻)墓誌	858	穆氏(楊昇及妻)墓誌	2154	蕭瑾墓誌	2500
獨孤儉墓誌	2593	穆玉容(元珽妻)墓誌	288	蕭餝性(張盈妻)墓誌	2462
獨孤賓(高賓)墓誌	1490	穆君墓誌蓋	1643	蕭濱墓誌	2553
獨孤輝墓誌	1125	穆君妻元如聞墓誌	1086	蕭醜女墓誌	926
獨孤藏墓誌	1567	穆良墓誌	896	蕭翹墓誌	2578
獨孤羅墓誌	2104	穆亮墓誌	87	薛氏(王遵敬及妻)墓誌	228
獨孤譽墓誌	1302	穆亮妻尉太妃墓誌	301	薛氏(任軌及妻)墓誌	2307
盧子眞妻李氏墓誌	僞6	穆建墓誌	1316	薛氏(李欽妻)墓誌	764
盧文構墓誌	2132	穆彥墓誌	591	薛氏(長孫君妻)墓誌	2180
盧文機墓誌	2133	穆彥妻元洛神墓誌	521	薛氏(寇嶠妻)墓誌	1572
盧氏(李世舉及妻)墓誌	2351	穆紹墓誌	611	薛世蘭(張綝妻)墓誌	2263
盧令媛(元謐妻)墓誌	346	穆循墓誌	149	薛伯徽(元誘妻)墓誌	441
盧昌寓墓誌	2420	穆景相墓誌	875	薛君妻叔孫多奴墓誌	1214
盧思容(崔宣度妻)墓誌	1769	穆景胄墓誌	523	薛孝通墓誌	僞120
盧禹仁墓誌	僞220	穆瑜墓誌	871	薛孝通墓券	僞154
盧胄墓誌	2042	穆瑜妻陸脩容墓誌	981	薛保興墓誌	2382
盧旋芷(馮君妻)墓誌	2210	穆纂墓誌	325	薛眞度妻孫羅穀墓誌	548
盧脩娥(崔昂妻)墓誌	1145	蕭太墓誌	1465	薛脩義墓誌	966
盧萇墓誌	107	蕭氏(王袞及妻)墓誌	2546	薛琰墓誌	1261
盧勝鬘(李產之妻)墓誌	1811	蕭氏(姚察妻)墓誌	2504	薛舒墓誌	1784
盧詮墓誌	1992	蕭氏(宮人)墓誌	2431	薛萬壽及妻張氏墓誌	2328
盧德首(鄭道育及妻)墓誌	980	蕭正表墓誌	901	薛貴珍及妻紇骨氏墓誌	1970
盧瞻墓誌	2053	蕭汎墓誌	2573	薛廣墓誌	1115
盧蘭(元壽安妻)墓誌	1601	蕭妙瑜(楊敷妻)墓誌	2275	薛廣智墓誌	330
盧譽墓誌	1137	蕭直墓誌	僞219	薛慧命(元湛妻)墓誌	515
穆子寧墓誌	1315	蕭球墓誌	2452	薛懷吉墓誌	484
穆子嚴墓誌	904	蕭球妻袁客仁墓誌	2642	薛懷儁墓誌	1185
穆公墓誌	222	蕭紹墓誌	2178	薛懷儁妻皇甫艷墓誌	1186
穆氏(元伏和及妻)墓誌	2052	蕭瑒墓誌	2432	薛寶墓誌	1999

— 580 —

衛氏(宋禮及妻)墓誌	2399	謝氏(吳通及妻)墓誌	2116	韓祜墓誌	1823
衛氏(周良及妻)墓誌	僞228	謝岳及妻關氏墓誌	2035	韓華(元君妻)墓誌	1311
衛氏(張道淵及妻)墓誌	2472	謝青蓮墓誌	僞233	韓邕墓誌	1843
衛侗墓誌	2490	謝婆仁墓誌	1361	韓猛妻馬氏墓誌	23
衛美(董君妻)墓誌	2575	謝善富墓誌	2554	韓景墓誌	1939
錢大忍(杜君妻)墓誌	2396	謝過曾念妻大沮渠樹焉墓誌	27	韓智墓誌	1914
閻氏(張宜世子妻)墓誌	249	謝歡同墓誌	1026	韓智惠(韓迥生)墓誌	僞170
閻靜墓誌	2385	輿氏(王禮班妻)墓誌	1629	韓智輝(高歡妻)墓誌	929
閻顯及妻劉氏墓誌	2111	輿氏(韓興宗妻)墓誌	238	韓期姬(高樹生妻)墓誌	672
霍育墓誌	835	輿龍姬(元伏生妻)墓誌	487	韓無忌墓誌	1686
霍揚墓碑	102	輿難生妻鄭茹茹墓誌	753	韓舒及妻婁氏墓誌	2585
霍還墓誌	2448	鞠彥雲墓誌	378	韓貴和墓誌	1787
靜證法師塔銘	2021	鞠基墓誌	1076	韓買妻李清仁墓誌	935
鮑氏(宮人)墓誌	2533	鞠遵及妻董氏墓誌	2235	韓楷墓誌	僞163
鮑氏(□元及妻)墓誌	2203	韓木蘭墓誌	1446	韓裔墓誌	1152
鮑必墓誌	554	韓氏(元君妻)墓誌	僞62	韓賄妻高氏墓誌	411
		韓氏(宇文永妻)墓誌	262	韓輔墓誌	2164
		韓氏(梁衍及妻)墓誌幷枕銘	1943	韓擒虎母□氏墓誌	2654

17畫

戴 檀 矯 謝 輿 鞠 韓 鮮

		韓氏(麴慶妻)墓誌	2087	韓樂妃墓誌	1352
戴氏(石育及妻)墓誌	675	韓玄墓誌	309	韓震墓誌	616
戴氏(楊璨及妻)墓誌	1247	韓君(太尉)墓誌	1619	韓暨及妻王氏墓誌	2438
戴弘墓誌	2312	韓受洛拔妻邢合姜墓誌碑	24	韓興宗妻輿氏墓誌	238
戴仲和墓誌	1188	韓叔鷥墓誌	2515	韓寶暉墓誌	1307
戴希廉墓誌	2649	韓弩眞妻王億變墓誌碑	8	韓顯宗墓誌碑	76
戴雙受墓誌	218	韓法容(崔令珍妻)墓誌	1623	韓顯度墓誌	748
戴□福母墓誌	245	韓玫墓誌	397	韓□叔墓誌	2049
檀女阿雌墓誌	1658	韓虎墓誌	僞117	鮮于仲兒(丘哲妻)墓誌	463
檀賓墓誌	417	韓彥墓誌	778	鮮于高頭墓誌	僞90
矯軍妻王氏墓誌	1687	韓恒貴墓誌	2085		
矯貴榮墓誌	1148	韓祖念墓誌	1181		

18 畫
禮 顏 魏

禮氏(張濤妻)墓誌	2406
禮氏(趙通及妻)墓誌	僞 236
顏氏(周瑞及妻)墓誌	2454
顏玉光(高洋妻)墓誌	1312
顏通墓誌	僞 238
顏遷墓誌	僞 83
魏氏(李道慶妻)墓誌	1876
魏氏(宮人)墓誌	2409
魏氏(董琳及妻)墓誌	1846
魏氏(虞弘妻)墓誌	2094
魏世儁妻車延暉墓誌	994
魏仲姿(王椿妻)墓誌	776
魏昇及妻牛玉墓誌	2233
魏乾墓誌	2252
魏黃三墓誌	910
魏僧昂墓誌	1651
魏榮宗墓誌	1510
魏演墓誌	1602
魏徹墓誌	僞 107
魏薩(裴子休妻)墓誌	2264
魏蘭根碑	802
魏懿墓誌	1286

19 畫
羅 蘇 蘭 蘭 譚 邊 關 韻 麴 龐

羅士裕墓誌	982
羅氏(長孫君妻)墓誌	僞 199
羅氏(長孫瑕妻)墓誌	1450
羅氏(張禮及妻)墓誌	1891
羅氏(楊儉妻)墓誌	1406
羅宗墓誌	293
羅宗妻陸葖藜墓誌	603
羅家娣訾要墓誌	831
羅暎及妻各氏墓誌碑	1774
羅達墓誌	2051
羅靖墓誌	2198
蘇屯墓誌	493
蘇氏(王清及妻)墓誌	2255
蘇氏(范高及妻)墓誌	2359
蘇金封墓誌	2331
蘇阿女(卓吳仁妻)墓誌	267
蘇威妻宇文氏墓誌	2612
蘇恒(張冏妻)墓誌	2455
蘇洪姿(唐該及妻)墓誌	2545
蘇貫針(畢小妻)墓誌	70
蘇景妻何晴墓誌	707
蘇統師墓誌	2313
蘇順及妻蓬氏墓誌	2308
蘇慈墓誌	2183
蘇標墓誌	111
蘇綗(張海欽妻)墓誌	907
蘇嶷墓誌	1989
蘭幼標及妻賀氏墓誌	240
蘭多妻喬花墓誌	984
蘭將(元彥妻)墓誌	565
蘭勝蠻墓誌	2068
蘭君妻史郎郎墓誌	809
蘭義及妻姬氏墓誌	2459
譚棻墓誌	僞 113
譚巍墓誌	2390
邊晨墓誌	1960
關氏(謝岳及妻)墓誌	2035
關明墓誌	1905
關勝墓碑	897
韻智孫(顏智孫)墓誌	2028
麴氏(元壽妻)墓誌	129
麴氏(劉悅及妻)墓誌	936
麴君妻張氏墓誌	913
麴神墓誌	912
麴慶墓誌	1933
麴慶妻韓氏墓誌	2087
龐氏(□弘越及妻)墓誌	2302
龐立墓誌	2564
龐畏孃(麻君妻)墓誌	2444

20 畫
嚴 寶 寶 纂 蘧 釋

嚴元貴墓誌	2550
嚴君墓誌	2656
嚴詮墓誌	920
嚴德虹墓誌	53
嚴震墓誌	僞 57
寶登塔銘	1870
寶氏(侯莫陳君妻)墓誌	1473
寶奉高墓誌	1131
寶宗墓誌	2647
寶彥墓誌	2603
寶泰墓誌	969

寶泰妻婁黑女墓誌	970	□巴□墓誌	429	□君(臨安令)墓誌	2639
寶興洛墓誌	1037	□氏(王駒及妻)墓誌	1632	□君(□州刺史)墓誌	2136
寶儼墓誌	2601	□氏(史小磁妻)墓誌	39	□君及妻賈氏墓誌	2336
纂息奴子墓誌	1009	□氏(李定世妻)墓誌	1731	□君妻江妙養墓誌	995
蓬氏(蘇順及妻)墓誌	2308	□氏(宮人)墓誌	2629	□君妻孟蕭姜墓誌	911
釋法洪銘贊	1111	□氏(破多羅母)墓誌	3	□和墓誌	1877
釋脩梵墓誌	2037	□氏(董子達妻)墓誌	2322	□季和墓誌	1147
釋童眞墓誌	2510	□氏(馮子思妻)墓誌	703	□忝墓誌	1283
釋僧芝墓誌	214	□氏(楊祥妻)墓誌	946	□昌墓誌	1282
		□氏(韓擒虎母)墓誌	2654	□洛(薛洛)墓誌	1107
21 畫		□弘墓誌	957	□珍墓誌	1028
權 顧		□弘越及妻龐氏墓誌	2302	□盆墓誌碑	1893
權白女(宇文泰妻)墓誌	1484	□伏買墓誌	1169	□相墓誌	2182
顧桃墓誌	2079	□光墓誌	1859	□約墓誌	1462
		□好(□買妻)墓誌	993	□孫墓誌	669
23 畫		□伋昂墓誌	2587	□敏(□懷文)墓誌	2644
顯		□伯超墓誌	僞63	□馬頭墓誌	1162
顯略法師墓誌	1360	□君墓誌	343	□爽墓誌	2301
		□君墓誌	874	□猛墓誌	1919
24 畫		□君墓誌	1321	□脩墓誌	918
靈		□君墓誌	1929	□善墓誌	2240
靈辨墓誌	1004	□君墓誌	1940	□敬及妻董氏墓誌	2013
		□君墓誌	2097	□敬妃(王立周妻)墓誌	762
姓不詳		□君墓誌	2195	□琮昇墓誌	2173
□大墓誌	2453	□君墓誌	2638	□買墓誌	992
□子建墓誌	1857	□君墓誌	2640	□買妻□好墓誌	993
□子監墓誌	1817	□君墓誌	僞208	□道仁墓誌	614
□子輝墓誌碑	1020	□君(伏波將軍)墓誌碑	1816	□道明墓誌	928
□元及妻崔氏鮑氏墓誌	2203	□君(秦州刺史)墓誌	42	□道貴墓誌	1221
□太妃(赫連君妻)墓誌	759	□君(淮陽王)墓誌	2658	□睦墓誌	2408

— 583 —

□遇(長孫遇)碑	1650
□寧墓誌	187
□榮墓誌	1579
□榮期墓誌	2234
□稱及妻劉氏墓誌	2293
□韶墓誌	僞189
□墮(陸墮)及妻趙氏墓誌	2445
□徹墓誌	2093
□徹(突厥人)墓誌	2588
□德墓誌	2570
□憘墓誌	1252
□質(龍山公)墓誌碑	2120
□遵墓誌	1820
□遷墓誌	1988
□鍾葵墓誌	2475
□禮及妻司馬氏墓誌	2356
□顗墓誌	1551
□□王□墓誌蓋	1671
□□法師墓誌	2651

殘墓誌

殘墓誌	147
殘墓誌	1275
殘墓誌	1615
殘墓誌	僞201
殘墓誌(大將軍)	757
殘墓誌(平西將軍兗州刺史)	1682
殘墓誌(平等寺道人等字)	155
殘墓誌(安語等字)	1618
殘墓誌(雍州京兆人)	52

殘墓誌蓋	1641
殘碑(才冠冕北士高等字)	1616
殘碑(獻文之孫等字)	1617

— 584 —

引用文獻略號索引

2畫

丁 九 二 刁

丁宏武等 2022	K1834
九朝	J256
二四品	J90
刁淑琴等 2008	K734
刁淑琴等 2011	K855

3畫

三 上 于 千 土 大 小 山 弓

三八種	J74
三門峽文物考古所 2009	K790
三秦瑰寶	J76
三階史	J210
上海天津	C2
上黨中古	J314
于正安 2011	K851
于立松等 2022	K1861
于芹 2016	K1352
于芹 2022	K1842
于唯德等 2018	K1479
千唐目	A1
千唐全集	J372
千唐壹	C2
千唐藏誌	J15
土屋聰 2014	K1182
大司馬墓	J242
大全永濟	J172
大全沁源	J172
大全汾陽	J172
大全迎澤	J172
大全武鄉	J172
大全長子	J172
大全長治	J172
大全侯馬	J172
大全南郊	J172
大全朔城	J172
大全高平	J172
大全壺關	J172
大全新絳	J172
大全榆次	J172
大全壽陽	J172
大全黎城	J172
大全襄汾	J172
大全襄垣	J172
大全臨猗	J172
大全懷仁	J172
大全鹽湖	J172
大同市考古研究所 2006a	K607
大同市考古研究所 2006b	K608
大同市考古研究所 2006c	K609
大同市考古研究所 2011	K920
大同市考古研究所 2014	K1116
大同市考古研究所 2015	K1183
大同市考古研究所 2019	K1581
大同市考古研究所 2021	K1754
大同市考古研究所 2022	K1818
大同市博物館 1989	K179
大知聖子 2021	K1745
大倉	J40
大興報告	J336
大鹽重義 1985	K149
小田義久 1969	K60
小營	J297
山下將司 2003	K439
山下將司 2004	K486
山下將司 2011	K938
山下將司 2014	K1155
山下將司 2020	K1645
山本光朗 1999	K322
山西	D2
山西北朝	J335
山西古蹟	J3
山西省大同市博物館等 1972	K63
山西省文物管理委員會 1965	K54
山西省考古研究所 2004	K477
山西省考古研究所等 1983	K119
山西省考古研究所等 1992	K213
山西省考古研究所等 2001a	K360
山西省考古研究所等 2001b	K378
山西省考古研究所等 2003	K452
山西省考古研究所等 2006a	K577
山西省考古研究所等 2006b	K603
山西省考古研究所等 2014	K1145
山西省考古研究所等 2015a	K1253
山西省考古研究所等 2015b	K1254
山西省考古研究院 2021	K1725
山西省考古研究院等 2020	K1701

山西省考古研究院等 2023	K1901	元氏錄	J193	毛遠明 2002	K422
山西省博物館等 1992	K216	元祉墓	J287	毛遠明 2004	K479
山西档案	J308	太原市文物考古研究所 2003a	K440	毛遠明 2006	K584
山西概覽	J149	太原市文物考古研究所 2003b	K441	毛遠明 2008	K723
山西碑碣	J53	太原市文物考古研究所 2003c	K442	水調工程	J219
山西藝博	J267	太原市文物考古研究所 2019	K1615	牛氏	J294
山東分類	J211	天水文史	J87	牛紅廣 2014	K1120
山東石刻藝術博物館等 2006	K616	天水輯校	J286	牛雪倩 2021	K1761
山東志	J52	天津博	J221	牛敬飛 2014	K1123
山東省文物考古研究所 1984	K127	天書地字	J140	牛敬飛 2015	K1224
山東省文物考古研究所 2002	K403	孔德銘 2008	K728	王一鑫 2023	K1992
山東省博物館 1981	K104	孔德銘 2015	K1219	王丁 2011	K900
山東省博物館文物組 1978	K87	孔德銘等 2021	K1719	王丁 2012	K988
山東書全	J356	少林寺	J120	王丁 2019	K1631
山東碑造	J91	尹波濤 2013	K1081	王力春 2011	K906
山東摩崖	J150	戶縣碑刻	J121	王力春 2012	K972
山東選粹	J48	文字墨影	J376	王大良 1992a	K205
山陽	J115	文革期	J9	王大良 1992b	K214
弓野隆之 1983	K123	文庫	A12	王化昆等 2015	K1184
		文館詞林 a	J80	王太明 2000	K354
		文館詞林 b	J80	王太明等 1993	K229
		方高峰 2006	K588	王天麻 1992a	K211
		日比野丈夫 1977	K80	王天麻 1992b	K212
		日本	A22	王天麻 1993	K220
		木島史雄 2006	K576	王文婷等 2022	K1846
		毛永娟 2012	K949	王木鐸 2001	K368
		毛志剛 2012	K941	王去非等 2002	K423
		毛健 2014	K1148	王永平 2022	K1860
		毛陽光 2002	K429	王玉山 1963	K48
		毛陽光 2011	K916	王玉來 2009	K792

4畫

中 五 井 介 仇 元 太 天 孔 少 尹 戶 文 方 日 木 毛 水 牛 王

中央館	A3
五十年	J250
井上直樹 2001	K362
井上直樹 2013	K1033
介休	J309
仇鹿鳴 2008	K686
仇鹿鳴 2016	K1308

王玉來 2021	K1775	王其禕等 2008b	K704	王亮等 2016	K1303
王玉清 2018	K1483	王其禕等 2011a	K923	王則 2000	K341
王立巧 2017	K1448	王其禕等 2011b	K934	王則 2004	K487
王立斌等 2002	K406	王其禕等 2012a	K948	王則等 1999	K334
王江 2018	K1514	王其禕等 2012b	K966	王建浩等 1966	K58
王江 2021	K1741	王其禕等 2013a	K1064	王建城 2009	K746
王克林 1979	K92	王其禕等 2013b	K1085	王珊 2008	K711
王壯弘 1984	K130	王其禕等 2013c	K1089	王倩倩 2016	K1307
王壯弘 1995	K260	王其禕等 2013d	K1090	王原茵 2000	K350
王志斌等 1997	K296	王其禕等 2014a	K1103	王原茵 2002	K427
王沛 2018	K1473	王其禕等 2014b	K1161	王哲 2016	K1362
王沛等 2016	K1282	王其禕等 2015	K1261	王振國 2002	K404
王亞芳 2013	K1030	王其禕等 2016	K1342	王敏之 1984	K133
王京陽 2004	K502	王其禕等 2017	K1447	王書欽 2013	K1087
王京陽等 2005	K554	王其禕等 2018a	K1482	王書欽 2016	K1361
王佳月 2015	K1263	王其禕等 2018b	K1484	王書欽 2019	K1622
王其禕 2001	K382	王其禕等 2018c	K1530	王書欽 2020	K1679
王其禕 2004a	K484	王其禕等 2020a	K1708	王書欽 2021	K1811
王其禕 2004b	K504	王其禕等 2020b	K1712	王書欽 2022	K1892
王其禕 2012	K1011	王其禕等 2021a	K1789	王書欽 2023	K1991
王其禕 2015	K1186	王其禕等 2021b	K1816	王書欽等 2018a	K1489
王其禕 2016a	K1354	王其禕等 2022	K1896	王書欽等 2018b	K1532
王其禕 2016b	K1359	王昕 1998	K319	王素 2002	K414
王其禕 2017	K1381	王昕 2003	K456	王素 2006	K591
王其禕 2020	K1711	王河松 2002	K402	王素 2014	K1133
王其禕 2021	K1740	王治等 2023	K2000	王素 2018	K1512
王其禕等 2005a	K539	王金科 1996a	K269	王華山 2006	K606
王其禕等 2005b	K557	王金科 1996b	K273	王華山 2008	K673
王其禕等 2007	K664	王金科等 1987	K164	王連龍 2009	K771
王其禕等 2008a	K676	王金爐 1995	K256	王連龍 2010a	K835

王連龍 2010b	K836	王萌 2023a	K1911	王靜 2023a	K1929
王連龍 2011a	K884	王萌 2023b	K2003	王靜 2023b	K1999
王連龍 2011b	K885	王萌等 2017	K1375	王藝然 2023	K1926
王連龍 2011c	K886	王萌等 2019	K1546	王雙慶 2020	K1716
王連龍 2011d	K887	王萌等 2022	K1899	王懷宥等 2018	K1472
王連龍 2011e	K888	王雪迪 2013	K1088	王麗華 2003	K446
王連龍 2012a	K993	王雪玲 2001	K372	王艷琪等 2023	K1912
王連龍 2012b	K1004	王敬 2021	K1742		
王連龍 2014a	K1102	王琨 2017	K1421	**5 畫**	
王連龍 2014b	K1165	王夢筆 2016	K1295	丘 他 代 北 可 古 史 司 四 平 打 民 永 甘 田 申 白 目 矢 石 艾	
王連龍 2016a	K1272	王新良 1995	K261		
王連龍 2016b	K1341	王新邦 2007	K635	丘剛 1992	K204
王連龍 2016c	K1356	王義康 2008	K732	丘剛 1994	K245
王連龍等 2018	K1507	王銀田 1989	K180	他維宏 2017	K1424
王連龍等 2021	K1783	王銀田 2010	K816	代尊德 1981	K107
王培峰等 2011	K867	王銀田 2015	K1234	代愛玲 2019	K1616
王婧 2021	K1787	王銀田等 2015	K1247	北大	D2
王強 2021a	K1730	王銘 2009	K793	北大目	A16
王強 2021b	K1770	王銘 2020	K1695	北大拓	J58
王強等 2021	K1753	王慶昱 2020	K1680	北大新拓	J207
王盛婷 2004	K473	王慶衞 2007	K663	北大新續	J310
王盛婷 2005	K549	王慶衞 2008	K717	北山汲古	J253
王盛婷 2006a	K572	王慶衞 2020	K1702	北山集古	J23
王盛婷 2006b	K596	王慶衞等 2005	K559	北石研究班 2011	K902
王紹宇 2019	K1606	王慶衞等 2006	K622	北石研究班 2012	K1020
王菁等 2022	K1895	王慶衞等 2009	K744	北石研究班 2013	K1095
王萌 2017	K1426	王學軍 2021	K1782	北石研究Ⅱ班 2014	K1181
王萌 2020	K1666	王曉眞 2019	K1619	北石研究Ⅱ班 2015	K1264
王萌 2021a	K1809	王興邦 1995	K259	北村一仁 2021	K1744
王萌 2021b	K1810	王靜 2013	K1086	北京遼寧	D2

北京文物	J123	四川	J29	白艷章 2021	K1774
北京市文物研究所 2019	K1625	四川大學考古學系等 2015	K1195	目錄	A1～22
北京市文物研究所 2020	K1644	平田陽一郎 2013	K1024	矢吹三階	J1
北京市文物研究所等 2013	K1023	平田陽一郎 2015	K1185	石少欣等 2012	K960
北京所拓	J105	平田陽一郎 2017	K1376	石見清裕 2016a	K1290
北京房山	J202	平田陽一郎 2019	K1540	石見清裕 2016b	K1291
北京報告	J156	平城書迹	J275	石刻法律	J265
北京壹	C2	打開北朝	J178	石松 2015	K1189
北京精粹	J109	民族姓氏	J35	石家莊革委會文化局 1977	K82
北周珍貴	J36	民間藏誌	J195	石野智大 2014	K1149
北岳廟注	J96	永年志	J350	石學蠡探	J22
北拓精品	J157	永遠北朝	J261	石戰軍 1996	K274
北朝百品	J298	甘肅省文物考古研究所 2019	K1595	艾蓉 2018	K1459
北朝院	J257	田中華 1994	K253		
北朝集存	A21	田中華 1995	K265	**6 畫**	
北窗	J201	田弘墓 a	J68	伊 全 仲 任 吉 吐 字 安 宇	
北圖北京	A9	田弘墓 b	J68	成 曲 朱 江 池 牟 百 米 考	
北圖目	A6	田河 2020	K1659	舟 西 衣 邙	
北圖拓	C1	田熊信之 2006	K566	伊藤滋 2005	K551
北精粹	J344	田熊信之 2007	K658	伊藤滋 2008	K722
北魏棺床	J132	田熊信之 2008	K674	伊藤誠浩 2007	K651
可憑	H2	田熊信之 2009	K741	全	E1
古兵 1988	K173	田熊信之 2010	K807	全文	E1
古花開 2013	K1073	田熊敬之 2020	K1671	全集北魏	J323
古順芳等 2022	K1862	田熊敬之 2021	K1773	仲威 2012	K978
史君墓	J224	田韶品 2009	K789	仲威 2014a	K1111
史智民等 1998	K314	田餘慶 2008	K677	仲威 2014b	K1121
史語所	A5	申文喜 2018	K1524	仲威 2014c	K1137
司曉潔 2018	K1466	白水碑刻	J357	仲威 2014d	K1153
四十年	A8	白艷章 2016	K1312	仲威 2014e	K1158
				仲威 2014f	K1167

仲威 2014g	K1170	安陽縣文教局 1973a	K65	江如昊 2021	K1756
仲威 2014h	K1179	安陽縣文教局 1973b	K68	江敏 2020	K1649
任乃宏 2018	K1461	安陽縣文教衛生管理站 1972	K62	江嵐 2007	K637
任乃宏 2023	K1962	安瑞軍等 2018	K1502	江德珠 1998	K309
任乃宏等 2013	K1084	安磊 2014	K1131	江蘇山東	D2
任小行 2012	K950	安徽省文物考古所等 2022	K1852	池田恭哉 2017	K1390
任丘	J208	安徽省展覽等 1976	K76	池田温 1961	K43
任平等 2003	K454	安徽省博物館 1988	K170	池田温 1981	K109
任昉 2001	K386	安豐	J192	牟發松 2001	K385
任軍偉 2010	K805	宇文猛墓	J231	牟發松 2015	K1262
任喜來 2008	K727	成都墓文	J206	牟發松 2016	K1305
吉川忠夫 1998	K312	曲周志	J55	牟發松等 2006	K592
吉田豐 2005	K563	曲柄睿 2014	K1108	百種	J20
吉田豐 2011	K937	曲陽北岳	J69	米士誠 1993	K235
吉篤學 2021	K1737	朱子方等 1986	K150	考古故事	J269
吐谷渾錄	J32	朱文浩 2021	K1721	考古研究所安陽發掘隊 1959	K40
吐谷渾錄增	J32	朱安 2017	K1423	考古研究所陝西隊 1955	K19
吐魯番	J340	朱岩石等 2007	K641	舟子 1989	K177
字里集粹	J272	朱明歧 2020	K1653	西北	J70
字里賞讀	J305	朱振宏 2012	K1014	西北大文化遺產學院等 2018	K1503
安丘	J122	朱振宏 2015	K1198	西市	J203
安丘縣博物館 1992	K202	朱梁梓 2016	K1364	西本三階	J57
安伽墓	J102	朱紹侯 2002	K401	西民大拓	J159
安育 2020	K1715	朱萬章 2001	K383	西石續	J65
安建峰 2014	K1128	朱萬章 2004	K476	西交大博	J213
安陽文物考古所等 2023	K1947	朱滸 2012	K940	西安文物保護考古院 2015	K1212
安陽市博物館 1986	K154	朱關田 2002	K408	西安文物保護考古院 2018	K1454
安陽集萃	J118	朱艷桐 2017	K1374	西安文物保護考古院 2020a	K1635
安陽墓葬	J214	朱艷桐 2019	K1624	西安文物保護考古院 2020b	K1688
安陽選編	J248	江山 2014	K1151	西安文物保護考古院 2022	K1826

西安文物保護考古院等 2019	K1542	何碧琪 2015a	K1237	吳寅寅 2014	K1177
西安文物保護考古院等 2023	K1934	何碧琪 2015b	K1238	吳曼玉等 2018	K1509
西安市文物保護考古所 2005	K515	何毓靈等 2018	K1455	吳超 2015	K1245
西安市文物保護考古所 2008	K699	何德章 1996	K278	吳業恒 2017	K1438
西安市文物保護考古所 2009	K758	何德章 2000	K340	吳慶等 2022	K1859
西安市文物保護考古所 2011	K873	何德章 2003	K460	吳磬軍 2004	K464
西安市文物管理處 1991	K196	何慧芳等 2022	K1887	吳磬軍等 2005	K518
西安郊墓	J8	何鑫 2023	K1987	吳蘭蘭 2012	K971
西安新獲	J255	佐川英治 2012	K975	吳繼剛 2013	K1055
西岳廟	J183	佐川英治 2015	K1205	呂一飛 1986	K153
西南	B4	佐伯眞也 1998	K306	呂文明 2012	K968
西南滙釋	J326	佐伯眞也 1999	K325	呂冬梅等 2002	K416
衣雪峰 2016	K1299	佐藤智水 2007	K659	呂宏偉 2017	K1386
邱洛	J113	佐藤智水 2012	K1022	呂宏偉 2018	K1465
		佛石百品	J161	呂宏偉 2021	K1768
7 畫		佛造天水	J302	呂卓民 2009	K797
佚 何 佐 佛 余 吳 呂 宋 岑 扶 杞 杉 束 杜 李 汪 沁 沈 汾 社 肖 谷 豆 辛 近 邢 阮		佛教金石	J295	呂冠軍 2018	K1499
		余太山 2002	K418	呂偉濤 2021	K1723
佚名 2006	K571	余宣蓉 2019	K1565	呂偉濤 2023	K1979
何山 2009	K769	余國江 2019	K1576	呂蒙 2011	K876
何山 2013	K1082	吳占良 2004	K474	呂蒙 2017	K1377
何山 2017	K1416	吳正浩等 2023	K1916	呂蒙等 2009	K743
何山 2019	K1568	吳江等 2013	K1048	呂蒙等 2017	K1401
何山 2020	K1662	吳志浩 2015	K1217	呂樹芝 1984	K131
何山 2021	K1765	吳建華 2001	K377	宋平 2017	K1431
何山等 2010	K844	吳建華 2008	K698	宋伯胤 1958	K29
何汝泉 2002	K400	吳洪琳 2015	K1197	宋志強 2021	K1777
何俊芳 2011	K853	吳洪琳 2019	K1580	宋志強等 2023	K1952
何俊芳 2016	K1277	吳洪琳等 2023	K1915	宋英等 2002	K425
何漢儒 2008	K701	吳建華 2011	K896	宋凱 2016	K1336

宋婷 2015	K1204	李氏墓	J353	李春風 1996	K272
宋愛平 2017	K1373	李世忠 2023	K1924	李春敏 1996	K267
宋愛平等 2019	K1598	李玉鳳 2000	K347	李秋展等 2021	K1817
宋慧傑 2010	K839	李孝正 2021	K1786	李紅 2011	K901
宋燕鵬 2007	K666	李志傑 2004	K501	李紅 2012	K989
宋燕鵬等 2008	K709	李宗俊 2014	K1125	李紅 2016	K1348
宋燕鵬等 2009	K780	李宗俊 2018	K1490	李紅等 2011	K907
宋馨 2012	K987	李宗俊 2019	K1537	李紅霞等 2016	K1286
宋艷陽 2022	K1889	李宗俊 2021a	K1732	李風暴 2010	K825
岑仲勉 1936	K6	李宗俊 2021b	K1734	李倬汶等 2014	K1157
岑仲勉 1939	K8	李宗俊 2021c	K1780	李哲 2017	K1388
岑仲勉 1945	K13	李宗俊 2022	K1833	李海峰 2017	K1449
岑仲勉 1981	K108	李宗俊等 2022	K1827	李海菊等 2014	K1132
扶溝	J200	李忠魁 2019	K1584	李海葉 2008	K735
杞芳堂	J225	李忠魁 2022	K1865	李海葉 2009	K759
杉村邦彥 1983	K122	李松 2010	K826	李浩 2016	K1339
束莉 2013	K1091	李松儒 2011	K931	李浩 2020	K1698
杜玉冰等 1984	K137	李林娜 1993	K238	李浩 2023	K1903
杜彤華等 1998	K305	李迪 2017	K1434	李航 2020	K1664
杜葆仁等 1984	K135	李阿能等 2016	K1285	李域錚等 1984	K136
杜鎮 2015	K1196	李俊卿 2003	K455	李梅田 2011	K921
杜鎮 2018	K1504	李建平等 2013	K1075	李淑琴 2018	K1516
杜鎮等 2019	K1574	李建廷 2010	K840	李偉科 1997	K288
杜鵑花等 2022	K1890	李建廷 2013	K1060	李婷 2017	K1380
李子春等 1993	K228	李建斌等 2018	K1495	李朝陽 1997	K292
李子春等 1998	K318	李建棟 2020	K1703	李朝陽 2012	K1009
李不殊 2011	K933	李建麗 2001	K370	李森 2004	K495
李文才 2007	K653	李建麗等 1991	K198	李森 2008	K670
李文才等 2008	K695	李恒光 2008	K729	李森 2009	K765
李文婷 2020	K1660	李春林 2015	K1228	李森 2010a	K829

李森 2010b	K846	李曉東 2023	K1956	社科院河北工作隊等 2011	K863
李森 2016	K1279	李薛妃 2015	K1235	社科院河南二隊 1991	K199
李森等 2001	K393	李檣 2012	K999	肖容艷 2019	K1620
李欽善 2012a	K977	李舉綱 1999	K330	谷川道雄 1975	K74
李欽善 2012b	K991	李舉綱等 2005	K526	谷國偉 2013a	K1046
李欽善 2013	K1092	李舉綱等 2008	K714	谷國偉 2013b	K1065
李森 2015	K1201	李舉綱等 2011	K881	谷國偉 2013c	K1078
李發 2008	K702	李鴻賓 2010	K831	谷圓園等 2021	K1799
李皓 2018	K1535	李鴻賓 2013	K1039	豆盧恩墓	J385
李皓 2021	K1736	李鵬爲 2017	K1427	辛德勇 2012	K983
李皓等 2021	K1722	李寶軍 2020	K1678	近新	J151
李裕群 2022	K1819	李獻奇 1994	K250	邢州萃編	J390
李達通 2007	K644	李獻奇等 1996a	K275	邢福來等 2001	K369
李開嶺等 1987	K165	李獻奇等 1996b	K276	邢鵬 2015	K1206
李開嶺等 2000	K348	李獻奇等 2001	K371	阮新正 2006	K578
李陽 1994	K252	汪兆鏞 1942a	K9		
李愛國 2003	K453	汪兆鏞 1942b	K10	**8 畫**	
李煜東 2019	K1621	汪兆鏞 1942c	K11	券 刻 卓 呼 周 固 孟 宗 尚 岳 岩 岡 岱 房 明 松 東 林 武 河 法 牧 羌 英 范 邸 邱 邵 金 長 阿 青	
李煜東 2023a	K1945	汪受寬 2001	K394		
李煜東 2023b	K1958	沁陽	J300	券研	J229
李煜東 2023c	K1989	沈浩 2000	K358	券輯	J338
李嘉妍 2022	K1823	沈浩 2002	K431	刻石珍拓	J361
李嘎 2007	K625	沈國光 2022	K1858	刻石精粹	J216
李榮輝 2021	K1731	沈淑玲等 1997	K290	卓鴻澤 2009	K770
李蜜 2014	K1101	沈博慶 2009	K752	呼琳貴 2003	K457
李鳳艷 2018	K1471	汾陽書法	J180	呼嘯 2022	K1821
李磊 2005	K532	社科院安陽工作隊 1981	K106	周加申等 2005	K528
李學文 1990	K188	社科院河北工作隊 2007	K662	周北南等 2014	K1135
李憑 2009	K756	社科院河北工作隊 2015a	K1226	周永研 2021	K1784
李憑 2010	K814	社科院河北工作隊 2015b	K1256	周永研等 2020	K1717

周玉茹 2016	K1301	周偉洲 2013b	K1049	周曉薇等 2011c	K928
周玉峰 1997	K298	周偉洲 2016a	K1316	周曉薇等 2012a	K970
周舟 2020	K1683	周偉洲 2016b	K1366	周曉薇等 2012b	K1001
周舟 2021	K1738	周偉洲 2016c	K1367	周曉薇等 2012c	K1002
周佩妮 2011	K899	周偉洲 2018	K1525	周曉薇等 2012d	K1003
周到 1956	K24	周偉洲 2019	K1597	周曉薇等 2013	K1037
周到 1964	K51	周偉洲 2020	K1647	周曉薇等 2014a	K1097
周宗旭等 2023	K1983	周偉洲等 2000	K342	周曉薇等 2014b	K1144
周沫如 2022	K1881	周補	E2	周曉薇等 2014c	K1150
周沫如等 2021a	K1767	周陽 2016	K1357	周曉薇等 2015	K1248
周沫如等 2021b	K1790	周陽 2017	K1415	周曉薇等 2016	K1344
周阿根 2007	K634	周陽 2019	K1614	周曉薇等 2017a	K1389
周阿根 2016a	K1323	周陽等 2016	K1350	周曉薇等 2017b	K1432
周阿根 2016b	K1370	周鼎 2018	K1528	周曉薇等 2018	K1478
周阿根 2017	K1433	周慧敏 2013	K1027	周曉薇等 2019	K1561
周阿根 2018	K1527	周曉薇 2003	K459	周曉薇等 2020a	K1650
周阿根 2019	K1603	周曉薇 2005	K553	周曉薇等 2020b	K1694
周阿根 2021	K1772	周曉薇 2008	K726	周曉薇等 2021	K1776
周阿根等 2019	K1567	周曉薇 2017	K1382	周曉薇等 2023	K1922
周阿根等 2021	K1763	周曉薇 2018a	K1474	周繁文 2012	K945
周春曉 2017	K1394	周曉薇 2018b	K1491	周錚 1987	K162
周桂香等 1997	K302	周曉薇 2018c	K1533	周錚 1991	K195
周能俊 2014	K1106	周曉薇 2019a	K1538	周錚 1992	K206
周能俊 2015	K1200	周曉薇 2019b	K1543	周錚 1993	K223
周郢 1997	K295	周曉薇 2023a	K1993	周錚 1994a	K243
周郢 2001	K375	周曉薇 2023b	K2001	周錚 1994b	K254
周偉洲 1978	K86	周曉薇 2023c	K2005	周錚 1997	K300
周偉洲 1985	K141	周曉薇等 2008	K683	周錚 2000a	K338
周偉洲 2004	K461	周曉薇等 2011a	K866	周錚 2000b	K345
周偉洲 2013a	K1025	周曉薇等 2011b	K897	周錚 2002a	K410

周錚 2002b	K430	松下憲一 2014	K1127	河東碑刻	J227
周雙林 2023	K2004	東北古史	J26	河東錄	J39
固原文物	J114	東平碑文	J166	河南	D2
固原隋唐	J47	東賢司 2003	K445	河南古代建築保護所 1992	K201
固原新區	J359	東賢司 2005	K520	河南省文化局 1959	K35
固原漢唐	J167	東賢司 2006	K575	河南省文化局 1966	K57
固原選編	J171	林辛勤 2016	K1296	河南省文物考古研究所 2009	K763
孟凡港 2020	K1652	林梅村 2002	K397	河南省文物考古院等 2022	K1851
孟丹 2021	K1803	林聖智 2005	K519	河南省文物研究所 1987	K158
孟州文物	J110	武亨偉 2020	K1651	河南省文物管理局等 2010	K832
孟昭林 1959a	K34	武伯綸 1963	K47	河南省文物管理局等 2011	K874
孟昭林 1959b	K36	武俊華 2023	K1902	河南省博物館 1972	K61
孟縣人民文化館 1983	K114	武威志	J339	河南貳	C2
宗成振 2010	K811	武威錄	J79	河南壹	C2
宗鳴安 2008	K692	武夏 2022	K1866	河南散存	J321
尚振明 1980	K100	河北	D2	河間	J152
尚振明 1981	K110	河北正定文物保管所 1986	K151	法全北誌	J42
尚珩等 2019	K1596	河北正定縣定武山房 2003	K434	法全隋誌	J42
尚磊明 2014	K1100	河北省文物考古研究院 2023	K1936	牧野名碑	J341
岳紅記等 2020	K1706	河北省文物研究所 1990	K189	羌族	J271
岳紹輝 2000	K349	河北省文物研究所 2001	K366	英華	J21
岳維宗 1999	K326	河北省文物管理委員會 1959a	K32	范兆飛 2019	K1555
岳鋒等 2022	K1847	河北省文物管理委員會 1959b	K37	范兆飛 2020	K1656
岩本篤志 2005	K550	河北省文管處 1979	K88	范兆飛 2021	K1748
岡崎敬 1960	K42	河北省博物館文管處 1972	K64	邯鄲市文物保管所 1987	K160
岱廟碑刻	J249	河北省博物館等 1973	K70	邯鄲石刻	J296
房山志六	J362	河北壹	C2	邯鄲校釋	J291
房山墓誌	J136	河北錄	J38	邯鄲碑刻	J88
明建 2010	K849	河州	J348	邱光華 2008	K736
明海 2006	K605	河西墓文	J327	邱光華 2009	K778

邱光華 2010	K841	侯養民等 2000	K357	拜根興 2019	K1539
邱亮等 2016	K1349	侯鴻鈞 1957	K25	持志等 2014	K1119
邱亮等 2017	K1425	侯馨 2018	K1453	持志齋拓	J345
邵氏	J251	保定碑	J85	拾零	J142
邵秀梅等 2019	K1577	保定誌	J98	故宮珍品	J162
邵郁 2014	K1134	俞偉超 1956	K22	故宮彙編	J175
邵磊 2004	K475	冠麟等 1998	K310	施安昌 1997	K287
邵磊 2007	K642	前島佳孝 2005	K537	施安昌 1998	K311
金石爲開	J278	前島佳孝 2007	K648	星空	J215
金石錄	J126	前島佳孝 2014	K1164	柯亞莉 2018	K1458
金石證史	J304	南水北調考古工作隊 2006	K601	柔然錄	J6
金傳道 2014	K1175	南澤 2020	K1676	柏進波等 2021	K1727
金溪 2021	K1800	南澤 2022	K1829	柏鄉	J209
長安城墓	J12	南麗江 2022	K1822	柳氏	J368
長安新誌	J184	咸陽市文物考古研究所 2006	K602	段朋飛 2017	K1412
長安碑刻	J230	咸陽市文管會等 1987	K168	段彬等 2020	K1714
長治萃編	J137	咸陽市渭城區文管會 1993	K233	段毅 2015	K1260
阿英 1965	K55	咸陽碑石	J28	段毅 2023	K1990
青州博	J107	咸陽碑刻	J101	段銳超 2017	K1405
青社齋	J176	姜波 2002	K417	段銳超 2018a	K1467
		姜寧 2022	K1875	段銳超 2018b	K1501
9 畫		姜維公 2014	K1138	段銳超 2018c	K1505
侯保俞冠前南咸姜姚		姚立偉 2015	K1218	段銳超 2019	K1549
室幽廼彥拜持拾故施		姚雙年 1991	K193	段銳超 2021a	K1728
星柯柔柏柳段洛珍皇				段銳超 2021b	K1769
祝禹秋突紀美胡茹退		室山留美子 2006	K573		
郎 重 韋 風		室山留美子 2007	K647	段銳超 2021c	K1779
侯旭東 2008	K733	室山留美子 2010	K842	段銳超 2022	K1867
侯林虎 2011	K854	幽州誌研	J360	段曉莉 2023	K1986
侯紀潤 2004	K503	廼望桑乾	J367	段雙印等 2009	K747
侯紀潤 2008	K703				
侯紀潤 2022	K1894	彥鳴 1979	K95	洛中	J138

洛少	J187	秋山進午 1993	K224	退之 2020	K1641
洛目	A11	突厥集史	J5	退之 2021	K1813
洛絲	J144	紀年墓	J220	退之等 2023	K1980
洛陽	D2	美術院	J334	郎保利等 2003	K448
洛陽市文物工作隊 1991	K197	胡元超 2011	K935	郎保利等 2004	K493
洛陽市文物工作隊 1995	K263	胡文波 2011	K905	重慶	C2
洛陽市文物工作隊 2009	K786	胡永等 2022	K1891	韋氏	J346
洛陽市文物工作隊 2011	K903	胡芳 2023	K1940	韋正 2022	K1868
洛陽市文物考古研究院 2012	K1008	胡姓考	J146	風引薤歌	J277
洛陽市文物考古研究院 2013	K1047	胡明曌 2013	K1051		
洛陽市文物考古研究院 2017	K1422	胡迪軍 2009	K740	**10 畫**	
洛陽市文物考古研究院 2022	K1828	胡海帆 2011	K904	亳 倪 倫 兼 原 唐 夏 孫 宮 容 席 徐 時 晉 桑 氣 殷 泰 海 祥 祕 神 秦 翁 耿 華 莊 袁 連 郝 陝 馬 高	
洛陽市第二文物工作隊 2002	K421	胡海帆 2012	K979		
洛陽民間	J168	胡海帆 2016	K1268	亳縣博物館 1977	K78
洛陽院	J333	胡勝源 2022	K1824	倪水通等 1993	K221
洛陽移民	J373	胡湛 2012	K952	倪潤安 2000	K356
洛陽博物館 1973	K67	胡湛 2016	K1319	倪潤安 2012	K944
洛陽博物館 1974	K72	胡湛 2021	K1757	倪潤安 2013	K1026
洛陽博物館 2007	K660	胡順利 1981	K102	倪潤安 2014	K1130
洛陽新見	J188	胡鴻 2008a	K691	倪潤安 2017	K1445
洛陽精品	J246	胡鴻 2008b	K721	倪潤安 2018	K1488
洛新釋錄	J117	胡鴻 2017	K1414	倫敦中國	J2
洛誌研	J384	胡嚴培 2022	K1879	兼平充明 2007	K649
洛選	J73	胡耀飛 2015	K1187	原田正己 1967	K59
洛續	A15	茹士安等 1955	K20	原州	J60
珍稀百品	J260	退之 2016a	K1297	唐代鄭氏	J320
皇家	J100	退之 2016b	K1345	唐冬冬 1995	K255
祝嘉 1973	K66	退之 2018	K1485	唐冬冬 2021	K1729
祝嘉 1982	K113	退之 2019a	K1579	唐金裕 1959	K39
禹域	J103	退之 2019b	K1612	唐補千唐	J134

唐榮 2008	K707	容軒 2020	K1634	晉目太原	A10
夏名采 1985	K144	席蘭 2020	K1718	晉目長治	A10
夏炎 2021	K1766	徐州博物館 1983	K112	晉目晉中	A10
孫久龍 2019	K1604	徐沖 2008	K720	晉目朔州	A10
孫正軍 2020	K1677	徐沖 2011	K864	晉目運城	A10
孫英林 2006	K597	徐沖 2012	K1019	晉目陽泉	A10
孫建剛 2018	K1460	徐沖 2015	K1191	晉目臨汾	A10
孫啓治 1998	K321	徐沖 2016	K1317	晉刻北朝	J153
孫國平 1980	K101	徐沖 2017	K1446	晉刻隋唐	J153
孫強 2019	K1588	徐伯勇 1994	K246	晉唐裴氏	J67
孫淑芳 2022	K1835	徐志學 2010	K819	晉祠碑碣	J82
孫琪 2022	K1837	徐志學 2012	K973	晉陽北齊	J378
孫福喜 2004	K497	徐志學 2013	K1032	晉陽遺珍	J347
孫繼民等 2006	K620	徐志學 2014	K1105	桑紹華 1986	K152
宮大中 1983	K115	徐炯 2023	K1925	氣賀澤保規 1987	K166
宮大中 1996	K282	徐培華 2022	K1838	殷小波等 2019	K1564
宮大中 2002	K428	徐超 2021	K1791	殷亦玄等 2016	K1330
宮大中 2004a	K468	徐超等 2020	K1697	殷憲 1996	K280
宮大中 2004b	K469	徐筱妍 2016	K1368	殷憲 1998	K307
宮大中 2004c	K470	徐嬋菲 2002	K399	殷憲 1999	K323
宮大中 2004d	K471	徐憲坤 2018	K1475	殷憲 2000	K344
宮大中 2011a	K894	徐錦順 2015	K1242	殷憲 2005	K522
宮大中 2011b	K910	徐錦順 2023	K1978	殷憲 2006a	K589
宮子農等 2017	K1437	徐藝萌 2023a	K1963	殷憲 2006b	K598
宮城正俊 1963	K46	徐藝萌 2023b	K1964	殷憲 2006c	K619
宮萬松 2016	K1280	徐顯秀墓	J245	殷憲 2007	K640
宮萬松等 2011	K917	時地 a	A13	殷憲 2008a	K693
宮萬琳 2004	K472	時地 b	A13	殷憲 2008b	K716
宮萬瑜 2012	K982	晉中選粹	J77	殷憲 2008c	K718
容軒 2015	K1246	晉目大同	A10	殷憲 2009a	K761

殷憲 2009b	K776	秦晉豫續	J241	陝西省考古研究所 2005	K536
殷憲 2009c	K782	秦嶺	A17	陝西省考古研究所等 1997	K289
殷憲 2012a	K946	翁志飛 2021	K1739	陝西省考古研究院 2009a	K766
殷憲 2012b	K947	耿志強等 2013	K1038	陝西省考古研究院 2009b	K781
殷憲 2012c	K961	耿鑫 2019	K1605	陝西省考古研究院 2010a	K810
殷憲 2013	K1072	華山碑石	J44	陝西省考古研究院 2010b	K823
殷憲 2014a	K1109	華建光等 2017	K1403	陝西省考古研究院 2011	K914
殷憲 2014b	K1117	莊輝 2001	K380	陝西省考古研究院 2012	K980
殷憲 2015a	K1233	莊輝 2009	K798	陝西省考古研究院 2015	K1243
殷憲 2015b	K1241	莊學香 2001	K384	陝西省考古研究院 2017	K1406
殷憲 2015c	K1244	袁尚操 1999	K332	陝西省考古研究院 2018	K1519
殷憲 2016a	K1283	袁洋 2022	K1863	陝西省考古研究院 2019	K1572
殷憲 2016b	K1324	袁鵬博等 2020	K1654	陝西省考古研究院 2021	K1793
殷憲 2016c	K1325	連文娟 2021	K1764	陝西省考古研究院 2023	K1984
殷憲 2016d	K1326	郝軍軍 2014	K1173	陝西省考古研究院等 2012	K943
殷憲 2016e	K1327	陝目提要	A19	陝西省考古研究院等 2013	K1062
殷憲 2016f	K1328	陝目集存	A7	陝西省考古研究院等 2019	K1590
殷憲 2016g	K1329	陝西	D2	陝西省考古研究院等 2021	K1794
殷憲等 2011	K922	陝西石藝	J45	陝西省考古研究院隋唐室 2018	K1520
殷憲等 2014	K1159	陝西叁	C2	陝西院	J316
泰山	J37	陝西省文物管理委員會 1955	K21	陝西萃編	J364
海岱石華	J284	陝西省文物管理委員會 1957	K28	陝西貳	C2
祥生 1996	K284	陝西省文物管理委員會 1959	K38	陝西壹	C2
祕境山東	J16	陝西省文物管理委員會 1966	K56	陝西集成	J388
神田喜一郎 1922	K1	陝西省考古研究所 1990	K187	陝西新隋	J289
秦公 1979	K93	陝西省考古研究所 1994	K241	陝西肆	C2
秦州	J328	陝西省考古研究所 2000	K355	陝西精華	J133
秦明智等 1975	K75	陝西省考古研究所 2001a	K359	馬小青 1993	K227
秦晉豫	J197	陝西省考古研究所 2001b	K374	馬永強等 2004	K483
秦晉豫三	J331	陝西省考古研究所 2004	K498	馬玉基 1983	K117

馬立軍 2010	K827	高姓	J319	婁鈺傑 2022b	K1900
馬立軍 2011	K880	高美林 2013	K1029	婁叡墓	J139
馬先登 1994	K242	高峽 1993	K236	崔氏	J375
馬先登 1995	K262	高峽 1996	K285	崔世平 2005	K511
馬向欣 1993	K234	高敏 1991	K190	崔世平 2008	K708
馬志祥等 2022	K1893	高然 2010	K850	崔世平 2009	K757
馬志強 1997	K304	高然 2013	K1061	崔永勝等 2019a	K1599
馬志強 2006	K567	高陽原墓	J389	崔永勝等 2019b	K1627
馬卓婭 2002	K420	高陽原誌	J263	崔芬墓	J95
馬忠理 1988	K172	高歌 2022	K1844	崔冠華 2014	K1162
馬忠理 1991	K194	高維德 1984	K126	崔冠華 2018	K1457
馬明達 1979	K91	高繼習 2019	K1548	崔漢林等 1985	K138
馬明達 1986	K155	高鐵泰等 2015	K1216	崔樹強 2021	K1792
馬振穎 2022	K1831			常一民 1992	K209
馬振穎等 2023a	K1917	**11 畫**		常一民 2006	K593
馬振穎等 2023b	K1944	偃 冨 啓 商 國 堀 婁 崔 常		常明 2003	K444
馬振穎等 2023c	K1974	庚 張 斜 畫 曹 梶 梁 淄 淑 清 淺 涿 涼 凌 盛 章 菁 萊 許 郭 陳 陶 陸 魚 鹿 麥		常美琦 2017	K1420
馬國權 1962	K44	偃師	J112	常彧 2008	K689
馬琳 2015	K1214	偃師市文物旅遊局等 2019	K1617	常麗麗 2023a	K1918
馬愛民 2012	K1018	偃師商城博物館 1993	K225	常麗麗 2023b	K1976
馬瑞 2011	K882	冨谷至 1987	K169	庚集注	J13
馬瑞 2021	K1750	啓功	J325	張乃翥 1994	K249
馬瑞等 2015	K1257	商洛文史	J106	張乃翥 2006	K587
馬銘悦 2021	K1807	國博法帖	J299	張乃翥 2014	K1126
馬曉寧 2019	K1559	國博誌	J276	張乃翥等 1992	K208
馬衡 1977	K81	堀井裕之 2011	K869	張乃翥等 2009	K772
馬寶山 2002	K411	堀井裕之 2012	K958	張子英 1993	K226
馬艷茹 2012	K992	堀井裕之 2014	K1113	張子英 1996	K281
高世華 2002	K419	堀井裕之 2017	K1391	張子英 1999	K335
高平志	J129	婁鈺傑 2022a	K1883	張子英 2007	K661

張小麗等 2016	K1310	張金龍 2019b	K1611	張童心等 2018	K1494
張文彥等 2005	K524	張金龍 2023	K1981	張葳 2019	K1569
張卉 2016	K1300	張金耀 2006	K615	張賀君等 2017	K1413
張平一 1956	K23	張長海 2022	K1870	張超瑾 2018	K1470
張民生等 1997	K299	張勇等 2017	K1435	張雲華 2012	K967
張永強 2006	K565	張建民 2020	K1700	張夢儒 2023	K1969
張永強 2009	K760	張建華 2011	K925	張愛民等 2019	K1573
張永強 2014	K1118	張春 2023	K1932	張新順等 2021	K1781
張永惠 2021	K1796	張耐冬等 2017	K1379	張楨等 2015	K1259
張全民等 2010	K813	張淮智 2014	K1171	張楊力錚 2021	K1795
張全民等 2012	K974	張家川	J307	張肅墓	J4
張全民等 2018	K1496	張海蛟等 2021	K1808	張馳 2019a	K1536
張光明 1987	K159	張海嘯 2001	K381	張馳 2019b	K1563
張存良 2023	K1975	張海嘯 2005	K512	張睿濤 2019	K1566
張安興 2007	K645	張海館 a	J381	張福有等 2005	K527
張利同 2016	K1351	張海館 b	J381	張銘心 2008a	K688
張利亞 1996	K279	張海艷 2015	K1232	張銘心 2008b	K725
張志忠 2006	K611	張崇依 2017	K1396	張德鋒 2020	K1690
張志忠等 2006	K599	張崇依 2021	K1746	張慶捷 2001a	K361
張志亮 2013	K1094	張強 2022	K1836	張慶捷 2001b	K396
張芳 2020	K1705	張強 2023	K1913	張慶捷 2007	K624
張亞芳等 2015	K1215	張彪 2016a	K1322	張慶捷 2009	K785
張京華 2011	K865	張彪 2016b	K1338	張慶捷 2016a	K1304
張季 1957	K26	張彪 2017a	K1410	張慶捷 2016b	K1313
張岩等 1993	K239	張彪 2017b	K1439	張慶捷 2019	K1541
張武軍 2010	K847	張淮智 2016	K1267	張慶捷 2020	K1663
張金龍 2006	K612	張偉藝 2023	K1933	張慶捷 2022	K1820
張金龍 2011	K852	張婷等 2008	K715	張慶捷等 2001	K379
張金龍 2016	K1294	張富春 2023	K1919	張潔 2022	K1886
張金龍 2019a	K1610	張葳 2021	K1751	張學鋒 2014	K1112

張曉崢 2010	K812	梶山智史 2019	K1558	淑德	A18
張曉崢等 2010	K799	梶山智史 2022	K1850	清水	J160
張曉劍 2019	K1560	梁松濤等 2013	K1076	清江博物館 1977	K79
張穎慧 2012	K951	梁勇 1998	K315	清原實門 1983	K121
張穎慧 2022	K1855	梁建邦 1990	K184	淺見直一郎 1990	K185
張穎慧 2023	K1908	梁建波 2015	K1193	淺見直一郎 2007	K668
張蕾 2012	K1000	梁春勝 2011a	K889	淺見直一郎 2017	K1397
張應橋 2016	K1358	梁春勝 2011b	K895	涿州志	J127
張鴻修 1986	K156	梁春勝 2012a	K990	涿州錄	J125
張麗華 2005	K525	梁春勝 2012b	K998	涼州	J370
張馨 2017	K1378	梁春勝 2012c	K1006	淩文超 2010	K802
張顯成等 2018	K1517	梁春勝 2014a	K1146	盛世側影	J258
張靈威 2003	K437	梁春勝 2014b	K1172	盛秦陵等 2004	K500
斛律徹墓	J273	梁春勝 2015a	K1223	章名未 2017	K1440
晝錦堂	J317	梁春勝 2015b	K1227	章紅梅 2007a	K643
曹天信 1960	K41	梁春勝 2016a	K1318	章紅梅 2007b	K646
曹汛 1984	K132	梁春勝 2016b	K1335	章紅梅 2010	K834
曹汛 2011	K875	梁春勝 2017a	K1398	章紅梅 2011a	K883
曹建國 2023	K1948	梁春勝 2017b	K1441	章紅梅 2011b	K908
曹旅寧 2008	K694	梁春勝 2018a	K1464	章紅梅 2014	K1156
曹旅寧 2011	K927	梁春勝 2018b	K1477	章紅梅 2016	K1281
曹連墓	J322	梁春勝 2018c	K1498	章紅梅 2017	K1442
曹發展 1996	K283	梁春勝 2020	K1668	章紅梅 2018	K1468
曹鵬鴈 2011	K857	梁春勝 2023	K1998	章紅梅 2020	K1681
梶山智史 2003	K451	梁春勝等 2023	K1966	章紅梅等 2014	K1143
梶山智史 2013a	K1035	梁洪生 1993	K230	菁英	J274
梶山智史 2013b	K1083	梁偉 2021	K1812	菁英二	J274
梶山智史 2015	K1229	淄博市博物館等 1985	K139	萊山館藏	J232
梶山智史 2016	K1292	淄博志	J17	許東方 2009	K777
梶山智史 2017	K1392	淄博誌釋	J383	許建平 2002	K412

許萬順 2004a	K462	陳仲安 1989	K183	陳錦清 2023	K2007
許萬順 2004b	K481	陳宇 2001	K365	陳鵬 2015	K1211
許萬順 2005a	K510	陳旭鵬等 2017	K1407	陳鵬 2021	K1749
許萬順 2005b	K521	陳花容 2020	K1657	陳麗萍 2020	K1691
許萬順 2006	K595	陳忠凱 1989	K181	陳躍進 2003	K458
許萬順 2011	K919	陳昊 2008	K690	陳懿人等 2016	K1287
許萬順 2012	K969	陳直 1980	K99	陶正剛 1975	K73
許衛國 2007	K657	陳英傑 2014	K1140	陶淵旻 2010	K828
郭中濱 2011	K912	陳長安 1983	K124	陶鈞 2006	K580
郭月瓊 2013	K1067	陳長安 1987a	K161	陶鈞 2012	K976
郭世軍等 1998	K317	陳長安 1987b	K163	陸明君 2002	K409
郭平梁 2006	K600	陳長安 1989	K178	魚國之謎	J379
郭存仁 1964	K53	陳俊宇 2023	K1904	鹿泉	J313
郭明卿等 2018	K1529	陳建貢 2022	K1864	麥超美 2008	K672
郭俊峰等 2002	K398	陳郁 2021	K1726	麥積區	J244
郭保平 2023	K1938	陳根遠 2022	K1845		
郭建邦 1980	K98	陳浩 1985	K140	**12 畫**	
郭建邦 1981	K103	陳財經 2002	K426	傅 喬 堯 塚 尋 廊 彭 敦 景	
郭洪義 2018	K1463	陳財經 2009	K745	普 曾 朝 渭 渠 湯 游 焦 琴	
郭偉濤 2017	K1450	陳財經 2012	K1013	琬 疏 發 稀 程 絲 統 舒 葛	
郭增民 2017	K1399	陳財經等 2011	K926	萩 董 葉 補 賀 越 運 過 達	
郭增民 2021a	K1759	陳寅恪 1933	K3	道 閔 隆 隋 集 雲 馮 黃 黑	
郭增民 2021b	K1760	陳寅恪 1950	K18	傅山泉 2009	K764
郭曉燕等 2018	K1481	陳爽 2013	K1080	傅清音 2018	K1521
郭曉濤 2021	K1735	陳麥青 2003	K450	傅清音 2019	K1623
陳一梅等 2019	K1589	陳晶晶等 2023	K2006	傅清音等 2018	K1534
陳小青 2005	K509	陳意 2020	K1638	傅清音等 2019	K1607
陳小青 2006	K613	陳瑞青等 2010	K803	傅清音等 2021	K1815
陳仲安 1979	K90	陳暢 2020	K1704	傅清音等 2023	K1921
陳仲安 1988	K176	陳薈宇等 2022	K1825	喬棟等 2005a	K540
				喬棟等 2005b	K541
				喬棟等 2005c	K542

喬棟等 2005d	K543	湯淑君 1992	K210	董文強等 2021a	K1788
喬棟等 2005e	K544	湯勤福 2013	K1050	董文強等 2021b	K1804
喬棟等 2005f	K545	湯勤福 2014	K1122	董文強等 2023	K1905
喬棟等 2005g	K546	游清漢 1963	K49	董如亮等 2001	K364
喬棟等 2005h	K547	焦作志	J128	董林亭等 2018	K1456
喬棟等 2005i	K548	琴心 1979	K96	董彥明 1983	K116
喬登雲 2012	K1016	琬琰流芳	J243	董剛 2016	K1311
堯遠生 2016	K1333	疏證	F1	董淑燕 2006	K621
塚本善隆 1937	K7	疏證修	F1	董理 2001a	K373
塚本善隆 1963	K50	發現山西	J264	董理 2001b	K389
尋覓瑰寶	J75	稀見	J173	董理 2007	K654
廊坊文物	J78	程志宏 2012	K985	董睿 2016	K1347
彭州	J169	程迎昌等 2019	K1582	董憲臣等 2023	K1953
敦煌編年	J56	程林泉 2006	K568	葉其峰 1992	K203
景州	J116	程林泉等 2005a	K517	葉其峰 1994	K251
景亞鸝 2007	K655	程林泉等 2005b	K535	葉其峰 2004	K490
景凱東 2017	K1430	程林泉等 2005c	K560	葉其峰 2012a	K995
普武正等 2005	K561	程林泉等 2006	K581	葉其峰 2012b	K996
曾堯民 2018	K1500	程林泉等 2008	K700	葉其峰 2012c	K997
曾廣 2004	K478	程剛 2015	K1231	葉煒 2012	K1015
曾廣 2008	K731	程淑顏 2019	K1632	補遺	E2
曾廣等 2007	K656	絲路沿綫	J343	賀華 1998	K313
曾曉梅等 2012	K955	絲路洛陽	J290	賀雲翱 1999	K327
朝陽文物	J46	絲路紀影	J283	越秀碑刻	J279
渭城志	J143	統萬城	J377	越縵堂	J7
渭城志修	J143	舒韶雄 2013	K1074	運城地區河東博物館 1994	K244
渭華翠色	J330	舒韶雄等 2014	K1099	過超 2015	K1202
渠川福 1990	K186	舒韶雄等 2019	K1547	達吾力江·叶爾哈力克 2022	K1888
渠傳福 2009	K784	葛承雍 2009	K774	道在瓦甓	J306
湯池 1977	K84	萩信雄 1983	K120	閔曉丹 2010	K845

隆堯輯要	J268	黃楨 2016	K1334	新獲續	J155
隋人傳	J41	黃壽成 2013	K1077	會田大輔 2005	K530
隋唐五代	D2	黃頤壽 1976	K77	會田大輔 2007	K650
隋唐集萃	J181	黑田彰 2017	K1443	會田大輔 2008	K680
隋補	E2			會田大輔 2012	K957
隋精粹	J386			會田大輔 2023a	K1942
隋誌百品	J89			會田大輔 2023b	K1965
隋選粹	J71			榆林碑石	J104
集成	H1	園田俊介 2003	K443	楊方昊 2020	K1646
集萃	J33	園田俊介 2005a	K513	楊氏考錄	J165
集釋	B1～5	園田俊介 2005b	K564	楊氏輯錄	J247
雲雨蟄龍	J363	園田俊介 2007	K631	楊永林等 2013	K1028
雲峰四山	J301	園田俊介 2008	K679	楊吉平 2011	K898
馮小紅等 2012	K965	彙考	G2	楊宏毅 2008	K705
馮林傑等 2001	K367	彙編	D1	楊宏毅等 2005	K556
馮莉 2014	K1176	彙編修	D1	楊希義等 2005	K523
馮健 2012	K994	新中國	C2	楊奇霖 2018	K1469
馮國東 2016	K1369	新北	B2	楊明珠 2012	K954
馮培紅 2022	K1897	新見銘刻	J174	楊明珠等 1993	K231
馮培紅 2023	K1906	新昌志	J81	楊明珠等 2012	K953
馮臻 2020	K1637	新泰大觀	J61	楊長振 2019	K1583
馮鑫 2021	K1797	新泰集萃	J234	楊勇 2011	K892
黃正建 2013	K1052	新華網 2018	K1522	楊勇 2014	K1178
黃吉軍等 1996	K270	新隋	B3	楊建虎 2023	K1941
黃利平 1986	K157	新鄉市博物館 1973	K69	楊柳 2019	K1592
黃明蘭 1982	K111	新精	J226	楊軍凱 2013	K1058
黃林納 2014	K1141	新獲	J49	楊軍凱等 2013	K1057
黃河水庫考古工作隊 1957	K27	新獲一五	J270	楊娟 2011	K924
黃泉	J380	新獲七朝	J199	楊振威 2019	K1608
黃登欣等 2019	K1587	新獲百品	J337	楊海波 2017	K1372

13畫

園 彙 新 會 榆 楊 溫 漢 滄
聖 蓋 蒲 蒙 虞 解 賈 鄒 鈴
雷

楊浩燁 2023	K1973	聖凱 2017	K1418	壽光集萃	J312
楊婭萍 2012	K1012	聖殿	J194	壽光歷代	J366
楊強 2002	K415	蓋金偉等 2007	K652	壽光縣博物館 1992	K207
楊焄 2004	K491	蒲宣伊 2019	K1553	寬予 1974	K71
楊富斗 1959	K33	蒙海亮 2016	K1363	寧波	A14
楊爲剛 2009	K794	虞弘墓	J124	寧夏集	J145
楊瑋燕 2023	K1994	解峰 2008	K712	寧夏文物考古所固原站 1996	K277
楊寧 2013	K1044	賈城會等 2014	K1160	寧夏文物考古研究所 2020	K1684
楊寧國 2001	K388	鄒冬珍等 2006	K594	寧夏文物考古研究所 2021	K1785
楊慶興 2010	K837	鄒芳望 2022	K1841	寧夏文物考古研究所等 1992	K215
楊慶興 2016	K1320	鄒芳望 2023	K1939	寧夏博物館等 1985	K146
楊瑩霞等 2021	K1733	鄒虎 2018	K1497	寧琰 2020a	K1636
楊魯安 2003	K438	鄒虎 2020	K1696	寧琰 2020b	K1689
楊學是 2018	K1486	鈴木洋保 1993	K240	寧蔭棠 1996	K268
楊學是 2020	K1633	雷秀紅 2019a	K1550	廖新冬等 2021	K1771
楊曉春 2004	K488	雷秀紅 2019b	K1586	廖基添 2016	K1302
楊曉春 2007	K633	雷庭軍等 2021	K1724	榮新江 1999	K333
楊曉春 2019	K1600			榮新江 2007	K639
楊衛東 2007	K638	**14 畫**		榮新江 2009	K753
楊麗靜 2021	K1758	僧嘉圖墨壽寬寧寥廖 榮滿榮熊瑯甄磁碑福 窟管精翟臺蔡裴誌趙 銅銘鳳齊		榮新江 2011	K877
楊寶順等 1984	K134			榮新江 2020	K1658
楊繼光 2023a	K1927	僧尼	J369	滿城	J196
楊繼光 2023b	K1931	嘉祥縣文物管理所 1987	K167	滎陽志	J185
楊繼光等 2021	K1747	嘉樹堂	J355	熊傳新 1981	K105
楊艷華 2017	K1444	圖裝	J315	瑯琊王	J311
溫玉成 2006	K617	墨	F2	甄家斌 1993	K222
溫縣	J131	墨香閣	F2	磁縣	B5
漢魏	B1	壽光市博物館 2016	K1343	磁縣文化館 1977	K83
滄州	J147	壽光志	J34	磁縣文化館 1979	K89
滄海遺珍	J262	壽光金石	J371	磁縣文化館 1984a	K128

磁縣文化館 1984b	K129	臺靜農 1980	K97	趙君平 2010b	K822
磁縣文物保管所 1997	K291	蔡子鶴等 2007	K667	趙君平 2010c	K830
磁縣考略	J50	蔡先金等 2007	K636	趙君平 2010d	K838
磁縣雙廟	J285	蔡宗憲 2010	K820	趙君平 2013	K1069
碑帖收研	J154	蔡副全 2014	K1139	趙京娜 2023	K1961
碑林全	J63	蔡語邨 1962	K45	趙和平 2014	K1180
碑林新	J148	裴氏集	J119	趙和平 2020	K1675
碑林新續	J228	裴蘭婷 2011	K890	趙珊珊 2018	K1480
碑校	G1	誌法精選	J252	趙娜 2023	K1949
碑索	A20	趙力光 1999	K331	趙家棟 2017a	K1411
碑誌春秋	J382	趙世金 2020	K1686	趙家棟 2017b	K1428
碑證望都	J329	趙世金 2022	K1840	趙振華 2004	K492
福島惠 2010	K804	趙世金 2023	K1972	趙振華 2009a	K749
福島惠 2014	K1154	趙占銳等 2023	K1967	趙振華 2009b	K795
福島惠 2017	K1385	趙生泉 2004a	K482	趙振華等 2004	K499
窪添慶文 2008	K678	趙生泉 2004b	K485	趙振華等 2009	K796
窪添慶文 2010	K808	趙生泉 2005	K516	趙振華等 2011	K859
窪添慶文 2011a	K868	趙生泉 2008a	K675	趙海燕 2019	K1544
窪添慶文 2011b	K870	趙生泉 2008b	K739	趙海麗 2008	K730
窪添慶文 2012	K956	趙生泉 2009	K779	趙海麗 2010	K806
窪添慶文 2013a	K1034	趙生泉 2016a	K1266	趙海麗 2011a	K861
窪添慶文 2013b	K1040	趙生泉 2016b	K1270	趙海麗 2011b	K893
窪添慶文 2021	K1743	趙生泉等 2006	K579	趙強 2015	K1230
管金糧 2022	K1874	趙生泉等 2010	K818	趙強等 2017	K1393
精華	J10	趙立春 2006	K570	趙紹祖	J190
翟秀峰等 2015	K1203	趙立春 2016	K1274	趙晶 2015	K1213
翟盛榮等 2006	K604	趙汪青等 2023	K1985	趙萬里 1929	K2
翟戰勝 2018	K1531	趙君平 1998	K308	趙萬里 1935a	K4
臺月 2021	K1806	趙君平 2009	K787	趙萬里 1935b	K5
臺靜農 1978	K85	趙君平 2010a	K817	趙萬里 1943	K12

趙萬里 1946a	K14	趙耀輝 2014f	K1163	齊魯碑刻	J51
趙萬里 1946b	K15	趙耀輝 2014g	K1166	齊魯誌研	J108
趙萬里 1947a	K16	趙耀輝 2014h	K1169		
趙萬里 1947b	K17	趙耀輝 2014i	K1174	**15 畫**	
趙萬里 2011	K930	趙耀輝 2015a	K1188	劉 增 廣 德 慶 撒 樓 樊 潼 潘 選 遼 鄭 鄧 魯 黎	
趙超 2006	K590	趙耀輝 2015b	K1192	劉大新 2016	K1332
趙超 2007	K629	趙耀輝 2015c	K1207	劉中偉 2022	K1839
趙超 2016	K1315	趙耀輝 2015d	K1210	劉丹 2011	K862
趙陽陽 2006	K623	趙耀輝 2016a	K1273	劉化成 2000	K353
趙陽陽 2008	K682	趙耀輝 2016b	K1275	劉天琪 2009	K768
趙陽陽 2009	K748	趙耀輝 2016c	K1321	劉天琪 2011	K929
趙瑞民等 2006	K610	趙耀輝 2016d	K1337	劉文海 2008	K697
趙滿 2020	K1640	趙耀輝 2016e	K1346	劉文鎖 2003	K435
趙曜曜 2016a	K1306	趙耀輝 2016f	K1353	劉本才 2013	K1031
趙曜曜 2016b	K1340	趙耀輝 2016g	K1365	劉本才 2019	K1602
趙曜曜 2017	K1384	趙耀輝 2017a	K1371	劉永瑞 2023	K1977
趙蘭香 2010	K833	趙耀輝 2017b	K1383	劉玉杲 1964	K52
趙寶榮 2009	K742	趙耀輝 2017c	K1387	劉合心等 2002	K405
趙耀輝 2013a	K1041	趙耀輝 2017d	K1400	劉呆運 2013	K1063
趙耀輝 2013b	K1043	趙耀輝 2017e	K1409	劉呆運等 2005	K558
趙耀輝 2013c	K1045	趙耀輝 2019	K1551	劉呆運等 2011	K915
趙耀輝 2013d	K1059	趙耀輝 2020a	K1642	劉志生 2009a	K762
趙耀輝 2013e	K1071	趙耀輝 2020b	K1669	劉志生 2009b	K767
趙耀輝 2013f	K1079	趙耀輝 2020c	K1673	劉志生 2010	K824
趙耀輝 2013g	K1093	趙艷華 2011	K932	劉志生 2011a	K911
趙耀輝 2014a	K1098	銅川市考古研究所 2020	K1687	劉志生 2011b	K918
趙耀輝 2014b	K1107	銅川碑刻	J324	劉志生 2012a	K942
趙耀輝 2014c	K1110	銘刻文物	J84	劉志生 2012b	K962
趙耀輝 2014d	K1136	鳳翔墓	J164	劉志生 2019a	K1556
趙耀輝 2014e	K1147	齊補	E2	劉志生 2019b	K1557

劉志生等 2012a	K963	劉軍 2015e	K1221	劉偉航等 2011	K858
劉志生等 2012b	K986	劉軍 2015f	K1225	劉凱 2019a	K1575
劉秀峰 2022a	K1856	劉軍 2015g	K1236	劉凱 2019b	K1613
劉秀峰 2022b	K1872	劉軍 2015h	K1252	劉森垚 2016	K1360
劉秀峰 2022c	K1877	劉軍 2016a	K1289	劉森垚 2018	K1508
劉秀峰 2023a	K1937	劉軍 2016b	K1298	劉森垚 2019a	K1570
劉秀峰 2023b	K1995	劉軍 2016c	K1331	劉森垚 2019b	K1571
劉秀海 2015	K1239	劉軍 2017	K1404	劉森垚 2022	K1832
劉良超 2022	K1880	劉軍 2018a	K1493	劉琴麗 2018a	K1510
劉亞龍 2019	K1594	劉軍 2018b	K1506	劉琴麗 2018b	K1518
劉昕 2018	K1526	劉軍 2018c	K1511	劉琴麗 2019	K1552
劉東升 2015	K1249	劉軍 2019	K1601	劉琴麗 2020a	K1667
劉東平等 2005	K552	劉軍 2020a	K1648	劉琴麗 2020b	K1672
劉東平等 2012	K1010	劉軍 2020b	K1665	劉琴麗 2022	K1898
劉迪 2020	K1655	劉軍 2021	K1801	劉琰 2011	K909
劉勇 2020	K1707	劉軍 2022a	K1878	劉夢娜 2021	K1778
劉恒 2000	K351	劉軍 2022b	K1885	劉漢東 1985	K147
劉恒 2001	K376	劉軍 2023a	K1909	劉瑞等 2006	K586
劉恒 2002	K407	劉軍 2023b	K1910	劉瑞鵬 2023	K1951
劉恒 2016a	K1265	劉軍 2023c	K1920	劉蓮芳等 2002	K432
劉恒 2016b	K1269	劉軍 2023d	K1943	劉蓮香等 2006	K618
劉恒 2016c	K1271	劉軍 2023e	K1954	劉慶柱 1983	K118
劉軍 2012	K1005	劉軍 2023f	K1960	劉輝等 2015	K1255
劉軍 2013a	K1042	劉軍等 2001	K363	劉嘯 2023	K1970
劉軍 2013b	K1068	劉華國等 2015	K1194	劉曉華 2001	K390
劉軍 2013c	K1070	劉連香 2016a	K1293	劉衞東等 2005	K534
劉軍 2015a	K1199	劉連香 2016b	K1309	劉衞鵬 2003	K436
劉軍 2015b	K1208	劉連香 2020	K1639	劉衞鵬 2004	K467
劉軍 2015c	K1209	劉健明 1999	K336	劉燦輝 2015	K1222
劉軍 2015d	K1220	劉莘峰等 2022	K1853	劉燦輝 2017a	K1408

劉燦輝 2017b	K1436	潘向東 2022	K1884	鄧盼 2020	K1709
劉燦輝 2018	K1476	潘堯 2021	K1752	鄧瑩 2010	K843
劉燦輝 2019	K1585	潘敦 2017	K1451	鄧躍敏 2022	K1849
劉燦輝 2021	K1798	選萃	J86	魯才全 1995	K264
劉燦輝等 2020	K1674	遼博	J66	魯才全 1997	K294
劉燦輝等 2022	K1882	遼寧志	J83	魯西奇 2010	K848
劉燦輝等 2023	K1923	遼寧志續	J342	魯迅碑	J19
劉韞 1995	K258	遼寧省文物考古所等 1995	K257	魯迅誌	J19
劉麗明 2014	K1168	遼寧碑誌	J94	魯穎 2016	K1284
增校隨	J14	鄭小紅 2008	K738	黎大祥 1993	K232
增校隨修	J14	鄭氏誌	J293	黎李 2008	K671
廣西石刻	J236	鄭州北朝	J358	黎城	J158
廣府錄	J351	鄭州市文物考古所等 1997	K297	黎樹科 2012	K964
廣東晉唐	J18	鄭州市文物考古院 2022	K1843		
廣東博	J62	鄭州市文物考古院等 2015	K1258	**16 畫**	
廣東集	J318	鄭州志	J64	橫 歷 澤 燕 盧 磚 積 穆 翰 蕭 薛 衡 衛 賴 輯 鄴 錢 閻 隨 霍 鮑 鴛 默 龍	
廣東圖志	J240	鄭州隋唐	J358		
德安 2009	K773	鄭君雷 1998	K316	橫山裕男 1995	K266
德州誌研	J354	鄭志剛 2008	K684	歷城	J365
德泉さち 2013	K1096	鄭志剛 2011	K879	歷博大觀	J54
慶陽菁華	J217	鄭邵琳 2012	K984	澤田雅弘 1999	K324
撒馬爾干	J111	鄭洪春 1988	K171	澤田雅弘 2000	K352
樓勁 2023	K1971	鄭紹宗 1979	K94	澤田雅弘 2005	K533
樊波 2008a	K706	鄭道昭家	J179	澤田雅弘 2006	K574
樊波 2008b	K724	鄭隆 1988	K175	澤田雅弘 2007a	K627
樊波 2012a	K959	鄭衞等 2015	K1190	澤田雅弘 2007b	K632
樊波 2012b	K981	鄭衞等 2017	K1395	澤田雅弘 2008	K681
樊波等 2008	K737	鄧小軍 2016	K1278	澤田雅弘 2009a	K754
樊英民 2006	K585	鄧林秀 1992	K217	澤田雅弘 2009b	K755
潼關碑石	J59	鄧盼 2017	K1419	澤田雅弘 2010	K809

澤田雅弘 2011a	K871	衛文革 2009	K751	戴應新 2000	K343
澤田雅弘 2011b	K872	衛輝碑刻	J218	檢要	A4
澤田雅弘 2013	K1036	賴非 2000	K346	檢要修	A4
澤田雅弘 2014a	K1114	輯繩	J30	甋椎閒話	J238
澤田雅弘 2014b	K1115	鄴城碑石	J189	濟南市考古研究所 2005	K508
燕晴山 2020	K1693	鄴華甄賞	J198	濟南市博物館 1985	K143
燕趙	J237	錢久隆 2023	K1914	濟南圖記	J254
盧氏	J266	錢斌等 2022	K1848	濟南誌	J93
盧瑞芳等 2005	K531	閻秋鳳 2015	K1240	濟寧考	J235
磚刻	J163	閻秋鳳 2016a	K1276	濟寧誌	J182
磚書	J374	閻秋鳳 2016b	K1288	濮仲遠 2019	K1593
積石錄	J24	閻焰 2018	K1513	濮陽	J99
穆青 2019	K1628	隨葬文書	J292	濮陽文物保管所等 2017	K1417
翰墨	J97	霍佳凱等 2021	K1762	繆韻 2010	K821
蕭璠 1991	K192	霍倩 2020	K1685	藏中進 1999	K329
薛元明 2009	K788	鮑智 2023	K1959	襄汾文史	J177
薛元明 2011	K913	鴛鴦輯錄	J205	襄垣縣文物博物館等 2004	K494
薛氏	J212	鴛鴦藏石	J43	謝千欣等 2022	K1876
薛明輝 2021	K1814	默冰 2020	K1699	謝振華 2020	K1692
薛飛 2019a	K1578	龍仕平等 2010	K800	謝振華 2022	K1830
薛飛 2019b	K1629	龍成松 2021	K1805	謝振華 2023	K1946
薛海洋 2008	K685	龍門文萃	J191	謝高文等 2005	K555
薛海洋 2009	K783	龍門西域	J141	謝國劍 2013	K1056
薛海洋 2011	K891			謝國劍 2018	K1523
薛增福 1984	K125	**17 畫**		謝國劍等 2011	K936
薛蘇晨 2022	K1873	戴 檢 甋 濟 濮 繆 藏 襄 謝 鍾 韓		謝琛 2013	K1066
薛蘇晨 2023	K1930	戴應新 1991	K200	謝愷墨等 2023	K1982
衡水金石	J282	戴應新 1994	K248	鍾曉青 2008	K669
衡水墓誌	J170	戴應新 1996	K286	韓兆民 1989	K182
衛天琦 2023	K1907	戴應新 1998	K320	韓昇 2009	K791

韓明祥 1985	K145	題跋菁華	J259	羅小如 2015	K1250
韓明祥等 2000	K339	題跋集萃	J204	羅火金等 2009	K775
韓城志	J92	魏二十	J25	羅坤學 1993	K237
韓祖念墓	J332	魏平 2004	K466	羅紅俠 2011	K856
韓家灣墓	J303	魏平 2008	K713	羅紅勝 2023	K1968
韓偉 1988	K174	魏立安 2017	K1429	羅國威 1994	K247
韓偉東等 2007	K665	魏宏利 2004	K463	羅曼 2011	K860
韓婷 2021	K1755	魏宏利 2006	K582	羅曼 2014	K1104
韓琦 2001	K392	魏宏利 2008	K710	羅新 1996	K271
韓達 2020	K1661	魏宏利 2014	K1142	羅新 1997	K301
		魏宏利 2019	K1591	羅新 2001	K395

18 畫
叢 瞿 禮 簡 臨 藥 題 魏

		魏秋萍 2012	K1017	羅新 2003	K433
叢文俊 2001a	K387	魏秋萍 2014	K1129	羅新 2004a	K465
叢文俊 2001b	K391	魏軍剛 2018	K1515	羅新 2004b	K480
叢文俊 2004	K505	魏軍剛 2020	K1643	羅新 2004c	K489
叢文俊 2005	K529	魏軍剛 2022a	K1854	羅新 2005a	K514
叢考	I1	魏軍剛 2022b	K1869	羅新 2005b	K538
叢銳奇 2021	K1802	魏軍剛 2023a	K1996	羅新 2005c	K562
瞿安全 2002	K424	魏軍剛 2023b	K1997	羅新 2006	K569
禮縣	J72	魏斌 2023	K1950	羅新 2007a	K626
簡又文 1958a	K30	魏晴晴 2019	K1618	羅新 2007b	K628
簡又文 1958b	K31	魏晴晴 2020	K1710	羅新 2007c	K630
臨汾	J130	魏補	E2	羅新 2008a	K687
臨汾西趙	J281	魏寬成 2018	K1462	羅新 2008b	K696
臨城館藏	J280	魏碑聖地	J349	羅新 2008c	K719
臨淄志	J27	魏選粹	J71	羅新 2009	K750
藥王碑	J222			羅新 2010	K801
藥王總	J223	## 19 畫		羅新 2011	K878
題跋	A2	**懷 羅 蘇 蘭 蘆 譜 贊 關 隴 鵬**		羅新 2020	K1682
		懷仁縣文物管理所 2010	K815	羅爾波等 2015	K1251

羅福頤等 2019	K1626
羅豐 1985	K148
羅豐 1997	K303
羅豐 1999	K328
羅豐 2000	K337
羅豐 2002	K413
羅豐 2003	K447
羅豐 2004	K507
羅豐等 2016	K1314
羅豐等 2023	K1935
羅韜哲 2023	K1988
蘇小華 2014	K1124
蘇珂 2022	K1871
蘇哲 1997	K293
蘭大敦煌學研究所等 2023	K1955
蘆會影等 2022	K1857
譜牒	J239
贊皇錄	J391
關中院	J387
關中部族	J135
關尾史郎 2006	K583
關雲翔 2018	K1492
隴右錄	J11
隴南校錄	J288
隴南萃編	J352
鵬宇 2012	K1007

20 畫

嚴 獻 寶 釋 黨

嚴輝 2004	K496
嚴耀中 2003	K449
獻縣	J233
寶元章 2019	K1630
釋要	J186
黨相魁等 2013a	K1053
黨相魁等 2013b	K1054
黨斌 2019a	K1545
黨斌 2019b	K1554
黨斌 2019c	K1562
黨斌 2019d	K1609
黨斌 2020	K1713

21 畫

權 顧 饒

權圓圓等 2020	K1670
顧冰峰 2023	K2002
顧盼等 2018	K1487
顧農 2016	K1355
顧鐵符 1991	K191
饒宗頤 2006	K614

22 畫

鑒 龔

鑒克 1993	K218
龔靜 2021	K1720

24 畫

灝 衢 靈

灝鏽 2014	K1152
衢州市文物館 1985	K142
靈泉寺	J31

カタカナ・英數字

ケイト・リングレイ 2017	K1402
ソグドゼミ 2004	K506
ソグドゼミ 2011	K939
ソグドゼミ 2012	K1021
Bi Bo 等 2017	K1452
CCTV2023a	K1928
CCTV2023b	K1957
310 國道孟津考古隊 1993	K219

【編著者略歴】

梶山 智史（かじやま さとし）

南開大學歷史學院副教授

　明治大學大學院文學研究科史學專攻博士後期課程修了、博士（史學）。埼玉大學教育學部非常勤講師、明治大學文學部兼任講師、東京大學史料編纂所特任研究員、靑山學院大學文學部兼任講師、明治大學文學部助教、專修大學經濟學部非常勤講師などを經て、2022 年 4 月より現職。

明治大學東洋史資料叢刊 14

新編北朝隋代墓誌所在總合目錄

梶山 智史　編著

發行日	2025 年 2 月 28 日
發行所	明治大學東アジア石刻文物研究所
	〒101-8301　東京都千代田區神田駿河台 1-1
	明治大學內
發賣所	汲古書院
	〒101-0065　東京都千代田區西神田 2-4-3　高岡ビル 4F
印刷所	富士リプロ（株）
	〒101-0048　東京都千代田區神田司町 2 丁目 14 番地

©2025 KAJIYAMA Satoshi

ISBN978-4-7629-9514-9 C3322 ¥6000E

The Series of Research Materials for Asian History of Meiji University No.14

Catalog of Bibliographic Sources of Stone Tomb Inscriptions from the Northern Dynasties and the Sui Dynasty (Newly Revised Edition)

by KAJIYAMA SATOSHI

THE INSTITUTE of EAST ASIAN EPIGRAPHY and STONE ARTIFACTS, MEIJI UNIVERSITY

KYUKO-SHOIN, CO., LTD. TOKYO